Jürgen Trimborn

DER HERR IM FRACK

Johannes Heesters

Jürgen Trimborn

DER HERR IM FRACK
Johannes Heesters

Biographie

Mit einem Vorwort
von Hellmuth Karasek

Aufbau-Verlag

Mit 58 Abbildungen

ISBN 3-351-02555-6

1. Auflage 2003

Einbandgestaltung PEIX, Andreas Petzold
Druck und Binden Ebner & Spiegel, Ulm
Printed in Germany

www.aufbau-verlag.de

Inhalt

TEIL II
DER SCHAUSPIELER UND DIE MACHT
(1934–1949)

TEIL III
DER JAHRHUNDERTSTAR
(1949–2003)

ANHANG

Hellmuth Karasek

Vorwort

Richtig kennen- und liebengelernt habe ich Johannes Heesters in Stollberg im Erzgebirge. Natürlich kannte ich ihn schon vorher aus Filmen, die ich sehen durfte und in denen er (aber das wußte ich erst viel, viel später) einen Hauch von Hollywood verbreitete, während er singend und im Frack eine Glitzertreppe herunterkam – ein männlicher Halbgott steigt herab zu seinen Fans und glühenden Anbeterinnen und singt: »Mein Herz müßte ein Rundfunksender sein / Dann könntest du was hören«, um dann zu versichern, daß er ihr (der Angebeten, jeder Frau) die Liebe in Dur und Moll gestehen würde.

Das war eine Gegenwelt zur Welt des Totalen Krieges, in der Tod, Not, Vernichtung herrschte und in den Wochenschauen nur Männer in Uniform zu sehen waren, wie sie in U-Booten auf Tauchstation gingen und mit ölverschmierten Gesichtern Torpedos auf feindliche Frachter abschossen oder wie sie, verschmutzt und erschöpft, unter Stahlhelmen und mit dem Gewehr im Anschlag in Schützengräben auf den Feind warteten. Bis 1942 siegend, von 1943 an auf dem Rückzug, ab 1944 verzweifelt im »heldenhaften Abwehrkampf«.

Heesters war Zivilist in kriegerischer, militärischer Zeit. Er sollte den Deutschen Trost von der und Flucht vor der mörderischen Realität bieten, die in seiner Operetten- und Revue-Welt ausgeblendet wurde. Für mich avancierte er zum Ideal: ein strahlend schöner Mann, ein Bonvivant, ein Eroberer. Ja, ein Eroberer – aber einer weiblicher Herzen. Der Krieg, den er führte, wurde im Salon geschlagen, seine Waffen waren der Rosenstrauß und das Champagnerglas, in dem die Lebenslust perlte. Seine Waffen waren sein blendendes Aussehen, sein umwerfendes Lächeln, seine vollendeten Manieren und – seine bald hell strahlende, bald zart schmeichelnde Stimme. Er war ein Tenor, der auch noch gut aussah: Er kannte keine

Feinde, sondern nur Konkurrenten, die er wegsang, wegschmetterte, er kannte keinen Krieg, außer dem um die Gunst der Frauen; das erotische Schlachtfeld verließ er als unblutiger Sieger, dem sich die Frauen gerne ergaben – sie schmachteten, er erlöste sie.

So sah es mein kindliches Gemüt, ich war um die zehn Jahre alt, und der Eindruck sollte sich als bleibend, als prägend herausstellen. Es war die heile Gegenwelt im Unheil, aber sie war aufregend, weil sie nicht unschuldig war, sondern dauernd der Unschuld nachstellte; sie wollte verführen.

1946 war der Krieg vorbei, das Elend, das er heraufbeschworen hatte, jedoch noch lange nicht. Ich war zwölf Jahre alt und lebte mit meiner Familie (vier kleinen bis winzig kleinen Geschwistern) in Stollberg im Erzgebirge, einer ohnehin armen Gegend mit karger Landwirtschaft, Bergbau und einer nun brachliegenden Textilindustrie. Wir wohnten ziemlich eingeengt, um nicht zu sagen: zusammengepfercht im Souterrain, in der ehemaligen Waschküche einer herrschaftlichen Villa, mein Vater fuhr ins Kohlebergwerk ein, tagtäglich. Wir hatten unsäglichen Hunger, stundenlang war der Strom abgeschaltet, so daß die Welt kalt und dunkel war, und wir liefen in abgerissenen Kleidern herum. Eleganz, Lebensart, Luxus, Lebensfreude waren Fremdwörter im nackten Überlebenskampf, der aus Schlangestehen, abgeerntete Felder Abstoppeln und dumpfem Warten bestand, das alles möge bald ein Ende haben.

Aus dieser Welt flüchtete ich Nachmittag für Nachmittag ins Kino, einen feuchten Herbst und einen kalten Winter lang. Zwar mußte man dort manchmal auch stundenlang wegen der »Stromsperren« warten. Zwar hatte man hier auch Hunger, Magenzwacken, vor allem, wenn auf der Leinwand »diniert« wurde oder wenn Kabarettisten, die vor den Filmen auftraten, ihre Lacher einfach dadurch erzielten, daß sie sich seufzend über den Bauch strichen und das Wort »Butterbemme« (sächsisch für Butterbrot) wie eine Liebeserklärung ausstießen, als Seufzer einer unerwiderten Leidenschaft.

Aber dann gingen programmgerecht die Lichter aus, auf der Leinwand erschienen freudige Farben, die ein Leben in

Luxus und Leichtsinn verhießen, es lief die »Fledermaus«, und auf trat Johannes Heesters, ein Lebemann namens Eisenstein, der aus Rache ins Gefängnis gebracht wird (aber was für ein fröhliches Gefängnis) und dem es natürlich gelingt, auf das rauschende Fest des Fürsten Orlowski zu entwischen, zu Champagner, Kaviar, schönen Frauen und rauschenden Walzern, ein Fest der Séparées und der Flirts, auf dem Eisenstein seine Frau betrügt, aber mit ihr selbst, und mit Eifersucht für seine Untreue bestraft wird.

Ich habe den Film unzählige Male gesehen, ich bin mit ihm aus dem Stollberg des Jahres 1946 in das Wien des Fin de siècle, in das Wien der schönsten, frivolsten und tiefsinnigsten Johann-Strauß-Operette geflohen. Und Johannes Heesters war mein glänzender Fremdenführer in dieser Welt, die mir unbezahlbar wertvoll, unerreichbar fern war – und die ich doch erreichen wollte, möglichst als Doppelgänger von Johannes Heesters, den ich bewunderte, beneidete, liebte – erst später sollte ich wissen und zu schätzen wissen, daß Heesters der einzige Ufa-Star war, der das Flair, die Grandezza, den Charme und die blitzende Ironie hatte, wie ich sie später in den Filmen Cary Grants wiedersehen sollte .

Die Fledermaus war ein »Überläuferfilm« (so nannte man das, und auch das habe ich erst später nachträglich zu meiner Traumflucht im Kino gelernt). Noch im Krieg war er gedreht worden, als der Krieg schon zu Ende ging, als man von Wien nach Prag ausweichen mußte, um die prächtige und intakte k.u.k.-Welt noch zeigen zu können – Wien war bereits zu sehr zerstört, es sah schon so aus, wie wir es im *Dritten Mann* nach dem Krieg wiedergesehen haben. Ich war kurze Zeit in Wien aufgewachsen und sehnte mich mit Heesters nach einem Wien, das es nicht mehr gab (und so wahrscheinlich nie wirklich gegeben hat), zurück.

Nach dem Krieg ließen die sowjetischen Besatzungstruppen den Film in Babelsberg fertigstellen und schneiden. Wohl aus einem ähnlichen Motiv, wie es Goebbels bewogen hatte, den Film drehen zu lassen: um Zuschauern wie mir die Flucht aus dem elenden Alltag wenigstens für Stunden möglich zu machen. Kino als Droge? Warum eigentlich nicht, wenn sie nur nach einer schönen Scheinwelt süchtig macht: Johannes Heesters hat mir die Tür zu dieser Traumwelt als erster aufgestoßen, ich habe mir, dank ihm, ein Leben lang die Sympathie für die gelungene Operette, für die Revue, für das Musical bewahrt. Heesters war kein Sänger, der schauspielerte, sondern ein glaubhafter Schauspieler, der sang. Es war seine mitreißende Darstellung, die der Operette einen Hauch von Wahrhaftigkeit gab.

Das war schon seltsam. Mitten im Dritten Reich mit seiner marschtrittharten Deutschtümelei trat da ein Held auf, der mit weichem holländischen Akzent sprach. Wie ja überhaupt mitten im Krieg unsere Filmidole keine Deutschen waren: Marika Rökk, die wichtigste Ufa-Partnerin von Heesters, sprach und sang mit ungarischem Paprika-Akzent. Benjamino Gigli war der italienische Filmtenor in deutschen Filmen, Rosita Serrano sang als chilenische Nachtigall vom »Roten Mohn«, Zarah Leander und Kristina Söderbaum bestachen durch ihren schwedischen sanft musikalischen Ton …

Man mag sagen, daß der Holländer Heesters für seine Landsleute nach dem Krieg ein Kollaborateur war, der dem Feind gedient und beim Feind verdient hatte. Man mag sagen, daß der unverwüstliche, liebenswürdige Heesters mithalf, die von den Nazis gehaßte jüdische Operette zu arisieren. Nur von den jüdischen Wurzeln eines Johann Strauß ließen sie die Finger, während sie jüdische Sänger, Kapellmeister, Agenten, Komponisten mit mörderischem Haß vertrieben oder in den Konzentrationslagern umbrachten. Natürlich hatte Heesters daran nicht den geringsten Anteil – aber: Er lieferte den Schein.

Nichts wäre ohne ihn anders gewesen, Leo Fall, Oscar Straus, Emmerich Kálmán, Victor und Friedrich Hollaender, Paul Abraham, Irving Berlin und George Gershwin wären in jedem Fall als »entartete« Künstler verbannt worden. Das verquere Verhältnis der Nazi zur Operette, die sie liebten und haßliebten, war nicht durch Heesters bestimmt, nicht durch ihn geprägt. Im Gegenteil: Er war ein Lichtblick im Dunkel, das kann ich aus eigener Erfahrung nur dankbar bestätigen.

Hitler, der vorgab oder glaubte, ein Wagner-Fan zu sein,

hatte in Wahrheit ein Lieblingswerk: die Lehár-Operette *Die lustige Witwe*. In der Tat, neben der *Fledermaus*, das betörendste Operettenwerk. Und Heesters war ein hinreißender Danilo – Hitlers Lieblings-Danilo. Man kann sich seine Bewunderer nicht aussuchen. Und sich ihnen zu versagen, was hätte es bedeutet, was gebracht? Einen moralischen Sieg für Heesters? Das muß dieser wunderbare Künstler mit sich selbst ausmachen. Mir hat er in jenen finsteren Jahren geholfen – im Grunde genommen, ohne mich zu betrügen.

Prolog

Ein Leben im Frack

Ich mache mich auf den Weg zu einer Legende. Zu einem Mann, der bereits seit über achtzig Jahren für sein Publikum präsent ist und der es verstand, gleich mehrere Generationen zu bezaubern. Ein Jahrhundertstar, von dem mir einst meine Großmutter vorschwärmte und dessen Filme meine Mutter als junges Mädchen gesehen hat. Der schon über seinen Rückzug nachdachte, als ich geboren wurde, und der heute mit fast hundert Jahren immer noch auf der Bühne und vor den Kameras steht. Dem sein unermüdliches Bühnenengagement 1997 sogar einen Eintrag ins Guinness-Buch der Rekorde einbrachte, als Schauspieler, der als weltweit ältester »en suite« auf der Bühne gestanden hat. Der nach wie vor eine feste Größe in der Medienlandschaft ist: Johannes Heesters.

Im Flugzeug von Köln nach München, wo ich ihn zum ersten Mal treffen werde, stelle ich mir die Frage, was mich erwartet, welchen Eindruck der Mann – über den ich in den zurückliegenden Wochen und Monaten so viel gelesen habe – in der persönlichen Begegnung auf mich machen wird. Ich habe mir vorgenommen, alles, was mir an Klischees über ihn begegnet ist, hinter mir zu lassen – soweit dies irgend möglich ist. Hinter die Kulissen seiner außergewöhnlichen Karriere zu blicken ist meine Absicht, zu ergründen, was der Privatmann Heesters mit dem öffentlichen Heesters zu tun hat, den Millionen kennen und lieben.

Wenige Stunden später führt mich seine Frau Simone Rethel in die viel zu kleine Garderobe, die man sich mit den anderen Mitgliedern des Ensembles teilen muß, mit dem er zur Zeit Tschechows *Kirschgarten* spielt. Ein nüchternes Ambiente. Unweigerlich frage ich mich, wie es für Heesters wohl ist, so untergebracht zu sein. Denkt er an die weiträumigen Garderoben des Amsterdamer Paleis voor Volksvlijt, des Berliner Metropol-Theaters oder anderer großer Häuser, an denen er einst gespielt hat und an deren Bühnenausgängen die Frauen scharenweise auf ihn warteten, um ihm zuzujubeln, um ein Autogramm zu ergattern oder ihm unmoralische Angebote zu machen? Nachdem ich mich an den riesigen Kartons mit den Kostümen vorbeigezwängt habe, stehe ich ihm gegenüber und bin verblüfft, nach zweieinhalbstündiger Vorstellung keineswegs einen müden und erschöpften Mann vorzufinden. Nein, Heesters plaudert, in der Hand eine Flasche Mineralwasser, mit einer jungen Kollegin. Er wirkt gelöst, entspannt, zufrieden mit sich und der Welt. Der Applaus seines Publikums hat ihm auch an diesem Abend ganz offensichtlich wieder neue Lebenskraft gegeben.

Schlagartig wird mir bewußt, wie groß die Diskrepanz zwischen dem Image des eleganten Lebemannes, des liebenswertdraufgängerischen Herzensbrechers auf der einen und dem Menschen Johannes Heesters auf der anderen Seite sein muß. Zwar ist er auch im Privaten ganz der Kavalier alter Schule und entschuldigt sich mit einem Lächeln, daß er zu meiner Begrüßung nicht eigens aufstehe, dennoch ist er hier weit entfernt vom umjubelten und strahlenden Star, wirkt vielmehr nachdenklich, bescheiden. Die Bühnenstimme, in der immer das auftrumpfende Timbre des Operettenkönigs mitschwingt, hat er abgelegt, er spricht leise, langsam, zurückgenommen, mit großem Bedacht. Doch all das schmälert nicht seine Ausstrahlung, ja seinen Charme. Ganz im Gegenteil. Auch in diesem Moment noch, als er kurz vor seinem 99. Geburtstag in der etwas zu großen Strickjacke in der bescheidenen Garderobe vor mir sitzt, kann ich nachvollziehen, warum Millionen von Frauen ihn anhimmelten und von ihm träumten, wenn sie ihn auf der Leinwand oder der Bühne sahen, warum Millionen von Männern sich wünschten, einmal so elegant, formvollendet und weltgewandt zu sein – und einmal solchen Erfolg bei Frauen zu haben wie er.

Spätestens in diesem Moment wird mir bewußt, daß meine Beschäftigung mit Johannes Heesters noch manche Überraschung bringen, daß meine Recherche manch Unerwartetes zu Tage fördern wird. Gerade weil in der Vergangenheit so häufig die Rollen und Klischees mit dem Menschen verwechselt wurden, der hinter diesem Image steht und von dem man letztlich nur wenig weiß, ist es mir wichtig, mit den vielfältig wuchernden Klischees aufzuräumen, um ein möglichst authentisches und facettenreiches Bild des Menschen und Künstlers Johannes Heesters zu zeichnen.

Es ist der 16. November 2002. München-Unterhaching. Tschechows *Kirschgarten*, jene melancholische Komödie über die Ablösung des Überkommenen durch das Gegenwärtige, des Alten durch das Neue, entstand 1903, im Geburtsjahr von Johannes Heesters. Es ist sicher kein Zufall, daß der hochbetagte Mime kurz vor seinem 99. Geburtstag in einer mehrmonatigen Theatertournee gerade die Rolle des alten Dieners Firs spielt, der ein Symbol der Vergangenheit ist, einer, den man aus Versehen im versteigerten, nun leerstehenden Anwesen vergißt und der beschließt zu sterben, weil er nicht bereit ist, die alte Welt, aus der er stammt und die ihm Heimat war, aufzugeben – wissend, daß es in der neuen Welt keinen Platz mehr für ihn geben wird. Eine große Altersrolle, zweifellos, die Heesters nach seiner langen Schauspielerlaufbahn noch immer mit außergewöhnlicher Bühnenpräsenz, mit markanter und fester Stimme füllt.

Tschechows *Kirschgarten* demonstriert, wie unüberwindbar die Kluft zwischen der alten und der neuen Welt ist: Auf der einen Seite die in der Vergangenheit lebende Gutsbesitzerin Ljubow Andrejewna Ranewskaja, die unfähig ist, etwas gegen die Zwangsversteigerung ihres Besitzes zu unternehmen, auf der anderen Seite der Kaufmann Jermolaj Alexejewitsch Lopachin, der das Gut, auf dem seine Vorväter noch als Leibeigene gearbeitet haben, erwirbt, es einebnen und den wunderbaren Kirschgarten roden läßt, um darauf eine Reihe schmucker Wochenendhäuser zu errichten. Der alte Firs ist in diesem durcheinandergeratenen Kosmos, inmitten des radikalen Umbruchs, zum Sterben verurteilt. In der neuen Welt wird er niemals ankommen, sein altes Leben aber hat sich aufgelöst, es ist spätestens in dem Moment vorbei, als seine Herrschaft, heimatlos geworden, in alle Winde zerstreut wird, neuen und unklaren Zielen entgegen. Nur er bleibt zurück, legt sich, seiner Kraft und Energie beraubt, zum Sterben nieder, während dumpfe Axthiebe das Ende des Kirschgartens besiegeln. Eine große Szene für Heesters, die letzte des Stücks. Vorher aber darf ihm seine zweite Frau, die Schauspielerin Simone Rethel, noch eine Liebeserklärung auf offener Bühne machen. Sie verkörpert die Rolle der Charlotta Iwanowa, einer eigenwilligen Gouvernante, die ihre Umwelt mit kleinen Zauberkunststücken und mit Bauchreden zum Lachen bringt. Das »Zeit für dich, zu sterben, Großvater«, das Charlotta Iwanowa im Originaltext Tschechows zum alten Firs zu sagen hat, wurde in der Inszenierung gestrichen. Statt dessen darf Simone Rethel gestehen: »Ich liebe Dich, alter Mann.«

Nicht nur Heesters' Frau, auch der Großteil des Publikums wird in diesem Moment eine tiefe Zuneigung zu dem Mann verspüren, dessentwegen man ins Theater gekommen ist – gerade weil Johannes Heesters nicht, wie der alte Firs, ein ausgedientes Symbol der Vergangenheit ist. Der Blick auf das Leben und insbesondere auf die Alterskarriere dieses großen Mimen wird zeigen, daß Heesters selbst keineswegs ein Mensch ist, der schwelgerisch oder melancholisch der Vergangenheit nachhängt, in Erinnerungen ertrinkt oder an der Gegenwart verzweifelt, sondern der auch noch in hohem Alter voller Neugier auf neue Anregungen und Impulse reagiert, mitten im Berufsleben steht, ein Mann, der zwar durchaus auch ein Symbol der Vergangenheit ist, für den es aber dennoch einen Platz in der Gegenwart gibt und der deshalb plant, seine Karriere auch noch über seinen 100. Geburtstag hinaus fortzusetzen.

Im Unterhachinger Kulturzentrum herrscht an diesem Abend großer Andrang. Schon seit Wochen ist die Vorstellung restlos ausverkauft. Auch mir gelang es nur durch Glück und Zufall, noch eine Karte zu ergattern. Schon an der Kasse bekomme ich zu spüren, wie die Atmosphäre des Abends sein würde. Die anderen Gäste werden namentlich und mit Handschlag begrüßt, keiner versäumt, sich in epischer Breite und in stärkstem bayerischen Dialekt nach den kürzlich geborenen Zwillingen des Kartenverkäufers zu erkundigen. Man kennt sich, es geht familiär zu. Die Gespräche im Foyer offenbaren schnell, daß man gekommen ist, um Johannes Heesters zu sehen. Er ist die Trophäe, die an diesem Abend präsentiert werden soll.

Der Großteil der Besucher ist im Rentenalter, der hohe Anteil von Besucherinnen fällt auf. Das sind sie wohl: Heesters' Verehrerinnen, Frauen, die den Star schon in ihrer Jugend angehimmelt haben. Johannes Heesters ist für sie eine feste Größe in ihrem Leben, er tritt immer noch auf und strahlt auf der Bühne, während man selbst sich mit manchen Sorgen des Alters herumzuplagen hat. So ist es fast selbstverständlich, daß man heute abend gekommen ist, um ihm seine Reverenz zu erweisen. Man ist gespannt, ob und wie der beinahe Hundertjährige den Abend meistern wird – und kann sich bald schon davon überzeugen, daß er es mit Bravour tut. Und natürlich trägt er auch an diesem Abend das Kleidungsstück, in dem er berühmt geworden ist. Einst erzählte man sich gar die Anekdote, daß der Frack überhaupt erst für Heesters erfunden worden sei, so sehr identifizierte man ihn damit.

Als der Vorhang fällt, tost begeisterter Beifall los. Standing ovations für Heesters, natürlich, die sind für einen Schauspieler in diesem Alter selbstverständlich. Anschließend im Foyer strahlende Augen. An diesem Abend scheinen sich – wenn auch spät – unzählige Jungmädchenträume erfüllt zu haben. Auch wenn man längst mit seinem Jugendidol gealtert ist, man hat ihn leibhaftig auf der Bühne gesehen, endlich. Und kann ein paar Stunden träumen, von damals, als man selbst noch jung und Jopie Heesters als Graf Danilo in Franz Lehárs Operette *Die lustige Witwe*, oder in seinen vielen anderen Rollen, der Inbegriff des charmanten Lebemannes war, der mit seinem Lächeln die Herzen der Frauen leichtfüßig und im Sturm zu erobern wußte.

Doch warum nimmt Johannes Heesters es trotz seines hohen Alters noch weiter auf sich, auf der Bühne zu stehen? Fernsehauftritte oder kleine Filmrollen alternder Stars sind an der Tagesordnung, nun gut. Aber eine Theatervorstellung, die zwei Stunden oder länger dauert und eine immense Anstrengung bedeutet? Ist ein solches Unterfangen nicht immer potentiell mit der Gefahr verbunden, ins Peinliche abzurutschen? Man denkt unweigerlich an den alten Heinz Rühmann, der bei seinen letzten Fernsehauftritten seltsam verloren und desorientiert wirkte. An Heesters' frühere Kollegin Marika Rökk, die auch im Alter von 82 Jahren noch meinte über die Bühne wirbeln und Seniorensport betreiben zu müssen. An Zarah Leander, die ihre Karriere mit Auftritten in Möbelhäusern und Einkaufszentren beendete und nur noch wie eine schlechte Parodie ihrer selbst wirkte. An Frank Sinatra, der es mit schief sitzendem Toupet nicht mehr schaffte, den Text »seines« Liedes *My Way* von riesigen Monitoren abzulesen. Oder an Marlene Dietrich, die mehrmals betrunken von der Bühne stürzte, bis sie sich radikal aus der Öffentlichkeit zurückzog.

In all diesen Fällen ist die Schwelle zwischen Rührung und Mitleid hauchdünn, bleibt trotz des Jubels, der Lobreden und der Standing ovations ein schaler Geschmack zurück. Stets fragt man sich, warum diese Menschen nicht den Mut haben, von der Bühne abzutreten, oder warum es keine Freunde oder Berater gibt, die ihnen klarmachen, daß es an der Zeit sei, aufzuhören, loszulassen, Abschied zu nehmen. Bei Heesters scheint dies anders zu sein. Nicht übersteigerter Ehrgeiz und Starrköpfigkeit oder die Unfähigkeit, aus dem Rampenlicht treten zu können, sind es, die ihn immer wieder auf die Bühne und vor die Kameras treiben. Vielmehr hat er offenbar im tiefsten Innern das Gefühl, daß sein Publikum – und das ist vielleicht das Schönste für einen Menschen, der mit Leib und Seele Schauspieler ist –, ihn noch braucht. Dies ist es offenbar, was Heesters, der, was sein Publikum anlangte, zeitlebens preußische Pflichterfüllung an den Tag legte, heute noch umtreibt. Das Phänomen Johannes Heesters läßt sich nur verstehen, wenn man begreift, wofür er heute noch steht.

Johannes Heesters war der erste Holländer[1] in Deutschland, das – wie es einst ein Journalist formulierte – »Haltbarste, was Deutschland je aus Holland importiert hat«.[2] Er bezauberte mit seinem Charme und mit seinem unnachahmlichen holländischen Akzent gleich mehrere Generationen von

Deutschen. Der Operettentenor, der nach einer beachtlichen Karriere in den Niederlanden und in Belgien über den Umweg der Wiener Volksoper 1935 nach Berlin kam, wurde dank der Liebe, Zuneigung und Bewunderung, die ihm sein Publikum entgegenbrachte, zu einem Dauerbrenner im deutschen Musik- und Theaterbetrieb, im Showbusiness, im Kino wie später auch im Fernsehen. Seine außergewöhnlich lange Laufbahn liest sich wie ein Operettentraum, sein Leben wie eine einzige Erfolgsgeschichte bis ins hohe Alter. Während Großmütter und ihre Töchter gleichermaßen den schmucken, stets perfekt und elegant gekleideten Holländer anhimmelten und davon träumten, sich von ihm ins Traumland der Liebe entführen zu lassen, ist er heute durch seine unermüdliche Tätigkeit und seine ungebrochene Ausstrahlung auch noch den Enkeln ein Begriff. Für sie ist er das Fossil aus einer längst entschwundenen Vergangenheit – und gerade das hält die Faszination für Johannes Heesters nach wie vor am Leben.

Heesters entstammt einer Zeit, in der jede Frau ein süßes Geheimnis hatte und den Männern Avancen machte. Einer Zeit, in der Männer schöne Frauen am geduldigen Klavier bezaubern, in der man tausend Gefühle verbergen muß bis zum ersten seligen Kuß. Die Welt des Johannes Heesters ist eine, die durchs Champagnerglas betrachtet wird, in der das Gute siegt und die Liebe triumphiert. Eine Welt der Grafen und der Grandhotels. Die Welt der Operette und des Pomps, der Sehnsucht, des Verlangens und der Eifersucht, der List und der Tücke, der Verwicklungen, Verwechslungen und Intrigen, der kitschigen Gefühle. Ein schillernder, zu Herzen gehender Kosmos des schönen Scheins und der Sinnenfreuden, in der sich alle zeitweiligen, meist nur oberflächlichen Konflikte schon bald in Harmonie und Wohlgefallen auflösen. Eine Zauber- und Märchenwelt, in die über Jahrzehnte Millionen von Menschen nur zu gern vor dem grauen Alltag flüchteten: »Wie betörend dieser exotische Flitterglanz und farbenprächtige Kitsch! Wie wohltuend, sich erstaunen zu lassen, der Rührung nachzugeben, gefühlsselig zu schwärmen, Träumen nachzuhängen!«[3]

Schon der Klang seines Namens löst bestimmte Assoziationen aus. Wer den Namen Johannes Heesters hört, sieht den hocheleganten Bonvivant im maßgeschneiderten Frack vor sich, der weiße Handschuhe trägt, den Zylinder lässig auf dem Kopf, den Spazierstock in der Hand balancierend und sich den schneeweißen Schal über die Schulter werfend, so grazil, wie nur Heesters es vermochte. Wer den Namen Johannes Heesters hört, meint die Eiswürfel in den Champagnerkühlern klirren zu hören und hat auch schon die großen Melodien auf den Lippen, die Heesters berühmt machten – oder die er berühmt machte: *Heut' geh' ich ins Maxim*, *Man müßte Klavier spielen können*, *Es kommt auf die Sekunde an bei einer schönen Frau*, *Ich werde jede Nacht von Ihnen träumen*, *Wunderschön ist es, verliebt zu sein*, *Lippen schweigen, 's flüstern Geigen* oder *Ein Glück, daß man sich so verlieben kann*. Man denkt an seine großen Rollen, den Grafen Danilo Danilowitsch in Franz Lehárs *Die lustige Witwe*, den Grafen Tassilo in Emmerich Kálmáns *Gräfin Mariza*, den Ulrich Hansen in Friedrich Schröders *Hochzeitsnacht im Paradies*, den Georges Duroy in Peter Kreuders *Bel Ami*, den Honoré Lachailles in Frederick Loewes *Gigi* oder René, den Grafen von Luxemburg in Lehárs gleichnamiger Operette. Oder man denkt an seine großen Filme: *Der Bettelstudent* und *Gasparone*, *Hallo Janine* und *Glück bei Frauen*, *Jenny und der Herr im Frack* und *Illusion*, *Die Fledermaus*, *Die Csárdásfürstin* oder aber *Opernball*.

Die Hochzeit der fulminanten Karriere Heesters' waren die dreißiger und vierziger Jahre. Mit den meisten Filmen, die er in der Nachkriegszeit drehte, konnte er nicht mehr an diese Erfolge anknüpfen. Die Welt, der Heesters entstammte, begann zu bröckeln und bald schon ganz zu verschwinden. Für viele blieb er das letzte Relikt aus dieser Zeit, eine lebende Hommage an eine untergegangene Welt, die sich hervorragend zur Verklärung eignete. Dennoch verschwand er niemals ganz von der Bildfläche, brauchte, da es nie still um ihn wurde, nie ein Comeback zu starten. Seine Karriere verlagerte sich lediglich – vom Film zurück auf die Bühne und bald auch schon ins Fernsehen, so daß er mit zahlreichen eigenen Shows, Fernsehfilmen und Gastauftritten auch dem nachwachsenden Publikum ein Begriff blieb. Die heutige Begeisterung für Johannes Heesters hat nicht zuletzt mit seinem erfolgreichen Wechsel ins Charakterfach zu tun. Mit seinem Auftreten in Stücken wie *Casanova auf Schloß Dux*, in Curth Flatows *Ein gesegnetes Alter* und schließlich in Tschechows *Kirschgarten* blieb er präsent. Schaffensfreudig wie eh und je, beabsichtigt er sogar, seine Karriere bis zu seinem einhundertsten Geburtstag und darüber hinaus fortzusetzen, was nur durch die tatkräftige Unterstützung seiner zweiten Frau Simone Rethel überhaupt erst ermöglicht wird. Sein Charme, für den er einst berühmt geworden ist, scheint tatsächlich unverwüstlich zu sein.

Anders als bei Künstlern des Dritten Reiches wie etwa Leni Riefenstahl oder Veit Harlan, die zutiefst in die Machenschaften des Regimes verstrickt waren und sich so offensichtlich von den Verlockungen der Macht haben korrumpieren lassen, stellt es eine besondere Herausforderung dar, das Leben eines Schauspielers zu beleuchten, dessen Karriere auf den ersten Blick weit weniger problematisch erscheint, der sich nicht für Propagandastreifen hergab und lediglich Filme gedreht, Stücke gespielt und Lieder gesungen hat, deren herausragendste Eigenschaft es war, unpolitisch zu sein. Doch inwieweit hat auch Heesters vom NS-Regime profitiert und es durch seine Arbeit gestützt? Zu welchen Zugeständnissen war er für seine Karriere bereit? Inwieweit kann und darf man ihm Vorwürfe machen?

In den neun Jahren seiner Karriere in Nazi-Deutschland war Johannes Heesters ein fest etablierter Star. Innerhalb kürzester Zeit hatte er erreicht, daß das deutsche Publikum seinetwegen ins Kino ging und Millionen Menschen seine Lieder kannten, was seinen Status schnell sicherte und ihm gewisse Privilegien verschaffte. Dennoch verlief hinter den Kulissen nicht alles so reibungslos, wie es auf den ersten Blick scheint, denn es gab in dieser Zeit sehr wohl Widersprüche und Spannungen. So hatte sich Heesters im Mai 1941 zwar von der SS dazu instrumentalisieren lassen, das Konzentrationslager Dachau zu besuchen, andererseits jedoch reiste er 1938 ohne die Genehmigung der zuständigen NS-Behörden nach Holland, um dort mit einem Ensemble geflohener jüdischer Schauspieler die *Gräfin Mariza* des in Deutschland verbotenen Komponisten Emmerich Kálmán zu spielen, und zog sich damit den Zorn des Propagandaministers zu.

Neben unzähligen Zeitungsberichten und Kritiken, zahlreichen Dokumenten aus dem Bundesarchiv Berlin oder anderen film- und musikwissenschaftlichen Archiven, die das Fundament dieses Buches bilden, haben Interviews und Gespräche mit Heesters' Kollegen wie Anneliese Rothenberger, Peter Alexander, Marika Rökk, Margot Hielscher, Carola Höhn, Ilse Werner und Marcel Prawy, mit seinen Regisseuren oder Produzenten, so etwa mit Artur Brauner oder Gyula Trebitsch, die Recherche bereichert.

Aber nicht nur die Karriere und das öffentliche Leben, vor allem der private Johannes Heesters interessierte mich, wenn mir auch von Beginn an klar war, daß dies ein schwierigeres Unterfangen sein würde, als die Stationen seiner beruflichen Laufbahn nachzuzeichnen. Wer ist der Mensch hinter dem Image des strahlenden Lebemannes? Wie weit kongruieren Leben und Image? Welche Brüche, welche Übereinstimmungen gibt es? Heesters hat über weite Strecken seines Lebens sein Privatleben abgeschirmt, es ist ihm fast ausnahmslos gelungen, Skandale zu vermeiden. Die im Kollegenkreis kursierenden Gerüchte über seine angeblichen Affären drangen selten an die Öffentlichkeit. Heesters gab nicht nur auf der Leinwand und in seinen Bühnenauftritten den charmanten Bonvivant, der die Frauen verehrt, sie aber niemals verletzt, sondern genau dies machte auch sein Image als Privatmann aus und kam bei seinen Fans gut an. Sein Leben jenseits der Bühne, jenseits des Images des Galans und Bonvivants, war dagegen leise, diszipliniert, unaufgeregt. Auf der Bühne bediente er sein Image, egal ob vor seinem holländischen, dem österreichischen oder dem deutschen Publikum – oder vor Hitler, dessen Lieblingsschauspieler Heesters war. Danach schminkte er sich ab, zog den Frack aus und ging nach Hause. Die Gespräche mit seiner zweiten Frau Simone, seinen Töchtern Wiesje und Nicole, seinen Enkeln und Menschen, die ihn auch aus dem privaten Erleben kennen, und nicht zuletzt mit Heesters selbst brachten zum Vorschein, daß der strahlende Ufa-Star vergangener Tage zeitlebens eher ein Skeptiker, ein nachdenklicher und besonnener Mensch war. Aber vielleicht sind genau das zwei Seiten, die immer unweigerlich zusammenhängen: »Denn der Mensch ist dazu gemacht, Gegensätze zu vereinigen. Er ist nicht *dies*, sondern immer *dies* und *das* Gegenteil davon« (Egon Friedell).

Der persönliche Zugang zu Heesters und seiner Familie, das war mir von Beginn an klar, war von entscheidender Bedeutung, um ein möglichst tiefenscharfes Bild des Menschen Johannes Heesters zeichnen zu können, denn viele Fragen zu den Hintergründen seiner Karriere oder zum Privatleben Heesters' konnten nur durch die Auskünfte der Familie oder ihn selbst beantwortet werden. Ursprünglich war Heesters durchaus skeptisch, als ich ihm mitteilte, daß ich ein Buch über ihn schreiben wolle – schließlich, so wandte er im ersten Telefonat ein, sei doch gerade eine neue Ausgabe seiner Memoiren erschienen. Was sei schon noch mehr über ihn zu sagen? Sicherlich schwang in dieser ersten, reflexartigen Ablehnung auch das nachvollziehbare Bedenken mit, das damit verbunden ist, wenn sich ein anderer Mensch des eigenen Lebens zu bemächtigen versucht, anfängt zu graben, einen neuen Zugang zu finden, Wertungen vorzunehmen und Fragen zu stellen, denen man vielleicht selbst lieber ausweichen würde. Die Angst auch vor Indiskretionen sicherlich. Doch spätestens mit der ersten persönlichen Begegnung war das Eis gebrochen, war klar, daß es eine wie auch immer geartete Unterstützung meiner Recherche geben würde. Als ungemein positive Erfahrung verbuche ich es, daß dies in der Folgezeit geschah, ohne daß in irgendeiner Weise versucht wurde, Einfluß auf die Darstellung zu nehmen, ohne daß Bedingungen an die geleistete Unterstützung geknüpft wurden.

Heesters' Popularität ist auch im hohen Alter fraglos ungebrochen. Das überwältigende Medienecho zu seinem 99. Geburtstag, das von Berichten und Homestories der Boulevardpresse bis hin zu Würdigungen in den Feuilletons der großen Zeitungen reichte, belegt dies. Auch das ist für Heesters charakteristisch. Er war zeitlebens ein Mensch, der Gegensätze vereinte. Sein Charme half ihm einst, Ländergrenzen spielerisch zu überwinden, er war in den Niederlanden und Belgien ebenso populär wie später in Deutschland und Österreich. Nur der Rückweg war ihm versperrt, die Holländer verziehen ihrem Landsmann nie, daß er Karriere in Nazideutschland machte, während Hitlers Truppen sein Heimatland okkupierten.

Wenn man bedenkt, wie beispielhaft Heesters' Leben für das 20. Jahrhundert ist, wie wenig sein Name aus der Geschichte der Operette und des Theaters, des Films, des Fernsehens, aber auch der Musikgeschichte wegzudenken ist, wie sehr er diese Bereiche der modernen Medienkultur mitgeprägt hat und wie präsent sein Name auch heute noch ist, dann verwundert es, daß dies die erste Biographie dieses Mannes ist. Das Thema bietet Chancen, die vielleicht erst auf den zweiten Blick sichtbar werden. Denn die Biographie des Johannes Heesters weitet sich zu einem Panorama des ganzen zurückliegenden Jahrhunderts, sie läßt eine Welt wiederauferstehen, die zwar längst untergegangen ist, aber immer noch fasziniert.

TEIL I

EIN ÜBERZEUGTER HOLLÄNDER

(1903–1934)

1.

»Nichts als Kaufleute«
Kindheit und Jugend in Amersfoort, Baarn und Amsterdam

Spurensuche vor Ort. Amersfoort im Nordosten der niederländischen Provinz Utrecht. Heute eine florierende Stadt, nur noch der Stadtkern erinnert an das Amersfoort von einst, in dem Johannes Heesters 1903 zur Welt kam. Um heute in Heesters' Geburtsstadt zu kommen, fährt man über die Autobahn, die vom niederländischen Maastricht an Eindhoven und 's-Hertogenbosch in der Provinz Noord-Brabant vorbeiführt, durch den westlichen Zipfel der Provinz Gelderland, weiter nordwärts Richtung Utrecht, der kleinsten der niederländischen Provinzen, die man erreicht hat, nachdem man die Lek, den südlichen Grenzfluß, hinter sich gelassen hat. Bei Utrecht, einer der bedeutenden Universitätsstädte der Niederlande, führt die Straße durch eine bewaldete Hügellandschaft mit für die Niederlande beachtlichen Höhen geradewegs zum nordöstlich der Provinzhauptstadt gelegenen Amersfoort, vorbei an pittoresken Dörfern und Gehöften, windgeschützt hinter Bäumen und Hecken versteckt, und den so charakteristischen weltberühmten Windmühlen.

Die ursprüngliche Landschaft dieser Gegend, die noch Heesters' Kindheit prägte, ist durch die stetige Bevölkerungszunahme in den letzten hundert Jahren grundlegend, ja beinahe dramatisch verändert worden. Die Wälder wurden abgeholzt, um Weideland für das Vieh zu schaffen, und durch den Torfabbau, das sogenannte Torfstechen, verschwanden die Moore. Bereits im 18. Jahrhundert florierte in der Provinz Utrecht die Wirtschaft, reiche Bürger des Landes ließen sich hier nieder und bauten sich prächtige Landsitze. Die Industrialisierung des 19. Jahrhunderts brachte weiteren Aufschwung für die Gegend, und im 20. Jahrhundert kam es zu einer sukzessiven Verstädterung des Landstrichs, der Entstehung von Ballungsräumen und einem dadurch bedingten stetigen Ausbau der Infrastruktur. Auch wenn das von Wald und Heidelandschaften geprägte Umland von Amersfoort auf diese Weise stark verändert wurde und Platz für die unzähligen neuen Ortsteile und Industriegebiete, Kasernen und den Militärflughafen der Stadt machen mußte, ist der historische Stadtkern, an dessen westlichem Rand Heesters vor einhundert Jahren geboren wurde und seine ersten sieben Lebensjahre verbrachte, beinahe vollständig erhalten geblieben. Noch heute ist der Kern der über tausend Jahre alten Garnisonsstadt von einem Grachtenring eingefaßt, an dem entlang einst die Stadtmauer verlief. Einige der mächtigen, die Eem überspannenden Torbauten haben den Abbruch der Befestigungsanlage im Jahre 1829 überlebt und zeugen vom Reichtum Amersfoorts im Mittelalter, als Tuchmacher, Bierbrauer, Tabakbauern und Händler für Wohlstand sorgten. Schon damals unterhielt die Stadt weitreichende Handelsbeziehungen, die zur Aufnahme in die Norddeutsche Hanse führten. Auf den Überresten der einstigen Stadtmauer wurden später die sogenannten Muurhuizen, Mauerhäuser, errichtet, die ebenso wie die alten innerstädtischen Giebelhäuser, die altertümlich anmutenden schmalen Gassen und Plätze und die winzigen, idyllischen Gärten bis heute ausnahmslos erhalten und liebevoll instand gesetzt worden sind. Wahrzeichen Amersfoorts ist nach wie vor der markante, einhundert Meter hohe Lange Jan, wie der um 1500 entstandene Turm der im spätgotischen Stil errichteten Amersfoorter Liebfrauenkirche Onze Lieve Vrouwen, im Südwesten der malerischen Altstadt gelegen, auch genannt wird. Von hier aus kann man an klaren Tagen bis nach Utrecht schauen. Die dazugehörige Kirche, die einst als Pulverlager zweckentfremdet worden war, flog 1787 bei einer Explosion in die Luft. Seitdem ist die mehr im Zentrum der Altstadt gelegene, im 13. Jahrhundert erbaute St. Joris-Kerk, auch Grote Kerk genannt, die Hauptkirche der Amersfoorter Bevölkerung. Noch heute kann man hier das für die Niederlande typische Glockenspiel der Kirche hören, das von François Hemony, einem der berühmtesten Glockengießer des 17. Jahrhunderts, geschaffen wurde. Schon in Heesters' Kindheit rief es die Menschen zum Gottesdienst.[1]

Die Amersfoorter, die heute mit dem Slogan »Stad met een hart«, Stadt mit Herz, werben, sind stolz auf ihre Stadt und deren lange Geschichte – und wahren deren Traditionen. Das stadthistorische Museum Flehite, im Nordwesten der Altstadt, unweit des Havik, des einstigen Hafens von Amersfoort, gelegen, bestand schon in Heesters' Kindertagen und erinnert an die reiche Vergangenheit der Stadt. Und das jährliche Keistadtfest, das man zu Ehren des Amersfoortse kei, des Amersfoorter Steins, eines großen Findlings, veranstaltet, gibt es sogar bereits seit 1661.

Auf prominente Söhne und Töchter der Stadt verweist man gern. Etwa auf jenen Ratspensionär John van Oldenbarneveldt, der in Zeiten des langen Unabhängigkeitskampfs gegen die spanische Herrschaft so wichtig für die Geschicke Hollands war und als einer der führenden Minister und Vordenker der jungen niederländischen Republik galt, bis er 1619 aufgrund des Vorwurfs, er habe den Religionsfrieden gestört, zum Tode verurteilt und hingerichtet wurde. Aber nicht nur auf historische Gestalten, auch auf Künstler des 20. Jahrhunderts, die aus Amersfoort stammen, ist man stolz. So erinnert etwa das Mondrianhuis daran, daß Piet Mondrian, einer der Wegbereiter der abstrakten Malerei, ein gebürtiger Amersfoorter war.

An einen anderen großen Sohn der Stadt, Johannes Heesters, erinnert heute jedoch nichts, ihm hat man auch in Amersfoort nicht verziehen, daß er in den dreißiger Jahren sein Heimatland verlassen und in Nazideutschland Karriere gemacht hat. An seinem Geburtshaus in der Puntenburgerlaan, im westlich der Altstadt gelegenen Viertel Soesterkwartier, das um die Jahrhundertwende jenseits der neu errichteten Eisenbahnlinie nach Amsterdam erbaut wurde und von wo aus man geradewegs bis zum Langen Jan schauen kann, verweist heute keine Tafel auf den berühmten Amersfoorter. Die Erinnerung an ihn ist hier beinahe vollständig verblaßt, auch im nur einige Gehminuten vom ehemaligen Refugium der Familie Heesters entfernten, in der Snoukaertlaan gelegenen Kinopalast Grand Théâtre Amersfoort kennt niemand den Namen Heesters. Mögen die älteren Amersfoorter in den dreißiger und vierziger Jahren noch die Filme gesehen haben, die Heesters in Deutschland gedreht hat und die auch in den Kinos der Niederlande gezeigt wurden, die meisten jüngeren Amersfoorter wissen nicht, daß der Mann, der als der berühmteste Holländer in Deutschland gilt, hier, in ihrer Stadt, geboren wurde.

Damals, in einer Zeit, als man noch wesentlich weniger mobil war als heute, lebte und arbeitete man in Amersfoort. Hier, wo man geboren worden war und wo man »hingehörte«, war auch der Lebensmittelpunkt. Fernweh war ein Gefühl, das nur die wenigsten kannten. So war es noch bei Heesters' Urgroßeltern und seinen Großeltern, die Amersfoort nie verließen und niemals weit über die Stadtgrenzen hinausgekommen sind. Heesters' Eltern gehörten zur ersten Generation, die aus der Stadt ihrer Vorfahren aufbrachen, um in Amsterdam ihr Glück zu versuchen. Damals stellten die fünfzig Kilometer nach Amsterdam noch eine kleine Weltreise dar. Heute pendeln viele Amersfoorter zur Arbeit in die Metropole, die durch die gewaltige Expansion und die Ausweitung ihres Einzugsbereichs immer näher gerückt ist. In Amersfoort leben heute über 100000 Menschen. Der Baedeker-Reiseführer *Holland und Belgien* aus dem Jahre 1905, zwei Jahre nach Heesters Geburt erschienen, beschreibt Amersfoort noch als eine »Industriestadt mit 16000 Einwohnern, gelegen an der Eem, inmitten eines sandigen Gebiets«.[2]

Damals, als Heesters noch als kleiner Junge durch die Straßen von Amersfoort lief, konnte niemand ahnen, welchen Weg der Sohn einer angesehenen Kaufmannsfamilie einmal einschlagen würde. Nichts von dem, was kommen sollte, war vorgezeichnet. Erst der spätere Umzug nach Amsterdam sollte die Impulse bringen, die dazu führten, daß er die Herkunft aus der Provinz sowie das Kaufmannsmilieu seiner Familie hinter sich ließ, jedoch ohne seine Wurzeln zu vergessen.

Johannes Heesters wurde am 5. Dezember 1903 abends um elf Uhr geboren. In den Niederlanden ist dies traditionsgemäß ein ganz besonderer Abend, der Nikolausabend, der Tag vor Sinter Klaas, wie man ihn in Holland nennt. Wie in Deutschland und großen Teilen West- und Südeuropas ist dieses Fest auch hier vor allem den Kindern gewidmet, eine Tradition, die in den Niederlanden ganz besonders gepflegt wird, denn der heilige Nikolaus, im 11. Jahrhundert zum Schutzpatron der Seefahrer erkoren, genießt in der Seefahrernation ein hohes Ansehen.[3] Am Abend vor Sinter Klaas, dem sogenannten Pakjesavond, Päckchenabend, stellt man die sorgfältig gereinigten Schuhe vor die Tür, in der Hoffnung, daß der heilige Nikolaus diese mit vielen Geschenken füllt. In Amersfoort griff man damals noch, wie überall in der niederländischen Provinz, zu den landestypischen Holzschuhen, Klompen genannt. Diese einfach herzustellenden, äußerst haltbaren und strapazierfähigen Schuhe, die heute längst zu einem beliebten Holland-Souvenir und Wahrzeichen des Landes geworden sind, waren die traditionelle Fußbekleidung des Landvolkes – und ein Kleidungsstück, über das sich die Städter bereits lustig machten: »Klompenvolk« war seit dem 19. Jahrhundert das Schimpfwort für die holländische Landbevölkerung.

Wenn man Glück hatte, konnte man am nächsten Morgen Geschenke in den Schuhen vorfinden. In Holland glauben die Kinder, daß der Sinter Klaas und sein Diener, der Zwarte Piet, das Jahr über in Spanien leben und ein großes Buch führen, in dem sie die guten und schlechten Taten der Kinder festhalten. Von da aus machen sich die beiden dann mit einem großen Schiff nach Amsterdam auf, wo sie von der Königin und dem Bürgermeister empfangen werden. Während Nikolaus auf einem weißen Pferd durch die Städte und über das Land zieht, steigt sein Diener, der Schwarze Piet, durch die rußigen Kamine und verteilt die Geschenke.

Bei den Heesters', einer Kaufmannsfamilie, stellten an diesem Nikolausabend die drei Söhne zwar auch ihre Klompen vor die Tür, doch sie interessierten sich an diesem Abend viel mehr für das, was sich im Haus ereignete: die Geburt eines weiteren Kindes, wiederum eines Jungen, der – wenn auch nur mit dem dritten Vornamen – immer an seine Geburt am Nikolausabend erinnert werden sollte, Johan Marius Nicolaas, der später unter dem Namen Johannes Heesters in Deutschland bekannt werden sollte.

Zwei Tage nach der Geburt, am 7. Dezember, teilten der 37jährige Jacobus Heesters und seine zwei Jahre jüngere Frau Geertruida Jacoba van den Heuvel der Gemeinde Amersfoort die Geburt ihres vierten Sohnes mit, worauf die Geburtsurkunde ausgestellt und der neue Erdenbürger in das Bevolkingsregister Amersfoort aufgenommen wurde.[4] Jacobus und Geertruida, beide gebürtige Amersfoorter, hatten zehn Jahre zuvor, am 18. Oktober 1893, geheiratet.[5] Als Trauzeugen fungierten die beiden Väter der Eheleute: der 72jährige Cornelis Heesters, Kaufmann wie sein Sohn, und der 64jährige Jacob van den Heuvel, von Beruf Grobschmied. Der 27jährige Jacobus hatte sich zu diesem Zeitpunkt schon als Kaufmann eine Existenz aufgebaut. Die zwei Jahre jüngere Geertruida hatte bis zur Heirat als Näherin gearbeitet, gab nun aber ihren Beruf auf, wurde ganz Ehefrau und Mutter, wie es die Gesetze der Provinz in dieser Zeit noch wollten. Dem niederländischen Brauch folgend, behielt Geertruida Heesters auch nach der Heirat ihren Mädchennamen zusätzlich bei, in offiziellen Dokumenten wurde sie zeitlebens als Geertruida Jacoba van den Heuvel geführt.

Zum Zeitpunkt der Hochzeit war Geertruida bereits im siebten Monat schwanger. Zwei Monate nach der Eheschließung wurde der älteste Sohn Cornelis Johannes Joseph (genannt Cor) geboren, just am 25. Dezember 1893, an dem man nicht nur den ersten Weihnachtstag, sondern auch noch den achtundzwanzigsten Geburtstag des frischgebackenen Vaters feierte. Natürlich war der erstgeborene Sohn für den stolzen Vater das schönste Geburtstags- und Weihnachtsgeschenk. Vier Jahre sollte es dauern, bis Geertruida erneut schwanger wurde. Am 7. April 1897 wurde ihr zweites Kind geboren, wiederum ein Sohn, den die Eltern nach dem Vater auf den Namen Jacobus Antonius (genannt Jacob) tauften. Auch beim dritten Kind ging Geertruidas Wunsch nach einer Tochter nicht in Erfüllung. Am 1. Februar 1900 wurde der dritte Sohn geboren, Jacobus Wilhelmus Cornelis (genannt Nico). Und zwei Jahre später, am 19. Februar 1902, wurde endlich die langersehnte Tochter geboren.[6] Das auf den Namen Johanna Maria getaufte Mädchen sollte jedoch das Säuglingsalter nicht überleben. Bereits vier Monate später, am 20. Juni 1902, wurde im Einwohnerregister von Amersfoort ihr Tod verzeichnet. Die genaue Todesursache ist unbekannt.[7]

Die Geburt von Johan Heesters, der von Kindesbeinen an mit dem Kosenamen »Jopie« gerufen wurde, war traditionsgemäß als Hausgeburt durchgeführt worden, auch seine drei älteren Brüder und die verstorbene Schwester waren in dem geräumigen Haus in der Puntenburgerlaan geboren worden, in dessen Erdgeschoß sich das Geschäft der Familie Heesters befand. Im Haus hatten neben der nunmehr sechsköpfigen Familie von Jacobus Heesters zeitweilig auch noch zwei seiner Brüder gelebt, der jüngere Bruder Godefridus, Jahrgang 1875, sowie Wilhelmus, Jahrgang 1863. Beide waren ebenso wie Jacobus Heesters in die Fußstapfen des Vaters getreten und hatten den Kaufmannsberuf ergriffen, das Haus ihres Bruders jedoch noch vor Johans Geburt wieder verlassen. Wilhelmus war 1899 nach Leusden gezogen, damals noch ein kleines Dorf, unmittelbar südöstlich vor den Toren Amersfoorts gelegen, um dort eine eigene Familie zu gründen, Godefridus hatte seine Geburtsstadt verlassen, um zur See zu fahren.[8] Der Beruf des Kaufmanns, den Jacobus Heesters, sein Vater und seine Brüder und viele weitere nähere und fernere Verwandte ausübten, hatte in den Niederlanden durch die Kolonien und die weitreichenden Handelsbeziehungen schon seit Jahrhunderten einen großen Stellenwert, und insofern genossen die Heesters in Amersfoort ein hohes Ansehen.

Jacobus Heesters hatte sich, nachdem er bei seinem Vater Cornelis in die Lehre gegangen war, in seiner Geburtsstadt mit einem eigenen Geschäft selbständig gemacht – im neu errichteten Stadtviertel Soesterkwartier, in dem es zu jener Zeit noch so gut wie keine Geschäfte gab. Er besaß das, was man damals in der niederländischen Provinz einen »Alleshandel«

nannte, in dem neben einer breiten Palette von Lebensmitteln auch das Wichtigste angeboten wurde, was man sonst noch zum Leben brauchte: »Zucker, Salz, Mehl, herrlich duftende Gewürze aus der ganzen Welt, aber auch Tongefäße, Zwirne, Wolle und Textilien gehörten zum Angebot.«[9] Der Andrang war groß, das Geschäft in dem Eckhaus in der Puntenburgerlaan lief gut, es war »das größte am Platze«[10], wie sich Johannes Heesters später erinnerte. Jacobus Heesters war ein geschickter Kaufmann, der den Bauern, Handwerkern und Manufakturen der Gegend ihre Waren abnahm und sie gewinnbringend weiterverkaufte. Seine Kunden behandelte er höflich und zuvorkommend. Er war stolz auf sein florierendes Geschäft und investierte auch in eine ansprechende Präsentation der Waren: »Unsere Geschäftsräume in Amersfoort konnten sich sehen lassen. Mit Säulen und feinen Holzregalen, langen Ladentischen und Spiegelwänden hinter Glastüren machten die hohen Räume schon Eindruck.«[11] In einem solchen Ambiente gelang es Vater Heesters, seine Kunden, die froh waren, daß sie zum Einkaufen nicht bis in das einen Fußmarsch von zwanzig Minuten entfernte Zentrum laufen mußten, manches Mal auch dazu zu überreden, Dinge zu kaufen, die im bescheidenen Amersfoort einen Luxus darstellten, wie zum Beispiel Zigarren der allerbesten Qualität: »Den Verlockungen meines Vaters konnte über kurz oder lang keiner widerstehen.«[12]

Der Alleshandel von Jacobus Heesters war eine wichtige Anlaufstätte in dem kleinen Städtchen, den Namen Heesters kannte folglich jedes Kind. Für den geschäftstüchtigen Jacobus war es selbstverständlich, daß er an Markttagen seine Waren auch im Freien feilbot. Hierzu hatte er eigens zwei Pferde und einen hölzernen Wagen angeschafft, der Woche für Woche hoch mit den Warenkörben beladen wurde, deren Inhalt dann auf den Verkaufstischen des Amersfoorter Marktes, wo buntes und geschäftiges Treiben herrschte, ausgebreitet wurden. Seine drei Söhne begleiteten ihn an diesen Tagen, wie sie auch sonst im Geschäft des Vaters mithalfen und Besorgungen oder Auslieferungen für ihn erledigten, so wie sie es je nach Alter, Körperkraft und Fähigkeit vermochten:

»Wir Jungens mußten helfen, und es hat immer riesigen Spaß gemacht«, erinnert sich Johannes Heesters später.[13]

Wenn Jacobus mittags und abends mit seinen vier Kindern vom Markt oder aus dem Geschäft in die im Obergeschoß des Hauses gelegene Wohnung kam, stand pünktlich das Essen auf dem Tisch. Die Rollenverteilung in der Familie war klar, die Aufgaben strikt getrennt. Während Jacobus für das Geschäft zuständig war und für den Unterhalt der Familie sorgte, war Geertruida für den Haushalt und die Erziehung der Kinder zuständig. Gemäß der traditionellen Vorstellungen, die Jacobus' vier Söhne später weitgehend unverändert übernehmen sollten, hatte sie nur für die Familie zu leben und für das Wohl ihres Mannes und ihrer Kinder zu sorgen.

Das Familienleben der Heesters war entspannt und harmonisch, Streitigkeiten gab es kaum. Im Gegenteil, meist herrschte gute Laune, und es wurde viel gelacht. Jacobus machte sich gern einen Spaß daraus, abends seiner Frau und seinen Söhnen vorzuspielen, wie er tagsüber seine Kunden umschmeichelt und zum Kauf von Dingen überredet hat, die sie eigentlich gar nicht hatten kaufen wollen. Dennoch brachte er seinen Söhnen, von denen drei später selbst im kaufmännischen Bereich arbeiten sollten, bei, daß der Kunde stets König zu sein hat und man den Menschen herzlich und offen begegnen muß, wenn man Erfolg haben, wenn man ankommen und etwas erreichen will.

Auch wenn es den Heesters in dieser Zeit durch das florierende Geschäft gut ging, hielt Jacobus die Familie an, sparsam zu leben. Von unnötigem Luxus hielt man im Hause Heesters nichts. Selbst die Brüder des Vaters, deren kaufmännisches Geschick noch stärker ausgeprägt war und die es zu ansehnlichen Vermögen gebracht hatten, lebten verhältnismäßig bescheiden: »Meine Onkel haben es mit ihrem Kaufmannstalent zu holländischen Millionären gebracht. Leider waren sie alle geizig, besonders einer, der einen Eisenhandel betrieb und die Hufeisen auf Wunsch noch selbst beschlug – gegen Extrabezahlung versteht sich.«[14] Diese Bodenständigkeit war eine prägende Erfahrung, denn auch als aus dem kleinen Jopie längst der gut verdienende Filmstar Johannes Heesters geworden und er durch seine Bühnenengagements, Filmgagen und Schallplattenverträge zum Großverdiener aufgestiegen war, blieb er der sprichwörtlichen holländischen Sparsamkeit treu. Ein Mann der großen Trinkgelder war Heesters nie.

Zu seinen drei Brüdern, auch wenn sie teilweise erheblich älter waren als er, hatte Johan von klein auf ein gutes Verhältnis. Die vier Heesters-Sprößlinge bildeten eine eingeschworene Gemeinschaft: »Trotz unseres Altersunterschiedes, der sich auch in ganz unterschiedlichen Interessen bemerkbar machte, hielten wir Brüder zusammen.«[15] Sein Lieblingsbruder wurde und blieb zeitlebens Cor, der Älteste, der später auch mit großem Stolz die Karriere des jüngsten Bruders verfolgte.[16] Jopie genoß es, in dem zehn Jahre Älteren einen Beschützer und Aufpasser zu haben, und Cor liebte seinen kleinen Bruder über alles. Während seine Brüder vormittags in die Schule mußten, hatte Johan Zeit, das unbeschwerte Leben zu genießen und mit seinen gleichaltrigen Spielkameraden die Stadt und das Umland zu erkunden. Die Überreste der abgebrochenen mittelalterlichen Befestigungsanlagen waren für ihn, wie für Generationen von Kindern, die in Amersfoort aufwuchsen, ein wunderbarer Abenteuerspielplatz. Eine wichtige Kindheitserinnerung verknüpft sich zudem mit dem Besteigen des Langen Jan, des Turms der Liebfrauenkirche, von dem aus man weit über die engen Grenzen des Städtchens hinausblicken konnte: »Nicht, daß ich Fernweh gehabt hätte, aber neugierig, gierig nach neuen Eindrücken und Erfahrungen war ich wohl schon damals«, so Heesters später.[17]

Ebenso liebte er es, mit seinen Freunden durch die nähere Umgebung der Stadt zu streifen und die sanften, nur knapp fünfzig Meter hohen Hügel zu erklimmen, die von den Bewohnern des flachen Landstrichs als »Berge« bezeichnet werden. Von hier aus konnte man über die Wälder und Weiden blicken, die sich um Amersfoort erstrecken, und den Verlauf der Eem verfolgen, jenes Flüßchens, das erst in der Höhe von Amersfoort durch die Vereinigung mehrerer kleinerer Bäche entsteht und das der Stadt einst seinen Namen gegeben hat, denn Amersfoort heißt nichts anderes als »Furt an der Eem«.

Heesters behielt diese Gegend zeitlebens als »lieblich und romantisch« in Erinnerung, sie erschien ihm wie ein »riesiger grüner Park mit ansehnlichen Hügeln«.[18]

Der von den Niederländern Gooi oder Gooiland genannte Landstrich war traditionell das Erholungsgebiet der Amsterdamer, aber auch viele Künstler fühlten sich von dieser Landschaft angezogen. 1903, in Heesters' Geburtsjahr, unternahm Gustav Mahler eine Reise durch Holland und schilderte dem befreundeten Wiener Maler Carl Moll schwärmerisch seine Eindrücke: »Man kann verstehen, warum sich Maler in diesem Land zuhause fühlen! Bunte Häuser, Weiden, Kühe, Windmühlen, Wasser, wohin du blickst, Möwen in der Luft oder am Wasser, Schiffe und Wälder voller Masten und all die wunderbaren gleitenden Widerspiegelungen! Man könnte hier endlose Wochen lang umhergehen! [...] Diese holländischen Weiden [...] und diese langen, geraden Kanäle, die von allen Seiten kommen und im silbrigen Licht schimmern, diese kleinen grünen Häuser und über allem ein graublauer Himmel mit unzähligen Vogelscharen! Es ist so wunderschön!«[19]

An den Sonntagen, wenn das Geschäft geschlossen war, unternahmen die Heesters' mit ihren vier Söhnen nach dem Kirchgang Ausflüge in die nähere Umgebung von Amersfoort. Bei den Kindern besonders beliebt waren die Tagestouren an die Zuidersee, eine Bucht, die tief ins Festland hineinragte und in nur anderthalb Stunden Kutschfahrt bequem von Amersfoort aus zu erreichen war. Hier sah der kleine Johan Heesters zum ersten Mal das Meer und liebte es vom ersten Moment an.[20] Die Stelle, an der die Heesters' einst auf die Zuidersee blickten und die Kinder im Sommer, wenn das Wasser warm genug war, badeten, gibt es heute nicht mehr. Mit den Landgewinnungsprojekten entstand hier die am Reißbrett geplante Provinz Flevoland, die jüngste der zwölf niederländischen Provinzen, die teilweise bis zu fünf Meter unter dem Meeresspiegel liegt.

Daß sich diese Landschaft so dramatisch verändern würde vermochte damals, während der unbeschwerten Familienausflüge, niemand zu ahnen, auch nicht, daß für die Heesters die guten, sorglosen Jahre in Amersfoort schon bald vorbei sein sollten. Im Jahre 1910 erkrankte Jacobus Heesters schwer an Typhus und verlor durch die Erkrankung alle Haare. Er war so geschwächt, daß er sein Geschäft vernachlässigen mußte. Da sein jüngster, gerade in die Volksschule gekommener Sohn Johan mit sechs Jahren noch zu klein war, der siebzehnjährige Cor Amersfoort im April des Jahres verlassen hatte, um in Tiel, ganz im Süden der Provinz Utrecht, eine kaufmännische Lehre zu absolvieren,[21] seine beiden mittleren Söhne noch schulpflichtig waren und er sich strikt weigerte, seine Frau Geertruida im Geschäft mithelfen zu lassen, mußte Jacobus Heesters seinen Alleshandel immer häufiger geschlossen halten. Als er dann einigermaßen wiederhergestellt war und sein Geschäft wieder regelmäßig öffnen konnte, waren seine früheren Stammkunden längst zur Konkurrenz abgewandert. Der Laden war nicht mehr rentabel, und Jacobus blieb nichts anderes übrig, als das Geschäft aufzugeben. Die Familie war damit ihrer Existenzgrundlage beraubt, für die vier Söhne bedeutete die Geschäftsaufgabe das Ende einer sorglosen, behüteten Jugend. Trotz der Versuche, die aufgrund der Sparsamkeit ohnehin nie üppigen Haushaltskosten zu senken, ließen sich die Lebenshaltungskosten der Familie nicht mehr bestreiten. Ob Jacobus seine wohlhabenden Brüder um Hilfe gebeten hat, ist nicht bekannt, es ist jedoch durchaus möglich, daß er zu stolz dazu war.

Jacobus sah keinen anderen Ausweg, als das Haus in der Puntenburgerlaan zu verkaufen und Amersfoort zu verlassen. Er beschloß, mit Frau und Kindern in das nur dreizehn Kilometer entfernte Baarn zu ziehen. Der Familienlegende zufolge war der Hauptgrund dafür, daß dort die bessere Luft der Gesundung des Vaters zuträglich sei. Aber so richtig glaubte niemand daran. Im Grunde wußten alle, daß es der stadtbekannte Jacobus Heesters, vorher ein erfolgreicher Geschäftsmann und geachteter Bürger, nicht ertragen konnte, vor den Augen der Amersfoorter, die ihn von klein auf kannten, gesellschaftlich abzusteigen, denn der Verlust seines Geschäfts »grämte ihn sehr, und weil ihn doch jeder kannte in Amersfoort, zogen wir weg«, so sah es Johannes Heesters in seinen Memoiren.[22] Natürlich ging es Jacobus auch darum, seine

Frau und seine Söhne vor Gerede und mitleidigen oder gar hämischen Blicken zu schützen. Auch wenn er nicht absehen konnte, ob er nach dem Umzug geschäftlich wieder auf die Beine kommen würde, versuchte er Optimismus auszustrahlen: »In Baarn sollte nun alles besser werden.«[23]

Ein Jahr in Baarn

Am 21. Oktober 1911 war es soweit. Die Heesters' zogen mit den drei jüngsten Söhnen in das nicht weit entfernte, nordöstlich der Stadt gelegene Baarn. Die Bahnfahrt zwischen beiden Städten dauerte damals – wie der Baedeker von 1905 bemerkenswert genau verzeichnet – exakt achtundzwanzigeinhalb Minuten.[24] Auch wenn das Haus in der Puntenburgerlaan in unmittelbarer Nähe zum Bahnhof von Amersfoort lag, entschied man sich für die billigere Umzugsvariante mit dem Pferdewagen, den Jacobus Heesters einst für die Markttage angeschafft hatte. Die Heesters' bezogen am nördlichen Ortsrand von Baarn ein kleines, bescheidenes Haus in der – heute in Acaialaan umbenannten – Kerkhoflaan 183a, einer Allee direkt am ersten öffentlichen Friedhof von Baarn und, was die Söhne weit mehr interessierte, am örtlichen Fußballfeld gelegen. Vier Tage nach dem Umzug, am 25. Oktober 1911, trug sich Jacobus Heesters mit seiner Familie in das Bevolkingsregister der Gemeinde Baarn ein.[25] Sein ältester Sohn Cor stieß erst vier Monate später, im Februar 1912, wieder zur Familie, nachdem er seine Lehre in Tiel beendet hatte.

Das kleine Baarn, durch einen Kanal mit der Eem verbunden und von ausgedehnten Weidelandschaften und einem prächtigen Wald, dem Baarnsche Bosch, umgeben, war schon damals ein traditionelles Ausflugsziel der Amsterdamer. Seinen ländlich-vornehmen Charakter konnte es bis heute erhalten, die meisten seiner alten Bauten auch – nur das ehemalige Haus der Familie Heesters ist einem Straßenzug mit Neubauten gewichen. Der Bischof von Utrecht hatte Baarn bereits 1350 das Stadtrecht verliehen, aus dieser Zeit stammt auch das Stadtwappen, das einen goldenen Bischof auf einem azurblauen Wappenschild zeigt. In der Folgezeit hatte sich Baarn, das durch die Eem mit dem Meer und so mit der florierenden Handelsschiffahrt verbunden war, zu einem wohlhabenden Städtchen entwickelt. Das 17. Jahrhundert, das »Goldene Zeitalter« der Niederlande, hatte auch Auswirkungen auf das kleine Baarn: Die durch den Ostindienhandel reich gewordenen Holländer bauten sich nicht nur prächtige Stadtpaläste an den Grachten von Amsterdam, sondern im 18. Jahrhundert verstärkt auch stattliche Sommersitze und Jagdhäuser im Umland, besonders in und um Baarn, weshalb die Stadt mit ihren vielen vornehmen Bauten bis heute als »villadorp«, Villendorf, bezeichnet wird. Als 1874 dann die Eisenbahnlinie von Amersfoort nach Amsterdam gebaut wurde, brachte dies nochmals einen Aufschwung für Baarn, das ebenfalls einen Bahnhof erhielt und nun von der Hauptstadt aus noch schneller und bequemer zu erreichen war und damit endgültig die »bevorzugte Sommerfrische für wohlhabende Amsterdamer Bürger«[26] wurde.

Anfänglich ahnte in der Familie Heesters wohl noch niemand, daß man nur ein Jahr in Baarn bleiben würde. Doch alle Versuche des langsam wieder genesenden Jacobus, an die geschäftlichen Höhenflüge der Vergangenheit anzuknüpfen, blieben erfolglos. Im Baarner Bevolkingsregister wird sein Beruf als Winkelier, Ladenbesitzer, angegeben. Einen Laden eröffnete er jedoch in Baarn gar nicht, vielmehr bot er, unterstützt von seinem Sohn Cor, seine Waren auf dem örtlichen Markt feil.[27] Einmal wöchentlich wurde auf dem pittoresken, baumbestanden Brink, dem zentralen Platz der Stadt, im Schatten der Pauluskerk ein Markt veranstaltet. Im Vergleich zu seinem Amersfoorter Alleshandel hatte Jacobus Heesters sein Sortiment nun drastisch verkleinert, er verkaufte lediglich Kurzwaren, Stoffe und Garne. Nicht nur das Sortiment war bescheidener als früher, auch die Einnahmen reichten nicht im entferntesten an die früheren heran. Eine sechsköpfige Familie ließ sich damit zumindest nicht ernähren, man konnte sich nur gerade so über Wasser halten, so daß sich die Heesters' an wesentlich bescheidenere Lebensverhältnisse zu gewöhnen hatten.

Wie schlecht es den Heesters' in Baarn finanziell tatsächlich ging, belegt die Erinnerung Johannes Heesters', daß die Mutter ihrem Mann und ihren vier Söhnen in der Baarner Zeit Morgen für Morgen das gleiche einfache Arme-Leute-Gericht vorsetzte: »melk en brood« – ein klassisches Reste-Essen: Das vom Vortag übriggebliebene Brot wurde in heißer Milch zu einem Brei verkocht, der, wenn er auf den Tisch kam, mit Zucker bestreut wurde und, weil er sehr nahrhaft war, für den Tag stärken und mehrere Stunden vorhalten sollte. Während seine drei älteren Brüder den Brei nur widerwillig aßen und auf den immer gleichen »broodspapp« schimpften, wurde »melk en brood« das Lieblingsgericht des kleinen Johan, und seine Mutter freute sich darüber, daß wenigstens einer ihrer Söhne sich gern den Bauch damit vollschlug.

Den Zusammenhalt in der Familie, sowohl zwischen Jacobus und Geertruida als auch zwischen Kindern und Eltern und den Geschwistern untereinander, erschütterte die neue Armut nicht. Ganz im Gegenteil, man scheint in jenen Jahren noch näher zusammengerückt zu sein, wissend, daß man nur gemeinsam durch diese schwere Zeit kommen würde. Schon das ständige Miteinander, das in dem sechsköpfigen Haushalt herrschte, in dem Familien- und Arbeitsleben stark miteinander verwoben war und das dem einzelnen wenig Platz für Privatsphäre ließ, machte es zwingend erforderlich, daß man sich zusammenraufte und gut miteinander auskam. Keiner der Söhne machte dem Vater Vorwürfe, sie alle wußten, daß Jacobus die mißliche Situation nicht verschuldet hatte und alles daran setzte, daß es der Familie bald wieder besser ginge.[28]

Johan als jüngster Sohn – zwei Monate nach dem Umzug von Amersfoort nach Baarn feierte er seinen achten Geburtstag – war im Gegensatz zu seinen ältesten Brüdern wohl noch nicht reif genug, um die ganze Tragweite dessen zu erfassen, was seiner Familie widerfuhr. Dennoch spürte auch er durch die Erschütterungen, die seine kleine Welt erfaßt hatten, »daß das Leben komplizierter war«[29]. Auch für ihn hatte sich viel geändert: der Abschied von den Spielkameraden in Amersfoort, der Verlust der gewohnten Umgebung, der Vater, der durch die Krankheit, den geschäftlichen Mißerfolg und die immer neuen Rückschläge weniger fröhlich war als zuvor. Sicherlich nahm er das Ganze – kompensiert durch die Neugier auf das Unbekannte, das Baarn für ihn verkörperte – leichter als der Rest der Familie, dennoch mußte auch er am eigenen Leib erfahren, was es bedeutete, daß die Familie nun arm war. Im Gegensatz zu seinen neuen Spielkameraden, von denen viele aus den wohlhabenden Familien Baarns stammten, konnte ihm sein Vater nicht mehr so einfach jeden Wunsch erfüllen. Anschaffungen, die vorher keine große Belastung für den erfolgreichen Geschäftsmann dargestellt hatten, mußte man sich jetzt versagen oder vom Mund absparen. Geschenke waren eine Seltenheit, über die man sich dann jedoch um so mehr freute, etwa als Heesters – in der Radfahrernation Holland fast unverzichtbar – endlich sein erstes Fahrrad bekam: »Ich erinnere mich, daß ich vor Freude geheult habe, als mein Vater eines Tages mit einem Fahrrad ankam, das er für mich gekauft hatte. Ein gebrauchtes natürlich, er hatte umgerechnet knapp vierzig Mark dafür bezahlt, was ihm gewiß nicht leichtgefallen war. Und ich war der glücklichste Mensch weit und breit.«[30]

An das Schuljahr in Baarn, an die dortige Schule und die Lehrer erinnert sich Heesters – im Gegensatz zur Volksschule, die er vorher in Amersfoort besucht hat und von der ihm besonders der Heimatkunde-Unterricht im Gedächtnis geblieben ist – heute nicht mehr.[31] Vielleicht auch gerade weil ihn in dieser Zeit andere Dinge beschäftigt haben, etwa, daß er gemeinsam mit seinen drei Brüdern im Kirchenchor von Baarn gesungen oder die schulfreien Nachmittage auf dem direkt neben dem elterlichen Haus gelegenen Fußballfeld verbracht hat, jedoch lieber als begeisterter und anfeuernder Zuschauer, als daß er selbst mitgespielt hätte.

Eine seiner liebsten Erinnerungen aus der Baarner Zeit aber ist eine andere. Am südlichen Rand von Baarn, am Ende einer langen Allee gelegen, die der kleine Johan bei seinen Streifzügen erkundete, befand sich das von einem hohen Zaun umgebene Landgut Kasteel De Hooge Vuursche, das 1912 fertiggestellt worden war und sich im Besitz der Familie van den Bosch befand. Den Platz hatte man gewählt, weil südöstlich von Baarn das Paleis Soestdijk lag, das 1937 die holländische Kronprinzessin Juliana kurz nach der Hochzeit mit ihrem Mann Prinz Bernhard als feste Wohnstätte bezog, was dazu führte, daß die heutige, auch dort geborene Königin Beatrix und ihre drei Schwestern in Baarn zur Schule gingen.

Eines Tages, so berichtet Heesters in seinen Memoiren, rief ihn vom verschlossenen Tor aus ein etwa vier- oder fünfjähriges Mädchen heran, das, als er näher gekommen war, begann, über den Zaun hinweg mit ihm Ball zu spielen. Als er seiner Mutter davon erzählte, lachte diese und sagte, daß es niemand anders als die kleine Juliana, die Kronprinzessin der Niederlande, gewesen sein könne, mit der er da gespielt habe.[32] Ob dem wirklich so war, muß dahingestellt bleiben: Juliana war zum Zeitpunkt, als die Heesters' nach Baarn zogen, zweieinhalb, und als sie Baarn wieder verließen dreieinhalb Jahre alt, zudem hat sie ihre Kindheit in den Schlössern Noordeinde und Huis ten Bosch in Den Haag und im Paleis Het Loo bei Apeldoorn verbracht. Dennoch könnte es natürlich sein, daß sie im damals von ihrer Großmutter, der abgedankten Königin Emma, bewohnten Paleis Soestdijk zu Besuch war und auch das neue Schloß Hooge Vuursche besuchte. Ob es sich bei dem Mädchen um die spätere Königin Juliana oder ein anderes Mitglied der königlichen Familie oder um die Tochter von Angestellten des Palastes handelte, läßt sich nicht mehr klären. Für Heesters jedoch stand zeitlebens fest, daß er als Achtjähriger mit der holländischen Kronprinzessin Ball gespielt habe, was seine von Hause aus königstreue Einstellung nur noch verstärkte.

Auch die mit Abstand wichtigste und liebste Kindheitserinnerung[33] von Johannes Heesters ist mit Baarn verbunden. Mit großer Leidenschaft erfand er für sich das »Priesterspiel«, indem er das, was er in der Messe in der Baarner Kirche sah und hörte, zuhause nachspielte. Die Heesters' gehörten in den überwiegend protestantischen Niederlanden der katholischen Minderheit an, deren Zentrum das nahe Utrecht war.[34] Schon in Amersfoort besuchte die Familie regelmäßig die sonntäglichen Gottesdienste, eine Tradition, mit der man auch in Baarn nicht brach. Weitaus stärker als seine Brüder, die sich beim Kirchgang oft langweilten, fühlte sich der kleine Johan von den damals noch in lateinischer Sprache gehaltenen Messen mit ihren festlichen Ritualen, dem Weihrauchduft, der Musik und den kostbaren Gewändern, Kreuzen und Monstranzen angezogen. Noch als alter Mann erinnert er sich, daß ihn »alles, was dort passierte, verzaubert hat: die Musik, die Predigt, die Lichter, die Stimmung«.[35]

Die Folge war, daß er als seinen ersten Wunschberuf angab, Pfarrer werden zu wollen. Gleichsam als Vorbereitung hierfür begann er zuhause eigene Messen zu zelebrieren. So bastelte er sich selbst einen dreiteiligen, aufklappbaren Altar nach dem Vorbild der Baarner Kirche und wünschte sich zu seinem achten Geburtstag am 5. Dezember 1911 von seinen reichen Onkeln alles, was er zum »Priesterspiel« brauchte. Und tatsächlich ging sein Wunsch am Nikolausabend in Erfüllung, vermutlich weil man glaubte, daß es dem eigenen Seelenheil durchaus förderlich sein könne, einen Priester in der Familie zu haben: »In den Schuhen und auf dem Tisch lag, was das junge Priesterherz begehrte. Absoluter Höhepunkt: ein Kreuz aus Silber, zwei silberne Kandelaber und eine prachtvolle Monstranz.«[36] So ausgerüstet, konnte Heesters an seinem im Wohnzimmer aufgebauten Altar, für den Mutter und Großmutter spitzengeklöppelte Decken beigesteuert hatten, seine eigenen Messen feiern – selbstverständlich in lateinischer Sprache, auch wenn er so gar nicht verstand, was er eigentlich sagte. Während seine älteren Brüder am Verstand ihres Bruders zweifelten, goutierten die Eltern die häuslichen Messen. Besonders begeistert über die kindliche Ernsthaftigkeit, mit der Jopie das »Priesterspiel« betrieb, war jedoch seine Großmutter, Geertruidas Mutter, die mit Tränen der Rührung in den Augen jubelte: »Ja, der Jopie wird mein Priesterchen!«[37] Der Pfarrer von Baarn, der von den Spielen des jungen Heesters erfuhr, reagierte amüsiert.[38] Andere Kinder des Städtchens ließen sich, wie Heesters sich erinnert, von dieser Leidenschaft anstecken: »Das ›Priesterspiel‹ griff um sich. Auch einige meiner Schulfreunde machten mit.«[39] Einer von ihnen, Roy Gulden, brachte es später sogar bis zum Bischof in einer indischen Diözese.[40]

Daß der junge Heesters darauf verfiel, sich ein so ausgefallenes Hobby zuzulegen, erscheint im Rückblick durchaus nachvollziehbar. Da er in einem Milieu aufgewachsen war, das ganz der Arbeit und dem Alltag verpflichtet war, in einer Welt, in der Kunst, Literatur, Musik und Theater keine Rolle spielten, mußte das feierliche und sinnenfreudige Zeremoniell der katholischen Kirche, das mit dem Weihrauchduft, der Orgelmusik, den prachtvollen Talaren und kostbaren Requisiten durchaus theatrale Züge trägt, ein Faszinosum darstellen – etwas, womit man der Profanität des Alltags entfliehen konnte. Daß er die Messen zuhause nachspielte, in die Rolle des Pfarrers schlüpfte und dabei auch die Gesten und den Tonfall des Baarner Priesters nachahmte, zeigt, daß er – wenn auch vorerst noch völlig unbewußt – spürte, daß etwas Wichtiges in seinem Leben fehlte, daß er bereits hier nach einer ersten Bühne suchte. Später in Amsterdam, als seine Theaterleidenschaft geweckt worden war und sich ihm eine völlig neue Welt eröffnete, gab er das Priesterspiel ebenso auf wie seinen allerersten Berufswunsch: »Daß ich letztendlich doch kein Priester wurde, ist ja allgemein bekannt. Und wenn ich heute daran zurückdenke, wirkt es wie ein Spiel.«[41]

Seiner Vorliebe für Kirchen und alles Sakrale blieb er jedoch zeitlebens treu. Noch als er längst zum Operettenkönig und Filmstar in Deutschland aufgestiegen war, faszinierte ihn die »mystische Kraft«[42] der Gotteshäuser, die ihn geradezu magisch anzogen. Schauspielerkollegin Marika Rökk erinnerte sich in ihren Memoiren daran, daß Heesters bei Außenaufnahmen oft verschwunden war und dann stets Späher ausgeschickt wurden, »die in den Kirchen der Umgebung nach ihm fahnden mußten. Denn Jopie war sehr gläubig und liebte Kirchen. Kaum kamen wir irgendwo an, ging er schon wie ein Jagdhund auf Kirchensuche.«[43]

Schon ein Jahr nachdem die Familie Heesters in das kleine Baarn gezogen war, mußte Jacobus eingestehen, daß er auch hier finanziell nicht mehr auf die Beine kam. Der Verkauf von Kurzwaren auf dem Markt konnte die sechsköpfige Familie einfach nicht ernähren, der Versuch eines geschäftlichen Neuanfangs war mißlungen, nicht zuletzt weil die Konkurrenz auf dem Markt von Baarn groß war und die Menschen sich nur schwer dazu bewegen ließen, bei neuen Händlern zu kaufen. So entschied sich Jacobus Heesters schweren Herzens, die vertraute Umgebung endgültig hinter sich zu lassen und nach Amsterdam zu gehen. Was ihm in der Provinz nicht gelang, das, so hoffte er inständig, würde ihm in der fünfzig Kilometer entfernten, im Bezirk Noord-Holland gelegenen Hauptstadt gelingen. Und so versuchte er Optimismus zu verbreiten, auch wenn ihm dies nicht immer leicht gefallen sein dürfte und er sich in mancher stillen Stunde verzweifelt gefragt haben wird, wie es weitergehen soll.[44]

Verlockungen der Großstadt

Im Vergleich zu Amsterdam, das spätestens seit dem 17. Jahrhundert zur wichtigsten Metropole des Landes und einer der bedeutendsten Städte Europas aufgestiegen war, schienen Baarn und Amersfoort kleine Dörfer zu sein. Für den mittlerweile sechsundvierzigjährigen Jacobus und die vierundvierzigjährige Geertruida, die zeitlebens nichts anderes kennengelernt hatten als die Utrechter Provinz, bedeutete der Wechsel in die Großstadt eine grundlegende Veränderung, die sicherlich erst einmal beunruhigend, vielleicht auch beängstigend auf sie gewirkt haben mag. Für die vier Söhne stellte Amsterdam, das es nun zu erkunden galt und das ihnen für ihre Zukunft größere Chancen eröffnete als die Provinz, jedoch erst einmal ein großes Abenteuer dar: »Das großstädtische Leben riß uns in den Bann, das beschauliche Kleinstadtleben blieb auf der Strecke.«[45]

Der älteste Sohn Cor war, wie das Einwohnerverzeichnis von Baarn dokumentiert, bereits am 21. September 1912, einen Monat vor dem Rest der Familie, nach Amsterdam gezogen, um sich dort auf die Suche nach einer geeigneten Wohnung zu machen. Jacobus und Geertruida folgten mit den drei jüngeren Söhnen am 23. Oktober 1912, fast auf den Tag genau ein Jahr nach dem Umzug von Amersfoort nach Baarn. Für die nächsten fünf Jahre bezog man eine Wohnung in der Kanaalstraat

152, im Westen Amsterdams,[46] unweit des Museumsviertels, des berühmten, 1865 von wohlhabenden Bürgern gestifteten Vondelparks und des Ende des 19. Jahrhunderts erbauten und Wilhelmina Gasthuis genannten Krankenhauses, damals eines der größten und modernsten der Stadt, eine durchaus gute Lage.

Die vier Heesters-Söhne machten sich, in Amsterdam angekommen, gleich daran, die neue Stadt zu erkunden. Das aufregende Leben der großen, vornehmen und stolzen Stadt erschien ihnen wie eine völlig neue Welt, die sie sich schnell eroberten, und »so streiften meine Brüder und ich schnell die Provinz ab und atmeten tief die Großstadtluft ein«.[47] Amsterdam, an der Mündung der Amstel ins Ijsselmeer, zwanzig Kilometer von der Küste entfernt gelegen, war, nachdem sich die Provinzen im Norden Hollands ihre Unabhängigkeit von der spanischen Herrschaft ertrotzt hatten, im Laufe des 17. Jahrhunderts, während im Rest Europas die Wirtschaft stagnierte, zum »Marktplatz der Welt«, zum Weltzentrum des Geldmarktes und zur Börse Europas aufgestiegen. Die Amsterdamer Schiffahrt- und Handelsgesellschaften, allen voran die mächtige Ostindienkompanie, trieben Fernhandel auf allen Weltmeeren und gründeten Handelsniederlassungen, die später als Kolonien dem niederländischen Hoheitsgebiet einverleibt wurden. Die Folge war, daß man Geld im Überfluß verdiente, die Einwohnerzahl kontinuierlich stieg und die Stadt wuchs. Immer neue Grachten legten sich wie Jahresringe um den alten Kern von Amsterdam.

Die im 13. Jahrhundert gegründete Stadt, die aufgrund ihrer Lage am Wasser, ihrer vielen Kanäle und der auf Holzpfeilern gebauten Häuser bereits im 15. Jahrhundert als »Venedig des Nordens« galt, wurde im 17. Jahrhundert als »Insel der Toleranz« bezeichnet, weil hier Händler und Einwanderer aus aller Welt ihren Platz fanden und ebenso friedlich wie gleichberechtigt nebeneinander lebten. Zunächst Hauptstadt der niederländischen Republik, wurde Amsterdam ab dem Wiener Kongreß 1815, nach der Befreiung von der Napoleonischen Herrschaft, auch zur Kapitale des Vereinigten Königreichs der Niederlande, zu dem bis zum Aufstand von 1830, auch noch Belgien und Luxemburg gehörten.

Die gewaltige Stadt erschien Johan und seinen Brüdern wie ein Paradies. Alles, einfach alles war neu. Die unzähligen Grachten, die sich in konzentrischen Kreisen um die Innenstadt ziehen, mit ihren Werften, Zugbrücken, Schleusen und kleinen Fährbooten. Die Keizersgracht, die Herengracht und die Prinsengracht, auf denen man im Winter Schlittschuh laufen kann. Die prachtvollen Boulevards und das geschäftige Treiben in den Gassen. Der von Schiffen wimmelnde Hafen, die Verbindung zu fernen Kontinenten. Die großen Speicherhäuser, in denen die Schiffe ihre Fracht löschen. Die Märkte, auf denen die Amsterdamer Kaufleute den vorbeieilenden Passanten ihre Waren aus aller Welt feilbieten oder die Verkäuferinnen, die mit Pfannkuchen, frischen Heringen oder Blumen locken. Die Männer von der Stadtreinigung, die mit Holzrasseln ihr Kommen ankündigen. Die vorbeiziehenden Straßenbahnen, die vielen Automobile und Droschken. Die Drehorgelspieler. Die Soldaten der Königlichen Garde, die vor dem Schloß patrouillieren, auf dessen Fahne die Standarte der Oranjer weht, wenn Königin Wilhelmina in Amsterdam weilt. Die vielen Gasthäuser, Cafés, die Milk-Shops und die Bier- und Geneverstuben. Die Geschäfte mit den blank polierten Ladenschildern. Die großen, ehrwürdigen Theaterbauten und die prächtigen, reich gefüllten Museen – allen voran der neogotische Bau des Rijksmuseums, eines der Wahrzeichen Amsterdams. Die exklusiven Hotels und die zahllosen schönen Kirchen mit den wohlklingenden Glockenspielen. Die Grachtenhäuser mit den bleiverglasten Sprossenfenstern und den phantasievollen Giebeln. Die eleganten Patrizierhäuser und die prunkvollen Stadtpalais aus dem 17. Jahrhundert. Und beinahe an jeder Ecke wird noch gebaut oder umgebaut.

Die Familie Heesters nahm dies alles staunend zur Kenntnis. Aber nichts konnte darüber hinwegtäuschen, daß man erst einmal nur Zaungast in diesem bunten Treiben war, daß man zu arm war, um sich all das leisten zu können, was Amsterdam an Verlockungen bot. Und so blieb Jacobus Heesters nichts anderes übrig, als über die Einkaufsmeilen mit ihren vornehmen Läden zu schlendern, mit denen verglichen sein »Alleshandel« in Amersfoort ein Krämerladen war. Und Geertruida konnte zwar durch die Ladenfenster die über ihre Arbeit gebeugten Goldschmiede und Diamantenschleifer beobachten, aber sich etwas von dem, was sie herstellten, leisten zu können sollte noch lange ein Wunschtraum bleiben. Auch die Söhne mußten sich in Verzicht üben, und so blieb dem neunjährigen Johan nichts anderes übrig, als sich die Nase an den Fenstern der Spielzeuggeschäfte mit all den ausgestellten Zinnsoldaten und Puppen, Holzpferden und Blechtrommeln platt zu drükken und mit den Augen all die Schätze und Kostbarkeiten zu verschlingen, die ihm seine Eltern nicht kaufen konnten.

Der neunzehnjährige Cor und bald auch der fünfzehnjährige Jacob, die, was Stellenangebote anging, weit bessere Chancen hatten als der immer noch von den Folgen seiner Krankheit geschwächte Jacobus, gingen arbeiten und trugen, da sie beide noch zuhause lebten, zum Unterhalt der Familie bei, während die jüngsten Söhne, Johan und der zwölfjährige Nico, zur Schule gingen. Diese lag in der Kanaalstraat, gleich vis-à-vis der Heestersschen Wohnung. Der Zufall wollte es, daß der Klassenraum, in dem Johan unterrichtet wurde, direkt vom Balkon der elterlichen Wohnung aus einzusehen war. Von dort beobachtete sein Lieblingsbruder Cor eines Tages, daß sein kleiner Bruder vom Lehrer – körperliche Züchtigungen waren damals noch als Mittel der Erziehung anerkannt und erlaubt – eine Ohrfeige kassierte: »Kaum spürte ich die Hand meines Lehrers im Gesicht, da sah ich, daß Cor [...] von unserem Balkon her eine fürchterliche Drohgebärde machte, die meinem Lehrer auch prompt zu denken gegeben haben muß, denn er war fortan sehr nett zu mir. In einer Auseinandersetzung mit Cor Heesters hätte die halbe Portion sicher den kürzeren gezogen.«[48] Der Familienzusammenhalt funktionierte augenscheinlich nach wie vor auf das beste.

Mit großer Begeisterung ging Johan nicht zur Schule: »Ich war kein Musterschüler, gut nur in den Fächern, die mich interessierten – und davon gab es nicht viele. Vorbildliches Betragen war nicht meine Stärke.«[49] Das Desinteresse an der Schule rührte sicher auch daher, daß sich die Situation der Heesters bald noch einmal verschlechterte. 1914, nur zwei Jahre nach dem Umzug nach Amsterdam, als man langsam begann, sich einzugewöhnen, folgte eine weitere ernüchternde Erfahrung, die den Heesters' wie Millionen anderer Familien in ganz Europa zeigte, wie unsicher die Welt war, in der man lebte, wie sehr der europäische Kontinent damals einem Pulverfaß glich: die erste gewaltige Eskalation der Gewalt im 20. Jahrhundert, der Ausbruch des Ersten Weltkriegs mit der Ermordung des österreichischen Thronfolgers in Sarajewo, dessen Auswirkungen auch in den neutral bleibenden Niederlanden spürbar waren – vor allem bei den ärmeren Bevölkerungsschichten. Was der Krieg für die Familie bedeuten würde, war dem leidgeprüften Jacobus Heesters schon bei Kriegsausbruch klar, auch wenn damals noch niemand ahnen konnte, daß der Krieg vier lange Jahre dauern und Millionen Menschen den Tod bringen würde. Der zu diesem Zeitpunkt elfjährige Johan spürte instinktiv die tiefe Verunsicherung, in die sein Vater gestürzt wurde: »Das Gesicht meines Vaters, der bislang trotz widrigster Umstände nicht den Mut verloren hatte, verriet zum ersten Mal seine Angst. Und obgleich ich noch nicht richtig verstand, was vor sich ging, hatte auch ich Angst.«[50]

Die Niederlande hatten zwar ebenso wie Belgien und Luxemburg schleunigst ihre Neutralität erklärt, dennoch war man sich bewußt, daß man sich mitten im Spannungsfeld der kriegführenden Staaten befand, eingekreist von den aufmarschierten französischen und britischen Truppen auf der einen und der deutschen und österreichischen Armee auf der anderen Seite. Sosehr man auch auf seine Neutralität pochte, wußte man, wie groß die Gefahr war, daß diese, wie im Falle Belgiens, das die Deutschen auf ihrem Vormarsch überrannt hatten, verletzt werden könnte. Trotz der Gewißheit, daß man als kleines Land der zu erwartenden Entwicklung kaum etwas würde entgegensetzen können, erfolgte auch in den Niederlanden die Mobilmachung. Auch die beiden ältesten Heesters-Brüder, Cor und Jacob, wurden einberufen, während Johan und der zweitjüngste Sohn Nico mit ihren elf und vierzehn Jahren selbstverständlich verschont blieben. Die beiden Einberufenen waren ganz offensichtlich keineswegs stolz und glücklich, ihrem Vaterland dienen zu können, sondern betrachteten dies als eine lästige Pflicht, der sie so schnell wie möglich wieder zu entkommen versuchten. Der zwanzigjährige Cor desertierte, den Erinnerungen Johannes Heesters' zufolge, aus der Kaserne und versteckte sich in Amsterdam im Keller der elterlichen Wohnung, wo er jedoch bereits wenige Tage später von den ausgeschickten Feldjägern entdeckt und zur Truppe zurückgebracht wurde: »Aber passiert ist ihm nichts.«[51] Auch der siebzehnjährige Jacob machte der niederländischen Armee keine Ehre und wurde wegen Insubordination festgenommen, weil er entgegen den militärischen Vorschriften nicht einsehen wollte, Vorgesetzte, die ihm nicht persönlich bekannt waren, grüßen zu müssen – doch »passiert ist auch ihm nichts«.[52]

Den Niederlanden gelang es während des gesamten Krieges, ihre Neutralität erfolgreich zu verteidigen. Wirtschaftlich jedoch traf der Krieg das Land schwer, denn der Schiffsverkehr mit den Kolonien kam kriegsbedingt fast zum Erliegen, und mehr als eine Million Belgier, die vor dem Krieg aus ihrem Land geflohen waren, mußte aufgenommen und eingegliedert werden. Gerade in den ärmeren Schichten Amsterdams, zu denen auch die Heesters' zählten, wurde in Kriegszeiten die Situation immer schwieriger. Während es bei den reichen Holländern, die auf Kosten des Proletariats sogar noch vom Krieg profitierten, beinahe als unfein galt, über den Krieg auch nur zu reden, spürten die ärmeren Menschen die Auswirkungen hautnah. Der zunehmende Mangel an Arbeitsplätzen und die immer weiter sinkenden Löhne führten zu drängenden Existenzsorgen und Hunger, das vorherrschende Lebensgefühl in den vier Jahren, die der Große Krieg – wie man den Ersten Weltkrieg damals nannte – dauerte.

So kam es, daß die Heesters' im dritten Kriegsjahr ihre in der Nähe des Vondelparks gelegene Wohnung aufgeben und in ein billigeres Wohnviertel und eine kleinere Wohnung umziehen mußten.[53] Am 29. März 1917 zog die Familie von der Kanaalstraat in die weiter südöstlich an der Amstel gelegene Rustenburgerstraat 133 in das heute »De Pijp« genannte Stadtviertel, das Ende des 19. Jahrhunderts im Zuge der Expansion Amsterdams als Arbeiterviertel neu entstanden war – und in dem heute, unweit der Touristenströme, viele Migranten aus aller Welt leben. Nach dem Umzug in die Rustenburgerstraat besuchte Johan für die letzten beiden Schuljahre die nahe gelegene Volksschule in der Servaes Noutstraat, einer kleinen Seitenstraße der Ceintuurbaan. Sein jüngster Bruder Nico hatte die Schule bereits im Vorjahr abgeschlossen, Johan war nun der einzige der Heesters-Brüder, der noch zur Schule ging.

In die Kriegszeit fallen auch Heesters' erste Erfahrungen mit dem anderen Geschlecht. Da seine drei älteren Brüder ununterbrochen mit ihren Eroberungen prahlten, bemühte er sich nach Kräften, ihnen nachzueifern. Das forsche Auftreten der Brüder nahm er sich zum Vorbild: »Wer drei ältere Brüder hat, versteht bald genauso wie sie auf dem Finger zu pfeifen oder dreiste Bemerkungen über die Straße zu rufen.«[54] Natürlich standen am Anfang nicht mehr als harmlose Annäherungsversuche und keusche Flirts, um den eigenen »Marktwert« im Spiel der Geschlechter auszuloten. Bereits der fünfzehnjährige Heesters, der zu einem auffällig hübschen jungen Mann herangewachsen war, scheint bemerkt zu haben, wie gut er bei den Mädchen seines Alters ankam, und witterte seine Chancen. Das Tor der Mädchenschule wurde deshalb schon bald sein liebster Tummelplatz: »Gegenüber dem Eingang baute ich mich lässig auf und genoß die bewundernden Blicke der Meisjes.«[55]

Von seinen Brüdern lernte er, »daß Frauen oder Mädchen beeindruckt werden möchten«.[56] Und auch, daß kleine Geschenke bei den Annäherungsversuchen durchaus nützlich sein können: »Ein Lächeln, ein paar Süßigkeiten, und schon schmolzen die Mädels dahin wie die Schokolade in meiner Hosentasche.«[57] Bald schon wurde er mutiger und selbstbewußter: »Mit der Zeit merkte ich dann, daß ich auf holde Weiblichkeit eine gewisse Wirkung hatte und auf Hilfsmittel zur Bestechung verzichten konnte.«[58] Bald folgten die ersten Treffen, an sein erstes Rendezvous erinnerte er sich noch als alter Mann. Es fand im Café Munt statt, im Amsterdamer Munttoren, dem pittoresken Münzturm, der als einziger Überrest der mittelalterlichen Stadtmauer Amsterdams zwischen Amstel und Singelgracht liegt. Daß das alle Viertelstunde erklingende Glockenspiel des zierlichen Turms von ebenjenem berühmten François Hemony geschaffen worden war, der auch das Glockenspiel der Kirche in Amersfoort hergestellt hatte, wird ihn an diesem Tag wohl weniger interessiert haben, dachte er doch angestrengt darüber nach, worüber mit dem Mädchen, das er ausgeführt hatte, zu reden sei, denn das nächstliegende Thema, den Krieg, wollte er um jeden Preis vermeiden.

Trotz dieser Anfangsschwierigkeiten stand er seinen Brüdern bald schon in nichts nach. Noch in den letzten Kriegsmonaten, also im Alter von vierzehneinhalb Jahren, gelang es ihm, »etwas näheren Kontakt mit der holden Weiblichkeit«[59] zu knüpfen, und zwar zu einem Mädchen, das etwas älter war als er selbst: »Nicht so hübsch, aber dafür um so erfahrener und ›pädagogisch wertvoll‹ war ein molliges Mädchen, an das ich mich erinnere. Sie war auch ein Beispiel dafür, daß nicht unbedingt die Männer die Jäger und Sammler sind. Dieses Mädchen nämlich hatte, wie sich herausstellte, eine Heesters-Kollektion: Alle meine Brüder waren vor mir auch schon dran gewesen.«[60] Mit ihr verlebte er »ein paar verliebte, für mich lehrreiche Stunden in einem verschwiegen Winkel«.[61] Während seine Brüder ihm prahlerisch von ihren Rendezvous mit diesem Mädchen erzählten, verschwieg Johan seinerseits, daß auch er seine Erfahrungen mit ihr gemacht hatte. Schon damals galt für ihn: »Diskretion ist Ehrensache. Und so habe ich es mein Leben lang gehalten.«[62]

Eine prägende Kinderfreundschaft

1917, nach dem Umzug der Familie in die Rustenburgerstraat, lernte Johan Heesters den wohl wichtigsten Freund seiner Kinder- und Jugendtage kennen: Herman Jan Jacob Kaldewaay, der später einen ähnlichen Weg wie Heesters einschlagen sollte, unter dem Namen Willy Walden zu einem der populärsten Revue- und Kabarettstars der Niederlande aufstieg und sich noch wenige Tage vor seinem Tod am 12. März 2003 als fast Achtundneunzigjähriger gern an seinen Freund erinnerte.[63] Die Familie von Hemmy, wie sein Spitzname lautete, war finanziell wesentlich besser gestellt als die von Heesters, obwohl Vater Kaldewaay, der bei einer Versicherung arbeitete, dem Alkohol sehr zusprach und als Schwerenöter bekannt war.[64] Hemmy Kaldewaay, ein Jahr und drei Monate jünger als Johan, der mittlere von drei Brüdern, wohnte ganz in der Nähe der in der Servaes Noutstraat gelegenen Schule von Heesters, in der Tweede Jan-Steen-Straat, wo er auch geboren worden war. Er selbst jedoch besuchte die teurere, von Jesuiten geleitete Sint-Vincentius-School in der nicht weit entfernten Stadshouderskade, direkt an der Singelgracht gelegen. Daß die beiden Jungen sich häufiger über den Weg liefen und sich schnell anfreundeten, kann nicht verwundern – beide Schulen nutzten ein und dieselbe Turnhalle. Für den vierzehnjährigen Jopie und den dreizehnjährigen Hemmy spielten die sozialen Unterschiede, die in Kriegszeiten noch stärker zutage traten, keine Rolle, und Nachmittag für Nachmittag trafen sie sich im Sarphatiapark an der Ceintuurbaan, der genau in der Mitte zwischen der Wohnung der Heesters' und der der Kaldewaays lag. Verbunden waren die beiden aber auch durch ihre Vorliebe für das »Priesterspiel« und lasen gemeinsam Messen, denn auch Hemmy Kaldewaay, der über Johans perfekte »Priesterausrüstung« staunte, träumte davon, Pfarrer zu werden.[65]

Beide sangen gemeinsam im Kinderchor des Komponisten, Dirigenten und Chorleiters Hubert Cuypers. Der achtunddreißigjährige Cuypers, der in seiner Laufbahn viele später berühmte Sänger ausgebildet hat, war zu diesem Zeitpunkt durchaus schon renommiert, seine große Karriere lag jedoch damals noch vor ihm: 1924 wurde er Chefdirigent des königlichen Männerchors Die Haghe Sanghers, später kehrte er dann nach Amsterdam zurück und übernahm dort als Dirigent die Leitung der Koninklijke Christelijke Oratorium Vereniging. Der Chor, in dem Jopie und Hemmy sangen, probte in der heute nicht mehr erhaltenen, in der Nachkriegszeit wegen Baufälligkeit abgerissenen Sint Willibrorduskerk in der Ceintuurbaan. Die Kirche war nach dem Heiligen Willibrord benannt worden, dem einstigen Bischof von Utrecht, der im 7. Jahrhundert, aus Schottland kommend, den Katholizismus in die Niederlande gebracht hatte. Hatte Johan zuvor im Kirchenchor in Baarn erste Fortschritte gemacht, so merkte er doch erst jetzt unter fachgerechter Anleitung in Cuypers' Gesangsunterricht, was seine Stimme zu leisten vermochte.

Zwar gingen die beiden halbwüchsigen Jungen mit großer Begeisterung in die Chorstunden und in die Messen in der Willibrorduskerk, doch das bedeutete nicht, daß sie nicht gern auch einmal altersgemäßen Unsinn anstellten: »In dieser Zeit mußten die Chorknaben der Reihe nach Orgeltreten. Elektrische Orgeln gab es damals noch nicht. Hinter der Orgel saßen große Pedale, auf denen die Luft angetreten werden mußte. Es war eine stumpfsinnige und ermüdende Arbeit. Bei einem sonntäglichen Gottesdienst waren Jopie und ich an der Reihe. Als wir dort standen, um die Pedale zu treten, sagte Johan auf einmal: ›Hemmy, wir erlauben uns einen Spaß ... Hör' mal auf zu treten.‹ Wir hörten alle beide auf, und man kann sich nicht vorstellen, was für ein Geräusch das gab, als die Luft aus der Orgel entwich. Hoei... hoei... hoei... In der Kirche entstand eine Panik, und es kamen allerlei Menschen nach oben, um zu schauen, was da los war. Seit diesem Ereignis sind wir nicht mehr wegen des Orgeltretens gefragt worden, und genau das war beabsichtigt gewesen.«[66]

Hemmy war es, der bei seinem Freund Jopie die Lust am Theater und am Rollenspiel weckte. Er hatte nicht nur schon früh in der Theatergruppe seiner Schule mitgewirkt, sondern war auch von Hause aus mit der Bühne und der Musik aufgewachsen, zwei Welten, mit denen Johan Heesters bis zu diesem Zeitpunkt noch nie in Berührung gekommen war. Er wurde ein gern gesehener Gast im Hause Kaldewaay, wo man die schönen Künste schätzte, und lernte so bald auch Hemmys Vater kennen, der im nahe der deutsch-niederländischen Grenze gelegenen Enschede geboren worden war. Die deutsche Sprache war ihm von Kindesbeinen an vertraut, und er hatte eine besondere Vorliebe für deutsche Operettenlieder, die er ständig sang.[67] Viele der klassischen Operettenmelodien, die Heesters später auf den Bühnen Deutschlands und Österreich singen sollte, wird er hier zum ersten Mal gehört haben, auch wenn er damals kaum etwas von den deutschen Texten verstand, die Vater Kaldewaay mit Inbrunst schmetterte.

Für Jopie tat sich eine völlig neue Welt auf. Im Hause der Kaldewaays erfuhr er so zweifellos eine der wichtigsten und nachhaltigsten Prägungen seiner Kindheit und wurde mit völlig neuen Impulsen konfrontiert, die sein Interesse für Theater und Musik nachhaltig weckten: Zum 25. Hochzeitstag der Kaldewaays führten die Kinder etwa ein kleines, selbst ausgedachtes Theaterstück auf – wie Gerard Walden, der jüngere Bruder, sich noch über siebzig Jahre später erinnert.[68] Und so kam es, daß der vierzehnjährige Johan Heesters erstmals auch selbst in einer kleinen Inszenierung auf der Bühne stand, im »Maison Boer«, einem Festsaal des Café Flora, das man 1879 im Garten des alten Bollwerks Wetering erbaut hatte und das damals ein beliebter Ort war, um Hochzeiten zu feiern. Hier fanden Soireen und nachmittags kleinere Vorstellungen für Kinder statt, mitunter wurden auch Kinderoperetten aufgeführt: »In diesem zarten Jünglingsalter spielte ich den heiligen Tarzisius in einem Religionsspiel im ›Maison Boer‹ am Weteringschans. Mit sehr viel Enthusiasmus und Pathos, versteht sich.«[69] Der Applaus, den er für seine Darstellung des kleinen Märtyrers Tarzisius, dem Schutzpatron der Ministranten, erntete, der zur Zeit der Christenverfolgung erschlagen worden war, weil er sich weigerte, die gesegneten Hostien aus der Hand zu geben, begeisterte ihn. Der Spieltrieb war geweckt. Inspiriert durch die Slapstick-Filme mit Stan Laurel und Oliver Hardy, improvisierten Jopie und Hemmy als Duo »Evert & Koen« in ihrem Alltagsleben kleine Szenen: So gab sich Johan etwa als gehbehindert aus, während es Hemmys Aufgabe war, den Schaffner zu veranlassen, seinem Freund einen Sitzplatz zu verschaffen. War ihnen dies gelungen, beeilten sie sich lachend, die Straßenbahn so schnell wie möglich zu verlassen – begleitet von den wüsten Beschimpfungen des Schaffners.[70]

Obwohl er zu diesem Zeitpunkt immer noch kein Theater von innen gesehen hatte, beschloß Johan, zusammen mit Hemmy Kaldewaay und zwei weiteren gleichaltrigen Freunden eine kleine Theatergruppe zu gründen. Einerseits sicherlich aus der neu erwachten Lust heraus, zu spielen und in Rollen zu schlüpfen, wohl nicht zuletzt aber auch, weil das Theaterspielen eine Möglichkeit war, den Entbehrungen und Schrecken der Kriegszeit zu begegnen und sich selbst, aber auch das potentielle Publikum wenigstens für kurze Zeit von den Unbilden des Alltags abzulenken. Man ging mit großem Ehrgeiz an die Sache, probte bei einem der Freunde auf dem elterlichen Dachboden in der Ceintuurbaan, baute Kulissen und bastelte Kostüme und Requisiten. Und da das Taschengeld nicht ausreichte, um die Dinge anzuschaffen, die man hierfür benötigte, zweigte der vierte im Bunde, der Sohn eines Wäschereibesitzers, das Geld, das er beim Ausfahren der Wäsche einnahm, heimlich ab, indem er mit seinem Vater nicht richtig abrechnete. Doch die Sache flog schon nach der ersten für Freunde und Schulkameraden veranstalteten Theatervorstellung auf dem Dachboden auf, was bittere Konsequenzen für die vier Jungen hatte, denn nicht nur das Geld mußte zurückgezahlt werden, auch der Dachboden stand nun als Probestätte nicht mehr zur Verfügung.

Dennoch hatten die Vorbereitungen für den ersten Auftritt und das kreative Tun den Jungen solchen Spaß gemacht, daß sie sich von diesem herben Rückschlag nicht abhalten ließen, auch weiterhin Theater zu spielen: »Im Gegenteil, wir beschlossen, einen richtigen Saal in einem Gasthaus zu mieten. Wenn schon, denn schon.«[71] Jetzt wollten die vier Jungen erst recht zeigen, daß sie es auch ohne die Erwachsenen schaffen würden, und begannen sogar damit, ein eigenes Stück zu schreiben: »Unsere Ansprüche waren so hoch, daß die holländische Literatur sie nicht erfüllen konnte, also schrieben wir unser eigenes Stück.«[72] Und tatsächlich bekamen Jopie und seine Freunde das Geld, das sie für die Saalmiete brauchten, zusammen, entweder indem sie, wie Hemmy, ihr Sparschwein plünderten oder indem sie sich, wie die anderen drei, das Geld von Freunden liehen.

Um auch genügend Publikum herbeizulocken – und somit genügend Eintritt einzunehmen, denn das geborgte Geld mußte zurückgezahlt werden – bastelten sie Einladungen und malten Plakate: »Herman Kaldewaay en Johan Heesters en hun Gezelschap«[73] – Herman Kaldewaay und Johan Heesters und ihre Gesellschaft. Von ihren ehrgeizigen Plänen, ein eigenes Drama aufzuführen, nahmen sie jedoch schnell wieder Abstand, schließlich konnte man in Kriegszeiten mit einem »Bunten Abend«, der einige lustige Vorführungen und anschließenden Tanz bot, mehr Leute anlocken. Und tatsächlich wurde der Abend ein durchschlagender Erfolg: »Die zahlreich erschienenen Zuschauer dankten uns nach der Vorstellung mit viel Applaus. Die unterhaltsame Ablenkung war allen willkommen. Für ein paar Stunden dachte niemand an seinen knurrenden Magen.«[74]

Diese Erfahrung, daß man mit dem Spiel auf der Bühne Menschen vor den Sorgen und Nöten der Zeit ablenken und ihnen wenigstens für ein paar Stunden Freude bereiten kann, sollte sowohl für Johan Heesters wie auch für Herman Kaldewaay eine fundamentale Bedeutung erlangen. Das, was sie in ihrer Kindertheatergruppe in Zeiten des Erstens Weltkriegs instinktiv taten, das praktizierten die beiden Jugendfreunde auch später in ihren Berufen – wenn sie im Zweiten Weltkrieg auch auf verschiedenen Seiten standen: Aus Hemmy Kaldewaay wurde Willy Walden, einer der berühmtesten Revuestars der Niederlande, der seine Landsleute während der deutschen Besatzung mit seinen Revuen zum Lachen brachte und dafür bis ins hohe Alter, als er schon längst von der Bühne abgetreten war, von den Holländern geliebt wurde. Aus Jopie Heesters wurde Johannes Heesters, der Operettenkönig und Filmstar, der fern seiner Heimat, in Deutschland, Karriere machte.

2.

»Schauspieler wollte ich werden« Erste Schritte auf der Bühne

Zwischen Heesters' erstem Theaterbesuch im Januar 1920 und dem ersten Mal, als er die Bretter betrat, die für ihn fortan die Welt bedeuten sollten, vergingen nur anderthalb Jahre. Das Ende des Ersten Weltkriegs und die Normalisierung der Verhältnisse wirkten sich auch für die Familie Heesters positiv aus. Nach der langen Durststrecke, die man seit der Aufgabe des Amersfoorter Geschäfts hatte durchstehen müssen und die sich während des Kriegs nur noch verschlimmert hatte, entspannte sich die Situation langsam. Inzwischen arbeiteten drei der Söhne und unterstützten mit ihrem Lohn den elterlichen Haushalt.

Wegen des Kriegs und der zunehmenden Verarmung der Familie konnte Johan Heesters erst sieben Jahre nach dem Umzug nach Amsterdam zum ersten Mal eine Theatervorstellung besuchen. In der Utrechter Provinz hatte es keine Theater gegeben, und in Amsterdam, wo der Spielbetrieb im Gegensatz zu vielen anderen Ländern Europas aufgrund der Neutralität Hollands während des Krieges ungehindert weiterlief, verfügten die Heesters' nicht über das notwendige Geld und wohl auch nicht das Interesse, um mit ihren Söhnen ins Theater zu gehen. Gerade als er begriff, wie reich das Theater- und Kulturleben in Amsterdam der damaligen Zeit war, sollte Heesters auch schon fast ein Teil von ihm sein, denn sein Weg zur Bühne verlief äußerst zielstrebig – wenn auch letztlich eine große Portion Glück dazu gehörte, daß er bereits als Siebzehnjähriger mit den Theatergrößen der Niederlande gemeinsam auf der Bühne stehen sollte.

Amsterdam war traditionell eine kunstliebende Stadt und zudem als Hauptstadt der Brennpunkt des kulturellen Lebens der Niederlande. Literatur, Malerei und Musik wurden von der Amsterdamer Bevölkerung seit jeher geschätzt, und bereitwillig nahm man neue Impulse aus England, Deutschland und Frankreich auf. Auch was das Theater anging, konnte Amsterdam auf eine reiche Vergangenheit zurückblicken.[75] Die englischen Schauspieltruppen, die große Teile Europas bereisten und mit ihrem vorwiegend aus Shakespeare-Stücken bestehenden Repertoire auch beim holländischen Publikum Beifall fanden, gastierten im 17. Jahrhundert in Amsterdam und legten hier den Keim für die Begeisterung am Schauspiel und am Theater, auch wenn ihre Aufführungen, anders als in den meisten Ländern Europas, keinerlei Einfluß auf die niederländische Dramatik hatten.[76] Die fahrenden Ensembles waren noch an improvisierten Spielstätten aufgetreten, erst in der Folgezeit baute man die ersten festen Bühnen in Amsterdam – und nur in Amsterdam, denn bis weit ins 18. Jahrhundert hinein gab es in Holland außerhalb der Hauptstadt keine festen Bühnen, was nicht bedeutet, daß dort das Theater unbekannt war, denn fahrende Komödiantentruppen gastierten in Gasthäusern und Rathaussälen oder auch im Freien, etwa auf Jahrmärkten oder Kirmessen, und unterhielten die Menschen.

Als erster Theaterbau in Amsterdam und zugleich als erstes holländisches Schauspielhaus überhaupt wurde 1638 die Schouwburg in der Keizersgracht eröffnet,[77] die garantierte, daß Amsterdam »fortan bis ins 18. Jahrhundert die alleinige Pflanzstätte des holländischen Theaters«[78] blieb. Trotz der ersten festen Bühnen, die man in Amsterdam errichtet hatte, blieb die Entwicklung des Theaters in den Niederlanden weit hinter der der europäischen Nachbarländer zurück. Das lag vor allem daran, daß es die Rhetorikkammern, die Kamers van Rhetorika, waren, die – genossenschaftlich wie Handwerkszünfte organisiert – das Theaterleben der holländischen Metropole prägten. Da sie aufgrund des Diktats der Geistlichkeit ausschließlich Moralitäten und biblische Sinnspiele zur Aufführung zuließen, verhinderten sie lange, daß neue Impulse, wie sie etwa durch die fahrenden Schauspieler aus anderen Ländern nach Holland getragen wurden, aufgegriffen werden konnten, was zu einer Stagnation führte, durch die Holland den Anschluß an die europäische Entwicklung der Bühnenkultur zu verpassen drohte.

Erst im Laufe des 17. Jahrhunderts wurde allmählich mit der Tradition dieser Rhetorikkammern gebrochen, was zu einem Aufblühen der Theaterliteratur führte. Eine ganze Phalanx teils herausragender Dramatiker erfüllte nun das Bedürfnis nach neuen Stücken. Der bekannteste unter ihnen wurde und blieb der aus Köln stammende Joost van den Vondel, der »Shakespeare der Niederlande«. Während die Stücke anderer Autoren aus dem 17. Jahrhundert längst vergessen sind, haben seine Dramen bis heute ihren Platz auf den niederländischen Bühnen. Eines war jedoch allen in Holland entstehenden Theaterstücken gemein: Allesamt wurden sie keine Exportschlager, denn die Popularität der niederländischen Theaterautoren blieb ausschließlich auf das eigene Land beschränkt. Eine nennenswerte Außenwirkung hatte das holländische Theater über Jahrhunderte nicht. Seit jeher war Amsterdam umgekehrt jedoch für Impulse von außen offen, auch und gerade auf dem Theatersektor. So entstanden etwa die Hoogduitse Schouwburg, das Hochdeutsche Theater, an dem auch der junge Nestroy auftrat, oder etwa die französischen Bühnen Franse Schouwburg und Théâtre Vaudeville français. Diese Theater brachten die Bühnenwerke der entsprechenden Länder jeweils in der Landessprache zur Aufführung und fanden im kosmopolitischen Amsterdam regen Zulauf.

Im 19. Jahrhundert war es zu einem erneuten Aufschwung des Theaters in Holland gekommen, zahlreiche neue Bühnen und Theaterkompanien wurden ins Leben gerufen, mit »De Toneelkijker«, dem Bühnenbeobachter, wurde die erste niederländische Theaterzeitschrift publiziert und mit der 1821 eröffneten Genootschap voor Uiterlijke Welsprekendheid, der Genossenschaft für äußerste Beredsamkeit, die erste Theaterschule des Landes eröffnet. Hauptmotor der Entwicklung blieb weiterhin Amsterdam, wo in der zweiten Hälfte des Jahrhunderts verstärkt nun auch Berühmtheiten des internationalen Theaters auftraten. So sorgte etwa ein Gastspiel Sarah Bernhardts am Grand Théâtre in der Amstelstraat für Furore. Das beginnende 20. Jahrhundert jedoch brachte eine regelrechte Blütezeit des Theaters in Amsterdam. Wie in ganz Europa, so boomten auch hier die Oper und die Operette, das

Kabarett und die Revue, aber auch zirzensische Darbietungen und Tingel-Tangel-Etablissements. Durch die Weltoffenheit und die vielen Fremden aus aller Herren Länder, die in der Stadt lebten, herrschte ein Klima, in der die Theaterkultur ideal gedeihen konnte. Die Amsterdamer fühlten sich mit ihren Theatern aufs engste verbunden: »Ihr Enthusiasmus und ihre Anteilnahme bewirkten, daß sich die Künstler inmitten ihres Publikums fühlten wie Fische im Wasser.«[79]

Aufgrund des Reichtums an unterschiedlichsten Bühnen kristallisierte sich in Amsterdam kein Theaterzentrum heraus, sondern das Theaterleben spielte sich in verschiedenen Teilen der Stadt ab: Zum Theaterbesuch ging man in die Amstelstraat (mit dem Grand Théâtre, dem Salon des Varietés, der Flora und dem Centraal-Theater), an den Leidseplein (mit der Amsterdamse Schouwburg, dem in der Nähe gelegenen Concertgebouw und einer Reihe weiterer Bühnen), nach »De Plantage« (mit der prachtvollen Parkschouwburg und einer ganzen Reihe anderer Theater) oder in »De Nes«, eine der ältesten Straßen Amsterdams, in der sich noch viele Gebäude aus dem 14. und 15. Jahrhundert befinden, von denen einige im 18. Jahrhundert in Theater umgewandelt wurden (hier fanden sich etwa das Tivoli oder das Victoria). Nicht zu vergessen auch das Gebiet um den Rembrandtsplein, wo sich neben dem Rembrandt-Theater auch zwei der Bühnen finden, auf denen Heesters in den zwanziger Jahren oft und regelmäßig auftrat: das prächtige, heute nicht mehr existierende Paleis voor Volksvlijt am Frederiksplein und das berühmte Theater Carré an der Amstel, das heute noch bespielt wird. Alle diese Theater buhlten Tag für Tag um die Gunst der Zuschauer, ließen ihre Spielpläne täglich seitenlang in den Zeitungen abdrucken oder beschäftigten abends Ausrufer, die das Publikum von den Trottoirs und Flaniermeilen in die Vorstellungen locken sollten. Und verlockend war das Theaterleben Amsterdams allemal, das empfand auch der junge Johan Heesters.

In den Lebenserinnerungen von Schauspielern wimmelt es geradezu von Darstellungen, wie der erste eigene Theaterbesuch zur entscheidenden, schicksalhaften Initialzündung wurde.[80] Auch Heesters reiht sich hier ein, denn, wie er es in seinen Memoiren schildert, hatte sich gleich beim ersten Theaterbesuch in Amsterdam gezeigt, wie empfänglich der junge Mann für die Zauberkraft des Theaters war, wie sehr ihn, im Gegensatz zum Rest seiner Familie, das Theater faszinierte und berauschte und für sein weiteres Leben prägte. War bisher das Theaterspiel lediglich ein Freizeitvergnügen gewesen, dem er mit seinen Freunden gefrönt hatte, so spürte er nun mit einem Mal die Berufung, selbst zur Bühne zu gehen. Daran, daß es sein Vater war, der ihm den ersten Theaterbesuch ermöglichte, erinnert er sich noch als alter Mann mit großer Dankbarkeit.[81]

Das Interesse seines Sohnes am Theater war Jacobus Heesters nicht entgangen, so entschloß er sich, Jopie zu seinem sechzehnten Geburtstag am 5. Dezember 1919 eine Eintrittskarte für die Amsterdamse Stadsschouwburg, das renommierteste Theater der Hauptstadt, zu schenken. Zwar bot die Stadsschouwburg seit 1916 auf Weisung der Stadtverwaltung verbilligte Volksvorstellungen an, um auch den weniger gut betuchten Amsterdamern den Theaterbesuch zu ermöglichen, aber Jacobus Heesters wollte seinem Sohn etwas Besonderes schenken und kaufte eine Karte für das wichtigste Theaterereignis des Jahres, denn Jahr für Jahr, schon damals seit fast dreihundert Jahren, wurde an jedem Neujahrstag das Drama *Gijsbrecht van Aemstel* des holländischen Nationaldichters Joost van den Vondel aufgeführt, das, im 13. Jahrhundert spielend, die Entstehungsgeschichte Amsterdams schildert. Jacobus erzählte seinem Sohn von dem Stück, das er sehen würde und das damals jeder Holländer aus der Schule kannte. Und er erzählte ihm von Joost van den Vondel, dessen Denkmal die Heesters' einst gesehen hatten, denn es steht in jenem Vondelpark, in dessen Nähe die Familie zunächst gewohnt hatte. Wie bedeutsam der bevorstehende Theaterbesuch für seinen jüngsten Sohn werden sollte, konnte der Vater freilich nicht ahnen.

Am Neujahrstag des Jahres 1920, drei Tage bevor in Amsterdam ein Theaterstreik ausbrach und die Theater geschlossen wurden, war es soweit: Johan Heesters betrat zum ersten Mal das altehrwürdige Amsterdamer Stadttheater, das im Januar 1638 mit genau jenem Stück eröffnet worden war, das er heute sehen sollte, denn Vondel hatte seinen als großes, vaterländisches Nationalepos angelegten *Gijsbrecht van Aemstel* eigens für diesen Anlaß geschrieben – weshalb man zeitweise sogar überlegte, das Haus in »Vondelschouwburg« umzubenennen. Die Idee, daß er selbst, nur zwei Jahre später, wenn auch nur in einer kleinen Rolle, in ebendiesem Theater in ebendiesem Stück auf der Bühne stehen könnte, wäre dem jungen Heesters an diesem Abend wohl kaum gekommen, als er in seinem besten Anzug aufgeregt durch die Menge der feierlich gekleideten Amsterdamer lief und voller Vorfreude, und vielleicht auch ein bißchen eingeschüchtert, seinen Platz einnahm, bis es langsam dunkler wurde im Zuschauerraum und die Vorstellung endlich begann.

Angesichts des Spektakels, das sich ihm nun darbot, gingen ihm die Augen über. Sobald sich der Vorhang öffnete, liebte und haßte, weinte und lachte, tötete und starb der junge Heesters mit den Helden auf der Bühne, er vergaß alles um sich herum. Nur schwer konnte er sich auf dem Sitz halten und versuchte, jede Einzelheit der Inszenierung in sich aufzusaugen: »Nichts entging mir, keine Regung der Schauspieler, kein Detail des Bühnenbildes, kein Vers dieser monumentalen Tragödie.«[82] Fasziniert verfolgte er das Drama um den Untergang Amsterdams, lauschte dem Erzengel Raphael, wie er dem tapferen Gijsbrecht, der Amsterdam vergebens zu verteidigen versucht hatte, verkündet: »Verlaß Dein Erbe jetzt und quäle dich nicht länger. Liegt auch die Stadt zerstört und wüst, laß Dir's nicht grauen; mit größ'rem Glanz ersteht sie einst aus Staub und Asche.«[83]

Am Schluß der Vorstellung sprang Heesters begeistert auf und klatschte frenetisch Beifall. Noch Jahrzehnte später beschrieb und begriff er diesen ersten, als so überwältigend empfundenen Theaterabend als einen entscheidenden Wendepunkt seines Lebens. Seine Leidenschaft war nun vollends entflammt. Für den gerade Sechzehnjährigen stand mit einem Mal fest, daß er selbst zur Bühne wollte, nein, daß er zur Bühne *mußte*. Hatte er vorher nur phantasiert, wie es sein würde, im Rampenlicht zu stehen, und nur in bescheidenem Rahmen erfahren, wie es ist, vor Publikum aufzutreten, so hatte er an diesem Abend erlebt, wie es im »richtigen« Theater zugeht: »Als es schließlich auf der Bühne dunkel wurde, ging mir ein Licht auf: Schauspieler wollte ich werden! Und nichts anderes. Denn was ich an diesem Abend gesehen, gehört, vor allem aber gespürt hatte, war größer und eindrucksvoller als alles bisher Dagewesene.«[84] Die Dinge, die vorher in seinem Leben wichtig waren, traten nun zurück: »Das Theater übertraf alles, was ich bis dahin erlebt hatte. Es war viel schöner als meine Priesterspiele und fast so schön wie die Sache mit den Frauen.«[85]

Daß es nicht so einfach werden würde, diesen Traum auch zu realisieren, wird ihm im Überschwang der Gefühle an diesem Abend nicht wirklich bewußt gewesen sein, doch bald schon mußte er, wie viele junge Menschen, mit denen er den Traum vom Schauspielerdasein teilte, merken: »Zur Bühne wollen ist ein Ding, der Weg dahin ein anderes«[86] – wie Tilla Durieux es in ihren Erinnerungen formulierte. Dennoch ließ er sich nicht beirren. Mit zunächst noch diffuser Bestimmtheit wuchs in ihm die Überzeugung, daß seine Zukunft im Rampenlicht lag, daß er nicht nur staunend zuschauen und zuhören, sondern selbst spielen, selbst die unterschiedlichsten Charaktere auf der Bühne verkörpern wollte. Und so setzte er seinen ganzen jugendlichen Elan daran, seinem Ziel näherzukommen.

Seinen Eltern teilte er im Überschwang der Gefühle gleich nach dem Theaterabend in der Stadsschouwburg mit, daß es seine Absicht sei, mit der Familientradition zu brechen und Schauspieler zu werden. Die Entscheidung des Sechzehnjährigen scheint im Hause Heesters durchaus ernst genommen und nicht nur als bloße Schwärmerei oder Hirngespinst abgetan worden zu sein, denn seine Eltern unternahmen – ganz im Gegensatz zu vielen anderen, die im Beruf des Schauspielers aus Standesdünkel etwas Halbseidenes sahen und ihren Kindern Steine in den Weg legten – erst gar nicht den Versuch, »mich in meiner neu entflammten Leidenschaft zu bremsen«.[87] Jacobus Heesters hatte es jedem seiner Söhne selbst überlassen, welchen Beruf er ergreifen, welchen Weg er einschlagen wollte. Cor, der Älteste, hatte Amsterdam mittlerweile verlassen, war nach Den Haag gezogen und arbeitete als Restaurantchef auf einem Luxusdampfer. Nico hatte eine Anstellung bei einer Amsterdamer Bank gefunden und Jacob in dem noblen, 1914 neu eröffneten Kaufhaus De Bijenkorf, Bienenkorb – dem ersten in den Niederlanden gebauten Warenhaus.[88] Es befand sich in bester Lage, direkt am Dam, der Keimzelle und dem wichtigsten Platz des alten Amsterdam, in unmittelbarer Nähe zur Nieuwe Kerk, der Krönungskirche des niederländischen Königshauses, dem ehemaligen, im klassizistischen Stil erbauten Rathaus, das bereits seit 1813 königlicher Palast war, und dem altehrwürdigen Grandhotel Krasnapolsky.

Nun, als es die kurz zuvor, im Dezember 1919, erfolgte Schulentlassung erforderlich machte, über die berufliche Zukunft des jüngsten Sohnes nachzudenken, gestand Jacobus auch diesem wohlwollend zu, selbst zu entscheiden, und das, obwohl die Verwandtschaft auf ihn einredete, seinen Sohn zur Vernunft zu bringen: »Die ganze Familie macht mir schon Vorwürfe. Kaufmann – ja! Aber Schauspieler?«[89] Auch wenn man Johan also nicht ausreden wollte, seine Theaterleidenschaft zum Beruf zu machen, beratschlagte man in der Familie, wie dies am besten zu erreichen sei, und kam zu dem Schluß, daß es in jedem Fall sicherer wäre, wenn er zunächst einen bürgerlichen Beruf erlernen würde. Johan willigte ein, jedoch nur unter der Bedingung, nebenbei Schauspielunterricht nehmen zu dürfen.

Der Vater, der am schauspielerischen Talent und dem notwendigen Idealismus seines jüngsten Sohnes offenbar nicht zweifelte, war damit einverstanden und begleitete ihn sogar zum Vorsprechen an einer privaten Schauspielschule, an der Jopie auch angenommen wurde.[90] Obwohl dies eine große Belastung für die Haushaltskasse darstellte, erklärte Jacobus sich großzügig bereit, die Kosten hierfür zu übernehmen. Sein Sohn war gerührt, hatte andererseits aber auch ein schlechtes Gewissen, seinen Eltern auf der Tasche zu liegen. So verdingte er sich, bevor er nachmittags in die Schauspielschule ging, vormittags als Laufbursche in der – 1840 gegründeten und noch heute existierenden – Schokoladenfabrik Bensdorp, wo er ein kleines Taschengeld von fünf Gulden pro Woche verdiente, das er komplett der Familienkasse beisteuerte. Dennoch war er sich bewußt: »Bei aller Euphorie, mit der ich jeden Nachmittag zum Schauspielunterricht ging, beschlich mich doch hin und wieder ein Zweifel, ob ich mich da nicht einer brotlosen Kunst hingab. Inzwischen war ich alt genug, um zu begreifen, wie schwierig es für meinen Vater war, über die Runden zu kommen.«[91]

Doch schon bald begann ein neuer Lebensabschnitt. Auf Anraten seines selbst auch bei einer Bank angestellten Bruders Nico hatte er sich am 2. Januar 1920, nur einen Tag nach dem Besuch in der Stadsschouwburg, bei der Rotterdamsche Bankvereniging beworben, die in Amsterdam, das sich nach dem Ersten Weltkrieg kontinuierlich zum europäischen Zentrum des Devisenhandels entwickelte, gerade eine neue Filiale eröffnet hatte: »Meine Herren! Hiermit erlaube ich mir, mich höflich bei Ihnen für den Posten eines ›jüngsten Bedienten‹ zu bewerben. Mein Alter ist 16 Jahre. Ich habe bereits seit einiger Zeit in einem Büro gearbeitet. Sollte sich die Gelegenheit ergeben, daß bei Ihnen eine Stelle vakant ist, so würde ich diese gerne einnehmen.«[92]

Bereits knapp zwei Wochen später hielt Heesters die Zusage in den Händen. So trat er am 20. Januar 1920 als jüngster Bediensteter in der Amsterdamer Dependance der Rotterdamsche Bankvereniging, einer der führenden Banken der Niederlande, seinen Dienst an. Im ersten Lehrjahr verdiente er die äußerst knapp bemessene Summe von 35 Gulden pro Monat.[93] Die Schauspielschule konnte er von nun an nur noch unregelmäßig besuchen, dennoch hielt er unbeirrt daran fest und scheint keinerlei Zweifel gehabt zu haben, daß dies der eigentliche Weg war, den er gehen wollte. Die Rotterdamsche Bankvereniging, die RoBaVer, die noch heute besteht und mittlerweile zu einem der größten Bankkonsortien der Welt gehört,[94] war 1911, aus der Rotterdamsche Bank hervorgehend, nach dem Vorbild der Britischen Colonial-Bank als Handelsbank gegründet worden. Sie expandierte schnell, kaufte zahlreiche kleinere Banken auf und war Anfang der zwanziger Jahre, als Heesters dort als Lehrling zu arbeiten begann, eine der größten Banken der Niederlande mit Dependancen in der ganzen Welt. Der Bankneubau in Amsterdam, der im Januar 1920 noch nicht fertig eingerichtet war, lag am Rokin, direkt an der Amstel, unweit des Munttoren, wo Johan Heesters im Sommer zuvor sein erstes Rendezvous gehabt hatte.

Bei seinen Kollegen in der Bank war Jopie, wie ihn auch hier alle nannten, beliebt. Daß er Schauspieler werden wollte, wußte man, denn er redete von nichts anderem. Gern ließ er sich abends nach Dienstschluß dazu überreden, einige der Rollen, die er gerade an der Schauspielschule probte, vorzuspielen; die Aufmerksamkeit, die ihm entgegengebracht wurde, das Lob und der Applaus schmeichelten ihm. Im Saal der Abteilung Börse befand sich ein Podest, auf dem der Schreibtisch des Abteilungsleiters stehen sollte, das Heesters nun aber in den Pausen und nach Feierabend nutzte, um seinen Kollegen vorzuführen, was er konnte: »Schon schnappte ich mir ein improvisiertes Requisit, und wenn es nur eine Tischdecke war, in die ich mich einhüllte, und deklamierte inbrünstig eine Rolle, die ich gerade einstudiert hatte.«[95]

Eine solche improvisierte Vorstellung führte auch dazu, daß die Banklehre nur ein kurzes Intermezzo in seinem Leben blieb. Immerhin eineinhalb Jahre arbeitete Heesters in der Rotterdamsche Bankvereniging, bis es zu seinem unfreiwilligen Abschied kam. Der Direktor des Hauses überraschte Heesters eines Tages bei einer seiner Vorstellungen – der Sechzehnjährige gab zur Belustigung seiner Kollegen gerade den alten König Lear – und löste die Privatvorstellung mit einem gewaltigen Donnerwetter auf. Die Kollegen wurden wieder an die Arbeit geschickt und Jopie am nächsten Morgen ins Büro des Direktors zitiert. Es kam, was er schon befürchtet hatte: Der Direktor las ihm die Leviten, eröffnete ihm, daß seine Bank kein Ort für Schauspieler sei, und überreichte ihm sein Zeugnis, das jedoch freundlicherweise verschwieg, daß Heesters gekündigt worden war: »Hiermit erklären wir, daß Herr J. M. N. Heesters vom 20. Januar 1920 bis 30. Juni 1921 in diesem Unternehmen gearbeitet hat und seine Aufgaben zu unserer Zufriedenheit erfüllt hat. Der genannte Herr kündigt seinen Dienst auf eigenes Ersuchen, und wir wünschen ihm für seine weitere Laufbahn viel Erfolg.«[96]

Trotz der Kündigung meinte der Direktor es offenbar gut mit ihm. Denn als er Johan Heesters bei seiner kleinen Vorstellung beobachtet hatte, gefiel dieser ihm als Schauspieler nicht schlecht. Er erkannte, daß das Talent seines Angestellten nicht im Börsengeschäft, sondern auf der Bühne lag, und gab ihm ein Empfehlungsschreiben mit auf den Weg, das an einen befreundeten Mitarbeiter von Willem Royaards gerichtet war, dem damals wichtigsten Theaterimpresario der Stadt, ja der ganzen Niederlande – das Beste, was dem theaterbegeisterten Siebzehnjährigen passieren konnte: »Ich stand wie erschlagen. Dr. Royaards, das war ein Mann, zu dem man durch die ganzen Niederlande gepilgert wäre, um bei ihm vorzusprechen.«[97] Aus Dankbarkeit für diese großzügige Geste behielt Heesters sein Konto bei der Bank zeitlebens. Als er seinem Vater zuhause in der Rustenburgerstraat von dem Rauswurf berichtete, war dieser natürlich zunächst alles andere als begeistert, daß die Bankkarriere seines jüngsten Sohnes so jäh beendet worden war. Da Johan jedoch bei *dem* Theatermann Amsterdams vorsprechen sollte, sah er ein, daß sein Sohn die einmalige Chance ergreifen mußte. Nun war es an ihm, seinen Traum zu verwirklichen.

Johan Heesters empfand den Abschied von der Bank und von der bürgerlichen Existenz folglich wie eine Befreiung, das vor ihm Liegende in seinem Enthusiasmus wie ein großes Abenteuer, auch wenn er in diesem Moment noch nicht wußte, was die Zukunft bringen würde und ob er am Theater überhaupt würde Fuß fassen können. Auch wußte er nichts von der Mühsal des Schauspielerberufs, der täglichen Plackerei und den Schwierigkeiten, wenn der strahlende Bühnenglanz der grauen Alltagswirklichkeit weicht. Ihm ging es wie allen jungen Menschen, die sich in den Kopf gesetzt hatten, Schauspieler zu werden: »Wer zum Theater wollte, der glaubte an Wunder. An die öffentliche Anerkennung, das strahlende Licht des Erfolgs, den Einflußreichtum der Virtuosinnen und Virtuosen.«[98]

Lehrjahre bei Willem Royaards

Willem Royaards, ein gebürtiger Amsterdamer, hatte 1886, nach seiner Ausbildung am Koninklijke Instituut voor de Marine, beschlossen, sich nur noch der Schauspielkunst zu widmen. Er besuchte die Toneelschool, die Theaterschule, und wirkte ebenso als Charakterdarsteller wie als Operettensänger in verschiedenen Aufführungen in Amsterdam und Rotterdam mit, machte schnell jedoch auch als Regisseur von sich reden. Er unternahm Studienreisen nach England, Rußland und Deutschland, die für seine weitere Arbeit von großer Bedeutung waren. In London stand er in der Operette *The Belle of New York* auf der Bühne, und in Berlin trat er bei Max Reinhardt auf, mit akzentfreiem Deutsch als Shylock im *Kaufmann von Venedig*. Das Musiktheater Englands sollte ihn ebenso beeinflussen wie das Regietheater Max Reinhardts.

Zurück in seiner Heimat, berichtete er auf Vortragsreisen über die Erfahrungen, die er in anderen Ländern gemacht hatte, und entwickelte seine Vorstellungen, wie man das holländische Theater reformieren müsse, damit es endlich aus seiner Lethargie erwache und dem internationalen Vergleich standhalten könne. Er präsentierte zahlreiche Modellinszenierungen von Werken der internationalen Theaterliteratur. Hierzu griff er vor allem auf die Werke Shakespeares, aber auch auf die klassischen Stücke Joost van den Vondels zurück, denen er eine neue Gültigkeit und Aktualität verlieh, war aber auch der erste, der Goethes *Faust* auf die holländischen Bühnen brachte – und selbst den Doktor Faustus spielte. Seine bald auch kommerziell sehr erfolgreichen Inszenierungen wurden aufgrund ihrer bis dato ungekannten Intensität und Kreativität enthusiastisch aufgenommen und bewiesen gegenüber Royaards Vorbildern durchaus Eigenständigkeit: »Aus diesen Regie-Kreationen sprach eine Schönheitsliebe, ein Gefühl für die Poesie der dramatischen Kunst, eine literarische Gelehrsamkeit, eine beseelte Meisterschaft, die das Theater zu einer vormals unbekannten Traumwelt machte.«[99]

Seine Inszenierungen der folgenden Jahre eröffneten ein neues Kapitel der niederländischen Theatergeschichte und hoben das holländische Theater zum ersten Mal auf internationales Niveau. Dem Theaterleben Amsterdams gab Royaards auf diese Weise viele neue Impulse: Plötzlich begannen berühmte Architekten und Künstler für das Theater zu arbeiten und Bühnenbilder zu entwickeln, zahlreiche holländische Schriftsteller fühlten sich durch Royaards inspiriert, Gegenwartstücke für das Theater zu schreiben. Zudem entdeckte und förderte Royaards viele Schauspieler, die bald schon zu den besten des Landes zählen sollten. Und die Theater in ganz Holland taten es ihm nach. Da Willem Royaards als Erneuerer und Visionär des niederländischen Theaters gefeiert wurde, bezeichnete man ihn auch als holländischen Max Reinhardt, denn von niemandem war er so stark beeinflußt worden wie von dem legendären deutschen Impresario. Da er binnen kürzester Zeit die Standards für das Theater mit nachhaltiger Wirkung neu definiert hatte, war ihm ein Jahr bevor Johan Heesters ihn kennenlernte, aufgrund seiner Verdienste um das holländische Theater von der Universität Utrecht der Ehrendoktortitel verliehen worden.

Heesters war sich der Chance vollauf bewußt, die ihm sein ehemaliger Chef mit seinem Empfehlungsschreiben eröffnet hatte: »Royaards – das war der Olymp.«[100] Und tatsächlich wurde er noch im Juli 1921 zum Vorsprechen eingeladen: »Trotz meiner jugendlichen Unreife spürte ich, daß an diesem Tag [...] etwas für mich Lebensentscheidendes geschehen würde.«[101] Als er im Theater ankam, war es durch einen glücklichen Zufall sogar Royaards höchstpersönlich, und nicht nur sein Assistent, dem er vorsprechen durfte. Dieser überreichte Heesters ein Textbuch und gab ihm nur zehn Minuten Zeit, sich in einem Nebenraum auf die Rolle vorzubereiten. Es handelte sich um eben jenes Vondel-Stück *Gijsbrecht van Aemstel*, das Heesters sechzehn Monate zuvor auf der Bühne der

Stadsschouwburg gesehen und das seine Theaterleidenschaft entfacht hatte. Auf den ersten Blick ein gutes Omen. Dennoch gab es ein Problem. Zwar kannte er den Inhalt des Stücks, jedoch hatte Royaards ihm eine altniederländische Fassung des Textes gegeben, die Heesters natürlich nicht lesen konnte. Er versuchte, aus der mißlichen Situation das Beste zu machen, erklärte Royaards sein Unvermögen und schlug ihm vor, anstelle des Dramas von Vondel etwas anderes vorzutragen, nämlich die pazifistische flämische Ballade *Droeve Tijden* (Traurige Zeiten), die er höchstwahrscheinlich aus der Schule kannte, denn sie wurde damals und noch bis in die dreißiger Jahre wiederholt in Schulbüchern abgedruckt. Doch der Verfasser der Ballade ist keineswegs unbekannt, wie Heesters in seinen Memoiren mutmaßt. Das in Holland über viele Jahrzehnte sehr populäre Anti-Kriegs-Gedicht wurde von dem aus dem ostflandrischen Oudenaarde stammenden Juristen und Friedensrichter Gentil Theodoor Antheunis verfaßt, der sich zudem als Dichter und Komponist betätigte und zwei Bände mit seinen gesammelten Gedichten und Liedtexten publizierte. Es entstand in der Zeit des Deutsch-Französischen Krieges 1870/71 und wurde 1874 in Antheunis' Gedichtband *Uit het hart* (Aus dem Herzen) erstveröffentlicht. Weil das Gedicht besonders in der Zeit nach dem Ersten Weltkrieg populär wurde, damals Eingang in viele Anthologien fand und viele ehemalige Frontkämpfer es rezitierten, ging man in den Niederlanden fälschlicherweise lange davon aus, daß es erst zu dieser Zeit entstanden ist. Antheunis war jedoch bereits 1907, siebenundsechzigjährig, gestorben, die Schrecken des Weltkrieges sollten ihm erspart bleiben.[102]

Das Pathos dieser Ballade um eine Mutter und ihre Kinder, die vergebens auf die Rückkehr des Mannes und Vaters warten, der als Soldat im Feld ist, sprach den Heranwachsenden offenbar in ganz besonderem Maße an, denn er hatte sie bereits wiederholt bei Familienfesten vorgetragen – stets mit großem Erfolg, da sie des sentimentalen und ergreifenden Inhalts wegen den »weiblichen Zuhörern innige Tränen, Männern aber kernigen Beifall zu entlocken pflegte«.[103] Den Verwandten, die seine Theaterleidenschaft als Hirngespinste abtaten, wollte er zeigen, was er neben seiner Banklehre in der Schauspielschule gelernt hatte: »Ich legte alles hinein, worüber ich damals verfügte: mein Herz, mein Gemüt, meine junge dramatische Schulung. Mein Pathos ließ die Fundamente des Hauses erzittern und löste bei der ganzen Verwandtschaft Tränenflüsse aus. Kein Taschentuch blieb trokken.«[104] Nur einmal war es zu einem tragischen Zwischenfall gekommen, als Jopie *Droeve Tijden* zu Ehren des achtzigsten Geburtstags von Onkel Evert, »eine[s] der reichen Geizkragen«,[105] erneut voller Leidenschaft rezitierte:

's sind traurige Zeiten, wenn der Krieg wütet / Wenn man Menschen schlachtet wie Tiere / Wenn Menschenblut zu Bächen strömt / Wenn Friede und Liebe gefesselt sind / Wenn Haß / Und Zorn / Wenn Not / Und Tod / grinsen und fluchen und toben. //

»Wo ist nun bloß mein armer Mann? / ich vergehe vor Angst! Ich sterbe daran! / Ach! Wie anders ist's als im vorigen Jahr! / Wir saßen hier so gerne zusammen / Bei der Wiege unseres jüngsten Kindes. / Und nun so weit durch Schnee und Wind / Und Frost ... und dann! Ach Gott! Ach Gott! / Hab Mitleid mit meinem bittren Los!« //

»Hüh!« rief das Knäblein, »Pferdchen hüh! / He! Mutter, wo ist der Vater nun? / Wenn Vater kommt, dann bekomm ich ein Pferd, / Ein lebendiges Pferd und ein funkelndes Schwert, / Einen Helm mit Feder und ein großes Banner; / Dann gehen wir reiten, weit weg von hier, / Dann machen wir Krieg und noch was, und mehr ... / Sag, Mutter, wann kommt der Vater wieder her?« //

»Hör« sagt ihr Töchterchen, »Mutter liebst, / Ich hab' Vater geschrieben einen schönen Brief: / Und daß wir bitten auf beiden Knien / Für ihn ... und ihn so gern' würden sehn'; / Und daß auch du eine traurige Zeit hast, / Und daß ich dann auch häufig weine; / Und daß unser Brüderchen fleißig lernt; / Und ... ob er doch nicht wiederkehrt!« //

Die Mutter hört an das schlichte Schreiben, / Und dreht sich um mit fiebrigem Zorn, / Und greift aus der Wiege den kleinen Wicht, / Und hält ihn zum Himmel gerichtet; / Und ruft und schluchzt: O Herr! O Herr! / Gib uns den Gatten, den Vater wieder! //

Während die Mutter im Gebet war, / Während das Mädchen ihr Brieflein las, / Während das Knäblein sprach und lief, / Während der kleine Wicht in seiner Wiege schlief, / Da weit weg, im fremden, verwüsteten Land, / Verlassen, seit langem und einsam am Rand, / Mit durchbohrter Brust / Und keuchend vor Durst / Und die Nägel gekrallt ins gefrorene Feld, / Da lag der Vater, der tapfere Held, / Zu sterben.[106]

Als er mit der sechsten und letzten Strophe fertig war, geschah das Unglück, das in die Familienlegende einging: »Kaum war ich fertig und die letzten Seufzer im Publikum verklungen, da erlitt Onkel Evert einen Herzanfall und starb. Hatte ihn mein dramatischer Vortrag so sehr gerührt?«[107] Noch als er längst auf eine große Schauspielerkarriere zurückblicken konnte, befand Johannes Heesters rückblickend: »Was für ein schöner Tod!«[108]

Nun, beim Vorsprechen, rezitierte Heesters die Ballade wieder mit solcher Inbrunst, daß Royaards gar keine Chance hatte, ihn vor dem Ende der letzten Strophe zu unterbrechen. Im Gegensatz zu Onkel Evert fiel Royaards jedoch nicht tot um, sondern war ganz offensichtlich beeindruckt vom unerschrockenen Auftreten des jungen Mannes. Auch wenn er befand, daß Heesters noch viel zu lernen habe, erkannte er sein Talent und engagierte ihn umgehend für eine Gage von 40 Gulden – fünf Gulden mehr, als er bei der Bank verdient hatte, wie er, auch wenn das Gehalt immer noch lächerlich gering war, abends stolz seinem Vater berichten konnte. Davon, daß Heesters weiter die private Schauspielschule besuchte, hielt Willem Royaards nichts, denn er vertrat die Meinung, daß er bei ihm am Theater wesentlich mehr lernen könne als auf irgendeiner Schule. Und tatsächlich: Johan Heesters hatte nun den besten Lehrmeister und Mentor der Niederlande.

Als Heesters bei ihm vorsprach, leitete der vierundfünfzigjährige Royaards Het Nederlandse Toneel, die wichtigste Theaterkompanie des Landes. In Holland war und ist es traditionell nicht so, daß die Theater über feste Ensemble verfügten, die ausschließlich an einem Haus spielen und an dieses gebunden sind. Vielmehr wurden die festen Bühnen, die es neben Amsterdam noch in Städten wie Den Haag oder Rotterdam gab, für bestimmte Zeiträume gegen Gebühr an freie, meist unsubventionierte Theaterkompanien vermietet, manchmal für einige Jahre, manchmal auch nur wochen- oder monatsweise. Oft kam es auch vor, daß ein und dasselbe Theater gleichzeitig von verschiedenen Kompanien bespielt wurde, so daß hier an bestimmten Wochentagen die eine Kompanie Dramen von Shakespeare oder Vondel aufführte, während die zweite Kompanie sich an den restlichen Tagen dem Musiktheater oder der Revue widmete. Meist waren dann sogar zusätzlich noch feste Tage für Gastauftritte ausländischer Tourneetheater oder Ballette eingeplant. So ging das Publikum nicht in erster Linie in ein Theater, das es mochte und an das es sich gebunden fühlte, sondern richtete sich vielmehr nach den Kompanien, die einen guten Ruf hatten, über die man sprach oder deren Spielpläne dem eigenen Geschmack entsprachen.

Jeder der freien niederländischen Theaterkompanien, zu der jeweils zwischen dreißig und vierzig Schauspieler gehörten, stand ein Direktor vor, der neben Fragen der Stückwahl und Besetzung, sowie manchmal zusätzlich auch der Spielleitung, vor allem dafür zu sorgen hatte, daß die Kompanie möglichst ohne Unterbrechung an festen Bühnen engagiert war oder zwischenzeitlich auch als Tourneetheater durch die Provinz zog, da sonst das Überleben der Truppe nicht gesichert war. Während manche Vereinigungen nur kurze Zeit, manchmal nur wenige Spielzeiten, existierten, gab es auch Kompanien, die viele Jahrzehnte bestehen blieben und in denen man als Schauspieler alt werden konnte. Zwar gab es auch Wechsel zwischen den einzelnen Truppen, oft aber blieben die Schauspieler »ihrer« Theaterkompanie treu, die die Funktion einer großen Familie erfüllte, was natürlich im unsteten Schauspielerleben sehr vorteilhaft war. Der Nachteil dieses Kompaniensystems jedoch lag auf der Hand: Da es nicht üblich war, Schauspieler von außen zu engagieren, die für bestimmte Rollen besonders geeignet gewesen wären, konnte man alle

Rollen nur mit Mitgliedern der eigenen Kompanie besetzen. So mußte man akzeptieren, daß das Repertoire aufzuführender Stücke von vornherein eingeschränkt war, denn Fehlbesetzungen konnte man sich nicht leisten, da man auf die Einnahmen der jeweiligen Engagements dringend angewiesen war.

Royaards hatte 1908, nach seiner Rückkehr aus dem Ausland, zunächst seine eigene Theaterkompanie gegründet, die er schlicht Het Toneel, das Theater, nannte. 1920 jedoch, nachdem seine Modellinszenierungen für Furore gesorgt hatten, übernahm er die traditionelle, bereits seit 1874 bestehende Kompanie Het Nederlandse Toneel, die sich ab 1882, durch einen Erlaß des damaligen niederländischen Königs Willem III., »Koninklijke Vereniging«, königliche Vereinigung, nennen durfte, ein prestigereiches Prädikat, auf das die Mitglieder dieser Truppe stolz waren. Die Kompanie galt als die beste des Landes und widmete sich vor allem der Pflege der großen Tragödien. An Het Nederlandse Toneel arbeiteten die wichtigsten Schauspieler Hollands: Der große Louis Bouwmeester, der bekannteste und populärste niederländische Theatervirtuose seiner Zeit, und seine Schwester Theo Mann-Bouwmeester waren die Stützen des Ensembles: »Die Schauspieler bildeten unter der großen Persönlichkeit des Theaters, die Royaards selbst war, ein kraftvolles Ensemble, ein Orchester, bei dem jeder Schauspieler ebenso fachkundig, farbenfroh und warmherzig war, wie der andere.«[109] Daß Heesters als siebzehnjähriger Bühnenneuling bei einer solchen Kompanie, neben solchen Schauspielern seinen Einstand geben konnte, war mehr als Glück.

Aber Heesters hatte sogar doppeltes Glück. Er war nicht nur bei der renommiertesten Theaterkompanie Hollands gelandet, sondern kam, da Het Nederlandse Toneel ab dem 1. September 1921 die Amsterdamse Stadsschouwburg für vier Jahre – als erster fester Bespieler in der Geschichte des Hauses – übernahm, gleich in seiner ersten Spielzeit an das wichtigste Theater nicht nur der niederländischen Hauptstadt, sondern des ganzes Landes, dessen heilige Hallen er eineinhalb Jahre zuvor zum ersten Mal betreten hatte. Die Stadsschouwburg war und ist für Amsterdam das, was das Burgtheater für Wien ist. Gelegen ganz in der Nähe der Singelgracht, am Leidseplein, einem der traditionell wichtigsten kulturellen Zentren der Stadt, bot das Theater, von dem man damals vor allem das klassische Repertoire erwartete, 1200 Zuschauern Platz. Der noch heute bestehende, im Stil der Neorenaissance errichtete und in Pracht und Pomp schwelgende Bau aus dem Jahre 1894 verfügt über sechs Eingänge. An der zum Leidseplein gelegenen Hauptfassade befanden sich der Haupteingang für das wohlhabende, stilvoll in Equipagen vorfahrende Publikum und zwei seitliche, für das weniger betuchte Publikum bestimmte Eingänge, die zu den obersten Rängen mit den Holzstühlen führten. An der zur Marnixstraat gelegenen Fassade waren drei weitere Eingänge, der Koninklijke Ingang mit dem Zugang zur Königsloge, der Künstlereingang mit dem Zugang zu den Garderoben, sowie die Paardenbrug, eine Tür, durch die man Pferde auf die Bühne bringen konnte, wenn sie für bestimmte Stücke gebraucht wurden. Het Nederlandse Toneel spielte an fünf Abenden der Woche und gab eine zusätzliche Vorstellung am Sonntagmittag. An den restlichen beiden Abenden blieb das Haus geschlossen, nur für Gastspiele internationaler Stars im Range der Duse oder der Bernhardt wurden Ausnahmen gemacht.[110]

Eigentlich hatte Heesters erst im September 1921, zur neuen Spielzeit, anfangen sollen, wurde dann aber bereits im Juli, kurz nach seinem Vorsprechen, von Royaards in Wilhelm Meyer-Försters Stück *Alt-Heidelberg* (1898) eingesetzt, das von Het Nederlandse Toneel als Sonderprogramm für den Sommer einstudiert wurde. Zwar übertrug Royaards ihm in diesem damals äußerst beliebten und den Zeitgeist treffenden Stück, das rührselig von der Heidelberger Studienzeit des deutschen Kronprinzen und seiner Liebe zu einer kleinen Kellnerin erzählt, nur eine kleine Rolle, die eines Lakaien, der nur einen Satz zu sprechen hatte,[111] dennoch genoß es der Siebzehnjährige, zum ersten Mal auf einer richtigen Bühne zu stehen: »Es war wahnsinnig aufregend für mich, und ich habe diesen gefühlvollen Schinken viel ernster genommen als meine Kollegen.«[112]

Wie Royaards versprochen hatte, konnte Heesters bei ihm tatsächlich viel lernen, denn der Impresario war nicht nur ein guter Schauspieler, Regisseur und Direktor, sondern auch ein guter Lehrmeister. Royaards galt, ebenso wie Max Reinhardt, als Perfektionist und als starke, energische Persönlichkeit, der allen, mit denen er zusammenarbeitete, einiges abverlangte.[113] Disziplin und Pünktlichkeit waren ebenso Pflicht wie Texttreue, äußerste Präzision und Aufmerksamkeit. In seiner Arbeit hatte er nicht nur das Theater und die Form der Inszenierung revolutioniert, sondern – unter dem Einfluß des Naturalismus – auch die Auffassung von der Schauspielkunst radikal verändert. Das Pathetische und die übertriebene Deklamationsweise, die zuvor das Spiel der meisten holländischen Schauspieler bestimmt hatte, gab es in Royaards Kompanie nicht, denn hier wurde ganz auf die Natürlichkeit der Darstellung gesetzt. Ganz besonderen Wert legte er darauf, daß die Mitglieder und Schüler seiner Kompanie die Kunst der Deklamation perfekt beherrschten, für die er selbst als Schauspieler berühmt geworden war. Royaards legte größten Wert auf das gesprochene Wort, auf seine Melodie. Seine Schauspieler sollten dem Klang jedes einzelnen Wortes Silbe für Silbe nachspüren und jedes Wort peinlich genau betonen. »Het krachtigst spreken«,[114] das kraftvollste Sprechen, war seine oberste Maxime. Achtet man auf Heesters' Sprache in seinen späteren Filmen oder in Aufzeichnungen von Bühnenstücken, merkt man, daß Heesters bei Royaards fürs Leben gelernt hat.

In einem jedoch unterschied sich Royaards grundlegend von Reinhardt. Während dieser der Auffassung war, daß es wichtig sei, dem Schauspieler bei der Ausgestaltung einer Rolle Freiräume zu lassen, als Regisseur nicht alles bis ins kleinste Detail vorzugeben und die persönlichen Eigenarten eines Schauspielers mit zu berücksichtigen, hatte Royaards ganz genaue Vorstellungen davon, wie ein Bühnencharakter auszusehen habe, und erwartete von seinen Schauspielern, daß sie genau diese Vorstellungen ohne Improvisationen umsetzten. Er verstand sich als »Bildhauer«, der seine Schauspieler formte, bis sie seiner Idee von der Bühnenfigur entsprachen, bis sie eine Rolle so spielten, wie er sie selbst spielen würde – weshalb viele Zeitgenossen in den Aufführungen von Het Nederlandse Toneel auch »lauter kleine Royaardsjes«[115] zu sehen meinten. Immer wieder verkündete er sein Credo, daß die persönlichen Eigenheiten des Schauspielers ganz zurücktreten und sich quasi in der zu spielenden Rolle auflösen müssen: »Denkt an den Menschen, den ihr zu portraitieren habt, richtet eure Phantasie nach ihm aus, versucht, euch in ihm zu verlieren, und früher oder später werdet ihr aussehen wie er, so dick oder dünn wie er ist, ihr werdet sprechen, handeln, gehen, sitzen und gestikulieren wie er, seine Kleider werden euch passen, als seien sie euch auf den Leib geschneidert. Und sein Geheimnis ist das Werk eurer Phantasie. Es ist dasselbe wie im richtigen Leben: wir sind nicht, wer wir sind, aber wir werden zu dem, was wir zu sein glauben.«[116]

Ein Meister dieses vollkommenen Aufgehens in der Rolle war der Star der Kompanie, Louis Bouwmeester, der als schauspielerisches Urgestein und Naturtalent galt. Er war bereits seit 1878 bei Het Nederlandse Toneel und der unangefochtene Publikumsmagnet der Truppe. Schon als Kind hatte er in der Kirmestruppe seines Vaters auf der Bühne gestanden und war als junger Mann in den verschiedensten Theaterkompanien durch Holland gereist, bis er 1861 am Amsterdamer Salon des Variétés in der Amstelstraat sein erstes festes Engagement bekam. Schnell machte er Karriere, es war besonders seine einzigartige Stimme, die die Zuschauer nach dem ersten Satz in seinen Bann zog. Aber auch die Virtuosität seiner Mimik, die Exaktheit seines Gebärdenspiels und die Kraft seines Blickes wurden gerühmt. Die Kritiker schrieben begeistert, daß er seine Rollen nicht *verkörpere*, sondern, sobald er auf der Bühne stand, der Charakter, den er zu spielen hatte, *war*. Bouwmeester spielte fortan vor allem Rollen aus dem klassischen Repertoire, besonders in den Dramen Shakespeares machte er Furore. Die Rolle seines Lebens wurde der Shylock im *Kaufmann von Venedig* – mit der er als größter holländischer Schauspieler seiner Zeit in die Geschichte einging. Sein Ruhm reichte, für holländische Schauspieler eine Seltenheit, weit über die Grenzen seines Vaterlandes hinaus, er spielte in Paris, London, Berlin und Wien und feierte auch hier Triumphe – und das, obwohl er alle Rollen in seiner Muttersprache spielte.[117] Sein Name wurde damals in einem Atemzug mit denen von Theatervirtuosen wie Joseph Kainz und Albert Bassermann genannt.

Heesters liebte es, »de grote Louis«, den großen Louis, wie Bouwmeester alle nannten, auf der Bühne zu beobachten, zu sehen, wie er die bedeutenden Rollen des Theaters anlegte und die Menschen mit seinem Spiel fesselte. Er hatte das Glück, sogar einige Male mit ihm auf der Bühne stehen zu dürfen, so etwa als Bouwmeester den Napoleon in Victorien Sardous *Madame Sans-Gêne* spielte.[118] An dieser Inszenierung wirkten auch weitere Mitglieder des Bouwmeester-Clans mit, etwa Louis' nicht minder begabter, aber etwas weniger bekannter Bruder Frits und seine Schwester Theodora Mann-Bouwmeester. Von allen nur Theo genannt, war sie der weibliche Star der Truppe. Sie hatte alle großen weiblichen Tragödienrollen gespielt, galt als eine brillante Ibsen-Darstellerin und wurde von der Kritik und den Zuschauern als »holländische Sarah Bernhardt« gefeiert.

Auch wenn in Het Nederlandse Toneel neben den Bouwmeesters noch viele weitere der großen holländischen Schauspielstars jener Zeit versammelt waren, bildete die Truppe im besten Sinne des Wortes ein Ensemble, in dem jeder wichtig war und keiner, war er auch noch so berühmt, in der täglichen Arbeit bevorzugt wurde. Ebenso wie Max Reinhardt, so gab auch Willem Royaards jedem, auch wenn er nur die kleinste Rolle spielte, zu verstehen, daß er bei der Vorstellung ebenso wichtig wie der Hauptdarsteller des Abends sei, denn er war der festen Überzeugung, daß eine gelungene Vorstellung nur in einer funktionierenden, gut zusammenarbeitenden und miteinander harmonierenden Gemeinschaft zustande kommen kann, in der man sich auf Gedeih und Verderb aufeinander verlassen können muß. Auch das merkte sich Heesters fürs Leben: Nicht einmal auf dem Höhepunkt seiner Karriere entwickelte er Starallüren, sondern behandelte alle, die mit ihm vor der Kamera oder auf der Bühne standen, so kollegial, wie er es einst als junger Schauspieler bei Royaards erlebt hatte.

Von seinen Kollegen wurde Heesters als jüngstes Mitglied der Kompanie äußerst freundlich aufgenommen, nicht zuletzt weil man spürte, mit welcher Begeisterung und welchem Eifer er bei der Sache war. Was andere Bühnenneulinge oft erleben mußten – daß sie aufgrund ihrer Jugendlichkeit von eifersüchtigen älteren Kollegen auf und hinter der Bühne schikaniert wurden, weil man sie als Konkurrenz empfand –, blieb Heesters glücklicherweise erspart. Im Gegenteil, er wurde direkt in die große Familie der königlichen Schauspielkompanie integriert: Eine ältere Kollegin zeigte ihm, wie man sich richtig schminkt, ein anderer, wie man sich auf der Bühne bewegt, und ein dritter gab ihm Tips gegen das Lampenfieber. Und natürlich erzählten ihm alle Anekdoten aus dem Schauspielerleben. Auch nach der Arbeit war er mit von der Partie. Gegenüber der Stadsschouwburg, an der Ecke Leidseplein und Marnixstraat, lag das 1902 in einer niederländischen Variante des Jugendstils erbaute und heute noch existierende Hotel Américain. Das im Erdgeschoß des Hauses gelegene Café Américain mit seinem – original erhaltenen – noblen Art-déco-Interieur war damals einer der wichtigsten Künstlertreffpunkte der Stadt, wo auch die Mitglieder von Het Nederlandse Toneel gern und oft verkehrten.

Von Shakespeare zu Strindberg

Johan Heesters ging in der Welt, die er nun kennenlernte, vollends auf. Nichts anderes als das Theater interessierte ihn in jenen Jahren. Die drei Spielzeiten, die er bei Royaards blieb, nutzte er so intensiv wie irgend möglich, spürte er doch sofort, daß er hier, unter einem solchen Lehrmeister und mit der ersten Garde der holländischen Schauspieler an seiner Seite, mehr würde lernen können als auf jeder Schauspielschule. Tagsüber war er zu den Proben im Theater, abends stand er auf der Bühne oder besuchte, wenn er nichts zu spielen hatte, die Vorstellungen. An freien Tagen und Abenden lernte er seine neuen Rollen, studierte aber auch oft die seiner Kollegen mit, um auf diese Weise genau nachvollziehen zu können, wie die erfahrenen Schauspieler diese anlegten und umsetzten. Die Atmosphäre, die in Royaards' Truppe herrschte, beflügelte ihn. Er liebte es, wie alle mit verschworenem, ja beinahe heiligem Ernst bei der Sache waren und ganz in der Arbeit aufgingen: »Keinen Tag aus dieser Zeit möchte ich missen. Ich war siebzehn Jahre alt, saugte wie ein Schwamm alles auf, was um mich herum geschah. Ich lernte beim Arbeiten, beim Zusehen, beim Zuhören. Ich war auf jeder Probe, studierte jede Rolle mit, beobachtete die Großen ihres Faches.«[119]

Für jede Rolle, die Royaards ihm gab, auch wenn sie meist nur wenige Auftritte und Sätze umfaßte, war Heesters dankbar. Auch wenn er in einer Inszenierung einmal nur als Komparse eingesetzt wurde, was in den holländischen Ensembletheatern nicht selten vorkam, da alle Schauspieler ständig beschäftigt werden mußten, empfand er dies nicht als Kränkung, sondern als Chance, zu lernen und Erfahrungen zu sammeln für spätere große Rollen. So fand er auch die weniger glamourösen Seiten des Theaterlebens spannend, wenn Het Nederlandse Toneel in dieser Zeit neben den Vorstellungen in der Amsterdamse Stadsschouwburg auch vier- bis fünfmal pro Monat in der Provinz auftrat, wo die Truppe in Zelten oder Holzbaracken spielte – für die Stars von der Stadsschouwburg eine Ausnahme, für minder renommierte Truppen war dies jedoch der Alltag.

Viel Text lernen mußte Heesters bei Royaards zunächst meist nicht. Seine Rollen waren klein, manchmal hatte er auch gleich zwei oder drei Figuren in einer Inszenierung zu verkörpern. In keiner der überlieferten Theaterkritiken aus dieser Zeit findet er Erwähnung.[120] Auch wenn er damals mit siebzehn oder achtzehn, wie er später eingestand,[121] oft gar nicht in der Lage war, die anspruchsvollen Stücke zu verstehen, in denen er mitwirkte, gab er sich alle Mühe, den Anforderungen zu genügen. Und dies gelang ihm, denn sowohl Royaards als auch seine älteren, erfahrenen Kollegen fanden, daß der junge Mann seine Sache gut mache. Und ebenso sahen das – natürlich – auch seine Eltern. Zu allen Premieren, in denen ihr Sohn mitwirkte, kamen Jacobus und Geertruida Heesters in die Stadsschouwburg, voller Stolz auf ihren jüngsten Sohn, der in der renommierten königlichen Theaterkompanie spielte und an solch einem prachtvollen Haus auftrat. Sooft es ging, kamen auch Heesters' Brüder, besonders sein Lieblingsbruder Cor kam häufig von Den Haag nach Amsterdam, um Jopie spielen zu sehen. Dieser spürte förmlich, daß die Augen seiner Familie nur auf ihm ruhten und jede seiner Gesten verfolgten. Selbst bei Stücken, in denen er nur als Komparse mitwirkte und unbewegt auf der Bühne zu stehen hatte, versäumte die Familie Heesters die Premiere nicht. Und auch dann befand seine Mutter nach der Vorstellung: »Junge, ich habe nur dich gesehen! Du warst einfach fabelhaft!«[122]

Die erste Spielzeit 1921/22 war mit einer ganzen Reihe von Inszenierungen auf höchstem künstlerischem Niveau mit Abstand die wichtigste für Het Nederlandse Toneel in der Zeit an der Stadsschouwburg.[123] Royaards hatte die Truppe gerade übernommen und sorgte für frischen Wind, und natürlich beflügelte auch die Tatsache, daß man nun exklusiv am ersten Haus Amsterdams spielte, alle Beteiligten. Royaards landete einen Erfolg nach dem anderen, die Kritiken waren glänzend. Fast jeden Abend waren die Vorstellungen ausverkauft – in keiner anderen Theatersaison der Zwischenkriegszeit nahm man so viel Eintrittsgeld ein. Besonders den klassischen Stükken und den künstlerisch außergewöhnlich bedeutenden Inszenierungen galt das Interesse des Publikums.[124]

Der junge Heesters stand gleich im September 1921, zu Beginn der Spielzeit, in Shakespeares *Sommernachtstraum* auf der Bühne, bei dem Royaards selbst Regie geführte hatte und das zum umjubelten Kassenschlager der Saison wurde.[125] Es folgte das in den zwanziger Jahren höchst populäre französische Schauspiel *Madame Sans-Gêne*, in dem Louis Bouwmeester den Napoleon spielte, und, pünktlich zum Jahreswechsel, das traditionell am Neujahrstag aufgeführte Vondel-Drama *Gijsbrecht van Aemstel* in einer Neueinstudierung von Royaards. Daß er gerade in diesem Stück, das wochenlang vor ausverkauftem Haus gespielt wurde, mitwirkten durfte, das zwei Jahre zuvor an ebendiesem Theater seinen Wunsch, Schauspieler zu werden, ausgelöst hatte, machte ihn besonders stolz. Royaards besetzte ihn weiter in kleinen Rollen, so durfte er etwa als Kadett, als Dichter und als junger Marquis in Edmond Rostands Klassiker *Cyrano de Bergerac* und als Abgeordneter und als Dienstbote in dem zeitgenössischen Stück *Die aufgehende Sonne* des niederländischen Dramatikers Herman Heijermans mitwirken. Bei diesen beiden Inszenierungen lernte er einen weiteren wichtigen und im Holland der damaligen Zeit berühmten Mann kennen: den aus Belgien stammenden Hubert La Roche, der vorher in Rotterdam Theater gespielt hatte und nun auf Royaards' Wunsch als Schauspieler und Regisseur zu Het Nederlandse Toneel stieß. Den Cyrano spielte La Roche selbst, es war die Rolle, mit der er 1908 debütiert hatte und in der er »unvergeßlich«[126] war.

Die nächste Spielzeit, 1922/23, war schon weniger erfolgreich. Der Neuigkeitswert, daß der berühmte Royaards mit der berühmtesten Theaterkompanie am berühmtesten Theater inszenierte, war bereits etwas verflogen. Zwar spielte man immer noch mit Erfolg, aber die Zuschauerzahlen begannen bereits zu sinken, was angesichts der hohen Pachtgebühr von 95 000 Gulden fatal für die Truppe werden sollte, denn die teure Stadsschouwburg konnte man sich als freie Theaterkompanie nur leisten, wenn man vor vollem Haus spielte. Wie im Vorjahr im *Sommernachtstraum*, so spielte der nun achtzehnjährige Heesters wiederum in der wichtigsten Inszenierung der Spielzeit mit, in Shakespeares *Ein Wintermärchen* – abermals unter der Regie von Willem Royaards. Zwar ließ die Inszenierung die Frische früherer Shakespeare-Inszenierungen Royaards' vermissen,[127] kam aber beim Publikum gut an. In Royaards' ebenso erfolgreicher und von der Kritik hoch gelobter Büchner-Inszenierung *Dantons Tod* wirkte Heesters nicht mit. Im Gegensatz zu den Klassikeraufführungen lockten die zeitgenössischen Stücke, die Het Nederlandse Toneel auf den Spielplan setzte und für die Royaards sich minder stark interessierte, immer weniger Zuschauer ins Theater.

Verglichen mit der ersten und zweiten Spielzeit, war die dritte und letzte Spielzeit 1923/24 farblos. Große Geldsorgen, die sich noch verschlimmerten, als die Stadt Amsterdam die ohnehin beträchtlichen Pachtgebühren für die Stadsschouwburg noch einmal erhöhte, lähmten die Theaterkompanie und machten die Arbeit zunehmend schwieriger. Nur mit großer Kraftanstrengung konnte die letzte Spielzeit durchgestanden werden, während man sich – eine Kontinuität in der Theatergeschichte – hinter den Kulissen mit der schwerfälligen Bürokratie auseinandersetzen mußte. Der Ärger schlug sich natürlich auch in der Qualität der Inszenierungen nieder, denn sowohl Royaards als auch die anderen Mitglieder seiner Kompanie waren verbittert über diese Entwicklung und sahen sich zudem mit ernsthaften Existenzsorgen konfrontiert. Die Kritiker bemängelten die fehlende Inspiration der Inszenierungen, und das Publikum, das zwei Jahre zuvor noch in die Vorstellungen von Het Nederlandse Toneel geströmt war, blieb zunehmend aus. Von einst über tausend Zuschauern pro Abend konnte man nun nur noch träumen. Selbst die Wiederaufnahme von Shakespeares *Sommernachtstraum*, der zwei Jahre zuvor für Furore und volle Häuser gesorgt hatte, erzielte nicht den gewünschten Effekt, die Zuschauer wieder in Massen in die Stadsschouwburg zu locken. Die Tage von Het Nederlandse Toneel, das war jedem Beteiligten angesichts der finanziellen Misere längst klar, waren gezählt.

In diese für die Theaterkompanie so schwierige Zeit fiel eine Inszenierung, die den entscheidenden Impuls für den weiteren Lebensweg von Johan Heesters gab und einen Wendepunkt in seiner noch jungen Bühnenkarriere markierte. Am Ende der Spielzeit, im Oktober 1922, stand August Strindbergs Stück *Ein Traumspiel* (1901) auf dem Programm.[128] Royaards, der damals einer der wenigen niederländischen Regisseure war, der sich an Strindberg heranwagte, der wegen seiner herben Subtilität im holländischen Theater als schwierig galt,[129] inszenierte selbst und suchte nach jemandem, der eine Rolle übernehmen konnte, in der auch ein Lied zu singen war. Da Royaards, der das Stück selbst ins Niederländische übersetzt hatte,[130] niemand einfiel und sich keiner für diese Rolle meldete, wurde er von seinen Schauspielern darauf hingewiesen, daß der junge Heesters, der in der Inszenierung ursprünglich nur für zwei kleinere Rollen vorgesehen war, in seiner Garderobe ständig singe und früher im Kirchenchor gewesen sei. Royaards wollte es mit Heesters versuchen.

Dieser fühlte sich zwar geschmeichelt von so viel Vertrauen, hatte aber zunächst durchaus Bedenken. Als er in den Stimmbruch gekommen war, war er aus dem Kirchenchor ausgeschieden und hatte seitdem nur noch gelegentlich zum reinen Vergnügen gesungen, seine Gesangsstimme aber nicht weiter ausgebildet. Obwohl er Zweifel hatte, ob er der Aufgabe auch wirklich gewachsen sei, erkannte Heesters schon bald seine Chance: »Was ich heute aus Erfahrung weiß, sagte mir damals mein Instinkt: Ein Solo, daraus kann ich etwas machen.«[131] So übte er mit großem Fleiß beinahe ununterbrochen sein Lied. Am Abend der Premiere, am 15. Oktober 1923, zu der natürlich auch seine Familie wieder geschlossen erschienen war, packte ihn ein derartiges Lampenfieber, daß er die ganze Aufführung wie in Trance erlebte. Bühnenarbeiter zogen das Ruderboot mit ihm und seiner Partnerin auf die Bühne, und Heesters begann zu singen: *Heil dir, heitere Bucht, wo die Jugend ihre Lenze sah...*

Nicht nur seine Familie und Freunde, auch seine Kollegen rieten ihm nach der Vorstellung, seine Stimme ausbilden zu lassen – schon allein weil man als Sänger mehr verdienen könne. Bestärkt durch den großen Zuspruch, beschloß Heesters, den Versuch zu wagen. Noch während er in den letzten Wochen der Spielzeit im *Traumspiel* auf der Bühne stand und allabendlich sein Solo vortrug, sang er bei der führenden Operettenkompanie des Landes vor und wurde tatsächlich angenommen. Damit war sein Wechsel zum Musiktheater beschlossen, ohne daß Heesters zu diesem Zeitpunkt eine musikalische Ausbildung gehabt hätte. Zum Sprechtheater kehrte er zwar schon früher wieder zurück, erstmals 1948, in einem klassischen Stück sollte er jedoch erst 78 Jahre später wieder auf der Bühne stehen – 2002 in Tschechows *Kirschgarten.* Mit der letzten Vorstellung von Strindbergs *Traumspiel* im Frühjahr 1924 nahm Heesters Abschied von seinem ersten Lehrmeister Willem Royaards und seiner ersten schauspielerischen Heimat Het Nederlandse Toneel.

Sicherlich glaubten auch die Kollegen, von denen er sich nun schweren Herzens verabschieden mußte, ernsthaft an Heesters' Talent als Sänger. Sie werden ihm aber nicht zuletzt auch deshalb geraten haben, den Wechsel in eine andere Kompanie zu vollziehen, weil sie wußten, daß Het Nederlandse Toneel aufgrund der finanziellen Situation keine Zukunft mehr hatte. Daß man wegen der erhöhten Pachtzinsen die Stadsschouwburg nach der Spielzeit 1923/24 nicht mehr weiter bespielen konnte, war längst klar, und die Verhandlungen für einen Wechsel der Kompanie nach Den Haag waren bereits ins Stocken geraten und sollten bald scheitern. Der zwanzigjährige Heesters hatte den Absprung gerade noch rechtzeitig geschafft. Kurz nach seinem Ausscheiden mußte Het Nederlandse Toneel am 30. April 1924, im fünfzigsten Jahr des Bestehens der Kompanie, aufgeben: »Obwohl Royaards mit hohen Subventionen und Unterstützungen rechnen konnte, konnte er durch die steigenden Preise, durch die schwierigen Beschäftigungsumstände in einem für ihn zum Teil schlecht zu bespielenden Gebäude, sein Werk nicht fortsetzen.«[132]

Mit dem Ende von Het Nederlandse Toneel, der führenden Kompanie des Landes, ging 1924 ein wichtiges Kapitel niederländischer Theatergeschichte zu Ende.[133] Beinahe symptomatisch war es, daß kurze Zeit nach dem Konkurs der berühmten Theaterkompanie auch deren wichtigste Stars von der Bühne abtraten: 1925, fast auf den Tag genau ein Jahr nach der letzten Vorstellung in der Stadsschouwburg, starb der große Louis Bouwmeester, und ein Jahr später nahm auch seine Schwester Theo Mann-Bouwmeester, die von der Antigone über die Maria Stuart bis hin zu Rose Bernd oder Hedda Gabler alle großen Frauenrollen des Theaters gespielt hatte, ihren Abschied von der Bühne, mit der Begründung: »Ich will nicht, daß das Publikum von mir Abschied nimmt, ich will Abschied nehmen vom Publikum.«[134] Auch Willem Royaards trat von der Bühne ab. Er starb 1929, als sein ehemaliger Schützling Johan Heesters schon längst ein Star geworden war und in Franz Lehárs Operette *Der Zarewitsch* am Amsterdamer Paleis voor Volksvlijt Triumphe feierte.

3.

»Wenn ich König wär'...« Erfolge auf der Operettenbühne

Das niederländische Theater war in den zehner und zwanziger Jahren des 20. Jahrhunderts vor allem durch die Reformen Willem Royaards', erstmals in seiner Geschichte auf internationales Niveau gehoben worden. Doch galt dies in erster Linie für das Sprechtheater. Anders sah dies im Bereich des Musiktheaters aus, das mit dieser Entwicklung nicht Schritt hielt. Das lag vor allem daran, daß Opern, aber auch Operetten im Vergleich zu den meisten anderen Ländern Europas im niederländischen Theaterbetrieb traditionell eine geringere Bedeutung hatten. Schon 1874 hieß es in einer *Geschichte des holländischen Theaters*: »Weniger als anderswo sind Tanz und Gesang in Holland Ausflüsse des Nationallebens, man könnte beinahe sagen, daß dem niederländischen Volk der Sinn für beide völlig abgeht, obwohl andererseits nicht zu leugnen ist, daß in früheren Zeiten den Holländern ein ziemlich tiefes Verständnis für Musik innewohnte. Im Tanz wie im Gesang hat indes dieses Volk niemals Grosses geleistet.«[135]

In der Welt der Oper, gerade aber auch der Operette, waren die Niederlande so immer Provinz geblieben. In kulturgeschichtlichen Abhandlungen zur Operette kommt Holland höchstens als Fußnote, meist jedoch gar nicht vor. Eine nennenswerte Literatur zur Operette in den Niederlanden selbst ist nie entstanden. Dasselbe gilt für die Oper: Zwar erfreute man sich an den Gastspielen italienischer oder französischer Kompanien, eine eigenständige Operntradition und -produktion gab es jedoch lange Zeit nicht.

Hinsichtlich der Organisation des holländischen Musiktheaters verhielt es sich wie beim Sprechtheater, denn auch hier existierten freie, unabhängige Kompanien, die miteinander um die Gunst des Publikums konkurrierten. Eine der lange Zeit bekanntesten Kompanien des Landes war De

Nederlandse Opera, eine Gesellschaft, die zeitweise abwechselnd mit Het Nederlandse Toneel die Amsterdamse Stadsschouwburg bespielte. Direkt nach der Neueröffnung des Hauses 1894 stellte diese Gesellschaft sich dem Amsterdamer Publikum mit einer Aufführung von Richard Wagners *Rienzi* vor und signalisierte damit, daß sie sich in erster Linie auf das klassische, populäre Opernrepertoire konzentrieren würde. Aufführung von *Carmen, Der fliegende Holländer* sowie *Lohengrin, Tannhäuser* und *Die Meistersinger von Nürnberg* folgten. Die relativ konventionellen Inszenierungen kamen beim Publikum gut an, und viele der Sänger und Sängerinnen avancierten in Holland zu Stars, einige machten anschließend sogar international Karriere. Dennoch mußte die Gesellschaft 1903 wegen finanzieller Schwierigkeiten aufgelöst werden. In der Folgezeit wurde eine ganze Reihe von Opern-Gesellschaften gegründet, die jedoch meist bald wieder verschwanden, denn das Interesse an der Oper hatte nachgelassen, nicht zuletzt weil die beliebtesten Stars dieses Genres ins Ausland abgewandert waren. Erst während des Ersten Weltkriegs, als viele niederländische Sänger aufgrund der Neutralität des Landes in ihre Heimat zurückkehrten, gab es neuen Aufschwung für das Musiktheater, und die Gesellschaft Nationale Opera wurde gegründet, die sich neben dem traditionellen Repertoire auch Werken damals noch nicht so populärer Komponisten wie Eugène d'Albert oder Camille Saint-Saëns widmete. 1919 wanderte die Nationale Opera jedoch von Amsterdam nach Den Haag ab.

Anfang der zwanziger Jahre, nachdem eine ganze Reihe beeindruckender Gastspiele ausländischer Opern- und Theaterensembles – etwa des Moskauer Künstlertheaters – für Furore gesorgt hatten, brach eine neue Epoche für das Musiktheater in Amsterdam an. Im Bereich der Oper war es besonders die Italiaanse Opera, die sich speziell den Werken Verdis und Puccinis verpflichtet fühlte, sowie die Wagnervereniging, die neben den Werken Wagners auch die von Mozart oder Richard Strauss spielte, die zu Publikumslieblingen der Amsterdamer wurden. Trotz dieser Blütezeit blieb das Musiktheater im Vergleich zum Sprechtheater immer ein Stiefkind des holländischen Kulturbetriebs. Schon die Tatsache, daß es nie gelang, in Amsterdam ein eigenes Opernhaus zu errichten, wie es in den zwanziger Jahren lange im Gespräch war, ist in diesem Zusammenhang aufschlußreich. Gegenüber der Operette waren die Vorbehalte natürlich noch größer.

Gerade die Operette – auch hier behielt das Bonmot Heinrich Heines recht, daß in Holland alles immer fünfzig Jahre später passiert als im Rest der Welt – hinkte in den Niederlanden der europäischen Entwicklung weit hinterher. Tatsächlich begann dieses Genre hier erst um die Jahrhundertwende und damit nahezu ein halbes Jahrhundert später als in Frankreich, England, Deutschland und Österreich Fuß zu fassen. Der Geburtsort der Operette, von dem sie ihren Siegeszug um die Welt antrat, war Paris, wo der gebürtige Kölner Jacques Offenbach 1858 an seiner eigenen, drei Jahre zuvor eröffneten Kleinbühne Bouffes Parisiens mit seiner Antikenparodie *Orpheus in der Unterwelt* die erste abendfüllende Operette zur Uraufführung brachte. Er war es auch, der zum ersten Mal den Begriff Operette gebraucht hatte, um sich mit seinen eigenen leichtfüßigen, auf Couplets und flotten Rhythmen basierenden Schöpfungen von der großen, altehrwürdigen Oper mit ihrem pathetischen Ernst abzugrenzen und den Parisern zu demonstrieren, daß er hier etwas völlig Neues, nie Dagewesenes präsentiere – gleichsam das volksnahe Gegenstück zur Oper. Spätestens mit *Orpheus in der Unterwelt* lag ihm »tout Paris« zu Füßen und stürmte ins Theater, um sich von seinen Schöpfungen bezaubern zu lassen – und um der schönen Hortense Schneider, der ersten Operettendiva, zuzujubeln.

Offenbach, von Rossini als »Mozart der Champs-Elysées« gefeiert, schrieb nach diesem großen Triumph eine Operette nach der anderen, die er in Paris, bald aber auch schon in London, Berlin und dann mit besonders großem Erfolg auch in Wien auf die Bühne brachte, wo ihm Komponisten wie Franz von Suppé, Johann Strauß und Karl Millöcker nacheiferten und Wien neben Paris zu der Operettenmetropole Europas machten. Auch wenn viele Kritiker die Operette neben der altehrwürdigen Oper zunächst nicht gelten lassen wollten und es lange gedauert hat, »bis die Kunstkritik in der

Operette mehr sah als nur Schund und Schrott«,[136] wurde sie in vielen Ländern kontinuierlich zu einem der für Jahrzehnte wichtigsten Genre des Musiktheaters, nicht zuletzt weil die populären Operetten beim Publikum sehr gut ankamen und dadurch gute Einkünfte versprachen

Bis nach Holland reichte die neue Mode, die große Teile Europas, bald aber auch Nordamerika erfaßt hatte, lange Zeit nicht. Die ersten Operettenaufführungen in Amsterdam fanden erst relativ spät statt, etwa in der später in Hollandse Schouwburg umbenannten Artis-Schouwburg in der Middenlaan. Als die Operette in den zwanziger Jahren dann endlich etwas ernsthafter in den Niederlanden Fuß fassen sollte, hatte sie schon ihre erste schwere Krise hinter sich, denn zum Ende des 19. Jahrhunderts hin hatte das Interesse an diesem Genre bereits wieder nachgelassen, bis Franz Lehár der Operette durch die Uraufführung seines wichtigsten Werks *Die lustige Witwe* 1905 neues Leben einhauchte.

In ganz Europa standen plötzlich die Menschen wieder Schlange vor den Operettentheatern, jubelten den neuen Stars zu, wie etwa der eleganten Fritzi Massary, die von der Kritik als »Operettengestalt von neuer Art«[137] gefeiert wurde. Und so beschloß man im Zuge dieses neuen Aufwinds auch in Holland, ein neues Experiment mit diesem Genre zu wagen – jedoch nahezu ausschließlich mit Werken, die man aus dem Ausland importierte, wobei sich deutschsprachige Operetten größter Beliebtheit erfreuten.

Als Heesters Mitte der zwanziger Jahre zur Operette stieß, handelte es sich in Holland also noch immer um ein relativ junges Genre. Eigentlich gab es zu dieser Zeit, was Operetten anging, in der holländischen Hauptstadt nur einen großen, tonangebenden Namen: Louis Bouwmeester junior, der älteste Sohn des »grote Louis«, der einen anderen Weg eingeschlagen hatte als sein Vater. Zunächst hatte er unter dessen Regie auf der Bühne gestanden, in der Haarlemsch Tooneelgezelschap, der Haarlemer Theaterkompanie, der sein Vater vor seinem Wechsel an Het Nederlandse Toneel und nach Amsterdam als Direktor vorstand. Bouwmeester junior löste sich von der Truppe und gründete in Den Haag die Operettengesellschaft De Haagezangers, mit der er schließlich nach Amsterdam wechselte und ab 1921 – in Nachfolge Willem Royaards' – das direkt an der Amstel gelegenen Paleis voor Volksvlijt, den Palast des Volksfleißes, bespielte. Hier widmete er sich ganz der klassischen Operette und nahm besonders gern französische Werke in sein Repertoire auf, machte bald jedoch auch mit seinen jährlich stattfindenden Bouwmeester-Revuen von sich reden. Zwar reichte er niemals an die Bedeutung und den internationalen Ruhm seines Vaters heran, aber man kann durchaus konstatieren, daß er für die leichte Muse seiner Zeit das war, was Louis Bouwmeester senior für das klassische Drama war. Wenn Heesters zur Operette wollte, dann führte kein Weg an diesem Mann vorbei. Ihn mußte er von sich überzeugen.

Ebenso wie sein Vorsprechen bei Royaards drei Jahre zuvor blieb Heesters auch sein Vorsingen bei Bouwmeesters Operettenkompanie De Haagezangers im Paleis voor Volksvlijt im Frühjahr 1924 sehr lebendig in Erinnerung: »Als ich dorthin kam, stellte ich verwundert fest, daß das Vorsingen im Theaterfoyer stattfinden sollte, einem Raum mit vielen schweren Säulen. Irgendwo stand ein Klavier. Man wies mir einen Platz zu, wo ich stehenbleiben und mich nicht bewegen sollte. Das alles irritierte mich ein wenig, aber ich gab dem Pianisten ein Zeichen und sang ein paar Volkslieder und ein paar Operettenarien.«[138] Sobald das Vorsingen beendet war, offenbarte sich der Hintergrund des merkwürdigen Arrangements. Bouwmeester hatte nämlich, versteckt hinter den Säulen des Foyers, die Mitglieder seines Operettenensembles mithören lassen und bat diese nun, vorzutreten und ihr Urteil abzugeben. Ihre Meinung über den jungen Mann fiel positiv aus, und Heesters wurde engagiert. Doch seine Stimme bedurfte eindeutig noch der Stärkung und Schulung, so daß er nicht gleich in Operetten auf der Bühne eingesetzt wurde, sondern Bouwmeester seine Gage zunächst in Gesangsunterricht investierte. Heesters war damit einverstanden, wußte er doch, daß er sein Handwerk perfekt beherrschen mußte, wenn er auf dem Gebiet der Operette bestehen wollte.

Seinen Gesangsunterricht nahm Heesters auf Vermittlung

von Louis Bouwmeester bei dessen gutem Freund Luigi Mazzuleni, einem ehemaligen Operntenor, der sich nun, im fortgeschrittenen Alter, ganz auf das Unterrichten verlegt hatte. Heesters schloß den temperamentvollen italienischen Professore ins Herz und genoß sowohl den Unterricht, der bei seinem Lehrer zuhause stattfand, als auch das abendliche Zusammensein mit ihm, denn Mazzuleni, der von seinen Freunden »Leni« genannt wurde, war ein hervorragender Weinkenner und stolzer Besitzer eines exquisiten Weinkellers. So wie er vormals seine Tätigkeit bei Het Nederlandse Toneel sehr ernst genommen und als eine Chance begriffen hatte, zu lernen und Erfahrungen zu sammeln, stürzte Heesters sich nun auch voll und ganz in den Unterricht bei Mazzuleni und absolvierte auch zuhause in der elterlichen Wohnung brav seine Stimmübungen. Der Erfolg stellte sich schnell ein. Sein Klangvolumen wuchs, seine Stimme festigte sich zunehmend. Und vor allem: Durch die Atemübungen ermüdeten seine Stimmbänder nicht mehr so schnell – die wichtigste Voraussetzung, um lange Gesangspassagen im Musiktheater absolvieren zu können.

Als sich plötzlich Schwierigkeiten mit dem Hals einstellten, er unter Schluckbeschwerden litt und sich häufig räuspern mußte, handelte Heesters kurz entschlossen. Er ging ins städtische Krankenhaus von Amsterdam, ließ sich untersuchen, und der behandelnde Arzt diagnostizierte, daß die Mandeln entfernt werden müßten. Heesters bestand darauf, daß dies sofort durchgeführt werde; der Professor, umringt von einer Schar Studenten, kam dem Wunsch auch gleich nach und entfernte dem jungen Heesters beide Mandeln – ohne jegliche Betäubung. Die Folge war, daß Heesters mit großen Schmerzen vierzehn Tage im Bett liegen mußte, die Halsbeschwerden jedoch verschwanden nach dem Eingriff und kamen nicht wieder.[139]

Nun stand dem Einsatz Heesters', der innerlich bereits »mit den Hufen scharrte«,[140] nichts mehr im Weg, und er konnte in Bouwmeesters Operettenkompanie reüssieren. Und obwohl die Operette in den Niederlanden eine untergeordnete Stellung hatte, führte sein Weg von nun an steil nach oben. War er im Sprechtheater, nicht zuletzt aufgrund seiner

Jugend, zwischen den Großen des holländischen Theaters immer einer unter vielen gewesen, und hatte er mit seinen kleinen Rollen bei Royaards immer im Abseits gestanden, so sollte er nun zum Star, zum gefeierten und umjubelten Solisten aufsteigen und – wenn zunächst auch nur in seinem Heimatland – in eine völlig neue Karriere-Umlaufbahn katapultiert werden.

Vom Carré zum Paleis voor Volksvlijt und zurück

Im Frühjahr 1924 hatte Heesters bei Royaards aufgehört, und schon im Herbst, in der Spielzeit 1924/25 stand er in seinen ersten Operetten auf der Bühne, jedoch noch nicht am Paleis voor Volksvlijt, an dem er vorgesungen hatte und an dem er wenig später auch seinen Durchbruch als Operettentenor erleben sollte, sondern am Theater Carré, das – fast in Blickweite des Paleis voor Volksvlijt – am gegenüberliegenden Ufer der Amstel lag und heute noch existiert. Hier trat damals gerade Max Gabriëls Operette-Gezelschap auf. In den Aufführungen, in denen Heesters mitwirkte, etwa in Leo Falls – erst ein Jahr zuvor in Wien uraufgeführter – *Madame Pompadour* und Oscar Straus' *Ein Walzertraum*, übernahm er jeweils nur kleine Partien – »kleine rolletjes«,[141] wie es in den Annalen des Carré heißt. Diese Auftritte kann man sicherlich als Fingerübungen betrachten, die Heesters parallel zu seinem Gesangsunterricht absolvierte und die ihm erste Erfahrungen im Operettenfach brachten, das von nun an seine künstlerische Heimat sein sollte. Zudem stellten sie eine Möglichkeit dar, sich ein kleines Zubrot zu verdienen, denn über eine Gage verfügte er in dieser Zeit nicht, da diese direkt in den Gesangsunterricht investiert wurde. Für seine Karriere hatten diese ersten Auftritte auf der Operettenbühne keine große Bedeutung, so daß Heesters sie in seinen Lebenserinnerungen auch gar nicht erwähnt. Zum Carré sollte er erst fünf Jahre später zurückkehren, als er schon längst zu einem der populärsten Operettentenöre Amsterdams aufgestiegen war.

Für Furore sorgte er erstmals im Paleis voor Volksvlijt, und zwar nur ein Jahr nachdem er Bouwmeester junior im Foyer des Hauses vorgesungen hatte. Zwar nahm er 1925 noch immer seinen Gesangsunterricht bei Mazzuleni, und Bouwmeester beabsichtigte auch noch gar nicht, den Anfänger einzusetzen, doch wieder einmal kam Heesters, wie so oft in seinem Leben, der Zufall zu Hilfe. Während er im Carré noch in einer Nebenrolle auf der Bühne stand, wies ihm das Leben eine Hauptrolle zu. Denn es passierte genau das, worauf wohl jeder Theaterneuling heimlich wartet: Einer der Darsteller fiel kurzfristig aus, und Heesters sollte einspringen – in der Inszenierung der Oper *Wenn ich König wär'* (1852) des französischen Opern- und Ballettkomponisten Adolphe Adam, der auch die Musik zu *Giselle* (1841), einem der berühmtesten Ballette, komponierte – für Heesters eine große Chance, aus der es etwas zu machen galt. Der Zufall wollte es, daß ausgerechnet der Tenor erkrankt war, so daß Bouwmeester auf die Idee verfiel, Heesters einzusetzen, der, hocherfreut über das Vertrauen, das man in ihn setzte, seinem Chef auch selbstbewußt versicherte, daß er sich dieser Aufgabe gewachsen fühle: »Ich hatte die Rolle heimlich mitstudiert – für alle Fälle. Es konnte also nichts schief gehen.«[142]

Und tatsächlich ging nichts schief. Heesters gelang es, sich ins Zentrum der Aufmerksamkeit zu spielen, als er zum ersten und einzigen Mal in seinem Leben in einer Oper auftrat. Er spielte und sang die Hauptrolle des armen Fischers Zephoris, der für einen Tag König sein darf, Gesetze gegen Ausbeutung und Ungerechtigkeit erläßt und am Ende des Tages wieder arm ist, aber zur Belohnung die Liebe einer schönen Prinzessin gewinnt. Eine Chance, wie Heesters sie sich immer erträumt hatte. Am Ende der Vorstellung toste der Applaus. Das Publikum mochte den offensichtlich begabten und noch dazu sehr gutaussehenden jungen Mann mit dem strahlenden Lachen: »Das war mein Durchbruch. Der Erfolg stellte sich ein.«[143]

Heesters' Position in Bouwmeesters Operettengesellschaft war damit gefestigt, niemand betrachtete ihn nun mehr als blutigen Anfänger. Daß er fortan weiter eingesetzt würde, und das nicht nur in kleinen Rollen, lag nahe, denn gegen einen neuen Publikumsliebling, der die Menschen ins Theater locken würde, hatte Bouwmeester natürlich nichts einzuwenden. Das Haus, an dem er nun fest engagiert war, das Paleis voor Volksvlijt, war damals eines der größten Theater Amsterdams, nur wenige Gehminuten von der Wohnung der Familie Heesters in der Rustenburgerstraat entfernt, direkt am Frederiksplein, nahe der Amstel, gelegen, dort, wo sich heute das Gebäude der Nederlandse Bank mit seiner monumentalen Spiegelglasfassade befindet.[144] Im August 1864 war es in Anwesenheit des niederländischen Kronprinzen feierlich eingeweiht worden. Von nah und fern kamen damals die Menschen, um das wahrlich palastartige Bauwerk zu bewundern. In der Folgezeit siedelten sich hier eine ganze Reihe weiterer Theater, etwa das Rembrandttheater oder das Theater Carré, Kabaretts wie das Mille Colonnes oder das Cabaret La Gaîté, Cafés, Bars und Nachtclubs an.

Alles am Paleis voor Volksvlijt zielte auf Superlative ab: die imposante, schloßähnliche Architektur, die ehrfurchteinflößende Fassade, die prachtvolle, überladene Innenausstattung und der riesige Saal mit seinen sechstausend Sitzplätzen. Ein solches Ambiente verlangte nach dem großen Spektakel. Da es teuer war, ein derart riesiges Haus zu bespielen, steckte das Paleis voor Volkvlijt zeit seines Bestehens in finanziellen Schwierigkeiten. Zwar war das Gebäude von Anfang an dazu vorgesehen, den unterschiedlichsten theatralen Darbietungen Platz zu geben, doch man nutzte es zunächst hauptsächlich für Opernaufführungen: Die Deutsche Oper aus Rotterdam, die Französische Oper aus Den Haag, aber ebenso italienische Opernensembles und später auch die Amsterdamer Wagnervereniging gaben hier vielbeachtete Vorstellungen. Von 1908 bis 1919 hatte Willem Royaards das Haus mit seiner Theaterkompanie bespielt, bis er zu Het Nederlandse Toneel und an die Stadsschouwburg wechselte und Bouwmeester junior das Haus übernahm, der es endgültig zu einem Tempel der Operette und der Revue machte und, indem er das Publikum in Massen anzog, dem Paleis voor Volksvlijt finanziell das Überleben sicherte.

Nach seinem Erfolg in der Oper *Wenn ich König wär'* kehrte der binnen kürzester Zeit zum Publikumsliebling aufgestiegene Heesters wieder zur Operette zurück, deretwegen er überhaupt zum Musiktheater gewechselt war und die zeitlebens sein ureigenes Metier bleiben sollte. Eine Operettenaufführung nach der anderen folgte. Nun war der Zweiundzwanzigjährige kein kleines Rädchen mehr im Getriebe, sondern trat mit den großen Stars des Amsterdamer Musiktheaters auf. In der Inszenierung von Louis Aimé Maillarts Welterfolg *Das Glöckchen des Eremiten* etwa spielte und sang er noch im Jahr 1925 an der Seite von Beppie de Vries, der damaligen Opern- und Operettenkönigin Amsterdams, der die ganze Stadt zu Füßen lag. Und 1927 stand er in der Operette *Feminola* zusammen mit Fien de la Mar auf der Bühne, die man durch ihre Filmrollen in ganz Holland kannte, die aber immer auch der Operettenbühne treu geblieben war.

Bouwmeester setzte den jungen Tenor in den Jahren von 1925 bis 1929 in neun Operetten und zwei Revuen ein, wobei Heesters neben den von Bouwmeester bevorzugten Werken französischer Operettenkomponisten – wie etwa Robert Planquettes *Die Glocken von Corneville* oder Louis Gannes *Die Gaukler* – auch bereits die großen Partien in den damals populären Wiener Operetten spielte, die beim Amsterdamer Publikum so gut ankamen: 1925 stand er als indischer Prinz Radjami von Lahore in Emmerich Kálmáns exotisch angehauchter Operette *Die Bajadere* und 1929 als russischer Thronfolger in Franz Lehárs *Der Zarewitsch* (1927) auf der Bühne des Paleis voor Volksvlijt. Heesters genoß den Jubel des Publikums und die Hymnen der Kritiker, und er liebte es, endlich Abend für Abend zeigen zu können, daß er es verstand, die Bühne zu beherrschen. Die Schauspielerin Berry Walden-Kievits, die Heesters 1925 kennenlernte und später den jüngeren Bruder seines besten Freundes heiratete, erinnert sich mehr als siebzig Jahre später an diese Zeit: »Jeder war verrückt nach ihm. Und das Publikum, vor allem die Frauen, standen Schlange, um ihm die Hand zu schütteln oder ein signiertes Photo von ihm zu ergattern. Aber er blieb trotz all des Trubels ein lieber Kollege, er hatte keine Starallüren.«[145]

Trotz der schnell einsetzenden Erfolge ruhte sich Heesters keineswegs auf seinen Lorbeeren aus. Bei Royaards hatte er gelernt, daß selbst die größten Schauspieler Hollands tagtäglich alles geben mußten, um beim Publikum anzukommen, daß auch eine Rolle, die man schon unzählige Male gespielt hat, mit vollem Einsatz und Konzentration ausgefüllt sein will, denn Halbheiten verzeiht das Publikum nicht. Eine Erkenntnis, die Heesters während seiner über achtzigjährigen Bühnenkarriere niemals vergessen hat. Obwohl er trotz seiner Jugend erstaunlich schnell Karriere machte, hatte er stets das Gefühl, noch viel lernen zu müssen. So behielt er auch am Paleis voor Volksvlijt die Angewohnheit bei, möglichst oft auch bei den Proben zu Stücken anwesend zu sein, in denen er nicht mitwirkte, und die Partien anderer Tenöre mitzustudieren, um so zu sehen, wie andere Sänger die Rolle anlegten. »Wirklich zufrieden war ich selten mit mir und arbeitete laufend an meiner Stimme, meinem Ausdruck, meiner Haltung.«[146]

Im Frühjahr 1929 stand Heesters in Lehárs *Zarewitsch* zum letzten Mal auf der Bühne des Paleis voor Volksvlijt, auf der er so große Triumphe gefeiert hatte und die ihm fünf Jahre lang künstlerische Heimat gewesen war. Der Abschied war ebenso unfreiwillig wie traurig. In der Nacht vom 17. auf den 18. April brannte das stolze Paleis voor Volksvlijt aus nie geklärter Ursache bis auf die Grundmauern ab, und die Geschichte des Theaters endete nach fünfundsechzig Jahren. Die Schauspieler und Musiker, die hier aufgetreten waren, unter ihnen auch Heesters, kamen am Morgen des 18. April, um mit Tränen in den Augen die noch rauchenden Überreste des Hauses zu betrachten.[147] Auch das Amsterdamer Publikum reagierte bestürzt. Nur in der Stadtverwaltung atmete man erleichtert auf, war das Paleis voor Volksvlijt doch immer ein Verlustgeschäft gewesen, das viele Subventionen verschlungen hatte. Darüber, daß man das Theater nicht wiederaufbauen würde, mußte man erst gar nicht debattieren.

Viele der Künstler, die zuvor am Paleis voor Volksvlijt engagiert gewesen waren, fanden im nahe gelegenen Theater Carré eine neue künstlerische Heimat.[148] Auch der jetzt fünfundzwanzigjährige Heesters wurde im Sommer 1929 ans Carré engagiert, an dem er bereits 1924 vor seinem Durchbruch in einigen kleinen Rollen auf der Bühne gestanden hatte und in dem er von nun an jährlich auftreten sollte – bis er Holland 1934 verließ.

Das unmittelbar an der Amstel gelegene Theater war 1887 als »Circusgebouw Carré« eröffnet worden.[149] Der Gründer und Direktor Oscar Carré war vom Fach. Bevor er sich in einem festen Gebäude niederließ, hatte er zwanzig Jahre lang mit seinem bereits in der vierten Generation bestehenden Familienunternehmen Koninklijk Nederlandsch Circus Oscar Carré das Land bereist und sein Publikum – zu dem während ihrer Staatsbesuche sogar die österreichische Kaiserin und der Zar von Rußland zählten – mit zirzensischen und artistischen Darbietungen erfreut. Sein Zirkus, dem er nun in Amsterdam eine feste Bleibe gegeben hatte, bot ein abwechslungsreiches Amüsierprogramm, das von Clownsnummern und Pferde- und Elefantendressuren über die Präsentation von Kraftmenschen und sonstigen bizarren Darbietungen bis hin zum neuartigen Wasserballett reichte. Nach seinem Tod im Jahre 1911 vermietete seine Familie das Gebäude an verschiedene Zirkuskompanien, zunehmend aber auch Schauspielerensembles, so daß selbst der große Louis Bouwmeester hier einmal in seiner Paraderolle als Shylock auf der Bühne stand. Da wiederholt auch renommierte Musiktheater-Truppen hier auftraten, hatte sich das Carré in den zwanziger Jahren schnell auch zu einem Hort der Operette, des Singspiels, der Revue und ganz besonders des Varietés entwickelt.

Das Haus war kurz nach Heesters' erstem Auftreten 1924 aufgrund eines Besitzerwechsels geschlossen und komplett umgebaut worden, so daß es – nun als »Cultuurtempel« apostrophiert – einen intimeren Charakter bekommen hatte, als ihn das alte Zirkusgebäude des fin de siècle aufwies: Die kräftigen Zirkusfarben waren durch Pastelltöne ersetzt, der Saal verkleinert und ein Foyer eingebaut worden. 1929 hatte mit Alexander Wunnink gerade ein neuer Direktor sein Amt angetreten, der als Chef der Kompanie De Operettezangers selbst aus dem Operettenfach kam und neuen Schwung ins Carré brachte, indem er etwa die Italiaanse Opera ans Haus holte, die so beliebt war, daß die Amsterdamer Tag und Nacht nach Karten anstanden.[150] Abend für Abend war das Haus ausverkauft, und das in der Zeit der Depression, in der viele Menschen von Existenzsorgen geplagt wurden. Doch die Vorstellungen am Carré waren in dieser Zeit so gefragt, daß – so will es die Legende – die Menschen lieber Wertsachen ins Pfandhaus brachten, als das neue Programm im Carré zu verpassen.

Die Operettenaufführungen, in denen Heesters nun wiederholt mitwirken sollte, waren ebenso wie die Opern gefragt und beliebt. Johan Heesters fühlte sich wohl am Carré, denn Direktor Wunnink war ein Mann ganz nach seinem Geschmack, äußerst korrekt und immer pünktlich auf die Minute, betrat er jeden Morgen um exakt die gleiche Zeit das Theater. Auch von seinen Mitarbeitern und den engagierten Künstlern erwartete er dieselbe Disziplin und Pünktlichkeit und den vollen Einsatz bei der Arbeit – etwas, das Heesters nicht schwerfiel, war er daran doch schon seit Royaards' Zeiten gewöhnt. Auch Divenmanieren und Starallüren waren am Carré nicht gefragt. Wunnink war geradezu besessen von seinem Theater, nichts überließ er dem Zufall. Er hielt die Zügel fest in den Händen und hatte seine Mitarbeiter und Künstler im Griff, setzte sich für diese aber auch rückhaltlos ein und war für sie da, wenn sie Sorgen oder Probleme hatten. Der Zuschauer war für ihn König. Kein Abend, an dem er nicht am Theatereingang stand und das Publikum persönlich begrüßte.

Heesters trat am Carré meist nur in ein oder höchstens zwei Inszenierungen im Jahr auf, da er in dieser Zeit bereits große Teile des Jahres außerhalb Amsterdams engagiert war. Er spielte hier sowohl internationale Operettenklassiker wie 1929 Franz Lehárs *Die blaue Mazur*, 1930 Emmerich Kálmáns *Gräfin Mariza* oder 1932 – in jenem Jahr, als auch Josephine Baker ihre skandalumwitterten Tänze am Carré aufführte – Paul Abrahams *Die Blume von Hawaii*. Daneben trat er aber, wie bereits am Paleis voor Volksvlijt, immer wieder auch in holländischen Operettenerfolgen auf, die sich auf der internationalen Bühne nicht hatten durchsetzen können, so etwa

1929 in Emil van Hullebroeks Singspiel *Seppl.* 1932 stand er, zwei Jahre vor seinem Wechsel nach Wien, zum vorläufig letzten Mal auf der Bühne des Carré, an dem in der Folgezeit sein ehemaliger Kinderfreund Hemmy unter dem Namen Willy Walden für Furore sorgen sollte. Erst 1964 kehrte Heesters für ein letztes Engagement ans Carré zurück.

Heesters war mit seinen Auftritten am Paleis voor Volksvlijt und am Carré in der Welt der Operette angelangt, jener Welt, die sich immer einen »Fußbreit über der Wirklichkeit«[151] bewegt — und er fühlte sich wohl in ihr. Die Operette, die vor allem auf die Maximierung des Effekts, auf prunkvolle, opulente Ausstattungen, auf schöne Melodien und champagnerselige Stimmung setzte und Heesters unzählige Rollen bot, die zu ihm paßten, wurde für nahezu fünf Jahrzehnte zu seiner künstlerischen Heimat. Daß er sich in ihr wohlfühlte und sich in ihr von Beginn an mit einer erstaunlichen Selbstsicherheit bewegte, bedeutet nicht, daß Heesters die Operettenwelt jemals mit dem gleichen, geradezu heiligen Ernst betrachtet hat, wie viele leidenschaftliche Operettenfans dies tun. Heesters, der zeitlebens gern lachte, im Kollegenkreis für seinen mitreißenden Humor bekannt war und vor allem auch eine große Portion Selbstironie besaß,[152] hat seine Rollen immer mit einem Augenzwinkern gespielt und den Operetten, in denen er mitwirkte, somit eine Leichtigkeit verliehen, die beim Publikum gut ankam und von der Kritik wohlwollend zur Kenntnis genommen wurde.

Heesters' Kollegen, sowohl am Paleis voor Volksvlijt als auch später am Carré, beobachteten mit Zufriedenheit, daß der junge Star der Truppe nicht abhob und keine Allüren zeigte. Auch jetzt, als Heesters längst zum Publikumsliebling aufgestiegen war, vergaß er nicht, was er bei Royaards gelernt hatte: daß jeder Beteiligte einer Aufführung gleich wichtig ist und eine Vorstellung nur glückt, wenn man sich aufeinander verlassen kann. Und auf Heesters' Kollegialität konnten sich diejenigen, die mit ihm zusammenarbeiteten, immer verlassen. Als ein bereits etwas älterer Tenor Schwierigkeiten hatte, die hohen Töne, die für seinen Gesangspart notwendig waren, zu erreichen, versteckte sich Heesters in dessen Nähe hinter den Kulissen und sang für ihn das hohe B, während der Tenor auf der Bühne nur den Mund dazu aufriß.[153]

Auch was seinen Lebensstil betraf, änderte Heesters nicht viel, als sein Verdienst längst besser war. Bei der Operette verdiente man nicht schlecht, meist ein Vielfaches von dem, was man im Sprechtheater bekam – zumindest, wenn man in führenden Rollen auf der Bühne stand, während Ballett- und Chormitglieder wesentlich schlechter gestellt waren. Heesters besaß nun genügend Geld für vornehme Etablissements, von denen es im Amsterdam der zwanziger Jahre viele gab, dennoch warf er nicht leichtsinnig damit um sich und hatte nichts dagegen, wenn ihn jemand einlud und er so sein Geld sparen konnte, das er auf sein Konto bei der Rotterdamsche Bankvereniging einzahlte, wo er einst als Banklehrling gearbeitet hatte und »wo ich jetzt hereinspazierte und meinen jungen Ruhm genoß«.[154]

Nicht mal eine eigene Wohnung leistete er sich, sondern blieb, auch als er schon in den großen Operetten auf der Bühne des Paleis voor Volksvlijt stand, noch bei seinen Eltern in der Rustenburgerstraat wohnen. Eine Selbstverständlichkeit für ihn war es, seinen Vater finanziell zu unterstützen. Nachdem die drei älteren Brüder nach und nach ausgezogen waren und eigene Familien gegründet hatten, ermöglichte der gute Verdienst ihres jüngsten Sohnes Jacobus und Geertruida Heesters, das Arbeiterviertel, in dem sie zehn Jahre lang gewohnt hatten, zu verlassen und in eine bessere Wohngegend umzuziehen.[155] Am 30. April 1927 bezogen sie gemeinsam mit Johan eine größere Wohnung in der Vechtstraat 61, in einem Eckhaus, das direkt an der breiten Allee der Vrijheidslaan und in der Nähe des Victoriepleins lag, in einem Stadtviertel im Süden Amsterdams, das von der Amstel und dem Amstelkanaal begrenzt wird. Ein Jahr später zog Johan Heesters dann nach Rotterdam,[156] später wohnte er zeitweise auch in Den Haag. Immer dann jedoch, wenn er, was regelmäßig vorkam, in Amsterdam Theater spielte, wohnte er bei seinen Eltern in der Vechtstraat – bis zum Jahre 1934, als er Amsterdam, die Stadt seiner ersten großen Erfolge, endgültig in Richtung Wien verließ.

Durch die Erfolge, die er von 1925 bis 1929 am Paleis voor Volksvlijt und ab 1929 auch am Carré gefeiert hatte, war man schnell auch außerhalb der Hauptstadt auf den jungen Heesters aufmerksam geworden. Aus Rotterdam und Den Haag, neben Amsterdam die wichtigsten Theaterstädte Hollands, erreichten ihn Angebote für Engagements, die Heesters gern annahm, denn bis dato hatte er – abgesehen von den Auftritten der Royaards-Truppe in der Provinz – noch nie außerhalb Amsterdams gespielt. Ab 1929 trat er bis zu seinem Wechsel nach Wien 1934 jährlich sowohl in Amsterdam, Rotterdam als auch Den Haag auf, hinzu kamen noch Gastspiele im belgischen Antwerpen. Über mangelnde Nachfrage konnte Heesters sich in dieser Zeit also keineswegs beklagen.

Sein erstes Engagement außerhalb der niederländischen Hauptstadt führte ihn 1928 nach Rotterdam, wohin er im April 1928 von Amsterdam aus gezogen war. Auch wenn Rotterdam neben Amsterdam und Den Haag als eine der drei wichtigen Zentren des holländischen Theaterlebens gilt, blickt die Stadt auf eine wesentlich jüngere Theatertradition zurück als Amsterdam. Erst 1774 war hier mit der Rotterdamse Schouwburg eine feste Bühne errichtet worden. Rotterdam, südlich von Den Haag und Delft mitten in der Provinz Zuid-Holland gelegen, ist heute durch einen der weltweit größten Häfen Hollands »Europoort«, das »Tor nach Europa«, und einer der wichtigsten Warenumschlagplätze der Welt. Heutzutage erinnert kaum noch etwas an das Rotterdam von einst, das Heesters Ende der zwanziger und Anfang der dreißiger Jahre durch seine Theaterengagements erlebt hat. Die Stadt wurde im Mai 1940 durch einen Bombenangriff von Hitlers Luftwaffe und den anschließenden verheerenden Feuersturm fast vollständig zerstört. Nur wenige Gebäude des alten Rotterdam haben das furchtbare Bombardement überstanden. Nach 1945 wurde die Stadt zum Symbol für den wirtschaftlichen Aufschwung der Niederlande, wovon, mehr als in jeder anderen holländischen Stadt, die vielen, teils spektakulären Beispiele moderner Architektur zeugen. Auch das kulturelle Leben

Rotterdams ist heute längst wiedererwacht, die meisten der Bühnen jedoch, an denen Heesters einst auftrat, existieren nicht mehr, weder das Casino-Theater noch die Arena, sie sind Opfer der deutschen Bomben geworden und nach dem Krieg nicht wiedererrichtet worden.

Als Johan Heesters Rotterdam kennenlernte, hatte die Stadt rund 350000 Einwohner, heute hat sich die Zahl fast verdoppelt. Seine ersten Auftritte absolvierte er am Casino-Theater. Hier spielte er 1929 die Schubert-Operette *Das Dreimäderlhaus* (1916) und 1930 sowohl – zum ersten Mal in seinem Leben – die Franz-Lehár-Operette *Der Graf von Luxemburg* (1909) als auch die zeitgenössische holländische Operette *Filmfieber*, eine Verneigung davor, daß Rotterdam damals das Zentrum der holländischen Filmindustrie war. Das Casino-Theater gehörte zum Hotelkomplex Hotel de Vereniging und befand sich in der Coolsingel, einer an der Coolvest-Gracht gelegenen Ringstraße, in der sich viele Restaurants, Bars und kleinere Theater befanden. Hier, im alten Westen Rotterdams, fand sich aber auch das neben der Groote Schouwburg wichtigste Theater der Stadt, die Tivoli-Schouwburg in der Coolsingel 24, wo Heesters 1930 in Leo Falls Operette *Der liebe Augustin* (1912) auf der Bühne stand und das berühmte Lied *Der Himmel hängt voller Geigen* sang.

Heesters war in Rotterdam vom Casino-Theater, an dem er zunächst gespielt hatte, zur Tivoli-Schouwburg und auch zum Arena-Theater gewechselt, weil er sich mit Louis Bouwmeester junior, in dessen Operettengesellschaft er zu diesem Zeitpunkt noch immer spielte, überworfen hatte. Am Rande einer Inszenierung – es könnte Lehárs *Der Graf von Luxemburg* gewesen sein, das letzte Stück, das er am Casino-Theater spielte – war es zum Streit mit Bouwmeester gekommen. Dieser behandelte, Heesters' Erinnerung zufolge, eines der Ballettmädchen ungerecht. Heesters schritt ein, nahm das Mädchen in Schutz, und der Streit mit Bouwmeester eskalierte: »Da ging die Wut mit mir durch, und ich tat etwas, das ich nie zuvor und später nie wieder getan habe: ich riß die Perücke herunter, lief aus dem Theater und schmiß die Vorstellung.«[157] Die fünfjährige, äußerst erfolgreiche Zusammenarbeit von Heesters und Bouwmeester war damit beendet: »Bouwmeester war ihm wegen dieses offensichtlichen Kontraktbruchs nicht böse und sandte ihm drei Wochen später pünktlich zum fälligen Termin trotzdem seine Gage.«[158]

Auf neue Angebote aber mußte Heesters nicht lange warten, schon wenig später stand er wieder auf der Bühne des Amsterdamer Carré: »Ich sang nur noch große Operettenpartien, und die Gagen wurden immer beachtlicher.«[159] Daß er auch weiter in Rotterdam auftreten konnte, wenn auch nicht mehr am von Bouwmeesters Gesellschaft bespielten Casino-Theater, hatte er der Operettengesellschaft Boskamp & van Aerschot zu verdanken, die ihn unter Vertrag nahm. Von 1929 an, als es zur Trennung von Bouwmeester gekommen war, bis zu seinem Weggang aus Holland im Jahre 1934 blieb er bei dieser Gesellschaft und stand immer wieder unter der Regie von Johan Boskamp, einem einstigen Schauspielerkollegen vom Paleis voor Volksvlijt, und Octaaf van Aerschot auf der Bühne. Das Engagement bei Boskamp & van Aerschot führte ihn nun verstärkt auch nach Den Haag.

Während Heesters auch weiterhin in Rotterdam Theater spielte, wurde Den Haag in den Jahren von 1929 bis 1934 sicherlich neben Amsterdam die wichtigste Station seiner Theaterkarriere in Holland. Den Haag, die größte Kapitale im Westen der Niederlande, war schon damals die Hauptstadt der Provinz Zuid-Holland und zudem Residenzstadt der holländischen Königin Wilhelmina sowie Sitz der Landesregierung und des Internationalen Gerichtshofs. Die Stadt war bereits im 13. Jahrhundert ein wichtiges politisches Zentrum des Landes. Nicht nur die Fürsten von Oranje residierten hier, sondern auch das diplomatische Corps und die höheren Stände, die sich prachtvolle Patrizierhäuser errichten ließen, so daß Den Haag zur vornehmsten und aristokratischsten Stadt der Niederlande aufstieg. Auch wenn Den Haag immer wieder als »das größte Dorf Europas«[160] bezeichnet wurde, hatte die Stadt in den zwanziger Jahren bereits rund 230000 Einwohner und verfügte über ein reiches kulturelles Leben, denn Anfang des 20. Jahrhunderts wohnte hier ein Großteil der wichtigsten niederländischen Künstler.

Neben bedeutenden Museen, allen voran die renommierte Gemäldegalerie im Mauritshuis, literarischen Gesellschaften und Bibliotheken verfügte die Stadt auch über eine ganze Reihe von Theatern. Neben der königlichen Schouwburg, in der man neben französischen Opern vor allem die großen Dramen niederländischer Autoren wie Vondel zu sehen bekam, war das Varieté-Theater Scala in der Wagen-Straat die wichtigste Bühne der Stadt. Das Haus wurde nur im Frühling, Herbst und Winter bespielt, in der Zeit von Juni bis August blieb es geschlossen – womit man dem Umstand Tribut zollte, daß fast die gesamte Den Haager Gesellschaft in den Sommermonaten in das unweit der Stadt gelegene, damals noch mondäne Seebad Scheveningen zog und folglich den Theatergesellschaften nichts anderes übrig blieb, als mitzuziehen.

In Den Haag trat Heesters an einem Theater auf, das jedoch heute ebenfalls nicht mehr erhalten ist. Das Gebäude des Scala-Theaters war 1884 nach dem Vorbild des Berliner Wintergartens im historistischen Stil der Jahrhundertwende als Offiziers-Casino errichtet worden, wurde jedoch bereits seit 1901 ausschließlich als Theater genutzt. Ende der fünfziger Jahre wurde es kurzerhand gesprengt, weil ausgerechnet jene Kaufhauskette De Bijenkorf, in dessen erstem Warenhaus Heesters' Bruder Jacob einst als junger Lehrling angefangen hatte, Expansionspläne hatte, die dann jedoch nie realisiert wurden, so daß heute an der Stelle der prachtvollen Scala eine trostlose Brache ist, die als Parkplatz genutzt wird. Nur noch Photos erinnern an eines der schönsten Gebäude Den Haags.

Hier in Den Haag mit seinem gutbetuchten und vornehmen Publikum waren neben den klassischen vor allem die zeitgenössischen Operetten gefragt, so spielte Heesters etwa in Bruno Granichstaedtens Operette *Der Orlow* den russischen Großfürsten Alexander Alexandrowitsch, der nach der Oktoberrevolution in die Vereinigten Staaten flieht, sich dort inkognito in einer Automobilfabrik als Maschinist Alex Doroschinsky verdingt und sich in eine russische Tänzerin verliebt. Aber auch Varietés und Revuen waren in Den Haag gefragt, so stand Heesters hier 1930 etwa in der Revue *O yes, Kitty* auf der Bühne.

In den Sommermonaten zog auch Heesters mit nach Scheveningen, das ursprünglich ein kleines Fischerdorf war und Anfang des 19. Jahrhunderts zum Badeort avancierte. In den zehner und zwanziger Jahren des 20. Jahrhunderts stieg es, mittlerweile zu einem Städtchen mit 26000 Einwohnern geworden, nicht zuletzt durch seine attraktive Nähe zu Den Haag, das in nur fünfzehn Bahnminuten zu erreichen ist, zum »mondänsten Küstenort in Holland«[161] auf, der in den Sommermonaten jährlich rund 30000 Feriengäste anzog, vor allem Deutsche und Holländer, aber auch Briten und Amerikaner. Unzählige elegante Hotels fanden sich hier, etwa das Hotel d'Orange, das Savoy Hotel oder das direkt am Meer und am Strandboulevard gelegene, todschicke, im Empirestil erbaute Hotel Kurhaus. Dazu prachtvolle Boulevards, vornehme Cafés, Bars und Restaurants, die im historistischen Stil errichteten Piers – doch von alldem ist heute höchstens noch ein verblichener Glanz geblieben. Damals traf sich ganz Europa hier, und Johan Heesters lernte in Scheveningen den weltberühmten Tenor Richard Tauber kennen, den es ebenfalls hierher gezogen hatte und der gerade in der Lehár-Operette *Das Land des Lächelns* (1929) in der Princesseschouwburg in Den Haag auftrat. Beide, der Tenor aus Deutschland und der Tenor aus Holland, die ihre größten Erfolge mit den Melodien Franz Lehárs feiern sollten, verstanden sich gut und schätzen einander. Man ging zusammen aus, und Heesters erinnert sich noch siebzig Jahre später, daß dieses Mal nicht er es war, der von den Frauen umschwärmt wurde, wie er es zu diesem Zeitpunkt längst schon gewöhnt war, sondern die Kellnerinnen und Bardamen nur Augen für den großen Kammersänger Richard Tauber hatten.[162]

In Scheveningen traf Heesters auch wieder auf Hemmy Kaldewaay, den besten Freund seiner Amsterdamer Kindertage, der ebenfalls zur Bühne strebte. Nachdem beide sich eine zeitlang aus den Augen verloren und ganz unterschiedliche Wege eingeschlagen hatten, war die Freude über das Wiedersehen groß. Kaldewaay hatte nach dem Abschluß der Handelsschule als Vertreter für Schreibmaschinen gearbeitet, nebenbei aber in einer Amateur-Kabarettgruppe mitgespielt.

Er entschloß sich jedoch, die bürgerliche Existenz ganz aufzugeben, und ging nach Den Haag. Im Gegensatz zu seinem Freund zog es ihn nicht zum Sprechtheater oder zur Operette, es war vielmehr die damals höchst populäre Revue, die ihn reizte. Und so stand er 1927, als Heesters noch am Amsterdamer Paleis voor Volksvlijt auftrat, in der opulenten und aufwendig ausgestatteten Revue *Hallo Paris*, deren Star der bekannte holländische Frauenschwarm Louis Davids war, zum ersten Mal auf der Bühne – just in der Scala Den Haag, an der zwei Jahre später auch sein Jugendfreund Heesters reüssierte.

Da er ein festes Engagement an der Scala bekam, blieb er in Den Haag und legte sich den Bühnennamen Willy Walden zu. Als Heesters nach Den Haag kam, war Walden noch relativ unbekannt, seine große Karriere begann erst neun Jahre später, als er sich mit dem Komiker Piet Muyselaar zum Duo Snip & Snap zusammenschloß und die beiden, als Frauen verkleidet, unglaubliche drei Jahrzehnte lang mit dieser Nummer zu den größten holländischen Publikumslieblingen aller Zeiten wurden. Für den bereits bekannteren Johan Heesters war es eine Selbstverständlichkeit, seinem Freund unter die Arme zu greifen. So erinnert Willy Walden sich etwa, daß Heesters, der die Hauptrolle in Lehárs Operette *Der Zarewitsch* spielte, persönlich dafür sorgte, daß auch der Freund seiner Kindertage in dieser Inszenierung mitwirken durfte: »Ich sang mit im Chor, und ich hatte auch eine kleine Rolle: Ich klopfte an die Tür des Zarewitschs, der mich dann beauftragte, seiner Geliebten eine geheime Botschaft zu bringen.«[163]

Während dieses Gastspiels in Rotterdam ereignete sich eine kuriose und amüsante Geschichte, die zu einer der liebsten Erinnerungen Waldens an seinen Freund gehörte und die zudem belegt, wie vertraut die beiden auch in dieser Zeit noch miteinander umgingen: »Johan Heesters sagte mir, daß er prachtvoll auskomme und ihn die Frauen anbeteten. So bekäme er jeden Abend einen Strauß Blumen von einer gewissen Toos. Er hatte keine Idee, wer das sein sollte. Eines Abends saßen wir im Tivoli-Café, direkt am Theater, als sich auf einmal eine große, aufgedonnerte Frau mit viel Make-up vorstellte: Toos. Sie schien eine Prostituierte zu sein und saß in Rotterdam in den Fenstern. Nachdem wir gesellig zusammen geplaudert hatten, nötigte Toos uns, als die Sperrstunde näher rückte, noch ein Schnäpschen bei ihr zu Hause zu trinken. Wir folgten ihr zur Binnenrotte, wo sie eine Souterrainwohnung mit einem großen Raum zur Straßenseite hin hatte. Als wir gesellig zusammensaßen und miteinander plauderten, wurde plötzlich an das Fenster geklopft. ›Wer da?‹, fragte Toos. ›Bart‹. Und sie rief zurück: ›Nicht nötig, Bart.‹ Johan und ich waren rasend neugierig, was das wohl nun zu bedeuten hatte. ›Oh, nichts besonderes. Ein Vertreter mit Präservativen. Er kommt jeden Abend einmal vorbei.‹ Wir mußten fürchterlich lachen.« Doch der kuriose Abend hatte ein Nachspiel, denn die beiden bauten das Erlebte in die Handlung von Lehárs Operette ein: »Ein paar Tage nach dieser Nacht bei Toos spielten wir wieder in *Der Zarewitsch*. Ich klopfte beim Zarewitsch an die Tür und rief sehr laut ›Bart!‹. Und Johan, alias der Zarewitsch, antwortete prompt: ›Nicht nötig, Bart.‹ Ich konnte nicht mehr aufhören zu lachen, und auch Johan liefen die Tränen über die Wangen. Von der eigentlichen Botschaft ist nichts mehr rübergekommen. Wir haben uns noch Tage später damit amüsiert, aber das Publikum wird von alledem nichts begriffen haben …«[164]

Sowohl für Heesters als auch für Willy Walden sollte es bis zum ganz großen Durchbruch nur noch wenige Jahre dauern. Für Heesters kam er sogar schon drei Jahre früher als für Walden, mit seinem Wechsel 1934 nach Wien. Den größten Erfolg seiner holländischen Bühnenkarriere sollte Heesters jedoch weder in Rotterdam noch in Den Haag erleben, sondern 1932 im Amsterdamer Carré. Hier stand er mit großem Erfolg in der Rolle des François Villon in Rudolf Frimls Operette *Der König der Vagabunden* auf der Bühne. Das Werk des in Amerika lebenden, aus Prag stammenden Komponisten war sieben Jahre zuvor in New York uraufgeführt worden und hatte vom Broadway aus, wo Dennis King die Titelrolle spielte, seinen Siegeszug um die Welt angetreten. 1930 hatte der deutsche Regisseur Ludwig Berger den Stoff bei der amerikanischen Paramount sogar verfilmt, mit Jeanette MacDonald und Dennis King in den Hauptrollen. Auch die Verfilmung wurde ein Riesenerfolg. Die Rolle des vagabundierenden Dichters Villon, der sich im 15. Jahrhundert an einem Komplott gegen den französischen König Ludwig XI. beteiligt, aber dennoch die burgundischen Truppen vor den Toren von Paris zurückschlägt, lag Heesters mehr am Herzen als alle anderen: »Ich liebte es, mich jeden Abend in diesen widersprüchlichen Charakter hineinzuleben.«[165] Jahrzehnte später sollte Klaus Kinski jenem Villon zu einer Renaissance verhelfen, als er seine Gedichte auf kongeniale Weise rezitierte. Heesters spielte den François Villon monatelang vor ausverkauftem Haus: »Von berühmten holländischen Partnern umgeben [...], genoß ich den Beifall und die vorzüglichen Kritiken.«[166]

Auch wenn Heesters als König der Vagabunden seinen größten Erfolg in Holland feiern konnte, als so etwas wie eine Paraderolle kann man ihn nicht bezeichnen. Obwohl Heesters vor seinem Weggang nach Wien ganze dreizehn Jahre auf den Bühnen seines Vaterlandes gestanden und in dieser Zeit in etwa fünfzig Inszenierungen mitgewirkt hat, war keine der Rollen, die er verkörpert hatte, zu einer Paraderolle geworden, zu einer Rolle also, mit der man ihn und nur ihn verband. Das lag zum einen sicher daran, daß Heesters noch relativ jung war, als er bereits die großen Partien in den klassischen Operetten sang, zum anderen aber auch daran, daß die Rollen, die er in Holland spielte, höchst unterschiedlich waren und er so noch nicht auf einen bestimmten Typ festzulegen war. Dazu sollte es erst später in Österreich und Deutschland kommen, wo die Operette eine viel längere Tradition als in Holland hatte und zudem auf ein viel größeres Publikumsinteresse stieß. 1934 wurde in Wien die Rolle des Symon Rymanowicz in Karl Millöckers Operette *Der Bettelstudent* (1882), in der ihn durch den gleichnamigen Ufa-Film zwei Jahre später Millionen Menschen in ganz Europa kennenlernen sollten, zu einer ersten Paraderolle. Und drei Jahre später fand er im Grafen Danilo Danilowitsch in Franz Lehárs *Die lustige Witwe* die Rolle seines Lebens.

Der Umzug nach Rotterdam im April 1928 sollte, was Heesters' Privatleben anging, ungeahnte Folgen haben, denn zur gleichen Zeit, als er dort mit Bouwmeesters Operettengesellschaft auftrat, hielt sich dort auch die belgische Sängerin Louise Ghijs auf, ein Jahr und neun Monate älter als Heesters, die bereits im Alter von zwölf Jahren in Brüssel aufgetreten und als »Wunderkind« gefeiert worden war. Unzählige Photographien aus dieser Zeit haben sich bis heute im Privatarchiv Heesters' erhalten. Nach ihrer Gesangsausbildung hatte sie als Sechzehnjährige zunächst ein festes Engagement am Brüsseler Opernhaus angenommen, wo die als »la petite Ghijs« bekannte Sängerin gleichermaßen auf flämisch wie auf französisch sang und für ihre Darstellung in Opern wie *La Bohème* oder *Carmen* Lobeshymnen von den Kritikern erntete, bevor sie sich der Operette zuwandte und nach Antwerpen wechselte.[167] Während ihres Gastspiels in Rotterdam beobachtete sie den jungen Heesters bei einer Theaterprobe im Casino-Theater: »Auf der Probe war da ein junger, hübscher Kerl, fesch anzusehen. [...] Er war einmalig, und ich muß gestehen, daß ich bereits damals eine Schwäche für ihn hatte.«[168] Und auch Heesters wurde sogleich auf die schöne, zierliche junge Sängerin mit den ausdrucksvollen Augen aufmerksam. Wenig später gastierte Heesters mit Bouwmeesters Kompanie auch im belgischen Antwerpen, wo er erneut auf Louise Ghijs traf, die dort an der Scala in der Rue Anneessens in Operetten auftrat und in ihrem Heimatland längst ein Star war.[169]

Die beiden wurden gemeinsam in der auch unter dem Titel *Der kleine Graf* bekannten Operette *Susi* von Adalbert Rényi eingesetzt: Heesters spielte den jungen Grafen Stephan von Szigedváry, der von seinem Vater, dem alten Husarenoberst, dazu gedrängt wird, eine millionenschwere Baronin zu ehelichen, sich dem jedoch verweigert. Statt dessen verliebt er sich in die von Louise Ghijs verkörperte Schauspielerin Susi Hopfner, denn sie ist die Frau, die es schafft, daß in Stephan zum ersten Mal ein echtes Gefühl erwacht. Was auf der Bühne funktionierte, hatte auch im richtigen Leben Bestand. Stephan und Susi verloben sich und beschließen zu heiraten, und auch Johan Heesters und Louise Ghijs wurden zu einem Paar. Heesters verlor sein Herz an seine Bühnenpartnerin, die er von Beginn ihrer Liebesbeziehung an Wiesje[170] nannte, die holländische Koseform für Louise. Der Fünfundzwanzigjährige war überzeugt davon, daß dies die Frau seines Lebens sei, und zeigte sich erstmals dazu bereit, sich fest an eine Partnerin zu binden. Wer Heesters damals kannte, wunderte sich über seinen kompromißlosen Entschluß, denn zuvor hatte der junge Operettentenor alles andere als monogam gelebt.

Als Heesters vom Bühnenneuling zum Star aufgestiegen war, hatte sich sein Leben grundlegend verändert. Immer wieder wurde er nun auf der Straße erkannt und um Autogramme gebeten. Wie viele Tenöre, so avancierte auch der junge, gutaussehende Heesters zum Schwarm vieler Frauen und Mädchen. Solcher, die ihn verstohlen aus der Ferne bewunderten, ihm flammende Liebesbriefe schrieben und ihn um signierte Photographien baten. Und solcher, die ihm nachstellten, ihm am Bühnenausgang auflauerten, wo es nach den Vorstellungen nicht selten zu Gerangel kam, und ihn mit verliebtem, manchmal auch liebestollem Blick um ein Rendezvous baten. Viele der Frauen, die ihn begehrten, übertrugen, die Realität mit der Bühnenphantasie verwechselnd, die romantischen Rollen, die der Tenor in seinen Operetten verkörperte, auf den Mann Johan Heesters und wünschten sich nichts sehnlicher, als einmal von einem Liebhaber so galant umworben zu werden, wie Heesters dies bei seinen Bühnenpartnerinnen verstand.

An amourösen Angeboten mangelte es also nicht – und auch nicht an wechselnden Affären, denn der ungebundene, lebenshungrige Heesters genoß es, derart umschwärmt zu werden, so wie er schon als Heranwachsender die bewundernden Blicke der Amsterdamer »Meisjes« genossen hatte. Die Frauen, mit denen er sich in dieser Sturm-und-Drang-Zeit auf Affären einließ, gerieten ihm jedoch meist schnell wieder aus dem Blick und gewannen, wie er freimütig gesteht, in seinem Leben keine größere Bedeutung: »Ich hatte so manche reizende Freundin in Holland, am Anfang meiner künstlerischen Karriere. Das waren kleine Geplänkel, kleine Episoden, sie wurden nicht bekannt. Keine meiner ›Affären‹ sprach sich herum. Ich war diskret und verschwiegen, und meine Damen waren es auch. Und niemals habe ich eines dieser Mädchen mit nach Hause genommen oder gar meinen Eltern vorgestellt.«[171]

Stets war er es, der die Affären wieder beendete, alles andere hätte er wohl als Kränkung seiner männlichen Eitelkeit aufgefaßt: »...wenn ein Mädel mich verläßt, um mit einem anderen abzuhauen, dann soll sie sich zum Teufel scheren. So einer lauf ich nicht nach!«[172] Länger andauernde Beziehungen ging er in dieser Zeit selten ein, fühlte er sich durch Eifersüchteleien oder Besitzansprüche doch in seiner Freiheit eingeschränkt. Nur einmal gab es eine etwas ernstere Beziehung zu einer jungen Kollegin namens Geigi, »ein Mädchen vom Theater, sehr hübsch, sehr begehrenswert, wahnsinnig eifersüchtig«.[173] Dadurch, daß er diese Freundin seinen Eltern vorgestellt hatte, war die Beziehung offiziell geworden: »Geigi wollte ›Nägel mit Köpfen‹ machen. Und das war schrecklich. Ich konnte mir nichts mehr erlauben. Meine Freiheit war dahin. Was immer ich tat, Geigi blieb nichts verborgen. Eifersucht ist das Schlimmste, was es gibt auf der Welt.«[174]

Die Frau tat zielsicher alles, was den jungen Mann von ihr wegtrieb, versuchte ihn ständig zu kontrollieren, spionierte ihm nach, was natürlich auch Heesters' Umwelt nicht verborgen bleiben konnte. Spätestens als sich seine Kollegen im Theater über die eifersüchtige, von ihm geradezu besessene Freundin lustig machten und Heesters' Kolleginnen damit begannen, Geigi zu provozieren, sah er den Zeitpunkt gekommen, die Beziehung zu beenden. Froh, wieder frei und ungebunden zu sein, stürzte er sich danach wieder in unkomplizierte und folgenlose Affären, die er, so darf vermutet werden, auch während der Freundschaft zu Geigi nicht gänzlich aufgegeben hatte. Die Rendezvous mit schönen Frauen, ob mit Kolleginnen vom Theater oder mit weiblichen Bewunderinnen scheint er beinahe als Sport, auf jeden Fall als amüsante Abwechslung, betrachtet zu haben. Wenn die Gelegenheit günstig war, ergriff er sie auch. Selbst als er einmal während einer Tournee in einem streng geführten Hotel in der holländischen Provinz des Nachts aus dem Fenster klettern und sich über einen schmalen Sims ins Nachbarzimmer schleichen mußte, nahm er dies gern in Kauf: »Es war lebensgefährlich, aber was tut man nicht alles für ein Rendezvous mit einem hübschen Mädchen?«[175]

Nach den negativen Erfahrungen, die er mit Geigi gemacht hatte, achtete er penibel darauf, daß keine dieser Affären oder kürzeren Beziehungen offiziell wurde. Über seine Affären sprach er nicht oder allenfalls mit engen Freunden, auf deren Diskretion er zählen konnte. Wenn es im Kollegenkreis Getuschel oder neugierige und vielleicht auch neiderfüllte Blicke gab, ließ ihn das unbeeindruckt. Es interessierte ihn nicht, ja er fand es degoutant, über das Liebesleben anderer Menschen zu klatschen. Mit »Eroberungen« prahlte man nicht, das hatte er schon als Junge praktiziert, als er seinen Brüdern gegenüber seine erste sexuelle Erfahrung verschwieg: »Diskretion ist Ehrensache.«[176]

Eine Frau an Heesters' Seite, das zumindest war klar, würde es sicherlich nicht leicht haben. Als er jedoch Louise Ghijs kennenlernte, warf er alle seine bisherigen Bedenken gegenüber einer festen Beziehung über Bord. Er verbrachte nicht nur so viel Zeit wie möglich mit ihr, stellte sie seinen Eltern vor und machte sich mit ihren flämischsprachigen Eltern in Brüssel bekannt, sondern unternahm mit ihr auch einen Ausflug nach Amersfoort und nach Baarn, an die Stätten seiner Kindheit.[177] Auch gegenüber den Kollegen und dem Publikum ließ sich die Beziehung nicht lange geheimhalten: »Louise, die ich inzwischen zärtlich Wiesje nannte, und ich waren also Publikumslieblinge, wurden auf der Bühne eifrig beklatscht und im Privatleben – als bekannt wurde, daß wir ein Paar waren – gründlich beäugt.«[178] Die holländische und belgische Operette hatte ihr neues Traumpaar, im Leben wie auf der Bühne, denn in der Folgezeit traten der Tenor und die Sopranistin häufig gemeinsam auf. Insgesamt in elf Stücken, so etwa 1929 in Heinrich Bertés Schubert-Operette *Das Dreimäderlhaus*, 1930 in Kálmáns *Gräfin Mariza* und in Hugo Hirschs Inflations-Operette *Dolly*, 1931 in Oscar Straus' *Ein Walzertraum* und 1933 in *Tango der Liebe*. In all diesen Operetten hatte das Liebespaar Heesters-Ghijs, das mittlerweile gemeinsam in Rotterdam wohnte, auch auf der Bühne Liebespaare zu verkörpern, die sich nach den genretypischen Verwicklungen, Verwechslungen und Mißverständnissen am Ende des Stücks glückselig in den Armen liegen dürfen. Und das Publikum war begeistert von dem neuen Traumpaar, das in Holland und Belgien in dieser Zeit so bekannt war wie die Operettenstars Marta Eggerth und Jan Kiepura im deutschen Sprachraum.

Die Beziehung war sicherlich schon in den Anfängen nicht einfach. Zwar stand Wiesje Ghijs von Beginn an zu ihrem neuen Freund, so daß die beiden bald damit begannen, Hochzeitspläne zu schmieden, jedoch warnte man sie von allen Seiten, wie schwer die Liebe zu einem Mann sein würde, der Schwarm unzähliger Frauen sei und zudem nicht eben als Kostverächter gelte. Die größten Einwände hatte Louises Mutter, die trotz der Sympathien, die sie für den stattlichen und gutaussehenden Heesters hegte, der festen Meinung war, daß er nicht der richtige Mann für ihre Tochter sei: »Paß auf, den wirst du nie für dich alleine haben«,[179] lautete ihre Warnung. Genau in der Zeit, als ihre Mutter diese Warnung aussprach, stand Louise allabendlich mit Johan Heesters in der Operette *Das Dreimäderlhaus* auf der Bühne, wo sie die Rolle der Hannerl verkörperte, die heimlich in den Komponisten Franz Schubert verliebt ist, den Heesters spielte. Wie im Leben, so auch auf der Bühne: Hannerl wird vor dem leichtlebigen Franz gewarnt. Auch wenn es sich um ein operettentypisches Mißverständnis handelt und Schubert eigentlich gar nicht gemeint ist, scheitert die Liebe der beiden an den Warnungen, Schubert bleibt am Ende des Stücks einsam zurück und widmet sich ganz seiner Musik.

Wiesje Ghijs beschloß dennoch, Johan, auch gegen die Einwände ihrer Eltern, zu heiraten – zunächst jedoch nur standesamtlich, die kirchliche Trauung wurde erst neun Jahre später in Berlin nachgeholt.[180] Die Hochzeit fand am 20. Januar 1930 in Rotterdam statt, und die »Rotterdamer Illustrierte« druckte das Hochzeitsphoto der beiden auf der Titelseite ab. Eine typische Atelieraufnahme der damaligen Zeit. Heesters im eleganten, maßgeschneiderten Frack mit gestreifter Hose, einer Nelke im Knopfloch und dem Zylinder und den Handschuhen in der Linken, hat auf einem Sessel Platz genommen, während seine Frau sich, halb an den Sessel gelehnt, halb auf die Lehne gestützt, an ihn schmiegt. Während Heesters mit betont neutralem Gesichtsausdruck direkt in die Kamera schaut, blickt Wiesje im knöchellangen weißen Hochzeitskleid, das lockige Haar in Wasserwellen gelegt und mit Jasminblüten geschmückt, lächelnd in die Ferne.

Die Hochzeitsfeier fand im vornehmen Rotterdamer Maison Thalia statt, eine riesige Gesellschaft kam zusammen. Neben vielen Freunden und Kollegen der beiden, darunter auch die Theaterdirektoren Johan Boskamp und Octaaf van Aerschot, die als Trauzeugen fungiert hatten, waren auch Wiesjes Eltern aus Brüssel und Johans Eltern aus Amsterdam angereist, die stolz auf ihren Sohn waren und sich sogleich gut mit der neuen Schwiegertochter verstanden. Und natürlich waren auch Heesters' drei ältere Brüder mit ihren Frauen gekommen, die sich freuten, daß ihr jüngster Bruder nun ebenfalls »unter der Haube« war. Auch nach der Hochzeit standen Jopie und Wiesje noch viele Male gemeinsam auf der Bühne, am Amsterdamer Carré und an der Scala in Den Haag, aber auch immer wieder zu Gastspielen im belgischen Antwerpen, wo Wiesje fest engagiert gewesen war, bevor sie Heesters kennenlernte. Als sie mit ihrem ersten Kind schwanger war, mußte sie jedoch pausieren und sollte schon bei dieser Gelegenheit merken, was es bedeutete, mit einem Frauenschwarm verheiratet zu sein, wie sie sich Jahrzehnte später erinnerte: »Bald aber war unser erstes Kind unterwegs, ich mußte die Rolle abgeben, und meine Nachfolgerin hat prompt versucht, meinem Jopie den Kopf zu verdrehen. Beinahe wär's ihr auch gelungen.«[181] Resigniert fügte sie hinzu: »Aber das haben ja fast alle versucht.«[182]

Eine Photographie aus dem Jahr der Hochzeit läßt ahnen, wie schwer es für die junge Ehefrau gewesen sein muß, mit dieser Situation zurechtzukommen – und wie schwer es nach der Zeit der Eskapaden als Junggeselle wiederum für den Draufgänger Heesters offenbar war, diesen Angeboten zu entsagen. Die Aufnahme aus dem Jahr 1930 zeigt Johan

Heesters an einem Tisch in einem Gasthaus oder Restaurant sitzend, wie er selbstbewußt und entspannt in die Kamera lächelt, während er von rund vierzig Frauen umringt ist, die sich an ihn drängen und mit verzücktem Gesichtsausdruck Autogrammkarten von Heesters in der Hand halten.

Im Januar 1931, genau ein Jahr nach der Hochzeit, wurde im Bethlehem-Spital in Den Haag das erste Kind geboren, eine Tochter, die nach der Mutter auf den Namen Louise Paula getauft, aber von Kindesbeinen an ebenfalls Wiesje gerufen wurde: »Jetzt hatte ich also zwei Wiesjes, eine richtige kleine Familie. Das machte mich stolz und spornte mich an, nun erst recht mein Bestes zu geben.«[183] Heesters' Frau jedoch machte schnell deutlich, daß sie ihre Bühnenkarriere für die Zeit der Schwangerschaft und Geburt nur unterbrochen, nicht aber beendet habe. Ein Leben nur als Mutter konnte sie sich zu diesem Zeitpunkt noch nicht vorstellen, sie wollte so schnell wie möglich zurück zur Bühne. Tochter Wiesje wuchs so die ersten drei Jahre ihres Lebens bei den Großeltern in Brüssel auf, wo sie zweisprachig, flämisch und französisch, erzogen wurde. Sooft es ging, besuchten ihre Eltern sie dort, wenn sie in Belgien Theater spielten. Manches Mal auch reisten die Großeltern mit ihr nach Holland, wo sie – wie sie sich siebzig Jahre später noch erinnert – ihre Eltern bei einer Probe gemeinsam auf der Bühne stehen sah: Ihre Mutter saß auf einer Schaukel, deren Seile mit Rosengirlanden umkränzt waren, ihr Vater stieß sie an, pflückte eine der künstlichen Rosen und warf sie seiner Tochter in der ersten Reihe zu.[184]

Mit dem Weggang aus Holland beendete Wiesje Ghijs ihre Bühnenkarriere endgültig: »Wiesje und Jopie waren mir wichtiger als Dolly und die Pompadour.«[185]

»Kein dummer August«

Je weiter die »Roaring Twenties« voranschritten, um so mehr verlagerte sich das Publikumsinteresse weg von der klassischen Operette hin zu den spektakulären Revuen, die alle Sinne des Publikums ansprechen und betören sollten. Die

Wiege der Revue, eines der jüngsten Theatergenres, stand in Frankreich, wo »Revue« ursprünglich einfach »Rückblick« meinte, Revue passieren lassen. Jeweils im Dezember und im Januar wurde im Rahmen einer »revue de fin d'année« auf die vergangenen zwölf Monate zurückgeschaut und die Geschehnisse dieser Zeit in dramatisierter und unterhaltsamer Form als Bühnenshow dargestellt, spielerisch und ironisch überhöht. Das Pariser Vorbild trug um die Jahrhundertwende in ganz Europa Früchte, und besonders Berlin wurde neben Paris zu der Stadt der Revue, die als Genre langsam der Operette den Rang abzulaufen begann.

1889 hatte mit *Naar de Eiffeltoren*, Auf zum Eiffelturm, die erste holländische Revue Premiere. Die Lieder aus dieser Produktion wurden zu beliebten Schlagern, die man in ganz Holland sang. Das Publikum liebte die Revue, während die Theaterkritiker nichts Rechtes damit anzufangen wußten: »Man suche in diesem Stück keine tiefen Gedanken, von vielschichtigen Charakteren ist keine Rede, Intrigen fehlen, und es klingt nicht ...«[186] Nicht nur Theaterkritiker, auch viele Schauspieler und Sänger, die vom Theater, der Oper oder der Operette kamen, standen dem neumodischen Genre ablehnend gegenüber, so auch Johan Heesters. Er liebte es, in den großen Rollen des Operettentheaters auf der Bühne zu stehen, in einer Revue mitzuwirken und sich in die Niederungen des Kitschs zu begeben, empfand er jedoch als Zumutung. Beide Operettenkompanien aber, in denen er engagiert war, sowohl die von Bouwmeester junior als auch die von Boskamp & van Aerschot, waren schon aus rein finanziellen Gründen dazu gezwungen, auch die beim Publikum beliebte und so auch an der Theaterkasse äußerst einträglich Revue mit ins Programm zu nehmen, denn von Operetten allein konnte man nun mal nicht leben. Und so war es für die Schauspieler und Sänger Vertragsgegenstand, daß sie neben Operetten auch in Revuen mitzuwirken hatten.

Heesters empfand die Revue-Engagements, die er zu absolvieren hatte, ganz offensichtlich als reine Zeitverschwendung, die ihn – womit er zweifellos recht hatte – künstlerisch nicht weiterbrachten. Während er jede Rolle, die er im Operettentheater zu spielen hatte, als eine neue, bereichernde Erfahrung betrachtete, als eine Chance, seine Stimme zu schulen und seine Darstellung zu perfektionieren, so frustrierten ihn die »albernen Abende«[187] auf der Revuebühne, die weder eine schauspielerische noch eine stimmliche Herausforderung darstellten und bei denen man zudem keinen sonderlichen Ehrgeiz an den Tag legen mußte, um beim Publikum gut anzukommen: »Wie habe ich das gehaßt! Meist mit weißer Perücke und im Rokokogewand. Es war schrecklich, aber ich konnte mich nicht dagegen wehren. Ich hatte einen Vertrag, und wenn keine Operette auf dem Spielplan stand, mußte ich halt den dummen August spielen.«[188]

Die Revue, über die Heesters sich rückblickend so echauffiert, war tatsächlich kaum mehr als eine Massenbelustigung. Sie wurde meist für große Häuser, oft eigens erbaute Revuepaläste nach Pariser Vorbild, konzipiert und mußte ein möglichst breites Publikum ansprechen. Revuen waren in der Herstellung meist sehr teuer, wurden doch, was die Ausstattung und die Kostüme angeht, keine Kosten gescheut. Je verschwenderischer die Ausstattung, je opulenter die Bühnendekoration, je ausgefallener und teurer die Kostüme, die von den besten Schneiderateliers Europas gefertigt wurden, desto größer der Werbewert. Die Konkurrenz im Revuetheater war groß, denn neben den Gastspielen auswärtiger Revuetruppen buhlten in den Metropolen meist gleich mehrere Revuepaläste um die Gunst des Publikums. In Amsterdam gab es etwa die jährlichen Bouwmeester-Revuen im Paleis voor Volksvlijt, außerdem aber auch Revuen im Carré, im Cabaret La Gaîté in der Reguliersbreestraat, im Salon des Varietés in der Amstelstraat und im Mille Colonnes am Rembrandtsplein.

Alles an der Revue zielte auf den großen Effekt, auf die Sensation, auf verschwenderischen Glamour. Die Kostüme mußten von ausgefallener Pracht sein, die fulminanten Dekorationen alles bisher Dagewesene übertreffen. Konzipiert wurden Shows, die mit einem Rausch an Farben, Tönen und Sinneseindrücken einen Augen- und Ohrenschmaus darstellten. Die Revuen setzten alle möglichen Themen aus dem gesellschaftlichen Leben in Szene, die Warenwelt oder die

Mode, die Automobile oder den Rundfunk, die Zeitungen oder den Film, Reisen in ferne Länder, selbstverständlich auch das Theater selbst, alles konnte zum Mittelpunkt einer Revue werden, wobei das Spektrum des Dargebotenen meist sehr breit gewählt wurde, denn für jeden Zuschauer sollte etwas Ansprechendes dabei sein. »Anything goes« war das Motto der Revuekultur. Gegliedert wurden die Vorstellungen in einzelne, temporeich aufeinanderfolgende Stationen, »Bilder« genannt, in denen der meist nur dünne Handlungsfaden »zu einer wirbelnden Mischung von Gesang, Tanz, Aktion, Humor und Erotik verarbeitet«[189] wurde.

Die Kostüme in den Revuen der zwanziger Jahre waren von einer im Rückblick erstaunlichen Freizügigkeit, die nicht selten an Schlüpfrigkeit grenzte – immer aber nur bis zu dem Punkt, wo sie den Einspruch des zuständigen Zensors hätten provozieren können. Auf den Revuebühnen Europas waren folglich auch die legendären Girltrupps zu Hause, die nach dem Vorbild der Broadway-Truppe der Ziegfield-Girls gegründet wurden, etwa die Tiller-Girls aus London, die Hiller-Girls aus Berlin oder auch die Ballettgruppe Eric Charells, der in Berlin zum König der Revue aufgestiegen war. Gutaussehende, langbeinige Tänzerinnen in knappen, glitzernden Kostümen sorgten auf der Bühne für die rechte Stimmung, die sich, das war Sinn und Zweck der Übung, auch außerhalb der Bühne verbreiten sollte, denn in den Revuepalästen waren die prächtigen Foyers und Korridore, die Restaurants, Wandelgänge und Chambres separées, in die man sich zurückziehen konnte, mindestens ebenso wichtig wie das, was auf der Bühne geschah.

Um möglichst viele Menschen in die Revuen zu locken und das investierte Geld durch die Eintrittskarten, aber auch den Konsum in den Revuepalästen wieder hereinzuholen, setzten die Macher der Revuen darauf, zugkräftige Stars ins Rennen zu schicken. Besonderer Beliebtheit erfreuten sich die Großen der Operettenbühne oder auch des Chansons. Heesters hatte das Pech, daß besonders Louis Bouwmeester junior eifrig auf der Revuewelle mitschwamm und die Bouwmeester-Revuen über viele Jahre zu den beliebtesten Revueprogrammen Amsterdams gehörten. Jährlich kam eine neue Bouwmeester-Revue heraus, in zweien von ihnen wirkte auch Heesters mit: 1926 in *Duizend en een Lach* (Tausendundein Lacher) und 1927 in *Nou nog mooier* (Jetzt noch schöner). Auch nach seinem Wechsel zur Kompanie Boskamp & van Aerschot wirkte er noch zweimal in einer Revue mit, 1930 in *O yes, Kitty* in der Scala in Den Haag und 1932 in der *Felix-Bressart-Revue*, die Heesters zum ersten Mal nach acht Jahren wieder an die Amsterdamse Stadsschouwburg führte. Hier lernte er Felix Bressart kennen, der später in Hollywood in zahlreichen bekannten Filmen Ernst Lubitschs mitwirken sollte, so etwa in dem Greta-Garbo-Streifen *Ninotchka* (1939) und der legendären Nazi-Parodie *Sein oder Nichtsein* (1942).

Die Begeisterung für die Revue, die sich gerade am Ende der zwanziger und am Anfang der dreißiger Jahre nochmals verstärkte, hatte sicherlich viel damit zu tun, daß die heiter-beschwingten, sinnenfreudigen Revuen mit der bewußt leichten, unverfänglichen Kost auf geradezu ideale Weise von der politisch unsicheren Lage und der wirtschaftlich wenig erquicklichen Situation, in der man lebte, ablenkten. Gerade weil die Zeitungen voll waren von neuen Schreckensmeldungen und man sich in den Kinos und Theatern zunehmend mit Zeit- und Sozialstücken konfrontiert sah, verlangte das Publikum ganz gezielt nach Ablenkung und Zerstreuung. Die Revuen trugen genau diesem gewandelten Publikumsgeschmack Rechnung, denn die hatten nur eine einzige Botschaft: das Leben trotz der Unbilden der Zeit von der heiteren Seite zu nehmen und jede Gelegenheit zu nutzen, sich zu amüsieren. Die Revue entwickelte sich so am Beginn der dreißiger Jahre zum sprichwörtlichen Tanz am Rande des Vulkans.

Für Hitlers »Machtergreifung« am 30. Januar 1933 interessierte man sich in den benachbarten Niederlanden zunächst nur mäßig, niemand betrachtete sie als ein welterschütterndes oder bedrohliches Ereignis, kaum jemand beschäftigte sich ernsthaft mit den verbrecherischen Seiten des sich etablierenden NS-Systems.[190] Aber was Hitlers Machtantritt für viele bedeutete, sollte man auch hier bald merken, denn ab 1933 wurden die Niederlande neben Österreich und der Schweiz zum Zufluchtsort für Menschen, die Deutschland verlassen mußten oder wollten, ob aus politischen Gründen oder weil der Rassenwahn der Nazis ihr Leben in Deutschland zerstört hatte. Etwa fünfzig- bis sechzigtausend Deutsche kamen zwischen 1933 und 1940 in die Niederlande.[191] Für die meisten von ihnen war das Land nur eine erste Zwischenstation ihres Exils, andere jedoch entschieden sich zu bleiben.

Nicht alle Holländer reagierten aufgeschlossen auf die Zuwanderung aus Deutschland. Die im Dezember 1931 von Anton Adriaan Mussert und Cornelis van Geelkerken gegründete Nationalsozialistische Bewegung (NSB), die sich mehr an Mussolinis Italien denn an Hitlers NSDAP orientierte und die vor allem von Unzufriedenen und Krisenopfern aus der Arbeiter- und Mittelklasse gewählt wurde, besaß gerade in den ersten Jahren nach 1933 eine nicht geringe Anziehungskraft und wetterte, wenn auch nicht aus antisemitischen Gründen, gegen die Flüchtlingswelle aus Deutschland – versank jedoch bereits wenige Jahre später wieder in der Bedeutungslosigkeit. Trotz des Vorhandenseins solcher Tendenzen konnten sich die meisten Emigranten aus Deutschland auf die »lange holländische Tradition der Hilfsbereitschaft für Flüchtlinge und Verfolgte«[192] verlassen, auch wenn man konstatieren muß, daß »die Niederlande nicht so großzügig [waren], wie man es erwartet hätte und wie sie es sich hätten leisten können«.[193]

Unter den aus Deutschland geflohenen Menschen waren auch viele Künstler, Schriftsteller, Kritiker und Kabarettisten, viele Musiker, Bühnenbildner, Schauspieler, Regisseure und Produzenten, die vormals das reiche, nun als »undeutsch« und »artfremd« gebrandmarkte Kulturleben der Weimarer Republik geprägt hatten und die, gleichsam über Nacht, in Deutschland ihrer Arbeitsgrundlage beraubt worden waren. Viele von ihnen emigrierten gerade aus dem Grund in die Niederlande, weil die niederländische Sprache der deutschen ähnlich ist und zudem beide Länder in kultureller Hinsicht durchaus verwandt waren. Allein aus dem Theaterbereich kamen etwa 4000 Menschen nach Holland.[194]

Für Amsterdam, aber auch für viele andere Städte Hollands, bedeutete die Emigrationswelle einen ungemeinen Aufschwung für das kulturelle Leben. An der Amsterdamse Stadsschouwburg gastierten, von Publikum und Kritik vielbeachtet, die Truppen Max Reinhardts und Leopold Jessners, das Jüdische Künstlertheater und zahlreiche renommierte, teils auch gezielt antifaschistisch agierende Kabarettgruppen, allen voran Erika Manns Gruppe »Die Pfeffermühle«. Viele der Schauspieler, zu deren wichtigstem Ausdrucksmittel nun mal die Sprache zählt, mußten bald einsehen, »daß ein Leben ohne die Sprache der Heimat kein Leben«[195] ist, und traten im holländischen Exil in deutscher Sprache auf. In der Zeit zwischen 1933 und 1940, also vor der Besetzung Hollands durch deutsche Truppen, entstanden mehr als 800 deutschsprachige Inszenierungen.[196] Die großen Stars jedoch zogen bald weiter in andere Länder, oftmals nach Amerika: Reinhardt wie Jessner, aber auch Henny Porten, Albert Bassermann, Alexander Moissi und Tilla Durieux, sie alle sind in der ersten Zeit nach 1933 in den Niederlanden aufgetreten.

Wenn man als Künstler dauerhaft in den Niederlanden bleiben wollte, mußte man Erfolg haben, um überleben zu können. So wie etwa der Berliner Kabarettist und Kabarett-Veteran Rudolf Nelson, der in seiner holländischen Zeit um die einhundert Schlager-Revuen auf die Beine stellte, die allesamt Publikumserfolge wurden, oder wie Willy Rosen, der 1937 die Kabarett-Truppe »Theater der Prominenten« ins Leben rief und mit seinen Revuen quer durch die Niederlande ebenfalls durchschlagende Erfolge feiern konnte. Bei Rosen spielten etwa der Filmkomiker Otto Wallburg und auch der einst in Deutschland so beliebte Kabarettist Siegfried Arno, in der Weimarer Republik als »deutscher Chaplin« gefeiert, mit dem auch Johan Heesters sich in dieser Zeit anfreundete.

Auch die Operette erfuhr durch Emigranten aus Deutschland eine ungemeine Bereicherung. Viele Operettensänger, aber auch Regisseure, Dirigenten, Komponisten und Librettisten aus diesem Genre kamen nach Holland, allen voran Fritz Hirsch, der schon vor 1933 mit einem eigenen Gastspielunternehmen durch Holland gezogen war und der, nach einem kurzzeitigen Rückgang nach Deutschland, folgerichtig in die Niederlande emigriert war. Auch ihn lernte Heesters kennen. Auftreten in Hirschs Operettenkompanie sollte er aber erst Jahre später, 1938, als er zu seinem einzigen Gastspiel nach Holland zurückkehrte, das er in der Zeit zwischen 1934 und 1945 in seinem Heimatland absolvierte. So etwas wie Berührungsängste oder Vorbehalte den jüdischen Emigranten gegenüber, mit denen er nun, in den letzten beiden Jahren seiner holländischen Karriere, verstärkt zusammenarbeitete, kannte Heesters nicht, war die in Deutschland von den Nazis aufgeworfene »Rassenfrage« in den Niederlanden doch nie ernsthaft ein Thema gewesen und waren auch viele seiner Schauspielerkollegen und Kapellmeister, mit denen er von Beginn seiner Karriere an zusammengearbeitet hat, jüdischer Abstammung.[197]

Ähnlich wie für den Bereich des Theaters, der Oper und der Operette stellten die Emigranten aus Deutschland auch und gerade für die holländische Kinematographie eine ungemeine Bereicherung dar, denn auch zahlreiche Filmkünstler waren aus Deutschland nach Holland emigriert.[198] Hierfür waren die Niederländer besonders dankbar, denn das Land hatte im Schatten von Deutschland, England und Frankreich bislang keine nennenswerte eigene Filmproduktion entwickelt. Noch in den zwanziger Jahren, als sich das Kino in Deutschland – nicht zuletzt durch die filmischen Meisterwerke des Expressionismus wie *Das Cabinet des Dr. Caligari* (1919) – zu einer eigenständigen Kunstgattung entwickelt hatte und bedeutende Theaterschauspieler es Albert Bassermann nachmachten, ihre anfänglichen Bedenken über Bord warfen und in Filmen auftraten, wurde das Kino in den Niederlanden immer noch weitgehend als eine mit einem gewissen Hautgout behaftete Jahrmarktsattraktion angesehen: »Das Wort Film hatte keinen guten Klang in Holland. Zuviel falsche Propheten hatten hier ihr Glück versucht, Einheimische und Eingewanderte, zu viele Versprechungen waren uneingelöst geblieben; das Land war klein, der Absatz gering.«[199]

Zunächst wurden fast ausschließlich Filme aus dem Ausland importiert, insbesondere aus Amerika und den europäischen Nachbarstaaten. Bald jedoch vertrat man die Auffassung, daß das, was in so vielen anderen Ländern möglich war, auch in den kleinen Niederlanden zu schaffen sein müsse. Langsam begannen Künstler, die zunächst im Ausland Erfahrungen gesammelt hatten, auch in den Niederlanden Filme zu drehen, die jedoch beim holländischen Publikum meist auf wenig Gegenliebe stießen und, weil sie fast ausnahmslos mit wesentlich bescheideneren Mitteln hergestellt wurden, mit den beliebten amerikanischen und deutschen Produktionen nicht mithalten konnten. Eine große Bedeutung erlangte die niederländische Filmproduktion, deren Zentrum Rotterdam war, auf diese Weise nie. Im Ausland blieb weitgehend unbemerkt, daß in den Niederlanden überhaupt Filme gedreht wurden. Symptomatisch ist diesbezüglich, was der 1936 in die Niederlande emigrierte Regisseur Ludwig Berger in seinen Memoiren über seine erste Reaktion schreibt, als ihn ein Filmangebot aus Amsterdam erreichte: »Ich wußte gar nicht, daß man in Holland Filme dreht. Dünen, Sand, kalter Kakao, schwarz- oder braungescheckte Kühe, Trachten und Gemälde, Frans Hals, Rembrandt, Vermeer, das war mir Holland.«[200]

Von den Regisseuren, die 1933 von Deutschland nach Holland emigrierten, blieben nur wenige dauerhaft im Land. Viele, wie etwa Max Ophüls, der von den Niederlanden aus über Italien und Frankreich in die USA auswanderte, zogen bald schon weiter, zumeist nachdem sie einen Film in Holland realisiert hatten. Andere entschieden sich zu bleiben, so etwa der deutsch-jüdische Schauspieler und Regisseur Kurt Gerron, der in vielen deutschen Erfolgsfilmen wie *Der blaue Engel* (1930) oder *Die Drei von der Tankstelle* (1930) mitgewirkt hatte und nach seiner Emigration eine Reihe von Filmen in Holland realisierte, bis ihn mit dem Einmarsch der deutschen Truppen der Rassenhaß der Nazis, vor dem er aus seiner Heimat geflohen war, einholte. Er wurde im Oktober 1944 in den Gaskammern von Auschwitz ermordet.[201]

Aber es gab auch andere Fälle: Der ebenfalls aus Deutschland geflohene Ludwig Berger etwa, der seine Heimat verlassen hatte, weil ihm dort aufgrund einer homosexuellen Affäre

Verfolgung drohte, überlebte die Zeit der Besatzung und des Krieges unbeschadet und lebte, von den deutschen Besatzungsbehörden unbehelligt, ab 1940 zurückgezogen in seiner Wohnung am Amsterdamer Vondelpark, wo er eine private Schauspielschule führte, in der er deutsche Emigranten unterrichtete.

Der aus Wien stammende Richard Oswald, mit dem Johan Heesters einen Film realisieren sollte, war einer jener Regisseure, für die Holland nur eine erste Durchgangsstation im Exil darstellte. Noch vor der Premiere seines ersten und einzigen holländischen Films im September 1934 im Cinema Royal in Amsterdam war er nach London weitergezogen, um dort zu drehen, ab 1938 lebte er in den Vereinigten Staaten, wo es ihm jedoch nicht gelang, an seine einstigen Erfolge anzuknüpfen. Richard Oswald hatte unmittelbar nach dem Ersten Weltkrieg, als vorübergehend jegliche Zensur aufgehoben worden war, begonnen, mit seiner eigenen Produktionsgesellschaft sogenannte Aufklärungsfilme zu drehen, wie *Es werde Licht!* (1918) oder *Anders als die Andern* (1919), den ersten Homosexuellen-Streifen der Filmgeschichte, der 1921 von der neu eingeführten Zensur verboten wurde. Danach verlegte Oswald sich zunächst auf teure Abenteuer- und Historienfilme wie *Lady Hamilton* (1921) oder *Lucrezia Borgia* (1922), die ihn jedoch in finanzielle Schwierigkeiten brachten. Nach dem Konkurs seiner Firma im Jahr 1926 führte er für andere Gesellschaften Regie, so etwa in den Filmen *Im weißen Rößl* (1926), *Dreyfus* (1930) oder *Der Hauptmann von Köpenick* (1931). Mit *Ein Lied geht um die Welt* kam 1933 sein letzter in Deutschland entstandener Film in die Kinos. Unmittelbar nach seiner Flucht drehte er 1934 in den Niederlanden den Streifen *Bleeke Bet* (Die bleiche Bet) für den auch Johan Heesters engagiert wurde.

Heesters, dessen Zuhause die Bühne war, der den Applaus des Publikums brauchte, hatte sich bisher für den Film nicht sonderlich interessiert. In der Utrechter Provinz, in Amersfoort und Baarn, war er ganz ohne Kino aufgewachsen, wie es damals auf dem Land noch üblich war. Erst in Amsterdam hatte er gemeinsam mit seiner Mutter zum ersten Mal einen

1 Der »Lange Jan« in Heesters' Geburtsstadt, um 1900

2 Portrait des jungen Schauspielschülers, um 1923

3 Eltern und Schwiegereltern: François Ghijs, Geertruida Heesters, Paula Ghijs, Jacobus Heesters und die spätere Frau des Schauspielers, Louise (Wiesje) Ghijs

4 Hier begann Heesters' Theaterkarriere. Die Amsterdamse Stadsschouwburg

Nächste Seite:

5 Louis Bouwmeester, der damals größte holländische Schauspieler in seiner Paraderolle als Shylock in Shakespeares *Der Kaufmann von Venedig*

6 Heesters' Lehrmeister. Der holländische Theaterreformer Willem Royaards

7 Der junge Operettentenor im Frack, 1925

8 Johan Heesters in der Lehár-Operette *Der Zarewitsch*, Paleis voor Volksvlijt, Amsterdam 1929

9 Der Schwarm aller Frauen. Heesters im Kreise holländischer Verehrerinnen, 1930

Nächste Seite:

10 Hochzeit mit der belgischen Operettendiva Louise (Wiesje) Ghijs, 20. Januar 1930

11 Mit Jugendfreund Hemmy Kaldewaay, dem späteren Revuestar Willy Walden, (unten links), Wiesje Heesters (oben, Mitte) und »Ballettschönheiten« in Scheveningen, Sommer 1930

12 Die stolzen Eltern mit der ersten Tochter Wiesje am Strand von Scheveningen, Sommer 1932

13 Abschiedstournee durch Holland. Gemeinsam mit seiner Frau Wiesje in der Hugo-Hirsch-Operette *Dolly*, 1934

14 Johan Heesters und Fien de la Mar in der holländischen Filmproduktion *Bleeke Bet*, 1934

17 An der Seite von Marta Eggerth im Ufa-Film *Das Hofkonzert*, 1936

Film gesehen: eine frühe Verfilmung von Dumas' *Der Graf von Monte Christo*.[202] Auch danach ist er, zunächst mit seinen Eltern, später mit Freunden, hin und wieder ins Kino gegangen, als man ihm aber 1924, kurz nach seinem Wechsel ins Operettenfach, anbot, in einem Film mitzuwirken, fand er diese Vorstellung zunächst völlig absurd: »Das fehlte mir gerade! Filmen – so eine Afterkunst.«[203] Erst als ihn ein Bühnenkollege darauf aufmerksam machte, daß man beim Film ganz gut verdienen und die damals noch magere Theatergage etwas aufbessern könne, willigte er ein.

So war 1924 Heesters' erster Film entstanden, zudem der einzige Stummfilm, in dem er jemals mitgewirkt hat. Der Streifen, von dem nur noch ein zehnminütiges Fragment erhalten ist, heißt *Cirque hollandais*. 1925 lief er, mit deutschen Zwischentiteln versehen, als einer der wenigen niederländischen Filme auch in Deutschland.[204] Da der Regisseur des Films, Theo Frenkel, einer der Filmpioniere Hollands, aus dem Bouwmeester-Clan stammte, übernahmen eine ganze Reihe von Mitgliedern der ersten Schauspielerfamilie des Landes Rollen in dem Film. An die Dreharbeiten hat Heesters keine guten Erinnerungen. Weil Frenkels Produktionsgesellschaft aus Geldknappheit nicht über ein eigenes Filmatelier verfügte, fanden diese im Freien statt, in wackligen, von der Amsterdamse Stadsschouwburg ausgeliehenen Kulissen. Die Hektik, die bei den Aufnahmen herrschte, irritierte Heesters ebenso wie das ständige Improvisieren. Vor allem die Tatsache, daß man die Rolle nicht, wie er es vom Theater her gewöhnt war, entwickeln kann, sondern auf Kommando agieren und aus dem Zusammenhang gerissen bestimmte Gefühle spielen soll, nahm ihn gegen das Filmen ein: »Ich weiß nicht mehr, was gedreht wurde und worin meine Mitwirkung bestand. Ich hatte einmal in Großaufnahme zu weinen, und weil mir das beim besten Willen nicht gelingen wollte, tropfte man mir Glyzerin in die Augen.«[205] Tröstlich für ihn war immerhin, daß sich der Ausflug zum Film wenigstens finanziell lohnte: Durch einen Brand bei der produzierenden Dutch-Film Cie. in Haarlem ging der fast abgedrehte, schon in der Endfertigung befindliche Film am 17. Juli 1924 verloren und mußte noch ein zweites Mal gedreht werden, wofür Heesters die Hälfte der ursprünglichen Gage von achtzig Gulden nochmals ausgezahlt bekam.

Nun, zehn Jahre nach seinem Filmdebüt, als der Übergang zum Tonfilm längst gemeistert war, stimmte Heesters erneut einem Engagement beim Film zu. Und die Erfahrungen, die Heesters 1934 bei *Bleeke Bet* machte, waren durchaus positiver als die zehn Jahre zuvor. Die Handlung des Films, der auf einem damals äußerst populären holländischen Bühnenstück basierte,[206] spielt im Jordaan-Viertel, dem Amsterdamer Stadtteil der Arbeiter und Handwerker, mit seinen verwinkelten, engen Gassen damals das völlig überbevölkerte Elendsviertel von Amsterdam – aufgrund der katastrophalen Zustände isoliert vom Rest der Stadt. Mitte der dreißiger Jahre entstanden hier eine ganze Reihe von filmischen Sozial- und Milieustudien, die sogenannten »Jordaan-Filme«; *Bleeke Bet*, der eine verwickelte Liebesgeschichte mit Happy-End erzählt, war einer von ihnen. Mit Regisseur Oswald kam Heesters sehr gut aus, und es faszinierte ihn, daß dieser, um dokumentarische Milieu-Echtheit à la Zille bemüht, viele Szenen des Films an Originalschauplätzen und nicht in nachgebauten Kulissen drehte.[207]

Eine Szene drehte er quasi mit »versteckter« Kamera: Während Oswald mit seinem Kameramann auf einem Häuserdach postiert war, mußte Heesters durch eine Menschenmenge in einer belebten Straße des Jordaan-Viertels rennen, so als würde er verfolgt, jedoch ohne daß irgend jemand bemerkte, daß hier gerade eine Filmszene aufgenommen wurde.[208] Zwar vermitteln die so entstandenen Aufnahmen durchaus ein lebendiges Bild von dem Milieu, in dem der Film spielt, dennoch stellt der Streifen eine stark romantisierte Version vom Leben im Jordaan-Viertel dar. Kurz nach Ende der Dreharbeiten brachen hier aufgrund der erfolgten Kürzung der Arbeitslosenunterstützung Aufstände aus. Polizisten patrouillierten mit Panzerfahrzeugen durch die Straßen und schossen auf Häuser, deren Bewohner mit Blumentöpfen nach ihnen warfen. Von solchen Realitäten erzählt *Bleeke Bet* nichts, hier darf Johan Heesters vielmehr einem der Wahrzeichen des Viertels ein Ständchen singen, mit dem von Louis Davids komponierten *O mooie Westertoren, daar in de blauwe lucht*, O du schöner Westerturm, da am blauen Himmel. Singen sollte Heesters von da an auf der Leinwand noch oft.

Nach *Bleeke Bet* wirkte Heesters nur noch einmal in einem niederländischen Film mit, der jedoch nicht in Holland gedreht wurde, sondern bereits in Wien, im Atelier Schönbrunn. Der im März 1935 uraufgeführte Streifen *De vier Mullers*, die Verfilmung eines erfolgreichen jüdischen Volksschwanks, ist einer jener damals, in den Anfangsjahren des Tonfilms, üblichen Sprachversionen-Filme.[209] Dabei wurde, weil die Tonsynchronisation zu diesem Zeitpunkt technisch noch nicht möglich war, ein und derselbe Stoff – um die durch die Einführung des Tons explodierten Produktionskosten teilweise wieder aufzufangen – im Rahmen einer Produktion gleich in mehreren Sprachen parallel gedreht, wofür ein Teil der Schauspieler ersetzt wurde. *De vier Mullers*, eine Komödie um eine zerstrittene Familiendynastie im Fabrikantenmilieu, ist die niederländische Version des österreichischen Films *Alles für die Firma* (1935) mit Felix Bressart und Otto Wallburg in den Hauptrollen. Der Streifen, in dem auch Heesters' Frau Wiesje eine kleine Rolle übernahm, stellt insofern eine Novität dar, als es sich um den ersten von insgesamt nur fünf Sprachversionen-Filmen handelt, bei dem auch eine Fassung in niederländischer Sprache gedreht wurde.[210]

Abschied von Holland

Anfang 1934 stand Heesters der großen Nachfrage wegen erneut in seinem bisher größten Bühnenerfolg auf den Brettern, in *Der König der Vagabunden* – dieses Mal nicht am Carré in Amsterdam wie zwei Jahre zuvor, sondern im Rahmen eines Gastspiels in der Scala Den Haag, wo er schon viele Male engagiert gewesen ist und wo er auch zusammen mit seiner Frau Wiesje auf der Bühne gestanden hatte. Auch in Den Haag war die Operette ein voller Erfolg beim Publikum, das Heesters als Star der Inszenierung feierte. Dieser ahnte zu diesem Zeitpunkt noch nicht, daß es dieses Stück sein sollte, das die Weichen für eine Karriere in Österreich und in Deutschland stellte und ihm damit das Tor zum ganz großen Durchbruch öffnete.

Eines Abends besuchte der Wiener Schauspieler und Operettenstar Otto Dürer, der in der Zeit nach dem Zweiten Weltkrieg zu einem erfolgreichen Filmproduzenten aufsteigen sollte, die Scala und sah Heesters in der Rolle des François Villon. Zurück in Wien, verwandte er sich, obwohl er Heesters in Den Haag gar nicht persönlich kennengelernt hatte, sofort für den holländischen Kollegen. Dürer machte einen umtriebigen Theateragenten auf den holländischen Tenor aufmerksam, der Heesters ein Vorsingen an der Wiener Volksoper vermittelte. Dieser war natürlich hocherfreut über die Chance, die sich ihm damit unverhofft auftat, und zeigte das Schreiben aus Wien stolz seinen Bühnenkollegen und Freunden. Ein Kollege prophezeite ihm: »Heesters, jetzt gehst du auf Reisen, du gehst ins Ausland. Du verläßt Holland, und das ist richtig so. Du wirst Erfolg haben und viel Geld verdienen.«[211]

Aber ob Wien ihn tatsächlich haben wollte, das galt es zunächst noch abzuwarten. Die Einladung zum Vorsingen an der Volksoper war eine Chance, eine große Chance sogar, aber eine Garantie stellte sie noch nicht dar. Doch die geweckten Hoffnungen sollten nicht vergebens sein. Gemeinsam mit seiner Frau Wiesje und einigen Freunden fuhr Heesters nach Wien, das Vorsingen – er entschied sich für das Wolgalied aus der Lehár-Operette *Der Zarewitsch* – war erfolgreich, und die Volksoper engagierte ihn für die Spielzeit 1934/35. Zurück in Holland, galt es zu überlegen, ob das Engagement anzunehmen sei. Heesters selbst wird angesichts der Karrierechancen, die sich ihm plötzlich boten, wohl kaum große Zweifel gehegt haben, ob er nach Wien gehen solle oder nicht. Er war noch jung, hatte aber in seinem Heimatland schon alles erreicht. Wollte er noch weiterkommen, dann mußte er Holland hinter sich lassen und nach neuen Karriereufern Ausschau halten. Und hier mußte ihm Wien, die Stadt der Operette, wie eine Verheißung erscheinen. Ohne Frage, ein solches Unterfangen war mit Risiken behaftet. Niemand konnte ihm garantieren, daß er beim Wiener Publikum ankommen würde, daß es ihm gelingen würde, dort Fuß zu fassen. Dennoch wollte er sich der Herausforderung stellen, sich auf das Abenteuer einlassen – und sollte damit recht behalten.

Wiesje Heesters jedoch stand der Risikofreude ihres Mannes zunächst skeptisch gegenüber und reagierte weniger euphorisch als dieser.[212] Nicht nur die Familie und die Freunde würde man zurücklassen müssen, sondern auch alles, was man bisher erreicht hatte. In Holland und Belgien war man bekannt, im fernen Wien kannte sie niemand, und vor allem, dessen war sie sich bewußt, würde es erst einmal schwer werden, die deutsche Sprache so perfekt zu beherrschen, daß man damit vor dem Wiener Publikum bestehen könne. Wien konnte alles bringen, den ganz großen Durchbruch, aber auch einen empfindlichen Karriereknick.

Nach nächtelangen Diskussionen und dem reiflichem Abwägen aller Argumente kamen Johan Heesters und seine Frau jedoch zu dem Schluß, daß man das Risiko eingehen würde. Die Verlockung war einfach zu groß. Ein weiterer Grund für die Entscheidung war sicherlich auch der Umstand, daß sich die wirtschaftliche Situation in den Niederlanden in jener Zeit zunehmend verschlechtert hatte. Der »Schwarze Freitag«, der Börsenkrach von New York im Jahre 1929, wirkte sich, wenn auch mit einer Verzögerung von zwei Jahren, auf die wohlhabenden Niederlande noch weit stärker aus als auf viele andere Länder und führte zu einer ernsthaften Wirtschaftskrise: Die vormals starke holländische Handelsflotte wurde sukzessive abgebaut, die Warenproduktion halbiert, große Teile der Arbeiter- und Mittelklasse verarmten durch das Sinken der Löhne und Sozialleistungen rasch. Die Zahl der Arbeitslosen wuchs von 18000 im Jahre 1929 auf 300000 im Jahre 1933, was zwölf Prozent der Bevölkerung entsprach.[213] Die Situation wurde zunehmend schwieriger, gerade auch für die Theaterkompanien Hollands, die aufgrund der rückläufigen Zuschauerzahlen um ihre Existenz kämpfen mußten, viele machten Bankrott.[214] 1932 erreichten die Zuschauerzahlen einen absoluten Tiefpunkt.[215]

So wurde beschlossen, daß man ins kalte Wasser springen und den Neuanfang in Wien wagen würde: »In Holland meldeten die Zeitungen: ›Heesters geht nach Wien‹, ›Heesters verläßt Holland‹, ›Wiesje Ghijs verläßt Belgien‹.«[216] Beide, Johan Heesters, aber auch Wiesje Ghijs, gaben ihre Abschiedstourneen, während Wiesjes Mutter weiterhin auf die inzwischen dreijährige Tochter aufpaßte. Wiesje Ghijs stand, bevor sie sich ganz vom Theater zurückziehen sollte, in Holland und ihrer Heimat Belgien ein letztes Mal in ihrer Paraderolle als Madame Pompadour auf der Bühne, und ihr Mann gab seine letzten Vorstellungen in Den Haag. Hier spielte er in zwei Stücken, die in Nazideutschland in dieser Zeit längst verboten waren. Zunächst trat er in *Der fidele Bauer* von Leo Fall auf, jener Operette, die 1907 ihrem Komponisten den Durchbruch gebracht hatte, eine klassische Stadt-Land-Operette, die mit den Gegensätzen der beiden Lebensbereiche spielt. Heesters singt den Hauptpart, die Rolle des Stefan, der es vom Bauern bis zum Medizinprofessor bringt. In Deutschland war *Der fidele Bauer* durch den NS-Bauernführer und Reichsminister für Ernährung und Landwirtschaft, Richard Walter Darré, verboten worden. Das Verbot wurde als »Maßnahme zur Wahrung der Ehre und des Ansehens des deutschen Bauernstandes« bezeichnet, und die NS-Presse verkündete: »Wegen der satirisch-abfälligen Behandlung des Bauerntums und der Hervorhebung von Klassenunterschieden, die unvereinbar sind mit dem Gedanken, daß der Bauernstand die Grundlage für das neue Deutschland ist, hat Reichsminister Darré veranlaßt, daß weitere Aufführungen dieser Operette verbleiben.«[217] Im Holland des Jahres 1934 stieß sich selbstverständlich niemand am Werk Leo Falls, und das Publikum erfreute sich an der beschwingten Operette.

Beim zweiten Stück handelt es sich um eine Operette, die in Deutschland aus »rassischen Gründen« vom Spielplan der Theater gestrichen worden war, denn ihr Verfasser, Paul Abraham, war Jude. In den Niederlanden wurde Abrahams Werk *Die Blume von Hawaii*, die erst drei Jahre zuvor in Leipzig uraufgeführt worden war, selbstverständlich weiter aufgeführt. Auch hier übernahm Heesters – wiederum mit großem Erfolg beim Publikum und bei der Kritik – den Hauptpart, die Rolle des Prinzen Lilo-Taro, der am Schluß des Stücks die schöne Laya, die Prinzessin von Hawaii, ehelichen darf.

Die *Blume von Hawaii* sollte für lange Zeit die letzte Inszenierung sein, mit der Heesters auf den Bühnen seines Vaterlandes stand. Mit seiner Entscheidung, 1934 nach Wien und von da aus nach Berlin zu gehen, wo aus Johan Heesters Johannes Heesters wurde, der unter den braunen Machthabern zum bekanntesten Holländer in Deutschland aufstieg, war seine niederländische Karriere unwiderruflich beendet. Einem Johan Heesters hatte man in Holland bereitwillig zu Füßen gelegen. Einen Johannes Heesters, der seine Heimat verlassen und in Hitlerdeutschland Karriere gemacht hatte, wollte in den Niederlanden niemand mehr. Doch daß es dazu kommen würde, wußten die Heesters nicht, als sie im Sommer 1934 in ihre große, nagelneue Chevrolet-Limousine stiegen und ihrem neuen Leben entgegenfuhren.

TEIL II

DER SCHAUSPIELER UND DIE MACHT

(1934–1949)

4.

»Das Tor zur ganz großen Karriere«
Durchbruch in Wien

Den Koffer voller Hoffnungen, erreichte Johan Heesters im Sommer 1934 Wien, die Stadt der Operette. Daß er seiner Heimat, wo er sich in den vergangenen dreizehn Jahren als Sänger und Schauspieler einen Namen gemacht hatte, damit endgültig den Rücken kehren würde, konnten er und seine Frau in diesem Moment noch nicht ahnen. Vor ihm lag eine ungewisse, aber dennoch verlockende Zukunft, in der alles möglich war, der große Erfolg, aber auch die Niederlage. Dennoch blickte er hoffnungsvoll auf das, was ihm bevorstand, beflügelte ihn doch die Aussicht auf neuen, noch größeren Ruhm. Und tatsächlich: Wien, wo die Operette als Kunstgattung einen völlig anderen Stellenwert hatte als in den Niederlanden, wurde für ihn zum Tor zur ganz großen Karriere.

Doch zunächst galt es, bei Null anzufangen und sich nach oben zu kämpfen. Plötzlich war er wieder ein unbekannter Tenor unter vielen – von denen etliche in Wien längst zu Publikumslieblingen geworden waren. Dennoch ließ er sich nicht entmutigen. Bei den Gagenverhandlungen an der Wiener Volksoper trat er nicht etwa wie ein Bittsteller auf, der jedes Angebot dankbar annahm, sondern erwies sich als durchaus zäher und hartnäckiger Verhandlungspartner. Karl Lustig-Prean, der gerade erst zum neuen Direktor der Volksoper ernannt worden war und ein Ensemble für seine erste Spielzeit zusammenstellte, bot Heesters die Hälfte von dem, was er und seine Frau zuvor bei ihren Engagements gemeinsam verdient hatten, das Angebot entsprach also durchaus dem Verdienst Johan Heesters' in Holland.[1] Da zu diesem Zeitpunkt jedoch bereits feststand, daß Wiesje sich von der Bühne zurückziehen würde, und Johan nun den Unterhalt der Familie allein verdienen mußte, war er nicht bereit, auf das Angebot einzugehen.

Die Tatsache, daß eines der ersten Häuser Wiens ihn engagieren wollte, schüchterte Heesters nicht ein. Er war sich bewußt, daß man als Schauspieler auch ein guter Geschäftsmann sein muß, und spürte in diesem Moment wohl das kaufmännische Blut seiner Familie in den Adern pulsieren. So blieb er stur und befolgte instinktiv das Gesetz, das man zum Weg an die Spitze wohl befolgen muß: »Verhalte dich wie ein König, um wie ein König behandelt zu werden.« Schließlich war nicht er es, der in Wien um ein Engagement nachgesucht hatte, sondern die Volksoper hatte sich an ihn gewandt. »Bin ich ein hergelaufener Knödeltenor, der unbedingt eine Stellung sucht? Nein, unsereins hat sein festes Engagement und stellt Bedingungen, wenn man ihn herauslocken will«, erinnerte er sich später recht selbstbewußt.[2] Nach langen Verhandlungen war Direktor Lustig-Prean bereit, ihm die völlig unüblich hohe Gage von 1500 statt der ursprünglich gebotenen 750 Schilling zu bezahlen.

1934 gehörte Wien längst zu den fünf größten Städten der Welt – und die Wiener hielten sie auch für eine der schönsten. In der Zeit von 1860 bis 1930 hatte sich die Einwohnerzahl fast vervierfacht. Auch in einer nach dem Ersten Weltkrieg völlig veränderten Welt, als die machtvolle Kapitale der österreichisch-ungarischen Monarchie zur Hauptstadt der Republik Österreich geworden war, galt Wien mit seinen prunkvollen Schlössern, den palastähnlichen Bauten, der Ringstraßenarchitektur, den Theatern und Museen, der vielbesungenen Donau und der malerischen Landschaft der Umgebung als Inbegriff des alten Europas. Aber natürlich hatte auch in Wien längst der Fortschritt Einzug gehalten und mit ihm die Industrialisierung. Allerorten waren Fabriken aus dem Boden gestampft worden, und der moderne Verkehr hatte das Stadtbild sukzessive verändert. Dennoch gelang es, den alten Charme der Stadt zu bewahren.

Die politischen Umwälzungen im nördlichen Nachbarland, die Festigung der nationalsozialistischen Herrschaft in Deutschland, die im Sommer 1934 mit dem Tod des Reichspräsidenten Hindenburg, der Vereidigung der Wehrmacht auf die Person Hitlers und der Ausschaltung der innerparteilichen

Opposition im sogenannten »Röhm-Putsch« einen neuen Höhepunkt erreichte, blieben auch im benachbarten Österreich nicht ohne Folgen. Zwei Monate nach Hitlers Machtantritt hatte es auch hier politische Veränderungen gegeben. In Anlehnung an das Italien Benito Mussolinis hatte der 1932 zum österreichischen Bundeskanzler gewählte Engelbert Dollfuß, der als Hauptvertreter des Austrofaschismus galt und im eigenen Land als »Millimetternich« verspottet wurde, Österreich in einen autoritär regierten christlich-katholischen Ständestaat verwandelt. Im März 1933 hatte er mit Rückendeckung durch das faschistische Italien das demokratisch gewählte Parlament ausgeschaltet, Versammlungen wurden verboten und über die Zeitungen eine Vorzensur ausgesprochen. Die Uniformen, die nun eingeführt wurden, und die organisierten Aufmärsche erinnerten bereits entfernt an die benachbarten Diktaturen Deutschland und Italien.

Da ein »Anschluß« an das Deutsche Reich jedoch nicht Ziel der österreichischen Politik war, sondern auch von den Austrofaschisten auf die Eigenständigkeit des Landes gepocht wurde, kam es zu einer Reihe feindseliger diplomatischer Akte der Hitler-Regierung, die das Verhältnis beider Staaten nachhaltig belasteten. Mit der sogenannten »Tausendmarksperre«, die festlegte, daß Reichsdeutsche vor der Einreise nach Österreich tausend Reichsmark zu hinterlegen hatten, zerstörte die deutsche Regierung über Nacht fast den gesamten österreichischen Fremdenverkehr, der traditionell fast ausschließlich von deutschen Touristen lebte. Auch weiterhin versuchte die NSDAP alles, um die Stimmung in Österreich in ihrem Sinne zu beeinflussen. Da sie dabei auch vor terroristischen Angriffen nicht zurückschreckte, wurde sie im Juni 1933 in Österreich verboten, agierte jedoch illegal weiter.

Im Februar 1934 war es zu blutigen Ausschreitungen gekommen, die dazu führten, daß alle Parteien außer Dollfuß' »Vaterländischer Front« ausgeschaltet wurden. Im Juli putschte die SS-Standarte 89 in Wien. Zwar brach der von Berlin aus befohlene Aufstand zusammen, doch Bundeskanzler Dollfuß wurde dabei erschossen.

Auch wenn die Verhältnisse in Österreich in den dreißiger

Jahren alles andere als demokratisch waren, wurde es nach 1933 zum Zufluchtsort vieler aus Deutschland geflohener Künstler. Nicht zuletzt weil man hier erst einmal in seiner Muttersprache weiterarbeiten konnte, fand sich beinahe die gesamte jüdische Intelligenz in Wien ein. Manche von ihnen erkannten klar die Gefahr, die einerseits von einer drohenden Okkupation durch Hitlers Truppen, andererseits aber auch vom Antisemitismus ausging, der bereits lange vor 1938 in Österreich grassierte. Sie betrachteten Österreich nur als eine erste Durchgangsstation ihres Exils und verließen das Land möglichst schnell wieder. Andere richteten sich dauerhaft ein und warteten auf ein Wunder. Viele von ihnen wurden 1938 unmittelbar nach dem »Anschluß« Österreichs an das Deutsche Reich von den Nazis festgenommen und erlitten genau das Schicksal, dem sie durch ihre Flucht aus Deutschland zu entfliehen versucht hatten.

Wie in den Niederlanden, so waren die Emigranten auch in Österreich eine ungemeine Bereicherung für das kulturelle Leben, auch und gerade für das Theater, das in Wien, ebenso wie die Musik, von jeher einen besonderen Stellenwert hatte, wenn auch das Wiener Publikum als ausgesprochen konservativ galt. Nicht nur unzählige Schauspieler und Komponisten entstammten der Stadt und bereicherten ihr Kulturleben, auch zahllose internationale Künstler zog es nach Wien. »In kaum einer Stadt Europas«, schrieb Stefan Zweig, »war nun der Drang zum Kulturellen so leidenschaftlich wie in Wien.«[3] Das Theater, allen voran das renommierte Burgtheater, war in Wien ein feste Größe, und jeder Wiener fühlte sich mit »seinen« Theatern aufs engste verbunden. Nicht wenige träumten gar davon, auch selbst einmal auf der Bühne zu stehen und bejubelt und beklatscht zu werden. Von Egon Friedell stammt das Bonmot, daß immer dann, wenn man mit einer jungen Wiener Dame spräche, »zum Schluß herauskommen [würde], daß sie ›eigentlich‹ zum Theater will«.[4]

Doch ganz so ungetrübt war auch hier zu diesem Zeitpunkt das Theaterleben schon nicht mehr, denn der Kampf um den »Anschlußwillen« der Österreicher wurde auch im Theater ausgetragen. Immer wieder organisierten österreichische Nazis Demonstrationen gegen unliebsame Schauspieler, Regisseure und Sänger sowie gegen die Aufführung von Werken jüdischer Autoren, nicht selten, indem sie Stinkbomben in den Theatern und Opernhäusern Wiens warfen oder Krawalle entfesselten, so wie auch Goebbels es vor Hitlers »Machtergreifung« und seiner Ernennung zum Propagandaminister in Berliner Kinos und Theatern getan hatte. Das österreichische Publikum reagierte mit Unverständnis auf solche Störakte und war großteils auf seiten der Emigranten. Zum besonders umkämpften Schlachtfeld wurde die Operette, denn gerade die Wiener Operette wäre ohne die vielen jüdischen Komponisten und Librettisten überhaupt nicht vorstellbar gewesen. Ihre Werke, die in Deutschland bereits verboten waren, konnten in Wien immer noch aufgeführt werden und erfreuten sich beim österreichischen Publikum nach wie vor großer Beliebtheit, was auch der Karriere des holländischen Operettentenors Johan Heesters zugute kam.

Die Operettenmetropole

Das Musikleben Wiens wurde im 19. und 20. Jahrhundert vielleicht durch nichts so sehr geprägt wie durch den Operettenboom, der die ganze Stadt zeitgleich mit Paris erfaßte[5] und dem Diplomatensöhne und Millionärstöchter ebenso wie Dienstboten und Ladenmädchen erlagen. Die musikbegeisterten Wiener waren geradezu süchtig nach neuen Melodien, die an allen Orten und zu allen Gelegenheiten geträllert oder gepfiffen wurden. Und natürlich war man stolz, wenn Melodien von hier aus ihren Siegeszug um die Welt antraten – nicht zuletzt weil viele von ihnen die Donaumetropole in den schillerndsten Farben verklärten. Tatsächlich wurden die Wiener Operetten meist schon kurz nach ihrer Uraufführung in aller Welt gespielt, in Amerika ebenso wie in Australien und Indien. Wien wurde so innerhalb kürzester Zeit zum Inbegriff der leichten Muse: »Keine zweite Stadt ist so ausgiebig besungen worden wie Wien. Gepriesen wird die schöne Landschaft und das herzliche Gemüt der Bewohner. Hinzu kommt, daß sich der weiche, melodische Dialekt dem Lied geradezu anbietet. Längst existierte das Wienerlied, als der Walzer aufkam; nun aber verband sich beides zu einer Potenzierung des musikalischen Wienertums.«[6]

Und so war es auch der »Walzerkönig« Johann Strauß Sohn – der mit seinem Walzer *An der schönen blauen Donau* (1867) nicht nur die heimliche Nationalhymne Österreichs, sondern auch noch eine der weltweit wohl bekanntesten Melodien geschaffen hatte –, der zum Urvater der klassischen Wiener Operette und zum Hauptvertreter der ersten Blütezeit der Wiener Operettenära wurde. Niemand anderer als Jacques Offenbach war es, der Strauß dazu ermutigt hatte, Operetten zu schreiben. Dieser folgte dem Rat und schuf Werke wie *Die Fledermaus*, die, 1874 am Theater an der Wien uraufgeführt, das »goldene Zeitalter« der Wiener Operette einleitete, schon kurze Zeit später in Berlin und Paris gespielt wurde und Strauß gar eine Einladung nach Amerika einbrachte, wo er wie ein Staatsmann empfangen wurde. Fortan war Strauß nicht mehr nur der »Walzerkönig«, sondern wurde von seinen Landsleuten auch stolz als »Offenbach Wiens« gefeiert. Der Grundstein für die mehr als siebzig Jahre währende Wiener Operetten-Geschichte war gelegt.

Selbstverständlich blieb Strauß nicht der einzige, der das neue Musik- und Theatergenre entdeckte und prägte. Die Erfolge, die er verbuchen konnte, riefen zahlreiche Nachahmer auf den Plan, die sich nun ebenfalls der Operette verschrieben, so daß Wien neben Paris schnell zu *der* europäischen Operetten-Metropole aufstieg, was nicht nur den Theatern, sondern auch der Stadtkasse zugute kam, denn Operetten wurden höher besteuert als Opern. Zahlreiche bestehende Bühnen wie etwa das Ronacher oder das Carl-Theater in der Praterstraße und ab 1860 auch das Theater an der Wien beugten sich dem Publikumsgeschmack und nahmen Operetten in ihr Programm auf, während es noch bis 1894 dauerte, bis mit der *Fledermaus* die erste Operette auch in der Wiener Hofoper Einzug hielt, dirigiert von niemand anderem als Gustav Mahler. Daneben wurden aber auch Häuser eröffnet, die sich ausschließlich der leichten Muse widmeten, so etwa 1874 die Komische Oper und 1908 das Johann-Strauß-Theater in der Favoritenstraße. Der wichtigste Tempel der Operettenfans aber war und blieb bis zu seiner vorübergehenden Schließung 1939 das Theater an der Wien, das später unter der Leitung des Schauspielers Peter Weck zum führenden Musical-Theater der Stadt wurde. Hier konnte man den ersten Stars der Operette, Marie Geistinger und Josefine Gallmeyer, zujubeln oder den Werken des Kapellmeisters dieser Bühne lauschen, eben jenes Franz von Suppé, den Johannes Heesters 1953 in dem österreichischen Film *Hab' ich nur deine Liebe* verkörpern sollte. Mit Werken wie *Die schöne Galathee* (1865) und *Boccaccio* (1879) hatte er, ebenfalls von Offenbach inspiriert, schon sehr früh Operettenerfolge und trug nachhaltig zum Boom dieses Genres in Wien bei.

Etwas jünger als Strauß und Suppé waren weitere wichtige Wiener Operettenkomponisten wie Carl Zeller, der die beliebte Operette *Der Vogelhändler* (1891) schuf, die 1940 unter dem Titel *Rosen in Tirol* mit Johannes Heesters verfilmt wurde, außerdem der Hofballmusikdirektor Carl Michael Ziehrer, von dem *Die Landstreicher* (1899) stammen, und schließlich der große Karl Millöcker, Suppés Nachfolger als Kapellmeister am Theater an der Wien, dem mit Kompositionen wie *Gräfin Dubarry* (1879), *Der Bettelstudent* (1882) – jenem Werk, mit dem Heesters in Wien debütieren sollte – und *Gasparone* (1884) große Erfolge gelangen. Millöcker war schon im Alter von sechzehn Jahren Orchestermusiker gewesen, hatte sich in Wien einen Namen gemacht, als er die Uraufführung der *Fledermaus* dirigiert hatte, und war durch seine eigenen Operetten zu internationaler Berühmtheit gelangt.

Die Werke all dieser Komponisten der »goldenen Operettenära« Wiens, die im Fin de siècle entstanden, waren »stilistisch im Grunde immer gleichbleibende Neuproduktionen eines Erfolgsrezepts«.[7] Das, was beim Publikum gut ankam und die Kassen klingeln ließ, wurde wieder und wieder kopiert und variiert. Der Bedarf an immer neuen Operetten war groß, so daß bald auch schon die Werke internationaler Komponisten in Wien angeführt werden – natürlich immer wieder die Operetten Jacques Offenbachs, aber auch die des Briten Arthur Sullivan oder des Deutschen Jean Gilbert. Auch wenn sich ab 1900 die Inhalte vom Märchenhaften und Burlesken zunehmend ins Triviale verlagerten, die Wiener Operette der ersten Generation blieb sich treu.

Zur Jahrhundertwende hin ging das goldene Zeitalter der Operette langsam, aber sicher zu Ende, denn es gab wenige gute Libretti, das vormals Frische und Natürliche, das die Wiener Operette der ersten Generation ausgemacht hatte, erstarrte zur Routine, und vor allem gewann das Sentimentale immer mehr an Gewicht. Der Operette wurde zum ersten, nicht aber zum letzten Mal der Untergang prophezeit – doch es sollte nicht lange dauern, bis sie wieder auferstand. Auf die goldene Ära der Wiener Operette folgte fast nahtlos die silberne, eingeleitet durch Richard Heubergers Operette *Ein Opernball* aus dem Jahre 1898. Waren die Werke der goldenen Ära noch stark opernnah, so rückte die Operette nun zunehmend in die Nähe des Chansons: »Ein neues Genre, die intime Operette, war geboren.«[8] Eine ganze Reihe modernerer Werke entstand nun, die sich »vom Ballast der antiquierten Kostüme befreiten, um den Frack triumphieren zu lassen«.[9]

Hauptvertreter der silbernen Ära war Franz Lehár, der wie sein Vorgänger Strauß zum Inbegriff der Wiener Operette wurde und ihr erneut Weltgeltung verschaffte. Nachdem seine Opernwerke auf wenig Gegenliebe gestoßen waren, hatte sich Lehár der Operette zugewandt und landete mit seinem 1905 in Wien uraufgeführten Meisterwerk *Die lustige Witwe* einen gigantischen Welterfolg – schon nach fünf Jahren gab es rund 18000 Aufführungen und Übersetzungen in zehn Sprachen.[10] Die Operette war nun wieder die Mode des Tages, jetzt in der neuen Ausformung der Salonoperette. In der Folgezeit schuf Lehár jährlich eine neue Operette, die das Genre zeitgemäßen Themen öffneten, unverhüllter das erotische Wechselspiel zwischen den Geschlechtern zeigten und vor allem nun auch mit satirischen und ironischen Anklängen spielten. Fortan waren es vor allem Lebemänner und gelangweilte Adlige, vertrottelte Grafen, Tänzerinnen und beschwipste Schauspielerinnen, die die Operettenbühne bevölkerten, was zur Folge hatte, daß manche dieser Salonoperetten in der Lehár-Nachfolge »oft recht simpel, manchmal auch sehr holprig oder ordinär«[11] gestrickt waren. Neben Lehár waren es Oscar Straus (*Ein Walzertraum*), Leo Fall (*Der fidele Bauer*), Emmerich Kálmán (*Die Csárdásfürstin, Gräfin Mariza*) und Edmund Eysler, die zu den Hauptvertretern der silbernen Ära wurden und es verstanden, das Schau- und Hörbedürfnis des Publikums mit eingängigen, nicht selten auch schmalzigen Melodien immer wieder neu zu wecken. Ihre Werke wurden in Wien mit entsprechend großem Aufwand an Ausstattung und Kostümen inszeniert, was beim Publikum gut ankam, das zu gern in die heitere und sorgenfreie Welt der Operette flüchtete. Die Wiener Komponisten »und ihre Librettisten machten die Wiener Operette zum Fluchtort in Kriegs- und Depressionszeiten, zum schönen Zwischenfall in Dreiklangsmusik, unbeschadet der musikalischen Umstürze rundherum«.[12]

Die Komponisten der silbernen Ära, die der bereits totgesagten Operette zu neuem Leben verholfen hatten, verfielen ebenfalls schon bald in Routine und Massenproduktion. Wieder schien ein Erfolgsrezept gefunden worden zu sein, das man beliebig oft zitierte und kopierte. Wie am Fließband entstanden immer neue Operetten, von denen der größte Teil allenfalls mittelmäßig war. Meist basierten sie auf dürftigen Handlungen, simplen Melodien und biederten sich immer stärker dem Publikumsgeschmack an. Während das traditionell konservative Wiener Publikum auch diese Werke noch goutierte und kaum Anstoß an dieser Produktion des ewig Gleichen nahm, sank die Nachfrage nach Wiener Operetten im Laufe der zwanziger Jahre international immer weiter. Außerhalb Wiens, wo man nach neuen Impulsen verlangte, wurden verstärkt kritische Stimmen laut, die im »Allzuwienerischen« der Operette ihr Verderben sahen und den »Verfall des guten Geschmacks« beklagten: »Da die Texte bei den Vertretern dieser Periode fast nur noch auf die Verherrlichung Wiens, seiner Frauen und Mädeln ausging, war es leicht begreiflich, daß auch eine gewisse Weichlichkeit, Süßlichkeit entstand, die an die in Wien bei den Volkssängern üblichen Gesänge erinnerten und diesen immer näher kamen.«[13]

Während man in Deutschland, Frankreich und vielen anderen europäischen Ländern zunehmend auf die immer beliebter werdenden Revuen setzte, standen in Wien weiterhin die Operetten klassischer Prägung auf den Spielplänen. Die Titel der im Herbst 1918 in Wien uraufgeführten Operetten sprechen für sich: *Eine Ballnacht, Der Kongreß tanzt, Die schöne Blonde, Die Fahrt ins Glück, Das Busserlschloß* oder *Die glückliche Insel.* So verpaßte Wien langsam, aber sicher den Anschluß an die Entwicklung, und Berlin lief Wien als Operetten- und Revuemetropole den Rang ab. In der deutschen Hauptstadt entstand, nicht zuletzt aufgrund der zunehmend populärer werdenden Jazz-, aber auch der modernen Tanz- und Schlagermusik, so etwas wie eine »reformierte« Operette, die die alten Operettenschablonen und die Walzerseligkeit nun endgültig hinter sich ließ.

Während eingefleischte Operettenfans nur die Werke der goldenen und silbernen Ära gelten ließen und weiterhin Aufführungen der Werke von Offenbach und Strauß, Millöcker und Suppé forderten und ansonsten allerhöchstens noch Lehár und Kálmán gelten ließen, alles andere aber als »Verfallserscheinungen« und »Geschmacksentgleisungen« abtaten, trat nun eine dritte Generation von Komponisten und Librettisten an, die moderne Operetten schufen, die bei der breiten Masse des Publikums gut ankamen. Hauptvertreter dieser dritten und letzten Operettenära wurden Paul Abraham, von Emmerich Kálmán als »Kronprinz der Operette« bezeichnet, mit seinen modernen Tanz- und Schlageroperetten wie *Viktoria und ihr Husar* (1930), *Die Blume von Hawaii* (1931) oder *Ball im Savoy* (1932), aber auch Robert Stolz, der neben einigen Opern, zweitausend Liedern, Chansons, Filmmelodien und Schlagern auch sechzig Operetten – etwa *Wenn die kleinen Veilchen blühen* (1932) oder *Zwei Herzen im Dreivierteltakt* (1933) – komponierte. Die Revue-Operetten, die Abraham und Stolz schufen, kreisten meist um einen immer wiederkehrenden Zentralschlager und setzten ganz auf eingängige Melodien und häufige Tanzeinlagen. Die Verehrer der klassischen Operette lehnten solche an der Revue orientierten Werke ab, während die Fans von Abraham und Stolz in ihnen eine Rückkehr zur dekadent-parodistischen Grundhaltung der zeitkritischen Operetten Offenbachs erkannten.

Die Revue-Operetten der dreißiger Jahre können durchaus als direkte Vorläufer des Musicals betrachtet werden, insbesondere auch die Arbeiten des aus Mähren stammenden Ralph Benatzky. Seine Singspieloperetten und musikalischen Lustspiele entsprachen mit ihrem Tempo und ihrer Konzentration auf das Spektakel vollkommen dem Geist der zwanziger Jahre und waren bereits vermischt mit der entstehenden angelsächsischen und amerikanischen Musicaltradition. In Wien jedoch kamen Benatzkys Werke kaum an und wurden als Kitsch kritisiert, »wo nur mehr gehopst wird und man die Mitwirkenden bedauern kann, daß sie so etwas aufführen müssen«.[14] So kehrte Benatzky 1926 Wien den Rücken und ging nach Berlin, wo er zu einem der wichtigsten Vertreter des musikalischen Lustspiels und einem der führenden Tonfilmkomponisten aufstieg, denn die Operette mündete Anfang der dreißiger Jahre direkt in die Musik- und Operettenfilme: »Doch dieser Übergang, sosehr auch die Formen und Erfahrungen ›mitgenommen‹ wurden, der geschah nicht mehr in Wien. Die Wiener Operette lief in Berlin aus, getragen von den Komponisten österreichisch-ungarischer Provenienz, in einer Stadt also, wo es unter Lincke oder Kollo schon eine Parallelentwicklung gegeben hatte.«[15]

Der Bettelstudent lernt Deutsch

Herausforderungen, was seine Aufgaben als Sänger oder Schauspieler anbelangten, haben Heesters zeitlebens angespornt und zu Höchstleistungen angetrieben. Daß es viel Arbeit bedeutet, als Schauspieler Erfolg zu haben, war ihm bereits in der Kompanie von Willem Royaards bewußt geworden. Und daß es angesichts der reichen Wiener Theater- und Operettenszene einer großen Kraftanstrengung bedürfen würde, um beim Publikum anzukommen, sich gar in seine Herzen zu spielen, das wußte er auch, als er sich entschlossen hatte, das Engagement an der Volksoper anzunehmen und den Neuanfang zu wagen: »... wenn ich in Wien das erreichen wollte, was ich in Holland hatte, würde das harte Arbeit bedeuten«.[16]

Aber wie hart die Arbeit tatsächlich werden würde, merkte er wohl erst in Wien selbst. Daß er die deutsche Sprache so perfekt wie möglich beherrschen mußte, um auf der Bühne bestehen zu können, war eine Selbstverständlichkeit. Doch war dies leichter gesagt als getan. Schon bei den Proben zu seiner ersten Rolle an der Volksoper im September 1934, wo er erstmals den Symon Rymanowicz in Karl Millöckers historischer Kostümoperette *Der Bettelstudent* verkörpern sollte, mußte er erkennen, wie schwierig es werden würde, innerhalb der kurzen Zeit das Deutsche so gut zu erlernen, daß er sich vor dem Wiener Publikum auf die Bühne wagen konnte. Sein Schuldeutsch taugte allenfalls dazu, sich im Alltag verständlich zu machen, nicht jedoch, um ganze Gesangspartien vortragen und alle Tücken der deutschen Sprache umschiffen zu können. Für Heesters, der sich immer schwertat, Fremdsprachen zu erlernen, war dies eine enorme Herausforderung.

Den Inhalt zu verstehen, bereitete ihm keine Schwierigkeiten, wohl aber die korrekte Aussprache. Schon die erste Zeile seines Auftrittsliedes stellte für ihn eine fast unüberwindliche Hürde dar. Aus dem »Ich knüpfte manche zarte Bande« wurde bei Heesters immer wieder ein »Ich knupfte manche ssarte Bande«. So blieb ihm nichts anderes übrig, als seine Rolle unermüdlich Tag für Tag und bis spät in die Nacht hinein zu lernen, wobei er von einer Sprachlehrerin und einem Korrepetitor der Volksoper unterstützt wurde. Selbst in den wenigen freien Stunden, die ihm blieben, dachte er nur an seine Rolle. Sogar auf der Straße sprach er Wiener an, von denen er sich den Rollentext vorlesen ließ, um zu hören, wie es richtig klingen muß – was nicht immer hilfreich war, denn schließlich sollte er die Rolle auf der Bühne hochdeutsch, nicht wienerisch singen. Er nutzte die Gelegenheit, um gleichzeitig auch seiner dreijährigen Tochter Wiesje Deutsch beizubringen. Während diese mit ihrem nagelneuen rotlakkierten Dreirad durch den Burggarten fuhr, lehrte er sie, daß ein »paard« hierzulande ein Pferd war und daß es hier nicht »bloem«, sondern Blume hieß. Später, als sie lesen konnte, durfte sie ihn beim Rollenstudium abhören, auf diese Weise sollte sie die perfekte deutsche Aussprache lernen, was ihr freilich leichter fiel als ihrem Vater.[17] Auch zu Hause bei den Heesters' wurde fortan immer deutsch gesprochen.

Die Volksoper hatte die Familie Heesters zunächst im nahe dem Theater gelegenen Hotel Bellevue am Franz-Joseph-Bahnhof untergebracht – ganz offensichtlich damals kein erstklassiges Haus, denn man mußte das Zimmer mit Wanzen und Läusen teilen. Heesters machte diesem unhaltbaren Zustand ein Ende und mietete am 26. August 1934, also noch vor seinem ersten Auftritt an der Volksoper, eine möblierte Wohnung in der dritten Etage einer Privatpension am Getreidemarkt 17, unweit der Neuen Hofburg und dem Museumsquartier,[18] »wo wir allmählich begannen, uns heimisch zu fühlen«.[19] Die Pension, in der die Heesters' fast in ihrer gesamten Wiener Zeit lebten – abgesehen von einer kurzen Unterbrechung zum Jahreswechsel 1934/35, als man in einem Katholischen Hospiz in der Kleinen Sperlgasse in Wien-Leopoldstadt unterkam[20] –, wurde von Therese Hahn, einer Nichte des berühmten Physikers Otto Hahn, geleitet.[21]

Während seine Frau Wiesje damit beschäftigt war, sich in ihrem neuen Leben fernab der Heimat einzurichten, hieß es für Heesters, unermüdlich und hart zu arbeiten: »Worum ich mich in meiner ganzen Schulzeit erfolgreich drücken konnte, war jetzt fällig: Vokabeln pauken und an der Aussprache arbeiten. Denn was nutzte es schließlich, wenn ich zwar wußte, was ich sang, mich aber niemand verstand.«[22] Die harte Arbeit sollte sich lohnen, denn als im August die Proben begannen, beherrschte er seinen Text bereits so gut, daß Fehler immer seltener wurden und er sich folglich immer sicherer zu fühlen begann. Doch spürte er, daß ihm nicht unbedingt alle neuen Kollegen, besonders nicht die anderen Tenöre der Volksoper, freundlich gesinnt waren, sondern sich hämisch über jeden seiner Aussprachefehler amüsierten, voller Neid, daß dieser in

Wien vollkommen unbekannte Holländer die Hauptrolle im *Bettelstudenten* ergattert hatte. Obwohl Heesters mit solcher Mißgunst unter Kollegen bislang noch kaum konfrontiert gewesen war,[23] ließ er sich nicht beirren: »Das nährte sowohl meinen Ehrgeiz als auch mein Lampenfieber.«[24] Nichts und niemand konnte mehr verhindern, daß er den Symon Rymanowicz in Millöckers *Bettelstudenten* spielen würde. Am Abend des 22. September 1934 stand Johannes Heesters zum ersten Mal auf der Bühne der Volksoper – zu deren Ehrenmitglied er viele Jahre später ernannt werden sollte.

Das 1898 in einer Rekordzeit von zehn Monaten fertiggestellte und als »Kaiserjubiläums-Stadttheater« eröffnete Haus am Währingergürtel war ursprünglich als Sprechbühne konzipiert, auf der im Zuge der damals in Wien virulenten antiliberalen Tendenzen ausschließlich deutsche Stücke gespielt werden sollten. Aufgrund des drastischen Besucherschwunds und des drohendes Konkurses war das Haus jedoch 1906 zum Musiktheater umfunktioniert und in Volksoper umbenannt worden. Die Wiener nahmen ihr zweites volkstümliches Opernhaus mit Begeisterung an, und bald schon wurde es zu einem ernst zu nehmenden Konkurrenten für die kaiserlich-königliche Hofoper. Obwohl das Theater keinen Groschen Subvention bekam, konnte es sich zunächst selbst tragen, weil das Publikum die beliebten Vorstellungen der populären Opern und Operetten geradezu stürmte, besonders dann, wenn prominente Gäste von außerhalb lockten. Aber auch für viele Wiener Schauspieler und spätere Spitzenstars des Wiener Theaters wurde die Volksoper zu einem wichtigen Karrieresprungbrett.

Noch kurz bevor Heesters an der Wiener Volksoper debütierte, hatte sich das Haus in einer tiefen Krise befunden und wieder einmal vor dem finanziellen Ruin gestanden. Der Spielbetrieb war vom Frühjahr 1933 bis zum Frühjahr 1934 sogar gänzlich eingestellt worden, die Volksoper war erst am 20. August 1934 mit Karl Lustig-Prean als neuem Direktor mit einer Festvorführung von Otto Nicolais Oper *Die lustigen Weiber von Windsor* (1849) neueröffnet worden. Künstlerisch vermochte Lustig-Prean, der lediglich knapp ein Jahr

Direktor des Hauses blieb, wenig zu bieten, sein Spielplan umfaßte ein seltsames Durcheinander von Stücken: »Der Weg der Volksoper schien weiter bergab zu führen.«[25] Zwar hatte er das Haus mit einer Oper wiedereröffnen lassen, jedoch trat die Oper in der Folgezeit zugunsten der Operette so gut wie ganz in den Hintergrund. Insofern war es programmatisch, daß der neue Direktor kurz nach der Neueröffnung eine Operette auf den Spielplan setzte: Karl Millöckers *Der Bettelstudent*, jene komische Operette, die 1882, von Millöcker selbst dirigiert, mit durchschlagendem Erfolg in Wien uraufgeführt und lange Zeit vor ausverkauftem Haus gespielt worden war. Auch in den dreißiger Jahren zählte *Der Bettelstudent* neben der *Fledermaus* und dem *Zigeunerbaron* noch zu den am häufigsten aufgeführten klassischen Operetten und erfreute sich beim Wiener Publikum größter Beliebtheit: »In der Harmlosigkeit des Werkes liegt soviel Charme und Wärme, in der Partitur so reiche Eingebung, im Buch so viel Klugheit und Witz, daß sich heute noch die alte Wirkung einstellen muß, wenn die Aufführung nur halbwegs entspricht.«[26]

Beste Chancen also für Heesters, der, wie so oft in seinem Leben, wieder einmal Glück hatte, denn die *Bettelstudent*-Inszenierung in der Regie Ernst Wurmsers war einer der wenigen Höhepunkte der ansonsten eher mediokren Volksopern-Zeit unter Lustig-Prean.[27] Andererseits jedoch trat Heesters ein schweres Erbe an, und die Erwartungen waren hoch, denn der Schauspieler, der noch ein Jahr zuvor in der Rolle des Symon Rymanowicz auf der Bühne gestanden hatte, war ganze fünfzig Jahre älter als Heesters und konnte natürlich auf eine lange Bühnenerfahrung und die Liebe des Wiener Publikums zählen. Eine Kritik vom 25. September 1934 verwies auf eben diesen Umstand: »Im übrigen ist Jan Heesters ein bildhübscher junger Mensch, der allerliebst radebrecht und seinem zierlichen, etwas schüchternen Tenor nach und nach zu festerer Tongebung verhilft. Bei seinem Loblied auf die polnische Frauenschönheit darf man freilich nicht an Karl Streitmann denken, der im Vorsommer als einundachtzigjähriger Symon Rymanowicz immer noch erkennen ließ, was große Linie heißt ...«[28]

Aufgrund der Beliebtheit der Millöcker-Operette, sicherlich aber auch aufgrund der Neugier auf die neue Direktion, war der Premierenabend ausverkauft – und Heesters hatte Lampenfieber, zum ersten Mal seit langer Zeit, jetzt, wo er sich nicht auf seine Muttersprache verlassen konnte und wo so viel vom Erfolg oder Mißerfolg dieses Abends abhing, denn die Premierenvorstellung würde zeigen, ob er eine Zukunft in Wien hatte oder nicht. Und auf Vorschußlorbeeren konnte er dieses Mal nicht setzen. Natürlich saß seine Frau Wiesje in der ersten Reihe und lauschte der berühmten Operette, deren Handlung ins Krakau des Jahres 1704 führt, als sächsische Truppen Polen besetzt halten. Heesters spielte den bettelarmen polnischen Stundenten Symon, der aus dem Gefängnis geholt wird und auf Befehl des hinterhältigen sächsischen Obersts Ollendorf vorgeben muß, ein reicher Fürst zu sein, um die hübsche Komtesse Laura zu heiraten, die auf einen reichen Ehemann hofft. Dies soll die Rache dafür sein, daß die stolze Komtesse Ollendorf hochmütig zurückgewiesen hatte, weil er kein Pole sei. Laura und der als Fürst verkleidete Symon heiraten tatsächlich, erst als zerlumpte polnische Gefangene ihrem Kameraden gratulieren, fliegt der Schwindel auf, und Ollendorf kann schadenfroh seine Rache genießen. Weil Symon jedoch einen wichtigen Beitrag zur Befreiung Polens von den Sachsen leistet, wird er am Ende des dritten Akts vom heimgekehrten polnischen Herzog in den Grafenstand erhoben und kann mit Laura glücklich werden.

Das Wiener Premierenpublikum wartete mit Spannung auf das berühmte und bei allen Operettenfans beliebte Auftrittslied des Symon Rymanowicz: »Ich knüpfte manche zarte Bande, / studierte die Pariserin, / die schönsten Frau'n im Sachsenlande, / in Deutschland, Ungarn und in Wien. / Ich kenn' der Frauen Reiz im Süden, / Neapel, Rom, Florenz, Madrid, / sogar im Land der Pyramiden, / wo manche selt'ne Blume blüht …« Doch so weit kam Heesters am Premierenabend gar nicht, denn nach dem Wort Deutschland hatte er ein völliges Blackout: »Die ersten Textzeilen meisterte ich gut, mit allen Üs und Ös an der richtigen Stelle. Jetzt nur nicht übermütig werden, Jopie! Zu spät – schon hing ich. [...] Kein Wort der mühsam einstudierten Texte fiel mir ein. Ich rettete mich in ein wildes Kauderwelsch aus Holländisch, Deutsch und einer Menge unverständlicher Improvisationen. Aber ich sang, spielte und brachte zum Glück keinen der Kollegen auf der Bühne aus dem Konzept. Endlich war es zu Ende.«[29] So schnell wie möglich verließ er die Bühne, im sicheren Glauben, mit diesem Patzer seine Karriere ruiniert zu haben. Aber er sollte sich geirrt haben, denn der Applaus des begeisterten Wiener Publikums tobte los. Auch wenn man nicht alles verstanden hatte, die Art und Weise, wie der gutaussehende Tenor sein Auftrittslied vorgetragen hatte, das strahlende Lächeln, der Charme und weiche Schmelz seiner Stimme eroberten die Herzen des Wiener Publikums. Paradoxerweise war es nicht zuletzt der holländische Akzent, gegen den er so hart angekämpft hatte und der dem weichen Wiener Tonfall so nahekam, der das Publikum bezauberte. Aber der größte Triumph des Abends stand ihm noch bevor, denn Heesters hatte die extra für Wien gedichtete Zugabe zu singen, die zwar nicht in die Handlung der Operette paßte, aber als Tribut an die aktuelle politische Situation Österreichs, das von den beiden Diktaturen, Deutschland im Norden und Italien im Süden, eingekreist war, genutzt wurde, um ein politisches Zeichen zu setzen: »Ich kenn' ein Land am Donaustrand, / ein wunderschönes, kleines, / das aus des Schicksals rauher Hand / so hart geprüft wie keines. / Doch es besteht die Prüfung gut / im Dasein wie im Schweren, / und nicht verliert es seinen Mut, es wird sich neu bewähren.«

Angesichts der Ereignisse, die sich nur zwei Monate zuvor ereignet hatten, als Bundeskanzler Dollfuß ermordet worden war, wurde das Lied vom Wiener Publikum mit großer Begeisterung aufgenommen. Heesters erinnerte sich noch Jahrzehnte später an diesen bewegenden Moment: »Nie zuvor habe ich einen kraftvolleren Applaus bekommen, der nicht nur dem Interpreten galt. Die Wiener lieferten damit auch eine Willenskundgebung, die ihre Freiheitsliebe auf beeindruckende Art und Weise demonstrierte. Daß ich das ausführende Organ sein durfte, bleibt mir unvergeßlich.«[30] Sicherlich auch die sechsundzwanzig Vorhänge am Ende der Vorstellung.

Die Presse berichtete begeistert über den Premierenabend, und die Wiener strömten in die Vorstellung, nicht zuletzt weil das Interesse an dem neuen holländischen Tenor, über den plötzlich ganz Wien sprach, groß war: »Ich hatte einen echten Durchbruch, einen besseren Start im Ausland, als ich jemals zu hoffen gewagt hatte.«[31] Heesters berichtet in seinen Memoiren, daß die Zeitungen am nächsten Tag schrieben: »Ein Holländer muß kommen, um den Wienern zu zeigen, wie man Operette spielt.«[32] Aus seinem Gedächtnis gestrichen hatte er jedoch, daß es neben der zweifellos vorhandenen Begeisterung auch leise Kritik an seinen stimmlichen Qualitäten und seiner Interpretation der Rolle gab. Ein Kritiker bemerkte in seiner Premierenbesprechung, daß Heesters den eigentlich schmetternden Refrain seines Auftrittsliedes fälschlich in »schmachtendes Pianissimo« getaucht habe: »Schwamm drüber. Aber ändern!«[33]

Während das Volksopern-Ensemble wochenlang vor ausverkauftem Haus spielte, war die Stimmung hinter den Kulissen weniger gut, wurde sie doch durch eine Eifersuchtsgeschichte belastet. Heesters stand Abend für Abend mit der jungen Operettendiva Betty Werner auf der Bühne, die die Komtesse Laura verkörperte und die Freundin des Volksopern-Direktors Karl Lustig-Prean war – was das ganze Theater wußte, bis auf Heesters. Als dieser merkte, daß Lustig-Prean ihn demonstrativ schnitt, ihm wochenlang aus dem Weg ging und ihm weder zu seinem Erfolg gratulierte, noch ihm zu verstehen gab, ob er mit ihm zufrieden sei oder nicht, und sich auch im vis-à-vis der Volksoper gelegenen Theater-Café nicht blicken ließ, in dem man allabendlich nach der Vorstellung zusammensaß, stellte er den Direktor zur Rede. Erst jetzt erfuhr er von Lustig-Preans Liaison mit seiner Bühnenpartnerin und daß dieser kleine, untersetzte und wenig attraktive Mann rasend eifersüchtig auf den jungen, gutaussehenden Tenor aus Holland war, den er selbst engagiert hatte: »Immer, wenn ich eine Szene mit der Betty hatte, stand er in den Kulissen und paßte auf, ob ich nicht zudringlich wurde oder sie mich gar dazu ermutigte. [...] Sorgen haben die Leute.« Doch Grund für diese Eifersucht gab es nicht: »Die Betty war eine nette Person, aber absolut nicht mein Typ.«[34]

Trotz der Reibereien, die weitergingen, weil Betty Werner auch in den nächsten fünf Operetten seine Partnerin blieb, spielte Heesters wie vereinbart bis zum Ende der Spielzeit 1934/35 an der Wiener Volksoper, denn Direktor Lustig-Prean hatte keinen plausiblen Grund, seinen Tenor vorzeitig zu entlassen. Zudem war Heesters zum Publikumsliebling und Star des Ensembles geworden, der für Kassenerfolge sorgte, die die Volksoper dringend brauchte, denn unter der Direktion Lustig-Preans waren längst nicht alle Inszenierungen so erfolgreich wie *Der Bettelstudent*. Auch Heesters wirkte im Laufe der Spielzeit in einigen durchaus erfolgreichen, aber auch in einer Reihe eher mittelmäßiger Aufführungen mit. Folglich verzeichnet die Chronik der Wiener Volksoper: »Johannes Heesters hatte ein ständiges Wechselbad zwischen Erfolg und Mißerfolg zu bestehen.«[35] Auf der einen Seite gab es sehr erfolgreiche und geglückte Inszenierungen, die bei Publikum wie Kritik gleichermaßen gut ankamen, so etwa neben dem *Bettelstudenten* das Singspiel *Wiener G'schichten*, dann aber auch glücklose Inszenierungen wie Emmerich Kálmáns *Das Hollandweibchen*, *Polenblut* und Edmund Eyslers *Das ist die erste Liebelei*, die bei den Wienern durchfielen.[36]

Da ein Auftritt den nächsten jagte und seinen Ruhm und seine Popularität mehrte, war für ein Familienleben kaum Zeit – ein Zustand, an den sich Wiesje Heesters in den nächsten Jahren gewöhnen mußte. Während sie den Haushalt versorgte und sich um die Erziehung ihrer fast vierjährigen Tochter Wiesje kümmerte, widmete sich ihr Mann seiner Karriere, die unbedingten und unermüdlichen Einsatz erforderte und den Großteil seiner Zeit in Anspruch nahm: »Das hieß tagsüber Proben, abends Vorstellung und nachts Deutsch lernen, denn immer wieder belustigten sich die Kritiker – wenn auch wohlwollend – über meinen Akzent und meine Fehler.«[37] Dennoch blieb an spielfreien Abenden hin und wieder Zeit, Wien zu erkunden. In besonderer Erinnerung behielt Heesters den Winzerort Grinzing, Ausflugsziel und Sommerfrische der Wiener, mit seinen vielen anheimelnden Wein- und Heurigenlokalen, von denen manche bereits seit fünfhundert Jahren existierten. Gemeinsam mit dem Ensemble der Volksoper unternahm Heesters in dieser Spielzeit auch Tourneen, so daß er erstmals auch außerhalb Wiens auftrat, etwa in Salzburg oder im tschechischen Preßburg.

Im Januar 1935 stand Heesters an der Volksoper in Jacques Offenbachs *Orpheus in der Unterwelt* auf der Bühne, jenem Werk, dessen Uraufführung 1858 das Genre Operette überhaupt erst begründet hatte. Natürlich spielte und sang Heesters in dieser einzigen Offenbach-Operette, in der er jemals auftrat, die Titelrolle. Offenbachs Werk, das die antike Legende ins Komisch-Parodistische und Burleske überführt und zu seiner Entstehungszeit als Anklage gegen die französische Regierung und Mahnung an den Kaiser und seinen Hof geschrieben worden war, hatte im Österreich des Jahres 1935 eine neue Aktualität erlangt. Wenn dem Publikum die Schwächen der »Götter« demonstriert wurden, und der Götterchor sein »Schüttelt ab die Tyrannei – das Regime ist unerträglich« sang, dachte jeder unweigerlich an Nazideutschland und die ebenso pathetischen wie hohlen Selbstinszenierungen Hitlers. Karl Kraus besuchte die Premiere und befand: »Eine gutlaunige, spritzige, in Soli- und Ensemblegestaltung flotte Aufführung wurde unter der vortrefflichen Regieleitung Direktor Lustig-Preans geboten [...] Der stürmische Erfolg, den das bis auf den letzten Platz besetzte Haus dem ›Orpheus‹ bereitete, verheißt der Volksoper eine Offenbach-Renaissance«[38] – zu der es jedoch nicht kommen sollte. Im März 1935 endete Heesters' Engagement an der Volksoper, das auch nicht verlängert wurde, da der geschäftlich wenig erfolgreiche Direktor Karl Lustig-Prean das Haus bereits wieder verließ und noch nicht feststand, wer ihm nachfolgen sollte. So blieb Heesters nichts anderes übrig, als sich nach neuen Engagements umzuschauen, was ihm auch problemlos gelang.

Nach dem Abschied von der Volksoper stand Heesters

noch in jeweils einer Inszenierung an zwei anderen Wiener Theatern auf der Bühne. Im April 1935 wirkte er in der Rolle eines durch Tirol ziehenden Filmregisseurs in der Uraufführung der Robert-Stolz-Operette *Servus! Servus!* an der Scala mit, deren Direktor Stolz damals war.[39] Das Werk, eine der Stolz-Operetten, der kein großer Erfolg beschieden war und die weitgehend in Vergessenheit geraten ist, war eine jener modernen Revue-Operetten, die damals beim Publikum immer beliebter wurden. Auch die letzte Inszenierung, in der er im Sommer 1935 in Wien vor seinem Wechsel nach Deutschland mitwirkte, war eine Revue, die, der Mode der Zeit entsprechend, in der exotischen Ferne spielt: Die Hugo-Wiener-Revue *Ein Maharadscha und tausend Frauen*. Aufgeführt wurde sie im Revuetheater Femina. Die Ecke Johannesgasse und Kärtnerstraße gelegene Bühne war in Wien einst als Theater und Kabarett Fledermaus bekannt geworden, das berühmte Wiener Jugendstil-Kabarett, an dem unter der Leitung von Egon Friedell so prominente Künstler wie Gustav Klimt, Oskar Kokoschka, Emil Orlik und Alfred Polgar mitwirkten. Trotz großer Erfolge und internationaler Beachtung war das Kabarett pleite gegangen und die Bühne als elegant ausgestattetes Revuetheater neueröffnet worden, das sich ganz der leichten Muse widmete und vor allem von Adligen und »nouveaux-riches« frequentiert wurde.

Auch wenn Heesters allabendlich – und bis spät in die Nacht – vor ausverkauftem Haus die Hauptrolle in *Ein Maharadscha und tausend Frauen* spielte, änderte dies nichts an seiner alten Abneigung gegen die Revue: »Schon in Holland mochte ich keine Revuen. Und auch dieses Werk von Hugo Wiener stellte keine Ausnahme dar.«[40] Ein Kritiker der »Neuen Freien Presse« schrieb zu der Aufführung süffisant: »Heesters stattet die Rolle mit den Vorzügen eines angenehmen Tenors von baritonaler Färbung aus. Daß sein Deutsch noch stark niederländische Färbung hat, macht nichts: er ist eben ein Maharadscha aus Holländisch-Indien.«[41]

In den knapp zehn Monaten, in denen Heesters in Wien auftrat, war ihm ein durchaus fulminantes Debüt geglückt. Die Zuversicht, mit der er von Holland aufgebrochen war,

war nicht enttäuscht worden. Zwar war der Erfolg Ergebnis harter Arbeit, diese aber war vom Publikum wie von der Kritik belohnt worden. So war es nur eine Frage der Zeit, bis Heesters verlockende Angebote aus Berlin ins Haus standen, und genau darauf, das nahm er sich vor, würde er warten. Und tatsächlich erreichte ihn im Herbst 1935 per Telegramm eine Einladung zum Vorsingen an der Komischen Oper Berlin: »Von Ihren großen Erfolgen in Wien beeindruckt – stop – wann kommen Sie vorsingen?«[42] Ohne Zögern nahm er an. Auch Wiesje Heesters freute sich dieses Mal ungetrübt über die neue Chance. Beide wußten, daß nach dem geglückten Start in Wien nun auch in Berlin alle Türen offenstanden und es galt, die sich bietenden Möglichkeiten zu ergreifen. Mit den Wiener Erfolgen im Rücken spürte Heesters, daß die Zeichen auf Erfolg standen.

Ein singender Schauspieler

Die Tatsache, daß die Wurzeln der Bühnenkarriere Heesters' beim Sprechtheater lagen und er später erst zur Operette gegangen ist, daß er also gleichermaßen spielen und singen konnte und in beiden Bereichen Talent und Bühnenerfahrungen hatte, war in Wien sein entscheidender Vorteil gewesen – und sein wichtigstes Kapital. Während es damals noch eine strikte Trennung zwischen Sprech- und Musiktheater gab und es üblich war, daß Opern- und Operettendarsteller lediglich eine Gesangsausbildung absolvierten und ihre Partien sangen, aber aufgrund der fehlenden schauspielerischen Ausbildung kaum die Möglichkeit hatten, die zu verkörpernden Charaktere auszuformen, vermochte Heesters beides und verkörperte insofern einen völlig neuen Typus des Bühnendarstellers.

Nach zehnjähriger Operettenkarriere hatte er genügend Erfahrung gesammelt, die großen Partien in den klassischen und zeitgenössischen Operetten problemlos stimmlich bewältigen zu können. Da er aber gleichzeitig auch niemals vergaß, was er in seinen Theateranfängen bei Willem Royaards gelernt hatte, verfügte er darüber hinaus auch über das Potential, seinen Gesang auch entsprechend schauspielerisch zu unterstützen. Seine Darstellung wurde dadurch viel lebendiger, plastischer, anschaulicher und überzeugender, als man dies bisher auf der Operettenbühne gewöhnt war. Und das war es, was ihn – zunächst in Wien, kurze Zeit später dann auch in Berlin – an die Spitze katapultierte und ihn anderen Operettensängern weit überlegen machte.

Auch die Kritik vergaß nicht, auf diese Novität hinzuweisen, weder in Wien, wo man ihm neben seiner stimmlichen Qualitäten auch »schauspielerische Begabung«[43] attestierte, noch ein Jahr später in Berlin, wo gleich bei seinem ersten Engagement auf den Brettern der Komischen Oper konstatiert wurde, daß Heesters ein Sänger sei, »der auch beweglich spielen kann«.[44] Das gleiche sagte man übrigens von Fritzi Massary, die bis zu ihrer Emigration 1933 die unumstrittene Operettenkönigin Berlins war und bis heute als eine der wichtigsten Operettensängerinnen des 20. Jahrhunderts gilt. Die Massary verstand sich, wie ihre Biographin Carola Stern belegt, als eine »singende Schauspielerin; Musik und Text, Gesang und Darstellung bedeuteten ihr gleich viel«.[45] Folgerichtig war die Massary von der Kritik und von Kennern des Musiktheaters als Operettengestalt völlig neuer Prägung gefeiert worden, auch wenn es sicherlich Sängerinnen gab, die eine größere Stimme hatten als sie. Beide, Heesters wie Massary, das war ihr großes Kapital, verkörperten etwas bisher noch nicht Dagewesenes, und genau das machte sie unverwechselbar. Für den Tenor aus Holland war die Ausrichtung auf Spiel und Gesang sogar noch wichtiger als für die Massary, weil er im Gegensatz zu ihr nicht nur auf den Operettenbühnen reüssierte, sondern ab 1936 verstärkt gerade auch im damals boomenden Musik- und Operettenfilm mitwirkte, wo er allein mit einer guten Stimme auf Dauer nicht hätte bestehen können, denn hier mußte er auch spielen können.

Neben seiner Doppelbegabung kam Heesters noch etwas anderes, mindestens ebenso Entscheidendes zugute: sein Aussehen. Gerade Tenöre waren von jeher Lieblinge des weiblichen Publikums, wurden umschwärmt und begehrt und wegen ihrer außergewöhnlichen Stimme, den Melodien, die sie sangen, sowie den Rollen, die sie zu verkörpern hatten, zu Projektionsflächen für die romantischen und erotischen Vorstellungen ihrer Verehrerinnen. Ein Musterbeispiel ist hier zweifellos Richard Tauber, der beliebteste Tenor der zwanziger und dreißiger Jahre, der sich besonders mit einer ganzen Reihe von Operetten und Melodien, die Franz Lehár eigens für ihn geschrieben hatte, einen Namen gemacht und Gastspiele in ganz Europa gegeben hatte. Zwischen beiden Tenören gab es neben der Tatsache, daß Tauber kein Schauspieler war, einen weiteren grundsätzlichen Unterschied. Er wurde einzig und allein wegen seiner überwältigenden Stimme zum Liebling der Frauen: »Bei seinem bloßen Auftritt – ein deutlich sichtbares Bäuchlein, ein wenig dicklich im Gesicht, nur mittelgroß – hätte wohl keine Frau weiche Knie gekriegt, er hätte blitzartige Eroberungen nicht einmal auf einer Operettenbühne verkörpern können, ohne lächerlich zu wirken. Ein betörend schöner Mann wie die anderen Helden dieses Genres war er nie, aber wenn sich seine Stimme über die Grenzen dieser optischen Wahrnehmung erhebt, ist er betörend schön. Ein Meister des Belcanto.«[46]

Ähnlich war es bei dem beliebten österreichischen Tenor Joseph Schmidt: Seine Stimme war überwältigend, auf der Bühne wirkte er jedoch nicht überzeugend, da er mit 1,55 Meter auffällig klein war und von seinen Partnerinnen stets überragt wurde. Heesters konnte mit Tauber und Schmidt zwar stimmlich nie konkurrieren,[47] bezauberte das Publikum aber schon allein durch sein ungewöhnlich gutes Aussehen, sein strahlendes Lachen, seinen sprühenden Charme. Ihm lagen die Frauen bereits zu Füßen, noch bevor er den ersten Ton gesungen hatte. Was Wiesje Heesters bei der *Bettelstudent*-Premiere in Wien bei einem hinter ihr sitzenden Ehepaar belauscht hatte, war durchaus charakteristisch: Während der Mann angesichts Heesters' starkem holländischen Dialekt fragte: »Was hat er jetzt g'sagt?«, war seine Frau bereits völlig von Heesters' Äußerem gefangengenommen: »I waß es net, aber er ist guat. Und, wie der ausschaugt!«[48]

Daß Heesters auch in Berlin Erfolg haben würde, war also

vorgezeichnet, bevor er in der deutschen Hauptstadt ankam, wo aus dem holländischen Tenor Johan Heesters endgültig Johannes Heesters wurde. Hier, das wird er gespürt haben, gab es die Chance, ganz nach oben zu kommen: »In Wien, in dieser übersättigten Theaterstadt, war es schwer, sich durchzusetzen. Das aufstrebende Berlin dagegen wartete auf die begabten Jungen, es bot ungleich größere Chancen, berühmt zu werden, und zwar schnell.«[49]

5.

»Eine glänzende Bühnenerscheinung« Publikumsliebling der Berliner

Heesters fuhr im Herbst 1935 zum Vorsingen zunächst allein nach Berlin. Frau und Tochter wollte er später nachholen. Als er am damals verkehrsreichsten Platz Europas stand, war er von der Turbulenz, der Lebendigkeit und der schieren Größe der Stadt regelrecht überwältigt: »Da stand ich nun auf dem Potsdamer Platz mit meinem Koffer in der Hand. Was sich dort vor meinen Augen abspielte, stellte alles in den Schatten, was ich bisher an Großstadtleben gesehen oder mir auch nur vorgestellt hatte.«[50] Der Ausflug nach Berlin sollte sich für ihn lohnen, das Vorsingen war erfolgreich, und mit dem Vertrag für ein Engagement an der Komischen Oper in der Tasche konnte er den Umzug seiner Familie von Wien nach Berlin in die Wege leiten. Wien hatte er im Fluge erobert, nun galt es, in der Spreemetropole Fuß zu fassen.

Berlin hatte sich, nachdem es 1871 zur Hauptstadt des Kaiserreichs ernannt worden war, im Zuge der Gründerzeiteuphorie kontinuierlich zu einer der Theaterstädte Europas, wenn nicht der Welt entwickelt. Kritikerpapst Alfred Kerr bezeichnete Berlin schon 1898 als »die erste und fortgeschrittenste Theaterstadt der Welt«.[51] In der Zeit nach dem Ersten Weltkrieg und der Ausrufung der Republik sollte sich zeigen, daß alle Höhenflüge des Theaters in der Kaiserzeit nur ein Vorgeschmack sein sollten auf die wohl fruchtbarste und kreativste Theaterperiode, die die Stadt jemals erlebte. Nach dem Wegfall der restriktiven Kulturpolitik der Kaiserzeit, die vieles Neue gelähmt oder verhindert hatte, sollte der Reichtum des Berliner Theaterlebens nochmals gesteigert werden, ja die Theaterszene geradezu explodieren. Das Theater war nun aus der Stadt nicht mehr wegzudenken: »Die Bühne schien tatsächlich der Mittelpunkt der Welt zu sein.«[52]

Berlin war in den zwanziger Jahren das aufregende, quirlige

Zentrum Europas, das Sinnbild der modernen Stadt schlechthin, und lief damit sogar Paris, der europäischen Metropole des 19. Jahrhunderts, den Rang ab. Nach New York und London war das sich immer mehr ins Umland ausdehnende Berlin nun einwohnermäßig die drittgrößte Stadt der Welt und zeichnete sich – nicht zuletzt aufgrund der vielen Immigranten aus den unterschiedlichsten Ländern – durch seine Weltoffenheit aus. Besonders was das kulturelle Leben anging, wirkte Berlin mit seiner Atmosphäre einer pulsierenden Metropole wie ein Magnet: Kunst und Literatur, Oper und Theater, Ballett und Ausdruckstanz, Revue und Kabarett, auf allen Gebieten ereignete sich Spannendes, den unterschiedlichen Ausdrucksmöglichkeiten waren keine Grenzen gesetzt, wie sich die Schauspielerin Camilla Horn erinnerte: »Berlin war international, und viele Ausländer sagten, es sei die einzige Stadt, in der man wirklich leben könne, in der man ungeschoren tun konnte, was man wollte. Kein Hahn krähte danach, wenn einer sich auf der Straße auf den Kopf stellte. Die Berliner hatten auf besondere Art für alles und alle Verständnis.«[53]

Zahlreiche kreative Köpfe bereicherten das Theaterleben der Stadt. Große Regisseure wie der von allen geliebte Max Reinhardt, aber auch umstrittene Theatermacher wie Erwin Piscator und Leopold Jessner. Die wichtigsten Dramatiker arbeiteten in Berlin, etwa Bertolt Brecht oder Ernst Toller, und außerdem die wichtigsten Schauspieler Deutschlands: Albert Bassermann und Werner Krauß, Albert Steinrück und Heinrich George, Elisabeth Bergner und Tilla Durieux konnte man allabendlich auf den Bühnen Berlins bewundern. Dazu kamen innovative Bühnenbildner und Komponisten, Kostümbildner und Dramaturgen. Nicht zuletzt auch die großen Kritiker der Zeit, Alfred Kerr und Herbert Ihering, Julius Bab und Alfred Polgar, waren es, die dem Theater eine vorher ungekannte Bedeutung verliehen. Auch wenn die sogenannten »goldenen Zwanziger« mit der Weltwirtschaftskrise, der Inflation, den steigenden Arbeitslosenzahlen und den politischen Unruhen so golden nicht waren, für das Theater in Berlin stellten sie zweifellos eine Blütezeit dar: »Das Zeichen, das aus Berlin kam, war maßgebend. Wenn sich etwas Neues durchsetzen wollte, suchte man zuerst die Entscheidung in Berlin.«[54]

In dieser Situation blühte natürlich auch die Operette auf, mittels der man aus dem zunehmend trister und unerfreulicher werdenden Wirtschaftskrisenalltag fliehen konnte. Auch hier wagte man Experimente, brach man die traditionellen, mittlerweile etwas angestaubten Strukturen auf. Man fragte sich, wie lange etwas so Altmodisch-Weltfernes wie die Operette, die wirtschaftlich, gesellschaftlich und musikalisch am Ende zu sein schien, noch Anklang und Gefallen beim Publikum finden würde. Die Berliner Bühnen zeigten, daß sie dies mit der entsprechenden Erneuerung durchaus vermochte. Viele Komponisten und Librettisten wechselten in dieser Zeit von Wien in die deutsche Hauptstadt. Spätestens nach dem Ende des Ersten Weltkriegs hatte Berlin mit Wien gleichgezogen: »Berlin war als Theaterstadt lebendiger als Wien und auf dem Gebiet der Operette inzwischen ebenbürtig.«[55]

In Berlin waren, wie in vielen Städten Europas, in den zehner und zwanziger Jahren die aufwendigen Ausstattungsrevuen immer beliebter geworden, so daß man auf die Idee verfiel, die Operette mit den Mitteln der Revue aufzufrischen und die sogenannten »Revue-Operetten« zu schaffen, die zum Dernier cri wurden. Wenn auch galt: »Zeitgeist war Revue, und Revue war Berlin, und Vergangenheit war Operette, und Operette war Wien«[56] – so blieb Berlin durch die geschickte Kombination von Revue und Operette auch auf diesem Gebiet tonangebend. Die erfolgreichen älteren Operetten wurden zu diesem Zweck mit großangelegten Tanznummern, neu hinzugedichteten Schlagern und einer opulenten, von den Ausmaßen her an die Revuen erinnernden Ausstattung zu großen Spektakeln aufpoliert. Das »Wienerische« wurde durch das »Berlinerische« ersetzt, das Sentimentalische und Süßliche durch »die echt berlinische Unverfrorenheit und Respektlosigkeit, vermischt mit dem kessen Witz und der Schlagfertigkeit der ›Berliner Schnauze‹«.[57]

Diese neue Ausrichtung der Operette inspirierte eine Reihe jüngerer Komponisten zu Werken, die dem veränderten Geschmack des Publikums entsprachen. Besondere Bedeutung erlangten hier etwa Robert Stolz und Ralph Benatzky, Eduard Künneke, Walter Kollo und Paul Lincke, die mit ihren Schlager- und Ausstattungsoperetten den Nerv der Zeit trafen. Zunächst existierten die Wiener und die Berliner Operette in der deutschen Reichshauptstadt noch gleichberechtigt nebeneinander und konkurrierten um die Gunst des Publikums: »Die Operette, die wienerische, blühte in mehreren Häusern – neben der einheimischen eines Walter Kollo und Paul Lincke, die das berlinerische Wesenselement unverkennbar behauptete und auf ihre Art immer noch so etwas wie Volkstheater war.«[58] Doch die klassischen Wiener Operetten und die konventionellen Aufführungen traten zugunsten der Revue- und der Schlageroperetten immer mehr in den Hintergrund, bis sie ganz verschwanden und durch die neuen Operetten und musikalischen Lustspiele Berliner Prägung ersetzt wurden. Kaum noch jemand hielt an dem alten Aberglauben fest, »daß Operetten, die nicht in Wien vom Start gehen, auf ihrem Weg gehandikapt sind«.[59]

Heesters war, als er Ende 1935 nach Berlin kam, also am richtigen Ort. Hatte er in Holland und auch als Bettelstudent in Wien vor allem in den klassischen Operetten große Erfolge gefeiert, zu dem, wofür sein Name bis heute steht, wurde er erst in Berlin. Man setzte ihn nun zunehmend in den zeitgemäß aufbereiteten Revue-Operetten ein, die sein Image als ewiger Bonvivant und galanter Salonheld festigten. Nun wurde er, vom historischen Kostüm befreit und in den Frack gesteckt, als Mann von Welt und als Frauenschwarm wahrgenommen, eine Entwicklung, die er parallel auch im Film durchmachen sollte, wo ihn die Ufa zunächst in Kostümstreifen besetzte, bis er dann in den vierziger Jahren ausschließlich Gegenwartscharaktere verkörperte, die jedoch in den champagnerseligen Streifen immer etwas zeitentrückt wirkten. Gerade das machte ihn populär, auf der Bühne wie im Film: Er war der gutgekleidete, charmante Mann mit den perfekten Umgangsformen, der stets fröhlich und gutgelaunt wirkte und schöne Frauen mit romantischen Melodien verzauberte.

In Berlin vollzog sich der für seine Karriere entscheidende Imagewechsel, hier fand er zu seinen Paraderollen, die ihn unvergeßlich machten. Ein wichtiger Impuls für ihn, von Wien nach Berlin zu wechseln, das Angebot aus der Reichshauptstadt anzunehmen, wird nicht zuletzt eine ganz profane Überlegung gewesen sein: »Man konnte in Wien viel lernen, aber nur wenig verdienen. [...] Vor dem ›Anschluß‹ übte das ›Gagengefälle‹ zwischen Deutschland und Österreich vor allem im Musiktheater einen starken Sog aus, weil auf diesem Gebiet die Ausbildung teurer ist und die brauchbaren Talente schon deswegen seltener sind als im Schauspiel. Nicht nur Berlin und München, auch Hamburg, Frankfurt und Stuttgart hatten ausländischen Opernhäusern, sogar Wien, Sänger wegschnappen können.«[60] Heesters war 1935 einer von ihnen. Doch das Land, in das er nun kam, hatte sich radikal verändert, nichts war mehr wie früher, schon gar nicht im Bereich der Musik und des Theaters, der Operette und des Films. In diesem durch den kulturellen und geistigen Kahlschlag des Nationalsozialismus bestimmten Land begann Heesters seinen neuen Karriereabschnitt – und schrieb Operettengeschichte.

Die gleichgeschaltete Operette

Ziel der braunen Herrscher war es, das gesamte kulturelle Leben zu vereinheitlichen und so schnell wie möglich von allen Einflüssen zu befreien, die als »undeutsch«, »artfremd«, »ausländisch«, »bolschewistisch« oder »dekadent« definiert wurden. Bereits vor der »Machtergreifung« hatten die Nazis gegen die »Unkultur der Systemzeit« gewettert, »liberalistische Irrwege« und »Verfallserscheinungen« diagnostiziert, die nun, da man die Macht in Deutschland erlangt hatte, eliminiert werden sollten, ebenso wie man kritische Künstler aus ihren Positionen vertreiben wollte. Wie ernsthaft die Absicht der »nationalen Erneuerung« und Indoktrination verfolgt werden würde, demonstrierte Hitler, als er wenige Wochen nach seinem Machtantritt das Reichsministerium für Volksaufklärung und Propaganda unter Leitung von Joseph Goebbels ins Leben rief, das fortan das komplette öffentliche Leben und alle Bereiche der Kultur lenken und im Sinne des Nationalsozialismus »gleichschalten« sollte, ein Vereinnahmungsversuch, den die Nazis als kulturelle und weltanschauliche Mission ansahen und dessen Bedeutung nicht unterschätzt werden darf: »Das Monopol zur Gestaltung der öffentlichen Meinung und die Hoheit über die Kultur waren Pfeiler nationalsozialistischer Macht.«[61] Fortan galt es, alle Bereiche der Kunst und Kultur dem ästhetischen Diktat der Partei und des Staates unterzuordnen – die Kunst sollte nun vor allem dem »Bewußtsein nationaler Verantwortung« dienen. Die im Mai 1933 von Goebbels initiierte Bücherverbrennung, bei der Werke von Thomas und Heinrich Mann, Remarque und Tucholsky, Erich Kästner, Sigmund Freud und vieler anderer verfemter Autoren ins Feuer geworfen wurden, machte anschaulich, mit welch barbarischen Methoden man vorzugehen bereit war.

Die ebenfalls von Goebbels geleitete Reichskulturkammer mit ihrer Unterabteilung, der Reichstheaterkammer, war für die »Gleichschaltung« des Theaterbereiches zuständig. Insbesondere mit dem klassenkämpferischen, proletarischen Theater, mit als »undeutsch« gebrandmarkten Inszenierungen und dem »jüdischen Einfluß« auf das deutsche Theaterleben sollte Schluß gemacht werden. In ganz Deutschland wurden in den ersten beiden Jahren der NS-Diktatur fast fünfzig mißliebige Intendanten ersetzt und unzählige jüdische Künstler entlassen. Was von der ebenfalls »gleichgeschalteten« Presse als »reinigendes Gewitter« gefeiert wurde, war in Wirklichkeit eine unvorstellbare Verarmung des deutschen und insbesondere des Berliner Theaterlebens. Brecht und Reinhardt, Jessner und Piscator verließen die Stadt, unzählige Schauspieler, Bühnenbildner, Dramaturgen und Kritiker folgten ihnen, fast alle, die für die Blüte des Theaters in der Weimarer Republik verantwortlich gewesen waren und die das Theaterleben Berlins und Deutschlands geprägt hatten.

Auch der Musikbetrieb wurde »gleichgeschaltet«. Der Musik, von Hitler als »Königsdisziplin der Künste« bezeichnet, widmete man sogar ganz besondere Aufmerksamkeit, da sich durch die Förderung bekannter deutscher Komponisten oder durch Auslandstourneen renommierter deutscher Orchester auch internationale Meriten verdienen ließen. Die Musikpolitik des Dritten Reichs blieb demnach weitgehend diffus und zielte vor allem darauf, jüdische Musiker und Komponisten auszuschalten, die moderne Musik des 20. Jahrhunderts, die man als »undeutsches Gestammel« oder »modernen Unfug« diffamierte, als Verfallserscheinungen zu brandmarken und ansonsten die »deutsche Musik« zu fördern, ganz besonders die von Hitlers Lieblingskomponisten Richard Wagner. Natürlich kam es 1933 auch im Musikbereich zu einer großen Zahl von Entlassungen und Umbesetzungen. Vor allem führende Persönlichkeiten wie Generalmusikdirektoren, Philharmoniechefs, aber auch Kritiker und Musikwissenschaftler wurden gegen linientreue Funktionäre ausgetauscht.

Ebenso wie im Film- oder Theaterbereich mußte jeder, der in irgendeiner Form als Musiker im Dritten Reich auftreten wollte, der Reichskulturkammer – in diesem Fall der Abteilung Reichsmusikkammer – beitreten und hierfür seine »arische Abstammung« nachweisen. Auf diese Weise sollte nach den Vorstellungen der Nazis das deutsche Musikwesen »arisiert« werden, denn eine Arbeitserlaubnis bekam fortan nur noch, wer seine Mitgliedschaft nachweisen konnte. Von wenigen prominenten Ausnahmen abgesehen, wurde allen jüdischen Musikern, Sängern und Dirigenten, die an deutschen Bühnen oder in deutschen Orchestern beschäftigt waren, noch 1933 gekündigt, damit man sie durch »deutschstämmige« Musiker ersetzen konnte. In Wirklichkeit handelte es sich um eine gnadenlose Jagd auf Juden und auf »Judenknechte«, als die jene Musiker diffamiert wurden, die sich angeblich von »jüdischen Einflüssen« hatten infizieren lassen. Viele Menschen wurden denunziert, teils von überzeugten Nazis, die an den Sinn der »Reinigungsaktion« glaubten, teils aber auch von skrupellosen Karrieristen, die nun ihre Chance gekommen sahen, sich unliebsame Konkurrenten aus dem Weg zu schaffen.

Da in Deutschland hervorragende Orchester existierten

und die frei werdenden Stellen meist problemlos neu besetzt werden konnten, konnte für den Musikbetrieb des Dritten Reichs ein Qualitätsstandard gesichert werden, der in vielen anderen kulturellen Bereichen durch die Emigrationswelle so nicht aufrechtzuerhalten war. »So sehr in Deutschland als Ergebnis nationalsozialistischer Kulturpolitik auf den meisten Gebieten der Kunst und der Literatur Provinz wurde, das Musikleben blieb auf beachtlichem Niveau.«[62] Während in der Ausstellung »Entartete Musik«, die im Mai 1938 im Rahmen der Reichsmusiktage in Düsseldorf gezeigt wurde, gegen »fremdländischen« Jazz und die »Verniggerung« der Musik sowie gegen die atonale Musik, etwa die als »irrsinnig« und »kulturbolschewistisch« diffamierte Zwölftonmusik Arnold Schönbergs, gehetzt wurde, ließen sich eine ganze Reihe prominenter und international renommierter Vertreter des deutschen Musiklebens auf eine Zusammenarbeit mit den braunen Machthabern ein, so etwa Richard Strauss, Carl Orff oder NSDAP-Mitglied Herbert von Karajan.[63]

Das, was die Nazis als »Erneuerung der deutschen Musikkultur«[64] und als »Ausmerzung des Judentums als deutsche Kulturträger und -verbreiter«[65] feierten, traf kein anderes Theater- und Musikgenre so stark wie Heesters' ureigenstes Metier, die Operette. Nirgends sonst gab es, nachdem die braunen Horden am 30. Januar 1933 zu schmissiger Marschmusik durchs Brandenburger Tor gezogen waren, so tiefe Einschnitte, so viele Künstler, die außer Landes gehen mußten oder mit Berufsverbot belegt wurden, weil sie keinen »arischen Ahnenpaß« besaßen, so viele Werke, die von den NS-Kulturfunktionären als »unerwünscht«, »entartet« und »schädlich« etikettiert wurden und denen eine »sittliche Verflachung« oder eine »Neigung zur Schamlosigkeit«[66] unterstellt wurde, für die im »neuen Deutschland« kein Platz mehr sei. Gerade die Operettenkultur der Weimarer Republik war für die Nazis ein Beispiel für die »jüdische Überfremdung« und den »Verfall« der Kultur. In der Zeitschrift »Musik-Woche« wurde 1940 auf die Zeit vor 1933 zurückgeblickt: »Der entscheidende Einfluß bei allem, worauf es hier ankam, lag bei den Juden. Jüdisch waren sehr viele Unterhaltungsmusiker, waren sehr viele Kapellmeister, waren fast alle Vermittler von Kapellen, fast alle Unternehmer von Unterhaltungsmusikveranstaltungen und vor allem die weitaus meisten Komponisten der Musikstücke, die da gespielt wurden.«[67] Unermüdlich wurde darauf hingewiesen, »daß zuletzt das gesamte Operettenschaffen jüdisch verfilzt war«.[68]

Was es hieß, im faschistischen Deutschland aufzutreten, mußte Heesters schon bald merken, nicht zuletzt in der Einschränkung seines bisherigen Repertoires. Mit einem Mal waren diejenigen Komponisten, die vormals weltweit als Meister der leichten Muse gefeiert worden waren, und in deren Operetten er bislang gern aufgetreten war, verfemt: Leo Fall und Oscar Straus, Emmerich Kálmán, Jean Gilbert und Edmund Eysler, Victor und Friedrich Hollaender, Bruno Granichstaedten und Paul Abraham, Irving Berlin und George Gershwin. Ihre Werke wurden mit Aufführungsverbot belegt, sie selbst als wenig begabte »Operettenfabrikanten«[69] diffamiert, denen es immer nur um die guten Verdienstmöglichkeiten des Genres gegangen sei. Eine »Großaktion zur Erfassung sämtlicher deutscher Operetten« der Vergangenheit wurde eingeläutet und auf »Führerbefehl« eine »Reichsstelle für Musikbearbeitungen« ins Leben gerufen, die zu entscheiden hatte, welche der Operetten noch tragbar seien und welche verboten werden müßten. Sie war auch dafür zuständig, »jüdische Libretti« auf »arisch« umzutrimmen, denn neben den Werken jüdischer Komponisten galten ab 1933 natürlich auch solche als verpönt, an denen jüdische Librettisten mitgewirkt hatten. Pech für die Nazis war, daß fast alle Operettenlibretti vor 1933 von Menschen jüdischer Abstammung verfaßt worden waren, so daß man oft auf die Praxis verfiel, die Namen der Librettisten in den Programmheften und den Kritiken schlicht wegzulassen und die Operetten, wenn sie – wie etwa im Fall von Franz Lehár – von »arischen« Komponisten geschaffen worden waren, weiter aufzuführen, da man sonst nicht mehr viel im Sinne der Machthaber Spielbares gehabt hätte: »Nicht selten erschienen daher in ausländischen Zeitungen höhnische Artikel, daß auch in NS-Deutschland die Operette ohne Juden nicht bestehen könne.«[70] Dennoch entschied man, an der Operette als Genre des Musiktheaters festzuhalten: »Denn je weniger das Land zu lächeln ist, um so wichtiger werden die Lieder, in denen man sich in eine schöne heile Welt hineinsingen lassen kann. Die Welt der Illusionen, die unerreichbar ferne Welt der Schönheit und der Liebe, wenigstens träumen sollten die Volksgenossen davon, wenigstens singen.«[71]

Bis zum Untergang der Hitler-Diktatur stand Heesters nur noch in den Werken von Komponisten auf der Bühne, die den Nazis genehm waren, in den Operetten von Johann Strauß und Franz Lehár oder den musikalischen Lustspielen von Robert Stolz und Ralph Benatzky. Denn viel anderes hatten die Operettenbühnen Deutschlands nach der vollmundig verkündeten »Gesundung des Operettenwesens« und der angestrebten Erneuerung der Operette aus dem »Geist der Gegenwart« auch nicht zu bieten. Nachdem nahezu alle, die vorher das Operettenleben Deutschlands geprägt hatten, vertrieben oder mit Arbeitsverbot belegt worden waren, fehlte es an kreativen Köpfen, die die von den Nazis geforderte neue, »arteigene Operette« hätten schaffen können. Da die Spielpläne der Operettenbühne bis auf wenige noch spielbare Werke zusammengestrichen worden waren, erwies es sich als schwierig, ja als unmöglich, aus der Operette eine »Pflegestätte reiner deutscher Kunst« zu machen. »Fast keinem der neu auftauchenden Werke kommt mehr als ephemere Bedeutung zu, man konnte nur von vorübergehender Popularität sprechen.«[72] Die ungeheure Verarmung des Genres versuchte man wenig überzeugend zu kaschieren: »Aber der Ausfall an guten Operetten konnte so leicht nicht wettgemacht werden: Man ging daher daran, die alten Bestände der Operettenklassik zu sichten. Man bearbeitete vergessene Straußoperetten, wobei sie meist schlimmer wurden, als sie waren. Man ließ unbekannte Außenseiter versuchsweise zu Worte kommen; man machte verwegene Regie-Experimente, indem man Werke, die es gar nicht notwendig hatten, revuemäßig aufplusterte. Und so täuschte man den Bestand einer auskömmlichen Operettenliteratur vor.«[73]

Da man alle Hände voll zu tun hatte, überhaupt spielbare Operetten aufzutreiben, blieb die »arisierte« Operette unterm Hakenkreuz eines der Genres, die am wenigsten politisiert wurden, wenn es vereinzelt auch Vorstöße in diese Richtung gab. So wurde 1935 etwa Paul Linckes Operette *Frau Luna* (1899), die um die Jahrhundertwende die eigenständige Berliner Phase der Operettengeschichte eingeläutet hatte und völlig zeitabgehoben und unpolitisch war,[74] »zeitgemäß« aufbereitet: Die drei Mondreisenden blicken aus dem All zurück auf Deutschland und staunen über seine Größe; einer von ihnen prophezeit: »Bis wir zurückkommen, ist es noch viel größer.«

Während Heesters Triumphe auf den Operettenbühnen des Reichs feierte, erlitten viele, die vorher dieses Genre in Deutschland geprägt und bereichert hatten, ein hartes Schicksal. Für die prominenten Komponisten war es relativ einfach, ins Exil zu gehen, viele von ihnen wurden im Ausland mit offenen Armen empfangen. Emmerich Kálmán, der es 1938 noch gerade rechtzeitig geschafft hatte, von Wien aus zu emigrieren, hatte das Angebot, als »Ehren-Arier« in Deutschland zu bleiben,[75] ausgeschlagen und war mit seiner Frau Vera in die Vereinigten Staaten gegangen, während viele Mitglieder seiner Familie dem Rassenhaß der Nazis zum Opfer fielen. Auch Oscar Straus, in dessen Welterfolg *Ein Walzertraum* Heesters einst in Amsterdam und Antwerpen reüssiert hatte, konnte Österreich 1938 noch verlassen und sich vor den Nazis in Sicherheit bringen. In Amerika wurde er als einer der letzten großen Vertreter der Wiener Operette gefeiert und konnte erfolgreich weiterarbeiten, sein Sohn Leo, der in Österreich geblieben war, wurde 1944 in Theresienstadt ermordet. Auch die Stars der Operettenbühne, die die Alarmzeichen der Zeit rechtzeitig erkannten, konnten meist emigrieren und im Ausland weiterarbeiten, so etwa die Tenöre Richard Tauber und Jan Kiepura oder die Operettenköniginnen Marta Eggerth und Fritzi Massary.

Anderen erging es weniger gut. Paul Abraham war unmittelbar nach der »Machtergreifung« emigriert, zunächst nach Österreich, wo er jedoch nicht sonderlich erfolgreich war, später in einer langen Odyssee über Ungarn, London,

Paris und Kuba nach Amerika, wo der in Deutschland einst gefeierte Komponist seinen Lebensunterhalt als Barpianist verdienen mußte und schließlich geisteskrank wurde. Viele weitere Komponisten konnten noch aus Deutschland und Österreich fliehen und sich mehr oder weniger durchschlagen, während ihre Werke in ihrer Heimat verboten wurden: Jean Gilbert und Hugo Hirsch, Friedrich und Victor Hollaender, Rudolf Nelson und Bruno Granichstaedten, 1939, kurz nach Kriegsausbruch, kehrte auch Robert Stolz, der bereits 1936 von Berlin nach Wien gewechselt war, dem »Großdeutschen Reich« den Rücken, weil er mit den Nazis, die seine Freunde verfolgten, nichts zu tun haben wollte. Edmund Eysler war einer der wenigen, der sich geweigert hatte, seine Heimat Österreich zu verlassen. Er überlebte, versteckt in einem Wiener Keller, den Krieg und die Nazis.

Wenige Komponisten der ersten Garde fielen den Nazis in die Hände, jedoch gab es solche Fälle auch: Leon Jessel etwa, der Komponist der beliebten Operette *Das Schwarzwaldmädel* (1917), die noch 1937 im Nürnberger Opernhaus aufgeführt worden war, wurde von der Gestapo so schwer mißhandelt, das er 1941 im Jüdischen Krankenhaus in Berlin starb. Der Komponist Richard Fall, Bruder des berühmten, bereits 1925 verstorbenen Leo Fall, kam in Auschwitz um. Auch Adalbert Rényi wurde 1944 verschleppt und an einem unbekannten Ort ermordet.

Schwerer als viele der berühmten Komponisten hatten es die unzähligen Librettisten, die nun als »jüdische Schreiberlinge« diffamiert und mit Arbeitsverbot belegt wurden, da ihnen die Hauptschuld am »Verfall« der Operette zugeschrieben wurde. Da sie außerhalb ihrer Heimat wenig bekannt waren und ihre Arbeit zudem auch viel stärker an die Sprache gebunden war, erwies sich für sie die Flucht oftmals als viel schwieriger, manchmal auch unmöglich. Die Zahl derer, die Opfer der Nazis wurden, ist so groß, daß hier nur einige wenige Beispiele angeführt werden können: Fritz Löhner-Beda, der neben einigen der unvergeßlichsten Schlager auch die Libretti zu vielen Werken Lehárs verfaßt hatte, wurde 1942 in Auschwitz-Birkenau vergast, Fritz Grünbaum, der etwa das

Libretto zu *Die Blume von Hawaii* geschrieben hatte, starb 1941 im KZ Dachau. Bela Jenbach, der die Libretti zu den Lehár-Werken *Der Zarewitsch, Die Csárdásfürstin* und *Paganini* verfaßt hatte, verhungerte im Januar 1943 in seinem Wiener Versteck. Auch Victor Léon, der Librettist der *Lustigen Witwe*, starb 1940 in einem Versteck in Wien – Franz Lehár ließ sich zur gleichen Zeit anläßlich seines siebzigsten Geburtstags von Hitler und den Nazis feiern, ohne sich auch nur einmal für das Schicksal seiner Librettisten interessiert oder gar eingesetzt zu haben.[76]

Selbst vor Publikumslieblingen wie Fritzi Massary und Gitti Alpar, Richard Tauber, Jan Kiepura und Joseph Schmidt machten die Nazis nicht halt. Tauber etwa, bis 1933 der mit Abstand beliebteste Lehár-Interpret, verließ Deutschland schon kurze Zeit nach dem Machtantritt der Nazis. Im Frühjahr 1933 war er noch im Berliner Admiralspalast aufgetreten, wurde aber zunehmend als »Operettenjude«[77] diffamiert und ging über Österreich nach Italien wo er Konzerte an der Mailänder Scala gab. Doch die Nazis verschleppten Taubers Vater und ermordeten ihn im KZ Buchenwald.[78]

Der stimmgewaltige Jan Kiepura, der Deutschland 1938 verließ, konnte ebenso wie Tauber im Ausland für Furore sorgen und seine große Karriere in Amerika fortsetzen. Weniger Glück hatte Joseph Schmidt, der beliebteste Tenor Österreichs, der auch in Deutschland ein Star war und zahlreiche Übersee-Tourneen absolviert hatte. 1933 war sein letzter deutscher Film *Ein Lied geht um die Welt* in die Kinos gekommen, zu dessen Premiere am 6. Mai 1933 zum Erstaunen aller – denn nicht nur der Hauptdarsteller, auch der Drehbuchautor und der Regisseur waren Juden – Joseph Goebbels gekommen war. Kurze Zeit später jedoch setzten Hetzkampagnen der NS-Presse gegen Schmidt ein, der millionenfach bewunderte Joseph Schmidt floh aus Deutschland und starb, im November 1942, im Alter von nur achtunddreißig Jahren in einem Internierungslager für Exilanten in der Schweiz an Herzversagen, nachdem er erfahren hatte, daß seine beiden Schwestern im KZ Theresienstadt ermordet worden waren.

Die Fans der Tenöre vermißten ihre Stars und die Publikumslieblinge, und Kassenmagneten fehlten an allen Ecken und Enden – nur auf Schallplatten konnte man bis Anfang 1938 ihre Stimmen noch hören, bis auch dafür ein Verbot erlassen wurde. Den Nazis blieb nichts anderes übrig, als schnellstmöglich nach einem »Ersatz«, nach einem unverbrauchten, »unvorbelasteten« Talent zu suchen.

Heesters, der aufstrebende, gutaussehende Tenor aus Holland, kam für die Nazis genau zur rechten Zeit, seine Ausgangsposition war glänzend. Schon weil es sonst kaum würdige Nachfolger für die vertriebenen Tenöre gab, die man zu Stars hätte aufbauen können, standen seine Chancen, eine große Karriere zu machen, äußerst gut. Das Propagandaministerium entschied sich, ihn zum neuen Operettenstar Deutschlands zu machen. Doch diese Entscheidung allein erklärt noch nicht den Erfolg, den Heesters dann tatsächlich haben sollte, denn diesen erlangte er nur, weil das Publikum ihn annahm, ihn schätzte und ins Herz schloß.

Auch wenn man Johannes Heesters nicht vorwerfen kann, daß er diese Situation bewußt gesucht oder aus Kalkül gehandelt habe, daß er, aus dem freidenkenden Holland kommend, die durch die Nazis betriebene Verarmung der Operette in Deutschland etwa guthieß, indirekt profitierte er dennoch von den Gegebenheiten in Nazideutschland. Drei Männer, Tauber, Kiepura und Joseph Schmidt, die seine größten Konkurrenten gewesen wären und die Heesters' Chancen, ganz nach oben zu kommen, zweifellos erheblich geschmälert hätten, waren vertrieben worden. Erst dadurch war der Thron des Operettenkönigs in Deutschland frei geworden. Aufgrund seiner künstlerischen Leistungen und seiner doppelten Qualifikation als Schauspieler und Sänger, die er zu diesem Zeitpunkt längst unter Beweis gestellt hatte, wären Heesters' Erfolgschancen in Deutschland zweifellos auch unter normalen Bedingungen groß gewesen. Daß er binnen kürzester Zeit zum einzigen und zugleich beliebtesten Operettenstar Deutschlands aufstieg, kam jedoch sicherlich letztlich nur dadurch zustande, daß im Dritten Reich weit und breit kein Konkurrent auszumachen war, der ihm seinen Ruhm hätte streitig machen können.

Während Heesters von Lehár wie von Hitler als »bester Danilo aller Zeiten« gefeiert wurde, erlitt ein anderer Danilo ein schweres Schicksal: Louis Treumann, der gefeierte erste Darsteller des Grafen Danilo in der Wiener Uraufführung von Lehárs *Die lustige Witwe* war 1942 schwerkrank in Wien inhaftiert und, nachdem man ihn aufgrund einer Intervention Theo Lingens für nur wenige Stunden wieder freigelassen hatte, ins KZ Theresienstadt deportiert worden, wo er 1943 ermordet wurde.

»Der Typus des amerikanischen Tonfilmcharmeurs«

Das von dem enormen Angebot verwöhnte Publikum der Reichshauptstadt galt traditionsgemäß als schwierig, unbestechlich und schwer zu erobern, selbst mit guten Einfällen, brillanten Inszenierungen und herausragenden schauspielerischen Leistungen. Bereits im 19. Jahrhundert löste es bei so manchem Schauspieler die schlimmsten Angstvisionen aus. Kein Geringerer als Theodor Fontane hat auf amüsante Weise das eigentliche Theatervergnügen des Hauptstadtpublikums charakterisiert: »Oh, dies Berliner Publikum! Seh'n Sie, in der ganzen Welt geht der Mensch ins Theater, um seine Freude daran zu haben. Nur der Berliner geht ins Theater, um diese Freude nicht zu haben, und diese Nichtfreude ist seine einzige Freude. Auf diese Freude wartet er. Und deshalb setzt er sich ins Parkett nicht als ein dankbarer Zuschauer, sondern wie ein Sonntagsschütze, der sich in eine Sandkuhle legt, um einen armen Hasen abzumorden. Der Hase aber, auf den er wartet, das ist der Fehler, oder auch bloß der anscheinende Fehler, den der arme Schauspieler da oben machen soll. Weh ihm, wenn er ihn nicht macht, dann ist er vollends verloren. Aber, Gott sei Dank, der Fall tritt nicht ein, jetzt steckt der Hase den Kopf 'raus, der Fehler ist da, und nun knallt er los. Das ist das, was der Berliner sein Theatervergnügen nennt.«[79]

Doch als Heesters in Berlin debütierte, hatte sich auch in dieser Hinsicht vieles verändert. Nachdem die spitzzüngigen

Kritiker der Weimarer Republik, allen voran Alfred Kerr, ins Exil gegangen waren und die einstige geistige Elite zum Großteil nicht mehr im Publikum saß, hatte sich auch der Hang des Berliner Publikums zur Krittelei gleichsam über Nacht verflüchtigt. Das Publikum hatte die ihm nachgesagte Keßheit und kritische Strenge weitgehend eingebüßt: »Alles Eigentümliche, das ihm nachzusagen war, schien wie ausgelöscht.«[80] Doch wäre Heesters, der zu diesem Zeitpunkt bereits auf eine fast fünfzehnjährige Bühnenkarriere zurückblicken konnte und generell nicht dazu neigte, sich auf Erfolgen auszuruhen, wohl auch vor einem überkritischen, bissigen Publikum nicht zurückgeschreckt. So jedoch gestaltete sich der Start in Berlin für ihn leichter. Auch wenn er ebensowenig wie in Wien auf Vorschußlorbeeren der Kritik setzen konnte, gelang es dem Holländer innerhalb kürzester Zeit, das Berliner Publikum zu erobern.

Einen Tag vor Weihnachten, am 23. Dezember 1935, stand der zweiunddreißigjährige Heesters zum ersten Mal vor deutschem Publikum auf der Bühne – in der Komischen Oper Berlin. Diese, unmittelbar an der Weidendammer Brücke, in der Friedrichstraße, im traditionellen Vergnügungsviertel Berlins gelegen, war 1905 mit Jacques Offenbachs Alterswerk *Hoffmanns Erzählungen* (1881) als erste private, ständig spielende Oper Berlins eröffnet worden, während zuvor in der Reichshauptstadt – neben der konventionell geführten königlichen Hofoper – fast ausschließlich sogenannte Sommer-Opern-Ensembles auf privater Basis in angemieteten Theatern gespielt hatten. Das zunächst als gewagt geltende Experiment, das den alten verkrusteten Opernpomp und die geltenden Konventionen einfach beiseite schob, funktionierte, und so wurde die Etablierung der Komischen Oper als erstes nach rein künstlerischen Gesichtspunkten geleitetes Opernhaus »bahnbrechend für die Reform des gesamten Bühnenwesens«.[81] Das später im Krieg zerstörte, wie eine gewaltige Trutzburg wirkende Haus war als Drei-Rang-Theater im Jugendstil erbaut worden und bot 1230 Zuschauern Platz, nicht aber die optimalen Verhältnisse für gelungene Aufführungen: »Schlechte Akustik, zu wenig Platz für die Musiker und vor allem unzureichende Sichtverhältnisse für die Zuschauer der oberen seitlichen Ränge waren die Konsequenz eines Baues auf zu kleiner Grundfläche.«[82] Zunächst waren in der Komischen Oper mehr Opernwerke aufgeführt worden, jedoch ließen die enorm hohen künstlerischen Ansprüche des Hauses und die hohen Gagenverpflichtungen für erstklassige Darsteller die Kosten bald explodieren, so daß man Anfang der zwanziger Jahre aus wirtschaftlichen Gründen stärker auf Revuen und Operetten setzte, die mehr Zuschauer anlockten, denn das Publikum der nahe gelegenen Flaniermeile Friedrichstraße zog leichtere Formen der Unterhaltung vor. Viele der Operetten von Walter Kollo erlebten hier ihre Uraufführung.

Als Heesters 1935 an der Komischen Oper seinen ersten Vertrag mit einer deutschen Bühne unterzeichnete, war deren Stern jedoch bereits wieder gesunken. Dennoch stellte das Engagement eine reale Chance dar, in Berlin zumindest den Fuß in die Tür zu bekommen: »Ich unterschrieb den Vertrag, obwohl ich wußte, daß das Haus seine Glanzzeit schon hinter sich hatte.«[83]

Für sein Deutschland-Debüt hatte die Direktion des Theaters die Uraufführung der nicht sonderlich anspruchsvollen, gefälligen Wintersport-Operette *Die Weltmeisterin* des heute weitgehend in Vergessenheit geratenen Joseph Snaga gewählt, in der Heesters die Rolle des jungen Barons verkörperte, der sich nach einer Reihe von Mißverständnissen und Verwechslungen in das Herz der von Edith d'Amara gespielten Eislauf-Weltmeisterin singt. Sie, die von allen Männern umschwärmt wird, steht zwischen Liebe und Karriere und entscheidet sich am Ende des Stücks für beides.

War er in Wien noch als »Jan Heesters« aufgetreten, so wurde er nun auf den Programmzetteln als »Hans Heesters« angekündigt. Den Namen, unter dem er in Deutschland berühmt werden sollte, mußte er sich erst noch verdienen – ebenso wie glänzende Rezensionen. Nicht nur, daß sein Name in den ersten Berliner Kritiken noch in allen möglichen Varianten vorkam – von »Johann Heesters« und »Hans Heesters« über »Hanns Heesters« oder gar »Hans Hestens« –, auch gab es durchaus noch Kritik an der stimmlichen Qualität des Neuankömmlings. Alle Kritiker, die den Premierenabend in der Komischen Oper verfolgten, stimmten darin überein, daß Heesters alle Qualitäten und Vorzüge eines befähigten Operettentenors besitze, seine Stimme bei weiterer Perfektionierung jedoch noch an Glanz und Fülle gewinnen könne: »Als sentimentaler Liebhaber mit Tenorstimme stellt sich der sympathische Hans Hestens den Berlinern vor. Seinen großen Schlager *Eine Frau, so wie du* muß er dreimal zugeben. Er tut es mit stimmlicher Kultur (bis auf die etwas zu nasale Vokalfärbung) und gelegentlichem Kokettieren mit falsettierter Höhe.«[84]

Dennoch wurde die Inszenierung mit »überreichem Aufwand an Kußszenen« und dem »Ballett fesch gekleideter Skihaserl«[85] insgesamt als geglückt angesehen. Daß hier eine moderne, im Sportmilieu angesiedelte Operette ohne den verstaubten Kitsch früherer Werke dieses Genres auskam, nahm man wohlwollend zur Kenntnis. Trotz der kritischen Untertöne der Rezensenten fiel der gutaussehende, junge Heesters dem Berliner Publikum auf, das ihn schnell ins Herz schloß, so daß er rückblickend feststellte: »Ich konnte also mit meinem Berliner Bühnendebüt ganz zufrieden sein.«[86]

Die Zeichen standen auf Erfolg, und es gingen weitere Engagementangebote bei Heesters ein. Im November und Dezember 1936 spielte Heesters zum ersten und einzigen Mal im renommierten Schiller-Theater Berlin. Auf dem Programm stand jene Operette, die er zwei Jahre zuvor in einer nur mäßig erfolgreichen Aufführung bereits einmal an der Wiener Volksoper gesungen hatte: Oskar Nedbals *Polenblut*, in der Heesters wiederum den leichtlebigen, stark verschuldeten Grafen Boleslaw Baranski spielte, dessen Lebensmotto in der süffisanten Liedzeile: *Solang's noch schöne Frauen* gibt zum Ausdruck kommt. Die schmissige Operette durfte mit Erlaubnis der Reichstheaterkammer noch aufgeführt werden, obwohl der Librettist Leo Stein Jude war – man verschwieg seinen Namen einfach. Die in Warschau und Galizien spielende Operette Nedbals wurde drei Jahre später, nach dem Polenfeldzug und der Auslöschung des nun zum »Generalgouvernement« erklärten Landes, als polnische Sujets im Film wie auf der Bühne verpönt waren, von den Spielplänen der deutschen Theater genommen. Die »Reichsstelle für Musikbearbeitungen« sorgte dafür, daß das Werk »entpolnisiert« und seine Handlung nach Böhmen verlegt wurde: Aus Nedbals Operette *Polenblut* wurde 1941 *Die Erntebraut*, und auch die ursprüngliche Handlung des *Bettelstudenten*, die mit der Befreiung Polens von der sächsischen Okkupation endet, wurde in dieser Zeit von Krakau nach Breslau verlegt, während die *Bettelstudent*-Verfilmung mit Heesters und Marika Rökk verboten wurde. Selbst die berühmteste Lehár-Operette *Die lustige Witwe* blieb von derartigen Bearbeitungen nicht verschont, nach der Besetzung Frankreichs im Juni 1940 wurde für die Inszenierung im Berliner Admiralspalast das Libretto von Peter Schwenn bearbeitet und die Handlung aus Paris nach Berlin verlegt, Danilo darf in seinem berühmten Auftrittslied *Heut geh' ich ins Maxim* auch nicht mehr mit »Lolo, Jou-Jou, Clo-Clo und Frou-Frou« intim sein, sondern die Damen erhielten nun die in Deutschland weit geläufigeren Namen Annett, Babett, Lisett und Dorett.

Im Dezember 1937, zwei Jahre nach seinem Wechsel von Wien nach Berlin, führte ihn der Weg zurück in die Donaumetropole, der Heesters zeitlebens auf ganz besondere Weise verbunden blieb. Er liebte das Wiener Publikum und nahm das Angebot, wieder dort aufzutreten, nur allzugern an. In der österreichischen Kapitale, wo Heesters sich gemeinsam mit seiner Frau in der noblen Pension Opernring einmietete,[87] war man auf Heesters, der in Berlin in der Zwischenzeit so populär geworden war, neugierig, wollte man doch wissen, wie er sich weiterentwickelt hatte.

Erneut stand Heesters in einem Werk von Robert Stolz auf der Bühne, wiederum an der Wiener Scala. Dieses Mal stand, pünktlich zu Weihnachten, die Uraufführung der Operette *Der süßeste Schwindel der Welt* (1937) auf dem Programm, in der Heesters Charlie Parker spielte, Sohn eines Chicagoer Autokönigs, der nicht, wie sein Vater es will, eine reiche Komtesse heiratet, sondern sich in eine mittellose Malerin verliebt, die er mit dem Lied *Mein Herz liegt dir zu Füßen* betört und, nach Auflösung der genretypischen Verwechslungen, auch ehelichen darf. Heesters' debütierende Bühnenpartnerin war jene Hertha Feiler, die kurze Zeit später bei Dreharbeiten Heinz Rühmann kennenlernen und 1939 dessen Frau werden sollte.

Die Rezensionen waren im Vergleich zu denen von Stolz' letzter Operette durchweg positiv, und Heesters' Darstellung wurde uneingeschränkt gelobt. Ein Kritiker der »Neuen Freien Presse« schrieb am 22. Dezember 1937 zur Premiere: »Ein sehr animierter und intensiver Stimmungs- und Unterhaltungserfolg, zu dem der junge Holländer Johannes Heesters nicht wenig beiträgt. Nach einigen Versuchen an Wiener Operetten und Tonfilmen hat er sich sprachlich und darstellerisch vollkommen entwickelt und präsentiert sich jetzt als der neue und wirklich junge Mann, den das Genre schon seit einiger Zeit dringend benötigt: halb liebenswürdiger Tenor, halb humoristischer Naturbursche, ist er in Erscheinung und Wesen der Typus des amerikanischen Tonfilmcharmeurs, und in dieser Richtung dürfte auch seine Karriere liegen.« Da auch außerhalb Wiens Interesse an der neuen Operette bestand, schloß man im Februar 1938 noch eine Tournee mit *Der süßeste Schwindel der Welt* an, die das Ensemble nach Graz, Linz und Salzburg und auch ins benachbarte Prag führte.

Der Erfolg der Robert-Stolz-Operette darf nicht darüber hinwegtäuschen, daß der Niedergang der ruhmreichen Wiener Operettentradition bereits weit fortgeschritten war: »Die Aussperrung vom deutschen Markt von 1933 bis zum ›Anschluß‹ tat ein übriges. Immer mehr Operettentheater gaben auf.«[88] Das Apollo-Theater, das Carl-Theater und das Johann-Strauß-Theater wurden in den dreißiger Jahren geschlossen, und auch das Theater an der Wien, an dem noch zwei Jahre zuvor Zarah Leander mit *Axel an der Himmelstür* einen großen Erfolg erzielt hatte, gab 1938 auf, so daß für aufwendigere Operettenproduktionen nur noch die Wiener Volksoper zur Verfügung stand. Und so blieb auch Heesters' Engagement an der Wiener Scala im Winter 1937/38 für lange Zeit sein letzter Auftritt in Wien. In der Zeit, in der aus Österreich die dem Deutschen Reich einverleibte »Ostmark«

wurde, gastierte Heesters kein einziges Mal in Wien. Erst 1946 sollte er wieder vor Wiener Publikum auftreten und hier den Grundstein für seine Nachkriegskarriere legen.

Nur wenige Wochen nachdem Heesters die Donaumetropole wieder verlassen hatte, hörte Österreich auf zu existieren. Hitler hatte der österreichischen Regierung im März 1938 ein befristetes Ultimatum gestellt, um einen von Deutschland bestimmten Regierungschef durchzusetzen, da andernfalls die deutsche Wehrmacht in Österreich einmarschiere und das Land besetze. Daraufhin erklärte der österreichische Bundeskanzler Kurt von Schuschnigg am 11. März seinen Rücktritt. Noch in der gleichen Nacht marschierten die Truppen der deutschen Wehrmacht ein und wurden von begeisterten Österreichern mit »Sieg Heil!«-Sprechchören empfangen. Noch bevor Hitler am 14. März in Wien einzog und einen Tag später vom Balkon der Hofburg aus »den Eintritt meiner Heimat in das Deutsche Reich« erklärte, führten die Nazi-Horden im ganzen Land die ersten Verhaftungen von als »Staatsfeinde« etikettierten Politikern, Industriellen, Künstlern und aus Deutschland geflohenen Juden durch. Über 120000 Menschen gelang noch die Flucht, viele jedoch fielen den Nazis in die Hände. Ihr Schicksal war besiegelt: Göring verkündete, daß Wien innerhalb von vier Jahren »judenfrei« sein werde – der berüchtigte Adolf Eichmann wurde mit dieser Aufgabe betraut. Die »Gleichschaltung« des kulturellen und öffentlichen Lebens in der »Ostmark« verlief mit rasanter Geschwindigkeit, was insbesondere das reiche Wiener Theaterleben betraf. Adolf Hitler schwärmte: »Wien ist eine Perle, ich werde ihr die Fassung geben, die ihrer würdig ist.«[89] Nur wenige Jahre später sollten in dem von ihm entfesselten Krieg Bomben auf Wien fallen.

6.

Der Ufa-Star
Operettenfilme und Musikkomödien

Das Kino war bereits zu Stummfilmzeiten nicht ohne Musik vorstellbar, denn seit den Anfängen des Mediums wurden die meisten Filmvorführungen musikalisch begleitet. Während in den Kleinstadtkinos meist einzelne Pianisten hierfür zuständig waren, manchmal gab es auch lediglich Grammophone, sorgten in den prachtvollen Kinopalästen der Großstädte vielköpfige Orchester für die musikalische Untermalung. Bei weniger bedeutenden Produktionen wurde improvisiert, bei den großen Prestigefilmen, wie etwa *Faust* (1926) oder *Metropolis* (1927), wurden in den zwanziger Jahren nach amerikanischem Vorbild eigens Originalpartituren in Auftrag gegeben, die das Geschehen auf der Leinwand in eine musikalische Symphonie umsetzten und so das optische Erlebnis fest mit einem akustischen verbanden.

Mit dem Tonfilmzeitalter, das in Deutschland 1929 begann und das Medium grundlegend veränderte, gewann die Musik eine noch größere Bedeutung für den Film. Innerhalb weniger Monate ging die Produktion von Stummfilmen fast vollständig zurück, denn das Publikum empfand sie, fasziniert durch die technische Neuerung des Tonfilms, mit einem Mal als vollkommen überholt. Von da an gab es kein Zurück mehr. Hatten zuvor kulturpessimistische Filmtheoretiker und skeptische Kritiker, aber auch viele Filmkünstler und besonders die Kinomusiker gegen die »tönenden Filme« und ihre »nervenzerrüttende Wirkung« gewettert und ihnen angesichts des hohen künstlerischen Standards sowie der Internationalität des Stummfilms keine Chance eingeräumt, so entschied das Publikum anders und verhalf dem Tonfilm zum Siegeszug. Sowohl die Kinos als auch die Studios, die zuvor kein sonderlich großes Interesse am Tonfilm gezeigt hatten, mußten nun hohe Summen investieren, um ihre Produktionsstätten und

Filmtheater in Rekordzeit mit den teuren Tonapparaturen aufzurüsten. Der Wandel vollzog sich rasant: 1929 wurden noch 175 Stummfilme und nur acht Tonfilme gedreht, 1930 standen 45 Stummfilmen bereits 101 Tonfilme gegenüber, 1931 wurden nur noch zwei Stummfilme produziert, ab 1932 gar keine mehr.[90] Der Stummfilm gehörte endgültig der Vergangenheit an.

Schon die Titel dieser ersten deutschen »Sprechfilme« verweisen darauf, daß die Musik im frühen Tonfilm eine herausragende Bedeutung hatte, denn nun »wurden Filme mit Gesangseinlagen, Operettenfilme und Musicals in der amerikanischen Tradition zunehmend populär«.[91] Instinktiv vermieden die Studios den Fehler, den »sprechenden Film« als einen Theaterersatz zu betrachten und dem Wort den Vorrang zu geben, nicht zuletzt deshalb, weil die ersten Tonfilmmikrophone technisch noch nicht so ausgereift waren, daß sie die Stimmen der Schauspieler in den Dialogszenen auf optimale Weise hätten einfangen können. So setzten die ersten deutschen Tonfilme nicht auf ausgeklügelte Dialoge, sondern vor allem auf Musik. Der Marlene-Dietrich-Klassiker *Der blaue Engel* (1930) etwa ist ohne Friedrich Hollaenders Songs nicht denkbar, die weltweit zu Evergreens wurden, allen voran *Ich bin von Kopf bis Fuß auf Liebe eingestellt*, auch in der englischen Version *Falling in Love again* ein internationaler Erfolg.

Film und Musik bildeten in dieser Zeit eine Symbiose. Viele der Tonfilmstars – vor allen Hans Albers oder Marlene Dietrich – kamen aus dem Bereich der Revue oder des Kabaretts, unzählige Vertreter der musikalischen Avantgarde begannen für den Film zu arbeiten, in den damit auch Jazz und Foxtrott Eingang fanden. Neben den modernen Musikrichtungen hatten aber von Beginn an gerade auch Operettenverfilmungen Erfolg beim Publikum und wurden deshalb in großer Zahl produziert. Und das erstaunlicherweise nicht erst seit Anbruch des Tonfilmzeitalters, sondern sogar schon davor: »Paradoxerweise gab es bereits im Stummfilm, zumal im deutschen, trotz aller aufführungspraktischen Schwierigkeiten Operettenverfilmungen, spezielle Filmoperetten und sogar

Filmoper-Versuche.«[92] Mit der Durchsetzung des Tonfilms erfuhr das Genre einen neuerlichen Aufschwung. Ein Operettenfilm nach dem anderen wurde gedreht, immer mehr Operettenkomponisten, allen voran Robert Stolz und Ralph Benatzky, begannen eigens für den Film zu komponieren, so daß sich die Revue-Operette der Zeit und die frühen Musikfilme gegenseitig beeinflußten. Viele dieser schnell heruntergedrehten Operettenverfilmungen, etwa *Das Rheinlandmädel* (1930), *Walzerparadies* (1931), *In Wien hab ich einmal ein Mädel geküßt* (1931) oder *Solang noch ein Walzer von Strauß erklingt* (1931), waren durchschnittlich und einfallslos, dennoch kamen sie bei den Zuschauern gut an. Gerade die Stars der Operettenbühne, die vormals nur wenige bei ihren Auftritten hatten erleben können, wollte man nun auf der Leinwand sehen. Richard Tauber gründete gar seine eigene Produktionsfirma und drehte mit *Das Land des Lächelns* (1930) und *Das lockende Ziel* (1930) Filme, die ganz auf sein musikalisches Talent zugeschnitten waren. In der Frühzeit des Tonfilms kam es jedoch, da die Aufnahme- und Wiedergabetechnik noch nicht gänzlich ausgereift war, immer wieder zu unbefriedigenden Ergebnissen, was dazu führte, daß böse Zungen etwa den Tauber-Film *Das Land des Lächelns* aufgrund der mangelhaften Tonqualität in »Das Land des Röchelns« umtauften.

Erst als sich die Ufa des Operettenfilms annahm und Bewegung in das erstarrte Genre brachte, entstand eine Reihe von Filmen, die man heute noch kennt, die handwerklich und dramaturgisch einen hohen Qualitätsstandard erreichten und meist eine gelungene Mischung zwischen Operette und musikalischer Revue darstellten, ohne jedoch die spezifischen Anforderungen des Films aus dem Auge zu verlieren. 1930 etwa kam der temporeiche und beschwingte Streifen *Liebeswalzer* (1930) in die Kinos, der an der Kasse noch weit mehr Erfolg hatte als zur gleichen Zeit die anspruchsvolle Literaturverfilmung *Der blaue Engel*. In den Hauptrollen konnte man Lilian Harvey und Willy Fritsch bewundern, die mit dieser Produktion endgültig zum neuen Traumpaar des deutschen Films und der Tonfilmoperette aufstiegen. Gemeinsam intonierten sie einen weiteren Schlager: *Du bist das süßeste Mädel der Welt.*

Die Ufa bewies mit diesem Film, daß sie mit ihren Tonfilmproduktionen auf der Höhe der Zeit war, und lieferte auch in der Folgezeit handwerklich perfekte Unterhaltung, die in erster Linie auf eingängige Melodien setzte. Nach diesem Prinzip funktionierte auch die gelungene Operettenparodie *Die Drei von der Tankstelle* (1930), in der Harvey und Fritsch der junge Heinz Rühmann an die Seite gestellt wurde. Mit einer Mischung aus Tanznummern, Show- und Stimmungsszenen konnten die Zuschauer für zwei Stunden dem immer grauer werdenden Alltag, den Auswirkungen der Weltwirtschaftskrise, den politischen Unruhen, den Sorgen und Nöten der Zeit entfliehen. Schon in dieser Zeit, nicht erst als die Nazis auch den Unterhaltungsfilm zum Teil ihrer Propagandamaschinerie machten, trat der Zusammenhang zwischen Politik und Unterhaltung deutlich zutage, suchte man im Kino wie auch im Theater und in den Revuepalästen ganz bewußt nach Zerstreuung, um sich von der tristen und unerfreulichen Realität abzulenken – »es schien, als treibe die Republik in einem Reigen musikseliger und tolldreister Ausgelassenheit auf den Abgrund zu«.[93]

Das krisengeschüttelte Publikum liebte diese Filme: *Die Drei von der Tankstelle* mit Werner Richard Heymanns Ohrwürmern *Liebling, mein Herz läßt dich grüßen* und vor allem *Ein Freund, ein guter Freund* wurde der kommerziell erfolgreichste Film der Saison 1930/31. Und auch in der Kinosaison 1931/32 avancierte ein opulenter Musikfilm zum beliebtesten Streifen: *Der Kongreß tanzt* von Erik Charell. Nach Hitlers »Machtergreifung« wurde im Musikfilm so weitergemacht wie bisher, 1933 setzte gar eine regelrechte Operettenflut ein.[94] Obwohl Propagandaminister Goebbels den »ewigen Singsang in Unterhaltungsfilmen« verabscheute und »verfilmten Operetten« gar Verbote androhte,[95] florierte das Genre des Musikfilms, und viele Studios setzten auf eine Flucht in Musik und gute Laune: 1934 sang man in dem Film *Fräulein Liselott* programmatisch: *Laßt uns die Sorgen mit Musik vertreiben …*

Gerade die musikalischen Filmkomödien und Operettenverfilmungen, die im Dritten Reich entstanden, sind ein Beleg dafür, daß das Jahr 1933, was die Inhalte, aber auch die ästhetische Gestaltung der Filme anbelangt, durchaus keine grundlegende Zäsur darstellte, sondern das populäre Unterhaltungskino vor und nach 1933 weitaus mehr Kontinuitäten als Unterschiede aufweist. Zumindest eine grundlegende Unterscheidung jedoch läßt sich treffen, wenn man die Musikfilme der Zeit vor und nach dem Machtantritt der Nazis miteinander vergleicht: Die Beschwingtheit und Leichtigkeit, die unbeschwerte Fröhlichkeit und Frechheit, die Filmkomödien wie *Die Drei von der Tankstelle* oder *Der Kongreß tanzt* ausgemacht haben, hat keiner der unter der Kuratel von Propagandaminister Goebbels entstandenen Revue- und Musikfilme mit ihrem kostümierten Gleichschritt je erreicht. Dies hing einerseits damit zusammen, daß die strenge Zensur und die biederen Moralvorstellungen der Nazis das Genre lähmten, lag aber andererseits auch daran, daß viele der Kreativen, die zuvor den deutschen Musikfilm geprägt hatten, nun nicht mehr arbeiten durften und vertrieben worden waren. So war etwa ein bereits geplanter Revuefilm, den Erik Charell für die Ufa produzieren sollte, in vorauseilendem Gehorsam abgesagt worden, denn Charell war jüdischer Abstammung.

Heesters schickte sich an, einer der Stars des deutschen Musikfilms zu werden. Auch wenn es ausnahmsweise einmal keine direkten Operettenverfilmungen oder Musikkomödien waren, in denen er eingesetzt wurde, fand man immer wieder Gelegenheiten, Heesters singen zu lassen. Zwar hatte er in dem holländischen Streifen *Bleeke Bet* bereits auf der Leinwand gesungen; die Feinheiten, wie man eine Gesangspartie im Film optimal gestaltet, erlernte er jedoch erst jetzt, so etwa die Kunst, die Stimme zurückzunehmen, da man vor der Kamera mit ihrer alles potenzierenden Wirkung nicht mit der gleichen Intensität singen konnte, wie er dies von der Bühne her gewöhnt war. Schon Jan Kiepura, der selbst in einer Reihe von Filmen mitgewirkt hatte, war zu der Erkenntnis gekommen: »Im Tonfilm muß der Sänger vergessen, daß er Sänger ist.«[96] Das Gleiche galt jedoch auch für die Sprache allgemein, die Nähe der Kamera verlangte, die Stimme zurückzunehmen und sich an das Gebot der Beiläufigkeit des Gesprochenen zu halten. Folglich waren es schon in den Anfängen des Tonfilms nicht so sehr die Theaterstars mit ihrem korrekten Bühnendeutsch, die im Kino für Furore sorgten, sondern Schauspieler wie Marlene Dietrich mit ihrem schnoddrigen Berliner Dialekt, der weinerlich-nölende Heinz Rühmann oder der über ganze Wörter und Sätze hinwegnuschelnde Hans Albers, die als Stars der Stunde galten und deren Stimmen zu wichtigen Markenzeichen ihres Images wurden.

Ähnlich war es bei Heesters, der trotz intensiven Sprechtrainings und seiner Erfahrungen auf den Wiener und Berliner Bühnen immer noch einen deutlich hörbaren Akzent hatte. In den ersten Streifen des Tonfilmzeitalters war es sogar so gewesen, daß die deutsche Sprache aufgrund der noch nicht perfekten Aufnahmeapparaturen seltsam hart wirkte, während der breitere österreichische, süddeutsche und ungarische oder auch der weichere holländische Dialekt diese Härten etwas mildern konnte. Insofern war Heesters, als er 1936 bei der Ufa begann, durchaus am richtigen Ort. Er wurde der erste Schauspieler, der den holländischen Akzent auf der deutschen Leinwand beliebt machte – auch wenn er sich nach wie vor alle Mühe gab, ihn sich abzutrainieren: »Ich hasse ihn, ich will ihn loswerden!«[97]

Auch wenn Heesters seine Filmkarriere bis zu diesem Zeitpunkt nicht zielstrebig betrieben und sie lediglich als eine Gelegenheit betrachtet hatte, zusätzlich Geld zu verdienen, ein begeisterter Kinogänger war Heesters schon immer, bereits in Holland hatte er eine Reihe deutscher Filme gesehen. In seinen Memoiren nennt er neben Operettenverfilmungen etwa Fritz Langs *Metropolis* (1927), aber auch Kriminalstreifen wie *Der Hund von Baskerville* (1929) oder den Kinderfilm *Emil und die Detektive* (1931).[98] Trotz seines also durchaus vorhandenen Interesses am Medium Film stand er dem Angebot, bei der Ufa Probeaufnahmen zu machen, zunächst eher ablehnend gegenüber »Ich hatte keine Lust. Eine Woche darauf kam wieder ein Anruf der Ufa. Ich sträubte mich noch immer.«[99]

Die Ufa jedoch insistierte, und die schließlich doch noch absolvierten Probeaufnahmen in den Ateliers in Neubabelsberg, bei denen Heesters in einer improvisierten Szene, so gut es ging, versuchte, sein mangelhaftes Deutsch zu verbergen, kamen gut an. Ernst Hugo Correll, der oberste Produktionschef der Ufa, der auch schon Hans Albers, Lilian Harvey und Marika Rökk ins Boot geholt hatte und wenige Monate später Zarah Leander anheuern sollte, goutierte die Aufnahmen und bot Heesters an, ihn fest zu engagieren – wie beim größten deutschen Filmkonzern üblich für ein festes monatliches Gehalt, in diesem Fall von 2000 Reichsmark, und einer Leistungsprämie von 5000 Reichsmark für jeden Film.[100] Eine Stargage war dies noch nicht, vielmehr ein ganz normales Anfangsgehalt für einen Schauspieler, bei dem man noch nicht wußte, wie er beim Publikum ankommen würde.

Da Heesters zunächst unschlüssig war, ob er das verlockende Angebot, für das so mancher Schauspielneuling in Deutschland alles gegeben hätte, annehmen solle oder nicht, bat er sich Bedenkzeit aus. In ebendieser Zeit lernte er Bob Ritchie kennen, einen aus Holland stammenden Manager des amerikanischen Metro-Goldwyn-Mayer-Konzerns, der als Entdecker einer ganzen Reihe von Stars bekannt war. Ritchie hielt sich, was damals durchaus üblich war, als »Headhunter« in Europa auf, um nach neuen Talenten Ausschau zu halten, sah Heesters an der Komischen Oper in Berlin und war begeistert von seinem Landsmann: »Er bot mir allen Ernstes einen MGM-Vertrag für Hollywood an. Für drei Jahre. Ich brauchte nur zu unterschreiben.«[101]

Auch wenn Heesters den Film bislang immer nur als Nebenbeschäftigung betrachtet hatte, mußte er sich nun, da sich zwei der weltweit wichtigsten Studios um ihn rissen, zwangsläufig mit den Angeboten beschäftigen, sie gegeneinander abwägen und zu einer Entscheidung finden. Natürlich stellte die Möglichkeit, in Hollywood Karriere zu machen, eine große Verlockung dar, sowohl finanziell als auch, was den internationalen Ruhm anging. Die Aussicht, in das enge und vom Studio rigoros kontrollierte Korsett eines Hollywood-Stars gepreßt zu werden, schien dem bodenständigen Holländer dann aber etwas suspekt – zu diesem Zeitpunkt ahnte er wohl noch nicht, daß auch die Ufa die mühsam aufgebauten Images ihrer Stars sorgfältig überwachte. Außerdem war er sich angesichts seiner geringen Begabung für Fremdsprachen durchaus bewußt, wie schwer es werden würde, in Amerika Fuß zu fassen, wo er doch schon mit dem Deutschen so große Probleme gehabt hatte. Zudem wird er das Risiko gesehen haben, daß ihm, wenn er einmal den Ufa-Vertrag ausschlug, sicherlich keine vergleichbare zweite Chance in Deutschland offeriert worden wäre, und er nach einem ja durchaus denkbaren Fiasko in Amerika nach Holland hätte zurückkehren müssen – und eine Fortsetzung seiner holländischen Karriere war für ihn zu diesem Zeitpunkt kaum vorstellbar. Obwohl er mit seinem Aussehen, seiner Professionalität und seinen Begabungen als Schauspieler und Sänger zweifellos das Potential gehabt hätte, in Hollywood Karriere zu machen, entschied er sich deshalb gegen das Angebot aus Amerika, wählte den sichereren Weg und unterzeichnete den Vertrag bei der Ufa – »diesen Entschluß habe ich nie bereut«.[102] Wieder war also alles ganz schnell gegangen: Nur drei Monate nach seinem Wechsel von Wien nach Berlin stand Heesters schon für seinen ersten Ufa-Film in Babelsberg vor den Kameras.

Johannes Heesters war nicht der einzige ausländische Star bei der Ufa. Auch wenn die gleichgeschaltete Filmpresse bereits im Juni 1933 vollmundig verkündet hatte: »Jeder, der in Zukunft am Kulturgut Film mitarbeiten will, muß deutscher Staatsbürger und deutschstämmig sein«[103] – die Realität sah anders aus. Ganz im Gegenteil suchte das NS-Kino gezielt nach ausländischen Schauspielern, die man vereinnahmen konnte. Im Kino des Dritten Reichs wimmelte es von importierten Stars, was nicht zuletzt damit zusammenhing, daß 1933 durch den Exodus der führenden Stars der Weimarer Republik Lücken gerissen worden waren, die nicht selten nur mit ausländischen Schauspielern gefüllt werden konnten: »Goebbels war, was bei seiner Vorliebe für das amerikanische Kino nicht überrascht, nachgerade begierig, ausländische Spitzenkräfte für seine Konzerne zu gewinnen.«[104] Da führende

Hollywood-Stars wie Marlene Dietrich oder Greta Garbo, die der Propagandaminister beide nach Deutschland verpflichten wollte, den Nazis einen Korb gaben, mußte auf das europäische Ausland zurückgegriffen werden. Viele der ins Land geholten Schauspieler, die oftmals in ihren Heimatländern bereits Stars waren, kannte in Deutschland niemand, so daß sie, vom Propagandaministerium gelenkt, erst einmal systematisch aufgebaut werden mußten – wobei noch lange nicht jeder der lancierten Schauspieler auch vom Publikum akzeptiert wurde. Erwünscht waren natürlich ausschließlich Schauspieler aus solchen Ländern, die Nazideutschland freundschaftlich gesinnt waren oder sich doch zumindest neutral verhielten, und deren Äußeres zudem möglichst dem propagierten Idealbild der »arischen Rasse« entsprach, Künstler »artverwandten Blutes«[105] also, wie man es in der NS-Terminologie bezeichnete.

Aus Schweden kamen Zarah Leander und Kristina Söderbaum, aus Norwegen Kirsten Heiberg, aus Ungarn Marika Rökk, Paul Hörbiger, Maria von Tasnady und Käthe von Nagy, aus Italien der Startenor Benjamino Gigli, aus der Tschechoslowakei Anny Ondra und jene Lida Baarova, die als Goebbels' Geliebte Berühmtheit erlangte, und aus Chile die als »chilenische Nachtigall« gefeierte Rosita Serrano. Neben Heesters wirkten in den dreißiger Jahren zwei weitere niederländische Schauspieler in deutschen Filmen mit: Ery Bos wurde von 1932 bis 1934 in zwölf deutschen Unterhaltungsfilmen eingesetzt, etwa in *Der Meisterdetektiv* (1933) sowie in *Jede Frau hat ein Geheimnis* (1934), und auch der Holländer Frits van Dongen wirkte in den Jahren 1938 und 1939 in vier Filmen mit, bevor er nach Hollywood ging, wo er unter dem Namen Philip Dorn drehte. Beide erreichten jedoch nicht annähernd die Popularität ihres Landsmannes Heesters, denn nicht alle, die man holte, konnten die Gunst des deutschen Publikums gewinnen. Die spanische Diva Imperio Argentina etwa, die auf persönlichen Wunsch ihres Fans Adolf Hitler in einem deutschen Film eingesetzt wurde, erwies sich als völlig unbegabt und wurde vom Publikum nicht ernst genommen, so daß ihr erster deutscher Film auch ihr letzter blieb.[106]

Während das Kino der zwanziger Jahre von exotischen Fremden bevölkert gewesen war, und fremdländisch aussehende Schauspielerinnen wie Anny Ondra und Pola Negri, Lya de Putti, Olga Tschechowa und Ossi Oswalda für Furore gesorgt hatten, mußten sich die ausländischen Stars der dreißiger Jahre den biederen Vorstellungen der Nazis anpassen. Zwar sollten sie als Ausländer dem durch den Weggang der Emigranten stark angeschlagenen deutschen Film internationales Flair verleihen, jedoch nur in den von den Nazis gesteckten Grenzen. Ein Star, der auf den Leinwänden Deutschlands präsent sein wollte, hatte zukünftig vor allem eins zu sein: deutsch. Nur den wenigsten wurde es gestattet, sich auf der Bühne oder der Leinwand ein exotisches Image zuzulegen, die Tänzerin und Schauspielerin La Jana mit ihren freizügigen Kostümen war ein solches Beispiel. Zwar feierte man sie in der NS-Presse als »braune Schönheit mit rassigem Wuchs und wildem Rhythmus«, jedoch vergaß man in Homestories oder Interviews, für die sie sich bevorzugt im adretten Hauskleid ablichten ließ, nie, darauf hinzuweisen, daß La Jana, die Darstellerin mit dem exotischen Namen, in Wirklichkeit die geborene Wienerin Henriette Hiebel und zudem eine zutiefst bodenständige Frau sei. Denn bodenständig mußte es im gesamten Filmbetrieb des Dritten Reichs zugehen, jegliche Erinnerung an die luxuriöse Dekadenz und anzügliche Offenherzigkeit der deutschen Filmwelt in den zwanziger Jahren war nun unerwünscht.

Genau diese Bodenständigkeit bediente letztlich auch Heesters – zwar keineswegs durch sein Image, denn der Gentleman im Frack, der einer Frau nach der anderen auf der Leinwand Avancen machte, war alles andere als ein bodenständiger Charakter. Aber der Privatmann Heesters, der, völlig frei von Starallüren, ein guter Kollege und ernsthafter Profi war und sich seinem Publikum gegenüber stets freundlich verhielt, niemals jedoch herablassend reagierte, und der auch nicht zu Skandalen neigte, war ein Star ganz nach dem Geschmack der Nazis. Nicht weil Heesters sich den Vorstellungen der Nazis angepaßt hätte, sondern weil Bescheidenheit und Bodenständigkeit bereits seit seinen Kindertagen zu seinen zentralen

Wesenszügen gehörten, paßte Johannes Heesters ideal in die Star-Riege des Dritten Reichs, die dieses Klischee zu bedienen hatte, egal, ob es wie bei Heesters tatsächlich zutraf oder im Falle von Stars wie dem homosexuellen Gründgens oder dem zum Alkohol neigenden Heinrich George nur der Öffentlichkeit gegenüber behauptet wurde. Heesters' Aussichten waren wieder einmal glänzend, und so gelang es ihm auch, sich problemlos mit der deutschen Filmindustrie zu arrangieren, die die Nazis zu diesem Zeitpunkt längst fest im Griff hatten.

Als Ausländer im NS-Kino blieb er schon allein durch seinen unverwechselbaren holländischen Akzent, der leicht exotisch, aber nicht allzu fremdländisch wirkte, erkennbar, was dazu führte, daß er wiederholt Holländer auf der Leinwand verkörperte. Auch in der deutschen Presse wurde Heesters immer ganz bewußt als Holländer präsentiert. Noch 1937 erschien ein Artikel, der voll anekdotischer Abrundungen und vieler vollkommen freier Erfindungen alle holländischen Klischees bediente und Heesters zum »Idealholländer« stilisierte: Aufgewachsen und zur Schule gegangen sei er in einem »holländischen Dorf in der Nähe von Rotterdam«, das von »schier endlosen Tulpen- und Narzissenfeldern« umgeben gewesen sei. Die »Blumenzucht« habe das Dorf ernährt, und auch er habe, wie schon vor ihm seine Väter, »ein tüchtiger Blumenzüchter« werden wollen. Weder daß er vom Fenster seines Kinderzimmers Windmühlen sah, noch daß er »Blumenzüchter«, Müller oder gar Seemann werden wollte, wie es in dem Artikel heißt, traf zu. Hier ging es vor allem darum zu betonen, daß Heesters »aus kleinsten Verhältnissen« stammte und es »sein starker Wille, vorwärts zu kommen,« gewesen sei, der ihm diese Karriere erst ermöglicht habe, denn daß eine Karriere hart erarbeitet werden mußte, entsprach den Vorstellungen der Nazis. So schloß der verklärende Artikel mit der Feststellung: »Über die Mühlen am Rande der heimatlichen Tulpen- und Narzissenfelder ist er weit hinausgekommen.«[107]

Hitlers Machtantritt im Januar 1933 war von der deutschen Filmwelt zunächst mit Unruhe aufgenommen worden. Was nun geschehen würde, war erst einmal unklar. Einige vertraten optimistisch die Auffassung, daß sich gar nichts ändern würde und sich die Nazis zudem vielleicht gar nicht lange an der Macht würden halten können. Anderen war durchaus bewußt, daß Hitler und Goebbels neben Presse und Rundfunk gerade auch den massenwirksamen Film für ihre politischen und propagandistischen Zwecke instrumentalisieren würden, und befürchteten tiefgreifende Veränderungen, Interventionen und Reglementierungen. Spätestens als im März 1933 das unter Goebbels' Führung gestellte Reichsministerium für Volksaufklärung und Propaganda ins Leben gerufen wurde, war klar, daß die Pessimisten recht behalten sollten.

Eine Woche nach seiner Berufung zum Propagandaminister hielt Joseph Goebbels, selbsternannter NS-Filmexperte, am 28. März 1933 im Bankettsaal des Hotels Kaiserhof in Berlin eine Rede, zu der die führenden Vertreter des deutschen Films geladen waren. In ihr bekräftigte er, Versprechungen und Drohungen, Zuckerbrot und Peitsche, geschickt alternierend, daß Hitlers Regierung »regulierend« in den Filmbetrieb eingreifen und das Kino nicht sich selbst überlassen würde: »Die Kunst ist frei, die Kunst soll frei bleiben. Allerdings machen wir hier einen Vorbehalt. Die Kunst muß sich sittlich und politisch-weltanschaulich an Normen gebunden fühlen, die nun einmal gegeben sind und ohne die ein nationales Zusammenleben unmöglich ist.«[108] Goebbels, der sich fortan als »Schirmherr des deutschen Films« begriff, wie er 1933 bereits von der Nazi-Presse bezeichnet wurde,[109] war in den folgenden zwölf Jahren die treibende Kraft im deutschen Filmsektor, nichts ließ sich realisieren, dem er nicht zuvor zugestimmt hatte. Auch wenn er in seiner Kaiserhofrede auf antisemitische Ausfälle verzichtet hatte, wurde schon bald klar, worauf auch im Kino die »Gleichschaltung« abzielte. Am 20. April 1933, an »Führers Geburtstag«, hatte das NSDAP-Parteiorgan »Völkischer Beobachter« verkündet: »Der deutsche Film ist zu 90 Prozent verjudet, muß gesäubert und judenrein gemacht werden.« Im Juli 1933 wurde die Zwangskörperschaft Reichsfilmkammer ins Leben gerufen, die alle Mitarbeiter der Kinematographie erfaßte und »nicht-arische« Mitglieder ausschloß. Wie bei allen anderen Unterabteilungen der Reichskulturkammer war es auch hier so, daß man Mitglied der Filmkammer werden mußte, um weiter beschäftigt zu werden, andererseits aber nur Mitglied dieser Berufsorganisation werden konnte, wenn man seine »arische Abstammung« nachweisen konnte. 3000 bis 3500 Personen aus der Filmbranche erfüllten diese Anforderung nicht.[110] Ihnen wurde die Mitgliedschaft in der Reichsfilmkammer verweigert, was de facto einem Berufsverbot gleichkam. Während über 2000 der prominenten Schauspieler und Regisseure aus Deutschland emigrieren konnten, stellte sich die Situation für Kameraleute und Techniker, Drehbuchautoren, Filmarchitekten und Kinobesitzer, die nun mit Arbeitsverbot belegt wurden, weitaus schwieriger dar, für nicht wenige kam sie einer existentiellen Katastrophe gleich.

Den staatlichen Kontrollanspruch versuchten die Nazis auch auf eine rechtliche Basis zu stellen, indem sie im Februar 1934 ein neues, verschärftes Lichtspielgesetz erließen, das dem NS-Regime weitreichende Zensurkompetenzen verlieh – wobei Goebbels sich von Beginn an alle wichtigen Entscheidungen vorbehielt und bis zum Untergang des Regimes auf seine persönliche Präsenz in allen Filmfragen achtete, wobei er selbst Detailfragen von Produktionen oder die Bewertung des Schauspielnachwuchses zur Chefsache erklärte. Die Verschärfung der Filmzensur bedeutete, daß Drehbücher und Stoffe, aber auch die Besetzung und der Drehstab der Genehmigung durch das Propagandaministerium bedurften. Für alles, was nun auf dem Filmsektor geschah, war allein das Propagandaministerium und damit Joseph Goebbels verantwortlich – folglich durfte auch niemand mehr kritisieren, was in diesem Bereich produziert wurde. Im November 1936 verbot Joseph Goebbels schlichtweg die Kritik, an deren Stelle er die systemkonforme »Kunstbetrachtung« setzte, die keinerlei Wertung der beschriebenen Filme abgeben durfte, sondern sie nur »darstellen« und »würdigen« sollte. Allein der Partei und der Regierung sollten fortan Werturteile zustehen. Spätestens jetzt mußte kein Regisseur und kein Schauspieler, der tat, was die Nazis von ihm verlangten, mehr mit schlechten Kritiken rechnen – auch nicht Johannes Heesters, dessen erster Ufa-Streifen *Der Bettelstudent* Ende November 1936, kurz nach dem Verbot der Kritik, in Berlin in die Kinos kam.

Wie genau der »nationalsozialistische Film« auszusehen habe, den Goebbels schon im März 1933 ebenso lautstark wie pauschal gefordert hatte, vermochte niemand so recht zu beantworten – Goebbels selbst wohl am allerwenigsten. Vergleicht man seine programmatischen Vorstellungen, die er in unzähligen Artikeln und Reden kundtat, mit den Filmen, die dann tatsächlich im Dritten Reich entstanden sind, so kann man feststellen, daß eine große Lücke zwischen Anspruch und Realität klafft, zwischen den künstlerisch-ideologischen Verlautbarungen und dem, was dann wirklich in die Kinos kam. Goebbels, dessen persönlicher Filmgeschmack ab 1933 zur Richtlinie der staatlichen Filmpolitik erhoben wurde, hat mit seinen konzeptionslos wirkenden Vorstellungen, die mehrfach ihre Parameter wechselten, niemals eine klare Linie gefunden. Auf diese Weise wurde der »Start des neuen, ideologischen, dem Geist der Zeit entsprechenden deutschen Films [...] von Jahr zu Jahr verschoben«[111] – bis schließlich das Dritte Reich in Trümmer fiel. Früh versuchte man auch im Spielfilmbereich deutliche ideologische Akzente zu setzen und Filme zu drehen, in denen sich eine »nationalsozialistische Haltung«[112] niederschlagen sollte. So entstand etwa eine ganze Reihe von Streifen, in denen autoritäre Herrscher- und Führerfiguren aus der deutschen Vergangenheit beschworen wurden, die einerseits das nationale Zusammengehörigkeitsgefühl stärken, andererseits gerade aber auch das Prinzip – »Führer befiehl, wir folgen!« – veranschaulichten sollten, etwa Hans Steinhoffs *Der alte und der neue König* (1935) sowie eine ganze Reihe weiterer Filme über Friedrich den Großen, wie etwa *Der große König* (1942), aber auch Veit Harlans *Der Herrscher* (1937), Wolfgang Liebeneiners *Bismarck* (1940) oder Herbert Selpins Kolonialdrama *Carl Peters* (1941), die von Goebbels zumeist mit dem Prädikat

»staatspolitisch wertvoll« ausgezeichnet wurden. Diese gleichermaßen künstlerisch anspruchsvollen wie ideologisch durchtränkten Filme machten jedoch nur einen Bruchteil der Filmproduktion des Dritten Reichs aus.

Im Spielfilmsektor, also die prestigeträchtigen dokumentarischen Propagandafilme einer Leni Riefenstahl[113] oder die kriegsverherrlichenden Dokumentationen eines Fritz Hippler[114] einmal ausgeklammert, gab es insgesamt drei Propagandafilmwellen. 1933 entstand eine überschaubare Reihe von meist mediokren Tendenzfilmen, in denen die Geschichte der NSDAP vor der »Machtergreifung« verherrlicht wurde. Sie sollten propagandistisch auf diejenigen einwirken, die weltanschaulich nicht gefestigt und politisch noch nicht für die Sache der Nazis gewonnen waren. Unter Filmen wie dem als Actionfilm getarnten Blut-und-Boden-Streifen *Flüchtlinge* (1933), dem Parteifilm *SA-Mann Brand* (1933) oder *Hans Westmar* (1933), der die Lebensgeschichte des zum Märtyrer stilisierten Horst Wessel zum Gegenstand hatte, ragte nur *Hitlerjunge Quex* (1933) als dramaturgisch und künstlerisch überzeugender Film heraus. Insgesamt blieb die propagandistische Wirkung dieser Filme jedoch eher rudimentär, denn das Publikum schätzte diesen konjunkturellen Kitsch ganz offensichtlich nicht. Die nächste Propagandafilmwelle setzte erst 1939/40 ein. Sie sollte die Deutschen auf die bevorstehenden Deportationen der Juden aus den deutschen Städten vorbereiten und helfen, die antisemitische Stimmung im Sinne der von den Nazis beabsichtigten »Endlösung« zu verstärken. Am bekanntesten wurde Veit Harlans konventionell erzählter und mit Heinrich George und Werner Krauß hochkarätig besetzter Film *Jud Süß* (1940), eines der infamsten und perfidesten antisemitischen Machwerke.[115] Die letzte Propagandafilmwelle des Nazi-Kinos setzte 1944 kurz vor dem Untergang des Regimes ein, blieb aber weitgehend folgenlos, da es durch den Bombenkrieg kaum noch Kinos gab, in denen die teuren und aufwendig hergestellten Durchhaltestreifen wie etwa *Kolberg* (1945) gezeigt werden konnten, oder aber die Filme, wie im Falle von *Das Leben geht weiter*, gar nicht mehr vollendet werden konnten.

Im reinen Unterhaltungsfilm hingegen, der von der filmwissenschaftlichen Forschung zugunsten der Propagandafilme über Jahrzehnte stark vernachlässigt worden ist, setzte man auf Kontinuität, auf die Fortführung dessen, was bereits vor 1933 beim Publikum angekommen war, sowohl in inhaltlicher als auch in ästhetischer Hinsicht – die Wiederaufführung von erfolgreichen Unterhaltungsfilmen, die vor Hitlers Machtantritt gedreht worden waren, setzten ein deutliches Zeichen in diese Richtung: »Alles war wie zur guten alten Zeit, als wären keinerlei laute Ausrufe der Apostel der ›nationalen Revolution‹ gefallen.«[116] Auch die Filme, die unmittelbar nach dem 30. Januar 1933 in Produktion gingen, waren überwiegend naive unpolitische Schwänke und Melodramen: »Auf den ersten Blick scheinen sich die Titel vor und nach Hitlers Machtübernahme zu gleichen. Der eskapistische und glückversprechende Kult der Zerstreuung mit seinen Revue- und Operettenfilmen und musikalischen Komödien lebte weiter – nach 1933 aber unter neuem Vorzeichen, nämlich der gleichgeschalteten staatlichen Filmindustrie, die raffiniert und zynisch die psychischen Unterhaltungsbedürfnisse ihrer unterdrückten Bevölkerung befriedigte.«[117]

Die Liste der künstlerisch wenig anspruchsvollen Unterhaltungsstreifen, die sich jedoch beim Publikum großer Beliebtheit erfreuten, wurde in der Zeit nach der »Machtergreifung« immer länger. Produziert wurden bevorzugt Liebesgeschichten und Melodramen, Musik- und Operettenfilme, Action-, Abenteuer- und Kriminalfilme sowie Filme, die im Theater-, Varieté- oder Zirkusmilieu spielten. Am beliebtesten waren jedoch Komödien, besonders beschwingte Verwechslungskomödien, die folglich mit fast fünfzig Prozent auch den größten Anteil am Unterhaltungsfilm des Dritten Reichs ausmachten. Von den rund 1150 Spielfilmen, die im Dritten Reich entstanden sind, kam nur etwa jedem sechsten, also rund 200 Filmen, eine direkte propagandistische Bedeutung zu, indem sie etwa antibritische, antipolnische oder antisowjetische Feindbilder schufen[118] oder, wie Wolfgang Liebeneiners demagogischer Streifen *Ich klage an* (1941), in Form eines Melodrams Partei für die Euthanasiepolitik der Nazis ergriffen. Diese Filme wurden nach dem Krieg von den alliierten Kontrollbehörden verboten, die anderen jedoch, in denen zielbewußt Zerstreuung produziert wurde, »sollten die Zuschauer unterhalten, fesseln, zu Tränen rühren – jedenfalls ablenken von dem, was der Alltag brachte«.[119]

Weil die Handlung der meisten dieser Filme sich fernab der Aktualitäten des Dritten Reichs bewegte, spricht man zumeist von unpolitischen Unterhaltungsfilmen, wobei sich durchaus die Frage stellt, ob diese Produktionen tatsächlich so unpolitisch waren. Festzustellen ist, daß es – gleichsam als Gegengewicht zu den ausgesprochenen Tendenz- und Propagandafilmen – eine Reihe von Filmen gab, etwa die von Regisseuren wie Reinhold Schünzel, der Deutschland 1937 verließ, oder von Hans Detlef Sierck, der 1938 nach Amerika emigrierte und in Hollywood unter dem Namen Douglas Sirk Karriere machte, die man als durch und durch unpolitisch bezeichnen kann und denen man ihre Entstehungszeit nicht anmerkt. Vor allem handelt es sich um Filme, die im Künstler- oder Zirkusmilieu spielten oder die in eine kitschige Vergangenheit flüchteten.

Zwischen den Propagandastreifen auf der einen und den gänzlich tendenzlosen und zeitenthobenen Filmen auf der anderen Seite existierte jedoch ein breites Spektrum heute meist ebenfalls unter dem Oberbegriff »unpolitischer Unterhaltungsfilm« subsumierter Filme, die sich bei kritischer Betrachtung als gar nicht so unpolitisch erweisen, denn es wird schnell augenfällig, daß die Nazis auch die Unterhaltungsfilme dazu nutzten, die Massen in ihrem Sinne zu beeinflussen, indem bestimmte Werte, die der NS-Staat sich auf die Fahnen geschrieben hatte, in den Spielfilmen unterschwellig vermittelt wurden, obwohl auf die ostentative Zurschaustellung von Nazi-Symbolen auf der Leinwand verzichtet wurde, da solche Filme nicht für den wirtschaftlichen Export geeignet gewesen wären. Der Propagandaminister war sich im klaren, »daß ›unpolitische‹ Unterhaltung geeignet sei, auf den ›Volkskörper‹ stabilisierend einzuwirken, die ziellos vagabundierende Unzufriedenheit im Gemeinwesen zu neutralisieren und die Menschen mit ihrem Schicksal als gehorsame Konsumenten auszusöhnen«.[120]

So vermittelten die Nazi-Unterhaltungsfilme etwa ein ganz bestimmtes systemkonformes Bild von der Rolle der Frau als treusorgender und hingebungsvoller Ehefrau und vor allem als verantwortungsvoller Mutter. Auch die im Idealfall kinderreiche Familie, die von den Nazis als wichtigste »Keimzelle der Volksgemeinschaft« bezeichnet wurde, ist den Filmen des Dritten Reichs ein hochgehaltenes und erstrebenswertes Gut, während Ehebruch verurteilt wird und in den Filmhandlungen meist ohnehin nur als Mißverständnis vorkommt. Gemäß der Blut-und-Boden-Ideologie werden das Landleben und der Bauernstand glorifiziert, gemäß dem »Führerprinzip« vermittelt, daß Autoritätspersonen in jedem Fall anzuerkennen sind. Kriminelle und Obdachlose, Juden, Homosexuelle und Vertreter der Halbwelt sowie schwache oder wankende Führerfiguren hingegen durften ebensowenig vorkommen wie negativ dargestellte Vertreter des Bauernstandes, des Militärs oder der Lehrerschaft. Im Musikfilm durften Marschmusik und Operettenmelodien, nicht aber Jazzmusik oder Foxtrott erklingen. Auch ausgeklammert werden mußten Darstellungen von Wohnungsnot oder Problemen des Landlebens: Alles, was die »völkisch-arische« Welt hätte trüben, beleidigen oder gar in Frage stellen können, war verpönt. Natürlich gab es auch vor 1933 und nach 1945 Filme, die ähnlich konservative Werte und Moralvorstellungen propagierten, wie die Nazis sie zu vermitteln suchten, während andere Themenkreise oder Personengruppen bewußt totgeschwiegen wurden. In diesen Zeiten aber waren, anders als im Dritten Reich, Gegenentwürfe möglich, konnten Filme gedreht werden, die ein anderes Bild vom Leben vermittelten.

Neben der Frage, inwieweit die einzelnen Filme des NS-Unterhaltungskinos politisch indoktriniert sind, weil sie ihre Entstehung politischen Interessen oder Erwägungen zu verdanken hatten und sie bestimmte Botschaften vermittelten, muß man sich auch die Frage stellen, inwieweit das ganz auf die Ablenkung von der Realität abgestellte Unterhaltungsgenre der Nazis generell Teil der NS-Propaganda war, denn natürlich erfüllten auch die vermeintlich unpolitischen Unterhaltungsfilme im Propagandagefüge des Dritten Reichs eine ganz konkrete Rolle, indem sie von den Menschenrechtsverletzungen ablenken sollten. Insofern könnte jeder auf Ablenkung, Besänftigung und Zerstreuung zielende Spielfilm, der ein geschöntes Bild der Verhältnisse, eine heile Welt vortäuschte, heute als verwerfliches Machwerk betrachtet werden, was sicherlich an der Realität vorbeiginge, da man den Menschen, die damals scharenweise in diese Filme geströmt sind, nicht unterstellen kann, daß sie die Absicht dieser Ablenkungsstreifen nicht erkannten. Das Gegenteil war der Fall, denn genau diese Ablenkung suchte man gezielt, gerade in Kriegszeiten. Der Großteil der Kinogänger wollte damals wie zu allen Zeiten Filme sehen, die sich diametral zu ihrer tagtäglichen Lebenswirklichkeit verhielten.

Die Menschen strömten zu allen Zeiten in Filme, die ein gewisses Harmoniebedürfnis befriedigten oder die Option boten, kurzzeitig aus der Gegenwart zu entfliehen. Auch nach 1945 strömten die Menschen aus ihren zerstörten Häusern und Städten in die massenhaft produzierten Heile-Welt-Heimatfilme, und das, ohne daß zu diesen Zeiten gezielte politische Absichten mit den Kinoproduktionen verbunden gewesen wären. Die Nazis machten sich – ebenso wie andere Diktaturen – genau dieses der Kinorezeption generell innewohnende Grundbedürfnis nach Weltflucht zunutze. Für die Menschen, die sich für ein paar Stunden aus der Enge der Diktatur oder den Ängsten des Krieges in eine andere Welt flüchten konnten, spielte es keine Rolle, ob mit den Ablenkungsfilmen ein bestimmtes politisches Ziel verfolgt wurde oder nicht, sie lechzten nach Zerstreuung und identifizierten sich zu gern mit den Stars dieser Filme, die gleichsam stellvertretend für sie ein unbeschwertes Leben führten, nach dem man sich, je länger der Krieg andauerte, immer stärker sehnte: »Die Namen der Stars, die unbeschwerte Unterhaltung garantierten, rufen heute noch Verklärung und Entzückung hervor.«[121] Marika Rökk und Johannes Heesters waren zwei von ihnen. Sie zählten sowohl vor wie nach 1945 zu den Lieblingen des Publikums.

Kein Traumpaar: Marika Rökk und Johannes Heesters

Marika Rökk und Johannes Heesters kamen beide 1936 neu zur Ufa. Und beide kamen vom Theater und vom Gesang, Marika Rökk zudem noch vom Tanz. Die eine aus Ungarn, der andere aus Holland. Die Idee, daß man die beiden Allroundtalente zusammen einsetzen könnte, daß man versuchen könnte, sie zum neuen Traumpaar des deutschen Films aufzubauen, wird den Ufa-Gewaltigen schnell gekommen sein. Nachdem Willy Fritsch und Lilian Harvey, seit 1930 *das* Traumpaar der deutschen Kinogänger, zwar nicht abgetreten – denn sie drehten bis 1939 weiter gemeinsame Filme –, aber doch deutlich in den Hintergrund gerückt waren, suchte man fieberhaft nach einer neuen Besetzung für das »hohe Paar« der deutschen Leinwand. Rökk und Heesters kamen wie gerufen.

Die temperamentvolle Ungarin Marika Rökk, die schon im Alter von elf Jahren am Pariser Moulin Rouge und mit zwölf am New Yorker Broadway als »Königin der Pirouette« auftrat, war zwei Jahre zuvor nach Berlin gekommen, wo sie im Programm *Stern der Manege* im legendären Varieté Wintergarten und in der Scala zu sehen war und wo sie auch für die Ufa entdeckt worden ist. 1935 stand sie bereits im Streifen *Leichte Kavallerie*, einer im Zirkusmilieu spielenden Liebesschnulze, vor der Kamera, die jedoch trotz großer Reklame nur mäßig erfolgreich war. *Der Bettelstudent* an der Seite von Heesters sollte nun ihr zweiter Ufa-Streifen werden und ihr erster unter der Regie ihres Förderers und späteren Ehemannes Georg Jacoby. Die Ufa-Gewaltigen waren zu dieser Zeit alles andere als zufrieden mit dem »Ufa-Baby« Rökk. Sie galt zwar, von Kind an auf perfektes Funktionieren gedrillt, als harte Arbeiterin, es mißfiel jedoch den Produzenten, daß sie, wie sie rückblickend auch selbst eingesteht, damals »ein bißchen pummelig«[122] war, was auf der Leinwand noch potenziert wirkte, so daß vor ihrem zweiten Filmengagement eine von der Ufa streng überwachte Hungerkur angeordnet worden war. Zudem sprach die Rökk, als sie nach Berlin und zur Ufa kam, so gut wie kein Deutsch und gab sich, da sie meinte, in erster Linie durch ihr Tanztalent bestechen zu können, auch nicht ansatzweise so viel Mühe wie der viel stärker auf die Sprache angewiesene Heesters. Ihren breiten ungarischen Akzent verlor sie nie. Das änderte nichts an der Tatsache, daß die ersten Filme, die sie bei der Ufa drehte, ebenso wie bei ihrem Filmpartner Johannes Heesters Grundstein für eine steile Karriere sein sollten, denn beide stiegen innerhalb kürzester Zeit zu den Lieblingen des Kinopublikums auf – jedoch nicht, wie ursprünglich geplant, als Traumpaar, sondern jeder für sich.

Auf Heesters, zehn Jahre älter als die dreiundzwanzigjährige Rökk, war die Berliner Ufa nicht etwa aufmerksam geworden, weil er in Berlin Theater spielte, sondern vielmehr weil er bereits in Österreich einen weiteren Film gedreht hatte, der am 14. Februar 1936, als Heesters noch in der Operette *Die Weltmeisterin* auf der Bühne der Komischen Oper stand, auch in Berlin angelaufen war: Karl Hartls historischer Spionagefilm *Die Leuchter des Kaisers* – nach *Cirque hollandais, Bleeke Bet* und *De vier Mullers* Heesters' vierter Film, zudem der erste in deutscher Sprache. Heesters verkörperte in diesem Streifen, der in der Zeit der polnischen Unabhängigkeitskämpfe gegen den russischen Zaren spielt, keine große Rolle, zudem nur eine Sprechrolle, während Sybille Schmitz und Karl Ludwig Diehl die Stars des Films waren. Er übernahm den Part des Zarewitschs Peter Alexandrowitsch, eines hübschen Frauenschwarms, der gleich zu Beginn des Films während des Wiener Opernballs von einer geheimnisvollen maskierten Dame in einen Hinterhalt gelockt und von polnischen Verschwörern entführt wird, um seinen Vater, den Zaren, erpressen zu können. Da er hier einen Russen spielte, war sein noch stark ausgeprägter Akzent kein Problem, in dieser Rolle vermutlich sogar erwünscht. Auch beim deutschen Kinopublikum kam dieser Akzent gut an. Während die niederländische Sprache aufgrund der vielen rauhen Kehllaute für deutsche Ohren nicht selten disharmonisch klingt – Alfred Kerr sprach einmal von »der Sprache, die wir nur reden, wenn wir eine Fischgräte verschluckt haben«[123] –, wurde der weiche holländische Akzent hingegen als durchaus interessant empfunden und ist seit Heesters aus der deutschen Medienlandschaft nicht mehr wegzudenken.

In *Die Leuchter des Kaisers* war der holländische Tenor zum ersten und einzigen Mal in seiner Karriere in der amerikanisierten Version seines Namens als Joe Heesters angekündigt worden. Der holländische Vorname Johan galt ganz offensichtlich als unpassend, und so hatte man Heesters auf den österreichischen und später auch den deutschen Bühnen zunächst als Jan, Hans oder Hannes Heesters vermarktet, bis man dann – dies war der Wunsch der österreichischen Produktionsfirma[124] – im Vorspann des Hartl-Films darauf verfiel, ihn Joe Heesters zu nennen, womit man an die in den zwanziger Jahren durchaus gängige Praxis anknüpfte, deutschsprachigen Schauspielern »ausländisch« klingende Namen zu geben. In Deutschland jedoch herrschten wiederum andere Vorstellungen als in Österreich, denn hier hatte es schon unmittelbar nach der »Machtergreifung« Kampagnen dagegen gegeben, daß Filmstars oder Bühnenkünstler sich fremdländisch klingende Pseudonyme wählten, was schließlich sogar ausdrücklich verboten wurde.[125]

So war der Name Joe Heesters für eine Karriere in Deutschland obsolet geworden, aber auch an Johan, Jan, Hans oder Hannes wollte man bei der Ufa nicht festhalten. Da Heesters zum Star des deutschen Kinos aufgebaut werden sollte, entschied man sich bei der Ufa für den Vornamen Johannes, der im In- und Ausland geradezu als Inbegriff eines deutschen Namens angesehen wird: »Johannes war in seinen verschiedenen Formen vom 14. bis zum 17. Jahrhundert der verbreitetste aller Vornamen in Deutschland«,[126] und auch im ersten Drittel des 20. Jahrhunderts gehörte Johannes noch zu den beliebtesten Jungennamen Deutschlands. So wurde aus dem holländischen Tenor Johan Heesters endgültig jener Johannes Heesters, als den ihn sein Publikum bis heute kennt. Nachdem der Name gefunden war, lag bald auch schon der erste Filmstoff für Heesters auf dem Tisch. Die Ufa bereitete gerade die Verfilmung der Millöcker-Operette *Der Bettelstudent* vor, und da Heesters just in diesem Stück höchst erfolgreich auf der Bühne der Wiener Volksoper gestanden hatte, war es naheliegend, ihn auch in der Ufa-Verfilmung mit der Rolle des verwegenen adligen Rebellen Symon Rymanowicz zu betrauen. So trat Johannes Heesters im März 1936 erstmals in den Ufa-Ateliers in Babelsberg vor die Kameras, in einem für die Ufa typischen, in üppigen Kostümen und großer Ausstattung schwelgenden Film.

Babelsberg, im Südwesten Berlins gelegen, war damals eine der größten Filmproduktionsstätten der Welt, die deutsche, ja die europäische Antwort auf die Traumfabrik Hollywood. Eine Stadt für sich und zudem ein magischer, geheimnisvoller und legendenumrankter Ort der Superlative. Marlene Dietrich hatte hier ihren *Blauen Engel* gedreht, Fritz Lang und Friedrich Wilhelm Murnau, die Regiegrößen der zwanziger Jahre, hatten hier gefilmt, zahlreiche Streifen, die weltberühmt geworden sind, entstanden hier: *Der Student von Prag* (1913), *Der Golem* (1914), *Der müde Tod* (1921), *Dr. Mabuse, der Spieler* (1922), *Die Nibelungen* (1924), *Faust* (1926) und *Metropolis* (1927). Aber nicht nur im Stummfilmzeitalter, auch in der Zeit des Tonfilms blieb Babelsberg, technisch entsprechend aufgerüstet, die führende Produktionsstätte des Landes. Die aufwendigen Kulissen für *Der Kongreß tanzt*, den teuersten Ufa-Film der Weimarer Republik, hatten hier gestanden.

Schon vor dem Ersten Weltkrieg hatten sich in Babelsberg die ersten Filmstudios angesiedelt, schnell boomte die bereits 1920 zum drittgrößten Industriezweig aufgestiegene Filmbranche, zahlreiche neue Ateliers entstanden und ließen sich ebenfalls hier nieder. Immer neue Produktionshallen und Kopierwerke, Verwaltungsgebäude, Material- und Kostümlager entstanden, schließlich auch große Freigelände für Außenaufnahmen, wo gigantische Kulissen, ganze Straßenzüge oder Dörfer, Kathedralen und Wolkenkratzer, düstere Wälder, orientalische Basare, afrikanische Dschungel, griechische, römische oder ägyptische Tempelanlagen und sonstige exotische Sets errichtet werden konnten: »Das Filmgelände glich einem infernalischen Tohuwabohu von Räumen, Zeiten und Stilen.«[127] Als sich 1922 die neu gegründete Ufa in

Babelsberg niederließ und ihre dortigen Studios zum Zentrum ihrer Produktion machte, brachte dies einen neuerlichen Aufschwung und sicherte endgültig den Status als bedeutendste deutsche Produktionsstätte, woran sich auch mit der »Machtergreifung« der Nazis nichts ändern sollte, denn Berlin blieb auch unterm Hakenkreuz die führende Filmstadt Europas – bis auch die Babelsberger Studios im Bombenhagel des Krieges untergingen.

Mitte März 1936 öffnet sich für Heesters zum ersten Mal die Schranke zum damals 440000 Quadratmeter großen Babelsberger Filmgelände, das zwei Jahre später offiziell den Namen »Ufastadt Babelsberg« verliehen bekommen sollte und durch hohe Drahtzäune vor der Außenwelt und vor neugierigen Blicken geschützt war. Was hier, in dieser autarken, abgeschotteten Welt, entstand, das sollten die Menschen erst auf der Leinwand zu sehen bekommen. Heesters, der sich mit Marika Rökk schon bekannt gemacht hatte, lernte am ersten Drehtag seine übrigen Kollegen kennen. Neben der Rökk waren die bildhübsche junge Carola Höhn, außerdem Ida Wüst und Wilhelm Bendow engagiert, mit allen verstand er sich auf Anhieb blendend: »einer netter als der andere«.[128]

Vor Beginn der Dreharbeiten hatte Heesters wiederum stark an seinem Deutsch gearbeitet, zwar waren anderthalb Jahre vergangen, seit er in Wien zum ersten Mal vor deutschsprachigem Publikum aufgetreten war, sprachlich fühlte er sich jedoch immer noch unsicher, benutzte falsche Artikel und sprach manche Wörter falsch aus. Wenn deshalb Szenen seinetwegen wiederholt werden mußten und die Dispositionen des Drehplans nicht eingehalten werden konnten, fühlte er sich in seiner Professionalität beleidigt: »Meinetwegen soll es keinen Ärger, keine Mehrkosten geben.«[129] So war der Wunsch, perfekt zu funktionieren, seine Sache gut zu machen, ein großer Anreiz für ihn, seinen Text geflissentlich zu üben und hart an sich zu arbeiten, so wie er es bereits als junger Theatereleve gelernt hatte und wie die Ufa es schätzte, denn wenn man einer der ganz Großen der Ufa werden wollte, mußte man großen Einsatz zeigen, auf Extravaganzen verzichten und seine Arbeit professionell erledigen. Anforderungen, die Heesters schätzte und die seinem Naturell entsprachen.

Die Szenen mit ihm klappten deshalb vorzüglich, und Heesters bewegte sich mit großer Souveränität und Selbstsicherheit vor der Kamera, was man auch im fertigen Film spürt, in dem er weit bessere schauspielerische Leistungen erzielte als die aufgedreht wirkende und ihre Rolle überzeichnende Marika Rökk. Diese sorgte dafür, daß sich die Dreharbeiten für alle Beteiligten äußerst strapaziös und nervenaufreibend gestalteten, wie sie im nachhinein auch selbst eingesteht: »Ich leistete mir Launen, Extravaganzen und eine völlig unberechtigte Überheblichkeit. Morgens erhob ich mich gemütlich aus den Federn und schlenderte mit Verspätung ins Atelier.«[130] Während Heesters nach hartem Training seine Dialoge fehler- und auch fast akzentfrei sprach, mußten wegen ihrer häufig verpatzten Einsätze manche Takes unzählige Male wiederholt werden. Wagte es Regisseur Jacoby, mit dem sie zu dieser Zeit schon eine Liebesaffäre hatte, sie zu kritisieren, reagierte sie aufbrausend und rauschte wie ein beleidigtes Kind aus dem Atelier, um am nächsten Tag, von Produktionschef Correll zur Ordnung gerufen, kleinlaut wiederzukommen. Johannes Heesters, dem solche Allüren völlig fremd waren, irritierten diese Szenen, er hielt sich aber ebenso wie die anderen Schauspieler aus den Streitigkeiten zwischen dem Regisseur und seiner Geliebten heraus. Trotz dieser Querelen konnten die Dreharbeiten nach nur einem Monat abgeschlossen werden.

Im Gegensatz zu Rökk, die eigentlich nur eine vergleichsweise kleine Nebenrolle spielte, was sie nicht daran hinderte zu versuchen, sich durch notorisches Chargieren in den Vordergrund zu spielen, war Heesters der strahlende Mittelpunkt des Films, gemeinsam mit seiner Partnerin Carola Höhn, die die polnische Komtesse verkörpert, die der Bettelstudent mit seinen Liedern zu betören hat. Die meisten der Melodien sind aus der gleichnamigen Operette bekannt, nur das *Nimm mein Herz in deine Hände*, das das damalige Kinopublikum zu Tränen rührte, stammt nicht aus Millöckers Originalpartitur, sondern wurde eigens für den Film komponiert.

Obwohl Heesters und Höhn den Film zweifellos dominierten, waren nicht sie als die Stars des Films angekündigt. Die Plakate und Filmprogramme nannten nur einen Namen und den – untrügliches Zeichen größtmöglicher Popularität – sogar noch vor dem Titel: »Marika Rökk in *Der Bettelstudent*.« Für sie war es immerhin schon der zweite deutsche Film, Heesters mußte sich als unbeschriebenes Blatt erst noch beweisen, ebenso wie die junge Carola Höhn, obwohl es sich bei ihr bereits um den vierten Film handelte.

Die Berliner mußten sich etwas gedulden, bis sie den *Bettelstudenten* sehen konnten. Bevor Heesters' erster deutscher Streifen am 23. November 1936 im Ufa-Palast am Zoo Premiere hatte, wurde er bereits am 20. August in Den Haag, am 29. August im Rahmen der Internationalen Filmfestspiele in Venedig und am 1. September in Hamburg aufgeführt. Für die Premiere im Ufa-Palast am Zoo, dem großen Berliner Uraufführungstheater, wurden weder Kosten noch Mühen gescheut: »Für die Hauptdarsteller wurden offene Pferdekutschen angespannt, in denen wir elegant gekleidet Platz nahmen. Das Publikum erwartete uns schon vor und im Kino. Wir verbeugten uns nach der Vorführung und gaben zahllose Autogramme.«[131] *Der Bettelstudent* machte den Holländer endgültig zum Filmstar. Nicht nur in Deutschland und Österreich lief der Film mit großem Erfolg, auch in Heesters' Heimat wurde der Streifen in unzähligen Kinos gezeigt, in Amsterdam etwa im noblen Rembrandt-Theater, im Premierenkino der Stadt, wo auch Heesters' Eltern und Brüder ihn im *Bettelstudenten* sahen.

Nach dem *Bettelstudenten* wurden Rökk und Heesters nicht gleich wieder zusammen eingesetzt. Während die Rökk, wiederum mit Georg Jacoby als Regisseur, 1936 noch *Heißes Blut* und 1937 *Und Du, mein Schatz, fährst mit* drehte, setzte die Ufa Heesters in dem zur Zeit des Biedermeiers spielenden Musikfilm *Das Hofkonzert* (1936) ein, in dem er einen schmucken Gardeoffizier zu verkörpern hatte, der sich in eine hübsche, von Marta Eggerth gespielte Sängerin verliebt. Diese ist inkognito in einer kleinen hessischen Residenzstadt unterwegs, um ihren unbekannten Vater zu suchen, den sie schließlich im Landesherrn findet, während der adlige Leutnant den passenden Bräutigam abgibt. Regie führte jener Detlef Sierck, der später in Hollywood als Douglas Sirk für Furore sorgte. Der Film, dessen Außenaufnahmen vor der Kulisse des Würzburger Schlosses gedreht wurden, bot wiederum genügend Platz für ausgiebige Gesangspartien, die zu emotionalen Brennpunkten der Handlung wurden. Am bekanntesten wurde das von Eggerth und Heesters gesungene Duett *Wunderschön ist es, verliebt zu sein*. Die Dreharbeiten waren abermals schwierig, erneut lag es nicht am souverän vor der Kamera agierenden und stets gut vorbereiteten Heesters, sondern an seiner Filmpartnerin. Dieses Mal weigerte sich Marta Eggerth, damals trotz ihrer erst vierundzwanzig Jahre bereits eine weltberühmte Sopranistin, Heesters in einer bestimmten Szene zu küssen, wie es das Drehbuch vorschrieb, weil ihr Lebensgefährte, der eifersüchtige Startenor Jan Kiepura, mit dem sie zwei Jahre später Deutschland verlassen sollte, in den Kulissen stand und die Szene beobachtete, die deshalb unzählige Male wiederholt werden mußte, bis es schließlich doch noch zum planmäßigen Leinwandkuß kam.[132]

Während Heesters in diesem Streifen, der Weihnachten 1936 in den Kinos anlief, wiederum eine operettenhafte Kostümrolle im historischen Ambiente zu übernehmen hatte, wurde der dritte Film, den er bei der Ufa unter dem Titel *Wenn Frauen schweigen* (1937) drehte, weit wichtiger für seine Karriere. Und das nicht, weil der Film, eigentlich eine belanglose Beziehungskomödie, auch in den Kinos der USA ausgewertet wurde, sondern weil die Handlung in der damaligen Gegenwart spielte und Heesters zum ersten Mal auf der Leinwand in Anzügen im Stil der Zeit und – zum ersten Mal – auch im Frack zu sehen war: »Damit war *Wenn Frauen schweigen* der Beginn meiner Frack-Karriere. Später sagte man sogar, der Frack sei eigens für mich erfunden worden, was natürlich nicht stimmt, denn so alt bin ich dann doch nicht. Fest steht aber, daß der Frack von nun an auf der Bühne und im Film mehr und mehr zu meiner Arbeitskleidung wurde.«[133]

Zwar hatte Heesters auch schon als junger Operettentenor

in Holland im Frack auf der Bühne gestanden, aber er hat durchaus recht, daß der Frack erst durch diesen Film, wie aber dann auch noch durch sein erstmaliges Auftreten in der Rolle des Grafen Danilo in der *Lustigen Witwe* ein Jahr später, zu seiner »Dienstkleidung« wurde, ohne die man ihn sich schon bald nicht mehr vorzustellen vermochte. Auch die Rolle, die er in dieser nach amerikanischem Vorbild im gehobenen Gesellschaftsmilieu spielenden Filmkomödie zu verkörpern hatte, weist symptomatisch in die Zukunft: Heesters spielte den Holländer Curt van Doeren, wodurch man fernab des ohnehin der Alltagswirklichkeit entrückten Kostüm- und Operettenfilms auch im »Zeitfilm« den holländischen Akzent des Schauspielers rechtfertigen konnte, eine Praxis, auf die noch häufiger zurückgegriffen werden sollte. Zudem mußte eine Motivation gefunden werden, Heesters auch in einer Komödie singen zu lassen, deshalb verkörperte er hier zum ersten, aber beileibe nicht zum letzten Mal einen Mann, dessen Leidenschaft für den Gesang plötzlich eine neue Karriere offenbart oder doch zumindest zu spontanen Auftritten führt, so daß die obligatorischen Gesangseinlagen motiviert werden konnten – denn natürlich war sich die Ufa bewußt, daß das Publikum Heesters auf der Leinwand singen hören wollte. Als Curt van Doeren mit seiner von Hansi Knoteck gespielten Frau Charlott Flitterwochen in südlichen Gefilden macht, die von Eifersüchteleien überschattet werden, entdeckt der Aufnahmeleiter einer Plattenfirma durch Zufall Doerens Sangeskünste, preßt die heimlich aufgenommene Serenade auf Schallplatte und macht den Nichtsahnenden unter dem Phantasienamen »Monte Santo« zum Plattenstar, der schließlich, nachdem seine wahre Identität gelüftet worden ist, auch einen großen Auftritt als Schlagersänger erhält. *Das ganze Leben ist ein Roman* und *Ein zärtliches Lied* sind die bekannt gewordenen Lieder des Films, die Heesters auch in der Realität zum Schallplattenstar machten.

Wenn Frauen schweigen war der erste Film, der ganz auf Johannes Heesters zugeschnitten war, zudem wurden erstmals auch eigens Lieder für ihn komponiert. Er belegt somit die Kontinuität seines schnellen Aufstiegs: Im *Bettelstudenten* war er noch als ein Star unter anderen eingesetzt und hatte sich gegen starke Schauspielerkollegen behaupten müssen, in *Das Hofkonzert* waren Marta Eggerth und er gleichberechtigte Partner, aber in *Wenn Frauen schweigen* war er der unumstrittene Star des Films, seine Partnerinnen waren ihm lediglich zur Seite gestellt. Da die heiter-beschwingte Filmkomödie, die im Juli 1937 in den Kinos startete, beim Publikum gut ankam, festigte sie Heesters' Position bei der Ufa ebenso nachhaltig, wie sie sein neues Image als gutgekleideter und nonchalanter Bonvivant begründete, und stellte insofern eine wichtige Stufe auf seiner Karriereleiter dar. Spätestens ab diesem Film befand sich Johannes Heesters auf dem Weg nach ganz oben. Die Weichen für seine weitere Karriere waren gestellt, denn nach dem Muster von *Wenn Frauen schweigen* wurden nun die meisten der Filme gestrickt, die er Anfang der vierziger Jahre drehen sollte und die sein Image endgültig festigten.

Doch bevor Heesters nur noch in eigens auf ihn ausgerichteten Produktionen auftreten sollte, wurden zunächst zwei weitere Versuche unternommen, ihn und Marika Rökk zum Traumpaar des deutschen Kinos zu machen. Ihr nächster gemeinsamer Film sollte nach dem großen Erfolg des *Bettelstudenten* wiederum eine Operettenverfilmung nach Karl Millöcker sein. Dieses Mal hatte man die 1884 uraufgeführte Operette *Gasparone* gewählt, die nun ebenfalls zur Grundlage eines musiklastigen, opulent ausgestatteten Ufa-Films wurde, wobei die Komponisten Peter Kreuder und Friedrich Schröder die Musik modernisierten und man die im Räubermilieu spielende Operettenhandlung von Sizilien in den Phantasiestaat Olivia verlegte, wohl um das befreundete Italien Mussolinis nicht zu beleidigen. Obwohl Rökk und Heesters die Stars des Films waren, sollten sie auf der Leinwand paradoxerweise schon wieder kein Liebespaar darstellen: Während Marika Rökk als halbseidener Revuestar Ita mit dem von Heinz Schorlemmer dargestellten Präfektensohn Sindulfo liiert ist, wirbt Heesters als geheimnisvoller Erminio Bondo um die schöne Gräfin Ambrat, verkörpert von Edith Schollwer. Zwar dürfen Rökk und Heesters zu Beginn des Films gemeinsam das Duett *Das muß der Himmel auf Erden sein* singen, dann jedoch gehen beide eigene Wege – auch in musikalischer Hinsicht: Marika Rökk darf ihr *Ja, die Frauen sind gefährlich* und Johannes Heesters sein *Wenn ich ein Räuber wär'* singen. Höhepunkt des musikalischen Reigens sind jedoch die Duette, die Heesters mit seiner Filmpartnerin Edith Schollwer singt: *Einmal von Herzen verliebt sein* und *Was halten sie vom Thema Liebe?* – ganz besonders aber das für den Film neu komponierte *Ich werde jede Nacht von Ihnen träumen*.

Die Zusammenarbeit mit Rökk war abermals alles andere als einfach, wieder pflegte sie ihre Starallüren und versuchte sich vor und hinter der Kamera in den Vordergrund zu spielen, was ihr dadurch erleichtert wurde, daß sie mittlerweile fest mit dem dreißig Jahre älteren Georg Jacoby zusammen lebte, den sie jedoch erst 1940, vor der Geburt ihrer gemeinsamen Tochter, heiratete. Als Regisseur des Films ließ er der Rökk viele Extravaganzen am Rande der Dreharbeiten durchgehen und bemühte sich, ihre Wünsche – etwa die nach möglichst vielen spektakulären Tanzeinlagen – zu erfüllen. So hatte die Rökk beispielsweise kurz vor Beginn der Dreharbeiten den damals in den deutschen Kinos laufenden amerikanischen Revuestreifen *Broadway-Melodies* (1936) gesehen, in dem ihr Vorbild Eleanor Powell steppt. Kurzerhand entschloß sie sich, nun auch erstmals auf der Leinwand zu steppen, und Jacoby baute sogleich eine entsprechende Step-Nummer in seine Operettenverfilmung ein. Vergleicht man die beiden Tanznummern von *Broadway-Melodies* und *Gasparone*, offenbart sich schnell, wie groß die künstlerisch-choreographischen Mängel der deutschen Revuefilme mit ihrer wenig innovativen Kameraführung, dem konventionellen, uninspirierten Schnitt und den stereotyp und unmotiviert eingebauten Tanzelementen waren, wie unzulänglich, angestrengt und hölzern andererseits aber auch Rökk selbst agierte, deren eingedrillte Tanzkünste mehr an zirzensische Akrobatik als an Ballett erinnerten.

Auch wenn die NS-Presse weisungsgemäß beschönigte »Was brauchen wir die Powell? Wir haben die Rökk!«, war man sich hinter den Kulissen durchaus im klaren, daß Fleiß allein nicht ausreichte und die Rökk trotz der harten Arbeit, mit der sie ihre Tanz- und Step-Nummern einstudierte, keine Weltklasse erreichte und zudem trotz aller Selbstkasteiung nicht das Aussehen und den elfenhaften Körperbau einer Eleanor Powell hatte. So verordnete die Ufa neue Schlankheitskuren und ließ sogar Gräben in die Studioböden ein, damit die Kameras ihre Tänze aus der Froschperspektive filmen konnten, was sie graziler aussehen lassen sollte. Doch all das nützte nicht viel, die Rökk wirkt in ihren Filmen, als habe sie die Leichtigkeit ihrer Hollywoodvorbilder gleichsam mit Holzschuhen nachgeahmt, ihre »turnerische, fast roboterhafte Anstrengung«[134] vermag nicht zu überzeugen.

Zwar wurde für die feierliche Filmpremiere von *Gasparone* im Berliner Ufa-Palast am Zoo ein Reklame-Etat von 18000 Reichsmark zur Verfügung gestellt, Goebbels jedoch, der ohnehin eine Abneigung gegen Operettenverfilmungen hatte, vermochte mit dem Film nichts anzufangen. Er erkannte die Überlegenheit des von ihm geschätzten und bewunderten amerikanischen Kinos in diesem Genre durchaus an, registrierte die Mängel des Films und notierte in seinem Tagebuch: »Ein typischer Operettenfilm, aber ganz unfilmisch, stilwidrig und unerträglich. Ich kann das nicht mehr mit ansehen.«[135] Daß die vergleichbaren US-Revuefilme durch Schwung, Charme, Leichtigkeit und Raffinement der Inszenierung und der Tanz- und Gesangsnummern getragen wurden, die man durch die »gehemmte Schaulust«[136] des biederen NS-Kinos mit ihren immer gleichen Handlungsmustern und den konventionellen, nur wenig nuancierten Mitteln nicht zu liefern fähig war, vermochte er jedoch ebensowenig einzusehen, wie die Tatsache, daß hier ein grundlegendes Problem des NS-Unterhaltungskinos vorlag: Während die auf Hochglanz polierten amerikanischen Filme dieser Zeit die spektakulären Showelemente in den Mittelpunkt stellten, wurde in Deutschland aus Angst vor dem Vorwurf der Dekadenz die zumeist äußerst triviale Handlung ins Zentrum gerückt. Ein Berichterstatter der Exil-SPD widmete sich im Juni 1937 genau dieser

Problematik des künstlerischen Abstiegs des Revuegenres und kam zu dem Schluß: »Über die neudeutschen Unterhaltungsfilme, Filmpossen und Filmoperetten ist nicht viel zu sagen. Diese Produktion steht zwar in den meisten Länden auf bescheidenem Niveau, aber im Dritten Reich darf sie als besonders langweilig und humorlos gelten. Wo diese Filme versuchen, lustig oder amüsant zu sein, wirken sie meist verkrampft, gemacht oder läppisch [...], man sucht sich durch Hollywood-Nachahmungen zu helfen. Aber dazu fehlen die Mittel, die Kräfte, die Eleganz der Hollywooder Produktionen.«[137]

Propagandaminister Goebbels jedoch hatte noch ein anderes Problem mit dem Film, zudem das gleiche, das auch Heesters umtrieb. Ihn störte die nach seinem Geschmack zu enge Zusammenarbeit zwischen Marika Rökk und Georg Jacoby, denn davon, daß Ehe- oder Liebespartner ständig miteinander arbeiteten, hielt er nicht viel. Das Propagandaministerium hatte sich *Gasparone* ganz offensichtlich als einen Film vorgestellt, in dem Rökk und Heesters gleichberechtigt als Stars präsentiert werden sollten, Jacoby hatte jedoch abermals mit allen Mitteln versucht, daraus einen Rökk-Film zu machen. Immer wieder aufkommende Gerüchte, daß sie Jacoby, mit dem sie immerhin acht ihrer fünfzehn im Dritten Reich realisierten Filme drehte, nur zur Ankurbelung ihrer Karriere geheiratet habe, wies Marika Rökk später weit von sich.[138] In ihren Memoiren vermutet sie fälschlich, daß Goebbels gegen ihre Zusammenarbeit mit Jacoby intrigiert habe, weil ihm »die ganze Richtung unserer Filme« nicht behagt habe.[139] Davon kann, wenn man die Filme analysiert, sicherlich keine Rede sein, denn auch ein Operettenfilm wie *Gasparone* gibt sehr genau und systemkonform die Vorstellungen des NS-Regimes wieder: Alle Verlockungen und alles Liebeswerben werden in diesem Film in geordnete Bahnen gelenkt, Ausschweifungen sind verpönt, und musikalisch wird die Botschaft vermittelt: »Glück kann es nur im Joch des Ehestandes geben!« Am Ende des Films finden sich gleich drei Paare, die vor den Traualtar treten und singen: »Heiraten, heiraten, das ist schön!« Wenn Joseph Goebbels auch nur im entferntesten etwas gegen die »Richtung« dieser Filme gehabt hätte, dann hätten weder Jacoby noch Rökk eine so kometenhafte Karriere im Dritten Reich machen können.

Vorerst jedenfalls wurden Rökk und Heesters nicht weiter zusammen eingesetzt, und Goebbels verfügte, daß Marika Rökk bei zweien ihrer nächsten drei Filme nicht unter der Regie von Jacoby vor der Kamera stehen sollte. Während die Rökk nach *Gasparone* an der Seite von Georg Alexander in *Karussell* (1937) und neben dem attraktiven Viktor Staal in *Eine Nacht im Mai* (1938) zu sehen war und auch in dem Zarah-Leander-Melodram *Es war eine rauschende Ballnacht* (1938) mitwirkte, drehte Heesters ebenfalls zwei Filme ohne sie, den Ufa-Kostümstreifen *Nanon* (1938) und bei der Münchner Bavaria *Das Abenteuer geht weiter* (1939). Der letzte Film, den Heesters vor Kriegsausbruch drehte, war der im Juli 1939 startende Streifen *Hallo Janine*, für den er ein drittes und vorläufig letztes Mal an der Seite von Marika Rökk eingesetzt wurde. Das Propagandaministerium hatte ganz offensichtlich die Hoffnung auf das Traumpaar Rökk und Heesters immer noch nicht aufgegeben. Dieses Mal jedoch sollte dies ohne den ursprünglich für diesen Stoff vorgesehenen Georg Jacoby als Regisseur versucht werden. Beide Schauspieler hatten sich im Vergleich zu ihren ersten beiden gemeinsamen Filmen durch ihre Soloprojekte mittlerweile so gefestigt, daß man sie gleichberechtigt nebeneinander einsetzen mußte, denn wenn man einem von beiden den Vorzug gegeben hätte, hätte das Publikum dies kaum goutiert. Zu Recht sah das Propagandaministerium dies mit dem Rökk-Ehemann Georg Jacoby als nicht durchführbar an.

Der Film spielt im Pariser Revuetheater »Moulin Bleu«, wo die eitle und herrschsüchtige Yvette (Else Elster), der bisherige Star des Hauses, mit dem begabten, aber bis dato chancenlosen Starlet Janine (Marika Rökk) um die Hauptrolle in der neuen Revue konkurriert, wobei sie den Direktor des Hauses mit ihren Verführungskünsten umgarnt, um ihn so für sich einzunehmen. Janine lernt den armen, unbekannten Komponisten Pierre Tarin (Rudi Godden) kennen, der sich als Graf René ausgibt, damit sich der echte Graf (Johannes

Heesters), ein reicher Bonvivant, unerkannt dem Pariser Nachtleben widmen kann. Nach allerhand Intrigen bekommt nicht nur Janine die Hauptrolle, sondern Pierre wird als vermeintlicher Graf auch noch damit beauftragt, die neue Revue zu komponieren, die am »Moulin Bleu« Premiere feiert. Und zum ersten Mal werden Heesters und Rökk auf der Leinwand ein Paar, denn Janine bekommt am Ende des Films den echten Grafen René – wenn auch die Liebesszenen in *Hallo Janine* auf den heutigen Zuschauer recht hölzern und steif wirken. Die flott inszenierte Verwechslungskomödie, für die ein opulentes Budget von 700000 Reichsmark zur Verfügung gestanden hatte, kam beim Publikum wie bei den NS-Funktionären dennoch gut an, auch Hitler sah den Film und urteilte: »Gut gespielt«.[140]

Obwohl die Zusammenarbeit der beiden in diesem Streifen weitaus harmonischer war als in den vorangegangenen Jacoby-Filmen, wurde nach *Hallo Janine* von seiten der Ufa und des Propagandaministeriums dennoch beschlossen, sie künftig nicht mehr gemeinsam einzusetzen. Beider Position war nun so weit gefestigt, daß Filme für sie geschaffen werden mußten, in denen jeder für sich im Mittelpunkt stand, die ihrem Image entsprachen, während die männlichen Partner bei Rökk und die Partnerinnen bei Heesters ihnen in den meisten Fällen deutlich untergeordnet wurden. Heesters drehte fortan Heesters-Filme, und Rökk spielte ausschließlich in Rökk-Streifen. Trotz des vom Propagandaministerium erlassenen Verbots zur Beschäftigung von Eheleuten[141] durfte sie sogar immer wieder unter der Regie von Georg Jacoby vor der Kamera stehen – schließlich war nach dem 1940 erfolgten Aufführungsverbot amerikanischer Produktionen die Nachfrage nach deutschen Revuefilmen noch gestiegen, und Rökk hatte ihre Monopolstellung ausbauen können. Goebbels war sich bewußt, daß er Zugpferden und Publikumslieblingen wie Rökk und Heesters Zugeständnisse machen mußte, schließlich stellten sie ein wichtiges Kapital dar und hätten als Ausländer Deutschland jederzeit den Rücken kehren können, wenn sie nicht ihrem Status gemäß behandelt worden wären.

Rückblickend zu ihrer gemeinsamen Arbeit befragt, reagieren Rökk und Heesters durchaus unterschiedlich, beider Äußerungen jedoch lassen ahnen, daß sie nicht nur vor, sondern auch hinter der Kamera kein Traumpaar waren. Rökk betont in ihren Memoiren zwar einerseits, daß Heesters und sie »geschwisterlich auf gutem Fuß miteinander« gestanden und bei der Arbeit gut harmoniert hätten, deutet jedoch an, daß Heesters eifersüchtig auf sie gewesen sei, weil sie in den gemeinsamen Revuefilmen die größeren Parts hatte und das Publikum vor allem ihr zu Füßen gelegen habe: »Mein ›Bruder Jopie‹ und ich hatten ein Problem miteinander: Ich war Tänzerin, er war Sänger. Beide waren wir Asse in unserem Fach.« Daß Jacoby sie zunehmend in den Mittelpunkt der Filme gerückt habe, so fährt sie fort, habe Heesters nicht gefallen: »So merkte ich bei aller geschwisterlichen Verbundenheit schließlich gewisse Vorbehalte bei Jopie. Und Jacoby und ich verstanden es, als er uns eines Tages rigoros erklärte, er wolle nicht länger ›Rökk-Filme‹, sondern fortan lieber ›Heesters-Filme‹ machen. Recht hatte er.«[142] Im Jahr ihres neunzigsten Geburtstag nach ihrem Verhältnis zu ihrem einstigen Filmpartner befragt, will sie von diesen Mißklängen nichts mehr wissen und beschönigt: »Er war nicht nur ein Kollege, er war ein Freund. Es war immer so nett, mit Jopie zu spielen.« Und fügt apodiktisch hinzu: »Er wird da kaum was anderes sagen!«[143]

Was man in Rökks wechselhaften Erinnerungen eher zwischen den Zeilen lesen kann, gab Heesters unumwundener zu: »Was Marika und mich verband, hatte mit Liebe nichts zu tun – beinahe hätte ich gesagt: im Gegenteil!«[144] Auch eine Affäre zwischen den beiden, über die aufgrund der drei Filme im Dritten Reich und der drei gemeinsamen Nachkriegsfilme immer wieder spekuliert worden ist, hat es wohl nie gegeben. Zwar erinnert sich Rökk, bei Dreharbeiten zum Film *Die Csárdásfürstin* 1951 einmal nackt mit Heesters in einer sizilianischen Bucht gebadet zu haben – wobei die vermeintlich romantische Situation durch eine Seeigel-Attacke entschärft wurde[145] –, Heesters jedoch wurde nie müde zu betonen, daß Rökk nicht sein Typ gewesen sei, sie erschien ihm »ein bißchen pummelig« und außerdem zu »aufgedreht«.[146]

Dennoch war Heesters beeindruckt, wie konsequent und zäh Rökk neben den strapaziösen Dreharbeiten noch ihr tägliches, stundenlanges Tanztraining absolvierte, Rökk schätzte Heesters' souveräne Professionalität und seine stets perfekte Vorbereitung, noch im hohen Alter betont sie: »Jopie Heesters war immer so ruhig und überlegt, ich so aufgeregt und aufgedreht. Er hat bei den Dreharbeiten positiv auf mich eingewirkt, er war ein richtiger Profi.«[147] Nicht zuletzt weil sie selbst – auch wenn sie über sich sagt: »Ich war begabt. Ich hatte alles, was man für diesen Beruf braucht«[148] – im Singen wie im Tanzen, im Schauspielen wie im Akrobatischen ein »Profi des Dilettierens«[149] blieb, hatte sie vor Heesters großen Respekt. Beide waren Künstler, die voll und ganz in ihrer Arbeit aufgingen und äußerst ehrgeizig waren. Auch die Tatsache, daß beide, wie Rökk betont, »Bretterkinder«[150] waren, daß sie von der Bühne kamen und davon profitierten, verband sie.

Andererseits waren ihre Charaktere wiederum so unterschiedlich, ja beinahe völlig entgegengesetzt, daß es zwangsläufig zu Spannungen kommen mußte. Heesters befand: »Sie geht auf Pointe und ich bin mehr für schauspielerische Leistung.«[151] Sicherlich darf man nicht aus den Augen verlieren, daß sich die beiden Schauspieler, als sie sich kennenlernten und ihre ersten gemeinsamen Filme realisierten, in einer Konkurrenzsituation befanden. Beide waren aufstrebende Künstler, die reüssieren wollten und instinktiv schnell merkten, daß sie dies Seite an Seite nicht konnten, sondern jeder seinen eigenen Weg würde gehen müssen. Und das nicht zuletzt weil es noch in einer anderen Hinsicht einen grundlegenden Unterschied zwischen der ungarischen Tänzerin und dem holländischen Tenor gab: Marika Rökk ging mit ihrer asexuellen Wirkung, ihrer naiven Kindhaftigkeit, ihrer hausbackenen Kumpelhaftigkeit und ihrer mechanisierten, überdrehten und angestrengt wirkenden Fröhlichkeit als Personifikation jener Biederkeit in die Filmgeschichte ein, die das deutsche Kino in den dreißiger und vierziger Jahren prägte. Gerade in Kriegszeiten war die adrette Primaballerina des NS-Kinos die ideale Durchhaltefrau, nichts an ihr war geheimnisvoll und lasziv, erotisch provozierend oder gar zweideutig. Obwohl sie einer der führenden Show- und Filmstars des Dritten Reichs war, verkörperte sie eigentlich alle rückwärtsgewandten Idealvorstellungen, die sich die Nazis von der Rolle der Frau in der Gesellschaft machten. Johannes Heesters hingegen war der immer etwas geheimnisvolle, elegante Mann mit dem exklusiven Geschmack und den guten Manieren, der auf charmante Weise die Herzen der Frauen brach und wußte, wie er sich in Szene zu setzen hat, um auf das andere Geschlecht anziehend zu wirken. Damit verkörperte er das genaue Gegenteil des Männerbildes, das im NS-Regime als Ideal propagiert wurde. Während Rökk sich mit ihren oft an Uniformen gemahnenden Kostümen, ein Heer von Tänzerinnen im choreographierten Gleichschritt anführend, vollkommen in die Vorstellungswelt des Nationalsozialismus eingliederte, fiel er als ein Mann, der in einer zunehmend uniformierten Zeit im Frack oder Smoking auftrat, der, statt zu marschieren, tänzelte, der, statt zu brüllen, sang, vollkommen aus der Zeit. Auch aus diesem Grund mußte das Projekt »Film-Traumpaar Heesters-Rökk« scheitern.

Das Resümee, das Johannes Heesters hinsichtlich seiner Karriere im Jahr des Kriegsausbruchs ziehen konnte, fiel denkbar positiv aus, alles lief wie am Schnürchen. Zwar hatte sich zu seinem Bedauern sein beruflicher Schwerpunkt mehr und mehr von den Bühne zum Film verlagert, was sich nach Kriegsausbruch jedoch wieder ändern sollte, dennoch hatte sich seine drei Jahre zuvor getroffene Entscheidung, den Kontrakt bei der Ufa zu unterschreiben, als Glückstreffer erwiesen. Binnen kürzester Zeit war er vom unbekannten Außenseiter zu einem der beliebtesten Stars des Dritten Reichs aufgestiegen: »Ich drehte damals wirklich einen Film nach dem anderen, hatte Glück mit den Stoffen, den Regisseuren und den Partnerinnen und Partnern. Hinzu kam, daß mir die Elite der deutschen Filmkomponisten maßgeschneiderte Lieder schuf, die durch ihre zusätzliche Verbreitung im Radio zu noch heute gespielten Evergreens wurden.«[152] Zwar experimentierte die Ufa in den Jahren 1936 bis 1939 noch, wie er ideal einzusetzen sei, und schwankte dabei zwischen

Kostümstreifen und Operettenfilmen auf der einen und ganz auf ihn zugeschnittenen Musikfilmen, Komödien und Gesellschaftsstreifen auf der anderen Seite, sein Image jedoch festigte sich zusehends, auch wenn es erst nach Kriegsausbruch endgültig festgeschrieben wurde.

Gerade in einer Zeit, in der die Lebensfreude und Unbeschwertheit früherer Tage den pathetischen Inszenierungen der Nazis und einem streng reglementierten Alltag gewichen war, erschien Heesters wie die Verlockung aus einer anderen, besseren, freieren Welt. Gemäß dem Motto »Je dissonanter der Alltag, desto harmonischer die Kinowelt«,[153] flohen im Laufe der dreißiger Jahre Millionen Menschen ins Kino. Desto restriktiver die Politik der Nazis wurde, um so beliebter wurden unbeschwerte Filmsujets, die einen aus dem Alltag entführten. Die Leidenschaft für das Kino war groß, 1938 registrierten die deutschen Kinos mit 440 Millionen verkauften Eintrittskarten einen Rekordzulauf. Daß der Name Johannes Heesters von Beginn an als Garant dafür galt, daß man die Welt, in der man lebte, wenigstens für ein paar Stunden hinter sich lassen konnte, war ein wichtiger Impuls seiner großen Karriere.

Rückzug ins Private

Johannes Heesters' Erfolge auf der Bühne – aber noch stärker seine Präsenz auf der Leinwand – hatten aus dem in Deutschland unbekannten Holländer über Nacht einen der prominentesten Stars Berlins gemacht, dessen Gesicht bald jeder kannte. Zwar hatte er auch in Holland und Belgien bereits als Star gegolten, doch die Beliebtheit, die er nun erlangte, übertraf alles bislang Dagewesene. Ganz Berlin sprach mit einem Mal von dem holländischen Tenor, und schon bald vermochte er nicht mehr auf die Straße zu gehen, ohne einen Menschenauflauf zu verursachen: »*Der Bettelstudent* und *Das Hofkonzert* sorgten dafür, daß ich schon nach – fast erschreckend – kurzer Zeit kaum noch unerkannt das Haus verlassen konnte.«[154]

Die Heesters' hatten in Berlin zunächst im Hotel gewohnt, um in Ruhe nach einer festen Bleibe suchen zu können, denn zukünftig wollte man nicht mehr, wie noch in Wien, in Hotels oder Pensionen wohnen, sondern endgültig Wurzeln schlagen, auch wenn dieses Vorhaben zunächst durch so manchen Umzug erschwert wurde. Kurz nach der Übersiedlung von Wien nach Berlin hatte Heesters zunächst eine Wohnung in der Glienicker Straße 15–17 im idyllischen Stadtteil Wannsee,[155] dann aber noch Ende des Jahres, bevor sein zweiter Ufa-Streifen anlief, eine Straße weiter ein kleines, bescheidenes Häuschen in der Pardemannstraße 8 angemietet. Das Haus lag an einem baumbestandenen Platz, unmittelbar am alten Friedhof von Wannsee, nur einige Gehminuten vom Pohlesee und dem Stölpchensee entfernt, die durch den Kleinen Wannsee mit dem Großen Wannsee und der Havel verbunden sind. Hier, inmitten des beliebten Berliner Naherholungsgebiets, hatten sich nach der »Machtergreifung« Hitlers viele Prominente des Dritten Reichs, Parteibonzen der NSDAP, aber auch Schauspieler und Regisseure niedergelassen. Auch Joseph Goebbels residierte hier, auf einem herrschaftlichen Anwesen in Schwanenwerder, einer Halbinsel im Wannsee. Von seinem Haus in der Pardemannstraße, das sich weitab dieser vornehmen Villen im alten, ursprünglichen Teil des Bezirkes befand, erreichte Heesters die Babelsberger Ufa-Studios bequem in einer zwanzigminütigen Radtour, die er als leidenschaftlicher Sportler gern absolvierte.

Innerhalb kurzer Zeit folgten zwei Umzüge, die den gesellschaftlichen Aufstieg des Stars dokumentieren. Von dem bescheidenen Häuschen am Wannsee zog er bereits kurze Zeit später in eine repräsentative, jedoch noch höchst unprätentiös ausgestattete Villa in der Akazienallee 10–12, im vornehmen Berliner Villenviertel Westend, direkt am Rande von Charlottenburg gelegen, von wo aus er die Studios in Babelsberg immer noch bequem erreichen konnte, zugleich aber auch schneller in der Innenstadt Berlins war, wenn er abends Theater spielen mußte. Das Westend war damals schon ein äußerst beliebtes Wohnviertel, in das zunehmend auch Prominente zogen: Die Schauspieler Willy Fritsch (Kastanienallee), Lilian Harvey (Ahornallee), Gustav Knuth (Lindenallee) und Hans Brausewetter (Branitzer Platz) lebten hier, bis 1933 auch die dann emigrierte jüdische Verlegerfamilie Cassirer (Branitzer Platz), außerdem die Schriftstellerin Karla Höcker (Lindenallee), bei der Gustaf Gründgens die letzten Kriegstage verbrachte, sowie viele bekannte Ärzte und Wissenschaftler, unter ihnen auch die Familie Klaus Pringsheims, des Bruders von Katia Mann (Fürstenplatz). Den Heesters gefiel es in der exklusiven Gegend so gut, daß sie beschlossen, das gemietete Haus zu kaufen, sogar die Umbaupläne, mit denen das Haus ganz dem eigenen Geschmack angepaßt werden sollte, waren schon fertig. Diese jedoch fand der Hausbesitzer zum Pech der Kaufwilligen so überzeugend, daß er sich entschloß, sie selbst zu verwirklichen, das Haus zu behalten und mit seiner Familie dort einzuziehen.[156]

So zog Heesters am 10. September 1939, wenige Tage nach Kriegsausbruch, in eine große Mietwohnung in der Beletage einer luxuriösen Villa in der Hubertusbaderstraße 16 in Berlin-Grunewald,[157] ebenfalls schon damals ein Viertel der Reichen und der Prominenten. Das Haus, das nach seiner Kriegszerstörung nach 1945 wiederaufgebaut wurde, ist mittlerweile in zehn Wohneinheiten aufgeteilt, damals gab es dort nur drei geräumige Wohnungen und eine Portierswohnung im Erdgeschoß. Als Heesters einzog, war die Villa noch im Besitz der betuchten jüdischen Familie Kurt und Lili Jachmann, die jedoch bereits im Oktober 1938, kurz vor den Pogromen der »Reichskristallnacht«, aus Deutschland emigriert war.[158] 1942, ein Jahr bevor die Heesters' das Haus bereits wieder verließen, wurde die Villa, wie es im damaligen Sprachgebrauch hieß, »arisiert«, da Jachmann aber die Staatsangehörigkeit von Honduras besaß, nahm man die »Arisierung« noch im selben Jahr zurück, und Jachmann blieb bis 1945 offizieller Besitzer des Hauses.[159] Heesters war damals durch eine jüdische Freundin der Familie, die mit den nach New York emigrierten Jachmanns bekannt war, auf die frei gewordene Wohnung aufmerksam gemacht worden.[160]

Als Heesters in die prachtvolle Wohnung in der Hubertusbaderstraße zog, hatte sich die Familie bereits vergrößert, zwei Jahre zuvor, im Februar 1937, war – sechs Jahre nach der Geburt des ersten Kindes – eine zweite Tochter geboren worden, die auf den Namen Nicole getauft wurde und später beruflich in die Fußstapfen ihres Vaters treten sollte. Da Heesters zeitlebens ein Familienmensch war, versuchte er soviel wie möglich für seine Töchter da zu sein, weil er aber nahezu ununterbrochen drehte und Theater spielte, hatte er nur wenig Gelegenheit, die beiden aufwachsen zu sehen. Sooft es ging, unternahm er gemeinsam mit seiner Frau, der zweijährigen Nicole, die in dieser Zeit liebevoll Nicoletje gerufen wurde, und der achtjährigen Wiesje Ausflüge, um die Umgebung des neuen Wohnortes zu erkunden. Während Heesters seine Tage in den Filmstudios und seine Abende im Theater verbrachte, war seine Frau Wiesje für die Einrichtung des Hauses zuständig, was nun, da sie selbst nicht mehr auf der Bühne stand, zu einer ihrer Lieblingsbeschäftigungen wurde.

Auf übertriebenen Luxus, wie ihn sich mancher Filmstar zur damaligen Zeit leistete, wurde dabei verzichtet, denn Heesters – hier schlug abermals das Kaufmannsblut seiner Familie durch – hielt nichts von Verschwendung. Wiesje Heesters erinnerte sich: »Jopie gab immer nur Geld für etwas aus, was auch am anderen Tag noch Wert besaß. Das war gut so.«[161] Ein Flügel und ein Grammophon gehörten dennoch ebenso zur Ausstattung des Hauses im Grunewald wie ein riesiger Vitrinenschrank mit kostbarem Delfter Porzellan. Heesters wollte jedoch ganz bewußt kein Haus, das nach repräsentativer Filmstar-Villa und nach einer Kulisse für rauschende Feste aussah, sondern eines, in dem er sich wohlfühlen und die Welt der Bühne und der Filmstudios hinter sich lassen konnte: »Der leichtlebige Glanz der Film- und Operettenwelt, in der ich arbeitete, hatte in unseren vier Wänden nichts zu suchen: keine herrschaftliche Villa, kein Personal, keine Limousinen, kein Stargehabe, kein Überfluß.«[162]

Nicht zuletzt ging es ihm darum, seine Familie vor dem Trubel zu schützen, der um seine Person gemacht wurde: «Ich bemühte mich sehr, die Auswirkungen des Ruhms von meiner Familie fernzuhalten. Gänzlich gelungen ist es mir nicht. Leider kam es immer wieder vor, daß die beiden Mädchen, Wiesje und Nicole, schon auf dem Weg zu Schule von neugierigen Frauen aller Altersstufen bedrängt wurden, die sich bereits in den frühen Morgenstunden vor dem Hauseingang versammelt hatten.«[163] Beide Töchter erinnern sich noch Jahrzehnte später daran, wie unangenehm es ihnen damals war, wenn sie von Fans nach den Lebensgewohnheiten ihres Vaters ausgefragt wurden.[164] Gerade weil sie mit der Popularität des Vaters konfrontiert wurden, sobald sie das Haus verließen, sollte ihnen hinter verschlossenen Türen vermittelt werden, daß sie eine Familie wie jede andere waren. Beide gewöhnten sich auf diese Weise mit der Zeit an den Rummel, viel gesprochen wurde darüber bald nicht mehr. Doch daß ihr Vater so konsequent in seiner Trennung von Berufs- und Privatleben war, daß er niemals einen der Filmstars, mit denen er zusammen arbeitete, nach Hause einlud, bedauerten sie in ihrer kindlichen Neugier verständlicherweise so manches Mal. Nur einmal durfte die älteste, damals siebenjährige Tochter Wiesje mit ins Studio kommen, im Sommer 1938 bei den Dreharbeiten zu *Nanon*.[165]

Doch es waren nicht nur die zudringlichen Fans, vor denen Heesters seine Töchter schützen wollte, sondern zunehmend auch die Realität der Diktatur, in der man lebte – nur ließ sich dies noch wesentlich schwerer bewerkstelligen, nützte hier kein Rückzug ins Private, denn auch die Heesters wurden mit den Auswirkungen der Terrorherrschaft der Nazis und deren Propagandabotschaften konfrontiert. So wollten die Eltern, die sich trotz der Karriere, die Heesters in Deutschland machte, ein kritisches Verhältnis zum braunen Regime bewahrten, wenigstens verhindern, daß Klein-Wiesje und in den letzten beiden Kriegsjahren auch die sechs Jahre jüngere Nicole in Berlin in öffentliche deutsche Schulen gehen mußten, wo versucht wurde, den Kindern von klein auf die Nazi-Ideologie und den Rassenhaß einzuimpfen. Daß Tochter Wiesje den Wunsch äußerte, wie alle ihre Schulkameradinnen Mitglied des BDM zu werden, daß sie auch die gleiche Uniform wie die meisten Kinder ihres Alters tragen und an deren vermeintlichen Abenteuern teilhaben wollte, war verständlich, wurde aber von ihren Eltern mit Befremden betrachtet.[166] So nutzte Heesters, was er sonst nie tat, in diesem Fall einmal seine Popularität und erreichte, daß seine beiden

Töchter eine katholische Klosterschule[167] besuchen konnten, auf die fast ausschließlich Kinder ausländischer Diplomaten und Botschaftsangehöriger gingen: »Die Beweggründe dafür waren keineswegs elitärer Natur. Wiesje und ich standen wirklich nicht auf dem Standpunkt, etwas Besseres zu sein. Vielmehr hatten wir die große Hoffnung, daß den Kindern an dieser Schule eine gute humanistische Bildung zuteil würde, die vor allen Dingen frei von jeglicher Ideologie war.«[168] Ein weiterer Beweggrund war, wie sich Tochter Wiesje noch sechs Jahrzehnte später erinnert, daß ihr Vater Angst hatte, die Kinder in der Schule könnten ausplaudern, wie offen zu Hause gegen Hitler und gegen das Regime gesprochen wurde, was damals, als Kinder dazu angehalten wurden, ihre Eltern zu bespitzeln und zu denunzieren, zum Verhängnis werden konnte.

Der Kaplan, bei dem Tochter Wiesje auch die erste heilige Kommunion empfangen hatte, sorgte dafür, daß die Heesters-Töchter in der Klosterschule Sacre Cœr unterkamen, die, weil man das ursprüngliche Schulgebäude in ein Lazarett für Kriegsverwundete umgewandelt hatte, in das 1933 bis 1937 neu errichtete Kloster St. Gabriel in der Bayernallee 32 ausgelagert war und sich damit unweit des Hauses der Heesters' im Westend befand. Die mittlerweile dreijährige Nicole besuchte den Kindergarten der Klosterschule. Wenn seine Zeit es erlaubte, brachte Heesters seine Töchter selbst in die Schule – besonders nachdem man vom nahen Haus im Westend in den Grunewald umgezogen war – zunächst noch mit dem Auto und später, als das Benzin kriegsbedingt rationiert wurde und auch er seinen Wagen hatte abgeben müssen, mit einer kleinen Pferdekutsche, die Heesters von seinem Publikum bei einem Gastspiel in Leipzig geschenkt worden war.

Als der Bombenkrieg sich zunehmend gegen Berlin richtete und es aufgrund der sich häufenden Luftangriffe immer gefährlicher wurde, auf die Straße zu gehen, durften Wiesje und Nicole auch in der Schule übernachten. So sparten sie sich einerseits den Schulweg und die lästigen Fragen nach dem berühmten Vater, andererseits waren sie besser vor den Bombenangriffen geschützt, als wenn sie täglich pendelten. Dennoch hatten die Eltern natürlich Angst um ihre Töchter und erwogen, sie aus Berlin weg und an einen sichereren Ort zu bringen – was später mit den Umzügen zunächst nach Prag und dann ins Salzkammergut auch geschah. In dieser Zeit, so Johannes Heesters, verschärfte sich die Strenge noch, auf die er bei der Erziehung seiner Töchter von Anfang an Wert gelegt hatte. Obwohl diese ihn auf eigenen Wunsch von klein auf nicht etwa Vater oder Papa, sondern Jopie nannten – woraus, weil die kleine Nicole zunächst Schwierigkeiten mit der Aussprache hatte, teilweise auch »Gogo« wurde – und er zudem stets darauf bedacht war, ein verständnisvoller Freund seiner Kinder zu sein, blieb Heesters dennoch immer auch eine Autorität, eben weil er seine Töchter schützen wollte: »Und als die Wirklichkeit immer bedrohlicher und beängstigender wurde, ich mich selbst wieder und wieder ermahnte: Paß auf die Kinder auf!, war ich wohl oft ein strenger Vater. Auch später noch, als sie heranwuchsen, hatte ich immer Angst um sie.«[169]

Ganz ließ sich die von Heesters angestrebte Trennung von Privatem und Beruflichem nicht vollziehen, zumindest nicht, wenn man wie Heesters ein Star der Ufa war. So blieb ihm auf Drängen des Studios nichts anderes übrig, als 1940 einen Photographen in seine Wohnung im Grunewald zu lassen, der Photos für eine Homestory machte. Heesters ließ sich am Klavier und an seinem Schreibtisch mit den hohen Stapeln Autogrammpost photographieren, beim Hören von Schallplatten im Salon seines Hauses, Gitarre spielend in der gemütlichen Eßecke und – im Dritten Reich sah man es gern, wenn Stars Bodenhaftung demonstrierten – beim Abtrocknen in der Küche. Die Photos wurden, mit vorgefertigten Bildunterschriften versehen, an Zeitungsredaktionen verschickt, die daraus dann Homestories über die »privaten« Seiten des Stars gestalten konnten. Auch diese scheinbaren Einblicke in das Privatleben, waren also bis ins letzte Detail von den Studios kontrolliert.

Doch das unaufgeregte, normale Familienleben war im Falle Heesters nicht nur für die Kameras des Photographen inszeniert worden, sondern etwas, was dem Schauspieler zeitlebens sehr wichtig war: »So mancher wäre sicher enttäuscht gewesen, hätte er erlebt, wie ausgesprochen normal es bei uns zu Hause zuging.«[170]

Solange er auf der Bühne stand, entsprach Heesters allen Klischees, die man von ihm erwartete, und auch solange er sich in der Öffentlichkeit bewegte, verhielt er sich immer freundlich und höflich zu seinen Fans, vergaß er doch niemals, daß er ohne ihre Liebe diesen Erfolg nicht gehabt hätte, es war eine Selbstverständlichkeit für ihn, den Erwartungen des Publikums zu entsprechen. Doch sobald er seine Tür hinter sich geschlossen hatte, streifte er seinen Starruhm ebenso wie das Image des strahlenden, unbekümmerten Lebemanns ab, hinter dem sich, was seine Fans niemals erfuhren, immer ein äußerst nachdenklicher und sogar eher pessimistischer Mensch verbarg.[171] Auch wenn er *der* Inbegriff der champagnerseligen Operettenwelt wurde, er selbst verachtete die Oberflächlichkeit, die Falschheit und die Eitelkeiten, die viele seiner Schauspielerkollegen umtrieben, zutiefst. Nie war er jemand, der das Leben leichtnahm, wohl nicht zuletzt weil er in seiner frühesten Kindheit mit der wirtschaftlichen Niederlage seines Vaters hatte erfahren müssen, wie schnell man Glück, Wohlstand und Erfolg auch wieder einbüßen kann. Nur die Menschen, die mit Heesters direkt in Berührung kamen, erfuhren von dieser Seite des Stars. Schauspielkollegin Marika Rökk etwa erinnert sich: »Jopie Heesters, der Götterliebling auf den ersten Blick, neigte zu Niedergeschlagenheit. Er war sehr empfindsam und sentimental.«[172]

Die strikte Trennung von Familien- und Berufsleben, hat einerseits sicherlich etwas mit Heesters' grundlegendem Bedürfnis zu tun, seine Familie als einen Hort der Geborgenheit zu betrachten, aber auch mit der verständlichen Notwendigkeit, sich in den wenigen Stunden, die ihm am Nachmittag zwischen Filmatelier und Theater blieben, auszuruhen, was er am liebsten mit einer Tasse Tee »met een wolkje melk«, mit einem Wölkchen Milch, tat, wie er es aus seiner holländischen Heimat gewöhnt war. Zum anderen bot ihm die Abschottung im Privaten aber auch die Möglichkeit, sich den Vereinnahmungsversuchen der Nazis so weit wie möglich zu entziehen, für die er wenig Sympathie hegte. Er war, politisch gesehen, ein unbeschriebenes Blatt, und genau das wollte er auch bleiben, weshalb er Einladungen zu Künstlerempfängen oder sonstigen offiziellen Anlässen auch, sooft es ging, ablehnte – die immense Arbeitsbelastung war immer eine willkommene Ausrede. Daß er eine außergewöhnlich große Karriere in Nazideutschland machte bedeutete nicht, daß er sich im schillernden Hier und Jetzt seines Erfolgs verlor und keinen Sinn mehr für die Dinge hatte, die sich um ihn herum ereigneten, daß er nicht sehr genau wahrnahm, was im Dritten Reich vor sich ging. Da er jüdische Freunde hatte, verfolgte er die von den Nazis systematisch betriebene, demütigende Ausgrenzung der deutschen Juden sehr genau. Dies war im Hause Heesters durchaus ein wiederkehrendes Thema.[173] Man erfuhr von den immer neuen antisemitischen Verordnungen, denn Heesters hatte Ben Stierhout, einen engen Freund aus gemeinsamen Amsterdamer Jugendtagen, in seinen Haushalt geholt, wo er als Privatsekretär seine Post erledigte, aber auch dafür zuständig war, sich um Frau und Töchter zu kümmern, wenn Heesters wochenlang in München Theater spielte oder in Wien oder Prag drehte. Die Kinder nannten ihn Oom Ben – Onkel Ben. Jener Stierhout, der die Dachwohnung im Haus in der Hubertusbaderstraße bezog, hatte auf Heesters' Vermittlung hin eine Berliner Jüdin geheiratet, um sie so vor der Verfolgung der Nazis zu schützen.[174] Die Ehe des homosexuell Veranlagten mit der anderweitig liierten Stella bestand zwar nur auf dem Papier, sie bewahrte sie jedoch vor dem Holocaust, da sie durch die Heirat holländische Staatsbürgerin geworden war und als solche noch zu einer Zeit nach Amerika ausreisen konnte, als dies deutschen Juden längst verwehrt war. Stierhout war vor der Emigration seiner Frau Stella noch oft mit ihr gemeinsam Gast im Hause seines Freundes.[175]

So war man beinahe tagtäglich mit den Auswirkungen des Naziterrors konfrontiert. Im Parterre des Hauses in der Hubertusbaderstraße wohnte eine ältere Dame, die die Aufgaben einer Portiersfrau übernommen hatte und die zu den Heesters und deren Töchtern ein sehr freundschaftliches Verhältnis unterhielt. Frau Conradi war jüdischer Abstammung, aber da sie mit einem »Arier« verheiratet war und insofern nach den »Nürnberger Rassegesetzen« in einer sogenannten »Mischehe« lebte, vorerst nicht gefährdet – bis Anfang 1943 standen solche Verbindungen noch unter Schutz. Besonders Tochter Wiesje verbrachte viel Zeit bei ihr, versorgte Frau Conradi sie doch ständig mit den Werken der klassischen Literatur aus ihrer Bibliothek. Dort lernte Wiesje auch deren Pflegetochter Helga kennen, die regelmäßig zu Besuch bei der alten Frau war und von dieser abgöttisch geliebt wurde. Aufgehetzt von Freunden, BDM-Kameradinnen oder Lehrern, kam die Vierzehnjährige eines Tages zu ihrer Pflegemutter und verkündete ihr, daß sie fortan nicht mehr zu Besuch kommen werde, denn sie sei »eine alte Judensau«. Völlig aufgelöst und zutiefst verletzt, erzählte die weinende Portiersfrau kurz danach Wiesje Heesters von dem Vorgefallenen. Als diese ihrem Vater davon berichtete, verbot er seinen Töchtern jeglichen weiteren Kontakt mit jener Helga.[176]

Im Februar 1943, kurz bevor die Familie Heesters nach Prag zog, hob Joseph Goebbels den Schutz der »Mischehen« auf und ließ, um Berlin »judenfrei« zu machen, 5000 Berliner jüdischer Herkunft inhaftieren, viele von ihnen in einem jüdischen Altersheim in der Berliner Rosenstraße. Die meisten mußten kurze Zeit später aufgrund der Demonstrationen der »arischen« Ehepartner vor dem Gebäude wieder freigelassen werden. Auch Frau Conradi wurde abgeholt. Weil die alte Frau nicht schnell genug über die Holzleiter auf den Lastwagen klettern konnte, schlug ihr ein sechzehn- oder siebzehnjähriger Hitler-Junge mit einem Stock auf den Kopf, so daß sie blutend zusammenbrach. Die Heesters' standen mit ihren beiden Töchtern am Fenster ihrer Wohnung und beobachteten mit Entsetzen und ohnmächtiger Wut diese Szene. Heesters, der nach außen hin immer strahlende Leinwandstar, weinte ebenso wie der Rest seiner Familie. Seine Tochter erinnert sich noch heute an seine Worte: »So etwas passiert mitten in Deutschland, und man ist machtlos und kann nichts dagegen unternehmen.«[177] Was aus jener Frau Conradi geworden ist, ob sie ihren Verletzungen noch in Berlin erlag oder mit vielen anderen nach Auschwitz transportiert wurde, läßt sich nicht mehr klären.[178] Ihre Spur verliert sich Anfang 1943.

Johannes Heesters tat, was Millionen Deutsche zu dieser Zeit taten, er arbeitete weiter und widmete sich seinem aufreibenden beruflichen Leben. Er drehte seine Filme, stand auf der Bühne, sang im Rundfunk, nahm Schallplatten auf, absolvierte Photo- und Pressetermine und reiste, wenn sein Vertrag dies vorschrieb, zu Filmpremieren oder Theatergastspielen. Nicht selten begannen die Tage in den Filmstudios bereits im Morgengrauen und dauerten bis in den Abend hinein, wobei Heesters meist nur bis zum Nachmittag drehte, um vor seinen abendlichen Bühnenauftritten noch einige Stunden Zeit zu haben. Freizeit blieb da wenig, für längere Ferien war so gut wie nie Zeit. Dem Frühaufsteher Heesters, der teils schon um fünf Uhr aufstand,[179] schien dieser volle Terminkalender nichts auszumachen, er wußte, daß seine Karriere ihren Preis forderte. Trotz der vielen Verpflichtungen und dem Versuch, sooft wie möglich für seine Familie da zu sein, war es ihm ebenso wichtig, Zeit für sich zu haben und sich seinen vielfältigen sportlichen Aktivitäten zu widmen, denn natürlich mußte er sich als Schauspieler, der auf ein bestimmtes Aussehen festgelegt wurde, fit halten.

So ruderte und schwamm er in den Seen Berlins, fuhr leidenschaftlich gern Fahrrad in den Wäldern um Grunewald, sein Lieblingssport aber war und blieb das Boxen, damals ein Modesport vieler Schauspieler, sowohl im Ring als auch als Zuschauer. Neben Heesters waren es Schauspieler wie Hans Albers oder Hans Brausewetter, die im Rahmen ihres Fitneß-Programms dem Boxsport frönten, und mit Max Schmeling gab es gar einen Boxer, der mit Anny Ondra nicht nur eine Schauspielerin heiratete, sondern später auch selbst in Filmen mitwirkte. Heesters jedoch hatte nicht erst in Berlin damit begonnen, sondern bereits als Vierundzwanzigjähriger, nach seinem Umzug nach Rotterdam. Dort hatte er ab 1929 eine Sportschule besucht und Boxunterricht genommen, auch wenn er sich damit über das Verbot seiner beiden Theaterdirektoren Boskamp und van Aerschot hinwegsetzte, die um das gute

Aussehen ihres jungen Tenors bangten, der sich häßliche Verletzungen beim Boxen hätte zuziehen können.[180] Seine Motivation, sich ausgerechnet diesem Sport zu widmen, ging auf eine Erfahrung seiner Kindheit zurück: Eines Tages hatte er mit angesehen, wie ältere Kinder einen Hund quälten. Heesters, der sehr tierlieb war, konnte wegen seiner verhältnismäßig zarten und schwächlichen Statur nicht eingreifen. So nahm er sich vor, einmal so stark zu sein, daß er nicht nur sich selbst verteidigen, sondern auch gegen solche Ungerechtigkeiten vorgehen könne.[181] Soweit bekannt ist, brauchte Heesters seine beim Boxen erlernten Fähigkeiten jedoch nie, um sich durchzusetzen, sein unbestechlicher Charme führte ihn in den meisten Fällen zum Ziel. Geboxt wurde nur im Film, so etwa 1954 in *Gestatten, mein Name ist Cox* oder im gleichen Jahr aus Promotiongründen bei einem Schaukampf von Schauspielern gegen Kritiker.

»Manche zarte Bande …«

Ein Bild von einem Mann. Perfekt gekleidet und gestylt. Eine tadellose Erscheinung. Hochelegante, maßgeschneiderte Anzüge, geschmackvolle Krawatten und Einstecktücher. Immer häufiger im Smoking oder im Frack, der Uniform des Lebemannes. Blank polierte Lackschuhe. Erlesene Stoffe. Kostbarer Schmuck, teure Uhren, Siegelringe und Manschettenknöpfe. Die obligatorische Nelke am Revers, der weißgefütterte Umhang. Der Zylinder, der elegante Spazierstock mit Silberknauf, die weißen Handschuhe und der lange blütenweiße Schal, den er in graziler Geste über die Schulter zu werfen weiß, diese Accessoires wurden in den dreißiger Jahren zu Heesters' Markenzeichen. Ebenso wie das strahlende, offenherzige Lächeln, das markante Gesicht, die glattrasierten Wangen, die braunen Augen, das korrekt geschnittene, mit Pomade meist nach hinten gekämmte Haar. Dazu die perfekten Manieren, die gepflegten Umgangsformen und der Charme, der – auf der Leinwand wie im Leben – bei den Frauen so gut ankommt. Heesters, ein »homme-à-femmes«, ein Mann, mit allen Champagnern gewaschen. Noch heute kann man die Begeisterung der weiblichen Fans von einst nachvollziehen, wenn man Photographien von Heesters aus den dreißiger und vierziger Jahren betrachtet.

Die Rollen, in denen Heesters im Dritten Reich auf der Bühne oder vor der Kamera stand, trugen konsequent dazu bei, dieses Image zu festigen und beim Publikum die Meinung zu bestätigen, daß er auch als Privatmensch so sei, wie er im Theater oder im Kino präsentiert wurde. Sein Star-Image war durchgehend homogen: Immer ist er der von Frauen umschwärmte Mann, der galante Bonvivant, der zu leben versteht, der die Avancen, die man ihm macht, nur zu gern erhört und dafür nicht selten mit der Eifersucht jener Frauen konfrontiert wird, die dabei ins Hintertreffen geraten sind. 1939 etwa war er auf der Leinwand in *Das Abenteuer geht weiter* zu sehen, wo er einen umjubelten, notorisch untreuen Bühnentenor spielt, der sich in der Gunst seiner Verehrerinnen sonnt und sich auf so manches Liebesabenteuer einläßt, bis seine erboste Frau mit Scheidung droht und er letztlich zu ihr zurückfindet. Heesters beeilt sich, rückblickend zu erklären, daß es eine solche eifersüchtige Ehefrau in seinem Leben glücklicherweise nicht gegeben habe: »Wiesje war zu gescheit, um eifersüchtig zu sein. Einfach war das für sie sicher nicht, hatten doch die Filmproduzenten sehr bald registriert, daß ich bei den Frauen hoch im Kurs stand, und sie ließen nichts unversucht, um aus Johannes Heesters, dem ›Helden der weiblichen Kinogänger‹, auch noch Johannes Heesters, den Weiberhelden, zu machen.«[182]

Ein Image, das es zu bewahren galt und auf das die Studios pochten. Was Heesters in seinen Memoiren nur andeutet, hatte in Wahrheit durchaus konkrete Auswirkungen, denn von einer Ehefrau, die eventuell eifersüchtig werden könnte, erfuhr das damalige Publikum erst gar nichts, ebensowenig wie von Heesters' beiden Töchtern. Eben weil er als romantischer Herzensbrecher und als begehrenswerter Mann präsentiert werden sollte, der von allen Frauen geliebt wird und für alle Frauen da ist, paßten Ehefrau und Kinder nicht zum Image. Die Ufa hatte diesbezüglich leichtes Spiel, denn in Deutschland wußte zu diesem Zeitpunkt niemand etwas über das Privatleben des holländischen Tenors, und die ersten Zeitungsberichte über ihn Anfang 1936 waren ausschließlich Rezensionen zu den Inszenierungen gewesen, in denen er auftrat. Artikel über die Person Heesters waren hingegen damals noch nicht erschienen. Da Heesters nur drei Monate nach seiner Ankunft in Berlin von der Ufa unter Vertrag genommen wurde, konnte das Studio die totale Kontrolle seines Images und seines Auftretens in der Öffentlichkeit übernehmen und die Informationen, die künftig über ihn veröffentlicht wurden, in ihrem Sinne steuern. Bis zum Untergang des Regimes wurden von Heesters keine Privatphotos veröffentlicht.

Bei Stars, die als erotische Projektionsfiguren präsentiert werden sollten, war es durchaus nicht unüblich, daß sie der Öffentlichkeit gegenüber als ungebunden inszeniert wurden. Sowohl in Hollywood, wo Marlene Dietrich sehr zum Unmut ihres Studios das bis dato geltende Tabu durchbrach, daß eine als männermordender Vamp geltende Frau keinen Mann und keine Kinder haben darf, und den Journalisten trotzig ihre Tochter präsentierte, als auch in Deutschland. Von Hansi Burg etwa, der Lebensgefährtin und Verlobten des Frauenschwarms Hans Albers, erfuhr das Publikum schon zu Zeiten der Weimarer Republik nichts, es finden sich keine veröffentlichten Bilder, die Albers gemeinsam mit ihr zeigen.[183] Da sie Deutschland 1933 als Jüdin Richtung Schweiz verlassen mußte und Albers fortan nur noch heimlich mit ihr liiert war, hatte es die Ufa bei ihm leicht, ihn als Junggesellen zu präsentieren, wie es zu seinem Leinwandimage paßte. Auch er verkörperte den draufgängerischen Männertypus, der für alle Frauen da ist, eine private Liebesbindung hätte da kaum ins Bild gepaßt. Diese Praxis auch bei Heesters anzuwenden, der zum leichtlebigen Bonvivant aufgebaut werden sollte, war naheliegend. Weder in biographischen Artikeln aus der Zeit von 1936 bis 1945, die teils sehr ausführlich und detailgetreu über seine holländische Karriere und seine Herkunft berichteten und über seine privaten Angewohnheiten oder sportlichen Aktivitäten Auskunft gaben, gibt es Hinweise auf seine Ehe und seine Vaterschaft, noch findet sich unter Dutzenden von Photos in den Filmzeitschriften ein einziges Bild, das Johannes Heesters gemeinsam mit seiner Frau oder mit seinen Töchtern zeigen würde. Lediglich eine einzige veröffentlichte Aufnahme, die 1940 für die bereits erwähnte Ufa-Homestory gemacht wurde, zeigt ihn in seiner Wohnung im Grunewald gemeinsam mit seiner dreijährigen Tochter Nicole. Die von der Ufa vorgegebene Bildunterschrift aber vermeidet ausdrücklich, auf den Umstand hinzuweisen, daß es sich hierbei um Heesters' Tochter handelt: »Ja, wirklich, er weiß mit Kindern umzugehen. Das Mädchen an seiner Seite folgt ihm erstaunt und entzückt.« Im Ausland ging man nicht anders vor, auch hier sollte das Publikum nichts von Heesters' Frau und Familie erfahren. 1943 antwortete ein italienischer Reporter einer Filmzeitschrift auf eine Leserfrage: »Johannes Heesters hat mir einmal verraten, daß er erst dann heiraten wird, wenn er keine Briefe mehr von seinen Anhängern bekommt. Bis dahin soll er keine Zeit zum Heiraten haben.«[184]

Die Berliner Fans, die Heesters vor seinem Haus auflauerten und ihn verfolgten, erfuhren natürlich von Frau und Kindern und reagierten alles andere als glücklich darauf, daß ihr Schwarm verheiratet und zudem Familienvater war. In einer totalitären Diktatur war es jedoch leichter als in einer freien Medienlandschaft, zu verhindern, daß diese Einblicke in Heesters' Privatleben zum Wissen der Allgemeinheit wurden. Durch die totale Kontrolle der Presse konnten ohnehin keine unerwünschten Enthüllungsberichte oder Skandalstories veröffentlicht werden, gedruckt wurde nur das, was das Propagandaministerium erlaubte. Wie mächtig das Image von Heesters schon nach kurzer Zeit geworden war, offenbarte sich gerade in den Begegnungen seiner Frau Wiesje mit den weiblichen Fans. Rückblickend erinnerte sie sich an unschöne und irritierende Erlebnisse: »Wenn ich in Berlin morgens das Treppenhaus betrat, standen da bereits zahlreiche Verehrerinnen aller Altersstufen und Haarfarben. Es waren ganz unverschämte Personen darunter, die mich anpöbelten, ich solle verschwinden, solle ihn freigeben, er wäre für alle Frauen da, nicht nur für mich allein.« Ihr Mann jedoch, so erinnert sie sich, war bei solchen Ereignissen ganz der Gentleman, den er auch auf der Leinwand verkörperte: »Jopie verhielt sich in solchen Situationen fabelhaft. Ich werde ihm das nie vergessen, ich bewundere ihn noch heute dafür. Er hatte für alle ein Lächeln – und weg war er.«[185]

Diese Vorkommnisse belegen, daß die Strategie der Ufa funktionierte, daß Millionen von Frauen ihre Sehnsüchte auf Heesters projizierten: Image und »wahrer Charakter« wurden immer stärker miteinander identifiziert. Viele seiner weiblichen Fans hofften, daß er sich ihnen gegenüber, wenn sie ihm nur einmal begegnen würden, ebenso galant verhielte, wie man dies von der Leinwand oder der Bühne bei ihm kannte. So gut es eben ging, versuchte Heesters dies auch, er bemühte sich immer, freundlich und charmant zu bleiben, selbst wenn ihn, wenn er nach Hause kam, ganze Trauben von schnatternden Frauen umlagerten, die sich an der Haustür kaum abschütteln ließen und oft noch bis spät nachts dort stehenblieben und Heesters' Namen skandierten, wie sich Tochter Wiesje entsinnt.[186] Für Johannes Heesters war diese überbordende, teils absurde Formen annehmende Zuneigung einfach Teil seines Berufes, der ihm – auch hier kam ihm seine Bodenhaftung zugute – nicht zu Kopf stieg, sondern ihn viel eher amüsierte. Heesters erinnert sich an »junge Frauen, die laut lachend und aufgekratzt hinter mir her- und um mich herumliefen, die mit mir in die Straßenbahn stiegen, die mir bis nach Hause folgten, die aber – trotz ihrer Hartnäckigkeit – fast immer harmlos waren.«[187]

Eine andere Frage ist, wie sehr die Zudringlichkeit der weiblichen Fans die Ehe der Heesters' belastete. Von Vorteil war sicherlich, daß Wiesje selbst von Kindesbeinen an auf der Bühne gestanden hatte, das Künstlermilieu kannte, wußte, wie es war, im Rampenlicht zu stehen, und sehr wohl zwischen dem Image des Herzensbrechers und ihrem Jopie, zwischen den Imaginationen der Fans und dem Privatmenschen zu unterscheiden vermochte. Auch ihr wird als junger, umjubelter Opern- und Operettendiva so manches Herz zu Füßen gelegt worden sein. Dennoch war die Intensität, mit der ihr Mann nun von seinen Fans umlagert wurde, ein schwer erträgliches, sicherlich manchmal auch geradezu unheimlich anmutendes Faktum: »Ich habe ihn zeit meines Lebens geliebt, auch wenn es mir nicht immer leichtfiel, ihn mit seinem großen Publikum zu teilen. […] Er wurde von allen geliebt; die Mädchen hatten sein Photo auf dem Nachttisch, in der Geldbörse, in der Hülle für Lebensmittelkarten und im Herzen. Im Ohr hatten sie seine Lieder und im Sinn den Wunsch, mit ihm eine Affäre zu haben.«[188]

Dennoch: War Heesters immer so standhaft wie in den Situationen, wenn sich die Annäherungsversuche der weiblichen Fans vor den Augen seiner Frau abspielten? Wie verhielt er sich, wenn ihm eine Schauspielerin im Filmstudio Avancen machte? Wie, wenn er am Bühnenausgang von Verehrerinnen umlagert wurde? Schauspielerkollegin Marika Rökk plauderte in ihren Memoiren *Herz mit Paprika* aus: »Nie habe ich erlebt, daß ein Mann ähnlich von Frauen vergöttert, ja verfolgt worden wäre. Mädchen schlichen sich heimlich in seine Garderobe. Als er in Unterhosen stand, purzelte einmal eins aus dem Schrank. Sie lauerten ihm auf, setzten sich in Szene und machten ihm Anträge.« Nicht eben um kollegiale Diskretion bemüht, fährt sie fort: »Nun, er konnte oft nicht nein sagen. Viele seiner Abenteuer wurden bekannt. Die von ihm Beglückten sorgten manchmal selber für die Verbreitung dieser triumphalen Siegesmeldung.«[189]

Wiesje Heesters jedoch ertrug die Affären ihres Mannes, ob sie vereinzelt davon erfuhr oder ob sie lediglich Ahnungen von ihnen hatte, anscheinend mit stoischer Gelassenheit. In einem Zeitungsbericht von den Dreharbeiten zur Eifersuchtskomödie *Das Abenteuer geht weiter* läßt Heesters' Filmpartnerin Maria von Tasnady ihre Rollenfigur das aussprechen, was auch Wiesje Heesters in dieser Zeit empfunden haben mag: »Wissen Sie, es ist furchtbar schwer, da gleichmütig zu bleiben und immer großzügig zu sein. So ein Künstler ist noch mehr als jeder andere Mann ein rechtes Kind, das immer ein Spielzeug braucht und nach jedem neuen greift, das er sieht. Und zu Hause? Da kommen Autogrammbriefe, kommen Anrufe, Bitten um ein Rendezvous, Beschwörungen, doch recht bald wieder in das und das Kaffeehaus zu gehen – das müssen Sie sich nun als Frau des Künstlers den ganzen Tag mit anhören und sollen immer ein freundliches Gesicht dazu machen, und wenn Sie einmal was sagen, heißt es, du hast eben kein Verständnis, du bist kleinlich und hättest doch wissen müssen, wen du heiratest – ach, das ist ein Abenteuer, so eine Ehe mit einem Künstler!«[190]

Dennoch stand Wiesje Heesters zeitlebens zu ihrem Mann, nur ein einziges Mal, so gestand sie, habe sie das Gefühl gehabt, daß es aufgrund der wenigen Zeit, die man miteinander verbringe, keine gemeinsame Liebe mehr gebe: »Da sagte Jopie: ›Mama, ich habe den Eindruck, du hast ein schlechtes Buch gelesen‹«[191] – womit die Trennungsabsichten wieder vom Tisch waren. Ganz offensichtlich stand diese Situation jedoch nicht mit dem Bekanntwerden einer Affäre von Johannes Heesters in Zusammenhang, denn als die Liaison mit einer sechzehnjährigen Ballett-Tänzerin aufflog, habe Wiesje, so erinnerte sich Heesters rückblickend, ganz »phantastisch« reagiert: »Sie hat gesagt: ›Tu, was du willst, aber laß es mich nicht wissen. Mach die Familie nicht lächerlich.‹«[192] An diese Regel hat sich Johannes Heesters immer gehalten, nie war er in Skandale verwickelt. Ein treuer Mann war er seiner Frau sicherlich nicht, ein treuer Mensch aber ist er ihr und denen, die er zu seinen Freunden zählte, immer gewesen.

Wiesje Heesters wußte, daß ihr Mann im Grunde ein Familienmensch und seinen beiden Töchtern zudem ein guter Vater war. Auch wenn er in dieser Zeit nur selten zu Hause war, wurde er von Klein-Wiesje und Nicole uneingeschränkt geliebt: »Jopie war ein Idol, auf der Bühne als Liebhaber, zu Hause als Ehemann und Vater.«[193] Auch ihr selbst gegenüber war er ein geradezu aufopferungsvoller Partner. Nicht nur die materielle Sorge um seine Frau und seine Familie trieb ihn um, er hatte auch immer ihr persönliches Wohlbefinden im Auge: Wenn er zu Hause war und seine Zeit es ihm erlaubte, nahm er ihr alle Arbeiten im Haushalt ab, von denen er der Meinung war, daß sie zu schwer für eine Frau seien, er konnte es nicht ertragen, eine Frau hart arbeiten zu sehen. Die Aufmerksamkeit und das Zuvorkommen Frauen gegenüber war also nicht nur Teil einer Rollenfiktion oder eines Images, sondern in Heesters' Charakter zutiefst verankert. Dabei konnte die Fürsorglichkeit durchaus ins Gegenteil umschlagen und geradezu tyrannische Züge annehmen: Wenn er fand, daß es seiner Frau gut tun würde, in der Sonne zu sitzen, diese aber keine Lust dazu verspürte, insistierte er so lange, bis sie ihren Platz im Liegestuhl eingenommen hatte, und war glücklich, Wiesje etwas Gutes getan zu haben.[194]

Auch wenn solche Situationen sicherlich mitunter anstrengend waren, liebte Wiesje ihren Mann für seine Fürsorglichkeit und für die Achtung, die er ihr entgegenbrachte. Nicht zuletzt aber auch die Tatsache, daß sie beide gemeinsam ihre Heimat, viele Freunde und ihre gesamte Familie zurückgelassen hatten, daß sie zusammen den Sprung nach Wien und Berlin gewagt und sich ein gemeinsames Leben in Deutschland aufgebaut hatten, verband sie. Wie groß die Belastungen auch gewesen sein mögen, denen die Ehe ausgesetzt war, rückblickend bekannte Wiesje: »Ich hätte es nicht ertragen, von ihm getrennt zu werden, ein Leben ohne diesen Mann hätte für mich zu keiner Zeit einen Sinn gehabt.«[195]

Auch Heesters selbst sah trotz seiner Affären mit anderen Frauen seine Ehe mit Wiesje zu keinem Zeitpunkt in Frage gestellt. Daß die zahlreichen Avancen und amourösen Angebote Verlockungen für den Umschwärmten darstellten, ist wohl allzu menschlich. Daß er sich auf Affären einließ, die sein Selbstbewußtsein stärkten – und zudem auch sein Image bedienten – ebenso. Die Seitensprünge blieben für Heesters letztlich bedeutungslos. George Bernard Shaws Diktum, daß Schauspieler nur eine einzige große Liebe haben dürften, nämlich sich selbst, folgte Heesters nicht. Auch wenn zeitlebens seine Karriere im Mittelpunkt stand und viel Zeit verschlang, auch wenn er eine »Liebe mit Auslauf« lebte, kann man seine Frau Wiesje, mit der er bis zu ihrem Tod fünfundfünfzig Jahre verheiratet blieb, sicherlich als die große, wenn auch nicht letzte Liebe seines Lebens bezeichnen. So ist zu erklären, daß er es in den meisten Fällen kategorisch ablehnte, rückblickend über Affären und Seitensprünge während seiner ersten Ehe zu sprechen. Tochter Wiesje, danach befragt, wie die mancherlei Belastungs- und Zerreißproben ausgesetzte Ehe ihrer Eltern denn nun funktioniert habe, antwortet schlicht: »Es war eben Liebe.«[196]

Heesters' Popularität in Deutschland erstreckte sich von Beginn an nicht allein auf Bühne und Film, sondern auch schon auf die Medien Schallplatte, Rundfunk und bereits auch das Fernsehen. In all diesen Medien war er gleichermaßen bekannt, zwischen ihnen bestanden schon damals ganz konkrete Verwertungszusammenhänge, so daß sie sich gegenseitig befruchteten: Die Lieder, die Heesters auf der Bühne und der Leinwand sang, wurden auf Schallplatten gepreßt oder im Rundfunk gespielt, was seine Filme und die Operetten, in denen er auftrat, noch populärer machte und zusätzliche Zuschauer ins Kino und ins Theater lockte. Die Filme hingegen und seine Auftritte auf der Bühne, im Radio und im Fernsehen waren ein hervorragender Werbeeffekt, verkauften seine Schallplatten und machten Heesters, über den auch in den Zeitungen und Zeitschriften immer öfter berichtet wurde, nahezu omnipräsent.

Daß Opern- und Operettenstars Platten aufnahmen, war zu dieser Zeit schon eine Selbstverständlichkeit, der junge Enrico Caruso hatte bereits 1889 seine erste Schellackplatte besungen, und auch Tauber, Kiepura und Schmidt hatten dies vor Heesters getan.

Heesters hatte seine erste Schallplatte bereits 1931 besungen, damals noch mit holländischen Liedern, die in London aufgenommen wurden. Erst in Deutschland jedoch, wo er seine größten Bühnenerfolge und schönsten Filmlieder aufnahm und von der renommierten Deutschen Grammophon unter Vertrag genommen wurde, avancierte Heesters zum Schallplattenstar. Zunächst waren es die großen Operettenmelodien, die er auf der Bühne sang, die auf Schallplatte gepreßt wurden, so nahm er 1936 sein *Ich knüpfte manche zarte Bande* aus dem *Bettelstudenten* auf, 1938 folgten *Da geh' ich ins Maxim* und *Lippen schweigen, 's flüstern Geigen* aus der *Lustigen Witwe* sowie aus *Der Graf von Luxemburg* die Lieder *Mein Ahnherr war der Luxemburg* und *Bist du's, lachendes Glück*. Ab 1938 kamen dann neben Aufnahmen seiner erfolgreichsten Bühnenlieder auch noch seine beliebtesten Filmmelodien hinzu, etwa 1938 aus der *Gasparone*-Verfilmung *Ich werde jede Nacht von Ihnen träumen* und 1939 *Jede Frau hat ein süßes Geheimnis*, das er in dem Film *Das Leben geht weiter* sang. In der Zeit von 1940 bis 1943 folgten zahlreiche weitere Schallplattenaufnahmen.

Zwar fanden Heesters' Platten reißenden Absatz, viel Geld verdienen ließ sich damit zum damaligen Zeitpunkt jedoch nicht, denn Grammophone und Schallplatten waren zu dieser Zeit noch sehr teuer, und selbst sehr erfolgreiche Schlager, die durch das Kino populär gemacht wurden, verkauften sich selten öfter als 50000mal, so daß damals niemand zum »Plattenmillionär« hätte werden können. Dies gab es erst in der Nachkriegszeit, als preisgünstige Plattenspieler zu einer Selbstverständlichkeit wurden und die Erfindung der Vinyl-Platte 1948 auch die Schallplatten billiger machte.

Weil die Schallplatte ein Medium war, das im Vergleich zu Zeitungen oder Film einen vergleichsweise kleinen Rezipientenkreis hatte und beileibe noch nicht als Massenmedium angesehen werden konnte, ihm deshalb von seiten des Propagandaministeriums anders als dem Kino oder dem Radio auch kein propagandistischer Wert zugeschrieben wurde, vergaß man im Dritten Reich lange Zeit schlicht und einfach, auch die Schallplattenindustrie »gleichzuschalten«. Während Stars wie Tauber, Kiepura und Schmidt längst im Exil und ihre Filme verboten waren, konnte man ihre Schallplattenaufnahmen im ganzen Reich noch ganz regulär kaufen. So gründlich man in anderen Bereichen vorgegangen war, so wenig hatte man daran gedacht, daß man – folgt man der Logik der »Gleichschaltung« – auch die Opern- und Operettenaufnahmen der jüdischen Künstler hätte verschwinden lassen müssen.

Da das ansonsten in alle Bereiche des öffentlichen Lebens hineinregierende Propagandaministerium auf diesem Auge scheinbar blind war, griff die für ihre rigorosen kulturpolitischen Vorstellungen bekannte SS-Zeitschrift »Das Schwarze Korps« im November 1937 das Thema auf und attackierte den »musikalischen Saustall in der Schallplattenindustrie«: »Diese Schallplatten kommen nicht etwa über die Grenze aus dem umliegenden Auslande, geschmuggelt von ängstlichen Kulturmenschen, die eine Freiheitsstrafe riskieren, nur um wieder ganz große Kunst zu hören. Man kauft sie überall in Berlin und im Reich und nicht etwa geheimnisvoll unterm Ladentisch. In jedem Prospekt werden sie uns angeboten [...]. Und wie eifrig fördert man diesen jüdischen Schmus!«[197] Derart angegriffen, mußte das Propagandaministerium reagieren. Kurze Zeit später, Anfang 1938, erließ Goebbels eine neue Schallplattenverordnung, die verfügte, daß weder die Musik jüdischer Komponisten noch jene jüdischer Interpreten zukünftig in Deutschland auf Schallplatte aufgenommen oder verbreitet werden dürfte. Um nach der vergleichsweise langen Zeit des Versäumnisses um so gründlicher vorzugehen, wurde nun sogar die Zerstörung der alten Preßformen angeordnet, niemand sollte Richard Tauber und andere mehr hören können. Die Folge war, daß schnellstmöglich nach Künstlern Ausschau gehalten wurde, die die nun dringend notwendigen neuen Schallplatten besingen konnten.

Weitaus wichtiger noch als die Schallplatten wurde für Heesters auch schon in den dreißiger und vierziger Jahren der Rundfunk. Bereits vor der »Machtergreifung« war der Rundfunk in Deutschland, nachdem 1932 alle deutschen Regionalsender in Staatsbesitz übergegangen waren, eine staatliche Einrichtung und konnte so 1933 mühelos in der Reichs-Rundfunk-Gesellschaft »gleichgeschaltet« werden, indem alle führenden Positionen mit strammen Nationalsozialisten besetzt wurden und ein »Einheitsrundfunk« ins Leben gerufen wurde, an dem nur mitwirken durfte, wer als Mitglied der Reichsrundfunkkammer zugelassen worden war. Da das Radio das weitaus wichtigste Massenmedium und Beeinflussungsmittel im Dritten Reich war, wurde es inhaltlich wie formal vom Propagandaministerium gesteuert, das auch dafür sorgte, daß ab August 1933 preisgünstige »Volksempfänger« in Produktion gingen. Dadurch wurde die Verbreitung des Rundfunks nochmals enorm gesteigert und noch größere Bevölkerungsschichten erreicht. Während 1933 erst fünfundzwanzig Prozent der Haushalte Rundfunkempfänger besaßen, waren es 1939 bereits siebzig Prozent, die über eine im Volksmund despektierlich so genannte »Goebbels-Schnauze« verfügten. Offizielle Verlautbarungen wie etwa Reden Hitlers mußten aufgrund einer Verordnung in Gaststätten, Betrieben, Schulen und Behörden zwangsweise angehört werden. Da das Radio auf diese Weise gemeinschaftsstiftende Erlebnisse schuf, in denen sich kaum einer den Botschaften des Regimes zu entziehen vermochte und durch den Druck des Kollektivs, in dem potentiell jeder ein Denunziant hätte sein können, auch kein Widerspruch gegen das Verkündete möglich war, wurde ihm vom Regime große Bedeutung zugeschrieben – Goebbels bekannte gar: »Ich halte den Rundfunk für das allermodernste und allerwichtigste Massenbeeinflussungsmittel, das es überhaupt gibt.«[198] Aber Radio war im Dritten Reich nicht nur ein Mittel der Propaganda und ein »Verkündigungsmittel der nationalsozialistischen Weltanschauung«, als das Goebbels es feierte, sondern auch und nicht zuletzt ein Medium der Unterhaltung.

Schon um 1930 wurde eine »Gesellschaft für Funkfreunde« ins Leben gerufen, die das Radiohören propagierte und den Rundfunk als Medium der Zukunft anpries. Neben den Nachrichten war es auch damals schon besonders die Musik, die die Hörer am heimischen Empfänger begeisterte, wobei sich Operetten von Beginn an besonderer Beliebtheit erfreuten: Einhundertzwanzig Rundfunksender übertrugen 1934 gleichzeitig die Uraufführung von Franz Lehárs letzter Operette *Giuditta* aus der Wiener Staatsoper in alle Welt.

Millionen von Deutschen hörten in den dreißiger und vierziger Jahren Heesters' Operetten- und Filmmelodien an den heimischen Rundfunkempfängern, viele Lieder aus den Operetten Lehárs, Millöckers oder Friedrich Schröders wurden so in dieser Zeit für unzählige Ohren fest mit seiner Stimme verbunden, viele eigens für ihn geschriebene Filmschlager vergrößerten seine Popularität noch – Johannes Heesters' Stimme erkannte man bald auf Anhieb.

Eine der Rundfunksendungen, in der Johannes Heesters in dieser Zeit regelmäßig auftrat, war das seit 1931 ausgestrahlte »Wunschkonzert«, bei dem Evergreens wie aktuelle Schlager von prominenten Sängern und Schauspielern vorgetragen wurden: Heesters und Rökk, Lale Andersen und Zarah Leander waren Dauergäste. Das »Wunschkonzert« stieg aufgrund der ungeheuren Resonanz beim Publikum zu einer der populärsten Radiosendungen des Dritten Reichs auf, insbesondere nach Kriegsausbruch – als auf das Abhören von ausländischen »Feindsendern« drakonische Strafen standen – avancierte es, ab Oktober 1939 von Goebbels in »Wunschkonzert für die Wehrmacht« umbenannt, zu einer festen Institution, da es neben den Feldpostbriefen die einzige und zudem durch die Liedwahl emotional besetzte Verbindung zwischen »Heimatfront« und Soldaten war und so zum wichtigsten Integrationsmittel für die immer wieder beschworene »Volksgemeinschaft« wurde.

Im Unterhaltungssektor des Rundfunks verhielt es sich in Nazideutschland ähnlich wie im Film- oder Theatersektor. Neben mediokrer politischer Gesinnungsware, wozu insbesondere zackige Marschmusik, aber auch banale nationalsozialistische Lieder wie *Kleines, blondes Hitlermädel, du* oder *Ein Hitlermädel tanzt Polka* zählten, die beim Publikum auf wenig Gegenliebe stießen, dominierte ablenkende unpolitische Unterhaltungsmusik das Programm. Auch dies war durchaus Kalkül, neben den Reden, öffentlichen Verlautbarungen und eindeutig propagandistischen Sendungen – und in Kriegszeiten noch den aktuellen Luftlage- und Frontberichten – sollte auch im Rundfunk vor allem Frohsinn verbreitet werden. Goebbels befand: »Wir brauchen zum Kriegführen ein Volk, das sich seine gute Laune bewahrt. Mit Kopfhängerei gewinnt man keine Schlachten.«[199] Um dieses Ziel zu erreichen, war man – ähnlich wie bei der Operette – auch im Rundfunk zu gewissen Zugeständnissen bereit. Beliebte Melodien wie *Dein ist mein ganzes Herz* oder *Ich hab' mein Herz in Heidelberg verloren*, zwei der Lieblingsschlager Adolf Hitlers, wurden – natürlich ohne Nennung ihres Schöpfers – noch im Großdeutschen Rundfunk gespielt, als ihrem Komponisten Fritz Löhner-Beda die Traumwelt der Operette längst verschlossen und er in der Hölle von Buchenwald gelandet war. Heesters befand rückblickend: »Die Diskrepanz zwischen der schrecklichen Wirklichkeit und der geschönten Fassade, die trickreich und widerstandslos auch über das Radio aufrechterhalten wurde, war kriminell.«[200]

Neben der Bühne und den Filmstudios, den Schallplattenfirmen und den Sendestationen des Rundfunks eroberte Heesters sich im Dritten Reich noch ein weiteres Arbeitsfeld, dem er auch und gerade in der Nachkriegszeit treu bleiben sollte: das Fernsehen. Daß es bereits zur Zeit des Dritten Reichs Fernsehen gab, ist ein relativ unbekanntes Kapitel deutscher Mediengeschichte, aber auch dies hat Johannes Heesters mitgeprägt. Vorläufer des Fernsehens und Versuche der gleichzeitigen drahtlosen Übertragung von beweglichen Bildern und Tönen hatte es bereits viele gegeben, die »Erfindung« des Fernsehens, wie wir es heute kennen, ging auf die zwanziger Jahre zurück. In Deutschland gab es seit 1929 täglich ausgestrahlte Fernsehversuchssendungen der Reichspost, die zwar mangels entsprechender Geräte kaum jemand empfangen konnte und, wegen der äußerst mangelhaften Bildqualität und zudem noch ohne Ton ausgestrahlt, auch kaum jemanden zu überzeugen wußten, die Filmindustrie dennoch bereits zu diesem Zeitpunkt befürchten ließ, daß das Fernsehen einmal zum »Kino im Heim« werden und der Kinematographie den Rang ablaufen könnte. Erst in den dreißiger Jahren war die Technik jedoch so weit ausgereift, daß sich das Fernsehen zu einem ernst zu nehmenden publizistischen Medium entwickeln konnte.

Berlin war der Hauptschauplatz deutscher Fernsehgeschichte, denn in Berlin-Witzleben stand der »Paul-Nipkow-Sender«. Zwar gab es auch in anderen Städten, so etwa 1940 bis 1943 in Hamburg, Versuchssendungen, ein eigenes Fernsehprogramm wurde jedoch nur für die Region Berlin produziert. Bis zum Untergang des Regimes blieb der individuelle Empfang verschwindend gering, denn private Geräte gab es kaum. Ansonsten konnte man das Fernsehen in kinoähnlichen, meist dreißig Personen fassenden »Fernsehstuben«, die über die ganze Stadt verteilt und nicht selten gerade auch in Postämtern installiert waren, erleben. Bei den Berlinern stieß das neue Medium auf nur mäßiges Interesse, als ein einschneidendes Ereignis wie einst die Erfindung des Films oder die Einrichtung des öffentlichen Rundfunks betrachtete das Fernsehen damals niemand.

Gesendet wurde ab 1935 meist nur wenige Stunden am Tag, fast immer am Abend. Zunächst verlegte die »Reichssendeleitung« unter Eugen Hadamovsky sich angesichts des Fehlens fernsehspezifischer Sendungen darauf, Wochenschauen und oft stark gekürzte Kinofilme auszustrahlen. Ab 1936 wurde das Programm dann vielfältiger und durch eigens für das neue Medium geschaffene Sendungen bereichert – wobei alles, was keine Filmvorführung war, live gesendet werden mußte, da es noch keine Aufzeichnungsmöglichkeiten gab. Da die damals ausgestrahlten Fernsehprogramme noch nicht elektronisch aufgezeichnet und für die Nachwelt konserviert werden konnten, was erst in den fünfziger Jahren durch die Erfindung der MAZ, der magnetischen Bildaufzeichnung, möglich wurde, zudem viele Produktionsunterlagen in der Kriegszeit verlorengegangen sind und ab 1941 kriegsbedingt keine Programmzeitschriften mehr gedruckt wurden, kann man sich nachträglich nur ein lückenhaftes Bild von den Inhalten des Fernsehens im Dritten Reich machen – gerade zu den Jahren ab 1942, als auch Johannes Heesters wiederholt im Fernsehen auftrat.

Eines aber läßt sich zweifelsfrei festhalten: Neben dem deutlich untergeordneten Einsatz als Mittel politischer Propaganda – so wurden an Feiertagen des NS-Regimes etwa Streifen wie Leni Riefenstahls Parteitagsfilm *Triumph des Willens* (1935) ausgestrahlt, von Fernsehauftritten führender Nazis ist jedoch nichts bekannt – war Fernsehen auch in dieser Zeit bereits in erster Linie ein Medium der Unterhaltung. Fast alle Sendeformate, die es auch heute gibt, existierten bereits im Fernsehen des Dritten Reichs: Quizshows und Kochsendungen, Ratgeber-Magazine und Verkehrstips, bunte Abende und Live-Berichte über Veranstaltungen von öffentlichem Interesse, Sportsendungen und Fußballübertragungen, ab 1938 eine »Tagesschau« genannte Nachrichtensendung sowie Gesprächssendungen als Vorläufer der Talkshows. Und ebenso wie Kinofilme im früheren Fernsehen ausgestrahlt und 1937 mit dem Zehnminüter *Das Schaukelpferd* das erste Fernsehspiel der Geschichte gezeigt wurden, hatte auch das Theater bereits im damaligen Fernsehen seinen Platz: Berliner Theater stellten im Fernsehstudio Grunewald ihre aktuellen Produktionen vor, wobei die Stücke bereits im Studio vor Publikum aufgeführt wurden, so daß die Fernsehzuschauer die Aufführung und gleichzeitig die Reaktion der vor Ort Anwesenden erleben konnten. 1942 wurde etwa auch die Operette *Hochzeitsnacht im Paradies* mit Johannes Heesters in der Hauptrolle über den Berliner Sender »Paul Nipkow« live ausgestrahlt.

In Kriegszeiten waren sowohl die Zuschauer im Studio als auch jene vor den Empfangsgeräten überwiegend verwundete Soldaten, da die meisten Lazarette in und um Berlin mit Fernsehempfängern ausgestattet wurden. Während alle anderen kriegführenden Länder ihre Fernseh- oder Fernsehversuchssendungen eingestellt hatten, sendete das NS-Fernsehen weiter – auch hiermit war in erster Linie eine propagandistische Botschaft verbunden: Man war trotz des Krieges technisch, finanziell und personell in der Lage, weiter zu senden.

Während hinter den Kulissen eifrig daran gearbeitet wurde, die Fernsehtechnik für militärische Zwecke zu instrumentalisieren, setzte man auf der nach wie vor sendenden braunen Mattscheibe auf Frohsinn und Unterhaltung. Auch hier war Ablenkung und Zerstreuung das oberste Gebot. Da das Publikum verschwindend gering war – das Propagandaministerium ging in Kriegszeiten von nur rund 1200 Zuschauern in den Lazaretten aus – wurde auch in der NS-Bürokratie angesichts der in allen Bereichen um sich greifenden kriegsbedingten Sparmaßnahmen darüber diskutiert, das Fernsehprogramm einzustellen, was Goebbels jedoch ablehnte.[201] So sendete der Paul-Nipkow-Sender noch bis zu den großen Luftangriffen auf Berlin vom November 1943 weiter, im Sommer 1944 wurde dann im Zuge des »totalen Kriegs« auch der Fernsehbetrieb endgültig eingestellt. Damit war das Kapitel »Fernsehen im Nationalsozialismus« nach immerhin achteinhalb Jahren kontinuierlichen Programmbetriebs zu Ende. Erst 1952 sollte das Fernsehen in Deutschland wieder starten und ein neues Kapitel aufgeschlagen werden, das auch Johannes Heesters mit eigenen Sendungen und zahlreichen Gastauftritten mitprägen sollte.

7.

Hitlers Danilo
Karriere im Dritten Reich

Die meisten Schauspieler, die im Dritten Reich gearbeitet und teils beachtliche Karrieren gemacht hatten, beteuerten nach 1945, unabhängig davon, wie tief ihre Verstrickungen in das NS-Regime tatsächlich gewesen sind, stets nur für ihre Kunst gelebt, in einer Nische gearbeitet und von nichts etwas gewußt zu haben. Unzählige Stars beriefen sich im nachhinein unermüdlich auf ihre angebliche politische Naivität. Lil Dagover etwa schrieb: »Wir Künstler, gewohnt, von einer Premiere zur nächsten zu denken, von einem Film zum nächsten, hatten kaum mitgekriegt, was sich auf politischer Ebene abspielte. [...] Jeder verschanzte sich hinter seiner Arbeit, jeder verschloß die Augen vor der beklemmenden Gegenwart. ›Vogel Strauß‹ war große Mode.«[202] Zarah Leander gab offen zu, ein »politischer Idiot«[203] gewesen zu sein, Kollegin Marika Rökk bezeichnet sich zwar nicht als solcher, stellt sich aber in ihren Memoiren genauso dar, wenn sie etwa über die mögliche Mitgliedschaft in der NSDAP schreibt: »Ich wäre glatt reingeschlittert. Vor allem gefiel mir die kleine Anstecknadel so gut, die sie alle trugen ...«[204] Während sie das Hakenkreuzemblem also ganz offensichtlich »schick« fand, mißfiel ihr jedoch der Hitlergruß. Über einen Empfang beim »Führer« schreibt sie: »Alle Herren grüßten Hitler durch Handheben, bevor sie zum Handschlag zugelassen wurden. Alle Damen winkelten das Ärmchen vorher an. Ich trug ein Abendkleidchen wie aus der Zuckerdose, und ich dachte: Nein, das machst du nicht. Ich habe nie mit Handheben gegrüßt. Ich fand es so unkleidsam.« Und nachdem Hitler sie mit Handkuß begrüßt hatte: »Ich war platt. Habt ihr das alle gesehen? [...] Mein Kleid wurde mir eng um die Brust. Wie ein Pfau schritt ich weiter ...«[205]

Anders Heesters, der sich zwar ebenfalls zeitlebens als

unpolitischer Mensch verstand, jedoch für die Zeit des Dritten Reichs unumwunden eingestand: »Ein Mensch, der seit 1935 in Deutschland lebt, hier filmt und Theater spielt, bringt es beim besten Willen nicht fertig, sich dem politischen Leben fernzuhalten, selbst wenn er nicht vorhat, sich aktiv daran zu beteiligen. Auch ein Ausländer nicht. Auch ein ›Randgermane‹ nicht, wie wir Holländer manchmal verächtlich genannt wurden.«[206] Heesters war, auch wenn er beruflich in der champagnerseligen Operetten- und Filmwelt antichambrierte, stets ein aufmerksamer Beobachter, der sehr genau wahrnahm, was um ihn herum vorging, und der seine eigenen Schlüsse zog. Auch wenn er sich, sieht man von seiner Solidarität mit dem holländischen Königshaus einmal ab, nie zu politischen Äußerungen hinreißen ließ, so hat er doch in der Zeit des Dritten Reichs vor dem, was passierte, nicht die Augen verschlossen. Dennoch mußte er schnell einsehen, daß er als einzelner nicht viel tun konnte, um der offiziell zur deutschen Politik erhobenen Barbarei Einhalt zu gebieten. Vereinnahmungsversuchen der Nazis suchte er sich zu entziehen, freilich jedoch nur so weit, daß es seine Karriere nicht ernsthaft gefährdete. Während er in den ersten beiden Jahren seiner deutschen Karriere, 1936 und 1937, noch weitgehend unbehelligt seiner Arbeit nachgehen konnte, sah auch er sich in der Folgezeit zu Zugeständnissen gezwungen, auch er mußte erkennen, daß es unmöglich war, in Nazideutschland Karriere zu machen, ohne sich auf eine gefährliche Gratwanderung zu begeben.

Zuckerbrot und Peitsche, das waren die beiden Instrumente, mit denen die Künstler und auch die Schauspieler im Dritten Reich in die Bahnen gelenkt wurden, in denen die Nazis sie haben wollten. Nachdem die jüdischen und politisch unliebsamen Regisseure, Schauspieler und Kabarettisten aus ihren Stellungen und meist auch außer Landes getrieben waren, gaben sich die Nazis jenen Schauspielern gegenüber, die blieben und sich entweder regimekonform oder aber zumindest neutral verhielten, generös. Im Rückblick kann man feststellen: »Nie vorher, nie nachher hat es in Deutschland eine dem

Theater gegenüber so aufgeschlossene Regierung gegeben wie im Dritten Reich.«[207] Für den Film galt zweifellos das gleiche. Auf der Jahrestagung der Reichskulturkammer 1936 konstatierte Goebbels: »Niemals waren in Deutschland die Künstler so geehrt, die Künste so begehrt und gesucht wie heute.«[208]

Viele der Theaterschaffenden und Filmkünstler, die plötzlich auf eine Weise von den neuen Machthabern hofiert und umworben wurden, wie man es vorher nicht gekannt hatte, ließen sich durch verlockende Angebote und hohe Gagen, teils auch durch die Übertragung leitender Positionen und Ehrentitel ködern. Plötzlich gab es eine Sicherheit, von der man zuvor nur hätte träumen können, denn am Ende der Weimarer Republik befanden sich durch die Auswirkungen der Weltwirtschaftskrise sowohl das Theatersystem als auch der Filmbetrieb in einer tiefen Krise. Da angesichts der hohen Arbeitslosenquote auch die Publikumszahlen dramatisch zurückgingen, hatten viele Filmproduktionen und Theater Konkurs anmelden müssen. Gerade in Berlin entwickelte sich das Theatersterben zu einer wahren Epidemie. Die Folge war, daß viele Darsteller ohne Engagement dastanden: In der Spielzeit 1932/33 waren 48 Prozent der Schauspieler arbeitslos, bei den Schauspielerinnen waren es gar 58 Prozent.[209] Nun, mit dem Machtantritt der Nazis, der staatlichen Kontrolle aller künstlerischen Bereiche und dem durch die »Gleichschaltung« entstandenen künstlerischen Vakuum, war plötzlich eine Vollbeschäftigung der im Land verbliebenen Schauspieler garantiert. Viele aus der Branche sahen insofern eine verheißungsvolle Zeit angebrochen und waren bereit, angesichts der Privilegien, die die Nazi-Führung ihnen zugestand, und der gesellschaftlichen Aufwertung, die sie plötzlich erfuhren, großzügig darüber hinwegzusehen, daß die jüdischen und politisch geächteten Kollegen vertrieben wurden, in Gestapo-Haft oder im KZ verschwanden. Manche schreckten sogar vor Denunziation nicht zurück, um unliebsame Kollegen loszuwerden oder sich selbst Vorteile zu verschaffen.

Wenn bekannte Theaterkünstler sich vor den Karren des Regimes spannen ließen – wie etwa Gustaf Gründgens als Intendant des Preußischen Staatstheaters in Berlin oder Heinrich George als Intendant des Berliner Schiller-Theaters –, nahmen die Nazis dies nur zu gern an und waren in diesen Fällen auch zu Zugeständnissen bereit. Auch in der neu geschaffenen Kulturbürokratie setzte man auf bekannte Namen: Otto Laubinger, Schauspieler und NSDAP-Mitglied, wurde zum Präsidenten und der renommierte Theaterstar Werner Krauß zum Vizepräsidenten der Reichstheaterkammer ernannt, weitere Schauspieler und Regisseure stiegen zu Staatsräten, Staatsschauspielern oder Kultursenatoren auf oder wurden in beratende Ausschüsse aufgenommen. Hitler persönlich finanzierte Künstler, Bühnen oder auch Filme, die er schätzte: Winnifred Wagner erhielt für die Bayreuther Festspiele ebenso Gelder aus der Privatschatulle des »Führers« wie Leni Riefenstahl für ihren Spielfilm *Tiefland*. Bühnen oder Orchester, die wichtig für das internationale Ansehen Deutschlands waren, wurden mit Mitteln der Staatskasse großzügig subventioniert.

Daß die Nazi-Führer die Künstler lediglich als Mittel zum Zweck betrachteten und das Regime zudem Gegenleistungen für die hohen Gagen und die gesellschaftliche Aufwertung einforderte, daß eine Karriere im Dritten Reich aus einem Geben und Nehmen bestand und Kooperationsbereitschaft verlangte, wollen viele der Schauspieler damals nicht verstanden haben. »Glück, definiert für Künstler im Dritten Reich, war das Zusammentreffen von politischer Naivität mit Charakterschwäche.«[210] Die Realität hingegen sah in den meisten Fällen anders aus, in einem luftleeren Raum lebte in der damaligen Zeit niemand: »Eine Herrschaft, die so gezielt Wohltaten und Fürsorge verbreitet, beanspruchte von der Zielgruppe Dank.«[211]

Versuche der Vereinnahmung gab es viele, Möglichkeiten für Schauspieler, ihre regimekonforme Gesinnung zu demonstrieren, ob aus Überzeugung oder aus Opportunismus, gab es ebenso häufig. Vor der Kamera und auf der Bühne, indem man in Propagandawerken mitwirkte, so wie es Heinrich George oder der Regisseur Veit Harlan demonstrativ taten. Aber auch außerhalb der Studios und Theater gab es vielfältige Möglichkeiten, seine Loyalität mit Hitlers Regime unter

Beweis zu stellen, etwa indem man politische Statements wie Loyalitätserklärungen und Wahlaufrufe für den »Führer« veröffentlichen ließ, so wie es Emil Jannings und Eugen Klöpfer, Mathias Wieman und Leni Riefenstahl, Paula Wessely und Attila Hörbiger taten. Oder aber, indem man sich an Wohltätigkeitsveranstaltungen beteiligte, etwa an den jährlichen Sammlungen für das Winterhilfswerk, wie sie am 9. Dezember 1933, am »Tag der Nationalen Solidarität«, erstmals veranstaltet wurden. Stars wie Anny Ondra und Max Schmeling, Hans Söhnker und Willy Fritsch, Heinz Rühmann, Camilla Horn und Luise Ullrich gaben bei solchen Veranstaltung gegen Bezahlung Autogramme, die Prominentesten unter ihnen wurden anschließend dann noch in die Reichskanzlei zu Hitler gefahren, wo ihnen der »Führer« im Blitzlichtgewitter der Pressephotographen noch je einen Tausendmarkschein in die Sammelbüchse steckte. Im Gegensatz zu Wahlaufrufen oder Loyalitätsadressen waren dies Verpflichtungen, denen man sich kaum entziehen konnte, erwarteten die Nazis doch die Teilnahme der Schauspieler als Gegenleistung für die Karriere, die sie ihnen ermöglichten.

Regimekonformes Verhalten wurde von Goebbels mit Autos, »arisierten« Villen oder zusätzlichen Geldgeschenken, sogenannten »Ehrengaben«, belohnt, die öffentlich nicht bekannt werden durften. Und Hitler verfügte 1938 höchstpersönlich, daß vierzig Prozent der Gagen prominenter Künstler als Werbungskosten steuerfrei bleiben sollten, wobei die »Prominenz« mit einem Jahreseinkommen von mehr als 100 000 RM definiert wurde. Dies änderte sich auch in Kriegszeiten nicht: »Es regnete Preise und Orden. Wochenschau und Presse waren immer dabei. Nie sparte der ›Führer‹ mit Gratulationsschreiben, Telegrammen, Blumen oder – in den ersten Kriegsjahren – mit Kaffee- und Lebensmittelpaketen an die zur Aufrechterhaltung der Volksmoral so wichtigen Künstler. Begeisterte Dankesschreiben sind erhalten.«[212]

Die NS-Funktionäre registrierten genau, wer von den Schauspielern als politisch zuverlässig galt und wer nicht. Wer, wie Elisabeth Flickenschildt, NSDAP-Mitglied war, hatte meist schon hinlänglich unter Beweis gestellt, daß er bereit war, sich für das Dritte Reich instrumentalisieren zu lassen. Bei Stars wie Hans Albers, dessen Ablehnung des Nazi-Regimes ein offenes Geheimnis war, blieb den braunen Machthabern nichts anderes übrig, als beide Augen zuzudrücken, denn Albers war einer der wenigen auch international renommierten Stars des Dritten Reichs und galt schon allein aufgrund seines Erscheinungsbildes – groß, blond, blauäugig – als Idealverkörperung des »arischen Herrenmenschen«, den Hitler und Goebbels auf der Leinwand sehen wollten. Der Fall Albers zeigt, daß prominente Künstler im Range von George, Jannings oder Rühmann durchaus die Möglichkeit gehabt hätten, sich so manchem Ansinnen der Nazis zu entziehen und sich Zugeständnissen zu verweigern, denen sie allzu bereitwillig nachkamen.

Albers blieb in der Deutlichkeit, mit der er seine Ablehnung demonstrierte,[213] eine Ausnahme, dennoch gab es durchaus eine ganze Reihe populärer Schauspieler, von denen – wenn auch lediglich intern – bekannt war, daß sie mit den Nazis nichts anfangen konnten. Neben Johannes Heesters waren dies etwa Brigitte Horney und Marianne Hoppe, Hubert von Meyerinck und Eduard von Winterstein, Theo Lingen und Hans Moser, Otto Wernicke und Hans Brausewetter.[214] Sie bemühten sich, so gut es ging, auf Distanz zu gehen, und machten dennoch große Karrieren. Sie gehörten teils zu den Spitzenverdienern des Dritten Reiches, verhielten sich jedoch nach außen hin neutral, verweigerten sich so weit wie möglich Propagandaeinsätzen und setzten mitunter sogar kleine Zeichen, daß sie mit dem Vorgehen der Nazis nicht einverstanden waren. So etwa als im Jahre 1941 der Schauspieler Joachim Gottschalk beerdigt wurde, der sich, von Goebbels dazu getrieben, gemeinsam mit seiner Frau, der jüdischen Schauspielerin Meta Wolff, und seinem achtjährigen Sohn umgebracht hatte, worüber in der NS-Presse nicht berichtet werden durfte. Obwohl der Propagandaminister eine Teilnahme an der Beisetzung strengstens untersagt hatte, fand sich eine Handvoll Mutiger, die den drei Nazi-Opfern das letzte Geleit gaben, darunter René Deltgen und Gustav Knuth, Hans Brausewetter und Brigitte Horney. Sie alle wurden von Gestapo-Beamten photographiert, passiert ist jedoch niemandem etwas – außer daß man sich verdächtig gemacht hatte und vielleicht in der Folgezeit etwas genauer beobachtet wurde.

Die Möglichkeit, jenseits solcher stillen Gesten, von denen niemand etwas erfuhr, im großen Stil zu helfen, hatten nur die allerwenigsten. Herausragende Bedeutung kommt hier der Schauspielerin und Opernsoubrette Käthe Dorsch zu, die schon 1933 für sich die Pflicht erkannt hatte, in Deutschland zu bleiben und verfolgten Kollegen zu helfen: »Wir dürfen nicht alle die Flinte ins Korn werfen, wir müssen versuchen zu retten, was zu retten ist.«[215] Während des Ersten Weltkriegs, vor ihrer Ehe mit Harry Liedtke, war die Dorsch mit Hermann Göring verlobt gewesen und nutzte nun, während der ganzen Dauer der NS-Herrschaft, ihre trotz der Trennung anhaltend guten persönlichen Beziehungen zum zweitmächtigsten Mann des Regimes, um für verfolgte und verfemte Schauspielerkollegen einzutreten. Einmal pro Woche empfing Göring sie zu einer Audienz, zu der sie immer mit einem winzigen, in ihrem Handschuh versteckten Zettelchen kam, auf dem sie die Namen derer notiert hatte, für die sie bitten wollte. Auch wenn Göring ihr mehrfach entgegenhielt: »Du bist total verjudet, Käthe«, empfing er sie Woche für Woche, und sie konnte auf diese Weise vielen Menschen das Leben retten.[216] Auch bei Goebbels sprach sie regelmäßig in Angelegenheiten verfolgter Kollegen vor, und der Propagandaminister gefiel sich ebenfalls darin, die Wünsche der schönen Schauspielerin zu erfüllen: »Käthe Dorsch hat eine Menge halbseidener Fälle. Ich will ihr nach Möglichkeit helfen.«[217] Dorschs Karriere tat ihr Engagement keinerlei Abbruch, sie war in der NS-Zeit die höchstbezahlte Theaterschauspielerin und galt als »eine der größten Bühnenpersönlichkeiten im deutschsprachigen Raum«.[218] Käthe Dorsch war eine der wenigen, die geblieben ist, um das Schlimmste zu verhindern, und hierfür auch wirklich etwas tat: »Doch solcher Mut, Eintreten für Verschmähte, Hilfe für Preisgegebene, war die Ausnahme, nicht die Regel – unter Schauspielern genauso wie unter den anderen Deutschen.«[219]

Für einen ausländischen Schauspieler wie Heesters war es sicherlich einfacher, sich den Vereinnahmungsversuchen der Nazis zu entziehen – aber auch für ihn war dies nur in bestimmten Grenzen möglich. Er war in einer Zeit nach Deutschland gekommen, in der viele Menschen den entgegengesetzten Weg gegangen waren und in der die braunen Machthaber nach Stars aus dem Ausland suchten, um eine Weltoffenheit zu demonstrieren, die dem Regime zu Recht abgesprochen wurde. Sobald er jedoch ein deutscher Bühnen- und Filmstar geworden und zum Publikumsliebling aufgestiegen war, versuchten die Nazis auch ihn für ihre Zwecke zu instrumentalisieren. Je prominenter er wurde, desto zwangsläufiger wurde es, daß er mit führenden Nazis in Berührung kam, ihre Nähe suchte er freiwillig jedoch nie, wie viele seiner Kollegen das durchaus taten. Heesters' Karriere im Dritten Reich ist ein Beispiel dafür, daß es auch unter dem totalitären Druck des Regimes durchaus Handlungsspielraum gab, wenn auch der Rahmen hierfür naturgemäß stark eingeschränkt war und Zeichen der Distanzierung – wollte man weiterarbeiten – nur in so geringem und unspektakulärem Maße möglich waren, daß sie aus heutiger Sicht leicht zu übersehen sind. Eine solche Machtposition wie ein Gustaf Gründgens, daß er Menschen hätte helfen und sie retten können, hatte Heesters nie. Und auch über persönliche Kontakte zur Nazispitze, die Käthe Dorsch ihre Hilfsaktionen erst ermöglichten, verfügte er nicht.

Dennoch war es ihm wichtig, Distanz zu wahren. Aufgrund seiner vielfältigen beruflichen Verpflichtungen gelang es ihm so gut wie immer, Einladungen zu offiziellen Künstlerempfängen auszuschlagen. Von kaum einem anderen führenden Star der damaligen Zeit gibt es so wenige Photos bei offiziellen Anlässen wie von Heesters, lediglich am Tag der Deutschen Kunst 1939 in München wurde er mit den Spitzen des NS-Staates photographiert. Auch dem Drängen der Nazis, nach der Besetzung Hollands in seinem Heimatland Propaganda für die Deutschen zu machen, verweigerte er sich. Andererseits wirkte er bereitwillig in der Ablenkungsmaschinerie der Nazis mit, stieg zu einem der Spitzenverdiener des

18 »Ich knüpfte manche zarte Bande«. Johannes Heesters und Carola Höhn in der Millöcker-Verfilmung *Der Bettelstudent*, 1936

19 Filmprogramm zum Operettenfilm *Gasparone* mit Johannes Heesters und Marika Rökk, 1937

20 Die Zeitschrift »Die junge Dame« zeigt den Frauenschwarm als Sportler. Photo-Story *Johannes, der kann es!*, 1938

21 Auftritt beim *Wunschkonzert* im Haus des Rundfunks, Berlin, Februar 1938

22 Ein Gastspiel, das zum Streit mit Goebbels führte. Heesters mit den Mitgliedern des jüdischen Operettenensembles von Fritz Hirsch, Amsterdam, März 1938

23 Zum ersten Mal in der Rolle seines Lebens. Als Graf Danilo in Franz Lehárs *Die lustige Witwe*, Theater am Gärtnerplatz, München, Silvester 1938/39

24 Der Operetten- und Filmstar als Hausmann, um 1940

25 Homestory in Heesters' Wohnung im Berliner Grunewald, vor seiner Sammlung mit Delfter Porzellan, um 1940

26 Nachdem kriegsbedingt das Benzin rationiert worden war, brachte Heesters seine Töchter Wiesje und Nicole mit der Pferdekutsche zur Schule, Berlin-Grunewald, um 1941

27 Rollenfestlegung als Bonvivant und Frauenschwarm. Mit Gusti Huber in der Kriminalkomödie *Jenny und der Herr im Frack*, 1941

28 Statist einer gewaltigen Augenwischerei. Beim Auftritt in der Radiosendung *Wunschkonzert*, 1941

29 1978 wurde dieses Photo in der Presse als Beleg dafür angeführt, Heesters sei im Häftlingslager Dachau in Begleitung einer polnischen Häftlingskapelle aufgetreten. Die Aufnahme macht jedoch deutlich, daß die Kapelle zwar bei Heesters' Lagerrundgang spielen mußte, daß es sich jedoch nicht um eine Auftrittssituation zusammen mit dem Schauspieler handelte.

Nächste Seite:

30/31 Diese Photos brachten Heesters nach 1945 schwere Vorwürfe ein. Der von der SS angeordnete Besuch im Konzentrationslager Dachau sollte von der angeblichen Harmlosigkeit der KZ überzeugen. In Uniform: Lagerkommandant Alex Piorkowski, 21. Mai 1941

32 Mit Regisseur Viktor Tourjansky und den Filmpartnern Brigitte Horney und Nikolai Kolin am Rande der Dreharbeiten zum Melodram *Illusion*, 1941

33 Vom Frack zum Smoking. Mit Hans Moser im Revuelustspiel *Karneval der Liebe*, 1943

34 Heesters verkleidete sich am Rande der Dreharbeiten zu *Die Fledermaus* als Frau und trat so Propagandaminister Goebbels entgegen, Prag 1944

35 Für Hitler und Lehár war Heesters der »beste Danilo«. Signierte Photographie von Franz Lehár, 1945

Regimes auf und stattete im Mai 1941 auf Wunsch der SS dem Konzentrationslager Dachau einen Besuch ab.

Auch wenn Heesters sich zu keinem Zeitpunkt seiner Karriere im Dritten Reich in direkter Weise politisch betätigt und geäußert hat, auch wenn er stets versuchte, zwischen seiner Karriere und der Diktatur, in der er nun lebte, zu unterscheiden, war er sich der Gratwanderung, die von Jahr zu Jahr schwieriger wurde, bewußt: »Jopie, mach keine Fehler, habe ich mir gesagt, geh nicht zu dicht an die Parteiprominenz heran, egal aus welchem Lager sie ist. Bleibe, was du bist, ein singender, schauspielernder ›Gastarbeiter‹.«[220] Doch aus dem »Gastarbeiter« wurde schnell einer der Lieblingsschauspieler Adolf Hitlers.

»Der beste Danilo, den ich je gesehen habe«

Silvester 1938/39. Pünktlich um zwanzig Uhr öffnet sich der Vorhang des Theaters am Gärtnerplatz in München. Wenig später steht Johannes Heesters zum ersten Mal in der Rolle auf der Bühne, die zur Rolle seines Lebens werden sollte, zu der Rolle, mit der man ihn zeitlebens am stärksten identifizierte und in der er am häufigsten auftrat. Im weißen Frack mit weißem Zylinder, schwarzem Kummerbund um die Taille und schwarzem Schal um den Hals. In der Hand, die im weißen Glacé-Handschuh steckt, den obligatorischen Spazierstock mit dem Silberknauf und dazu ein unnachahmliches Lächeln auf den Lippen. Das ist er, der Graf Danilo Danilowitsch, so, wie Franz Lehár ihn sich vorgestellt haben muß, als er 1905, fünfunddreißigjährig, sein Meisterwerk *Die lustige Witwe* schrieb. Jeder an diesem Abend ist gespannt auf die Neueinstudierung dieser Salon-Operette, die weltweit zu den beliebtesten, erfolgreichsten und am häufigsten aufgeführten zählt – auch Franz Lehár, der als Ehrengast im Publikum sitzt. Und Heesters hebt an, zum ersten Mal das Lied zu singen, das zu seiner Hymne, zu seiner Erkennungsmelodie wurde. Das Auftrittslied Danilos, die Hommage an das Pariser Maxime,[221] das Heesters erst vierzig Jahre später selbst besuchen sollte: »Da geh' ich ins Maxim / Dort bin ich sehr intim, / Ich duze alle Damen, / Ruf' sie beim Kosenamen: / Lolo, Dodo, Jou-Jou, / Clo-Clo, Margot, Frou-Frou; / Sie lassen mich vergessen / Das teure Vaterland! / Dann wird champagnisiert, / Auch häufig cancaniert, / Und geht's ans Kosen, Küssen / Mit allen diesen Süßen …«

Die lustige Witwe, in der 1905 »zum erstenmal auf Operettenboden moderne Menschen«[222] aufgetreten waren, errichtet ein Denkmal für die mit dem Ersten Weltkrieg untergegangene mondäne Welt der Fürsten, Grafen und Diplomaten. Im Mittelpunkt der beschwingten Operette, die in Paris spielt, steht Graf Danilo Danilowitsch, Kavallerieleutnant in Reserve, durch und durch weltgewandter Gentlemen, der als Gesandter des fiktiven Balkan-Fürstentums Pontevedro in Paris lebt und dort als Weiberheld ersten Ranges bekannt ist, »der vor der wirklichen Liebe die Augen verschließt, bis er am Ende doch auf die Stimme seines Herzens hören muß«.[223] Auf einem Ball trifft er seine alte Bekannte Hanna Glawari wieder, aus der mittlerweile eine millionenschwere, lebenslustige Witwe geworden ist. Da die pontevedrinischen Staatskassen leer sind, soll Danilo als patriotische Geste die schwerreiche Hanna heiraten – lehnt jedoch ab, weil er sich nicht nachsagen lassen will, nur ihrem Geld hinterherzulaufen. Obwohl er die von diesen Hintergründen nichts ahnende Hanna liebt, ignoriert er ihre lockenden Versuche, ihn für sich zu gewinnen. Nach zahllosen Mißverständnissen – »er will nicht, dann will sie nicht, oder sie will, und er will nicht, am Schluß wollen beide«[224] – finden Danilo und Hanna aber doch noch zusammen und beschließen zu heiraten. Der Graf Danilo der Operette hatte ein Vorbild im richtigen Leben, den montenegrinischen Erbprinzen Danilo, der damals auf internationalem Parkett als Frauenheld bekannt und in zahlreiche Skandale verwickelt war.

Für die Neueinstudierung mit Heesters als Danilo hatte Fritz Fischer, der Intendant des Münchner Gärtnerplatz-Theaters, *Die lustige Witwe* 1938 modernisiert und ebenso wie Charell hierfür zu Mitteln der Revue und des Films gegriffen. Wie man es von den Revuen her kannte, löste er die ursprünglich drei Akte der Operette in »Bilder« auf, die temporeich aufeinanderfolgten. Zudem war der Text bearbeitet und die Operette auch musikalisch neu arrangiert worden, natürlich so, daß Lehárs Originalkomposition erkennbar blieb. Sogar zu Jazz-Elementen war gegriffen worden, die bei den braunen Machthabern eigentlich verpönt waren, hier aber kommentarlos geduldet wurden. Heesters war mit seiner Rolle und der Einstudierung Fritz Fischers mehr als zufrieden: »Fischer wollte für die Rolle des Danilo keinen stimmgewaltigen Opernhelden. Ihm schwebte ein leichtsinniger Bonvivant, ein Charmeur und lebenslustiger Gigolo vor, dem es die Damen leichtmachten. In mir glaubte er die ideale Besetzung gefunden zu haben.« Und der Erfolg des Abends gab Fischer Recht: »Meine Rolle als Danilo erfuhr durch ihn eine temporeiche und weniger schwülstige Interpretation, die durchaus meinen Vorstellungen entsprach.«[225] Und sie entsprach, wie sich schon bald zeigen sollte, auch den Vorstellungen des Premierenpublikums, das die Aufführung mit frenetischem, nicht enden wollendem Beifall bejubelte. Danach feierte man unbeschwert und voller guter Laune ins Jahr 1939. Niemand ahnte an diesem Abend, daß die Welt kurz davorstand, in einen neuen, noch schrecklicheren Weltkrieg gestürzt zu werden.

Wochenlang waren alle 999 Plätze des Gärtnerplatz-Theaters ausverkauft, insbesondere Frauen stürmten die Vorstellung und wollten den gutaussehenden neuen Danilo sehen. »Die Damen vergaßen, daß sie Damen waren, die Mütter ihre ›Mutterkreuzwürde‹«, erinnerte sich der für das neue musikalische Arrangement zuständige Komponist Peter Kreuder: »Sie rannten mit den jungen Mädchen, den Backfischen, zusammen zur Bühne und jubelten ihm zu. Abend für Abend.«[226] Und in München kursierte das geflügelte Wort: »Johannes Heesters spielt den Grafen, manch' Mädchenherz kann nicht mehr schlafen ...«

Der durchschlagende Erfolg sprach sich schnell herum – auch in Berlin. Selbst Adolf Hitler hörte davon und war begierig darauf, Heesters als Danilo zu sehen, denn *Die lustige Witwe* war Hitlers Lieblingsoperette. Während Hitlers Leidenschaft für Wagner allgemein bekannt war und im Dritten

Reich zu einem regelrechten Wagner-Kult führte, ist seine Begeisterung für die leichte Muse, insbesondere für die Operette, weniger bekannt. Bereits in seiner Wiener Zeit, als er fast allabendlich stundenlang anstand, um einen der billigen Stehplätze in der Hofoper zu ergattern, sah er neben den großen Opern immer wieder auch Operetten, wobei er besonders die Werke von Johann Strauß und Franz Lehár schätzte. 1936 versicherte er diesem, daß er als sechzehnjähriger Arbeitsloser »auf dem Stehplatz der dritten Galerie des Theaters an der Wien« 1905 der Uraufführung der *Lustigen Witwe* in Wien beigewohnt habe,[227] die vom gerade einmal fünfundzwanzigjährigen Robert Stolz dirigiert worden war. Es wurde immer wieder die Auffassung vertreten, daß dieser Abend Hitlers lebenslange Zuneigung zu Lehár begründet habe und zu seinen »bleibenden musikalischen Erinnerungen«[228] zählte. Daß seine erste Begegnung mit dieser Operette prägend war, bleibt unbestritten. Allerdings ist Hitlers Behauptung, die Uraufführung der *Lustigen Witwe* miterlebt zu haben, nichts anderes als Fama, da er 1905 noch gar nicht in Wien war. Sein erster, zweiwöchiger Besuch in der österreichischen Hauptstadt, bei dem er fast allabendlich im Theater war, meist jedoch Wagner-Aufführungen sah, wird erst auf den Mai 1906 datiert.[229] Frühestens da kann er die Operette gesehen haben. Wahrscheinlich ist jedoch, daß Hitler *Die lustige Witwe* zum ersten Mal in Linz sah, wo er damals noch lebte und wo die Lehár-Operette erstmalig am 13. Oktober 1906 im Landestheater gezeigt wurde.

Daß *Die lustige Witwe* Hitlers Lieblingsoperette war, erwies sich als großes Glück für Franz Lehár, der unmittelbar nach der »Machtergreifung« stark in die Kritik geraten war, nicht nur wegen seiner Ehe mit einer Jüdin, sondern auch weil fast alle seine Operetten auf den Büchern jüdischer Librettisten basierten und er zudem viele seiner Melodien eigens für den mittlerweile emigrierten jüdischen Tenor Richard Tauber komponiert hatte. Schnell entbrannte ein regelrechter Streit um Lehár, in den sich niemand geringerer als Richard Strauss einmischte, der sich von den Nazis zum Präsidenten der Reichsmusikkammer hatte ernennen lassen und damit das höchste Amt des Musikbetriebs im Dritten Reich bekleidete. Lautstark beschimpfte Strauss, der nie verwunden hatte, daß die zeitgleich mit seinem *Rosenkavalier* herausgekommene *Lustige Witwe* der wesentlich größere Publikumserfolg war, Lehárs Arbeiten als eine »Entartung der Operette«[230] und mokierte, daß diese nicht auch in der Ausstellung »Entartete Musik« angeprangert würden.

Zwar wähnte Strauss bei seinen Angriffen auf den »jüdisch verfilzten« Lehár die braunen Machthaber auf seiner Seite, und nicht wenige Kulturfunktionäre des NS-Regimes stimmten auch in seine Attacken ein, so vermerkte etwa noch 1936 der Artikel *Die leichte Musik und der Rassegedanke*: »Die Operetten des Ariers Franz Lehár sind ausnahmslos von Juden textiert.«[231] Doch Strauss hatte nicht damit gerechnet, daß letztlich immer der persönliche Geschmack des »Führers« ausschlaggebend war. Hitler mochte Lehárs Kompositionen, war bereit, bei diesem eine Ausnahme zu machen, und stellte sich demonstrativ hinter den Komponisten. Er lud den verehrten Maestro in die Reichskanzlei ein, hofierte ihn und ernannte seine jüdische Frau Sophie zur »Ehren-Arierin«. Auf diese Weise blieben auch im Dritten Reich die Werke Lehárs die meistgespielten Operetten, und die einstigen feindlichen Angriffe der Nazi-Presse gehörten mit einem Mal der Vergangenheit an. Lehár seinerseits war Hitler für diese demonstrative Anerkennung zutiefst dankbar, hätte ein Boykott seiner Werke in Deutschland doch auch erhebliche finanzielle Einbußen bedeutet. So aber brachte ihm allein *Die lustige Witwe* ein Vermögen ein. Lehár ließ sich an seinem siebzigsten Geburtstag in Anwesenheit Hitlers mit einer Sondervorstellung seiner Operette *Das Land des Lächelns* an der Wiener Staatsoper feiern, während zwei seiner jüdischen Librettisten versteckt im Wiener Untergrund lebten: Viktor Léon, der Librettist der *Lustigen Witwe* starb 1940, Bela Jenbach, der die Libretti zum *Zarewitsch* und zu *Paganini* geschrieben hatte, verhungerte drei Jahre später in seinem Wiener Versteck. Sie waren und blieben nicht die einzigen aus dem ehemaligen Mitarbeiterstab Lehárs, die zu Opfern der Nazis wurden. Keinem von ihnen half der von den braunen

Machthabern gefeierte Komponist. Als Franz Lehár nach dem Ende des Krieges von Klaus Mann, damals Captain der amerikanischen Armee und Reporter der Zeitung »Stars and Stripes«, interviewt wurde, verhielt er sich wie die meisten Deutschen, die angeblich nie mit den Nazis gemeinsame Sache gemacht hatten: »Keine Politik bitte. [...] wir wollen gar nicht darüber sprechen. Die Politik ist schmutzig, und ich mag nicht über schmutzige Dinge sprechen.« Und: »Mein Gewissen ist rein. Meine ›Lustige Witwe‹ war Hitlers Lieblingsoperette. Das ist doch nicht meine Schuld, oder?«[232] Seine einstigen Anbiederungsversuche verschwieg Lehár konsequent. In Hitlers Nachlaß fand sich ein in rotes Maroquin-Leder gebundenes Programmheft zur Erinnerung an die fünfzigste Aufführung der *Lustigen Witwe* im Februar 1906 – ausgerechnet mit Photos jenes Louis Treumann, der einst der erste Danilo gewesen und 1943 im KZ Theresienstadt ermordet worden war. Auf der Titelseite ein silbernes Hakenkreuz und eine silberne Tafel mit der Gravur »Das Buch ist dem Führer gewidmet. Franz Lehár.« Ein Geschenk Lehárs zu Hitlers neunundvierzigstem Geburtstag.[233]

Nicht nur für Lehár, sondern natürlich auch für Heesters wirkte sich Hitlers Operettenleidenschaft und seine Vorliebe für *Die lustige Witwe* positiv aus, seine Karrierechancen stiegen dadurch enorm. Da Hitler neben seinen Privaträumen in der Berliner Reichskanzlei und seinem Domizil auf dem Obersalzberg auch noch eine luxuriöse Wohnung am Münchner Prinzregentenplatz besaß, war es naheliegend, daß er seinen München-Aufenthalt nutzte, um Heesters in seiner Lieblingsoperette zu sehen. So tauchte der Diktator eines Abends im Januar 1939 mit großem Gefolge, das sich vor allem aus bayerischer Partei-Prominenz zusammensetzte, im Gärtnerplatz-Theater auf, um die Vorstellung zu besuchen.[234] In der Pause ließ er Heesters von zwei seiner SS-Wachen in die »Führerloge«, in der er saß, bringen, um ihn zu beglückwünschen: »Ich danke Ihnen für diesen schönen Abend. Die ›Lustige Witwe‹ ist meine Lieblingsoperette, und Sie sind für mich der beste Danilo, den ich kenne!«[235] Dem Diktator schien die Aufführung und Heesters' Verkörperung des Grafen Danilo so gut zu gefallen, daß dies nicht sein einziger Besuch im Theater am Gärtnerplatz blieb. Heesters erinnert sich: »Nach vier, fünf Tagen hieß es abermals: der Hitler ist da! Und bald darauf erschien er, immer mit großem Gefolge und einer Schar Damen, ein drittes und viertes Mal. Ich dachte: Herrgott, hat der Mann nichts Besseres zu tun, wann kommt der denn zum Regieren?«[236]

Hitlers Begeisterung speziell für diese Operette hatte ganz offensichtlich damit zu tun, daß er, der sich zeitlebens mehr als Künstler denn als Politiker betrachtete, sich selbst mit der Rolle des schmucken Danilo identifizierte. Gegenüber seiner Münchner Haushälterin Anni Winter, die seine Leidenschaft für Operetten teilte, sprach er den Vergleich mit Lehárs Danilo sogar direkt aus. Diese berichtete Heesters Anfang 1939 in seiner Garderobe: »Also neulich, nach Ihrer Vorstellung im Gärtnerplatz-Theater, als er noch im Frack war, da hat er sich vor den großen Spiegel gestellt, der Arme [...], den Zylinder aufgesetzt, sich einen Schal umgeworfen, so wie Sie das machen, und mich gefragt: Na, Winterin, was sagen Sie? Bin ich vielleicht kein Danilo?« Heesters reagierte etwas irritiert auf diese unerwartete Offenbarung: »Mein Gott, dachte ich mir, wenn Hitler zur Operette gegangen wäre ... Nicht auszudenken.«[237]

In Wien kursiert sogar bis heute die Anekdote, Hitler habe sich tatsächlich einmal als Operettentenor am Theater an der Wien beworben und zur Probe ganz passabel *Da geh' ich ins Maxim* vorgesungen, sei jedoch nicht genommen worden, weil er keinen Frack besessen habe.[238] Die Schauspielerin Rosa Albach-Retty, die Großmutter Romy Schneiders, gibt in ihren Memoiren an, daß der frühere Direktor des Theaters an der Wien, Hubert Marischka, ihr von diesem Ereignis berichtet habe.[239] Auch Rolf Kutschera, der spätere Intendant des Theaters an der Wien, erinnert sich daran, daß sein Vorgänger und enger Freund Marischka, dessen Nachlaß er heute verwaltet, ihm diese Geschichte erzählt hat.[240]

Belegt ist, daß der Diktator die Aufnahmen mit Heesters als Danilo allen anderen vorzog. Albert Speer erinnert sich in seinen *Spandauer Tagebüchern* an einen Tag auf dem Obersalzberg: »Im Anschluß an seinen Monolog drückte Hitler auf den Klingelknopf und ließ Bormann kommen: er wolle sich heute abend eine besondere Freude machen und auf Bormanns Apparatur die ›Lustige Witwe‹ hören. Auf die Frage seines Sekretärs, ob er die Aufnahme mit Johannes Heesters und anderen Kräften des Gärtnerplatz-Theaters zu hören wünsche oder die Berliner Aufführung, die Lehár selbst für ihn dirigiert habe, erging sich Hitler in Erinnerungen und Vergleichen, ehe er abschließend befand, die Münchener Aufführung sei doch, wie er wörtlich formulierte, ›zehn Prozent besser‹ gewesen. So endete dieser Geburtstag Hitlers in der Halle des Berghofes.«[241] Noch in den letzten Kriegsmonaten hörte Hitler angesichts des drohenden Untergangs bevorzugt harmlose Operettenmelodien: »1943/44 – in der Wolfsschanze in Ostpreußen – hört er nicht etwa Wagner, sondern immer nur die ›Lustige Witwe‹, wie eine Ohrenzeugin seufzend berichtet.«[242] Bei der Ohrenzeugin handelt es sich um Marlene Exner, Hitlers Diätköchin.

Was Heesters anging, funktionierten die Buschtrommeln der Diktatur. Ohne daß Hitler seine Anerkennung für Heesters' Leistung öffentlich hätte wiederholen müssen, sprach sich vor allem auch im Propagandaministerium und in der Reichskulturkammer der wiederholte Besuch des Diktators in der *Lustigen Witwe* ebenso herum wie dessen Hochschätzung für Johannes Heesters als Interpret des Danilo. Heesters jedenfalls hatte die Rolle seines Lebens gefunden, auch wenn er zu diesem Zeitpunkt nicht ahnen konnte, daß er noch an seinem fünfundachtzigsten Geburtstag im Frack auf der Bühne stehen und sein Maxim-Lied singen würde – doch zugleich war es diese Rolle, die ihn zunehmend in die Nähe der NS-Machthaber trieb.

Eine solche Situation war der Tag der Deutschen Kunst im Sommer 1939 in München. Hitler hatte München, das – obwohl hier die Reichsleitung der NSDAP und der SA residierte – gegenüber Berlin zunehmend an politischem Einfluß verloren hatte und im Schatten der Reichshauptstadt stand, ab 1933 kontinuierlich zum Zentrum der deutschen Kunstwelt gemacht, womit er an die Tatsache anknüpfen wollte, daß die

Stadt bereits im 19. Jahrhundert das führende Kunstzentrum Deutschlands gewesen war.[243] Auch wenn es durch die Emigrationswelle zu einem kulturellen Niedergang Münchens gekommen war, versuchten die Nazis, diese Kulisse aufrechtzuerhalten. Noch bevor der »Führer« München 1935 offiziell zur »Hauptstadt der Bewegung« ernannte, hatte er der Stadt die Rolle zugedacht, der Kunst im nationalsozialistischen Sinne ein Forum zu bieten, und die bayerische Metropole bereits 1933 zur »Hauptstadt der Deutschen Kunst« erhoben. Seit 1937 wurde jährlich im Sommer der aufwendig inszenierte, teils von der Stadt München, teils von der Reichskulturkammer finanzierte Tag der Deutschen Kunst in München begangen, eine Tradition, an der auch in den Kriegsjahren festgehalten wurde. 1944 fand die letzte dieser Veranstaltungen statt, die zu einem regelmäßigen Höhepunkt im Festkalender des Dritten Reichs geworden war, an der auf Geheiß Hitlers alle hohen Nazi-Funktionäre und auch die wichtigsten Schauspieler und Künstler des Landes teilzunehmen hatten.

Im Jahr 1939 kam dem Tag der Deutschen Kunst eine besondere propagandistische Bedeutung zu, da er der Verschleierung der Realität – der auf vollen Touren laufenden Vorbereitung des Angriffskriegs auf das benachbarte Polen – diente und der Welt ein friedliebendes Deutschland und eine kunstsinnige NS-Führungsriege vorführen sollte. Schon den ganzen Sommer über hatte Hitler auf Ablenkung gesetzt, wie sein Adjutant Nicolaus von Below später bestätigte: »Aus Tarnungsgründen ließ Hitler seine privaten Vorhaben und die offiziellen wiederkehrenden Veranstaltungen nicht ändern. Die Vorbereitungen für den ›Reichsparteitag des Friedens‹ in Nürnberg liefen weiter, ebenso für die 25-Jahr-Feier der Schlacht von Tannenberg, Ende August. Hitler selbst nahm an den Veranstaltungen anläßlich des ›Tages der deutschen Kunst in München‹ teil und besuchte die Bayreuther Festspiele vom 25. Juli bis 2. August, mit einer kurzen Unterbrechung zu militärischen Gesprächen in Berlin und am Westwall bei Saarbrücken. Ein Künstlerempfang am 1. August im Siegfried-Wagner-Haus in Bayreuth ließ noch einmal alle militärischen Pläne vergessen.«[244] Heesters bekannte später: »Wochen nach dem ›Tag der Deutschen Kunst‹ ist mir bewußt geworden, wie raffiniert dieses Fest zur Tarnung der politischen Situation benutzt worden war. [...] Wir alle, die wir an diesem Fest teilgenommen hatten, waren zu Statisten einer gewaltigen Augenwischerei gemacht worden. Kaum einer meiner Kollegen hatte es bemerkt.«[245]

Der Tag der Deutschen Kunst 1939, der just am 150. Jahrestag der Französischen Revolution eröffnet wurde, war wie in jedem Jahr eine dreitägige Veranstaltung, am 14., 15. und 16. Juli 1939 – für alle drei Tage wurde auch Heesters nach München verpflichtet.[246] Hitler kam, wie gewöhnlich, erst am letzten Tag, am Sonntagmorgen, eröffnete am Vormittag im Haus der Deutschen Kunst die dritte Deutsche Kunstausstellung, wohnte am Nachmittag dem zweieinhalbstündigen Festumzug »2000 Jahre Deutscher Kultur« bei, den eine Million Besucher verfolgten, und besuchte am Abend die Aufführung der *Lustigen Witwe*.[247]

Diese lief seit Silvester en suite im Gärtnerplatz-Theater, Heesters hatte jedoch im Mai die Rolle des Danilo abgeben müssen, weil ihn Theater- und Filmverpflichtungen zurück nach Berlin riefen, wo er zu diesem Zeitpunkt allabendlich in Ralph Benatzkys musikalischem Lustspiel *Meine Schwester und ich* auf der Bühne des Renaissance-Theaters stand. Ihn erreichte ein Telegramm aus München, in dem ihm mitgeteilt wurde, daß Hitler wünsche, daß er im Rahmen des Tages der Deutschen Kunst den Danilo singe: »Als Ehre konnte ich eine derartige Einladung nie empfinden. Eher als Anweisung, als Forderung. Der Führer wollte unterhalten werden, und wir mußten antreten.«[248] Eine Möglichkeit, sich dieser Anweisung zu entziehen, gab es nicht, so daß Johannes Heesters sich in Berlin vertreten lassen und – wie unzählige andere Schauspieler auch – nach München reisen mußte, wo er an den drei Abenden wiederum als Danilo auf der Bühne stand – seine Honorar hierfür betrug 876 Reichsmark, die Flugkosten Berlin–München wurden ihm zurückerstattet.[249]

Nach der Vorstellung war Heesters wie alle in München anwesenden Künstler zu einem Empfang gebeten worden, wo er erneut mit Hitler zusammentraf. Bei dieser Gelegenheit bekannte Hitler abermals, wie gelungen er Heesters' Verkörperung des Danilo finde, dieses Mal sogar vor der versammelten Führungsriege des NS-Staates. Heesters wurde an Hitlers Tisch gebeten, an dem seiner Erinnerung zufolge unter anderen auch Hermann Göring und Rudolf Heß, Joseph Goebbels und Joachim von Ribbentrop saßen, denen er vorgestellt wurde: »Sie waren alle vorher in der ›Lustigen Witwe‹ gewesen, Hitler hatte sie hingeschleppt, sie mußten sich das ansehen, ob es sie interessierte oder nicht.«[250] Vor seinem gesamten Gefolge wiederholte der Diktator sein Kompliment: »Herr Heesters, ich habe heute mit den Herren hier Ihre Vorstellung besucht und ich sage Ihnen, Sie sind der beste Danilo, den ich je in meinem Leben gesehen habe. [...] Ich danke Ihnen.«[251]

Hitlers offen ausgesprochene Bewunderung für Heesters steigerte dessen Karrierechancen enorm, festigte seine Position und schützte ihn weitestgehend vor Angriffen, denn ein Schauspieler, der vom »Führer« so bewundert wurde, hatte wenig zu befürchten. Mit Hitler hatte Heesters den zur damaligen Zeit denkbar wichtigsten Fan. Auch wenn er alles andere als begeistert über die öffentlich demonstrierte Sympathie Hitlers war, half sie ihm in der Folgezeit durchaus, sich einerseits weiteren Vereinnahmungsversuchen der Nazis zu entziehen und andererseits aber auch seine Karriere voranzutreiben.

Vereinnahmungsversuche und Gagenpoker

Manchen Vereinnahmungsversuchen konnte Heesters sich leicht entziehen – auch wenn er sich damit nicht unbedingt beliebt machte. Bei einer Unterredung mit Goebbels im Mai 1938 wurde offenbar, daß es dem Propagandaminister ein Dorn im Auge war, daß der zum deutschen Bühnen- und Filmstar aufgestiegene Heesters weiterhin holländischer Staatsbürger blieb: »Sagen Sie, Heesters, Sie leben hier in Deutschland, arbeiten hier, verdienen Ihr Geld, sind beim deutschen Publikum sehr beliebt. Warum werden Sie nicht

Deutscher?«[252] Heesters jedoch war nicht bereit, aus Karrieregründen ein solches Zugeständnis zu machen: »Warum sollte ich Deutscher werden? Was würde meine Königin dazu sagen? Ich bin Holländer, und das bleibe ich auch.« Um seine Aussage zu bekräftigen, konfrontierte er Goebbels mit dem unlogischen, aber wirkungsvollen Einwand: »Wenn ich Ihnen vorschlage, Holländer zu werden, was würde Ihr Herr Hitler davon halten?«[253] Das Gespräch mit dem Minister war damit beendet, anscheinend insistierte Goebbels auch nicht weiter in dieser Angelegenheit – schließlich konnte niemand Johannes Heesters zwingen, Deutscher zu werden.

Der Holländer war nicht der einzige Star, den Goebbels dazu überreden wollte, die deutsche Staatsangehörigkeit anzunehmen, Gleiches versuchte er – ebenfalls vergeblich – bei Zarah Leander.[254] Hätten Leander und Heesters die deutsche Staatsangehörigkeit angenommen, wäre ihre Bindung an das Regime wesentlich größer gewesen, zudem wäre für die Nazis die Gefahr aus der Welt gewesen, daß sie Deutschland nach Belieben einfach den Rücken kehrten, wie es die Leander 1943 tat. Die strikte Weigerung wurde bestraft, zumindest im Falle Zarah Leanders. Zwar war sie der bestverdienende weibliche Filmstar des Dritten Reichs, von sämtlichen Ehrungen, gesonderten Geldgeschenken oder auch der Verleihung von Titeln jedoch wurde sie demonstrativ ausgeschlossen. Hitler etwa, der ab 1937 den Titel des »Staatsschauspielers« höchstpersönlich verlieh, weigerte sich, die Leander zur Staatsschauspielerin zu machen, obwohl dies zweimal vorgeschlagen und die Urkunde bereits ausgestellt worden war. Auch Heesters bekam diesen Titel nie. Solche Zurückstellungen waren für ihn jedoch kein Grund, hinsichtlich seiner einmal getroffenen Entscheidung wankend zu werden. Bei der Debatte um seine Staatsbürgerschaft endete die sonst durchaus vorhandene Konzessionsbereitschaft des Holländers. Er war zwar ein Star in Deutschland, aber zu diesem war er als Holländer geworden, und als solcher wurde er ja auch von seinem Publikum wahrgenommen.

Einem weiteren Vereinnahmungsversuch der Nazis entzog sich die Leander, nicht jedoch Johannes Heesters: dem Beitritt zur Reichsfilmkammer. Was für sämtliche deutsche Filmschaffende, vom kleinsten Studioarbeiter bis zum mächtigsten Produzenten, ab 1933 eine zwingende Voraussetzung war, um überhaupt beim Film beschäftigt werden zu können, stellte für ausländische Schauspieler lediglich eine Möglichkeit dar, denn sie konnten, auch ohne Mitglieder dieser Zwangsorganisation zu sein, mittels Sondergenehmigungen drehen. Dennoch unterzeichnete Johannes Heesters am 21. Dezember 1936, wenige Tage nach der Premiere seines zweiten Ufa-Films *Das Hofkonzert*, seine Beitrittserklärung zur Reichsfilmkammer und füllte auch den hierzu notwendigen Fragebogen aus, für den er einen »Abstammungsnachweis« erbringen und versichern mußte: »Ich bestätige ausdrücklich, daß ich arischer Abstammung bin. Weder ich selbst noch meine Eltern sind jüdischer oder sonstiger fremdrassiger Abstammung.«[255]

Für den *Bettelstudenten* und *Das Hofkonzert* hatte die Ufa aufgrund Heesters' holländischer Staatsbürgerschaft jeweils eine Sondererlaubnis bei der Reichsfachschaft Film einholen müssen,[256] was zwar nicht gern gesehen wurde, aber durchaus auch weiterhin praktikabel gewesen wäre. Zarah Leander etwa widersetzte sich konsequent allen Aufforderungen, der Reichsfilmkammer beizutreten, was die NS-Machthaber stillschweigend hinnahmen, um Aufsehen zu vermeiden, schließlich war man auf die Diva, die die Deutschen über den Verlust Marlene Dietrichs hinwegtrösten sollte, angewiesen und wollte es sich nicht mit ihr verderben. So mußte für jeden einzelnen Leander-Film ein gesondertes Genehmigungsverfahren eingeleitet werden, das natürlich jedes Mal positiv ausfiel. Ob die Nazis ebenso großzügig über Johannes Heesters' Weigerung hinweggesehen hätten, muß dahingestellt bleiben. Zwar stieg auch er innerhalb kürzester Zeit zum Star und Publikumsliebling auf, den außerordentlichen Stellenwert, wie ihn die Leander für den Film des Dritten Reichs hatte, erlangte der Holländer jedoch nie. Es kann dennoch vermutet werden, daß Heesters keine geringere Karriere gemacht hätte, wenn er Ende 1936 nicht Mitglied der Reichsfilmkammer geworden wäre – was nicht zuletzt seine Bühnenkarriere belegt: Denn Heesters wurde zwar Mitglied der Filmkammer, der für die Bühnenschauspieler zuständigen Reichstheaterkammer ist er hingegen nicht beigetreten, so daß dort die Abteilung »Ausländerverpflichtungen« für ihn zuständig war.[257] Seiner Theaterkarriere tat dies mitnichten Abbruch. Wahrscheinlich war Heesters bei seinem Beitritt zur Reichsfilmkammer im Dezember 1936 einer Empfehlung der Ufa gefolgt, die ihm diesen Schritt aus Gründen der Bequemlichkeit nahegelegt haben wird.

Ein wichtiges Mittel des Regimes, sich der Loyalität der Stars zu versichern, war die Gagenpolitik. Zu allen Zeiten haben Stars, die als Kassenmagneten galten und das Publikum in Massen anlockten, Stargagen verdient, das sollte sich auch im Dritten Reich nicht ändern – und für so manchen zerstreute in dieser Zeit der Blick auf den Gagenzettel sämtliche Skrupel. Der Gagenpoker, seit jeher ein fester Bestandteil der Kinoindustrie, wurde also auch im Dritten Reich betrieben – nun jedoch hinter verschlossenen Türen, denn die Nazis, allen voran Chefideologe Alfred Rosenberg, betrachteten die Schauspieler als »Diener am Volksganzen«: »Die Filmzeitschriften betonten die Angemessenheit der Honorare; im nationalsozialistischen Staat bestünde soziale Gerechtigkeit, und daher würden die Künstler nur ihrer Leistung entsprechend bezahlt. Mit der Höhe der Gagen wurde nun nicht mehr für einen Film geworben.«[258]

In den ersten Jahren der Diktatur, als es einen großen Aufschwung des Kinos gegeben hatte, stiegen auch die Gagen, besonders die der Spitzenstars wurden in vorher kaum gekannte Höhen getrieben. Auch wenn Heesters, seine Einnahmen aus Theater- und Filmarbeit zusammengerechnet, durchaus zu den Spitzenverdienern des Regimes zählte, seine Filmgagen blieben während seiner gesamten Karriere im Dritten Reich in verhältnismäßig bescheidenem Rahmen und bewegten sich allenfalls im Mittelfeld. Für die ersten drei Jahre seiner deutschen Filmkarriere, die Zeit von 1936 bis 1939, kann man noch nicht mal von Stargagen sprechen. Für seinen ersten Film *Der Bettelstudent* erhielt er lediglich 6000 RM, in der Folgezeit schwankte seine Gagenhöhe zwischen 10000 RM (etwa für *Das Hofkonzert* und *Wenn Frauen schweigen*) und 18000 RM (für *Nanon*), lediglich für den Streifen *Hallo Janine* erhielt er 28000 RM, die höchste seiner Vorkriegsgagen.[259] Auch sein monatliches Grundgehalt stieg in dieser Zeit von 2000 auf 2500 RM.[260]

Zum Vergleich: Spitzenstar Hans Albers wurde 1935/36 für vier Ufa-Filme verpflichtet, wobei ihm eine Gage von 100000 RM pro Film zugesichert und zudem auch noch ein Mitspracherecht bei der Auswahl der Stoffe eingeräumt wurde. Ähnlich sah es bei Kollegin Zarah Leander aus, die sogar noch später als Heesters zur Ufa gestoßen war: Während Heesters im Jahr 1939 mit dem Drehen 42500 RM verdiente, war die Jahresgage der Leander bereits auf exorbitante 400000 RM angestiegen. Von solchen Honorardimensionen war Heesters weit entfernt, und mehr als ein Viertel einer solchen Jahresgage sollte er nicht einmal auf dem Höhepunkt seiner Karriere, als er jährlich für drei oder vier Filme vor der Kamera stand, bekommen. Beachtlich war Heesters' Verdienst dennoch: Schauspielanfänger wurden damals für eine monatliche Anfangsgage von 200 RM eingestellt, Mitglieder eines Opernchors mit monatlichen 400 RM entlohnt, wovon man gut zu leben vermochte. Auch wenn Heesters allein durch das Filmen niemals zum Spitzenverdiener aufstieg, hätten ihm und seiner Familie also bereits die Filmgagen ein durchaus komfortables Leben ermöglicht.

Nach dem Kriegsausbruch veränderte sich die Lage bei den Filmgagen nochmals. Die Nazi-Funktionäre waren sich bewußt, wie wichtig nun gute Laune war und wie wichtig Schauspieler waren, die diese zu vermitteln wußten. Folglich waren sie auch dazu bereit, die Stars des Ablenkungskinos fürstlich zu entlohnen, auch wenn Gagenerhöhungen nun noch schwerer durchzusetzen waren, da sie nicht mehr allein durch die Filmkammer und das Propagandaministerium beschlossen werden konnten, sondern auch noch der im Februar 1940 neu eingesetzte »Sondertreuhänder der Arbeit für die kulturschaffenden Berufe« sowie der »Beauftragte für den Vierjahresplan« und der »Reichskommissar für die Preisbindung« ein Mitspracherecht hatten, allesamt Institutionen, die überzogene

Gagen angesichts der Kriegslage verhindern und eine kriegsmäßige Herabsetzung der Künstlergagen durchsetzen sollten. Da die Stars des NS-Kinos dennoch verhältnismäßig viel verdienten, war nun die Diskussion über Gagen noch weniger erwünscht als vorher, worauf eine Presseanweisung des Reichspropagandaministeriums vom 5. August 1940 nochmals gesondert hinwies: »Weder die Tages- noch die Fachpresse soll die Frage der Gagen im Film anschneiden.«[261]

Auch Heesters' Gagen stiegen in Kriegszeiten an, was belegt, daß sein Status endgültig gesichert war und die Nazis zudem bereit waren, ihn für seine Mitwirkung in den so dringend notwendigen Ablenkungsstreifen entsprechend zu entlohnen. Auch wenn er in den Kriegsjahren häufiger für andere Filmfirmen als für die Ufa vor der Kamera stand, blieb er weiterhin bei der Ufa unter Vertrag. Die Einzelverträge mit der Terra oder der Tobis, der Berlin-Film, der Wien-Film oder der Prag-Film konnten stets immer nur »vorbehaltlich der Genehmigung durch die Ufa« geschlossen werden. Zu Beginn des Krieges wurde Heesters noch mit einer Tagesgage entlohnt: Für jeden tatsächlich absolvierten Drehtag einschließlich der Nachdrehs und Synchrontage erhielt er 750 RM, zuzüglich der Spesen und Reisekosten, wenn die Filmaufnahmen außerhalb Berlins stattfanden. Auch dies war noch relativ bescheiden, denn Stars wie Theo Lingen und Attila Hörbiger bekamen 1000 RM und Spitzenstars wie Heinrich George und Hans Moser gar 2000 RM Tagesgage.

Auch bei Heesters ging man schließlich dazu über, statt einer Tagesgage eine entsprechend höher verrechnete Pauschalgage für die Filme zu zahlen, für die er engagiert wurde. Diese wurde von den Studios meist in vier Raten ausgezahlt. Für den Film *Liebesschule* wurde ihm im November 1939 erstmals eine Pauschalgage von 15 000 RM zugestanden, eine Praxis, die für Heesters jedoch erst ab 1942 üblich werden sollte, wobei zunächst noch über die Höhe seiner Gage Unklarheit herrschte. Die Berlin-Film GmbH wollte ihm 1942 für den Streifen *Karneval der Liebe* eine Pauschale von 45 000 RM zahlen. Dabei wurde sie mit Nachdruck vom Reichsfilmintendanten unterstützt, der argumentierte, daß man Heesters nur durch eine derart attraktive Gage dauerhaft an den Film binden könne.[262] Insofern bat er »dringlichst um Zustimmung, da nur bei dieser Gage Herr Heesters seine Theaterangebote zurückstellen würde«.[263] Der für die Gagenfestsetzung in letzter Instanz zuständige »Sondertreuhänder der Arbeit für kulturschaffende Berufe« befand eine Gage von 45000 RM für Heesters jedoch als überzogen und kürzte sie – gegen den Willen der Reichsfilmkammer – um 15000 RM.[264] Zwar fiel Heesters' Gage dadurch geringer aus, als von den Filmfunktionären gewünscht, dennoch stellten die 30000 RM für diesen Film seine bislang höchste Filmgage dar.

Nachdem Heesters für einen Gastauftritt im Streifen *Großstadtmelodie*, in dem er sich selbst spielte, eine Gage von 10000 RM zugestanden worden war, wurde Ende 1942 seine Listen-Pauschalgage mit der Zustimmung des »Sondertreuhänders«[265] auf 40000 Reichsmark pro Film festgesetzt. Diese Summe wurde ihm jeweils für *Glück bei Frauen, Es lebe die Liebe, Es fing so harmlos an* und *Frech und verliebt* ausbezahlt und war auch für zwei im Jahr 1943 nicht zustande gekommene Filmprojekte genehmigt worden. Nur ein einziges Mal wurde Heesters ausnahmsweise eine höhere Gage zugestanden, für den Film *Die Fledermaus*. Im September 1944 wurde für diesen Streifen eine Pauschalgage von 50000 RM, wenn die Dreharbeiten sechs Monate, oder von 60000 Reichsmark, wenn sie mehr als ein halbes Jahr dauerten, bewilligt. Damit wurde der Tatsache Rechnung getragen, daß die Dreharbeiten für Heesters-Filme ansonsten nur drei Monate dauerten, er bei der *Fledermaus* jedoch mindestens sechs Monate in Anspruch genommen sein würde.[266] Da die Dreharbeiten für die *Fledermaus* lediglich vom 20. Juni bis zum 6. November 1944 gedauert haben, dürften wohl nur 50000 RM an Heesters ausgezahlt worden sein, aufgezeichnet wurde dies in den Wirren der letzten Kriegsmonate nicht mehr.

In den Jahren von 1941 bis 1943 hatte Heesters durch seine Filmengagements einen durchschnittlichen Jahresverdienst von 72000 RM, womit er sich allenfalls im Mittelfeld bewegte. Im gleichen Zeitraum verdienten Zarah Leander, die einzige Frau mit Höchstgagen, durchschnittlich rund 250000 RM,

Hans Albers 238666 RM, Heinrich George 214033 RM, Hans Moser 209890 RM und Willy Fritsch 122220 RM.[267] Heesters befand sich auf gleicher Höhe mit Marika Rökk, die im selben Zeitraum durchschnittlich 71666 RM verdiente. Dieses Gefälle in den Gagen des Dritten Reichs entsprach durchaus nicht immer den Kassenerfolgen oder der Beliebtheit beim Publikum, sondern war Folge der willkürlichen Festlegungen des Propagandaministeriums. Obwohl Heesters ebenso wie die Rökk zu den populärsten Stars in Kriegszeiten gehörte, blieben seine Filmgagen vergleichsweise bescheiden.

Hintergrund dafür könnte durchaus die Erwägung gewesen sein, daß Heesters nicht nur beim Film verdiente, sondern daneben auch noch Einnahmen aus seinen Rundfunk- und Fernsehauftritten sowie seinen Schallplattenaufnahmen hatte und zudem bei seinen Theaterengagements teils mit enormen Summen entlohnt wurde. Mit seinen Bühnenauftritten verdiente er – wie er in einem Schreiben an Goebbels auch selbst bestätigte[268] – sogar noch mehr als mit dem Drehen, was erstaunlich ist, denn üblicherweise wurden beim Film wesentlich höhere Gagen als beim Theater gezahlt: »Viele bekannte Schauspieler betrachteten daher ihre Arbeit im Theater als Luxus, die Haupteinnahmen holten sie sich anderswo.«[269] Da Heesters jedoch an den führenden, allein auf die Zugkraft der großen Stars setzenden Theatern der Reichshauptstadt engagiert war und zudem oft monatelang Abend für Abend auf der Bühne stand, summierte sich sein Honorar schnell, denn im Theater bewegte sich seine Tagesgage in Kriegszeiten zwischen 450 und 600 RM. Hierbei handelte es sich durchaus um eine Spitzengage, Elisabeth Schwarzkopf erhielt für jeden ihrer Auftritte am Deutschen Opernhaus Berlin jeweils 500 RM. In Anbetracht der Tatsache, daß Heesters in der Spielzeit 1940/41 ganze 222 Vorstellungen der *Lustigen Witwe* am Admiralspalast und in der Spielzeit 1941/42 insgesamt 245 Vorstellungen des *Grafen von Luxemburg* am Metropoltheater spielte, kann man davon ausgehen, daß er bereits in dieser Zeit um die 100000 RM pro Spielzeit beim Theater verdiente, was noch zu seinen Filmgagen und sonstigen Nebeneinkünften hinzugerechnet werden muß. 1942/43 wurde seine Tagesgage für *Hochzeitsnacht im Paradies* sogar auf 600 RM hinaufgesetzt. Da Heesters das Stück sechs Monate am Stück spielte, kann man, wenn man von einem freien Abend pro Woche ausgeht, den er in dieser Zeit hatte, und zudem damit rechnet, daß die Nachmittagsvorstellungen nicht extra honoriert wurden, ein jährliches Gesamthonorar von 111 600 RM annehmen.

Heesters verdiente also beim Theater weitaus mehr als beim Film und gehörte somit, insgesamt gesehen, durchaus zu einem der Spitzenverdiener des Regimes. Ein Staatssekretär im Reichsministerium erhielt damals um die 20 000 RM, ein Facharbeiter 2500 RM jährlich. Das Jahresgehalt von Heinz Hentschke als Generalintendant des Admiralpalastes und des Metropoltheaters in Berlin belief sich zu dieser Zeit auf 80 000 RM. Auch im Bereich der Theaterdarsteller stand Heesters an der Spitze: »Erste Kräfte an ersten Theatern verdienten höchstens um die 60 000 RM Jahresgage.«[270] Zum Vergleich: Ein Operettentenor am Theater des Volkes in Berlin wurde jährlich mit 30 000 RM entlohnt, nur ein weltberühmter Tenor wie Max Lorenz an der Wiener Staatsoper kam mit 90 000 RM in die Nähe von Heesters. Lediglich Käthe Dorsch wurde mit einer Jahresgage von 150 000 RM noch besser bezahlt.

Um die Frage, wo die Priorität von Heesters' Arbeit zu liegen habe, ob beim Theater oder beim Film, entbrannte hinter den Kulissen ein langdauernder und zermürbender Streit zwischen der Reichsfilmkammer und der Reichstheaterkammer, der typisch ist für das Kompetenzgerangel, das im Nationalsozialismus in vielen Bereichen herrschte, in denen sich Zuständigkeiten überschnitten und nicht eindeutig geklärt waren. Zu Heesters' direktem Gegenspieler wurde Heinz Hentschke, Generalintendant des Metropol-Theaters und des Admiralspalastes in Berlin, der Heesters zum Star und Zugpferd seiner Häuser aufbauen wollte, die zu den renommiertesten Bühnen der Reichshauptstadt gehörten. Zwar hatte Heesters nichts dagegen, am Metropol-Theater aufzutreten, wo er, wie gesehen, sehr gutes Geld verdiente, jedoch fühlte er sich durch den Wunsch Hentschkes, dort jährlich bis zu sechs Monate am Stück Theater zu spielen, in seiner Karriereplanung behindert.

Die Spielzeiten an den Hentschke-Bühnen, an die Heesters seit 1941 mit einem bis 1944 laufenden Vertrag gebunden war, dauerten außergewöhnlich lange, und Heesters mußte jeweils monatelang in ein und demselben Stück von Anfang September bis Ende März auf der Bühne stehen, hinzu kamen die Proben im August. Was normalerweise üblich gewesen wäre, nämlich daß Heesters seine Rolle nach zwei oder drei Monaten an die Zweitbesetzung abgegeben hätte – das Metropol-Theater hielt für diesen Fall immer den Tenor Erich Arnold als Heesters-Ersatz bereit –, wollte Hentschke nicht dulden. Da die Revue-Operetten des Metropol-Theaters ganz auf Heesters zugeschnitten waren und die Leute seinetwegen ins Theater strömten, bestand der Direktor darauf, daß Heesters die volle Spielzeit über allabendlich seine Rolle spielte. Ganz offensichtlich hatte er Angst, das Haus ohne seinen Spitzenstar nicht voll zu bekommen, was zu empfindlichen finanziellen Einbußen geführt hätte, gerade weil Heesters ausgerechnet im Januar und Februar, den wichtigsten Theatermonaten, an seine Zweitbesetzung abgeben wollte. Gespräche zwischen Heesters und Hentschke führten im Sommer 1942 zu keiner befriedigenden Lösung des Interessenkonflikts. Erst nach langem Zögern erklärte sich Hentschke dazu bereit, Heesters einen spielfreien Abend pro Woche zu gewähren.[271] Dessen Wunsch, ihn vorzeitig freizugeben, wollte Hentschke jedoch in keinem Fall erfüllen und bestand darauf, daß Heesters vertragsgemäß bis Ende März 1943 in der eigens für ihn geschriebenen Operette *Hochzeitsnacht im Paradies* auf der Bühne des Metropol-Theaters stand.

Erbost über die Ignoranz Hentschkes, versuchte sich Heesters jedoch über den Vertrag hinwegzusetzen und unterzeichnete kurz entschlossen im Dezember 1942 zwei Filmverträge bei der Tobis: am 1. Dezember für den Streifen *Der lächelnde Attaché* und zwei Tage später für *Kollege kommt gleich*.[272] In beiden Filmen sollte er die Hauptrolle übernehmen, als Gage waren ihm jeweils 40 000 RM zugesagt worden.[273] Indem er diese beiden Filmabschlüsse tätigte, versuchte er ganz offensichtlich vollendete Tatsachen zu schaffen, hatte jedoch weder mit Hentschkes Hartnäckigkeit noch mit der Lawine gerechnet, die er damit in der NS-Kulturbürokratie lostrat. Hentschke versuchte seine Interessen fortan mit Hilfe der Reichstheaterkammer durchzusetzen, die sein Anliegen auch vorbehaltlos unterstützte, während Heesters die Reichsfilmkammer im Rücken hatte, die natürlich daran interessiert war, daß dieser auch genügend Zeit fand, Filme zu drehen, da gerade den beschwingten Musikkomödien, in denen Heesters so erfolgreich war, in Kriegszeiten herausragende Bedeutung zugemessen wurde. Der Streit, der nun um Heesters entbrannte, dauerte fast eineinhalb Jahre, von Anfang 1942 bis zum Sommer 1943, und füllt eine ganze Akte der Reichskulturkammer.[274]

Immer wieder wurden Gutachten eingeholt, die Auskunft über Heesters' Bedeutung in der Medienlandschaft des Dritten Reichs geben sollten. Im Februar 1942 kam ein Mitarbeiter von Goebbels zu dem Schluß: »Heesters ist heute der einzige Operettentenor von Weltklasse, während seine Tätigkeit beim Film – wenigstens bisher – nicht restlos überzeugen konnte. Auf alle Fälle hat der Film mindestens ein Dutzend Künstler, die Heesters gleich kommen, während er auf dem Gebiet der Operette ein glücklicher und einmaliger Sonderfall ist.« Insofern wurde Goebbels empfohlen: »Ginge man von der künstlerischen Bedeutung aus, so wäre die gerechte Aufteilung Heesters' etwa ¼ Film und ¾ Theater.«[275] Der Minister jedoch entschied anders. Am 10. März 1942 teilte das Reichsministerium für Volksaufklärung und Propaganda Heesters mit: »Um Ihnen zu ersparen, daß Sie zum Streitobjekt zwischen Film und Theater werden, hat der Herr Minister angeordnet, daß Sie Ihre Zeit je zur Hälfte dem Film und der Bühne zuwenden können.«[276]

Trotz der Ministerentscheidung ging der Streit in den folgenden Monaten hinter den Kulissen weiter. Weil Hentschke weiterhin darauf beharrte, daß sein Star die komplette Spielzeit 1942/43 bis zum 31. März 1943 auf der Bühne des Metropol-Theaters stehen solle, dieser jedoch vorhatte, ab Januar in

München zu drehen, ergriff Heesters am 2. Dezember 1942, drei Tage vor seinem neununddreißigsten Geburtstag, selbst die Initiative und schrieb, wohl in der Hoffnung, die Situation doch noch in seinem Sinne beeinflussen zu können, an Goebbels: »Hochverehrter Herr Reichsminister! Es war nicht meine Absicht, Sie mit meinen Angelegenheiten zu behelligen. Ich erlaube mir aber, mich an Sie zu wenden, weil ich glaube, daß es sich nicht mehr um private Dinge handelt. Ich habe einen Vertrag bei Herrn Generaldirektor Hentschke abschließen müssen auf 6 Monate, beginnend am 15. September 1942. Der Vertrag für das Metropoltheater endet Ende März 1943. Da ich die ersten 4 Monate des Jahres 1942 bereits auch schon bei Herrn Hentschke spielte, konnte ich von Mai bis August 1942 nur einen Film (›Karneval der Liebe‹) machen und den nächsten frühestens im April 1943 beginnen. Es erscheint also im Jahre 1942 und 1943 nur ein Film von mir auf dem Weltmarkt [...]. Es geht mir hierbei nicht um finanzielle Dinge, denn, wie Sie, sehr verehrter Herr Reichsminister, wissen, verdiene ich am Theater mehr als im Film. Ich sehe aber, daß ich für den deutschen Film und den Filmimport sehr viel nutzbringender eingesetzt werden kann als am Theater. Erst jetzt hat mir die Ufa berichtet, daß meine Filme im Durchschnitt zu den besten und gefragtesten Exportfilmen gehören. Verschiedene Filmfirmen haben versucht, mich einzusetzen. [...] Aus gesundheitlichen und zeitlichen Gründen kann ich unter den heutigen Verhältnissen eine Filmtätigkeit neben der Theatertätigkeit nicht durchhalten. Eine Beurlaubung durch Herrn Hentschke ist nicht möglich. Er besteht darauf, daß ich ihm diese sechs Monate zur Verfügung stehe. Gerade in diese Zeit fällt aber die Hauptproduktionstätigkeit der Filmfirmen. Meine Bitte, sehr verehrter Herr Reichsminister, geht dahin, zu entscheiden, daß ich in Zukunft mich nicht mehr zu verpflichten brauche, nur bei Herrn Hentschke zu spielen, sondern selbst bestimmen darf, ob und wann ich zu gegebener Zeit einen Theatervertrag abschließe und bei wem. Ich bitte ferner, zu genehmigen, daß ich ab 1. Januar 1943 wieder filmen kann, da nach Mitteilung mehrerer Produktionsfirmen zahlreiche für mich geeignete Stoffe vorhanden sind. Ich kann dann alle meine Kräfte dort einsetzen, wo die beste künstlerische Aufgabe vorhanden ist und wo ich den meisten Menschen Freude und Entspannung bereiten kann. Ich wäre sehr froh, wenn Sie mich einmal zu einer persönlichen Rücksprache empfangen würden. Heil Hitler, Ihr sehr ergebener Johannes Heesters.«[277]

Doch Heesters' Vorstoß blieb erfolglos. Schon wenige Tage später erhielt er Antwort von Goebbels: »Auf Ihr Schreiben vom 2. Dezember teile ich Ihnen mit, daß ich seinerzeit aufgrund reiflicher Überlegung entschieden habe, daß Sie je zur Hälfte dem Theater und dem Film zur Verfügung stehen sollen. Sie werden verstehen, daß ich trotz Ihres Wunsches nach neuer Prüfung der Angelegenheit darauf verzichten muß, Sie vorzeitig aus Ihrem mit dem Metropoltheater abgeschlossenen Vertrage freizugeben. Die Aufführung der ›Hochzeitsnacht im Paradies‹ wird so wesentlich künstlerisch von Ihnen getragen, daß ich Sie bitte, Ihre Wünsche zurückzustellen und weiterhin im Verbande des Metropoltheaters zu verbleiben.«[278] Damit war die Angelegenheit endgültig entschieden, und Heesters mußte gegen seinen Willen sechs Monate en suite bis Ende März 1943 in der *Hochzeitsnacht im Paradies* auf der Bühne des Metropol-Theaters stehen und die beiden Filmprojekte absagen – das Propagandaministerium hatte ihm deutlich gemacht, daß es nicht bereit sei, ihm selbst zu überlassen, »ob, wann und bei wem er einen Theatervertrag abschließen könne«.[279]

Auch als vielgefragter Star hatte Heesters dort zu funktionieren, wo die Machthaber ihn haben wollten. Auffällig ist jedoch zugleich, daß man seitens des Ministeriums nach Kräften vermeiden wollte, ihn vor den Kopf zu stoßen. So wurde der Leiter der Theaterabteilung im Propagandaministerium angewiesen, Heesters die Ministerentscheidung »liebevoll schmackhaft« zu machen.[280] War die Sache für die Spielzeit 1942/43 damit entschieden, so entbrannte der Streit vor der nächsten Spielzeit erneut, in der Hentschke ihn wiederum ganz für seine Bühnen beanspruchte – Heesters sollte in der ebenfalls eigens für ihn geschriebenen Operette *Der goldene Käfig* von Theo Mackeben spielen. Dieses Mal jedoch sollte

Heesters als Sieger hervorgehen. Nachdem er dem zuständigen Beamten im Ministerium klargemacht hatte, »daß er auf die Dauer physisch und psychisch nicht in der Lage wäre, ausschließlich in einem En-suite-Theater wie dem Metropoltheater aufzutreten« und »daß er auch in Rücksicht auf seine Stimme nicht gezwungen werden solle, seine Spannkraft durch das in der Tat strapaziöse Serienspiel zu erschöpfen«,[281] konnte er – mit entsprechender Schützenhilfe des Reichsfilmintendanten Fritz Hippler[282] – ganz zum Film wechseln, so daß er in der Spielzeit 1943/44 nicht auf den Bühnen der vom Bombenkrieg bereits stark in Mitleidenschaft gezogenen Reichshauptstadt stehen mußte.

Der vielbegehrte Heesters, der zum Spielball der Interessen der miteinander konkurrierenden Abteilungen im Propagandaministerium geworden war, ohne daß die getroffenen Entscheidungen letztlich zu seinen Ungunsten ausgefallen wären, war nun endgültig für den Film gewonnen. Heesters trat nach Beendigung seines Engagements Ende April 1943 bis zur kriegsbedingten Schließung der Theater am 1. September 1944 nur noch vereinzelt zu kürzeren Gastspielen auf den Bühnen des Dritten Reichs auf, feste Engagements hingegen nahm er nicht mehr an. Seine Karriere verlagerte sich zum Kriegsende hin ganz zum Film. Auch wenn der hinter den Kulissen tobende Streit um Heesters durchaus symptomatisch für die Kompetenzrangeleien des NS-Staates wie für die Kontrollsucht Goebbels' war, für den Bereich des Theaters und des Films ist er in dieser Form sicherlich einmalig.

Die beträchtlichen Summe, die er verdiente, versuchte Heesters gewinnbringend anzulegen, die finanzielle Absicherung seiner Zukunft war dem einstigen Banklehrling zeitlebens wichtig. Auf Anraten eines Steuerberaters entschied er sich für Firmenbeteiligungen. So hatte er eine Beteiligung am »Hemdenmatz«, einer Berliner Ladenkette für Herrenoberbekleidung, deren Hauptgeschäft sich in der Tauentzienstraße befand, der Verlängerung des Kurfürstendamms. Außerdem wurde er Anfang der vierziger Jahre gemeinsam mit seinem Schauspielkollegen Heinrich George Mitinhaber einer Fabrik für Ersatzkupfer, die nach Heesters' Erinnerungen große Gewinne abwarf, was kaum verwundern kann, da Kupfer für die Rüstungsindustrie, speziell für die Führungsringe in den Geschossen, einen unverzichtbaren, dringend benötigten Werkstoff darstellte. Schon in den dreißiger Jahren hatte aufgrund der von den Nazis betriebenen Aufrüstung ein Mangel an Kupfer bestanden, der zur behördlichen Weisung geführt hatte, außerhalb der Rüstung Aluminium statt Kupfer zu verwenden. Achtzig Prozent des notwendigen Kupferbedarfs mußten aus dem Ausland importiert werden, Hauptlieferant war bis zum deutschen Überfall die Sowjetunion, die das Dritte Reich mit über 10000 Tonnen Kupfer jährlich versorgte. Ab 1941 mußte insofern verstärkt Ersatzkupfer produziert werden, Georges und Heesters' Firmenbeteiligung war also ein lohnendes Geschäft – zweifellos aber auch ein Geschäft mit dem Krieg. Rückblickend wiegelte Heesters ab: »Was für ein Teufelszeug in unserem Werk fabriziert wurde, haben wir nie in Erfahrung gebracht. Hauptsache war uns der Gewinn, der manchmal in recht beträchtlichem Umfang abfiel.«[283] Im Bombenkrieg verlor Heesters wie Millionen von Deutschen einen Großteil seines Besitzes: »Im Zusammenbruch ist dann alles abhanden gekommen, die Ersatzkupferfabrik, der Hemdenmatz, die Villa und alles, was darin war.«[284]

Ein gewagtes Gastspiel

Im November 1937 hatte Heesters den Ufa-Film *Gasparone* abgedreht. Der Drehbeginn des nächsten Films *Nanon* verschob sich auf Juni 1938, und da Heesters für 1938 aufgrund der zahlreichen Filmverpflichtungen keine Theaterengagements eingegangen war, hatte er plötzlich unverhofft mehrere Monate frei – ein für den vielbeschäftigten Schauspieler völlig unbekannter und wohl auch etwas unbehaglicher Zustand. So entsann Heesters sich eines Angebots, das ihm aus seiner Heimat Holland vorlag, mit der er sich nach wie vor eng verbunden fühlte. Das Angebot, das sich auf eine Aufführung von Emmerich Kálmáns Operette *Gräfin Mariza* bezog, stammte von Fritz Hirsch, der als Jude aus Deutschland geflohen war und den Heesters noch vor seinem Weggang aus Holland in Den Haag persönlich kennengelernt hatte. Beide waren Freunde geworden, Hirsch war im Januar 1930 sogar Gast auf Heesters' Hochzeit gewesen.[285] Bereits seit 1928 war der fünfzehn Jahre ältere Hirsch, den Anfang der zwanziger Jahre Leopold Jessner ans Staatstheater nach Berlin geholt hatte,[286] mit seiner eigenen, ausschließlich aus deutschen Künstlern bestehenden privaten Operettengesellschaft, in der unter anderen auch Zarah Leander und Richard Tauber, Käthe Dorsch und Max Pallenberg als Gaststars aufgetreten waren, durch ganz Holland getourt, die Premieren seiner vielbeachteten und vom holländischen Publikum geschätzten Inszenierungen, größtenteils in deutscher Sprache, fanden abwechselnd in Amsterdam und in Den Haag statt, wo Hirsch mit seiner Familie wohnte. Da er auf diese Weise bereits vor 1933 ein fester Bestandteil des niederländischen Theaterlebens geworden war, kehrte er unmittelbar nach der »Machtergreifung« nach Holland zurück, nachdem er 1932 das Angebot angenommen hatte, die Leitung des Berliner Schiller-Theaters zu übernehmen, doch er war einer der ersten, die von den Nazis ihres Postens enthoben wurden. Schnell wurde er in Holland eine wichtige Anlaufstelle für emigrierte Schauspieler, die hier weiterhin in ihrer Muttersprache Theater spielen konnten.[287]

Zwar hatte Heesters zu diesem Zeitpunkt weder Theater- noch Filmengagements, dennoch mußte er bei der Ufa, bei der er fest unter Vertrag stand, um Erlaubnis für das Gastspiel bitten. Ufa-Produktionschef Ernst Hugo Correll, der über die genaueren Umstände des holländischen Engagements nicht informiert war, sah keinen Grund, Heesters nicht zu beurlauben. Glücklich, das Angebot annehmen zu können, fuhr Heesters nach Amsterdam, wo er auch seine Eltern und seine Brüder wieder traf. Noch im März 1938 begannen die Proben, Hirsch selbst übernahm die Regie, Heesters sollte natürlich die Hauptrolle spielen, den Grafen Tassilo. Als er sich mit den übrigen Mitgliedern des Ensembles bekannt machte, stellte sich heraus, »daß Hirsch seine Truppe ausschließlich aus jüdischen Emigranten zusammengestellt hatte, Kollegen aus

Deutschland und Österreich«.[288] Die Premiere der *Gräfin Mariza* fand am 26. März in der Hollandse Schouwburg in Amsterdam statt, der ehemaligen Artis-Schouwburg, wo bereits seit 1895 Operetten aufgeführt wurden und die in den Jahren vor der deutschen Besetzung unter Fritz Hirsch eine neue Blütezeit erlebte. Anfang April gab es dann noch einige Vorstellungen in der Princesseschouwburg in Den Haag, dem Stammsitz von Hirschs Operettengesellschaft.

In Holland war die Tatsache, daß der mittlerweile zum Ufa-Star aufgestiegene Heesters zum ersten Mal seit vier Jahren wieder in seinem Heimatland auftrat, eine Sensation, die man begeistert feierte. Schon während der Proben brachten die niederländischen Zeitungen große Photoberichte, und »Het Volk« jubelte: »Johan Heesters bei Hirsch – Ein Star kehrt in seine Heimat zurück.«[289] Heesters freute sich über soviel Sympathie: »Ich fühlte mich wie der verlorene Sohn, der in den geborgenen Schoß der Familie zurückkehrt.«[290] Sein Pech war jedoch, daß die holländischen Zeitungen auch im Berliner Propagandaministerium gelesen wurden, wo man alles andere als erfreut war, daß der Ufa-Star in Holland in einer Operettengesellschaft auftrat, die von einem aus Deutschland geflohenen Juden geleitet wurde und sich aus emigrierten jüdischen Schauspielern zusammensetzte, noch dazu in der Aufführung einer Operette, die in Deutschland wegen Kálmáns jüdischer Abstammung verboten war.[291]

Hinter den Kulissen begann hektisches Recherchieren, wer Heesters das Gastspiel in Holland erlaubt habe, denn Gastspielreisen deutscher Schauspieler ins Ausland bedurften nach einer Vorschrift Goebbels' der Genehmigung der Reichskulturkammer. Nun war Heesters zwar nach wie vor niederländischer Staatsbürger und damit kein »deutscher Filmkünstler«, doch für solche Spitzfindigkeiten interessierte sich in der NS-Bürokratie niemand. Ein Mitarbeiter des Propagandaministeriums wandte sich am 30. März 1938 im Auftrage Goebbels' an den Präsidenten der Reichsfilmkammer und bat um Aufklärung: »Der holländischen Zeitung *Telegraaf* vom 22. März 1938 entnehme ich, daß der Filmschauspieler Johannes Heesters in der Operette *Gräfin Mariza* mitwirkt, die in dem Theater der jüdischen Fritz Hirschgesellschaft in Den Haag aufgeführt wird. Ich bitte um Feststellung. Hat Heesters die Reichsfilmkammer verständigt?«[292] Fünf Tage später antwortete die Reichsfilmkammer dem Propagandaministerium: »Zur Erteilung der Genehmigung für Gastspielreisen ins Ausland auf dem Theatergebiet ist nach Anordnung des Herrn Präsidenten der Reichskulturkammer [Joseph Goebbels, d. A.] vom 1. 3. 1934 nur die Reichstheaterkammer zuständig. Von hier aus ist demgemäß auch keine Genehmigung erteilt worden.«[293]

Natürlich hatte Heesters weder dort um eine Genehmigung für sein Holland-Gastspiel nachgesucht noch beim Referat »Theaterwesen im Ausland« des Auswärtigen Amts, das für die Betreuung deutscher Schauspieler im Ausland zuständig war. Weltanschauliche Unzuverlässigkeit befürchtend, standen die Nazis einer Beschäftigung deutscher Künstler im Ausland – zumindest wenn diese sich nicht gezielt als »deutsche Kulturboten« instrumentalisieren ließen – skeptisch gegenüber, insbesondere wenn sie zu einer Zusammenarbeit mit emigrierten Juden führte. Der »Film-Kurier« hatte bereits am 31. August 1933 festgestellt: »Es wird als unpatriotisch, ja sogar als Landesverrat angesehen, wenn jetzt inmitten der großen Aufbauarbeit am deutschen Film deutsche Künstler sich mit Filmgesellschaften und Filmschaffenden im Auslande verbinden, die entweder als Nichtarier aus Deutschland auswanderten oder gegen das neue Deutschland feindselig eingestellt sind und sich an der Hetze gegen Deutschland beteiligen. Solche arischen, deutschen, im Ausland gegen die deutschen Interessen arbeitenden Filmschaffenden laufen also Gefahr, mit den nichtarischen in Zukunft gleichgestellt zu werden.« Im gleichen Jahr war es deutschen Schauspielern verboten worden, an den Salzburger Festspielen teilzunehmen, da diese unter der Leitung von Max Reinhardt standen, der Berlin verlassen und das Angebot, zum »Ehren-Arier« ernannt zu werden, ausgeschlagen hatte. Dies galt natürlich gleichermaßen für andere Theaterengagements außerhalb Deutschlands. Auch wenn Heesters Holländer war, die Bürokraten des Propagandaministeriums betrachteten ihn als deutschen Star und waren der Meinung, daß er mit seinem Auftritt in Fritz Hirschs Operettengesellschaft gegen die Interessen des Dritten Reichs verstoßen habe.

Als Heesters zurück in Berlin war, wurde er umgehend zu Ufa-Produktionschef Correll gebeten, der ihm mitteilte, daß Goebbels ihn sprechen wolle: »›Goebbels? Mich?‹ Ich kam aus dem Staunen nicht heraus. ›Was will er denn von mir?‹«[294] Unmittelbar am nächsten Tag fand sich Heesters im Ministerium für Volksaufklärung und Propaganda in der Wilhelmstraße ein, wo Goebbels ihn unterkühlt empfing und sofort zur Rede stellte. Heesters' nüchtern vorgetragene Einwände, daß Holland für ihn kein Ausland sei und man zudem in seiner Heimat kein Problem darin sehe, mit jüdischen Schauspielern zusammenzuarbeiten oder Stücke jüdischer Autoren aufzuführen, erregte Goebbels' Wut: »Sie leben hier, hier verdienen Sie Ihr Geld, und hier sind wir gegen die Juden, Herr Heesters.« Dessen Antwort war, so wie er es rückblickend darstellt: »Ich bin Holländer und Gast in Deutschland. Was Sie hier machen, geht mich nichts an. Für mich ist es egal, ob die Leute, mit denen ich spiele, Juden sind oder nicht.«[295] Er entscheide lediglich zwischen »begabt oder unbegabt«.[296] Ob die Unterredung in der von Heesters geschilderten Weise stattgefunden hat, kann nicht überprüft werden, Tagebucheinträge von Goebbels über eine Auseinandersetzung mit Heesters finden sich zumindest nicht. Daß der Propagandaminister das Gastspiel als einen Affront betrachtete, ist zweifellos, daß er Heesters diese Empfindungen auch mitteilte, kann als wahrscheinlich betrachtet werden, nicht zuletzt weil die aufgeregte Diskussion dieses Falls im Propagandaministerium aktenkundig ist.

Laut Heesters hatte der Streit mit Goebbels ganz konkrete Auswirkungen, die in das Verbot des Ministers gemündet seien, Heesters weiter bei der Ufa zu beschäftigen – Ausnahme sei lediglich der Ufa-Streifen *Nanon* gewesen, für den der Vertrag bereits unterschrieben war und bei dem eine Umbesetzung kaum noch möglich gewesen wäre, da die Dreharbeiten bereits kurze Zeit später, am 25. Juni 1938, begannen: »Ich habe nie verstanden, warum ich in diesem Film nicht umbesetzt wurde. Was bezweckte Goebbels mit dem gegen mich ausgesprochenen Filmverbot? War es ein Warnschuß? Wollte er mir demonstrieren, wie schnell er meiner Familie und mir den Boden unter den Füßen wegziehen konnte? Wie er von einem Tag auf den anderen unsere Existenz zerstören konnte?«[297] Die Verunsicherung jedenfalls saß tief. Als Heesters von einer Unterredung mit Correll nach Hause kam und seiner Frau von der Entscheidung Goebbels berichtete, brach diese, wie sich Tochter Wiesje noch erinnert, in Tränen aus.[298]

Offensichtlich galt das Beschäftigungsverbot, so wie Heesters es auch darstellt, tatsächlich nur für eine Weiterbeschäftigung bei der Ufa, denn ab Mitte November drehte Heesters einen Film bei der Münchner Bavaria – auffälligerweise sein erster deutscher Streifen, der nicht von der Ufa produziert wurde. Hierzu hielt er sich vom 13. November bis zum 16. Dezember 1938 in Wien auf, wo er im noblen Hübners Parkhotel in Schönbrunn abstieg,[299] da *Das Abenteuer geht weiter* in den Wiener Ateliers am Rosenhügel gedreht wurde. Da auch die Bavaria ab 1937 in Staatsbesitz war und somit ebenfalls in vollem Umfang von Goebbels kontrolliert wurde, dieser also offenbar durchaus damit einverstanden war, daß der Publikumsliebling Heesters weiter drehte und mit der *Lustigen Witwe* am Gärtnerplatz-Theater ja auch weiter Theater spielte, ging es dem Propagandaminister mit dem lediglich auf die Ufa beschränkten Verbot wohl nur darum, Heesters in seine Schranken zu weisen.[300]

Dennoch blieb das Verbot letztlich folgenlos und wurde stillschweigend wieder aufgehoben, zu einer Zwangspause kam es nie, dazu maß man Heesters schon zu große Bedeutung bei. Johannes Heesters irrt jedoch mit seiner Vermutung, daß die Aufhebung des Verbots mit einer direkten Intervention Hitlers zusammenhing: Nach einer Vorstellung der *Lustigen Witwe*[301] – aller Wahrscheinlichkeit nach handelte es sich um die Karnevals-Aufführung am 21. Februar 1939 – habe er bei einem Empfang im Münchner Künstlerhaus in Anwesenheit des Diktators demonstrativ die ihm entgegengestreckte Hand des Propagandaministers übersehen, was Hitler registriert habe. Dies wird in Heesters' Memoiren ausdrücklich als die entscheidende Wende bezeichnet, denn kurz nach diesem Ereignis habe ihm Ufa-Produktionschef Correll mitgeteilt, daß das Beschäftigungsverbot bei der Ufa wieder aufgehoben worden sei.[302] Die Tatsachen sprechen gegen diese Schilderung, denn bei der Ufa stand Heesters bereits am 17. Dezember 1938, also sogar noch zwei Wochen vor der Premiere der *Lustigen Witwe*, als Hauptdarsteller von *Hallo Janine* fest. Der Danilo und die Gunst Hitlers hatten also ganz offensichtlich nichts damit zu tun, daß Johannes Heesters wieder bei der Ufa drehen durfte, so daß sich die Frage stellt, was Goebbels letztlich dazu bewogen hat, das Beschäftigungsverbot für Heesters wieder aufzuheben.

Es spricht alles dafür, daß dieser das Verbot gar nicht bewußt aufgehoben hat, sondern sich die Ufa und der dem Propagandaminister ohnehin suspekte Ernst Hugo Correll schlicht über die Entscheidung des Ministers hinwegsetzten. Seit den Anfängen des Regimes war Correll Goebbels ein Dorn im Auge, sah dieser sich durch den mächtigen Produktionschef doch in seinem Einfluß auf die Ufa behindert. Correll wurde so die Hauptzielscheibe von Goebbels' Angriffen, da er immer wieder eigenmächtig Entscheidungen traf, die dem Minister mißfielen. Correll ist es durchaus zuzutrauen, daß er das Beschäftigungsverbot unbeachtet ließ und Heesters ohne Einwilligung des Ministeriums für *Hallo Janine* engagierte. Ermöglicht wurde ihm dies letztlich nur dadurch, daß Goebbels' Position zu dieser Zeit stark geschwächt war, denn am Jahresende 1938 befand sich die Ehekrise mit seiner Frau Magda auf dem Höhepunkt. Wegen seiner Affäre mit der tschechischen Schauspielerin Lida Baarova drohte diese mit Scheidung, und Goebbels dachte ernsthaft über einen Rückzug aus der Politik nach. Die private Krise führte dazu, daß er auch in Filmfragen, die ihm sonst am Herzen lagen, die Zügel schleifen ließ: »Ich mag einfach nicht mehr«, notierte er am 30. Dezember 1938 in sein Tagebuch.[303] Im November und Dezember 1938 wurden sogar zwei Filme ohne seine Einwilligung verboten, was unter normalen Bedingungen nicht denkbar gewesen wäre. Auch was neue Filmprojekte anging, hielt Goebbels sich in dieser Zeit auffällig zurück. Schon im

Oktober 1938 teilte Ernst Hugo Correll der Ufa-Leitung mit, daß ihm »seitens des Ministeriums die verantwortliche Entscheidung« für *Hallo Janine* übertragen worden sei.[304] Ganz offensichtlich nutzte der Heesters wohlgesonnene Correll die Gunst der Stunde, setzte diesen eigenmächtig auf die Ufa-Besetzungsliste und mißachtete damit die Weisung, die Goebbels ihm ein halbes Jahr zuvor gegeben hatte.

Nur wenige Wochen nach dieser Entscheidung wurde Correll dann vom wiedererstarkten Minister, der seine Amtsgeschäfte nach einem Machtwort Hitlers wieder in vollem Umfang aufnahm, kaltgestellt. Im Februar 1939 mußte er seinen »freiwilligen« Rücktritt erklären. Seine großzügige Abfindung in Form eines Vertrags über die Produktion von sechs Filmen wurde auf Anweisung Goebbels' nie eingelöst. Correll verließ daraufhin Berlin und ließ sich in Garmisch-Partenkirchen nieder, wo er 1942 an einer Herzembolie starb. Die Besetzung Heesters' für *Hallo Janine* war somit eine seiner letzten Amtshandlungen – vielleicht war sie der Tropfen, der für Goebbels das Faß zum Überlaufen brachte.

Auch wenn die Zusage, in Holland in Fritz Hirschs Operettengesellschaft aufzutreten, für ihn eine Selbstverständlichkeit darstellte und er dies sicherlich, als er das Angebot annahm, nicht als eine politische Stellungnahme betrachtete, war dieses Gastspiel in Anbetracht der Zeitumstände durchaus ein Zeichen gegen den Rassenhaß der Nazis. Gerade im Laufe des Jahres 1938 nahmen die Angriffe auf Juden zu, was niemandem, der damals in Deutschland lebte, entgehen konnte. Schon lange vor der »Reichskristallnacht« im November hatte die antisemitische Hetze neue Höhepunkte erreicht, so daß sich Heesters, als er im Frühjahr das Angebot Fritz Hirschs annahm, durchaus im klaren sein mußte, worauf er sich einließ: »Wenn sich mit dem künstlerischen Wirken der Fritz-Hirsch-Operettengesellschaft und den in den Niederlanden tätig gewesenen emigrierten Musikern auch keine politische Demonstration verband, so bedeutete ihr Auftreten dennoch eine Repräsentation der aus ihrem Heimatland vertriebenen deutschen Konzert- und Musiktheaterkultur.«[305]

Heesters hatte sein Mitwirken zunächst sicherlich in erster Linie als einen Freundschaftsdienst für Hirsch betrachtet und zudem als eine willkommene Möglichkeit, wieder einmal in Holland aufzutreten. Politisch naiv und blauäugig, hatte er sich über die möglichen Folgen zunächst keine Gedanken gemacht, fühlte er sich zu diesem Zeitpunkt doch ganz offensichtlich noch frei in seinen Entscheidungen. Erst als es zum Streit mit Goebbels kam, wird er begriffen haben, daß er mit dem Gastspiel in Hirschs Operettengesellschaft seine berufliche Laufbahn in Nazideutschland aufs Spiel gesetzt hatte, auch wenn der Zwischenfall letztlich seiner Karriere nicht geschadet hat. Den bestehenden Gesetzen zufolge konnte man Heesters nicht wirklich Vorwürfe machen, da es sich für ihn als holländischen Staatsbürger um kein Auslandsgastspiel gehandelt hat, das einer Genehmigung bedurft hätte. Außerdem hatte Heesters sich zu diesem Zeitpunkt längst zu einem Publikumsliebling und Garant für gute Umsätze entwickelt, auf den man weder verzichten konnte noch wollte. Zudem war der Schaden begrenzt, denn die deutschen Zeitungsleser waren aufgrund einer Anweisung aus dem Propagandaministerium erst gar nicht über Heesters' unerwünschtes Gastspiel in seiner Heimat unterrichtet worden.

Möglicherweise ist auch eine weitere, für Heesters sehr unangenehme Erfahrung in diesem Kontext zu betrachten, die er im Sommer 1940 machen mußte, kurz bevor er für den Film *Die lustigen Vagabunden* vor der Kamera stehen sollte. Mit dem Überfall der deutschen Wehrmacht auf Holland, dessen Staatsbürgerschaft er nach wie vor besaß, war er zum »feindlichen Ausländer« in Deutschland geworden. Die wenigen freien Tage zwischen dem Ende des Münchner Engagements und dem Beginn der Dreharbeiten verbrachte Heesters zu Hause mit seiner Familie in Berlin-Grunewald, wo er, wie er sich erinnert, von zwei Polizisten abgeholt wurde, die ihm mit den Worten »Wir haben Krieg mit Holland. Sie kommen in Schutzhaft«[306] die Situation erklärten. Während die verstörten Töchter zurückblieben und ihrer Mutter, die zu diesem Zeitpunkt nicht zu Hause war, nach deren Rückkunft von dem Vorgefallenen berichteten, wurde Heesters in das nächste Polizeirevier gebracht, wo bereits andere Niederländer versammelt waren, die über das Geschehene ebenso verblüfft waren wie er. Unter ihnen befanden sich auch zwei gute Freunde: Ben Stierhout und der Schauspieler Willi Voss-Mendes, ebenfalls ein Landsmann von Heesters, der in der damaligen Zeit oft mit seinem österreichischen Lebensgefährten im Hause Heesters zu Gast war.[307] Vom Revier aus wurde die Gruppe mit einem offenen LKW quer durch die Berliner Innenstadt zum Polizeipräsidium am Alexanderplatz gebracht, für Heesters, den jedes Kind kannte, wurde die Fahrt zum Spießrutenlauf: »An einer Kreuzung mußte der Wagen anhalten. Manche der umstehenden Leute erkannten mich und riefen laut: ›Ha, Heesters, wo jeht's denn hin? Zum Alex, was?‹ Oder: ›Haste falsch jesungen, wie? Wirste bestraft?‹ Es war demütigend.«[308]

Während der Krieg mit Holland nur fünf Tage dauerte, bevor das Land unter deutsche Besatzung gestellt wurde, während in den Kinos des Reichs der Heesters-Streifen *Liebesschule* lief, hielt man den Star ganze zwei Wochen im Gestapo-Gefängnis am Berliner Alexanderplatz fest, in der ersten Nacht sogar in Einzelhaft: »Ich wurde wie der letzte Dreck behandelt.«[309] Der demütigende Kasernenhofton, in dem man hier mit ihm sprach, und die Situation, in die er geraten war, erschienen ihm gänzlich unwirklich: »Die Gesetze des Krieges führten alles ad absurdum, worauf sich ein Menschenleben gründet.«[310] Seine Gedanken kreisten um Wiesje und seine beiden Töchter, da er wußte, welche Sorgen sie sich machen würden, und nicht ahnen konnte, ob sie überhaupt erfahren hatten, wohin man ihn verschleppt hatte – was zunächst tatsächlich nicht der Fall war. Und er dachte natürlich auch an seine Eltern und seine Brüder, wußte er doch nicht, was in seiner Heimat vor sich ging, welcher Gefahr sie in Holland vielleicht ausgesetzt waren. Bald schon wurde er jedoch ganz von den ernüchternden Gegebenheiten des Gefängnisalltags in Anspruch genommen, der durch nichts anderes geprägt war als durch das Grübeln und Spekulieren, wie lange dieser Alptraum wohl andauern würde: »Zwei Wochen verbrachten wir in einer hoffnungslos überfüllten Zelle. Meist auf dem Boden sitzend, denn zum Hinlegen reichte der Platz nicht.«[311] Auch waschen oder rasieren durften sich die Inhaftierten nicht. Heesters blieb ebensowenig wie den anderen in »Schutzhaft« genommenen Holländern etwas anderes übrig, als ohnmächtig darauf zu warten, was passierte. Am gleichen Ort waren sieben Jahre zuvor, am Morgen nach dem Reichstagsbrand, eine ganze Reihe von Intellektuellen inhaftiert worden, die von den Nazis als Regimegegner etikettiert worden waren, unter ihnen auch Egon Erwin Kisch und Carl von Ossietzky. Auch Kisch erinnerte sich später, hier mit fast fünfzig anderen Gefangenen in eine Zelle gesperrt gewesen zu sein, ohne Nahrung, ohne Zigaretten, ohne Nachrichten von außen.[312]

Wiesje Heesters versuchte natürlich die schnellstmögliche Freilassung ihres Mannes zu bewirken und wandte sich an Fritz Fischer, der umgehend aktiv wurde. Fischer schaltete Adolf Wagner, den Gauleiter von München und bayerischen Innenminister ein, dem Heesters bereits bei der Premiere der *Lustigen Witwe* im Gärtnerplatz-Theater sowie auf dem Tag der Deutschen Kunst begegnet war. Dieser, ein enger Vertrauter Hitlers, »muß dann einige Telefonate mit Berlin geführt haben, die schließlich dazu führten, daß eines Tages Hans Hinkel, Staatskommissar, Kultursenator und Reichsfilmintendant, im Gefängnis erschien und anordnete, mich unverzüglich aus der Haft zu entlassen«.[313] Daß als Begründung seiner vorzeitigen Entlassung angegeben wurde, daß seine Arbeit »kriegswichtig sei«, irritierte Heesters: »Ich, ein kriegswichtiger Schauspieler? dachte ich, als ich allein über den Alexanderplatz ging, das ist wohl der Beginn der völligen Pervertierung. Da lebt man jahrelang im Glauben, einen der schönsten Berufe überhaupt ausüben zu können und zu dürfen – und mit einemmal ist man ›kriegswichtig‹.«[315]

Daß »feindliche Ausländer«, Männer im wehrfähigen Alter, selbst wenn es sich um Zivilisten handelte, in Kriegszeiten inhaftiert oder doch zumindest kurzzeitig in »Schutzhaft« genommen wurden, ist nichts Ungewöhnliches und sogar durch die Genfer Konventionen sanktioniert. Auch die holländische

Regierung stellte in den nur fünf Kriegstagen gebürtige Deutsche, selbst wenn es sich um nach Holland geflohene Juden handelte, als »feindliche Ausländer« unter Hausarrest. Die Tatsache jedoch, daß Johannes Heesters, zu diesem Zeitpunkt immerhin schon einer der führenden Theater- und Bühnenstars des Dritten Reichs, unterschiedslos ebenfalls in Haft genommen wurde, erscheint merkwürdig. Man kann davon ausgehen, daß die Verhaftung eines so prominenten Stars nicht allein von den Polizeibehörden entschieden werden konnte, sondern zuvor die entsprechenden zuständigen Institutionen, in diesem Falle also die Reichskulturkammer und das Propagandaministerium, gehört werden mußten. Daß es schließlich so ein hoher Beamter wie Hinkel war, der für die Freilassung sorgte, weist darauf hin, daß Heesters durchaus als Sonderfall galt. Bleibt die Frage, warum das Propagandaministerium Heesters' Verhaftung nicht verhindert hat. Da man davon ausgehen kann, daß vor der Inhaftierung Heesters' höhere Stellen befragt worden sind, liegt die Vermutung nahe, daß die »Schutzhaft« ein Denkzettel von Goebbels gewesen sein könnte, weil Heesters sich so konsequent geweigert hatte, deutscher Staatsbürger zu werden. War die Verhaftung eine direkte Konsequenz aus dem Streit mit dem Minister? Ein Versuch, ihm die Abfuhr heimzuzahlen?

Mehr als spekulieren läßt sich hierüber nicht – auffällig ist jedoch, daß es trotz der direkten Intervention von Wiesje Heesters noch ganze zwei Wochen dauerte, bis ihr Mann wieder freigelassen wurde. Heesters selbst äußerte in seinen Memoiren jedenfalls, daß er damals das Gefühl hatte, daß Goebbels auf eine Gelegenheit gewartet habe, »es mir heimzuzahlen«.[316] Die »Schutzhaft« wäre eine hervorragende und – nachdem Hitler sich so überschwenglich über Heesters geäußert hatte – zudem auch die einzige Möglichkeit hierfür gewesen, da man die Verhaftung nachträglich auf untergeordnete Stellen schieben oder als ein Versehen darstellen konnte. Bezeichnend ist in diesem Kontext zumindest, daß Heesters in den Verhören im Gefängnis erneut mit der Frage konfrontiert wurde, warum er nicht längst Deutscher geworden sei.[317] Hinkel, immerhin ein führender Beamter der von Goebbels geleiteten Reichskulturkammer, ließ ihn nach der Freilassung im ungewissen: »Kein Wort der Entschuldigung, keine Erklärung, nichts.«[318] Die Verhaftung und zweiwöchige Inhaftierung jedenfalls war ein wirkungsvoller Warnschuß und hatte Heesters klargemacht, daß es spätestens jetzt kein Zurück mehr gab: »Wenn ich nicht die Gesundheit und die – in diesen Zeiten ohnehin nur vage – Sicherheit meiner Familie gefährden wollte, wenn ich nicht alles aufgeben wollte, was ich mir in Jahren harter Arbeit aufgebaut hatte, wenn ich meine Karriere nicht opfern wollte, dann gab es nur einen Weg: weitermachen.«[319]

Während man in Heesters' Memoiren viel über die Folgen erfährt, die das holländische Gastspiel für ihn persönlich gehabt hat, erfährt man nichts über das weitere Schicksal seines Freundes Fritz Hirsch und der Mitglieder seines Ensembles. Ein einziges Mal in seiner Karriere hatte Hirsch, noch im gleichen Jahr, politisch Stellung bezogen: Als Reaktion auf die Pogromnacht vom 9. November veranstaltete er am 20. Dezember 1938 in der Hollandse Schouwburg in Amsterdam einen Benefiz-Abend zugunsten rassisch und religiös Verfolgter. Im Mai 1940, zur Zeit des Überfalls deutscher Truppen auf Holland, spielte Hirsch mit seiner Gesellschaft gerade die Operette *Freut euch des Lebens*.[320] Am 15. Mai, nur fünf Tage nach dem Einmarsch, kapitulierte die niederländische Armee, und sowohl die Königsfamilie als auch die Regierung flohen zur großen Enttäuschung vieler Niederländer ins britische Exil – den meisten in Holland lebenden Juden, die bis dato verzweifelt auf die Neutralität des Landes gehofft hatten – gelang dies nicht mehr. Da Hitler dem »blutsnahen« Holland, das 1648 – wie es nun dargestellt wurde unrechtmäßig – aus dem Deutschen Reich ausgegliedert worden war, im Rahmen seiner Pläne für ein »Germanisches Großreich« eine besondere Rolle zugedacht hatte, wurde die Militärverwaltung schnell durch eine Zivilverwaltung ersetzt, zu deren Aufgaben nicht zuletzt die Ausschaltung der Juden aus dem niederländischen Kulturleben gehörte. Sowohl die 160000 holländischen Juden als auch die 24000 aus Deutschland und Österreich hierher geflohenen Juden sollten nun zu spüren bekommen, welche Ausmaße der Rassenhaß der Nazis mittlerweile angenommen hatte.

Auch und gerade in Heesters' Geburtstadt hinterließ die deutsche Besatzung tiefe Spuren – dunkle Schatten über Amersfoort, das schnell zu spüren bekam, wohin die nationalsozialistische »Judenpolitik« führen würde. Angesichts des drohenden Krieges hatte die niederländische Armee 1939 am Stadtrand von Amersfoort ein Barackenlager errichtet, in dem Soldaten untergebracht wurden, die in den Wäldern und auf den Weiden um Amersfoort Manöver durchführten. Die deutschen Besatzer nutzten das bestehende Lager und richteten hier das »Polizeiliche Durchgangslager Amersfoort« ein, das für viele holländische Juden und andere Verfolgte des NS-Regimes zu einer ersten Station ihrer Vernichtung wurde – und zudem zu einer besonders grausamen.

Die Deutschen vergrößerten das ursprünglich nur siebzehn Baracken umfassende, nun der SS unterstellte Lager, umgaben es mit einem hohen Stacheldrahtzaun und internierten hier ab dem 18. August 1941 in erster Linie die jüdische Bevölkerung der Stadt Amersfoort und ihrer Umgebung, insgesamt 820 Menschen, bald aber auch schon sowjetische Kriegsgefangene, Sinti und Roma, Zeugen Jehovas, Homosexuelle, Schwarzhändler und Widerstandskämpfer. Von der Existenz des Lagers Amersfoort wußte man in ganz Holland, sie wurde keineswegs geheimgehalten.[321] Im Gegenteil: 1941 trieben die Deutschen rund einhundert ausgemergelte sowjetische Kriegsgefangene durch die idyllischen Straßen von Amersfoort, um zu demonstrieren, wie »primitiv« und »barbarisch« die Russen seien. Die Aktion hatte jedoch den gegenteiligen Effekt und löste bei der Amersfoorter Bevölkerung Abscheu und Mitleid aus. Viele Amersfoorter steckten den Menschen Brot und Nahrung zu. Die SS unterließ in der Folgezeit solche Demonstrationen.

Obwohl das Lager nur auf 600 Insassen ausgelegt war, wurden in Spitzenzeiten hier bis zu 4000 Gefangene gleichzeitig zusammengepfercht, was zu vielen Krankheitsfällen und auch Typhusepidemien führte. In den vier Jahren seines Bestehens wurden hier insgesamt 35 000 Menschen interniert, von denen

19000 in die Vernichtungslager im Osten deportiert wurden. Unzählige Menschen starben bereits im Lager Amersfoort selbst, nicht nur in Folge der grassierenden Krankheiten, sondern auch aufgrund grausamer und willkürlicher Akte, die hauptsächlich der Kommandant des Lagers, SS-Hauptscharführer Karl Peter Berg, sowie der SS-Lagerführer Joseph Johann Kotälla zu verantworten hatten. Nach dem Krieg wurden in der Umgebung Amersfoorts sechsundsechzig Massengräber entdeckt, in denen die Ermordeten verscharrt worden waren.[322]

Vom »Polizeilichen Durchgangslager Amersfoort« aus wurden viele Insassen zunächst in das neu gegründete Konzentrationslager s'Hertogenbosch verbracht, das in den Niederlanden heute als Gedenkstätte Nationaal Monument Kamp Vught bekannt ist, und von da aus in das berüchtigte Lager Westerbork. Und von Westerbork wiederum führten alle Wege geradewegs nach Auschwitz oder in die anderen Vernichtungslager im Osten. Die meisten Menschen blieben folglich nur kurze Zeit in Westerbork, eine Ausnahme stellten Musiker, Schauspieler und Kabarettisten dar, die auf Geheiß des Lagerkommandanten die »Bühne Lager Westerbork« gegründet hatten. Im großen Saal von Westerbork, in dem auch die Selektionen für die insgesamt 103 Transporte durchgeführt wurden, entstand so ein Kabarett-Theater auf höchstem künstlerischen Niveau, an dem auch die einst führenden Kabarettisten Deutschlands und Österreichs auftraten, die in ihrem niederländischen Exil vom Rassenhaß der Nazis eingeholt worden waren und nun hier, gleichsam am eigenen offenen Grab, ein letztes Mal spielten. Kurt Gerron und Fritz Grünbaum, Otto Wallburg und Dora Gerson, Max Ehrlich und Willy Rosen, traten hier auf, bevor sie in den Gaskammern von Auschwitz ermordet wurden,[323] sie spielten für ein Publikum, das ebenfalls auf seinen Abtransport in die Vernichtungslager wartete. Ein Überlebender erinnerte sich später: »Das ganze Lager war eine Art Theater, bei dem wir mitgespielt haben, damit uns nichts passiert.«[324] Das letzte Programm der Truppe hieß *Total verrückt*. Im September 1944 wurden auch die Künstler deportiert, zunächst nach Theresienstadt und von da aus weiter nach Auschwitz.

Die Zahl der von den Nazis ermordeten Juden ist in kaum einem der besetzten Länder so hoch wie in den Niederlanden. Insgesamt wurden 107000 Juden aus den Niederlanden deportiert, nur 5000 Menschen kehrten Ende Mai 1945 zurück. Zu den Opfern der Nazis in den Niederlanden zählte auch jener Fritz Hirsch, in dessen Operettengesellschaft Heesters im Frühjahr 1938 aufgetreten war. Der Regisseur Ludwig Berger, der Hirsch 1941 noch in Amsterdam traf, erinnert sich in seinen Memoiren an den Freund: »Er war ein Mensch, der gerne gelebt hat und ein ganzes Haus von Menschen beglücken konnte. Er brauchte nur aufzutreten, und das Theater jubelte ihm zu, weil er gütig war [...]. Ein Mensch voll Musik und Rhythmus, ein Mensch, der nur Freunde hatte. Und nun war er irgendwo im Nebel der Ferne schuldlos umgebracht.«[325] Fritz Hirsch kam am 10. Juni 1942 im Konzentrationslager Mauthausen, das für seine besonders harten Haftbedingungen bekannt war, um. Viele Mitglieder seines Ensembles, mit denen Heesters im Frühjahr 1938 noch auf der Bühne gestanden hatten, erlitten unter der deutschen Besatzung ein ähnliches Schicksal, Hirschs Impresario Hugo Helm etwa starb in den Gaskammern von Auschwitz. Hirschs Leben endete so ganz anders als die Operettenträume, die er sein Leben lang inszeniert und mit denen er Millionen von Menschen Freude bereitet hatte. In seiner Wahlheimat Den Haag trägt heute eine Straße seinen Namen – in seiner Heimat Deutschland ist Fritz Hirsch, so gut wie vergessen.[326]

Danilo in Dachau

Daß es nicht immer so einfach sein sollte, sich aus der Affäre zu ziehen, wie ihm das bei seinem Holland-Gastspiel gelungen war, und es gerade während des Krieges zunehmend schwieriger wurde, sich den Vereinnahmungsversuchen der Nazis zu verweigern, sollte auch Johannes Heesters zu spüren bekommen. Zum zweifellos umstrittensten und meistdiskutierten Kapitel seiner Karriere zur Zeit des Dritten Reichs wurde ein im Mai 1941 von der SS angeordneter Besuch im

Konzentrationslager Dachau bei München, dessen Hintergründe lange Zeit im Dunkeln lagen. Gemeinsam mit dem Ensemble, einigen Orchester-Mitgliedern und der Intendanz des Münchner Gärtnerplatz-Theaters, an dem Heesters ab dem 18. April 1941 allabendlich in der Benatzky-Operette *Axel an der Himmelstür* spielte, wurde er am 21. Mai von einer SS-Abordnung abgeholt und nach Dachau gebracht: »Keiner war mutig genug, zu sagen: ›Nein, das tun wir nicht‹ – und keiner so illoyal den Kollegen gegenüber, für sich alleine eine Ausrede zu erfinden –, als eines Abends die SS erschien, um uns mitzuteilen, daß wir zum Zweck eines ›Lagerbesuchs‹ am nächsten Morgen gemeinsam abgeholt würden.«[327]

Im Gegensatz zu den Anfang der vierziger Jahre eingerichteten Vernichtungslagern im Osten, wie Auschwitz, Majdanek, Sobibór oder Treblinka, deren Existenz streng geheimgehalten wurde und die ganz bewußt fern des Reichsgebietes errichtet worden waren, hatte das Konzentrationslager Dachau von Beginn an offiziellen Charakter. Heinrich Himmler, der Reichsführer SS, hatte die Errichtung des KZ Dachau am 30. März 1933 sogar auf einer Pressekonferenz mitgeteilt. Bereits unmittelbar nach dem Machtantritt Hitlers entstanden im Zuge der von den Nazis proklamierten »nationalen Revolution«, ohne daß es einen zentralen Plan hierzu gegeben hätte, im ganzen Land Konzentrationslager, weil die bestehenden Gefängnisse durch die Verhaftungswelle hoffnungslos überfüllt waren. Innerhalb kürzester Zeit wurden Menschen, die angeblich die Sicherheit des Staats bedrohten, in den siebzig neu entstandenen Lagern interniert, bereits im Juli 1933 waren 27000 politische Gefangene in ihnen zusammengepfercht. Im Februar 1933 war durch die Reichstagsbrandverordnung die Grundlage für völlig willkürliche Verhaftungen gegeben worden. Ebenso willkürlich war die Behandlung der »Schutzhäftlinge«, für deren Inhaftierung oder Behandlung es keinerlei Rechtsgrundsätze gab. Die KZ wurden so schnell zu Orten der Rechtlosigkeit, der Folter, der sinnlosen Zwangsarbeit, der rabiaten Willkür und des Totschlags, dennoch versuchten die Nazis der Öffentlichkeit zu suggerieren, daß es sich dabei um notwendige »Umerziehungslager« handele – nicht umsonst wurde über dem Lagertor von Dachau die zynische Inschrift »Arbeit macht frei« angebracht.

1934, als sich das NS-System zunehmend zu stabilisieren begann, verschwanden die meisten der im Jahr zuvor spontan eingerichteten »wilden« Lager wieder, den verbleibenden kam im Gefüge des nationalsozialistischen Terrors jedoch eine zentrale Funktion zu. Das östlich von München, auf dem Gelände einer ehemaligen Pulverfabrik errichtete KZ Dachau spielte in diesem Kontext eine besonders wichtige Rolle, denn es existierte als eines der wenigen »Lager der ersten Stunde« während der zwölf Jahre der NS-Diktatur weiter und »wurde Modell für das spätere, rational geplante und organisierte Terrorsystem, das sich mit der Bezeichnung KZ verbindet.«[328] Während die übrigen frühen Lager von Polizisten und SA-Männern bewacht worden waren, war Dachau das erste Lager, das im April 1933 der SS unterstellt wurde: »In der Folge wurde Dachau zu einem Ort der systematischen Erniedrigung, der Folter und des Mordens.«[329] Die Konzentrationslager der »zweiten Generation«[330] wurden nach dem Vorbild Dachaus gestaltet, das in den Rang eines »NS-Musterlagers« erhoben wurde. Viele Lagerkommandanten wurden hier ausgebildet, so durchlief auch Rudolf Höß, der spätere Kommandant von Auschwitz, die »Dachauer Schule«.

Wie in Theresienstadt, das von den Nazis ebenfalls als »Vorzeigelager« inszeniert wurde, waren auch in Dachau viele Künstler interniert, die zusammen mit anderen »prominenten« Häftlingen, in einem gesonderten Teil des Lagers untergebracht wurden. So etwa der Berliner Pfarrer und Widerstandskämpfer Martin Niemöller und Gabriel Piquet, der Erzbischof von Clermont-Ferrand, ein im In- und Ausland bekannter Nazi-Gegner, sowie der Hitler-Attentäter Georg Elser, der ab Anfang 1941 hier inhaftiert war. Für sie alle galt die »Lagerstufe Ia«, das heißt für sie waren die Lebensbedingungen und die Versorgungslage besser als für die übrigen Häftlinge, zudem wurden sie nicht zu Arbeitseinsätzen herangezogen, was nicht verhinderte, daß viele von ihnen eines grausamen Todes starben.[331]

Der Besuch von Johannes Heesters in Dachau fand am 21. Mai 1941 statt. Gemeinsam mit anderen Ensemblemitgliedern des Gärtnerplatz-Theaters, einer Gruppe von rund vierzig Personen, wurde er in das zwanzig Kilometer von München entfernte Konzentrationslager gefahren, wo er vom Kommandanten, SS-Sturmbannführer Alex Bernhard Piorkowski, und dessen Adjutanten, SS-Untersturmführer Heinz Detmers, dem stellvertretenden Lagerleiter, empfangen wurde. Piorkowski, dem das KZ Dachau in den Jahren 1941 und 1942 unterstellt war, galt selbst in Nazi-Kreisen als suspekt. Das von ihm geleitete Lager betrat er nur äußerst selten, überließ die meisten Entscheidungen seinen Untergebenen und ermöglichte so, daß diese willkürlich die Häftlinge quälten. 1942 wurde er dann aufgrund von Korruptionsvorwürfen von Himmler entlassen, später sogar aus der NSDAP ausgeschlossen. Nach Ende des Krieges nützte Piorkowski dieses Zerwürfnis nichts, er wurde von den amerikanischen Militärbehörden für die Verbrechen zur Verantwortung gezogen, die unter seiner Kommandantur in Dachau begangen wurden, und am 22. Oktober 1948 in Landsberg hingerichtet.

Am Rundgang durch das Lager nahmen am Mittag des 21. Mai 1941 neben Heesters noch Fritz Fischer, der Anfang des Monats erst von seinem Fronteinsatz zurückgekehrte Direktor des Theaters am Gärtnerplatz,[332] sowie Hans Markus und Heinrich Thoms, zwei Ensemblemitglieder, teil. Während des Rundgangs wurden Photos gemacht. Man zeigte den Besuchern den Appellplatz und die Wohnbaracken, Wirtschafts- und Wachgebäude und eine auf dem Lagergelände befindliche, 1937 auf Initiative von Margarethe Himmler eingerichtete Porzellanmanufaktur, in der neben rund 25 Häftlingen auch 40 bis 50 Zivilisten arbeiteten.[333] Außerdem stellte man ihnen die aus polnischen Häftlingen zusammengesetzte Lagerkapelle vor, die für die Besuchergruppe spielen mußte.[334] Einrichtungen wie die Trakte mit den Strafzellen oder das Krematorium ließ man bei dem Rundgang aus, ging es doch darum, den Gästen ein geordnetes Lagerleben vorzugaukeln, in dem sogar für eine eigene Musikkapelle Platz war. Die Wirklichkeit des Lagerlebens sollte bewußt von den

Besuchern ferngehalten werden, was auch ganz offensichtlich gelang. 1978 schilderte Johannes Heesters in seinen Memoiren seine damaligen Eindrücke: »Das Lager wirkte auf uns wie ein typisches Soldatenlager, es sah so aus wie die Arbeitsdienst- oder Hitlerjugendlager, die man aus den Illustrierten kannte. Wir trafen ein, heuchelten Interesse, ein Soldat knipste uns mit seiner Privatbox, und wir fuhren wieder nach Hause. Am Abend, so glaube ich, hatte ich bereits wieder Vorstellung.«[335] Dennoch bleibt die Frage, ob Heesters an diesem Tag auch in Dachau auftrat, was ihm wiederholt vorgeworfen wurde, was er aber selbst immer wieder abstritt.

Neben den Theatergruppen und Orchestern, die es – das »zweifellos perverseste Kapitel deutscher Theatergeschichte«[336] – in vielen Konzentrationslagern gab und die sich aus Häftlingen rekrutierten, existierte noch ein weiteres, wenig bekanntes Phänomen, das im Dritten Reich ebenfalls Künstler in Berührung mit den KZ brachte, nämlich Gastspiele prominenter Schauspieler, Sänger und ganzer Ensembles in Konzentrations- und sogar in Vernichtungslagern. Auch dies verstand man damals als »Truppenbetreuung«. Seit Kriegsbeginn war es üblich geworden, sogenannte Fronttheater einzurichten, deren Aufgabe es war, die deutschen Wehrmachtssoldaten zu unterhalten, kurzzeitig vom Kriegsgeschehen abzulenken und bei Laune zu halten. Oft wurden dafür Theater in den besetzten Gebieten beschlagnahmt.

Bei den Schauspielern waren diese Engagements gefürchtet. Die Tänzerin und Schauspielerin La Jana mußte bei ihren Fronttheater-Einsätzen 1940 auf eiskalten, primitiven Bühnen auftreten, so daß sie sich eine Lungenentzündung zuzog und an den Folgen starb. Oft waren die Verpflichtungen auch mit weiten Reisen in die Kampfgebiete verbunden, deutsche Fronttheater existierten in Athen wie am Polarkreis, in Paris wie in den eisigen Steppen Rußlands. Die deutschen Bühnen in den besetzten Gebieten konnten sich über das Propagandaministerium oder die NS-Kulturorganisation »Kraft durch Freude« Künstler »bestellen«, entweder ganze Ensembles (»Stoßtrupps«) aber auch einzelne Stars (»kulturpolitische Soldaten«). Wer welche Einsätze zu absovieren hatte, lag im Ermessen des Propagandaministeriums, das die Verpflichtungen der Schauspieler zum selbstverständlichen Dank der »Heimatfront« an die tapferen deutschen Helden verklärte. Viele Schauspieler berichteten wie Marika Rökk[337] freimütig über solche Einsätze an der Front oder in Lazaretten. Wovon jedoch nur die wenigsten Schauspieler Zeugnis ablegten, waren Auftritte, zu denen sie in Konzentrations- oder gar Vernichtungslagern verpflichtet wurden. Da kaum Unterlagen hierzu existieren und man auf die Erinnerung der Beteiligten angewesen ist, läßt sich schwer einschätzen, wie häufig solche Verpflichtungen waren.

Eine der wenigen, die den Mut aufbrachten, offen hierüber zu sprechen, war etwa die Tänzerin und Schauspielerin Georgia van der Rohe, die Tochter des berühmten Architekten Ludwig Mies van der Rohe, die in ihren Memoiren über ein solches Ereignis berichtet: 1942 war sie an einem thüringischen Wandertheater engagiert, das auch vor den Wachmannschaften im Konzentrationslager Buchenwald auftreten sollte. Nach eigenem Bekunden will van der Rohe sich anfänglich geweigert haben, in Buchenwald zu spielen, worauf der Intendant ihr angedroht habe, daß er im Falle ihrer Weigerung dafür sorgen werde, daß sie auf anderem Weg, also als Internierte, dorthin komme. So mußte van der Rohe vor den Wachleuten des KZ spielen, nach eigener Darstellung blieb ihr keine andere Wahl.[338] Ein anderer, der sich erinnerte, war Dieter Borsche. Sein Fall belegt, daß selbst im KZ Auschwitz Gastspiele prominenter Künstler stattfanden, die in Bussen mit verhängten Fenstern zu ihrem Auftrittsort gefahren wurden, wo sie großzügig bewirtet und von Häftlingen bedient wurden. Diese Gastspiele, bei denen den engagierten Künstlern wohl kaum die Realität dieser Orte des Grauens verborgen bleiben konnte, waren natürlich nicht für die Häftlinge, sondern ausschließlich zum »Zeitvertreib« der Bewacher organisiert worden. Borsche etwa, der damals auch Häftlingskolonnen zu Gesicht bekam und nach eigenen Angaben staunte, daß die Häftlinge selbst im Winter nur die dünne, gestreifte Lagerkleidung trugen, erinnerte sich daran, im Winter 1943 in Auschwitz mit einem Theaterensemble vor den

SS-Wachmannschaften gespielt zu haben, von denen er erfuhr, daß sehr häufig verschiedene Ensembles in Auschwitz aufträten.[339]

Würde Heesters' Darstellung stimmen, daß er am 21. Mai 1941 lediglich durch das Lager Dachau geführt worden, dort aber nicht aufgetreten sei, wäre dies demnach ein absolut singulärer Fall. In der gesamten Literatur zum Theater- und Filmgeschehen des Dritten Reichs,[340] in keiner einzigen publizierten Lebenserinnerung eines Schauspielers findet sich Vergleichbares.[341] Auch nicht in der Lagergeschichte von Dachau. Soweit heute bekannt ist, wurden zu keinem Zeitpunkt Zivilisten, sondern – neben Mitgliedern des Roten Kreuzes[342] – lediglich SA- oder SS-Delegationen, sowie Abordnungen aus der Wirtschaft oder dem Rechtswesen des NS-Regimes durch das Lager Dachau geführt, bei denen diese über die Zustände im Lager und die Effizienz des Arbeitseinsatzes der Häftlinge unterrichtet werden sollten.[343] Dabei handelte es sich lediglich um rein interne Besuche, von denen außer den Beteiligten und außerhalb des Lagers niemand erfuhr. Nur wenn Heinrich Himmler oder andere führende SS-Beamte dem Lager einen Besuch abstatteten, wurde hierüber in der Presse berichtet. So etwa auch vier Monate vor dem Heesters-Besuch, als der holländische Faschistenführer Mussert am 20. Januar 1941 mit einer Delegation seiner Partei NSB von Himmler persönlich durch Dachau geführt wurde – eineinhalb Jahre bevor die planmäßigen Deportationen holländischer Juden erfolgten.

Ausgeschlossen werden kann, daß der Besuch von Heesters und dem Ensemble des Gärtnerplatz-Theaters zu propagandistischen Zwecken veranstaltet worden ist, wie Heesters selbst in seinen Memoiren spekuliert, wenn er anführt, daß solche Besuche »reine Propaganda-Instrumente«[344] waren. Denn es lassen sich keinerlei Hinweise darauf finden, daß die Photographien, die am 21. Mai 1941 entstanden, damals an irgendeiner Stelle publiziert wurden, weder in der Tagespresse, noch in Illustrierten oder Theater- und Filmzeitschriften.[345] Erst 1978 wurden sie erstmals veröffentlicht. Zudem spricht auch der Zeitpunkt des Besuchs gegen eine solche Deutung: In den Anfangsjahren des Regimes wäre eine derartige »Imagekampagne«, um die Öffentlichkeit von der »Harmlosigkeit« der Lager zu überzeugen, vielleicht noch denkbar gewesen – gegeben hat es so etwas jedoch auch damals nicht. Aber im Mai 1941, als die Berichterstattung über die Konzentrationslager oder die Verbreitung von entsprechendem Photomaterial längst gänzlich verboten war,[346] wäre kein NS-Führer auf die Idee gekommen, mittels eines öffentlich gemachten Lagerbesuchs von prominenten Zivilisten das »Image« der nationalsozialistischen Konzentrationslager »aufzupolieren«.

Gerade weil Besuche von Zivilisten, also Menschen, die keine Funktion innerhalb der NS-Hierarchie hatten, absolut unüblich waren und weder aus Dachau noch aus anderen Lagern ein ähnlicher Fall bekannt ist, scheint Heesters' Beteuerung, an diesem Tag nicht im Anschluß an den Lagerrundgang auch noch vor den Wachmannschaften aufgetreten zu sein, fragwürdig. Bereits die Tatsache, daß das gesamte Ensemble nach Dachau gebracht, aber nur einige wenige von ihnen durch das Lager geführt wurden, scheint dafür zu sprechen, daß die übrigen Mitglieder des Gärtnerplatz-Theaters ihren nachmittäglichen Auftritt in Dachau vorbereiteten – denn sonst wäre ihre Anwesenheit vor Ort überflüssig gewesen. Lebende Augenzeugen, die noch über diesen Tag in Dachau Auskunft geben könnten, ließen sich trotz intensiver Recherchen nicht auffinden. Die Erinnerung von Erika Nein, einer einstigen Ballett-Tänzerin des Theaters am Gärtnerplatz, die zum damaligen Zeitpunkt jedoch gerade an der Staatsoper in München engagiert war, scheint Heesters' Version zu widerlegen. Erica Nein war zwar an diesem Tag nicht mit in Dachau und kann insofern auch nicht als Augenzeugin gelten, will aber von ihren früheren Kollegen im Anschluß erfahren haben, daß das gesamte Ensemble, einschließlich des Balletts und einiger Mitglieder des Orchesters vom Theater am Gärtnerplatz mit Heesters an der Spitze in Dachau aufgetreten sei und die Operette *Axel an der Himmelstür* gespielt habe.[347] Gewichtiger aber noch ist die Aussage des inzwischen verstorbenen Viktor Mateka, eines führenden Wiener Kulturpolitikers, der in den vierziger Jahren Häftling in Dachau war und dort mit dem Aufbau der Häftlingsbibliothek betraut war. Vermittelt durch den SS-Schulungsleiter, wurde Mateka bei Gastspielen im Theater der SS dafür abgestellt, den Vorhang zu ziehen. Auch wenn er sich nicht mehr erinnert, in welcher Operette er Heesters und das komplette Gärtnerplatz-Ensemble in Dachau hat spielen sehen, daß er ihn in seiner Funktion als Vorhangzieher dort auf der Bühne erlebt hat, bestätigte er ausdrücklich – in einem bislang unveröffentlichten Interview vom 18. Mai 1990: »Freilich hat Heesters dort gastiert, im Theater der SS, im Übungslager.«[348]

Matekas Aussage bestätigt, daß Heesters nicht im Konzentrationslager Dachau selbst aufgetreten ist, wie in Zeitungsartikeln der zurückliegenden Jahrzehnte immer wieder suggeriert wurde, sondern offenbar in der neben dem Häftlingslager gelegenen SS-Kaserne. Der Auftritt war also nicht für die Häftlinge bestimmt, sondern galt den SS-Wachmannschaften. Es ist durchaus denkbar, daß Heesters und die übrigen am Lagerrundgang Beteiligten später in der SS-Kaserne zum Gärtnerplatz-Ensemble gestoßen sind und sich hier erst für ihren Auftritt umzogen, was auch erklären würde, daß Heesters während des Lagerrundgangs »Zivil« trug. Anschließend scheint dann der Auftritt stattgefunden zu haben, den Heesters bis heute bestreitet.[349]

Der Umstand, daß bis zum heutigen Tag kein einziges Photo gefunden und publiziert werden konnte, das Heesters – oder einen der anderen anwesenden Künstler – während eines Auftritts vor den SS-Wachmannschaften in Dachau zeigt, ist zweifellos rätselhaft.[350] Da die Gruppe während der Lagerbesichtigung unablässig photographiert worden ist, kann man davon ausgehen, daß Heesters auch während seines Auftritts, der zweifellos als »Höhepunkt« des Tages betrachtet wurde, photographiert worden wäre. Insofern erscheint es tatsächlich merkwürdig, daß ausgerechnet hiervon keine Bilder mehr überliefert sind, da die Photographien vom vorangegangenen Lagerrundgang bis heute erhalten sind. Denn einen Monat nach dem Besuch, am 20. Juni 1941, wurde dem

Theater am Gärtnerplatz ein ledergebundenes Album mit fünfzig Photographien überreicht, dem eine von SS-Kommandant Piorkowski unterzeichnete, in Fraktur-Buchstaben ausgeführte Widmung vorangestellt ist: »Den lieben Künstlern, die uns am 21. 5. 1941 durch einen frohen und heiteren Nachmittag im K. L. Dachau erfreuten, gewidmet.«[351] Die Widmung deutet ebenfalls darauf hin, daß es den von Heesters bestrittenen Auftritt gegeben hat, denn Piorkowski bedankt sich hier ganz offensichtlich für das, was die Schauspieler und Musiker des Gärtnerplatz-Theaters an diesem Tag dargeboten haben.

Unlogisch erscheint, daß Heesters den Lagerbesuch in Dachau eingesteht, jedoch einen am gleichen Tag stattgefundenen Auftritt vor der SS-Wachmannschaft, der höchstwahrscheinlich den eigentlichen Grund für den Aufenthalt in Dachau dargestellt hat, bestreitet. Geht man davon aus, daß der Dachau-Auftritt im Mai 1941 tatsächlich stattgefunden hat, muß man konstatieren, daß Heesters durch das Verschweigen des Auftritts den Versuch unternahm, sich in ein besseres Licht zu stellen. Doch sind die Memoiren die eine Sache, die mit dem Erscheinen des Buches losgetretene Diskussion um dieses Ereignis eine andere. Um Heesters' Position zu verstehen, muß man sicherlich auch die bislang weitgehend unbekannten Hintergründe des 1978 um seinen Dachau-Besuch entbrannten Streits berücksichtigen.

Die Kontroverse um Heesters' Dachau-Auftritt entbrannte bereits kurz vor dem Erscheinen von Heesters' Memoiren. Initiator der damals gegen Johannes Heesters gerichteten Pressekampagne, die ihren Schwerpunkt in den Niederlanden und in Österreich hatte, in Deutschland jedoch nur am Rande Aufmerksamkeit erzielte, war Jules Huf, ein langjähriger Freund der Familie Heesters. Der aus Holland stammende Journalist, zeitweiliger Mitarbeiter von Simon Wiesenthal, arbeitete damals als österreichischer Korrespondent für die holländische Zeitung »Telegraaf« und widmete sich besonders der Nazi-Vergangenheit Deutschlands und Österreichs sowie deren Verdrängung. 1963 war er der erste Journalist gewesen, der Karl Josef Silberbauer interviewte, den Mann, der 1944 die Familie von Anne Frank in Amsterdam verhaftet hatte. 1973 interviewte er den Verhaltensforscher Konrad Lorenz und konfrontierte ihn mit seinen fragwürdigen Aussagen aus der Zeit des Dritten Reichs – aufgrund des Huf-Interviews forderte Simon Wiesenthal Lorenz dann im November 1973 in einem offenen Brief auf, angesichts der einst von ihm mitgetragenen Ausgrenzung und Ausmerzung »ethnisch Minderwertiger« die Annahme des Nobelpreises für Medizin und Physiologie abzulehnen, was dieser jedoch zurückwies.

Jules Huf hatte Anfang der fünfziger Jahre als noch nicht mal Zwanzigjähriger mit der Familie Heesters Freundschaft geschlossen, wo und wie genau man sich kennenlernte, läßt sich nicht mehr nachvollziehen. Bekannt ist jedoch, daß Johannes Heesters immer auch zu anderen in Wien lebenden Niederländern Kontakt hatte; so kam wohl auch die Bekanntschaft mit Huf zustande. Der junge Mann stammte aus streng-katholischem Haus und war in einem Jesuiten-Kloster erzogen worden. Er verkehrte regelmäßig im Hause Heesters und war mit den Töchtern der Familie befreundet. Erste Irritationen im Verhältnis der Familie Heesters zu Jules Huf gab es, als dieser sich in Holland als Verlobter der vier Jahre älteren Heesters-Tochter Wiesje ausgab, wovon diese – bei einer Holland-Reise mehrfach darauf angesprochen – irritiert Kenntnis bekam.[352] Da Jules Huf bereits mehrere durchaus wohlwollende Artikel über seinen Landsmann und Freund Heesters verfaßt hatte,[353] war der Gedanke naheliegend, daß er als Journalist und Freund der Familie Heesters' Memoiren verfassen könnte. Obwohl Heesters ihm hierfür zunächst spontan Zugang zu seinem Privatarchiv gewährt hatte,[354] änderte er kurze Zeit später seine Meinung wieder und äußerte im Kreise der Familie, daß er nicht wolle, daß Huf ein Buch über ihn schreibe.[355] 1973 lernte Heesters den Filmjournalisten Willibald Eser kennen, der dann seine Memoiren aufzeichnete. Die Familie Heesters wertet diese Abfuhr gegenüber Huf bis heute als Grund dafür, daß Jules Huf in der Folgezeit einen persönlichen »Rachefeldzug« gegen Johannes Heesters geführt habe.

Als Jules Huf 1977 von Willibald Eser erfuhr, daß Heesters in Dachau gewesen ist, dieser Tag jedoch in den Memoiren verschwiegen werden sollte,[356] begann Huf seinerseits Nachforschungen anzustellen und »Beweismaterial« gegen Heesters zu sammeln. Noch im gleichen Jahr etwa sprach er ausführlich mit Fritz Fischer, dem damaligen Intendanten des Gärtnerplatz-Theaters über den Dachau-Besuch.[357] Bei dieser Gelegenheit kam er vermutlich auch in den Besitz jener Photos, die am 21. Mai 1941 gemacht worden sind und bis dato unveröffentlicht geblieben waren. Näheres hierzu ist nicht bekannt, Huf verweigert in diesem Punkt jegliche Aussage, so daß bis heute unklar ist, wo sich die Originale der Bilder befinden.[358] Zur gleichen Zeit beendete er seine bereits über 25jährige Freundschaft mit Heesters.

Bezeichnenderweise begannen die Angriffe auf Johannes Heesters erst kurz vor dem Erscheinen seiner Memoiren und nach dem Zerwürfnis mit Jules Huf – im Januar 1978, als die unter dem Druck der Veröffentlichungsdrohung von Huf schnell um die Dachau-Episode ergänzten Druckfahnen des Heesters-Buchs an Zeitungsredaktionen verschickt wurden. Zunächst erschienen in Holland, bald darauf auch in Österreich Presseartikel, die klar gegen Heesters gerichtet waren und als deren Initiator Jules Huf angenommen werden darf.[359] In Deutschland blieb die Pressekampagne weitgehend unbeachtet, hier war überwiegend von einem amüsant zu lesenden Buch und der höchst erfolgreichen Lesereise Heesters' durch unzählige deutsche Städte zu hören, eher am Rande wurde erwähnt, daß Heesters in seinem Heimatland Holland angefeindet wurde.

Tatsächlich fanden die Vorwürfe in Holland ganz besondere Beachtung, nicht zuletzt weil auch 2000 niederländische Häftlinge in Dachau umgekommen waren. Bald erreichte die Diskussion um Heesters' Dachau-Besuch auch Österreich. Am 31. Januar 1978 veröffentlichte die Wiener Illustrierte »Profil« ihren Artikel *Dachau und der Herr im Frack*, in dem erstmals auch drei der im Mai 1941 aufgenommenen Photos publiziert wurden. Der Verfasser, der nicht genannt wird – auch hier kann Jules Huf vermutet werden[360] – behauptet, daß

Heesters am 21. Mai 1941 »bei seinem Operettenpotpourri für die SS-Spitze im Führerhaus [...] von einer Kapelle begleitet [wurde], die aus polnischen Gefangenen bestand«.[361] Zur Illustration dieser Behauptung wurde eine Photographie abgedruckt, die rechts die Häftlingskapelle und in auffällig weitem Abstand links die Besuchergruppe mit Johannes Heesters zeigt (vgl. Abb. 29).[362] Wenn man das Photo jedoch genau betrachtet, läßt sich zweifelfrei erkennen, daß es sich nicht um eine Auftrittssituation *mit* Heesters handelt, sondern den Moment, als Heesters und den anderen Besuchern bei ihrem Lagerrundgang die Häftlingskapelle vorgeführt wurde. Der Artikel suggeriert weiterhin, daß Heesters, wären diese Photos in der unmittelbaren Nachkriegszeit bereits bekannt gewesen, auf der Stelle verhaftet worden wäre und er seine Karriere nicht so reibungslos hätte fortsetzen können: Heesters sei im Juli 1946 von der holländischen Militärkommission in Wien einem Verhör für »displaced persons« unterzogen und dabei zu seiner Rolle im Dritten Reich befragt worden. Dabei habe ihn der vernehmende Captain Andries Hock auch gefragt, ob er jemals für die SS in einem Konzentrationslager gesungen habe, worauf Heesters damals geantwortet hat: »Nein, das ist eine Verleumdung. Ich bin Künstler und habe nur ab und an vor Soldaten singen müssen.«[363]

Knapp drei Monate später, unmittelbar nach Erscheinen der Heesters-Memoiren, die am 18. März 1978 in der Wiener Zeitung »Die Presse« bereits als »grausliches Buch« verrissen worden waren, wiederholte der österreichische »Kurier« die Vorwürfe gegen Heesters. Am 22. April erschien der Artikel *Danilo war in Dachau und sang für die SS – Falsches und Fehlendes in den Memoiren von Johannes Heesters*. Im Vorsatz des von Wolfgang Broer verfaßten Artikels wird darauf verwiesen, daß es Leute gäbe, die seine Glaubwürdigkeit anzweifelten, ohne daß Namen genannt würden – auch hier hatte wohl Huf sich ausbedungen, im Hintergrund zu bleiben. Der Verfasser wirft Heesters vor, »selbstkokett, oberflächlich und lügenhaft« mit seiner Vergangenheit umzugehen, besonders die Schilderung des Dachau-Besuchs sei eine »schlimme Halbwahrheit«. Die kursierenden Behauptungen wurden längst wie Tatsachen behandelt – auch hier findet sich die Behauptung, daß Heesters »zur Ergötzung des SS-Totenkopfverbandes, begleitet von einer kahlgeschorenen polnischen Häftlingskapelle, in Dachau seine Schlager gesungen hat«. Dies war der Tenor der meisten Artikel, die sich mit diesem Vorgang beschäftigten. Zu allem Überfluß bekam Heesters Schützenhilfe von der falschen Seite. Am 10. März 1978 veröffentlichte die rechtsorientierte »Deutsche National-Zeitung« ihren Artikel *Treibjagd auf Johannes Heesters*, der Heesters als ein »Opfer gewisser holländischer Kreise« darstellte. Die Angriffe auf Heesters werden hier – ideologisch ausgedeutet – als Verfemungen »publizistischer Schlächter« bezeichnet, denen es »wohl weniger um die Person Heesters als darum geht, die Vergangenheit im antideutschen Sinn am Kochen zu halten.« Johannes Heesters war zum Spielball einer ideologischen Auseinandersetzung geworden.[364] Am 20. Februar 1979 wurde, 32 Jahre nachdem zum letzten Mal eine solche offizielle Anfrage gestellt wurde, beim Berlin-Document-Center in Washington, das die Akten der Reichsfilmkammer aufbewahrte, angefragt, ob Heesters Mitglied der NSDAP oder einer anderen NS-Organisation gewesen sei. Die Anfrage wurde negativ beantwortet.[365]

Johannes Heesters, bislang stets ein Liebling der Presse, dem immer wichtig war, was über ihn geschrieben wurde, trafen die Angriffe der Presse anscheinend völlig unvorbereitet – bis zu diesem Zeitpunkt war er in Deutschland oder Österreich nie mit kritischen Fragen zu seiner Vergangenheit oder mit derart konkreten Vorwürfen konfrontiert worden. Als ihn Mitte Januar 1978 ein holländischer Fernsehsender zu den Vorwürfen befragen wollte, lehnte er ab.[366] Daß er in Dachau gewesen war, hatte er zugegeben, einen Auftritt vor den SS-Leuten stritt er weiter ab – insofern wollte er sich weiteren Nachfragen wohl nicht stellen.

Heesters und seine Familie konnten zu diesem Zeitpunkt allerhöchstens vermuten, daß sich der frühere Freund Jules Huf hinter den öffentlichen Vorwürfen verbarg. Bestärkt wurde diese Vermutung, als Tochter Wiesje Hufs Frau Dorothea, mit der sie seit Jahren eng befreundet war, zu kontaktieren versuchte und von dieser schroff mit der Bemerkung zurückgewiesen wurde, daß ihr Vater ein Nazi sei und sie mit ihr keinen Kontakt mehr wolle.[367] Dies war der endgültige Bruch zwischen den Familien Heesters und Huf. Von Heesters selbst hat niemand etwas über diese Zusammenhänge erfahren, tief getroffen über den Vertrauensbruch, spricht er bis heute nicht über diesen Fall. Daß er es damals versäumt hat, klarer Stellung zu beziehen, räumt er aus heutiger Sicht als einen Fehler ein: »Ich habe mich nicht zu Wort gemeldet, mich nicht zur Wehr gesetzt, nichts richtiggestellt. Es sei denn, ich wurde in Interviews danach gefragt. Dann habe ich natürlich gesagt, was wahr ist und was nicht. Aber ich habe nie von mir aus die Initiative ergriffen.«[368]

Ein letztes ungelöstes Rätsel ist und bleibt die Frage, warum es von Heesters' Auftritt in Dachau keine Photos gibt. Hufs Behauptung, noch im Besitz unveröffentlichter Photos zu sein, die Heesters an diesem Tag bei seinem Auftritt zeigen,[369] erscheint wenig glaubhaft. Einerseits kann man davon ausgehen, daß er diese bereits 1978 auf dem Höhepunkt der von ihm initiierten Vorwürfe hätte veröffentlichen lassen, zudem räumte er im Sommer 2003 selbst ein, daß 1978 bereits alles veröffentlicht worden sei.[370] Die bekannten Photos zeigen Heesters wie auch seine Kollegen äußerst leger gekleidet: Er trägt ein weißes Hemd, darüber einen dunklen Pullover und ein einfaches Jackett, auf manchen Bildern zusätzlich noch einen hellen Trenchcoat, einen Schal und einen Hut. Kein Photo, das Heesters im Frack oder Smoking zeigen würde. Für den Schauspieler selbst ist das der Beweis dafür, daß es einen Auftritt an diesem Tag gar nicht gab: »Es gibt zahllose Fotos, die an diesem Tag gemacht wurden. […] Aber diese Bilddokumente zeigen eines nicht – daß ich dort aufgetreten wäre. Daß ich im Konzentrationslager für oder vor jemanden gesungen hätte. Das können sie auch nicht zeigen, weil es nicht stimmt.«[371] Sicherlich: Die Beweislage ist äußerst diffus, ein Beleg dafür, daß der Auftritt in Dachau *nicht* stattgefunden hat, ist sie jedoch nicht.

An dem Besuch in Dachau teilzunehmen, war, unabhängig von der Frage, ob es an diesem Tag auch noch einen Auftritt vor den SS-Wachmannschaften gab oder nicht, zweifellos ein Fehler. Doch muß man davon ausgehen, daß es für Heesters wie für alle Künstler und Schauspieler, die zur Truppenbetreuung in Konzentrations- oder gar Vernichtungslagern zwangsverpflichtet wurden, äußerst schwierig gewesen wäre, sich diesem Ansinnen zu entziehen. Da es Heesters sonst fast immer gelang, sich unmittelbaren Propagandaauftritten zu verweigern, und er es nach der Besetzung Hollands konsequent ablehnte, in seiner besetzten Heimat vor den deutschen Truppen aufzutreten, ist der Besuch des Konzentrationslagers Dachau ein absolut singuläres Ereignis in seiner Karriere, was die Frage aufwirft, warum es ihm nicht gelungen ist, sich auch vor dieser Verpflichtung zu schützen. Die Antwort liegt sicherlich nicht zuletzt in Heesters' Persönlichkeit begründet: Bei den Theaterauftritten in Holland oder seinem Mitwirken in holländischen Propagandasendungen im Rundfunk, handelte es sich um Anfragen, die sich an Heesters als Solisten richteten. Hier konnte er für sich allein eine Entscheidung treffen.

Der Besuch in Dachau war jedoch anders gelagert: Hier war das gesamte Ensemble, mit dem Heesters allabendlich auf der Bühne stand, verpflichtet worden. Da das Theater am Gärtnerplatz ganz entscheidend vom Wohlwollen des despotischen und als unberechenbar geltenden Münchner Gauleiters Adolf Wagner abhängig war,[372] hätte es für kein Ensemblemitglied eine reale Möglichkeit gegeben, nicht an der Truppenbetreuung in Dachau teilzunehmen – zumindest nicht wenn man nicht die eigene berufliche Laufbahn oder gar das eigene Leben in Gefahr bringen wollte. Heesters als Nicht-Mitglied und Stargast des Ensembles hätte, wenn er es denn gewollt hätte, vermutlich eine Möglichkeit gefunden, abzusagen – trotz der Einschüchterungsversuche, die es immer wieder gegeben hatte, war sein Status zu diesem Zeitpunkt durch seinen großen Rückhalt beim Publikum und seinen großen Marktwert durchaus gesichert. Die seit seiner Zeit in Royaards' Schauspielkompanie tief in ihm verwurzelte Loyalität gegenüber seinen Kollegen hinderte ihn vermutlich daran, sich als einziger der Dachau-Verpflichtung zu entziehen. Der Preis für diese Entscheidung war in diesem Fall fraglos hoch.

Der Dachau-Besuch belegt, wie gefährlich die Gratwanderung sein konnte, auf die Heesters sich ebenso wie jeder andere Künstler, der im Dritten Reich Karriere machte, eingelassen hatte. So sehr er sich auch bemühte, schnell war ein falscher Schritt getan, der alles ins Wanken geraten ließ, der alles in Frage stellte. Auch wenn der 21. Mai 1941 sicherlich ein schwarzer Tag in Heesters' Leben war, er macht ihn nicht zu einem skrupellosen Opportunisten oder gar einem Sympathisanten der Nazis. In seinen Memoiren bekannte er: »Ich schämte mich, und ich habe bis heute nicht aufgehört, mich zu schämen, daß es den Nazis gelungen war, uns dorthin zu locken. Ich ärgere mich über meine Vertrauensseligkeit, meine Gutgläubigkeit und meine Naivität.[373] Deutlichere Worte, als viele Schauspieler, die sich im Dritten Reich für ähnliche Dinge haben instrumentalisieren lassen, sie gefunden haben.

Heesters, der 1936 mit der sicherlich naiven Einstellung nach Deutschland gekommen war, Karriere machen, sich aber aus den politischen Verhältnissen des Landes heraushalten zu können, hatte schnell am eigenen Leib erkennen müssen, daß dieser Vorsatz in der Diktatur, in der er nun mit seiner Familie lebte, nicht so einfach in die Tat umzusetzen war. Spätestens seit dem Streit mit Goebbels über die Frage der Staatsbürgerschaft und dessen für Heesters befremdlichen Konsequenzen mußte auch Heesters seine politische Naivität zwangsläufig verlieren und erkennen, daß es künftig nicht ausreichen würde, sich auf die Beteuerung politischen Desinteresses zurückzuziehen. Auch mußte er einsehen, daß es sich nicht in jedem Fall realisieren ließ, die gewünschte Distanz zu den braunen Machthabern zu wahren. So nahm Heesters im Winter 1941/42, als er in Prag drehte, an einem Künstlerempfang des berüchtigten Polizeichefs Reinhard Heydrich teil, der 1941 zum Reichsprotektor von Böhmen und Mähren ernannt worden war und als rechte Hand Himmlers galt. Und spätestens der Besuch im KZ Dachau führte ihm vor Augen, wie hoch der Preis war, den er für seine Karriere zu zahlen hatte.

Trotzdem er sich der verbrecherischen Seiten des Regimes bewußt war und sich, seine Familie und seine Freunde vor ihnen zu schützen suchte, betrieb er seine Karriere unbeirrt weiter. Er wußte, daß er sich in jenen Jahren als Schauspieler und Sänger auf dem Höhenpunkt seiner Karriere befand, und wollte die Chancen, die sich ihm nach dem Wechsel nach Deutschland boten, auch ergreifen. Er war sich sehr genau über seinen Status im klaren und nutzte seine Popularität für seine Interessen. Trotz seiner grundsätzlichen Bereitschaft zu Anpassung und Kooperation war er nicht willens, sich allen Anordnungen des NS-Staates und seiner Behörden zu fügen, was ihn in ein Spannungsfeld von Mitläufertum und Renitenz trieb, in dem sich etwa auch ein ebenfalls sehr selbstbewußt auftretender Star wie Hans Albers befand.[374] Daß er zu einem wichtigen Teil der braunen Ablenkungsmaschinerie geworden war, räumte er nach 1945 unumwunden ein. Wie hoch der Preis für seine Karriere war, wollte jedoch auch er nicht in vollem Umfang wahrhaben, wie der Fall Dachau zeigt.

Letztlich war Heesters ein Star, der auf seine Karriere fixiert war, der sich zwar im Persönlichen eine kritische Distanz zum Nationalsozialismus bewahrte, aber sich, um seine Position und die Sicherheit seiner Familie nicht zu gefährden, nicht auf eine direkte Konfrontation mit dem NS-Regime einließ, der sich anpaßte und lavierte, um durchzukommen. Schließlich waren es nichtsdestotrotz die braunen Machthaber, von denen er sich nachweislich fernzuhalten versuchte und die er vielleicht persönlich verachtete, die seine einzigartige Karriere in den Bahnen, wie sie in den dreißiger und vierziger Jahren verlaufen ist, erst ermöglichten. Zu einem Rückzug entschloß er sich – wie viele Stars, die im Dritten Reich Karriere machten – erst, als das Ende des Kriegs und der Untergang des NS-Regimes unmittelbar bevorstand.

8.

»Statist einer gewaltigen Augenwischerei« Die Kriegsjahre

Mit dem Überfall der deutschen Wehrmacht auf Polen und dem Beginn des Zweiten Weltkriegs wurden auch das Theater, der Film und die Musik zu kriegswichtigen Faktoren, denn natürlich versuchte die nationalsozialistische Propagandamaschinerie das Volk zu mobilisieren, indem sie den Krieg als gerechte Sache und die Briten und Franzosen als die eigentlichen Aggressoren darstellte. Vor allem in den Wochenschauen und Kriegspropagandafilmen sollte das Bild von der haushohen Überlegenheit des deutschen Militärs vermittelt und der erste Feldzug gegen Polen etwa als ein »Spaziergang nach Warschau« verharmlost werden, um dem Krieg seinen eigentlichen Schrecken zu nehmen, von dem die Deutschen höchstens dann erfuhren, wenn ihre von der Front heimkehrenden Männer, Brüder und Söhne davon berichteten. Tatsächlich brachten die Wochenschauberichte und Bilder vom »Blitzsieg« im Osten und dann bald auch im Westen einen ungemeinen Popularitätsschub für Hitler, der als autoritärer »Führer« nun immer unantastbarer wurde – zumindest solange die militärischen Siege anhielten und man an ein baldiges Ende des Krieges glaubte. Um trotz des tobenden Krieges und der ständigen Ausweitung der Kampfgebiete den Eindruck von Normalität vorzugaukeln, wurde an der »Heimatfront« auf Ablenkung gesetzt und nach psychologischen Entlastungswegen gesucht.

Propagandaminister Goebbels hatte unmittelbar nach Kriegsbeginn in seiner vor der Reichsfilmkammer gehaltenen Rede *Das Kulturleben im Kriege* betont, daß das Volk »gerade in so schweren Zeiten« Anspruch »auf Entspannung und Erholung« habe.[375] Damit waren die Richtlinien für die Filmproduktion, aber auch das Theaterleben im Krieg bereits vorgegeben. Während die Welt in Trümmer fiel, während Millionen von Menschen starben, kaltblütig ein Völkermord verübt und die Versorgungslage immer prekärer wurde, verbreitete die NS-Unterhaltungsindustrie auf Weisung Goebbels' Frohsinn und schäumenden Optimismus: Im September 1939 lief in den deutschen Kinos der Streifen *Paradies der Junggesellen*, in dem Heinz Rühmann, Josef Sieber und Hans Brausewetter *Das kann doch einen Seemann nicht erschüttern* sangen, ein Lied, das zum populärsten der Saison und zum ersten Schlager des Zweiten Weltkriegs wurde. Viele weitere folgten. Marika Rökk sang *Im Leben geht alles vorüber, auch das Glück, doch zum Glück auch das Leid*, und Johannes Heesters resümierte: *Es fing so harmlos an*. Während das dritte Kriegsjahr anbrach und die deutsche Armee auf Stalingrad vormarschierte, wo sie ihre größte militärische Niederlage erleben sollte, lief in den Kinos des Reichs der Ablenkungsstreifen *Die große Liebe* (1942), in dem Zarah Leander vielsagend beschwört: *Ich weiß, es wird einmal ein Wunder geschehen* – mit siebenundzwanzig Millionen Besuchern einer der erfolgreichsten Filme des Kinos unterm Hakenkreuz. Auch als sich der von Deutschland entfesselte Krieg Ende 1942 gegen das eigene Land richtete, sich die deutschen Truppen an allen Fronten auf dem Rückzug befanden und die Nazis den »Endkampf« beschworen, wurde dies wiederum von Zarah Leanders Stimme begleitet: *Davon geht die Welt nicht unter ...* Auch als die Stadt Essen 1944 nach einem Großangriff wie eine Fackel brannte, liefen in den Radios keine Luftwarnmeldungen, sondern der Schlager *Ich tanze mit dir in den Himmel hinein*.[376]

Der Großteil der Menschen empfand die damals in den Kinos dargebotenen heilen Scheinwelten dennoch ganz offensichtlich nicht als zynische Ablenkungsmanöver, sondern nahm sie dankbar als willkommene Fluchtmöglichkeiten an: Arthur Maria Rabenalt, der selbst über zwanzig Unterhaltungsfilme im Dritten Reich drehte und sich nach 1945 intensiv mit den Hintergründen des NS-Kinos auseinandergesetzt hat, schrieb: »Die Kinobesucher – zwischen Tagesalarm und Nachtangriff, zwischen Sirenengeheul und Bombendetonation aus den Häuserruinen, Luftschutzkellern und Bunkern zu kurzer Entspannung in die Kinos entlassen, rebellierten nicht vor dem Laufbild gutgekleideter Frauen, demonstrierten nicht angesichts des Frackanzuges und barsten nicht vor Wut beim Anblick kultivierter Wohnhäuser. Sie standen im Gegenteil Schlange vor den Kassen der wenigen restlichen Kinos zwischen den rauchenden Schutthaufen. Je mehr Heime zerstört waren, der Lebensstandard jedes einzelnen gesunken war [...], desto mehr stieg die Gier, das im Luftminen- und Phosphorregen versunkene Paradies im Film wiederzusehen.«[377] Während der Film boomte, mußten die Theater in den ersten beiden Kriegsjahren einen dramatischen Rückgang der Zuschauerzahlen verzeichnen. Die Berliner Theater meldeten 1939 und 1940 die schlechtesten Besucherzahlen seit Jahren. Auch im weiteren Kriegsverlauf sollte sich die Situation kaum verbessern. Obwohl die Nazi-Presse das Bild eines blühenden Theaterlebens aufrechtzuerhalten suchte, blieben die Zuschauerzahlen kontinuierlich niedrig. Gerade in den Zeiten der immer häufigeren Luftangriffe wagten sich nur noch wenige Menschen ins Theater. Auch die Taktik, die Stücke zu raffen und den Beginn der Vorstellungen zunehmend in die Nachmittagsstunden vorzuverlegen, da die abendlichen Aufführungen immer öfter durch die Luftangriffe unterbrochen werden mußten, brachte keine Abhilfe. Selbst die großen Dramen des Theaters zogen in dieser Zeit nur noch selten Zuschauer an – das Leben selbst war wohl dramatisch genug. Die beschwingten Operetten und heiteren musikalischen Lustspiele jedoch, in denen Heesters in den Kriegsjahren auftrat, erwiesen sich, unabhängig von der allgemeinen Theaterflaute, als wahre Publikumsmagneten. Heesters kann sich folglich auch an keinen Publikumsschwund erinnern: »Die Theater waren voll.«[378]

Bomben und Bühne

Am Tag des Kriegsbeginns stand Johannes Heesters auf der Bühne des Renaissance-Theaters in Berlin, an seiner Seite Carola Höhn, die drei Jahre zuvor seine Filmpartnerin in *Der Bettelstudent* gewesen war: »Die Vorstellungen liefen weiter, und wir mußten spielen.«[379] Bei dem Stück handelte es sich um das beschwingte musikalische Lustspiel *Meine Schwester und ich* von Ralph Benatzky, das im Juli Premiere gehabt hatte. Schon seit zwei Monaten, nur mit einer dreitägigen Unterbrechung, als Heesters auf Wunsch Hitlers am Tag der Deutschen Kunst in München hatte auftreten müssen, spielte das Ensemble das Stück fast immer vor ausverkauftem Haus. Doch am Abend des 1. September 1939 hatten die wenigsten Menschen Lust auf Zerstreuung, die meisten blieben, verunsichert durch die aktuellen Ereignisse, lieber zu Hause. Diejenigen, die doch kamen, blieben merkwürdig ruhig, fast teilnahmslos. Selbst an den Stellen, wo sonst Szenenapplaus garantiert war, geschah an diesem Abend nichts: »Ich glaube, weder meine Partnerin Carola Höhn noch ich werden diese Vorstellung je vergessen. Während das Theater bislang immer ausverkauft war, das Publikum sich prächtig amüsierte, waren die Leute und die Stille, die an diesem Abend im Zuschauerraum herrschte, beklemmend. Die Stimmung war am Boden.«[380]

Heesters, der die Situation als unerträglich empfand, war Profi genug, um zu merken, daß es keinen Sinn hatte, weiterzumachen, als sei nichts geschehen. Er brach ab und wandte sich an das Publikum: »Ihre Gedanken und meine Gedanken sind jetzt ganz woanders. Krieg ist ausgebrochen, niemand weiß, was wird. [...] Kommen Sie doch bitte nach vorn [...] und rücken Sie zusammen. Wir müssen ja weitermachen, wir können nichts ändern, aber es wäre schön, wenn ich Sie alle ganz dicht vor mir hätte.«[381] Die Zuschauer kamen seinem Wunsch nach, die Vorstellung wurde zu Ende geführt, aber, obwohl sich alle die größte Mühe gaben, die gewünschte Stimmung blieb aus.

Während Heesters' Bühnenkarriere nach seinem Start bei der Ufa zugunsten seiner Filmkarriere zunehmend ins Hintertreffen geraten war und er fast das ganze Jahr 1937 und große Teile des Jahres 1938 durch seine vielfältigen Filmverpflichtungen kaum auf der Bühne gestanden hatte, änderte sich das nach Kriegsbeginn grundlegend. Von 1939 bis Frühjahr 1943 stand er oft monatelang allabendlich auf der Bühne, während er vormittags noch in den Ateliers war, um die Dreharbeiten für seine Filme zu absolvieren. Hatte er schon in Friedenszeiten viel gearbeitet, so war er nun fast ununterbrochen im Einsatz: »Atemlos brauste ich von Film zu Film, von einer Premiere zur nächsten. ›Die Künstler müssen in einem fort beschäftigt sein‹, lautete offenbar die Parole. ›Am besten rund um die Uhr, dann haben sie keine Zeit zum Nachdenken.‹«[382] Für Heesters galt es fortan, gute Stimmung zu verbreiten, auch wenn der von Hitler entfesselte Krieg immer weitere Kreise zog.

Noch 1939 kamen neben Berlin, das in dieser Zeit »nicht nur seine Rolle als Theaterhauptstadt behaupten, sondern mehr und mehr die Aufgabe einer ton- und richtungsangebenden Metropole übernehmen«[383] konnte, neue Betätigungsfelder für Heesters hinzu: Anfang November hatte im soeben neu eröffneten Hamburger Theater an der Reeperbahn die Robert-Stolz-Operette *Der süßeste Schwindel der Welt* Premiere, in deren Wiener Uraufführung Heesters zwei Jahre zuvor schon mitgewirkt hatte. Und in der Silvesternacht 1939/40 kehrte er ans Gärtnerplatz-Theater München zurück, an dem er exakt ein Jahr zuvor zum ersten Mal aufgetreten war und mit seiner Darstellung des Grafen Danilo einen großen Triumph gefeiert hatte. Das Haus wurde Anfang der vierziger Jahre – und später erneut in der Nachkriegszeit – zu einer wichtigen künstlerischen Heimat für Heesters.

Fritz Fischer, der zu dieser Zeit »Münchens münchenerischstes Theater«[384] leitete, hatte Heesters schon 1934 an der Wiener Volksoper auftreten sehen und dafür gesorgt, daß ihm die Offerte gemacht wurde, auch in München Theater zu spielen. Nach der ersten erfolgreichen Zusammenarbeit mit der *Lustigen Witwe* in der Spielzeit 1938/39 folgte in der Spielzeit 1939/40 *Die Fledermaus* und eine Neufassung von Benatzkys Lustspiel *Meine Schwester und ich*. 1941 trat Heesters vor Kriegsende ein letztes Mal am Gärtnerplatz-Theater auf, jedoch nicht in der Regie von Fischer, der zu dieser Zeit kurzzeitig zur Wehrmacht eingezogen war, sondern in der von Günther de Resée gestalteten Aufführung von Benatzkys *Axel an der Himmelstür*.

Der jazzerfahrene Komponist und Pianist Fritz Fischer

hatte den renommierten Peter Kreuder, der für Heesters schon so manchen Filmsong komponiert hatte und mit diesem auch persönlich befreundet war, als musikalischen Direktor mit ins Boot geholt. Beide zusammen stiegen neben Heinz Hentschke in Berlin innerhalb kürzester Zeit zu den wichtigsten Vertretern der Revue-Operette auf. Dabei widmeten sie sich jedoch zunehmend nicht mehr nur den eigens komponierten Revue-Operetten wie denen von Ralph Benatzky, sondern gingen mehr und mehr dazu über, Werke der klassischen Operettenära zu überarbeiten, wie sie es mit Lehárs *Die lustige Witwe* schon vorexerziert hatten. In erster Linie ging es ihnen darum, die oft etwas angestaubt wirkenden und vom Publikum nicht mehr als zeitgemäß empfundenen Operetten zu modernisieren, indem sie ihnen, durchaus beeinflußt von den erfolgreichen Operettenfilmen, eine opulente Ausstattung verpaßten, große Ensembles und Orchester engagierten, eigens neu komponierte Schlager und Tanzrhythmen einfügten, die Dialoge überarbeiteten und mittels überraschender Szenenwechsel und mannigfaltiger Knalleffekte den Staub von Jahrzehnten wegwischten. Damit gelang es ihnen, die Stücke erneut zu Kassenschlagern zu machen, die beim Publikum sehr gut ankamen.

Fritz Fischer, der einst selbst im Rollenfach Salonkomiker auf der Bühne stand, hatte seine Erfahrungen in Amerika gesammelt, wo er unter anderem als Assistent des legendären Revuekönigs Florenz Ziegfield am Broadway gearbeitet hatte. Zurück in Deutschland, wurde er für seine vielbeachteten Inszenierungen und den von ihm kreierten und als verbindlich betrachteten Aufführungsstil als einer der Wegbereiter der Revue-Operette und als »launen- und einfallsreicher Meister der Ausstattungs- und Bewegungsregie«[385] gefeiert. Daß sein Stil, bei dem er die klassischen Operetten jeweils in dreiunddreißig Bilder unterteilte, wie man es von der Revue her kannte,[386] unübersehbar auf den Revuen und Operettenfilmen der Weimarer Republik fußte, brachte ihm durchaus Anfeindungen und den Argwohn von NS-Kulturfunktionären ein. Noch 1942, als man seinen Aufführungsstil längst auch im Dritten Reich als vorbildlich betrachtete, wurde in dem in der Zeitschrift »Deutsche Dramaturgie« veröffentlichten Artikel *Der Verfall der Operette* darauf hingewiesen, daß niemand anders als der außer Landes getriebene Max Reinhardt bereits vor 1933 Operetten wie *Die Fledermaus* in zwölf Bilder »zerpflückte, um seinen hemmungslosen Regiefimmel zu befriedigen (eine Manie, die zuweilen leider auch heute noch ihre Giftblüten treibt)«.[387]

Trotz derartiger, eindeutig auf den Inszenierungsstil von Fritz Fischer gemünzter Spitzen blieben die revuehaften Bearbeitungen klassischer Operetten bis zur Schließung der Theater 1944 Standard auf den Operettenbühnen des Dritten Reichs: »Dieser Stil wurde von den damals herrschenden Kulturträgern merkwürdigerweise besonders gefördert, obwohl er eigentlich aus Quellen abgeleitet wurde, die den Machthabern unsympathisch gewesen sein müßten.«[388] Doch auch die braunen Machthaber waren nach dem Kahlschlag, der auf dem Operettensektor stattgefunden und zunächst zu einer Lethargie geführt hatte, zu Kompromissen gezwungen, erkannten sie doch die Bedeutung, die die beschwingten Revue-Operetten hatten »für die Erholung und Steigerung der Lebenskraft und der Lebensfreude des schaffenden Menschen, erst recht aber der Verwundeten oder im Urlaub in der Heimat weilenden Soldaten«.[389]

Das Gärtnerplatz-Theater,[390] an dem Fischer seit 1938 inszenierte, war zu diesem Zeitpunkt längst zum Hort der leichten Muse in der bayerischen Landeshauptstadt aufgestiegen und verfügte über einen ausgezeichneten Ruf. In München, aufgrund seiner reichen und langen musikalischen Tradition als »Weltstadt der Musik«[391] gefeiert, hatte sich in der zweiten Hälfte des 19. Jahrhunderts eine privatwirtschaftliche Initiative gegründet, die nach dem Vorbild der Wiener Volksoper auch in Bayern, in der östlich von München gelegenen Isarvorstadt, ein Haus schaffen wollte, das Menschen ins Theater locken sollte, die aus Schwellenangst, Geldmangel – oder aber schlicht und einfach, weil sie mit den großen Werken der Opern- und Theatergeschichte nichts anzufangen wußten – die großen Hofopertheater mieden. So wurde das bescheiden wirkende Gebäude im klassizistischen Stil 1865 eröffnet und machte seither eine wechselhafte Geschichte durch, denn oft bewegte sich das von Beginn an auf Subventionen angewiesene Haus am Rande des Ruins, dennoch gab es, auch in der Zeit, als es in den Besitz von König Ludwig II. übergegangen war, vom Publikum begeistert aufgenommene und brillant inszenierte Aufführungen, nicht selten mit prominenten Gaststars wie Yvette Guilbert und Eleonora Duse, Josefine Gallmeyer oder Josef Kainz.

In der Zeit ab 1880 wurden am Gärtnerplatz-Theater verstärkt und von 1900 bis zum Beginn des Ersten Weltkriegs ausschließlich Operetten gespielt, und natürlich gehörten auch hier die Kompositionen Lehárs zu den meistgespielten Werken. 1936 war das Haus nach mehrmaligem Besitzerwechsel endgültig in die Hände des Freistaates Bayern übergegangen. Die NS-Kulturfunktionäre bestimmten, daß fortan am Gärtnerplatz-Theater aus »volkserzieherischen Gründen« nur noch Operetten aufzuführen seien, denn sie glaubten, »daß die Operette ein sehr wesentliches Mittel ist, um den Volksgenossen an die Theaterkunst heranzuführen«.[392] So stieg das Haus nach einem von Hitler persönlich angeordneten Umbau, der auch den Einbau einer »Führerloge« zur Folge hatte, zur »Staatsoperette am Gärtnerplatz« auf, deren zugkräftigster Star Johannes Heesters wurde.

In den Zeiten, in denen er in München Theater spielte, lebte er meist im vornehmen Regina Palast Hotel am Maximiliansplatz. Seine Familie blieb in Berlin und reiste nur zu den Premieren an, so daß er oft monatelang von Frau und Kindern getrennt war. Der Kontakt zu Wiesje und den beiden Töchtern wurde mittels Briefen aufrechterhalten, denn der sparsame Heesters scheute vor Telefonaten zurück. Seine Frau erinnerte sich: »Nur während des Krieges hat Jopie einmal zuhause angerufen, ein einziges Mal.«[393] Da die Inszenierungen des Gärtnerplatz-Theaters sich zu wahren Publikumsrennern entwickelten, konnten sie oft monatelang vor ausverkauftem Haus gespielt werden. Oft mußte Heesters in diesen Fällen an seine Zweitbesetzung abgeben, wenn ihn Filmverpflichtungen oder Engagements in anderen Städten aus München wegriefen.

Am Silvesterabend 1939/40, dem ersten Jahreswechsel in Kriegszeiten, hatte die vielbeachtete, aufwendig vorbereitete Neuinszenierung der unsterblichen Johann-Strauß-Operette *Die Fledermaus* Premiere, in deren Verfilmung Heesters vier Jahre später auch vor der Kamera stehen sollte – beide Male in der Rolle des Herrn von Eisenstein.[394] In der Gärtnerplatz-Inszenierung des Operettenklassikers, in der auch der Münchner Kabarettist und Komiker Karl Valentin mitwirkte, der den Gerichtsdiener Frosch spielte und mit seinen Improvisationen für die humoristischen Einlagen zuständig war, trat Heesters zudem im Eröffnungsbild noch als Johann Strauß auf, der Petrus im Himmel ein Ständchen auf einer goldenen Geige darbringt. Wie die vorangegangen Produktionen Fritz Fischers setzte auch *Die Fledermaus* ganz auf spektakuläre Wirkung. So tauchte in einer Szene das gesamte, 68 Mitglieder zählende, Orchester, das sonst im Orchestergraben spielte, auf der Bühne auf, und natürlich bildete Strauß' *Fledermaus-Walzer* den Höhepunkt des Abends. Alle Erwartungen der Zuschauer wurden übertroffen, am Premierenabend toste stürmischer Applaus, und über Wochen strömten die Münchner in die Aufführung – noch die fünfzigste Vorstellung im Februar 1940 war ausverkauft. Auch wenn sie außergewöhnlich lang geraten war, lobte die Kritik die Neufassung der *Fledermaus*: »Bis zur ersten und einzigen Pause, die das hemmungslos entfesselte Spiel für kurze Dauer unterbricht, vergehen mehr als zweieinhalb Stunden. Es will schon etwas heißen, wenn sich bis dahin keinerlei Ermüdung einzustellen droht. Der Wechsel der Bilder und der Regie-Einfälle, die glanzvolle Entfaltung der Bühnenausstattung gewährleisten ein Crescendo der Wirkungen bis zum Finale.«[395] Natürlich findet auch der »besonders erfolgreiche und von beschwingter Laune regierte Johannes Heesters«[396] in den Kritiken lobend Erwähnung.

Vier Monate später, am 9. April 1940, hatte dann bereits die Neueinstudierung von Ralph Benatzkys musikalischem Lustspiel *Meine Schwester und ich* Premiere am Gärtnerplatz-Theater. Heesters spielte wiederum den Bibliothekar Dr. Roger Fleuriot, wie bereits ein Jahr zuvor, als er mit diesem Stück auf der Bühne des Berliner Renaissance-Theaters gestanden hatte. Damals hatte die Handlung noch, wie von Benatzky beabsichtigt, in Frankreich gespielt, nun, kurz vor dem bevorstehenden Angriff auf das Nachbarland, war sie von Nancy in die neutrale Schweiz, nach Lausanne, verlegt worden – wobei man den unlogischen Aspekt einer schweizerischen Prinzessin in Kauf nahm. Obwohl es sich bei diesem Stück nicht um eine der damals so geschätzten opulenten Revue-Operetten handelte, erfreute es sich in den vierziger Jahren großer Beliebtheit. Benatzky hatte mit ihm 1930 das Modell für eine neue Form des musikalischen Lustspiels geschaffen, gleichsam eine »Operette en miniature«. Im Gegensatz zu den üppigen Revue-Operetten setzte Benatzky hier auf kleinere Dimensionen und verzichtete gänzlich auf Knalleffekte, wovon auch die leiseren Chansons zeugen: »Die Musik streicht ihre dramatische Form heraus. Sie ist nicht nur in die Handlung eingebettet, sondern wird selbst zur Handlung.«[397] Fritz Fischer schuf eine gelungene, fast kammerspielartige Inszenierung, die dem Stück kongenial entsprach und ganz anders als in seinen sonstigen Produktionen ohne große Ausstattung, Ballett oder Chor auskam. Die Rolle, die Heesters hier zu verkörpern hatte, entsprach vollkommen denen seiner Filme in dieser Zeit, wo er in erster Linie Sänger und Schallplattenstars, Musikprofessoren oder Komponisten zu spielen hatte.

Meine Schwester und ich erzählt die Geschichte der schönen, von Ruth Gerntholz gespielten Prinzessin Dolly Saint-Labiche, die sich in den jungen, ebenso schüchternen wie sturen Dr. Roger Fleuriot verliebt, der engagiert wurde, um ihre Bibliothek zu ordnen. Seine Liebe vermag sie aber nicht zu entfachen, denn Fleuriot scheut aufgrund des Standesunterschieds vor ihren Annäherungsversuchen zurück. Die hochwohlgeborene Prinzessin greift, um das Herz des Angebeteten dennoch zu gewinnen, zu einer List und gibt sich als ihre eigene Schwester aus, die von der Familie verstoßen worden und eine einfache Verkäuferin sei. Natürlich verliebt sich Fleuriot programmgemäß Hals über Kopf in sie – und Heesters darf sein berühmt gewordenes Lied singen: *Mein Mädel ist nur eine Verkäuferin in einem Schuhgeschäft*. Die Heirat findet also endlich statt, als Dolly sich jedoch ihrem Roger als Prinzessin zu erkennen gibt, bleibt nur der Gang zum Scheidungsrichter. Star der Inszenierung war, wie es ein Rezensent festhielt, unbestritten Heesters: »An der Spitze der Darsteller steht Johannes Heesters – er hat sich als Dr. Fleuriot wieder im Flug die Sympathien der Zuschauer gewonnen, so köstlich, so wirkungssicher in jedem Augenblick und dabei immer mit sehr feinen, dezenten darstellerischen Mitteln spielt er den zuerst so schüchternen und dann so lustig draufgängerischen Bibliothekar und Musikprofessor.«[398]

Im April 1941 stand Heesters in Ralph Benatzkys musikalischem Lustspiel *Axel an der Himmelstür* zum vorläufig letzten Mal auf der Bühne des Gärtnerplatz-Theaters. Nach diesem weiteren Triumph in München, wo er erst rund zehn Jahre später wieder auftreten sollte, verlagerte sich der Schwerpunkt von Heesters' Bühnenkarriere Anfang der vierziger Jahre wieder nach Berlin. Zwei Häuser waren es, an die er nach dem Willen des Propagandaministeriums fortan fest gebunden sein sollte, der Admiralspalast und das Metropol-Theater – wie die Auseinandersetzungen hinter den Kulissen gezeigt haben, war Heesters mit der exklusiven Bindung an diese Häuser alles andere als zufrieden, hätte er doch weiterhin gern zusätzlich auch noch in München Theater gespielt und zudem lieber selbst entschieden, welches Engagement er annahm und welches er ablehnte. Doch da gegen die durch Kompetenzstreitigkeiten gelähmte NS-Kulturbürokratie nur schwerlich anzukommen war, mußte Heesters sich zunächst wohl oder übel mit Heinz Hentschke arrangieren, der seit 1934 das renommierte Berliner Metropol-Theater und, aufgrund seiner großen Erfolge, ab 1939 auch noch das Theater im Admiralspalast leitete. Hentschke war in den dreißiger Jahren kontinuierlich zum »Chef-Unterhalter der Nazis«[399] aufgestiegen, die »Hentschke-Operette«, die ebenso wie die Inszenierungen Fritz Fischers an der Revue und am Film orientiert war, stieg schnell zum Markenzeichen für gute Unterhaltung auf. Nach der Emigration führender Revuegrößen wie Erik Charell hatte Hentschke die Gunst der Stunde genutzt und war zum neuen Berliner

Operettenkönig avanciert. Im Oktober 1940 hatte Heesters erneut im Admiralspalast in der *Lustigen Witwe* auf der Bühne gestanden, schließlich war 1940 das Jahr, in dem Lehár seinen siebzigsten und seine bekannteste Operette ihren fünfunddreißigsten Geburtstag feierte. Der wiederum mit revuehaften Elementen und Tanzeinlagen aufgepeppten Aufführung, an der insgesamt zweihundert Künstler mitwirkten, wurde, nicht zuletzt da es sich um Hitlers Lieblingsoperette handelte, größte Aufmerksamkeit geschenkt. Zur Generalprobe am 22. Oktober 1940, die vor allem von verwundeten Soldaten besucht wurde, tauchte auch Propagandaminister Goebbels im Admiralspalast auf und befand: »Gute Aufführung.«[400]

Auch der Ort, an dem die Aufführung stattfand, war eine erste Adresse. Der legendäre Admiralspalast in der Friedrichstraße war 1911 als eines der Großveranstaltungshäuser Berlins eröffnet worden, zunächst als Ort der unterschiedlichsten Vergnügungen. Im Vordertrakt fanden sich im Erdgeschoß elegante Cafés, in der zweiten und dritten Etage ein großes Filmtheater und im Keller Kegelbahnen. Im Innenhof schloß sich ein weiterer Gebäudetrakt an, in dem sich eine Eisarena, der »Berliner Eispalast«, befand, wo die eigens für diesen Ort komponierten *Berliner Operetten auf dem Eis* – damals als »einzigartig auf der ganzen Welt« etikettiert – aufgeführt wurden, sowie eine Badeanstalt, die aus einer unter dem Gebäude liegenden Solquelle gespeist wurde. Anfang der zwanziger Jahre war dann das Konzept des Hauses vollständig geändert worden, die Eislaufhalle wurde in ein Revuetheater und das Filmtheater in eine Gaststätte umgewandelt. Im neuen »Welt-Varieté«, das Hermann Haller führte und das mit Walter Kollos Revue *Drunter und Drüber* eröffnet wurde, folgten in der Zeit von 1923 bis 1930 die Triumphe der legendären und äußerst freizügigen Haller-Revuen, die in aller Welt bekannt wurden. Ab 1930, nach einem Besitzerwechsel, kamen dann vor allem Operetten zur Aufführung, was zur rotsamtenen Eleganz des Admiralspalasts paßte, so etwa 1931 die Millöcker-Operette *Gräfin Dubarry* mit Gitta Alpar in der Hauptrolle und 1932 Künnekes *Lieselott* mit der Alpar sowie Käthe Dorsch, Gustaf Gründgens und Hilde Hildebrand.

Auch nach dem Machtantritt der Nazis blieb das Haus eine der führenden Operettenbühnen der Reichshauptstadt. 1939 wurde es, nachdem das Propagandaministerium das Theater übernommen hatte, mit dem Metropol-Theater vereinigt und unter die Leitung von Heinz Hentschke als Generaldirektor gestellt, der es bis 1944 bespielte. Nach dem Zweiten Weltkrieg, in dessen letzten Monaten es zum Kino umfunktioniert wurde, zog hier vorübergehend die Deutsche Staatsoper ein, deren Haus durch Bombentreffer stark zerstört worden war, und 1946 fand hier der Vereinungsparteitag der KPD und der SPD zur Sozialistischen Einheitspartei SED statt. Bei einem Besuch in Ost-Berlin wurde Heesters die Gelegenheit gegeben, den ehemaligen Admiralspalast nochmals zu besichtigen, in dem bereits die Ära des »Metropol-Theaters im Admiralspalast« eingeläutet worden war, das schnell zu einem der führenden Häuser der DDR aufstieg. Im Jahre 1997 schloß das letzte und einzige Operettentheater Berlins – ein langes und wechselvolles Kapitel Berliner Theatergeschichte war zu Ende gegangen.

Heesters trat nur dieses eine Mal im Admiralspalast auf, in einer von Rökk-Ehemann Georg Jacoby arrangierten Neueinstudierung der *Lustigen Witwe*, die auffällig an die Erfolgsaufführung des Gärtnerplatz-Theaters erinnerte. Daß niemand anders als Johannes Heesters die Rolle des Grafen Danilo spielen würde, war von Anfang an klar, war diese doch seit dem Silvesterabend 1938/39 unbestritten seine Paraderolle. Lehár selbst dirigierte die neu verfaßte Ouvertüre. Daß dieser die Ovationen des Publikums über alles liebte, war bekannt, und so fiel auch Heesters am Premierenabend auf, daß Lehár »den Weg vom Dirigentenpult zur Bühne und vor den Vorhang in olympischer Rekordzeit im Langsamgehen zurücklegte. Er wollte sich nichts vom Applaus entgehen lassen«.[401] Lehár, der auf Heesters den Eindruck eines freundlichen älteren Herren machte, nutzte die Gelegenheit, dem Tenor aus Holland im Anschluß an die Festvorstellung in der Garderobe seine Hochachtung auszudrücken, bezeichnenderweise mit den gleichen Worten, die im Jahr zuvor auch Hitler gebraucht hatte: »Ich muß Ihnen ehrlich sagen, lieber Heer Heesters, Sie sind der beste Danilo, den ich je gesehen und gehört habe. Ich danke Ihnen!«[402]

Johannes Heesters, der sich zwar stets am Applaus seines Publikums erfreute und ihn wie ein Fisch das Wasser brauchte, der aber zeitlebens schlecht mit Komplimenten umzugehen wußte, reagierte, wie er später selbst zugestand, etwas zu flapsig auf die Bemerkung des Maestros und verletzte diesen: »Das ist sehr nett von Ihnen, verehrter Meister. Ich fürchte nur, daß Sie das schon morgen einem anderen Tenor sagen werden, der genauso schlecht ist wie ich.«[403] Der beleidigte Lehár verabschiedete sich ohne ein weiteres Wort. Erst Jahre später kam es in Lehárs Wohnort Bad Ischl zur Aussöhnung, als Heesters ihn am 31. März 1945 dort besuchte. Als Zeichen dafür, daß er sein Kompliment damals durchaus ernst gemeint hatte, gab Lehár Heesters ein signiertes Portrait mit auf den Weg: »Meinem lieben Freund, dem *wirklich* besten Danilo, Johannes Heesters, allerherzlichst gewidmet.«[404]

Nach der umjubelten Premiere im Oktober 1940 spielte man das Stück en suite bis Ende April 1941, manchmal sogar zweimal täglich. 440 000 Besucher sahen die insgesamt 222 Aufführungen. Die Nazi-Presse vergaß nicht, den Zusammenhang zwischen der Glitzerwelt der Operette und der Kriegswirklichkeit herzustellen: »Aber vom ersten Augenblick an war diesmal das fröhliche Spiel sich bewußt, daß es in ernster Kriegszeit über die Bretter ging und daß das friedliche Walten der leichtgeschürzten Muse zur Entspannung und Erholung tausender Volksgenossen nur möglich war, weil draußen an allen Fronten, in der Luft und auf der See unsere Soldaten unter Einsatz ihres Lebens auf unermüdlicher Wacht standen.«[405] Aber neben solch pathetischen Bekenntnissen gab es durchaus auch ganz konkrete Zugeständnisse an die Situation, in der man sich befand, denn das Ensemble mußte Sondervorstellungen für die Wehrmacht wie für die SS geben: »Die kameradschaftliche Verbundenheit zwischen Künstlerschaft und Soldaten kam auch weiterhin immer wieder zum Ausdruck in Soldaten-Vorstellungen. Als Geschenk an das Wunschkonzert gingen zwei Vorstellungen der ›Lustigen

Witwe‹, die der Waffen-SS, der Leibstandarte Adolf Hitler und der Standarte Feldherrenhalle zugewiesen wurden. Späterhin erwiderten die Künstler den Besuch der Waffen-SS, indem sie eine Fahrt in einen ihrer Standorte unternahmen.«[406] Auch das bedeutete es, in jenen Jahren Operetten zu spielen. Der Krieg griff immer weiter um sich. Heesters erinnert sich daran, daß im Frühjahr 1941 zum ersten Mal eine seiner Vorstellungen wegen Luftalarms unterbrochen werden mußte und das Orchester den Weg der Zuschauer in die Schutzräume mit Musik begleitete.[407]

Nach dem Erfolg im Admiralspalast war es naheliegend, Heesters in der nächsten Spielzeit an der zweiten Hentschke-Bühne, dem Metropol-Theater, auftreten zu lassen, jenem legendären, weltstädtischen Etablissement, das der Reichshauptstadt bereits seit fünf Jahrzehnten Glanz verlieh und zur Zeit seiner Fertigstellung als einer der schönsten Bauten Berlins gefeiert worden war. Das Metropol – »neben dem Kaiser Wilhelm und der Wachablösung Unter den Linden eine der drei Hauptsehenswürdigkeiten Berlins«[408] – war 1892 im Zuge des gründerzeitlichen Baubooms als Monumentalprachtbau mit opulenter neobarocker Fassade und hocheleganter Inneneinrichtung fertiggestellt worden, gelegen an der Behrenstraße, in unmittelbarer Nähe zum Admiralspalast, durch eine Glaspassage direkt mit Berlins Prachtstraße Unter den Linden und dem Luxushotel Lindenhof verbunden, in dessen Erdgeschoß sich das vornehme Café Ronacher befand. Geplant worden war es nicht in erster Linie als Theater, sondern als vielfältig nutzbarer Veranstaltungs- und Vergnügungsort, »als Stätte vielfacher Lustbarkeiten für insgesamt 2500 Besucher. Dies zeigte sich in der architektonischen Öffnung des Theatersaales hin zu den Wandelgängen, zahlreichen Buffets und Gesellschaftszimmern und in der Möglichkeit zur Schaffung eines kolossalen Festraumes durch Anheben des Parketts.«[409] Eine aufsehenerregende architektonische Neuigkeit für Berlin war das sogenannte »Promenoir« des Hauses, ein breiter Wandelgang nach Pariser Vorbild, der es den Besuchern erlaubte, während der Aufführung auf und ab zu gehen, zu rauchen, Champagner zu trinken oder auch

Konversation zu treiben. Ergänzt wurde das Haus durch mehrere exklusive Restaurants und Bars, die sich zum riesigen Vestibül hin öffneten, dem Tummelplatz für Edelprostituierte und Gigolos, die hier nach vermögenden Kunden Ausschau hielten.

Das repräsentative Metropol-Theater war im ausgehenden Kaiserreich *der* Theater-Palast für das Bürgertum gewesen, so daß folglich auch keine Kosten gescheut wurden und das Haus zum teuersten Theater Berlins aufstieg. Den Stars, die hier auftraten, wurden astronomische Gagen gezahlt. Bis zum Ausbruch des Ersten Weltkriegs standen – neben den beliebten Metropol-Theater-Bällen – vor allem Varietévorführungen und Revuen mit verschwenderischer Ausstattung auf dem Spielplan, der Krieg brachte dann die Kriegsoperetten, was schließlich dazu führte, daß die Direktion des Metropol im weiteren Verlauf des Krieges und in der Nachkriegszeit ganz auf die Operette setzte und die Klassiker dieses Genres von Offenbach über Lehár bis Leo Fall, aber auch neuere Operetten von Emmerich Kálmán und Paul Abraham spielte – immer mit der neuen, strahlenden Operettendiva in der Hauptrolle: Fritzi Massary, der ganz Berlin zu Füßen lag. Aber auch Stars wie Richard Tauber, Max Pallenberg und Käthe Dorsch traten hier auf. Das Haus konnte riesige Erfolge feiern, blieb zeitweise ohne Spielpause ganzjährig geöffnet, bis der »schwarze Freitag« im Jahr 1927 den Konkurs brachte. Danach versuchte eine »Notgemeinschaft Metropol« den Theaterbetrieb fortzuführen, was jedoch nur bis 1933 gelang. Die bisherigen Pächter flohen aus Deutschland und ließen dabei Schulden in Millionenhöhe zurück. 1934, ein Jahr nach Hitlers »Machtergreifung«, wurde das Metropol-Theater dann als Teil der NS-Organisation »Kraft durch Freude« wiedereröffnet, auf dem Programm standen wie eh und je unbeschwerte Heiterkeit, realitätsferne Kost und weltstädtisches Amüsement: »Es zieht der Geist der ›Ufa‹ ein, jener Traumfabrik, die den Massen vorgaukelt, daß dies die schönste aller Welten und das faschistische Deutschland ein Paradies sei. Die ›Große Ausstattungsoperette‹ wird erfunden.«[410] Künstlerisch vermochten die ganz auf das Spektakel setzenden Revue-Operetten meist nicht zu überzeugen, ihr Publikum jedoch zogen sie an, und genau das war Hentschkes vordergründigste Aufgabe in Berlin: »Man hatte volle Häuser, auch wenn darin Schund gespielt wurde.«[411]

Immer wieder waren am Metropol, das 1938 vom Propagandaministerium übernommen wurde und seitdem den Wünschen Goebbels' unterworfen war, die Operetten Lehárs gespielt worden: 1927 *Der Graf von Luxemburg*, 1928 *Friderike* und *Die lustige Witwe*, 1929 *Das Land des Lächelns* und 1931 *Schön ist die Welt* – alle Aufführungen mit Startenor Richard Tauber in der Hauptrolle. An die Lehár-Tradition wollten auch die Nazis anknüpfen, und da der Star von einst außer Landes getrieben worden war, sollte nun Heesters zum neuen Star des Metropol-Theaters werden. 1941, als Heesters zum ersten Mal am Metropol auftrat und erstmals in der Regie von Heinz Hentschke spielte, stand erneut eine Operette von Lehár auf dem Programm, zudem eine, in der Heesters bereits zur Zeit seiner holländischen Karriere, 1929 in Rotterdam, auf der Bühne brilliert hatte: *Der Graf von Luxemburg*. Heesters spielte in dieser Inszenierung erstmals unter der Regie von Heinz Hentschke, der aus der Lehár-Operette wiederum eine opulente Ausstattungsshow mit einem Feuerwerk an Farben und Licht sowie überraschenden Regieeinfällen gestaltete, in dessen Mittelpunkt naturgemäß die Gesangs-, Tanz- und Balletteinlagen standen, Walzer, Märsche und Chansons, Chöre, Solo-Nummern und Duette. Zudem war die Operette auf Heesters' Wunsch – »Kinder, ist es nicht möglich, mal ein paar neue Kompositionen drin zu haben?«[412] – durch einige neue Lieder Lehárs ergänzt worden, die Heesters Part noch ausbauten.[413]

Da Heesters abermals unbestritten im Mittelpunkt der Inszenierung stand, war der der Erfolg vorprogrammiert, und Intendant sowie Komponist gingen nur allzu gern auf Heesters' Wünsche ein. Neben den altbekannten Melodien *Mein Ahnherr war der Luxemburg* oder *Bist du's, lachendes Glück* konnte der Hauptdarsteller nun auch noch *Eine nach der andern, jede kommt dran* singen, ein Lied, das natürlich Heesters' Image als Frauenschwarm bediente. Die Geschichte der im Karnevalstreiben spielenden Operette widersprach eigentlich der Vorstellungswelt der Nazis: René Graf von Luxemburg geht, um seine Finanzen zu sanieren, eine Scheinehe ein, aus der erst später eine Liebesbeziehung wird. Die NS-Presse war um eine systemkonforme Deutung bemüht und wies darauf hin, daß der Graf durchaus eine positive Figur darstelle, schließlich sei nicht er es, der aus purem Egoismus auf die Idee mit der Scheinehe kommt: »Die noble Art, wie in der Aufführung im Metropol-Theater Johannes Heesters den Grafen darstellt, nimmt der Bereitwilligkeit, mit der er sich aus finanziellen Gründen damit einverstanden erklärt, eine Scheinehe einzugehen, viel von ihrem bitteren Beigeschmack. Er bleibt trotz allem ein Kavalier, und sein chevalereskes Benehmen drängt das Heiratsspiel in die untergeordnete Rolle des die Handlung in Gang setzenden Moments zurück und konzentriert sich dann ganz auf die erwachende echte Leidenschaft zu der unbekannten Schönen.«[414]

Auch Heinz Hentschkes Regiearbeit wurde durchgehend gelobt: »Heinz Hentschke bot in dem von ihm geleiteten Metropol-Theater eine von Lebenslust und übermütiger Laune getragene Aufführung.«[415] Wie nicht anders zu erwarten, konzentrierten sich die Rezensenten jedoch in erster Linie auf Heesters, der mit seinen »hohen, vor Leidenschaft strahlenden Tenortönen« bezaubert habe: »Im Mittelpunkt stand Johannes Heesters, der den lebensfrohen Grafen mit bezaubernder Liebenswürdigkeit, bezwingender Leichtblütigkeit und erfrischendem Humor darstellte – ein Schwerenöter, wie man ihn sich charmanter nicht denken kann. Seine ganze Art sich zu bewegen und zu geben atmet absolute Natürlichkeit, daneben besitzt Heesters so viel Musikalität, daß er auch gesanglich immer wirkungsvoll bleibt.«[416] Selbst der »Völkische Beobachter« schwärmte vom »ausdrucksvollen, man könnte fast sagen, zärtlichen Tenor« Heesters'.[417] An den tobenden Krieg erinnerten bei den Aufführungen, die von Dezember 1941 bis Juni 1942 rund 250mal wiederholt wurden, lediglich die verwundeten Zuschauer, denn Joseph Goebbels hatte schon zur Premiere ausschließlich Verwundete mit ihren Angehörigen geladen. Auf der Bühne »schweben graziöse Tänzerinnen in duftig zarten Kostümen daher«,[418] in den Logen und im Parkett wimmelte es von feldgrauen Uniformen. Ein Kritiker schrieb über den Premierenabend: »Die sehr gelungene Aufführung fand den stürmischen Beifall des von Verwundeten Berliner Lazarette vollbesetzten Hauses.«[419]

Doch alle Erfolge auf den Bühnen Berlins konnten nicht darüber hinwegtäuschen, daß die Reichshauptstadt im sich verschärfenden Luftkrieg zunehmend ein gefährliches Pflaster wurde. Durch die häufigen Bombenangriffe der alliierten Streitkräfte wurde Theaterspielen für alle Beteiligten mehr und mehr zu einem unverantwortlichen und kaum noch tragbaren Risiko: »Theater wurde ein Glücksspiel. Jede Vorstellung konnte die letzte sein. Ging man vom Theater nach Hause, gab es diese Adresse vielleicht nicht mehr; ging man zum Theater, fand man es vielleicht nicht mehr vor.«[420] Immer mehr Theater im ganzen Reich wurden zerstört, gerade in Berlin fielen viele Theaterbauten den Bomben zum Opfer, allen voran das Staatstheater am Gendarmenmarkt, das Metropol-Theater, das Schiller-Theater sowie die beiden Opernhäuser. Bereits Ende 1943 lagen zwei Drittel aller Berliner Bühnen in Schutt und Asche, die meisten von ihnen irreparabel zerstört. Goebbels drängte schon aus propagandistischen Gründen und um den Durchhaltewillen zu demonstrieren, auf eine schnelle Wiedereröffnung der zerstörten Häuser. Doch auch wenn Schauspieler zum Schuttschippen abkommandiert und Behelfsbühnen errichtet wurden, konnte dies nicht darüber hinwegtäuschen, daß die Lage katastrophal war. Je weiter der Krieg voranschritt, desto häufiger waren es verwundete Soldaten in Feldgrau, die in den Reihen und Logen saßen. Doch je näher der drohende Untergang rückte, desto häufiger kam es vor, daß die Männer ihre Smokings und Fracks und die Frauen ihre Abendkleider aus besseren Tagen aus den Schränken holten und durch die Ruinenfelder zu den Theatern gingen.[421]

Den männlichen Schauspielern konnte das lange Aufrechterhalten des Spielbetriebs das Leben retten, für sie wurde es immer wichtiger, daß sie ein festes Engagement hatten und damit das kostbare Prädikat »u.k.«, unabkömmlich, erhielten. In den ersten Kriegsjahren hatte man die Theaterleute, was die Einberufungen anging, weitgehend verschont, damit das Spiel möglichst ungestört weitergehen konnte. Doch je weiter der Krieg voranschritt, desto mehr rückte man von den vormals großzügigen Freistellungen ab, nicht zuletzt weil Hitler persönlich befand, daß es Zehntausende gebe, die ihrem Volk besser an der Font als auf der Theaterbühne dienen könnten. Als Goebbels den »totalen Kriegseinsatz der Kulturschaffenden« anordnete, wurden sogenannte »Auskämm-Aktionen« durchgeführt, bei der das Preußische Staatstheater beispielsweise 120 Mitarbeiter abgeben mußte – natürlich nicht solche, die vom Publikum vermißt worden wären, sondern vor allem Nachwuchsschauspieler und Bühnentechniker, die nun, wie es euphemistisch hieß, den »Ehrendienst« an der Front leisten mußten, in Wirklichkeit aber nichts anderes als Kanonenfutter waren. Nach der Schließung der Theater wurden alle Schauspieler, die keine Filmverpflichtung nachweisen konnten, entweder an die Front geschickt oder zum Arbeitseinsatz herangezogen. Nur die populärsten Stars wurden auf einer sogenannten, 158 Namen umfassenden »Gottbegnadeten-Liste« zusammengefaßt. Wer auf dieser Liste stand, hatte den Status der Unabkömmlichkeit, ob er drehte oder nicht, jedoch letztlich war es ein willkürlicher Akt, ob man aufgenommen wurde oder nicht.[422] Für Heesters als holländischen Staatsbürger war der Kriegseinsatz nie ein Thema, vor einer Einberufung oder einem Einsatz in der Rüstungsindustrie brauchte er keine Angst haben. Nur einmal wurde er, offensichtlich mit propagandistischen Absichten, in eine Werkzeugmaschinenfabrik geführt: »Und eh' wir uns umschauten, hatten uns auch schon die Männer von der Wochenschau für Propagandazwecke gefilmt.«[423]

Von einer geregelten Theaterarbeit konnte man also schon lange nicht mehr sprechen, als Propagandaminister Goebbels zum 1. September 1944 die kriegsbedingte Schließung aller Theater anordnete. Für viele war dies das Zeichen der Bankrotterklärung des Regimes, das Signal dafür, daß es nun ums nackte Überleben ging.

Doch zu diesem Zeitpunkt trat Heesters schon längst nicht mehr auf den Bühnen des Dritten Reichs auf. Zum letzten Mal hatte er regulär Anfang 1943 in *Hochzeitsnacht im Paradies* auf den Brettern des Metropol-Theaters gestanden, im Mai 1944 gastierte er noch einmal in der gleichen Operette in Dresden, um sich dann von der Bühne zurückzuziehen. Rückblickend bekannte Heesters zu seiner Theaterarbeit im Krieg: »Alles, was wir taten, diente der Ablenkung des Publikums. Ich weiß nicht, ob uns das damals so bewußt war. Was ich aber weiß, ist, daß auch wir Ablenkung brauchten. Von diesem Bedürfnis wiederum lenkte uns die Arbeit ab, oder besser, sie half, es zu verdrängen.«[121]

Dreharbeiten in Wien und Prag

Während der Krieg das Theaterspiel beendete und viele Theaterschaffende offiziell arbeitslos wurden, lief die Filmproduktion auf Hochtouren weiter – auch das ein Indiz dafür, daß die Nazis dem Kino immer eine wesentlich größere propagandistische Bedeutung zuschrieben als dem Theater, zumal mit Filmen ungleich mehr Menschen erreicht werden konnten als mit Bühnenproduktionen. Auf das gewohnte Kinovergnügen sollte die Bevölkerung unter keinen Umständen verzichten müssen. Insofern kann es kaum verwundern, daß sich auch Johannes Heesters' Karriere in der ersten Hälfte der vierziger Jahre zunehmend von der Bühne vor die Filmkamera verlagerte: Liefen etwa 1936 und 1937 noch jeweils zwei Heesters-Filme an, so waren es 1939, 1940, 1941 und 1944 jeweils drei Produktionen, in denen Heesters die Hauptrolle spielte. Dieser war zweifellos froh über diese Entwicklung: Zwar gab er zeitlebens dem Theater mit dem direkten Publikumskontakt den Vorzug gegenüber dem Film, aber in Kriegszeiten war ihm das Filmen natürlich lieber, bedeutete dies doch, Berlin immer häufiger und schließlich ganz verlassen zu können, da zunehmend große Teile der Filmproduktion nach Wien und nach Prag ausgelagert wurden.

Das Drehen in Berlin wurde immer schwieriger und auch

für die Stars immer unkomfortabler und belastender. Nachdem der Besitz von Privatautos nur noch mit einer selten erteilten Sondergenehmigung möglich war, mußten viele Schauspieler der Ufa mit der S-Bahn in die Studios nach Babelsberg fahren (der heutige S-Bahnhof Griebnitzsee hieß damals noch »Babelsberg-Ufastadt«), nur wenige große Stars kamen in den Genuß einer der per Sondergenehmigung zugelassenen Ufa-Limousinen. Auch die Dreharbeiten wurden immer häufiger durch Luftalarm unterbrochen, was zu erheblichen Anspannungen führte und die Stimmung in den Filmstudios drückte.

Eine Ausweichmöglichkeit war Wien. Während in Berlin Stromsperren und die herrschende Treibstoffknappheit normale Dispositionen fast unmöglich machten, lief der Betrieb in den Wiener Ateliers zunächst noch weitgehend ungestört weiter. Auch Johannes Heesters stand hier vor der Kamera: *Glück bei Frauen*, im Frühjahr und Sommer 1944 gedreht, entstand in Wien. Noch attraktiver als Wien war jedoch Prag, die im März 1939 von Hitler besetzte »goldene Stadt« an der Moldau, die damals in Filmkreisen »Bunker Prag« genannt wurde. Hierher wurden im Laufe des Krieges immer mehr Filmproduktionen verlegt. In den Hostivar-Studios und den noch berühmteren, modern ausgestatteten Barrandov-Ateliers, südlich von Prag gelegen, konnte man arbeiten, als gebe es keinen Krieg, man blieb unbehelligt von Luftschutzsirenen, Bombenhagel und Flakfeuer. Die Schauspieler, die in diese scheinbar vom Krieg unberührt gebliebene Stadt kamen und bei der im Reichsbesitz befindlichen Prag-Film AG drehten, waren froh, nicht mehr in einem Gebiet leben zu müssen, das beinahe ununterbrochen Luftangriffen ausgesetzt war und in dem sich zudem auch die Versorgungslage ständig verschlechterte. Dennoch war man sich der Absurdität der Situation und des eigenen Tuns in jeder Minute bewußt. Daß der Krieg nur noch wenige Monate dauern konnte, daran zweifelte kaum jemand. Wer noch ernsthaft an den von Hitler und Goebbels propagierten »Endsieg« oder die vielbeschworenen »Wunderwaffen« glaubte, die noch im letzten Moment eine Kriegswende herbeiführen sollten, galt als unbelehrbarer Optimist und wurde belächelt.

Natürlich wurde auch in Schauspielerkreisen über die Kriegslage gesprochen, spekuliert, wie lange der Krieg noch dauern könne und was danach kommen würde. In erster Linie galt es nun, die Produktionen, an denen man arbeitete, in die Länge zu ziehen, wußte man doch nie, ob einen das Propagandaministerium auch beim nächsten Film wieder in Prag einsetzen oder vielleicht doch nach Berlin zurückbeordern würde, was die meisten, so auch Johannes Heesters, um jeden Preis verhindern wollten. Letztlich ging es jedem darum, das eigene Leben unbeschadet über die Endwirren des Krieges zu retten, tricksen war dabei erlaubt. So kam es zu teils paradoxen Situationen: Während die Welt in Trümmer fiel, entbrannte im November ein Streit darüber, wie der richtige Pyjama für einen Filmauftritt von »Staatsschauspieler Gustav Knuth« auszusehen habe, in den sich sogar der Präsident der Reichsfilmkammer einschaltete.[425] Auch Johannes Heesters empfand das vorgeblich unbeschwerte Weiterarbeiten und den bizarren Fatalismus, der in den Prager Ateliers herrschte, in denen man Fröhlichkeit produzierte, als befremdlich: »In einer solchen Situation Filme zu machen, dumme, oberflächliche Unterhaltungsfilme, grenzte an Absurdität und Schizophrenie. Auf den Kriegschauplätzen starben Soldaten zu Hunderttausenden [...], und wir stritten uns um Einstellungen oder Auftritte von links oder rechts. Unsere Arbeit war bestimmt die verlogenste, die es in dieser Zeit gab. Wir spielten heile Welt in Frack und Abendkleid.«[426]

Die Zeit der Experimente, die es in den dreißiger Jahren noch gegeben hatte, war nun vorbei, statt dessen setzte das NS-Kino immer mehr auf das Konventionelle. War Heesters vor 1939 noch wechselweise in Kostümfilmen und Gegenwartsstreifen eingesetzt worden, hatte sich sein Image nun so weit verfestigt, daß er immer wieder in den gleichen Rollen eingesetzt wurde, die vollkommen auf sein Star-Image ausgerichtet waren und mit dem Klischee des Bonvivants und Frauenschwarms spielten. In der Zeit von 1939 bis 1944 wurde nicht ein Heesters-Film gedreht, in dem er nicht im Frack zu sehen war, keiner, in dem er nicht gleich mehreren Frauen den Kopf verdrehte, und nur ein einziger, in dem er nicht sang. Die Rollenfestlegung Heesters' im Film, die auch noch im Nachkriegskino ihre Auswirkungen haben sollte, ging mit der Verfestigung von Heesters' Bühnenimage Hand in Hand, so daß er im Film zunehmend die gleichen Rollen spielte wie im Theater.

Die lustige Witwe und die Frack-Rollen der dreißiger Jahre hatten Heesters auf der Bühne endgültig auf sogenannte »Anstandsrollen« festgelegt, zu denen Rollen und Typen aus dem gehobenen Milieu zählten, Bonvivants und Liebhaber, aber auch Grafen und Minister – die weibliche Entsprechung ist die Salondame. Anstandsrollen erfordern ein elegantes Äußeres, Kleidung nach der neuesten Mode, sicheres Auftreten sowie vornehmes Benehmen und Sprechen. Das Rollenfach des Bonvivants, das im 18. Jahrhundert vor allem den Lebemann und weltgewandten Intriganten gemeint hatte, erfuhr im Laufe des 19. Jahrhunderts jedoch eine Aufwertung, als das Abwertende des Rollentypus abgelegt und aus dem Intriganten der elegante und redegewandte Gesellschaftsmensch und Herzensbrecher wurde, den Heesters in seiner Karriere so oft verkörpern sollte. Heesters kam nicht zuletzt deshalb beim Kinopublikum der damaligen Zeit so gut an, weil er damit einen völlig anderen Männertypus darstellte, als er ansonsten das NS-Kino dominierte. Die meisten Männer auf der Leinwand, etwa Jannings oder George, Krauß oder Rühmann, Moser oder Lingen, wirkten altbacken und unspektakulär. Heesters jedoch, stets perfekt gekleidet und mit einem strahlenden Lächeln auf den Lippen, der eine Leichtfüßigkeit an den Tag legte, wie es kaum einer seiner deutschen Kollegen vermochte und in seinen Filmen stets fröhliche, ausgelassene und lebensbejahende Charaktere verkörperte, war eine Ausnahmeerscheinung.

Während Stars wie Gustav Fröhlich, Willy Fritsch oder Hans Brausewetter den »Alltagsmenschen« verkörperten und dem »Mann auf der Straße« immer ähnlicher wurden, Willy Birgel oder Carl Raddatz für den Typus des distinguierten Patrioten standen und Jannings und George auf autoritäre, tyrannische Führerfiguren festgelegt waren, stellte Heesters einen willkommenen Kontrast zur Gegenwart dar. Er war in seinen Filmen der gutgekleidete Lebemann im Frack oder Smoking, der mit seinem lockeren Lebensstil und jenem sorglos-beiläufigen Charme des lebenslustigen Draufgängers genau das Gegenteil der biederen und nüchternen Blockwartmentalität verkörperte, die zur damaligen Zeit in Deutschland herrschte. Die Filme, in denen er die Hauptrolle spielte, waren weiter entfernt von der Kriegsrealität als andere Filme, die im Dritten Reich hergestellt wurden. Sie spielten meist im gehobenen Milieu der großen Gesellschaft, der sorglosen Künstler, der reisenden Müßiggänger – parfümierte Wunschtraumwelten, in denen es keine lebensbedrohenden Gefahren gab. Heesters stand für eine Sorglosigkeit, die man im realen Leben, in dem man sich mit Lebensmittelmarken, Bombenalarm und Luftangriffen herumschlagen mußte, längst nicht mehr kannte – und genau das war es, was man sehen wollte: »Die Interieurs werden zusehends eleganter, die Buffets und Bars sind üppiger bestellt, die Menschen genießen ersichtlich ein sorgloseres Leben, je länger der Vernichtungskrieg dauert, je weniger es zu essen und überhaupt zu kaufen gibt, je sorgenvoller der Zuschauer in die eigene Gegenwart und Zukunft schaut.«[427]

Während man selbst fest auf dem unerfreulichen Boden der Tatsache stand, schwebte Heesters leichtfüßig über den Erdboden, gab sich amourösen Abenteuern und dem Liebesgeplänkel mit seinen hübschen Filmpartnerinnen hin, sang romantische Lieder. Heesters stieg zu einem der größten Publikumslieblinge auf, weil mit ihm der Betrug an der trüben Gegenwart am besten zu machen war. Und genau nach diesem Selbstbetrug sehnte man sich in Zeiten, die von Tag zu Tag schlimmer wurden.

Im Gegensatz zu vielen anderen Stars haderte Heesters jedoch nie wirklich mit seiner Rollenfestlegung. Zwar träumte auch er davon, sich einmal schauspielerisch profilieren zu können, was in den klischeebehafteten Heesters-Filmen der vierziger Jahre, in denen er eigentlich immer nur »sich selbst« zu spielen hatte, kaum möglich war. Aber Angst, abgestempelt zu werden, nie wieder etwas anderes spielen zu können, hatte er nie. Anders erging es etwa seinem Schauspielerkollegen Viktor de Kowa, der aufgrund seines blendenden Aussehens ebenfalls auf die Rolle des Bonvivants festgelegt wurde, die er jedoch als Kleiderständerrollen empfand.[428]

Johannes Heesters hatte damit keine Probleme. Er trug den Frack zeitlebens mit einer Beiläufigkeit und Gelassenheit, wie kaum ein Schauspieler, so, als ob er nie etwas anderes tragen würde – was Journalisten auch immer wieder spöttisch fragen ließ, ob er auch zu Hause Frack tragen würde. Das Besondere ist, daß Heesters trotz des geschniegelten Aussehens und seiner durchaus vorhandenen Eitelkeit nie wie ein snobistischer oder bornierter Dandy wirkt, daß er zwar selbstbewußt und elegant, aber nie überheblich und herablassend wirkt. Daß er stets mit perfekten und formvollendeten Umgangsformen auftritt, aber nie steif, oberflächlich oder gar routiniert erscheint. Daß er trotz des tadellosen Erscheinungsbildes eine Herzenswärme und völlig natürlich wirkende Höflichkeit ausstrahlt.

Die Festlegung auf den Frack verschonte ihn zudem nach 1945 vor Vorwürfen, denn die Zuschauer waren so sehr an einen Johannes Heesters im Frack, im Smoking oder im eleganten Anzug gewöhnt, daß selbst die NS-Propaganda den Holländer nicht in Uniformrollen einzusetzen vermochte.[429] Als eleganter Strahlemann wurde er als Inkarnation des Zivilisten, als das perfekte Gegenbild des uniformierten, heroisch überhöhten Mannes wahrgenommen. Da, wo andere zackig im Gleichschritt marschierten, tänzelte Heesters leichtfüßig. Da, wo andere im Kasernenhofton Kommandos brüllten, flüsterte Heesters seiner Angebeteten Liebesschwüre ins Ohr. Da, wo andere das Horst-Wessel-Lied intonierten, sang er *Einmal von Herzen verliebt sein.*

»Ich brauche keine Millionen, mir fehlt kein Pfennig zum Glück, ich brauche weiter nichts als nur Musik, Musik Musik!« – das Lied, das Heesters 1939 in dem Streifen *Hallo Janine* sang, könnte das Motto für die meisten Filme sein, in denen Heesters während der Kriegsjahre mitwirkte. Nicht nur, daß sich alles um Musik drehte und die eingängigen, oft eigens für ihn neu komponierten Schlager im Mittelpunkt der

Handlung standen, zumeist verkörperte Heesters auch Charaktere, für die schon rein berufsmäßig die Musik der wichtigste Lebensinhalt war. So spielte er etwa in *Meine Tante, Deine Tante* (1939) einen vom Konservatorium geflogenen Saxophon-Spieler, der sich um Aufnahme in das Kammerquintett seines schrulligen Onkels bemüht, und in der in Zürs am Arlberg gedrehten Wintersportkomödie *Liebesschule* (1940) den Operettentenor Enrico Villanova, der musikalisch bekennen darf: »Ich liebe alle Frau'n brauch' mich nur umzuschau'n, schon seh' ich eine, die mir gleich gefällt.« Überhaupt waren die Musikerexistenzen, die Heesters verkörperte, eine willkommene Möglichkeit, Figuren auf die Leinwand zu bringen, die in erster Linie mit ihren romantischen Verwicklungen mit dem anderen Geschlecht beschäftigt sind. Nicht selten war es insofern auch die Musik, mit der in diesen Filmen die Beziehungsprobleme »ausdiskutiert« wurden.

Immer nur Du (1941) lieferte das Grundmuster hierfür: Er erzählt die manchen Belastungsproben ausgesetzte Liebesgeschichte zwischen der Sängerin Loni Carell (Dora Komar) und dem Operettenstar Will Hollers (Johannes Heesters). Die Filmhandlung erinnert, ob beabsichtigt oder nicht, an das Verhältnis zwischen Heesters und Marika Rökk: Die ehrgeizige Loni hat Angst davor, daß ihr der gutaussehende Tenor Will Hollers auf der Bühne die Show stiehlt. Zwar werden sie privat zum Liebes- und schließlich auch Ehepaar, aber die Konkurrenzsituation auf der Bühne bleibt, und in der Beziehung kriselt es – Zeit für das Duett *Liebling, was wird nur aus uns beiden?* Der Streit findet schließlich eine nazi-konforme Lösung: Loni erklärt, vom Scheidungsanwalt ihres Mannes unter Druck gesetzt, nach einem letzten gemeinsamen Auftritt ihren Rückzug von der Bühne, Will Hollers' Konkurrenz ist damit geschickt ausgeschaltet.

Viele der Schlager, die zu bekannten Heesters-Evergreens wurden, so etwa *Man müßte Klavier spielen können*, stammen aus diesem Film. Komponiert hat sie Friedrich Schröder, der als ehemaliger Assistent von Peter Kreuder die Operette *Hochzeitsnacht im Paradies* geschaffen hatte. Neben *Heut' geh' ich ins Maxim* wurde »Man müßte Klavier spielen können, wer Klavier spielt hat Glück bei den Frau'n, weil die Herr'n, die Musik machen können, schnell erobern der Damen Vertrau'n« zu einer der Erkennungsmelodien Heesters', die sein Publikum bis ins hohe Alter immer wieder von ihm hören möchte, sehr zum Verdruß des Tenors: »Wenn man mich heute fragt, welches meiner Lieder ich am meisten hasse, dann würde ich sagen: dieses. Ein Ohrwurm, der mir auf die Nerven geht.«[430]

Nach dem Muster von *Immer nur Du* wurden weitere Heesters-Filme gedreht, die nichts weiter als Variationen des immer Gleichen waren – so etwa der im Theatermilieu spielende *Karneval der Liebe* (1943), der ebenfalls eine konfliktreiche Liebesbeziehung zwischen zwei Revuestars erzählt, die nach zahlreichen Turbulenzen und Verwicklungen, Irreführungen, Eifersüchteleien und Krächen mit dem obligatorischen Happy-End schließt. Gerade in Kriegszeiten wurde darauf geachtet, daß auch im Künstlermilieu spielende Filme die Botschaft vermittelten, daß Treue das oberste Gut ist, daß auch die Wirren der Zeit nicht dazu führen dürfen, zwei Liebende zu entzweien. In *Karneval der Liebe* singt Heesters mit seiner Filmpartnerin Dora Komar: *Zwei Herzen im Duett soll man nie wieder trennen*.

Je weiter sich die Kriegslage verschlimmerte, desto öfter mußten auch die romantischen Liebesduette in den Heesters-Streifen schmissigen Gute-Laune-Schlagern weichen. In *Karneval der Liebe* etwa – der nach der Zerstörung Kölns in Budapest in nachgebauten Kölner Kulissen gedreht werden mußte – wurde neben *Durch dich wird diese Welt erst schön*, einem Lied, wie es das Publikum von Heesters erwartete, der beschwingte Schlager *Das Karussell dreht sich immer rundherum* in den Mittelpunkt gestellt. Auch in *Es lebe die Liebe* findet sich ein musikalisches Zugeständnis an die Kriegssituation: Der Schlager des Films – *Mein Herz müßte ein Rundfunksender sein* – wurde zu einem der beliebtesten des Jahres, kein Wunder in einer Zeit, in der Millionen von Partnerschaften nur noch durch Grußbotschaften über die Radiosendung »Wunschkonzert« aufrechterhalten werden konnten.

Bei dem auf Carl Zellers berühmter Operette *Der Vogel-*

händler basierenden Streifen *Rosen aus Tirol* (1940), den der aus Ungarn stammende Regisseur Géza von Bolváry realisierte, setzte man nicht allein auf die bekannten Operettenmelodien, sondern komponierte eigens für Heesters das Titellied *Rosen in Tirol* neu. Mit zwei wichtigen Kollegen, die schnell zu Freunden wurden und mit denen Heesters während und nach dem Krieg noch öfter zusammenarbeiten sollte, kam er erstmals bei *Rosen in Tirol* in Berührung, mit dem gleichaltrigen Theo Lingen und mit Hans Moser, außerdem wirkte Leo Slezak mit, den er bereits bei den Dreharbeiten zu *Gasparone* kennengelernt hatte. Lingen, der mit einer jüdischstämmigen Frau verheiratet war und dies durch eine Sondergenehmigung auch bleiben durfte,[431] konnte ebenso wenig wie Heesters mit den Nazis anfangen. Immer wieder war er Anfeindungen ausgesetzt. Alfred Rosenberg, der Parteiideologe der NSDAP, wetterte noch 1937 gegen den Schauspieler: »Es ist bekannt, daß Theo Lingen ausgesprochen rassefremd, vielleicht sogar jüdisch aussieht. [...] Daß Schauspieler mit so unglücklichem Aussehen ausgerechnet in Großformat als Reklame von Lichtspielhäusern herunterschauen [...] ist dazu angetan, den Rasseinstinkt des deutschen Volkes zu verfälschen und außerdem beim Publikum den Eindruck zu erwecken, als ob in der Entjudung des deutschen Kunstlebens kein Fortschritt erzielt worden sei.«[432] Theo Lingen wurde zu einem der Kollegen, an die sich Heesters besonders gern zurückerinnerte, auch wenn zwischen den beiden immer eine Distanz blieb: »Man konnte mit ihm lachen, aber man kam nicht an ihn heran. Obwohl wir befreundet waren, blieben wir immer per Sie.«[433] Auch Hans Moser, der sich ebenfalls geweigert hatte, sich von seiner jüdischen Frau scheiden zu lassen, und der ebenso wie Heesters als einer der Lieblingsschauspieler Hitlers galt, war intern als Gegner der Nazis bekannt. Heesters verriet er sein Lebensmotto in dieser Zeit: »Solang *die* dran sind, ist es besser, wir spiel'n unsere Larifari-Rollen auch privat weiter. Bloß net auffall'n, Jopie; sonst sind nämlich *wir* dran, und das wär ung'sund fürs Leben.«[434]

Waren die meisten Filme, in denen Heesters in den Kriegsjahren mitwirkte, also reine Musik- und Liebeskomödien, so drehte er 1941 mit *Jenny und der Herr im Frack* erstmals eine Kriminalkomödie – schon der Titel zeugt davon, daß auch dieser Film ganz auf Heesters zugeschnitten war und ausreichend Gelegenheit bot, ihn in seiner typischen Arbeitsbekleidung zu sehen. Wie so häufig, steht Heesters zwischen zwei Frauen, dieses Mal als verdeckt ermittelnder Versicherungsagent zwischen der von Gusti Huber dargestellten Kriminologin Jenny und der von Hilde Hildebrand verkörperten Schauspielerin Lilly Hagedus. Nach zahlreichen Verwechslungen und Verwicklungen liegen sich natürlich der Versicherungsagent Peter Holm und die angehende Detektivin Jenny in den Armen.

Jenny und der Herr im Frack war einer jener im NS-Kino sehr seltenen Kriminalfilme, denn das Genre erfreute sich bei den Nazis keiner großen Beliebtheit. Kriminelle durfte es offiziell nicht geben, und den strahlenden deutschen Kinostars wollte man nicht zumuten, Schurken oder Verbrecher zu spielen. Auch thematisch war es schwierig, Kriminalfilme zu drehen, durfte doch weder der Verbrecher und das verbrecherische Chaos triumphieren oder gar ein Film aus der Sicht eines Gangsters erzählt werden oder durch rat- und orientierungslos wirkende Polizisten und Kriminalbeamte das Vertrauen in die polizeiliche Ermittlung erschüttert werden. Folge dieses engen ideologischen Korsetts war, daß, wie auch in diesem Streifen, Polizisten fast ausnahmslos in Privatdetektive umgewandelt wurden: »Ausschließlich auf das Motiv der Dekuvrierung des Verbrechens festgelegt, sind die deutschen Kriminalfälle dieser Epoche ziemlich vorhersehbar, ihr komödiantischer Einschlag macht sie harmlos.«[435] Um der grundlegenden Problematik zu entfliehen, ging man zunehmend dazu über, Kriminalgrotesken zu drehen, nach dem Vorbild des erfolgreichen Hans-Albers- und Heinz-Rühmann-Streifens *Der Mann, der Sherlock Holmes war* (1937). Auch in *Jenny und der Herr im Frack* – ebenso wie in *Frech und verliebt* und in *Es fing so harmlos an*, zwei weiteren Detektivkomödien, in denen Heesters 1944 mitwirkte – überwiegen die klamaukhaften Einlagen, wirkliche Spannung wird nicht erzeugt. Und so ist auch Platz für die vom Publikum erwartete Gesangseinlage von Heesters: Der Versicherungsdetektiv gibt sich aus Gründen der Tarnung kurzerhand als Barsänger aus und singt den Schlager des Films: *Armer Musikant singt ein Lied von Liebe.*

Neben *Jenny und der Herr im Frack* stellt der Ende 1941 in die Kinos gekommene Film *Illusion* eine wirkliche Ausnahme in der Reihe der Filme dar, die Heesters in Kriegszeiten drehte. Regie führte der aus Kiew stammende Viktor Tourjansky, der 1917 nach der Oktoberrevolution nach Deutschland emigriert war. Rückblickend erinnert Heesters sich, daß er Anfang der vierziger Jahre, als er eine musikalische Komödie nach der anderen drehte, auf eine solche Chance gewartet hatte: Zwar habe er es »nie darauf angelegt, meinem Image des singenden Charmeurs, des leichtlebigen Bonvivants zu entkommen. Gleichwohl merkte ich mit der Zeit, daß ich mich als Schauspieler, ich will nicht sagen unterfordert, aber eben nicht wirklich ausgefüllt fühlte. Ich verspürte große Lust, auch einmal andere Facetten zu zeigen.«[436] *Illusion*, in dem Heesters an der Seite der großartigen Schauspielerin Brigitte Horney spielte, ein unaufdringlicher und leiser Film und das genaue Gegenteil der Operettenfilme oder Musikkomödien, die Heesters bis zu diesem Zeitpunkt gedreht hatte, bot ihm hierzu die Chance, obwohl es innerhalb der Ufa zunächst Zweifel gegeben hatte, ob Heesters der Rolle gewachsen sei.

Alle Beteiligten erinnerten sich später an die ausgesprochen harmonische Arbeitsatmosphäre während der Dreharbeiten. Tourjansky war »ein Regisseur, der seine Schauspieler zärtlich liebte und ihnen die Treue hielt«.[437] Mit Brigitte Horney freundete sich Heesters an. Auch zu Horneys Lebensgefährten, dem Ufa-Kameramann Konstantin Irmen-Tschet, den Heesters bereits 1937 bei den Dreharbeiten zu *Gasparone* kennengelernt hatte, entwickelte sich schnell ein freundschaftliches Verhältnis. Horney wurde damals mit ihrem fast slawischen Aussehen und ihrem eher herben Charme als deutsche Antwort auf US-Stars wie Joan Crawford und Katherine Hepburn gehandelt. In ihren Filmen vermittelt sie stets das Bild selbstbestimmter Weiblichkeit, sie spielte zumeist furchtlose Frauen, die ihre Gefühle im Griff haben, so auch in *Illusion*. Der Film erzählt eine Liebesgeschichte, in deren Mittelpunkt die berühmte Theaterschauspielerin Maria Roth (Brigitte Horney) steht, die den reichen Gutsbesitzer Stefan von Holtenau (Johannes Heesters) kennenlernt, der leichtfertig darauf beharrt, sich niemals dauerhaft an eine Frau binden zu wollen. Maria Roth schlägt ihm eine Wette vor: Für zwei Monate will sie ihm die Illusion verschaffen, ein glücklicher Ehemann zu sein. Am Ende dieser Zeit ist aus dem Spiel Wirklichkeit geworden, und die beiden haben sich ineinander verliebt. Holtenau aber steht auf dem Standpunkt, daß er sich eine gemeinsame Zukunft nur vorstellen kann, wenn Maria ihm zuliebe auf die Bühne verzichtet. Diese entscheidet sich jedoch, ihre Karriere fortzusetzen, reist ab und läßt den Gutsbesitzer desillusioniert zurück. *Illusion* blieb der einzige Film, in dem Horney, die von der NS-Presse als »Frau der Frauen«, und Heesters, der als »Mann der Männer« bezeichnet wurde,[438] gemeinsam auftraten.

Die Musik des Films bestand aus dem gleichnamigen Walzer *Illusion*, den Franz Grothe komponiert hatte, Schlagereinlagen, die sonst die Filme Heesters' ausmachten, gab es in diesem Fall nicht. Damit konnte Heesters, wie er später befriedigt konstatierte, unter Beweis stellen, »daß ich, ohne singen zu müssen, als Schauspieler ernst genommen wurde«.[439] Bereits vor *Illusion* hatte Heesters sich um reine Sprechrollen beworben, so etwa 1937 für *Mein Sohn, der Herr Minister* und 1939 für *Der grüne Kaiser*. Nach den Probeaufnahmen hatten sich die Produzenten jedoch beide Male für andere Darsteller entschieden: im ersten Fall für Hans Brausewetter, im zweiten für Gustav Diessl. Um so dankbarer war Heesters für die Chance, die ihm mit *Illusion* geboten wurde: »Lange Zeit sollte dieser Film mein unangefochtener Lieblingsfilm bleiben. Die Rolle eines Mannes, für den die Liebe nichts als ein Spiel ist, bis ihm eines Tages seine wahre Liebe gegenübersteht und er feststellen wird, daß er auf sie verzichten muß – diese Rolle hat ihre Bedeutung für mich nie verloren.«[440]

Neben *Illusion* war zweifellos die Verfilmung der Operette *Die Fledermaus*, in der Heesters auch schon auf der Bühne gestanden hatte, der wichtigste Film, in dem Heesters während der Kriegsjahre mitwirkte. Er konnte zwar Ende 1944 noch in Prag abgedreht, bis Kriegsende aber nicht mehr fertiggestellt werden, so daß er erst 1946 uraufgeführt wurde. *Die Fledermaus* war Heesters' erster Farbfilm; ab 1941 wurden auch in Deutschland Farbfilme hergestellt, deren Zahl jedoch überschaubar ist, da sie in der Produktion noch wesentlich teurer waren als Schwarzweißstreifen. Nach Filmen wie *Frauen sind doch bessere Diplomaten* (1941) mit Marika Rökk, *Immensee* (1944) und *Opfergang* (1944) mit Kristina Söderbaum und dem Ufa-Jubiläumsfilm *Münchhausen* (1944) war *Die Fledermaus* erst der zehnte Farbfilm. Für alle diese Produktionen, auch für den ebenfalls in Farbe gedrehten und parallel zur *Fledermaus* in Arbeit befindlichen Durchhaltestreifen *Kolberg* (1945), standen nahezu unbegrenzte Budgets zur Verfügung, weil die Propagandamaschinerie versuchte, auch in Zeiten des »totalen Krieges« mit solchen aufwendigen Großproduktionen unter Beweis zu stellen, wozu das vom Krieg geschwächte Land nach wie vor fähig war. *Die Fledermaus*, mit Johannes Heesters, Willy Fritsch, Marte Harell, Dorit Kreysler und Hans Brausewetter hochkarätig besetzt, wurde folglich zu einem der teuersten Filme des Dritten Reichs. Auch dies wiederum hatte seinen Preis, wie sich Heesters erinnert: »Goebbels persönlich kümmerte sich darum, daß und wie wir mit den Dreharbeiten vorankamen.«[441]

Regie führte Geza von Bolvary, in dessen Film *Rosen in Tirol* Heesters bereits gespielt hatte. Er war es auch, der nach einem amüsanten Zwischenfall wieder für gute Laune bei Goebbels sorgen mußte. Heesters erinnert sich: »Ein Intermezzo aus diesen Tagen ist mir unvergeßlich: Ich hatte mich als Dame verkleidet, Marte Harell hatte mich fachgerecht geschminkt, und so erschien ich im Atelier, gerade als Brausi in der Tenorrolle dran war. Großes Gelächter, Unterbrechung ...« Photographien davon haben sich in Heesters' Privatarchiv erhalten, zwei zeigen den verkleideten Heesters, eine außerdem den lachenden Brausewetter, dem dieser Spaß gegolten hatte. Doch der interne Scherz sollte nicht unbemerkt bleiben: »Goebbels traf zu einem ›Überraschungsbesuch‹ ein. Den vernichtenden Blick, den er mir gab, werde ich nie vergessen.«[442]

Die Geschichte der Fertigstellung der *Fledermaus* ist geradezu abenteuerlich. Als das Kriegsende nahte, wurde das gesamte Material des Films nach Berlin gebracht und dort, aufgeteilt auf sechs bis acht Orte, in verschiedenen Filmbunkern eingelagert. Nach dem Untergang des Regimes interessierte sich zunächst niemand mehr für den Film, an dem wenige Monate zuvor so verbissen unter ministerieller Aufsicht gearbeitet worden war. Alice Ludwig, die noch vor Kriegsende als Cutterin für diesen Film engagiert worden war und die als einzige wußte, wo die Filmrollen versteckt waren, ergriff die Initiative, ohne ihr Engagement wäre der Film wohl nicht mehr fertiggestellt worden. Von der 1946 in Berlin-Babelsberg neu gegründeten Defa, der ersten deutschen Filmgesellschaft der Nachkriegszeit, wurde sie gemeinsam mit fünf weiteren Mitarbeitern beauftragt, das zerstreute Material zusammenzutragen, zu sichten und den Film fertig zu schneiden, was auch tatsächlich gelang, während sich die Defa bei den sowjetischen Besatzungsbehörden um eine Freigabe des Films bemühte. Diese wurde gewährt, schließlich waren neue Filme im Kino nach 1945 höchst willkommen, besonders *Die Fledermaus* als erster deutscher Farbfilm, der in der Nachkriegszeit aufgeführt wurde, hatte gute Chancen. So erlebte der Film 1946 im sowjetisch besetzten Teil Berlins seine Uraufführung. Der Berliner »Nachtexpress« verkündete bereits am 18. Juli die gute Nachricht: »Fledermaus wird flügge«. Zur festlichen Premiere erschienen Vertreter aller vier alliierten Mächte, in der Ehrenloge saßen Pieck und Ulbricht. Die Presse jubelte den Film hoch: »Da ist weder Übertreibung noch ein Schleppen. Es sitzt jedes Wort, jede Geste. Und diese ›Fledermaus‹ hat bunte Flügel. Die Farben sind echter und also schöner als in früheren deutschen Farbfilmen. Die Ausstattung (kurz vor Kriegsende) ist in Menschen und Material großdimensional, fast amerikanisch im Stil der ›Broadway-Melodien‹.«[443]

Um Gewinn aus dem Streifen zu schlagen, bemühte sich

der sowjetische Filmverleih Sovexport, *Die Fledermaus* auch außerhalb der sowjetisch besetzten Zone Deutschlands auszuwerten, was auch gelang: Im April 1948 wurde er gar in New York gezeigt, wo er ebenfalls auf großes Interesse stieß. Erst im Oktober 1949 bekam die ostdeutsche Defa die Erlaubnis, den Film auch in Westdeutschland in die Kinos zu bringen, wo er in vielen Städten mit großem Erfolg lief, teils jedoch auf Kritik stieß, die sich allerdings auf bloße, wenig überzeugende Behauptungen beschränkte: »Die Schwingen dieser bunten ›Fledermaus‹ sind ostzonal gestutzt. Der Film ist von der Defa umgeschnitten und fertiggemacht worden. Dabei sind sinnentstellende Schnitte und Kürzungen nicht vermieden.«[444] Doch auch der Großteil der Westkritiker bezeichnete den Film als »gelungen« und »berauschend«, sprach von »spritziger Musikalität« und »hohem künstlerischem Standard« und vom »schwerelosen Spiel« der Hauptdarsteller. Auch in Westdeutschland wurde *Die Fledermaus* zu einem außerordentlichen Publikums- und Presseerfolg. 2002 erlebte eine aufwendig digital restaurierte Fassung der *Fledermaus* an Johannes Heesters' 99. Geburtstag ihre Uraufführung in München.

Flucht nach Grundlsee

Da Heesters ab 1942 regelmäßig in Prag drehte, war es naheliegend, seine Familie dorthin nachkommen zu lassen. Heesters lebte dort teilweise im Hotel Flora, größtenteils aber im unweit des Wenzelsplatzes gelegenen Hotel Alcron, dem größten und vornehmsten Prager Hotel, das damals »überfüllt von deutschen Künstlern aus Berlin war«.[445] Dorthin zogen im Frühjahr 1943 seine Frau Wiesje und seine beiden Töchter. Sie lebten in der Hoffnung, daß Heesters' Filmverpflichtungen in Prag möglichst lange andauerten. Und tatsächlich drehte Heesters in Prag einen Film nach dem anderen, die Rückkehr ins umkämpfte Berlin blieb der Familie somit erspart. Im Gegensatz zu vielen Deutschen, die von den Tschechen argwöhnisch als Aggressoren und Besetzer betrachtet wurden, wurde die Familie Heesters ihrer holländischen Staatsbürgerschaft wegen wesentlich freundlicher aufgenommen. So gelang es sogar, enge Kontakte zu Pragern zu schließen, so etwa zur Familie der Schauspielerin und Rundfunksprecherin Edith Roesler. Auch die Ernährungslage war hier noch wesentlich besser als im »Reich«, besonders wenn man über genügend Geld verfügte, um auf dem Schwarzmarkt einkaufen zu können. Vieles, was es in Berlin schon lange nicht mehr gab, konnte man hier erwerben, denn auch die Heesters' waren in der Reichshauptstadt von der sich zunehmend verschlechternden Versorgungslage betroffen gewesen – nur wenn bessergestellte weibliche Verehrerinnen, die offenbar über die notwendigen Beziehungen verfügten, ihrem Idol Obstkörbe in die Garderobe schickten, konnte im Hause Heesters der Tisch einmal etwas üppiger gedeckt werden. Auf dem Prager Schwarzmarkt hingegen gab es fast alles, was das Herz begehrte. Champagner, Cognac und Wodka, Fleisch, frisches Gemüse und Obst waren hier durchaus erschwinglich. Kein Wunder, daß Heesters später wie viele seiner Kollegen bekannte: »Wir lebten hier wie unter einer Glocke.«[446]

In Prag erreichte Heesters auch die Nachricht, daß das Haus in der Hubertusbaderstraße, in dem die Heesters nach wie vor ihre Wohnung hatten und in dem der Freund der Familie Ben Stierhout in dieser Zeit noch lebte, durch einen Bombentreffer zerstört worden war. Stierhout hatte das neuerliche Bombardement auf Berlin unbeschadet überlebt und verständigte seinen Freund Jopie telefonisch: »Ich fuhr für ein paar Stunden hinüber und stand vor unserem total zerstörten Haus. Eine Granate war voll hindurchgegangen, hatte das schöne Mobiliar und den wertvollen Flügel zertrümmert. Da war nichts mehr zu retten, alles, was wir erarbeitet hatten, lag kaputt auf der Straße. Es war zwar traurig, aber – und das allein zählte – wir lebten.«[447] An eine Rückkehr nach Berlin war nun endgültig nicht mehr zu denken. Doch in Prag wollte er auf die Dauer auch nicht bleiben: »Meine Familie und ich waren es leid, in Hotelzimmern zu hocken. Wir sehnten uns nach einem Heim.«[448] Zunächst hatte Heesters beabsichtigt, von Prag aus nach Wien zu ziehen, entschloß sich jedoch dann, ins oberösterreichische Salzkammergut, in den kleinen

Ort Grundlsee, am gleichnamigen See gelegen, überzusiedeln.

Grundlsee, drei Kilometer nordöstlich von Bad Aussee entfernt, im Salzkammergut 700 Meter über dem Meeresspiegel gelegen, war damals ein Dörfchen von wenigen hundert Einwohnern. Ludwig Thomas Erzählung *Der Lämmergeier* spielt hier. Im Zweiten Weltkrieg wurde die Gegend um Bad Aussee zum Zentrum von Hitlers vielbeschworener »Alpenfestung«, viele führende Nazis und ihre Familien, darunter Adolf Eichmann und Ernst Kaltenbrunner, der Chef des Reichssicherheitshauptamtes, ließen sich hier nieder. Aber auch viele Stars des NS-Kinos flohen ins Salzkammergut, so etwa Emil Jannings und Willy Birgel, Theo Lingen, Peter Kreuder und Rudolf Forster. Die Region um Bad Aussee, die zum »Gau Oberdonau« gehörte, hatte vor dem Krieg rund 18000 Einwohner, bis zum Kriegsende schnellte die Zahl auf 80000 hoch. Viele Hotels wurden in Erholungsheime und Lazarette für Fronturlauber und Kriegsversehrte umgewandelt, und da die Gegend als weitgehend sicher galt und nicht damit zu rechnen war, daß sich das Kriegsgeschehen bis hierher ausweitete, wurden auch lastwagenweise Dokumente, Raubgut der Nazis sowie die Goldreserven der Reichsbank hierher gebracht.

Bei dem Haus, das Heesters von der Kreisselbstverwaltung in Gmunden vermittelt wurde, handelte es sich wie bei der Berliner Villa, in der Heesters sich eingemietet hatte, um »arisierten« Besitz. Die jüdische Eigentümerin Minna Blau – deretwegen das Haus in Grundlsee auch »Villa Blau« genannt wurde – war 1938 enteignet worden. Kurze Zeit später ging das konfiszierte Haus am Bräuhof 82 in den Besitz der Kreisselbstverwaltung in Gmunden über, die auch viele andere »arisierte« Häuser und Grundstücke verwaltete. Bevor Heesters dort einzog, hatte sie es an einen scheinbar regimetreuen Mann namens Böhm vermietet – nach dem Einzug fanden die Heesters' dort unzählige Lampions mit Hakenkreuz-Emblemen.[449] Als Heesters später angetragen wurde, das gemietete Haus zu kaufen, lehnte er ab, da er wußte, daß es sich um konfiszierten jüdischen Besitz handelte.[450] So blieb Heesters auch in Grundlsee nur Mieter, die ursprüngliche Besitzerin Minna Blau, die die Verfolgung überlebte, bekam das Haus in der Nachkriegszeit zurückerstattet.[451]

Heesters hatte das abseits des Ortes Grundlsee am Waldrand gelegene Haus, das ihm vom Bürgermeister des Ortes gezeigt wurde, zunächst allein besichtigt und war wenig beeindruckt. Er erinnert sich an »ein kleines Häuschen, das bei dem herrschenden schlechten Wetter recht armselig wirkte«. Dennoch mietete er das Haus, das – wie überlieferte Photographien belegen – durchaus nicht so klein und armselig war, wie Heesters dies erinnert: »Na gut, dachte ich bei mir, hier herrscht Ruhe, hier gibt's keine Bomben, und die Luft ist rein.« Erst als er fast ein Jahr später selbst einzog, erkannte er, was für ein Glücksgriff das Haus war: »Wir konnten uns gratulieren, das war ein Paradies.«[452] Eigentlich handelte es sich sogar um zwei Häuser, das Wohnhaus und ein wohl früher einmal als Stall benutztes Nebengebäude, in dem die Zimmer der beiden Töchter eingerichtet wurden und das schnell den Spitznamen »Knusperhäuschen« bekam.

Da Heesters selbst zunächst noch für *Die Fledermaus* in Prag vor der Kamera stand, organisierte Ben Stierhout, der Freund der Familie, den Umzug. Die wenigen geretteten Dinge aus der Berliner Wohnung sowie der persönliche Besitz aus Prag wurden in das Haus nach Grundlsee gebracht. Wiesje und ihre beiden Töchter trafen im Januar 1944 ein, nachdem sie zunächst noch einige Zeit im Hotel Erzherzog Johann in Bad Aussee gewohnt hatten. Die Flieger, die über das Salzkammergut Richtung Berlin, Wien oder Obersalzberg flogen, waren das einzige, was sie in dieser Idylle vom Krieg bemerkten.

Die beiden Töchter, die jetzt dreizehnjährige Wiesje wie auch die siebenjährige Nicole, besuchten fortan die Dorfschule in Grundlsee, was natürlich im Vergleich zu der Klosterschule in Berlin oder dem Privatunterricht, den sie in Ermangelung einer deutschen Schule in Prag bekommen hatten, einen Rückschritt darstellte: Alle Klassen wurden hier in einem einzigen Schulraum unterrichtet, und gerade Wiesje, die in Berlin schon im Gymnasium war, fühlte sich hoffnungslos unterfordert. An Musikunterricht, mit dem sie in Prag begonnen hatte, war nun nicht mehr zu denken. Mutter und Lehrer hatten alle Hände voll zu tun, Nicole, die nach dem einen Jahr in Prag breitestes Böhmisch sprach, wieder zum Hochdeutschen zurückzuführen.[453]

Als Anfang November 1944 die Dreharbeiten für die *Fledermaus* abgeschlossen waren, stieß Heesters, der bislang immer nur zu kürzeren Besuchen hatte kommen können, endgültig zu seiner Familie. Am 18. Oktober 1944 verzeichnete die Reichsfilmkammer Grundlsee als Heesters' neuen Wohnort.[454] Schon kurze Zeit später bekam er vom Propagandaministerium die Anweisung, in der musikalischen Liebes- und Verwechslungskomödie *Die tolle Susanne*[455] in Prag mitzuwirken – Mitspracherecht an der Auswahl der Rollen wurde selbst den führenden Stars in der letzten Phase des Kriegs nicht mehr gestattet. Heesters jedoch war nicht mehr bereit, nach Prag zurückzukehren: »Ich hatte die Nase voll.«[456] Sein Entschluß, in diesem Film nicht mitzuwirken, stand unerschütterlich fest. Von nichts und niemandem wollte er sich davon abbringen lassen. So telegraphierte er von Grundlsee aus nach Prag, daß er erkrankt sei.

Auch andere Schauspieler waren zu diesem Zeitpunkt nicht mehr bereit, den Weisungen des Ministeriums zu folgen, obwohl auf das unerlaubte Verlassen des Arbeitsplatzes auch und gerade in den letzten Kriegswochen hohe Strafen standen. Als der NS-Vorzeigeregisseur Hans Steinhoff als einer der ersten seine Produktion im Stich ließ und versuchte sich nach Spanien abzusetzen, war dies das Signal zur allgemeinen Flucht. Regisseure, Produzenten, Schauspieler und Kameraleute verließen zunächst Berlin, bald aber auch schon Prag und Wien. Werner Krauß und Emil Jannings, zwei Spitzenstars des deutschen Theaters, waren unter keinen Umständen bereit, in die Reichshauptstadt zurückzukehren, mehr, als Verweise auszusprechen, blieb den Behörden in den Fällen dieser prominenten Künstler nicht.

Auch Heesters hatte Glück, seine Krankmeldung wurde offensichtlich kommentarlos akzeptiert: »Erstaunlicherweise wurde diese Mitteilung ohne große Aufregung zur Kenntnis genommen und an meiner Stelle Willy Fritsch verpflichtet, der froh war, daß er nicht nach Berlin zurück mußte.«[457] Und das erstaunlicherweise in einer Zeit, in der gerade leicht zu durchschauende Krankmeldungen nicht mehr so einfach hingenommen wurden. Das Propagandaministerium hatte im Januar 1945 festgestellt: »Es mehren sich in letzter Zeit Fälle, in denen Filmschauspieler oder -schauspielerinnen die Übernahme von Rollen ablehnen mit der Begründung, daß sie krank seien. Es wird darauf hingewiesen, daß aufgrund der ausgesprochenen Dienstverpflichtung die Schauspieler zur Übernahme aller ihnen angetragenen filmischen Aufgaben verpflichtet sind und daß Krankheitsfälle nur in dringenden Fällen und auf Grund amtsärztlicher Untersuchung entschuldigt werden können.«[458] Von Heesters wurde dies ganz offensichtlich nicht verlangt.

Nur noch zweimal rief ihn seine Karriere vor Kriegsende aus Grundlsee weg, einmal zur Nachsynchronisation der *Fledermaus* nach Prag, ein anderes Mal für wenige Stunden in das stark zerstörte Berlin, da das Propagandaministerium ihn für die beliebte Rundfunksendung »Wunschkonzert« angefordert hatte und keine Ausflüchte zuließ: »Unverblümt wurde mir gesagt, wenn ich mich meiner künstlerischen Verpflichtung entziehe, der ich als in Deutschland geduldeter Ausländer unterworfen sei, werde man mich abholen lassen.«[459] Auch prominenten Stars gegenüber war in den letzten Kriegswochen kein Platz mehr für Höflichkeit. Die Reise nach Berlin war zu diesem Zeitpunkt nur noch mit einer Sondererlaubnis möglich, denn in der Nacht vom 22. auf den 23. Januar 1945 war der öffentliche Schnell- und Eilzugverkehr eingestellt worden. Zur Bewältigung des dringendsten und als kriegswichtig eingestuften Dienstverkehrs fuhren nur noch einige wenige D-Züge, die jedoch nur gegen eine Bescheinigung der Reichsbahndirektion benutzt werden konnten[460] Heesters mußte, ob er wollte oder nicht, die Reise auf sich nehmen. Das Mitwirken im »Wunschkonzert« wurde zu seinem letzten öffentlichen Auftritt im Dritten Reich.[461]

Zurück im Salzkammergut, genoß Heesters die Idylle fernab des Krieges: »Jetzt begann ein herrliches Leben für mich.

Ich wurde Bauer. [...] Ich legte einen kleinen Garten hinter dem Haus an, half den Bauern der Umgebung beim Mähen [...]. Wir gewannen das Vertrauen und die Zuneigung der Landbevölkerung.«[462] Natürlich kannte und erkannte man auch im Salzkammergut den Filmstar Heesters, obwohl er sich in dieser Zeit, was seine Karriere vorher nie erlaubt hatte, einen Bart wachsen ließ. Er wurde wegen seiner Herzlichkeit und Offenheit von den Einwohnern freundlich aufgenommen – auch wenn Heesters sich amüsierte, daß die für ihre Titelsucht bekannten Österreicher ihn ständig mit »Herr Kammersänger« oder »Herr Hofschauspieler« ansprachen.

Heesters genoß es sichtlich, einmal uneingeschränkt für seine Familie da zu sein. Er half den Töchtern bei den Hausaufgaben und übernahm es außerdem, die Wäsche zu waschen, denn er fand, wenn er schon zu Hause sei, sei dies eine Arbeit, die er seiner kleinen, zierlichen Frau Wiesje nicht zumuten könne. So war er es, der die Waschkessel anfeuerte, die Wäsche mangelte und zum Bleichen auf der Wiese ausbreitete.[463] Mit Ben Stierhout zusammen fällte er Bäume, da im harten Winter 1944/45 das Brennholz knapp geworden war und in den letzten Kriegsmonaten auch die Versorgungslage im Salzkammergut schlechter wurde. Als der benachbarte Bauer im Frühjahr 1945 zum Volkssturm eingezogen wurde, erklärte Heesters sich bereit, dessen Hof weiterzuführen. Tagtäglich mußte er nun um fünf Uhr aufstehen, das Vieh versorgen, die Ställe ausmisten, die Weiden düngen und später mit der Sense mähen. Für die Bewohner von Grundlsee wurde der sonst so elegante Bühnenstar schnell zum »Heeschtersbauer«.

Doch gänzlich ging er anscheinend im Landleben nicht auf: Ende März 1945 reiste er von Grundlsee aus ins nahe Bad Ischl, um Franz Lehár zu treffen, außerdem fuhr er regelmäßig mit dem Fahrrad ins nahe gelegene Gössing, wo die Kammersängerin Marie Schulz-Dornburg lebte, die einst als Interpretin von *Eine Frau wird erst schön durch die Liebe* von sich reden gemacht hatte und bei der er Gesangsstunden nahm, um seine Stimme zu »überholen«. Das Kriegsende erlebte die Familie Heesters in ihrem Haus in Grundlsee. Nachdem die letzten versprengten Wehrmachtssoldaten den Landstrich verlassen hatten und die US-Army einrückte, besserte sich die Versorgungslage schnell. Auch der benachbarte Bauer, den Heesters »vertreten« hatte, kehrte zurück, und mit einem Rehbraten und ein paar Flaschen Rotwein wurde das Kriegsende gefeiert. Es war vorbei. Man lebte.

Neuanfang in Österreich

Nach Kriegsende entschloß Heesters sich, mit seiner Familie im befreiten Österreich zu bleiben. Auch wenn er sich in den zurückliegenden Monaten an das Landleben gewöhnt hatte, mußte er sich natürlich Gedanken machen, wie es nun beruflich weitergehen würde. Doch noch bevor er selbst aktiv werden konnte, wurde bereits der Wunsch an ihn herangetragen, daß er wieder auftreten solle. Da in Künstlerkreisen bekannt war, daß Heesters im Salzkammergut lebte, suchten ihn nur wenige Wochen nach Kriegsende Theo Lingen, Peter Kreuder und der Schauspieler Paul Kemp in Grundlsee auf: »Wir wollen dich engagieren, Jopie, es geht wieder los.«[464] Da zu diesem Zeitpunkt an Auftritte in den zerstörten Großstädten nicht ernsthaft zu denken war und es dort auch kaum noch bespielbare Theater gab, hatten die drei beschlossen, mit Bunten Abenden mit Musik- und Gesangseinlagen durch die nähere Umgebung zu tingeln, so waren etwa Auftritte am Lehár-Theater in Bad Ischl geplant. Auch das renommierte Bruckner-Orchester, das die Kriegswirren ebenfalls ins Salzkammergut verschlagen hatten, war schon gewonnen. Johannes Heesters war nach eigenen Aussagen von der Idee zunächst wenig angetan. Seine Kollegen jedoch wußten, wie sie den zögernden Heesters überzeugen konnten: »Denk [...] an dein Publikum. Die Leute brauchen uns gerade jetzt, wo allen der Magen knurrt.«[465] Dieses Argument zog bei Heesters, und er stimmte zu.

Die »Künstlergemeinschaft Bad Ischl« trat in den Sommermonaten des Jahres 1945 in Linz und in Bad Aussee, in Graz, Salzburg und anderen kleinen Städten Österreichs auf, ihr Publikum bestand weniger aus der einheimischen Bevölkerung als vor allem aus Menschen, die, wie die Auftretenden selbst, aus Berlin oder Wien ins Salzkammergut geflohen waren. Bei den Bunten Abenden setzte man auf ein gemischtes Programm, wobei der erste Teil der klassischen Musik und der zweite, nach einer kurzen Pause, der leichten Muse gewidmet war. Johannes Heesters sang Lieder aus seinen Filmen und aus den berühmten Operetten, die die Menschen mit ihm verbanden – die ersten Male im Trachtenanzug, erst später griff er wieder zum Frack, doch sein maßgeschneiderter Frack war ihm nun hoffnungslos zu groß – denn auch an ihm war die Nahrungsmittelknappheit nicht spurlos vorübergegangen. In sein Repertoire konnte er nun erstmals seit zehn Jahren auch wieder die Melodien von Komponisten wie Emmerich Kálmán oder Paul Abraham aufnehmen, die unter den Nazis verboten gewesen waren. Schon beim ersten Auftritt zeigte sich, daß das Unterhaltungsbedürfnis der Menschen ungebrochen war: »Der Erfolg war überwältigend, die Leute sind aufgestanden, haben mitgesungen, haben geweint. Man spürte wirklich, wie die Menschen aufatmeten in der wiedergewonnenen Freiheit.«[466] Heesters war wieder ganz in seinem Element und konnte seine Auftritte, im Gegensatz zu vielen seiner damaligen Kollegen, deren Familien oftmals in den zerstörten Städten ausharren mußten, relativ entspannt absolvieren, da er Wiesje und die Töchter in Sicherheit wußte.

Viel Geld brachten die Auftritte natürlich nicht, die Honorare waren bescheiden, oft bestanden sie auch lediglich aus amerikanischen Zigaretten oder Naturalien, weswegen man in Künstlerkreisen auch von »Würschteltourneen« sprach. Dennoch waren die meisten Sänger und Schauspieler in dieser Zeit wohl in erster Linie froh darüber, wieder ihren alten Beruf ausüben zu können, und insofern auch bereit, unter improvisierten Bedingungen und in einem wesentlich bescheideneren Rahmen aufzutreten, als sie es bis dahin gewöhnt waren. Doch allen Beteiligten war klar, daß das Tingeln nur etwas für die erste Stunde war, und tatsächlich stellten sich langsam, aber sicher auch wieder attraktivere Angebote ein. Für Johannes Heesters sah es zunächst so aus, daß er bereits im Winter

1945/46, als man die Theatertournee aufgrund der Wetterbedingungen ohnehin kaum hätte fortsetzen können, auch wieder für einen Film vor der Kamera stehen sollte. Ihn erreichte ebenso wie seine Freunde Theo Lingen und Hans Moser das Angebot, in einer russischen Produktion mitzuwirken, die in Ungarn gedreht werden sollte, das seit Kriegsende unter sowjetischer Vorherrschaft stand. Zwar reiste Heesters Ende 1945 zusammen mit Lingen und Moser in das stark zerstörte Budapest, der geplante Film kam jedoch letztlich nicht zustande. Dennoch wurden alle Beteiligten für die Tage, in denen sie in Ungarn für den begonnenen, aber sofort wieder abgebrochenen Film zur Verfügung gestanden hatten, fürstlich entlohnt – erstaunlicherweise sogar in amerikanischen Dollars. Heesters ermöglichte dies, daß er die Winter- und Frühjahrsmonate 1946 als Privatier in Grundlsee leben konnte, wo er sich ganz seiner Familie widmete: »Es waren schöne, intensive Wochen mit Wiesje und den Kindern. Doch sie konnten nicht ewig dauern, schon allein, weil unsere Ersparnisse stetig zusammenschmolzen.«[467]

Da der Großteil der riesigen Verdienste von einst, die Heesters in Firmenbeteiligungen investiert hatte, durch die Kriegsverluste verloren waren, galt es auch für ihn wie für Millionen Menschen, neu anzufangen. Schnell taten sich neue berufliche Perspektiven auf, was mit der regelrechten Theaterkonjunktur zu tun hatte, die Österreich ebenso wie Deutschland erfaßte. Den Menschen ging es nicht nur um eine Sättigung des Magens, sie waren gleichermaßen begierig nach geistiger Kost oder auch nur nach Ablenkung von der grauen Nachkriegswirklichkeit.

1946, als bereits wieder die Salzburger Festspiele mit einer Reihe herausragender Inszenierungen veranstaltet wurden, florierte in Wien, das damals wie Berlin in vier Sektoren unterteilt war, das Theaterleben. Waren auch viele Bühnen der Stadt, allen voran auch die Wiener Staatsoper, zerstört, so ließ sich das Publikum ebenso wenig davon abhalten, mit knurrenden Mägen auf unbequemen Stühlen in kaum geheizten Theatern und Konzertsälen zu sitzen, wie sich die Schauspieler nicht davon abhalten ließen, auf zugigen Bühnen zu stehen und ein teils durchaus hohes Niveau der Darstellung zu erreichen: »Es ist ein Spiel mit hohen Einsätzen, das da allabendlich über die Bühnen unserer Stadt geht. Es ist zugleich aber auch die härteste Prüfung für den Künstler. Solcher Schwierigkeiten Herr zu werden, erfordert Können und Wollen von ungewöhnlicher Intensität, und wem es gelingt, die verfrorenen Herzen des Publikums aufzutauen, zu erwärmen, mitzureißen, zu begeistern oder zu erschüttern, der darf sich wahrlich zu den Berufenen im Reich der Kunst zählen.«[468]

Heesters stand im Spätsommer 1946 zum ersten Mal wieder auf einer Wiener Bühne, auf der improvisierten Freilichtbühne am Wiener Heumarkt, die – wie sich Heesters' Bühnenpartnerin Ester Rethy später erinnerte – zur Truppenbetreuung der Alliierten eingerichtet worden war.[469] Und die Rolle, die er in seinem ersten festen Theaterengagement der Nachkriegszeit spielen sollte, war natürlich die des Grafen Danilo in Lehárs *Lustiger Witwe*. Auch hier standen die Zeichen noch auf Improvisation, Ensemble und Orchester waren bunt zusammengewürfelt, die Gage bestand wiederum aus Lebensmitteln. Erstmals in seiner Karriere stand Heesters in dem vierzehntägigen Engagement nicht nur auf der Bühne, sondern führte auch Regie: »Graf Danilo hatte den Krieg unbeschadet überstanden und war froh, daß die Bühnenscheinwerfer wieder erstrahlten. Auch wenn er einen neuen Regisseur vorgesetzt bekam. Mich. Damit erfüllte ich mir wahrlich keinen Herzenswunsch, sondern fügte mich den eingeschränkten finanziellen und personellen Gegebenheiten.«[470] Daß Heesters zur Betreuung der alliierten Truppen eingesetzt wurde, war nur möglich, nachdem zuvor Erkundigungen über seine Karriere im Dritten Reich eingeholt worden waren, was bei Stars im Range eines Heesters im Sinne der angestrebten »Entnazifizierung« durchaus üblich war: Am 8. März 1946 wurde nach Prüfung der beschlagnahmten Akten der Reichskulturkammer festgestellt, daß Heesters weder Mitglied der NSDAP oder einer sonstigen Nazi-Organisation war und nichts Negatives über ihn vorliege.[471]

Gleich im Januar 1947 folgten, jeweils mit Heesters in der Hauptrolle, am Wiener Stadttheater Lehárs *Der Zarewitsch* und genau ein Jahr später am neu eröffneten Stadttheater Wien *Der Graf von Luxemburg* in einer »großstädtisch aufgemachten Aufführung«[472], wie ein Wiener Kritiker nicht ohne Stolz vermerkte – auch wenn die Dekorationen in Wirklichkeit noch ärmlich und die Kostüme improvisiert waren.

Auch beim Film konnte er schon bald nach Kriegsende weiter machen wie zuvor, denn nicht nur Heesters Theaterkarriere der Nachkriegszeit startete in der österreichischen Hauptstadt, auch die Fortsetzung seiner Filmkarriere hatte ihren Anfang in Wien. 1947 stand er für den Schwarz-Weiß-Streifen *Wiener Melodien* vor der Kamera, eine anspruchslos-heitere musikalische Verwechslungskomödie, bei der Theo Lingen und Hubert Marischka Regie führten. Heesters' Partnerin war die Wiener Sängerin Elfie Mayerhofer, mit der er bereits bei der *Fledermaus*-Verfilmung zusammengearbeitet hatte. *Wiener Melodien* kann als Beleg dafür angesehen werden, daß es nicht nur auf der Bühne, sondern auch im Kino an Pioniergeist mangelte. Folglich wurde Johannes Heesters in seinen ersten Nachkriegsstreifen in genau denselben Rollen eingesetzt, die er schon vor 1945 gespielt hatte. Und so erinnerte Heesters sich rückblickend auch selbst: »Diesem Film, wie auch meinen nachfolgenden Theaterengagements, wohnte eine gewisse künstlerische Stagnation inne.«[473]

Ebenso verhielt es sich bei der Gesellschaftskomödie *Liebe Freundin* (1949), einem Streifen des »Filmstudios des Theaters in der Josefstadt«, bei der Theaterintendant Rudolf Steinboeck, mit dem Heesters in der Folgezeit noch häufig am Theater zusammenarbeiten sollte, Regie führte. *Liebe Freundin*, der in Deutschland unter dem Titel *Zweimal verliebt* lief, stellte ein Experiment dar, denn Steinboeck drehte, um die Finanzen des überschuldeten Hauses aufzubessern, ausschließlich mit den Mitgliedern seines erstklassigen Ensembles – so wirkte etwa Vilma Degischer mit, die bereits vor 1945 am Theater an der Josefstadt gespielt hatte, deren berühmteste Rolle aber später die der Kaiserinmutter in der *Sissi*-Trilogie werden sollte. Dennoch wurde der Streifen kein Theaterfilm, sondern eine kommerziell auswertbare Unterhaltungskomödie um einen von Heesters verkörperten holländischen Reiseschriftsteller, der mit Auto und Wohnwagen durch Nachkriegseuropa kutschiert und das in einer Zeit, in der in Deutschland und Österreich noch niemand ans Reisen denken konnte.

Die neuen festen Engagements und die ersten Filmverträge gaben der Familie Heesters die Möglichkeit, auch das Privatleben wieder in geordnete Bahnen zu lenken. Während Johannes Heesters bereits wieder in Wien auf der Bühne und vor den Kameras stand, blieben Frau und Töchter zunächst weiterhin im Salzkammergut wohnen. Nun, als Heesters wieder feste Engagements in Wien hatte und mit dem Drehen auch wieder gut verdiente, war es an der Zeit, seine Familie nachzuholen. 1948 bezogen die Heesters' eine Wohnung in der direkt zwischen dem Wiener Rathaus und dem Parlamentsgebäude gelegenen Reichsratstraße. Schon ein Jahr später siedelte die Familie dann in eine geräumigere Wohnung in der Naglergasse 2 über. In der mittlerweile 500 Quadratmeter großen Wohnung mit Sicht auf den Kohlmarkt, in der heute der ehemalige Wiener Bürgermeister Helmut Zilk lebt, und die damals bereits eine ganze Etage mit stattlichen 280 Quadratmetern umfaßte, blieb die Familie Heesters bis 1955 wohnen.

Zur wichtigsten künstlerischen Station für Johannes Heesters wurde in der frühen Nachkriegszeit die Komödie *Das Lied der Taube*, bei der er einmal nicht »hohle Operettendialoge«[474] zu sprechen, sondern eine Rolle ganz ohne Gesang zu spielen hatte, wo er einen Charakter glaubhaft verkörpern mußte und dabei ausschließlich auf seine schauspielerischen Mittel, nicht auf seine stimmlichen Qualitäten angewiesen war. Dem Mann, der ihm diese Chance gab, war Heesters zutiefst dankbar: Rudolf Steinboeck, der es sich, seit er den Film *Illusion* gesehen hatte, in den Kopf gesetzt hatte, mit Heesters zusammenzuarbeiten. Steinboeck leitete in den Jahren von 1945 bis 1952 das Theater in der Josefstadt, eine der renommiertesten und traditionsreichsten Bühnen der Donaumetropole, und sorgte dafür, daß es auch in der entbehrungsreichen Nachkriegszeit hier viele künstlerische Höhepunkte gab, vor allem mit den Stücken amerikanischer Erfolgsautoren. Er war ein Schüler von Heinz Hilpert, dem Direktor des Deutschen Theaters Berlin, dem seit 1938 auch das Theater in der Josefstadt unterstellt worden war und der dafür gesorgt hatte, daß in der Zeit bis zur kriegsbedingten Schließung der Theater kein einziges nationalsozialistisches Drama an diesem Haus aufgeführt wurde.[475] Rudolf Steinboeck mußte Heesters, der zunächst Skrupel hatte, an einer so renommierten Bühne aufzutreten, regelrecht zu seinem Glück zwingen. Einerseits sehnte dieser sich seit langem nach einem Ausflug zum Sprechtheater, andererseits aber hatte er verständlicherweise Angst vor der eventuell ablehnenden Haltung des Publikums und der Kritik, die es einem Operettentenor nicht abnehmen könnte, daß er einmal eine gänzlich andere Rolle verkörpert. Nachdem er zunächst unter Vorwänden abgesagt hatte, willigte er Monate später doch noch ein, das Experiment zu wagen und ins kalte Wasser zu springen.

Bei dem Stück, das Steinboeck für seine Zusammenarbeit mit Heesters ausgesucht hatte, handelt es sich um die im Jahr 1943 in New York spielende Komödie *Das Lied der Taube* des britisch-amerikanischen Schriftstellers John van Drunten, in dem Heesters den amerikanischen Soldaten William Page verkörperte, der auf Urlaub heimkommt. Seine Bühnenpartnerin war die blutjunge Nachwuchsschauspielerin Aglaja Schmid, die spätere Frau von Rudolf Steinboeck, die bis dato vor allem Kinderrollen gespielt hatte und nun zum ersten Mal ins Rollenfach der Liebhaberin wechselte. Noch 55 Jahre später erinnert sie sich: »Ich hatte einen Mordsrespekt vor ihm, er war ein großer Star und ich eine kleine Anfängerin. Und er hatte einen Mordsrespekt vor der Rolle und vor dem Stück.« Schmid irritierte es zunächst, den berühmten Johannes Heesters so nervös und verunsichert zu erleben: »Er sagte immer ›Ich kann das nicht, ich kann das nicht‹, und ich versicherte ihm ›Ich kann das auch nicht‹, aber glücklicherweise konnten wir es dann beide.«[476]

Der Premierenabend wurde zu einem fulminanten Erfolg. Nicht nur die Beifallsstürme des Publikums, auch die Meinungen der Kritiker bestätigten Steinboecks gute Wahl. Sie rühmten, wie selbstverständlich, unaufdringlich und lässig

Heesters auf der Sprechbühne agiere, und bestätigten ihm eine ausgezeichnete, bestechende schauspielerische Leistung: »[Heesters] erwies sich als ein durchaus ernstzunehmender Schauspieler, sparsam, ja man möchte sagen, keusch in der Wahl seiner darstellerischen Mittel. Alles in allem: kein Liebhaber, sondern ein Mensch. Johannes Heesters ist wirklich der große Junge, der aus der Männerwelt des Krieges in die blanke Patentwohnung eines jungen Mädchens schneit. Er begabt den Urlauber mit einem spröden Humor, einem schlaksigen Anticharme, der bestrickender wirkt als schwerenöterische Routine. Und einmal treibt er die Beschränkung, die den Meister zeigt, so weit, daß er ein Lied vor sich hinträllert, ganz so wie ein gewöhnlicher Sterblicher, als könnte er gar nicht singen.«[477]

Die 75 Aufführungen vom *Lied der Taube* waren ein so durchschlagender Erfolg für das Theater in der Josefstadt, daß Rudolf Steinboeck Heesters noch zweimal an sein Haus holte: 1952 für das Lustspiel *Gute Reise* und 1953, in seiner letzten Spielzeit als Intendant des Theaters, für die Komödie *Wege des Zufalls*, in der Heesters wiederum mit Aglaja Schmid spielte. Beide wurden für Heesters zu engen Freunden. Weil *Das Lied der Taube* nach ganzen 25 Jahren seine Rückkehr auf die Sprechbühne einläutete und zudem sein Debüt auf einer deutschsprachigen Sprechbühne darstellte, nahm die Inszenierung von 1948 für Heesters in seinem persönlichen Rückblick immer einen ebenso wichtigen Platz ein wie der Film *Illusion* für seine Filmlaufbahn. Er hatte sich selbst und den Zweiflern bewiesen, daß er auch ohne den Gesang auf der Bühne bestehen konnte. Auch wenn es noch Jahrzehnte dauern sollte, bis er sich ganz vom Musiktheater verabschiedete, stellte er mit Zufriedenheit fest: »Ich hatte einen überzeugenden Übergang von der Operette zum Schauspiel gefunden.«[478]

TEIL III

DER JAHRHUNDERTSTAR

(1949–2003)

9.

»Heut' geh' ich ins Maxim« Die Nachkriegskarriere

Nachdem Heesters' Bühnen- und Filmtätigkeit nach dem Zusammenbruch des Dritten Reichs zunächst nur auf Österreich beschränkt war, konnte die »Westdeutsche Rundschau« am 8. September 1949 die Rückkehr in das Land seiner größten Erfolge verkünden: »Juppie [sic] ist wieder in Deutschland.« Im Rahmen eines Gastspiels des Wiener Raimund-Theaters stand er mit seiner Paraderolle als Graf Danilo in Lehárs *Die lustige Witwe* erstmals wieder auf einer deutschen Bühne.[1] Man bereitete ihm einen triumphalen Empfang. Sprechchöre skandierten seinen Spitznamen »Jopie«, Blumensträuße wurden ihm entgegengehalten, und er mußte unzählige Autogramme geben, als er im September 1949 in Nürnberg eintraf: »Um bei der Ankunft in einer fremden Stadt von der Polizei in Empfang genommen zu werden, muß man entweder ein Verbrecher oder – eine Berühmtheit sein. Als sich unlängst auf einem Bahnsteig des Nürnberger Hauptbahnhofs dichte Menschenmassen stauten und die Polizisten nur mit Mühe eine schmale Gasse freihalten konnten, handelte es sich glücklicherweise um letzteres, wurde doch Johannes Heesters erwartet, der Liebling aller Operettenbesucher unserer Zeit. Dann erschien er auch schon, schlank und braun gebrannt und lachend wie immer.«[2]

Obwohl Heesters zahllose Angebote für Bühnenauftritte in Deutschland erhalten hatte, begrenzte er seinen Aufenthalt zunächst auf ein Jahr: »Wenn ich alle Angebote angenommen hätte, müßte ich drei Jahre hierbleiben.«[3] An das Engagement in Nürnberg schloß sich im Oktober eine bis ins Frühjahr 1950 andauernde Tournee durch verschiedene deutsche Städte an: Mit einer Inszenierung des Deutschen Theaters München – Friedrich Schröders Revue-Operette *Hochzeitsnacht im Paradies*, in der er zuletzt in der Spielzeit 1942/43 auf der

Bühne gestanden hatte – gastierte er in Hamburg und München sowie in Frankfurt am Main und in Stuttgart. Regie führte niemand anders als jener Heinz Hentschke, der unter den Nazis Generaldirektor der Berliner Renommierbühnen Admiralspalast und Metropol-Theater gewesen war und mit dem Heesters Anfang der vierziger Jahre jene heftige Auseinandersetzung geführt hatte. Die Zwistigkeiten von einst schienen beigelegt, Heesters spielte zumindest in den Jahren 1952 und 1953 erneut in Inszenierungen Hentschkes, und wiederum war er es, den der Regisseur trotz der schönen und meist wesentlich jüngeren Partnerinnen, die ihm zur Seite gestellt wurden, zum Star seiner Inszenierungen machte. Hentschke, der unbeirrt auf die nur wenig variierten Erfolgsrezepte von einst setzte, hatte durchaus Erfolg damit: 1950 lockte seine *Hochzeitsnacht im Paradies* mit Heesters in der Hauptrolle allabendlich 2000 Zuschauer in den Frankfurter Zirkus Althoff: »Wir standen in Blumenmeeren und sangen ein Dacapo nach dem anderen.«[4]

Für Heesters war es wie eh und je, er stand im Mittelpunkt der Aufmerksamkeit. Schon mit seinen ersten Auftritten im Deutschland der Nachkriegszeit hatte er unter Beweis gestellt, daß sein Name immer noch zog. Ein Reporter schrieb: »Überall, wo er gastiert, ist er Liebling des Publikums. Immer wieder steht Heesters im Brennpunkt temperamentvoller Verehrerinnen (und Verehrer), und um den Gewinn seines Autogramms sind viele charmante ›Jägerinnen‹ aller Altersklassen bemüht.«[5] Daß Heesters sich nicht nur im Ruhm von einst sonnte, sondern daß die Zuneigung, die ihm entgegenschlug, auch durch seine aktuellen Leistungen gerechtfertigt war, beeilten sich viele Journalisten zu betonen: »Der Sänger und Schauspieler, der Schauspieler und Sänger Johannes Heesters ist große Klasse, vom Schlage der Chevalier, Ambesser, Hansen. Er könnte in der törichtsten Operette der Welt auftreten – im Moment seines Erscheinens würde ein mordsamüsantes, ja intelligentes Stück daraus.«[6]

Obwohl Heesters in Wien wohnen blieb, wo auch seine Familie nach wie vor lebte, arbeitete er in der Folgezeit neben seinen österreichischen Engagements immer wieder auch in der Bundesrepublik, sowohl auf den Bühnen als auch bald wieder im Film, was ihm Gelegenheit gab, alte Bekannte und Schauspielerkollegen, die er seit dem Krieg nicht mehr gesehen hatte, wiederzutreffen. Die Rückkehr nach Deutschland brachte seiner Nachkriegskarriere einen ungemeinen Aufschwung. In den fünfziger Jahren war Heesters nahezu omnipräsent. Unzählige neue Schallplatten mit meist alten Melodien wurden veröffentlicht, im Frühjahr 1956 war er erstmals auch im Fernsehen zu sehen, eine Theaterpremiere jagte die nächste, und auch von den Leinwänden der Republik war er ebenfalls schon bald wieder nicht mehr wegzudenken. 1953 etwa hatten ganze fünf Heesters-Filme innerhalb eines halben Jahres Premiere: Am 19. Juni *Die Jungfrau auf dem Dach*, am 18. August *Liebeskrieg nach Noten*, einen Monat später, am 17. September, *Die geschiedene Frau*, der Film *Schlagerparade* startete am 3. November, und am 17. Dezember folgte noch *Hab' ich nur deine Liebe*. Insgesamt wirkte Heesters – und das, obwohl er nahezu ununterbrochen Theater spielte – in den fünfziger Jahren in dreiundzwanzig österreichischen und deutschen Filmproduktionen mit.

Nicht nur in West-, sondern auch in Ostdeutschland wurde Heesters in der Nachkriegszeit mit offenen Armen empfangen, auch hier liefen die meisten seiner Filme in den Kinos, später auch im Fernsehen. Im Mai 1957, als er für den Film *Viktor und Viktoria* in Berlin-Spandau vor der Kamera stand, besuchte er erstmals den Ostteil der Stadt. Seine Familie begleitete ihn, und seine älteste Tochter erinnert sich daran, wie die umständlichen Grenzformalitäten Heesters derart erbosten, daß er – der sonst immer von ausgesuchter Höflichkeit war – äußerst schroff auf die DDR-Grenzer reagierte.[7] Für Heesters war vom einladenden Progreß-Filmverleih ein volles Programm erstellt worden: Am Nachmittag besuchte er den Admiralspalast, wo er siebzehn Jahre zuvor als Graf Danilo auf der Bühne gestanden hatte. Das Haus war erst zwei Jahre zuvor als Metropol-Theater wiedereröffnet worden. Am Abend folgte auf den Besuch der Staatsoper Unter den Linden ein Empfang im Renommierrestaurant Budapest in der Stalinallee, und schließlich wurde Heesters ins Kino Babylon gefahren, wo gerade die Nachtvorstellung seines österreichischen Streifens *Bel Ami* zu Ende ging und der Star seinen Fans im »demokratischen Sektor von Berlin« bis spät in die Nacht Autogramme geben mußte.

Fragen zu Heesters' Vergangenheit, zu seiner Karriere im Dritten Reich, blieben in West- wie in Ostdeutschland lange Zeit aus. Niemand machte ihm Vorwürfe wegen der Erfolge, die er in Hitlerdeutschland gefeiert hatte. Während Stars wie Heinz Rühmann unmittelbar nach 1945 durchaus mit Fragen zu ihrem Verhältnis zur Macht konfrontiert oder wie im Fall von Marika Rökk gar mit zeitweiligem Auftrittsverbot belegt wurden,[8] blieben bei Heesters derartige Restriktionen zunächst gänzlich aus. Langwierigen Entnazifizierungsverfahren mußte er sich nicht stellen. Er hatte zu Kriegszeiten das Inbild des Zivilisten auf der Leinwand verkörpert. So hatte man Heesters immer sehen wollen, und so wollte man ihn nach wie vor sehen. Wie die meisten Schauspielidole des NS-Kinos konnte er auf diese Weise 1949 bei seiner Rückkehr nach Deutschland da anknüpfen, wo er kurz vor dem Untergang des Dritten Reichs aufgehört hatte. Schauspieler Will Quadflieg suchte nach einer Erklärung für die vielen ungebrochen fortgesetzten Schauspielkarrieren: »Das ganze Volk hat diese Theater- und Filmidole verehrt und geliebt – und sie nach dem Krieg natürlich auch weiter geliebt und hat sie gut als Alibi gebrauchen können: So schlimm kann es doch wohl nicht gewesen sein, die sind alle wieder da und spielen ihre Hauptrollen, als ob nichts gewesen wäre.«[9]

Altbewährtes auf der Bühne

Die regelrechte Theaterkonjunktur, die es unmittelbar nach dem Zusammenbruch des NS-Regimes in Berlin ebenso wie in vielen anderen Städten ganz Europas gegeben hatte und die auch noch in den ersten Jahren der Not und der Entbehrungen anhielt, fand ihr Ende in dem Moment, »da das Wirtschaftsleben in normale Bahnen zurückgekehrt war und man wieder alles zu kaufen bekam«.[10] Die Rückkehr zur Normalität, das Wirtschaftswunder, der Run auf die höchst populären Heimat- und Schlagerfilme im Kino, aber auch die zu Weihnachten 1952 erfolgte Einführung eines regelmäßig ausgestrahlten Fernsehprogramms hatten ihre negativen Auswirkungen auf den Theaterbesuch. So gab es in den fünfziger Jahren eine Theaterkrise, mit der fast alle Bühnen im deutschsprachigen Raum zu kämpfen hatten. Da die Zuschauerzahlen teils dramatisch zurückgingen, waren viele Theater nur noch mit hohen Subventionen zu erhalten, nicht zuletzt deshalb setzte man einerseits verstärkt auf die altbewährte und publikumswirksame leichte Muse, andererseits auf zugkräftige Bühnenstars. Johannes Heesters, dessen Name nach wie vor für ausverkaufte Häuser stand und der das in der Regel »schon bei seinem Erscheinen enthusiasmierte Publikum«[11] in Scharen in die Theater lockte, war einer von ihnen.

Auch und gerade die Operette hatte nach 1945 wieder Konjunktur. Nicht zuletzt weil der Kontrast zwischen den in Trümmern liegenden Städten und den zuckersüßen Operettenwelten so groß war, boomte das Genre. Dabei hatte es zunächst durchaus Vorbehalte gegeben: »Eine so ganz richtige Freude konnte man daran nicht haben; wo ein wohlerhaltener Fundus eine glänzende Ausstattung gewährte, kontrastierte der gleißende Prunk schmerzhaft mit der ramponierten Kleidung der Zuschauer. Die Späße zündeten nicht mehr. [...] Selbst die Musik ließ kalt. [...] Was kümmert uns das Nichtstun, das Wohlleben, die Liebeleien, die Eifersüchte klischierter Bühnenfiguren?«[12] Die sentimentalen Operetten waren jedoch schon bald wieder so gefragt wie früher, und das gerade weil sie in eine so gänzlich andere, scheinbar nun endgültig untergegangene Welt entführten, weil man mit ihnen vor den Entbehrungen der Zeit und vor der Nachkriegstristesse in eine heiter-unbeschwerte Traumwelt flüchten konnte.

Der Operettenboom der Fünfziger gab Heesters die Möglichkeit, unter Beweis zu stellen, daß er in seinem Fach immer noch der Beste war. Die Kritiker konstatierten, daß er ein Theaterstar sei, dem der Filmruhm nicht geschadet habe, ein »Operettentenor, der sich im Laufe der Jahrzehnte zu einem (seiner Mittel freilich sehr bewußten) Schauspieler mit dem Talent zur Parodie«[13] entwickelt habe.

Insgesamt vier Mal versuchte Heesters sich in der Nachkriegszeit auch als Regisseur, um vorzuführen, wie man Operette nach allem, was geschehen war, nun spielen müsse.[14] Obwohl alle vier Regiearbeiten Heesters' von der Kritik äußerst gut besprochen worden waren und ihm ein Talent zur Regie bestätigt wurde, entschloß er sich, ausschließlich schauspielerisch weiterzuarbeiten, »weil man auf Dauer nicht auf zwei Hochzeiten tanzen kann«.[15] Seiner Karriere als Schauspieler und Sänger widmete er sich jedoch nach wie vor mit größtem Ehrgeiz, etwa indem er weiterhin an jedem freien Tag zwei Stunden mit einem Gesangslehrer trainierte. Unter Kollegen galt Heesters als harter Arbeiter, der bis zu vierzehn Stunden täglich arbeitete, wenn er neue Rollen einzustudieren hatte.[16]

Zu den wichtigsten Spielstätten neben Wien und Berlin wurden für Heesters in der Nachkriegszeit insbesondere zwei Theater in München, der Stadt, in der er Silvester 1938/39 zum ersten Mal aufgetreten war und in der er als Graf Danilo einen seiner größten Bühnenerfolge hatte feiern können. Das Theater am Gärtnerplatz, das im Dritten Reich zu einem der führenden Operettentheater Deutschlands avancierte, war im April 1945 nur relativ leicht durch Bombentreffer beschädigt worden. Es konnte bereits im Frühjahr 1948 am alten Ort wiedereröffnet werden und sich »in raschem Ablauf und über manche Krisen hinweg zu einem Musiktheater für Oper, Operette und Musical, zur Opéra comique der neuen Millionenstadt München«[17] entwickeln. In den fünfziger Jahren wurde vor allem auf das bewährte Repertoire gesetzt, zu dem etwa Millöckers *Bettelstudent* oder Kálmáns *Gräfin Mariza* gehörten. Bestrebungen, das Haus entweder zu privatisieren, in eine Art Volkstheater umzuwandeln oder mit der Bayerischen Staatsoper zu fusionieren, wurden wieder begraben, das Gärtnerplatz-Theater blieb selbständig und bot Heesters bis ins hohe Alter immer wieder eine künstlerische Heimat. 1983 wurde Heesters zum Ehrenmitglied der Bühne ernannt.

Zu einer anderen für ihn wichtigen Bühne wurde das Deutsche Theater München.[18] 1896 war es eröffnet worden, prächtig ausgestattet im märchenhaft-üppigen Stil der Jahrhundertwende, weshalb das Theater von Frank Wedekind ironisch als »Feenpalast« tituliert worden war. Zunächst war es dem zeitgenössischen Drama gewidmet, Stücken von Hebbel und Ibsen, bald jedoch wurde offenbar, daß sich mit dieser anspruchsvollen Kost die hohen Pachtgebühren nicht bezahlen ließen. Ein Jahr nach der Eröffnung bereits den drohenden Konkurs im Auge, ging man schnell zum Varieté und zum eleganten Tingel-Tangel über. Das Deutsche Theater wurde so zum neuen Vergnügungspalast Münchens, der besonders in der Faschingszeit unbestrittener Mittelpunkt der Stadt war. Das kriegszerstörte Theater war zwar 1951 wiedereröffnet worden, blieb aber stark renovierungsbedürftig. So ging Johannes Heesters bei der Premiere von *Hochzeitsnacht im Paradies* am 28. März 1952 »beinahe baden. Das Dach des Bühnenhauses ist durch Vereisung beschädigt worden. Und in Regines Boudoir beginnt es zu regnen. Heesters tritt souverän im Frack mit Regenschirm auf.«[19] Dies konnte ihn jedoch nicht davon abhalten, dem Deutschen Theater München, wo auch Stars wie Marika Rökk und Zarah Leander, Hans Moser und die junge Caterina Valente auftraten, weiterhin die Treue zu halten.

Der Kahlschlag, den die Nazis auf dem Operettensektor betrieben hatten, wirkte noch lange nach – zumindest in der Karriere von Johannes Heesters. In den fünfziger und sechziger Jahren stand er vor allem in solchen Operetten auf der Bühne, die auch im Dritten Reich geduldet worden waren, so etwa immer wieder in den Werken Franz Lehárs, Ralph Benatzkys und Friedrich Schröders. Erst Ende der fünfziger Jahre spielte er erstmals in einer Operette eines Komponisten, der vor den Nazis hatte fliehen müssen und 1944 im amerikanischen Exil gestorben war, in Bruno Granichstaedtens *Der Orlow*. Paul Abrahams *Viktoria und ihr Husar* war 1973 das zweite und zugleich letzte Werk eines der von den Nazis verfemten Operettenkomponisten, in dem er nach 1945 auftrat.

Heesters' meistgespielte Rolle der fünfziger Jahre, wiederum eine Frack-Rolle, war die des Ulrich Hansen in *Hochzeitsnacht im Paradies*, jener 1942 am Berliner Metropol-Theater uraufgeführten Operette, die Heinz Hentschke und Friedrich Schröder ihm auf den Leib geschrieben hatten und die auf ideale Weise mit Heesters' Image spielt.[20] Die Fabel ist schnell erzählt: Der Tennischampion Dr. Ulrich Hansen, der am Beginn des Stücks seine Verlobte Regine heiratet, hatte zuvor offensichtlich als Casanova gelebt, denn die Hochzeit kann erst stattfinden, nachdem seine frühere Freundin Dolores, eine eifersüchtige Tänzerin, in den Keller gesperrt wurde, damit sie die Zeremonie nicht stört. Die eifersüchtige Regine entdeckt kurz nach der Trauung ein Bild von Dolores in Ulrichs Zigarettenetui, es kommt zum Streit. Ulrich verläßt das Haus und zieht ins Hotel Paradies, wo auch die meisten Hochzeitsgäste abgestiegen sind, um sich dort zu amüsieren. Betrunken verirrt er sich des Nachts in ein falsches Zimmer, in dem Regines beste Freundin wohnt. Natürlich kommt es, wie es kommen muß, Regine überrascht die beiden und fühlt sich hintergangen, woraufhin Ulrich Hansen allein auf Hochzeitsreise geht. In Venedig, wo er nebenbei noch ein Tennisturnier gewinnt, werden schließlich alle Verwechslungen aufgeklärt, es kommt zur Versöhnung, und die verpatzte Hochzeitsnacht kann endlich nachgeholt werden.

Fast alle der eigens für Heesters geschriebenen Lieder dieser Operette wurden zu Evergreens, die seit 1942 nicht mehr aus seinem Repertoire wegzudenken waren: *Ein Glück, daß man sich so verlieben kann, So stell' ich mir die Liebe vor, Alle Wege führen mich zu dir* und vor allem *Es kommt auf die Sekunde an*. Aber auch in der Nachkriegszeit feierte er mit dieser Operette einige seiner größten Triumphe, insgesamt stand er 2000 Mal in ihr auf der Bühne: »*Hochzeitsnacht im Paradies* wurde für mich fast zum Klassiker. Ich habe sie über 25 Jahre hindurch in Deutschland, Österreich, Holland und Belgien gespielt. Die Rolle des Dr. Hansen ist neben dem Danilo meine erfolgreichste.«[21]

Neben *Hochzeitsnacht im Paradies* wurde ein weiterer Heesters-Erfolg der Vergangenheit, Ralph Benatzkys musikalisches Lustspiel *Meine Schwester und ich*, zu seinem meistgespielten Stück der fünfziger Jahre. Erstmals verkörperte er den von einer Prinzessin umschwärmten Bibliothekar Roger Fleuriot wieder im September 1955 am Deutschen Theater in München, wo er das Stück auch selbst inszenierte und es gemäß seinen Vorstellungen als »kabarettistisches Stück mit Musik«[22] mit großem Erfolg dem Geschmack der Zeit anpaßte.[23]

Niemand, der damals in eine der vielen Vorstellungen von *Hochzeitsnacht im Paradies* oder *Meine Schwester und ich* ging, wurde enttäuscht. Heesters war in seinen Erfolgsrollen von einst nach wie vor überzeugend, sein Charme schien tatsächlich unverwüstlich zu sein – kein Abend, an dem nicht mehrere Zugaben fällig wurden. Auch wenn er bereits nicht mehr ganz so hoch wie früher zu singen vermochte, sein subtiles Spiel begeisterte: »Da sitzt jede Geste, jedes Wort, da wird auch jeder Ton der an sich schon recht verbrauchten Stimme absolut sicher placiert.«[24]

Gerade jetzt kam ihm bei der Fortführung seiner Karriere zu Hilfe, daß er auch bisher nicht allein durch seine Stimme, sondern auch durch sein schauspielerisches Können überzeugt hatte. Was Heesters in dieser Zeit auf den Operettenbühnen spielte, war letztlich egal, *daß* er nach wie vor auftrat und sang und sowohl das Publikum als auch die Kritiker für sich einnahm, war das Entscheidende. In den Inszenierungen, in denen er mitwirkte, wurde alles um ihn herum letztlich zur Staffage, das Erfolgsrezept lautete schlicht und einfach Heesters: »So will das Publikum seinen Heesters haben: als eleganten, liebenswürdigen Lausejungen, lächelnd und unbesiegbar, aber doch scheinbar schüchtern und mindestens einmal am Abend hilflos ungeschickt beschwipst; seine lieben Grübchen müssen blitzen, sein Anzug muß vom neuesten Schnitt sein, und singen soll er natürlich auch, und das Ganze muß sich um ihn drehen und um die Liebe versteht sich. Egal, wie das Stück heißt, sein Name ist sowieso Heesters – wie lange nun schon? Das ist es ja eben, dem Johannes glaubt man's heute noch ...«[25]

Wien hatte sich für die Familie Heesters schnell zu einer neuen Heimat entwickelt. Schon 1934, als Johannes Heesters zum ersten Mal in der Stadt der Operette war, hatte er sich hier wohl gefühlt, und da ihn die Wiener auch in der Nachkriegszeit mit offenen Armen aufgenommen und seine Frau und seine beiden Töchter längst Wurzeln in der österreichischen Hauptstadt geschlagen hatten, entschloß er sich Mitte der fünfziger Jahre, sich fest hier niederzulassen und erstmals ein Haus zu kaufen, denn bislang hatte er immer zur Miete gewohnt. 1955 zog er mit seiner Familie aus der Wohnung in der Naglergasse in den Wiener Stadtteil Währing, ein vornehmes Villenviertel, in dem schon immer viele prominente Wiener lebten. Besonders die Lage hatte es Heesters angetan, befand man sich hier doch nur eine Straßenbahnhaltestelle vom Winzerort Grinzing entfernt, den er schon in den dreißiger Jahren gemocht hatte.

Heesters hatte eine großzügige vierstöckige Villa in der Cottagegasse 72 gekauft, die heute nicht mehr im Besitz der Familie ist. Das frei stehende, in hellem Gelbton gehaltene Haus auf dem großen, baumbestandenen Grundstück machte durchaus Eindruck und zeugte von dem Wohlstand, in dem die Familie lebte – nicht zuletzt durch die vielen Filme, die Heesters zu dieser Zeit drehte. Kurz danach erwarb Heesters sogar noch zwei weitere Wohnsitze: ein Landhaus in Söcking, in der Nähe des Starnberger Sees, sowie ein Ferienhaus am Meer, im holländischen Seebad Zandvoort. Um das Interieur der Wiener Villa hatte sich Wiesje Heesters gekümmert: Gemälde und Kronleuchter, vornehme Möbel und wertvolle Teppiche, schönes Porzellan, Terrakotta-Madonnen und überhaupt eine Vorliebe für klerikale Kunst prägten die Einrichtung. Höhepunkt bei jeder Hausbesichtigung war ein prachtvoller, zwei Meter hoher und mit reichen Schnitzereien verzierter Danziger Barockschrank, in dessen mit Beleuchtung und Musikwerk versehenem Innenleben eine Weihnachtskrippe aufgestellt war.[26] Ein Reporter, der die Heesters Ende der fünfziger Jahre in ihrer Wiener Villa besuchte, befand: »Die Räume sind kostbar ausgestattet, sie befriedigen jedes verwöhnte Auge durch den Zusammenklang von Farben und Formen – der niederländische Einklang ist unverkennbar –, aber der beherrschende Eindruck ist doch die selbstverständliche Behaglichkeit des Interieurs. Man spürt: all die schönen Gegenstände sind dazu da, benutzt zu werden. Die Wohnung lebt.«[27]

Nach wie vor war die Familie, dessen unbestrittener Mittelpunkt weiterhin Heesters' Frau Wiesje war, seine wichtigste Rückzugsmöglichkeit, um sich vom Theatertrubel zu erholen, aber auch um in Ruhe seine Rollen zu lernen. Seiner Leidenschaft für Haustiere – neben dem sprechenden Wellensittich Pierrot und dem Kater Poppedyntje gab es immer wieder Hunde im Hause Heesters, zunächst einen Schäferhund, später einen Bernhardiner –, konnte er hier in Wien ebenso frönen wie seiner lebenslangen Sportbegeisterung. Noch als Mittfünfziger ging er jeden zweiten Tag zum Boxtraining. Daß nicht zuletzt sein Aussehen ein wichtiges Kapital für ihn war, wußte er, und so achtete er peinlichst genau darauf, bei seiner Größe von 1,80 Meter nie mehr als 75 bis 80 Kilogramm zu wiegen. Neben dem Boxen komplettierten Waldläufe, Gymnastik, Schwimmen, Radfahren und regelmäßige Sauna-Gänge sein Fitneßprogramm.

Im Gegensatz zu den Presseartikeln der dreißiger und vierziger Jahre, die wenig mit dem »tatsächlichen« Heesters zu tun hatten, sondern lediglich sein Leinwand- und Bühnenimage und die Erwartungshaltung der Fans bedienten, wurde jetzt auch realistischer über den Privatmenschen Heesters berichtet. Homestories dieser Zeit zeigten ihn nun verstärkt mit Wiesje und den beiden Töchtern. Heesters' Frau blieb jedoch auf eigenen Wunsch auch in dieser Zeit weitgehend im Hintergrund, ihren Rückzug von der Bühne Jahrzehnte zuvor betrachtete sie offenbar als endgültig, auch wenn sie insgeheim damit haderte, ihre Karriere aufgegeben zu haben.[28] Dennoch war es ihr zweifellos das wichtigste, ihrem Mann und ihren Töchtern ein geordnetes Zuhause zu bieten, zudem kümmerte sie sich damals verstärkt um ihre Eltern, die im Alter hilfsbedürftig geworden waren. Bis in die Nachkriegszeit hatten diese noch in ihrer Heimat Belgien gelebt, wo Heesters ihnen in einem Vorort von Brüssel ein Haus gebaut hatte.[29]

Als sie nicht mehr allein zurechtkamen, organisierte Heesters den Umzug seiner Schwiegereltern nach Wien, damit Wiesje sie selbst pflegen konnte. Beide starben in Wien, François Ghijs im Alter von 91 Jahren, seine Frau mit 99 Jahren.[30]

Seinen beiden heranwachsenden Töchtern war Johannes Heesters weiterhin zugleich verständnisvoller Freund und strenger Vater, was Nicole und Wiesje manches Mal als lästig empfanden: Noch mit 21 Jahren mußten sie spätestens um 21 Uhr zu Hause sein.[31] Heesters bekannte: »Sie waren nun mal hübsche Mädchen, hatten viele Verehrer. Aber ich fürchtete, sie könnten enttäuscht werden. Vor Oberflächlichkeit, Falschheit und Eitelkeit, wovon es in meinem Beruf genug gibt, wollte ich sie bewahren.«[32] Beide hatten sich für einen künstlerischen Weg entschieden, die eine als Pianistin, die in die Klavierklasse der Wiener Staatsakademie aufgenommen wurde, die andere als Schauspielerin.

Nicole offenbarte ihren Eltern schon im Alter von 14 Jahren daß sie zur Bühne wolle. Nicht nur Mutter Wiesje, die in diesem Moment wohl an ihre eigene frühere Karriere gedacht hatte, goutierte die Schauspielambitionen der Tochter, auch Johannes Heesters unterstützte Nicole von Beginn an, wenngleich in der Presse immer wieder kolportiert wurde, daß er sich dem Wunsch zunächst entgegengestellt habe. In Wirklichkeit besorgte er Nicole mit Alfred Neugebauer vom Wiener Burgtheater einen hervorragenden Privatlehrer, mit dem sie sich auf die Schauspielprüfung vorbereiten konnte.[33] Seine Unterstützung knüpfte er jedoch an eine Bedingung: Da er selbst aus eigener Erfahrung wußte, von welch elementarer Bedeutung für den schauspielerischen Erfolg die handwerkliche Basis ist, forderte er, daß sie – egal, wie schnell sich der Erfolg einstellt – eine gründliche Ausbildung absolviert. Diesen Rat befolgte Nicole: Auch nachdem sie bereits im Alter von sechzehn Jahren in dem Paula-Wessely-Film *Ich und meine Frau* (1953) debütiert hatte, nahm sie weiter bei Helene Thimig, einer der Vertreterinnen der berühmten Wiener Schauspielerdynastie, Unterricht. Mit ihrem Vater aber wollte Nicole vorerst nicht zusammenarbeiten: Als Johannes Heesters einmal einen Lehrauftrag am Wiener Reinhardt-Seminar annahm, wo Nicole studierte, beendeten beide nach der vierten Probe übereinstimmend die Zusammenarbeit – so sollte es noch rund zwanzig Jahre dauern, bis sie gemeinsam Theater spielten: »Ich bin ihm dankbar, daß er mich in Ruhe meinen Weg hat gehen lassen, daß er mich aus der Ferne beobachtet hat, ohne mich zu beeinflussen. Mein Vater sagte mir: ›Der Name Heesters ist dein Sprungbrett, aber springen mußt du nun selbst.‹«[34]

Fraglos war Johannes Heesters stolz darauf, daß beide Töchter künstlerische Berufe ergriffen, zumal sie mit seinen eigenen Metiers, der Musik und dem Schauspiel, zu tun hatten. Dennoch gefiel er sich zeitlebens darin, damit zu kokettieren, daß er sich als Vertreter der leichten Muse zwischen seinen beiden »seriösen« Töchtern mitunter etwas fehl am Platze gefühlt habe: »Wenn ich damals in Wien abends nach Hause kam, hörte ich oben Beethoven und unten Faust und Gretchen. Gelegentlich schmerzte das den Herrn der leichten Muse.«[35]

Operetten, Grafen, Grandhotels

Wie auf der Bühne, so konnte Heesters auch mit seinen Nachkriegsfilmen dort anknüpfen, wo er 1945 aufgehört hatte, und blieb auf diese Weise Deutschlands Film-Tenor Nummer eins. Hinsichtlich Heesters' Filmkarriere der fünfziger Jahre standen die Zeichen eindeutig auf künstlerische Stagnation. So wie er auf der Bühne die Erfolgsrollen von einst sang, so unterschieden sich auch die Charaktere, die er in seinen insgesamt 26 österreichischen und deutschen Nachkriegsfilmen der Zeit von 1947 bis 1961 verkörperte, kaum von den Rollen, die er im Kino des Dritten Reichs gespielt hatte. Er selbst stellte rückblickend fest: »Groteskerweise unterschieden sich die meisten dieser Filme weder im Inhalt noch vom Titel von den Filmen, die wir vor und während des Krieges bis zum bitteren Ende gedreht hatten. Den Kinoprogrammen war jedenfalls kaum anzumerken, daß das Publikum Zeiten hinter sich hatte, die die Welt erschütterten.«[36]

Tatsächlich setzte man auch im Kino der Nachkriegszeit erst einmal unbeirrt auf Altbewährtes. Eine »Stunde Null« gab es im deutschen Kino ebensowenig wie anderswo, Kontinuität war angesagt – personell, mental und strukturell. Nur wenige Produktionen, wie etwa Wolfgang Staudtes in den Trümmern von Berlin gedrehter Film *Die Mörder sind unter uns* (1946) oder der Streifen *Zwischen gestern und morgen* (1947), beides filmische Auseinandersetzungen mit den NS-Verbrechen, zeugten inhaltlich wie künstlerisch von einem neuen Geist, blieben jedoch letztlich ohne Nachfolger. Doch waren es weder diese engagierten zeitnahen Produktionen kinematographischer Vergangenheitsbewältigung noch die Ende der vierziger Jahre verstärkt gedrehten Trümmerfilme, die die Deutschen in Massen ins Kino lockten. Zu *dem* Filmgenre der fünfziger Jahre wurde vielmehr der illusionistische Heimatfilm, der vor den brennenden Problemen und Fragen der Zeit demonstrativ die Augen verschloß und gleichsam ein seelisches Narkotikum darstellte.[37] Bezeichnenderweise war es also auch jetzt, als die Unterhaltung nicht mehr staatlich verordnet war und die Filmindustrie keinem Propagandakonzept mehr folgte, die unverfängliche Ablenkung von der Realität, die das Publikum anzog. Auch wurden die nun neu entstehenden Filme zum Großteil von den gleichen konservativen Wertvorstellungen getragen, die das Kino der NS-Zeit geprägt hatten, betrachtet man etwa die im Film der fünfziger Jahre vermittelten Ideale von der Ehe oder der Rolle der Frau, die sich von der Darstellung in den Streifen der dreißiger und vierziger Jahre kaum unterscheiden: »Die Nazi-Ideologie wurde nicht ausgemerzt, sondern uminterpretiert.«[38] Filmische Gegenentwürfe entstanden erst in den sechziger und siebziger Jahren; in den fünfziger Jahren lebte man zwar im Zeitalter der Düsenflugzeuge, dachte aber weiterhin im Zeitalter der Postkutschen. Produziert wurden, wie es Hellmuth Karasek formulierte, »Träume auf Teufel komm raus, wie billiger Fusel gegen die Wirklichkeit«.[39]

Noch bevor er wieder in Deutschland zu drehen begann, liefen Heesters-Filme in den deutschen Kinos, die vor Kriegsende zwar fertiggestellt worden waren, aber nicht mehr aufgeführt werden konnten: 1948 *Frech und verliebt* und 1949 *Die Fledermaus*. Auch Filme, die bereits im Dritten Reich angelaufen waren, kamen nun mit großem Erfolg neu ins Kino: In den frühen Nachkriegsjahren »ging praktisch jeder Film, weil man bei Zarahs Tränen oder Heesters' Charme den Hunger weniger spürte als in den eigenen vier Wänden«.[40] Die Stars von einst, ob Johannes Heesters oder Zarah Leander, Heinz Rühmann oder Lil Dagover, gehörten auch zur ersten Star-Generation des bundesdeutschen Nachkriegskinos. So kann es kaum verwundern, daß Johannes Heesters 1948 bei einer Publikumsumfrage zu einem der beliebtesten deutschen Filmschauspieler gekürt wurde.[41]

Für die Stars veränderte sich wenig – nur die Filme, in denen sie jetzt mitwirkten, waren aufgrund der bescheidenen Mittel weniger opulent. Ansonsten standen sie in den fünfziger Jahren noch ein letztes Mal so im Mittelpunkt wie zur Zeit ihrer Karriere im Dritten Reich – erst durch die Krise des deutschen Films und die stark rückläufigen Zuschauerzahlen in den sechziger Jahren wurden die umjubelten deutschen Filmstars mehr und mehr von ihren amerikanischen Kollegen verdrängt. Wie die meisten der männlichen Filmstars, die die Leinwände der fünfziger Jahre beherrschten, war Heesters rein altersmäßig ein Vertreter ebenjener Generation, die durch den Krieg stark dezimiert worden war. Das Kino präsentierte gleichsam Ersatzehemänner für die vielen Frauen, die der Krieg zu Witwen gemacht hatte. Die Zeit der jungen Stars wie Horst Buchholz brach erst in der zweiten Hälfte der fünfziger Jahre an, als das Männerbild durch US-Stars wie Marlon Brando, Montgomery Clift und James Dean radikal verändert wurde. Davor zählten Schauspieler wie O. W. Fischer, Curd Jürgens, Dieter Borsche, Karlheinz Böhm und der durch die Heimatfilme populäre Rudolf Prack zu den deutschen Spitzenstars. Ihnen gegenüber bewegte sich Heesters nun gemeinsam mit Kollegen wie Paul Hubschmid, René Deltgen und Georg Thomalla eher im Mittelfeld der Publikumsgunst, wie das »Starometer« der Zeitschrift »Star-Revue« im Oktober 1955 belegt, das den Marktwert der deutschen Spitzenstars nach den Kassenerfolgen ihrer Filme auflistete. Auch bei den weiblichen Stars führten trotz ihrer ständigen Kinopräsenz nicht mehr die Filmdiven von einst wie Rökk oder Leander, sondern Schauspielerinnen wie Maria Schell und Johanna Matz, Ruth Leuwerick und Romy Schneider die Liste an.[42]

Bei den meisten Filmen, die Johannes Heesters in den fünfziger Jahren drehte, handelte es sich um heiter-beschwingte Musikkomödien oder Operettenverfilmungen, bei denen mit Hilfe belangloser Oberflächlichkeiten und eingängiger Melodien gute Laune beim Kinopublikum erzeugt werden sollte. Kaum einer der Filme entfernte sich weit von Heesters' fest etabliertem Image: Auch auf der Leinwand wurde er verstärkt als Mann in den besten Jahren präsentiert, dem die Frauenherzen, ob jung oder alt, nach wie vor reihenweise zufliegen. Die Verwechslungs- und Eifersuchtskomödien spielten nun in der gehobenen Wirtschaftswunderwelt, und Heesters verkörperte die Vertreter besserer Kreise: angesehene Maler und Professoren, Grafen und Modezaren, Komponisten und Sänger, Film- und Revuestars – zumeist draufgängerische Lebemänner und notorische Junggesellen.

Der erste Film, den Heesters in der Bundesrepublik drehte, war 1950 *Melodie des Herzens*, den man in Österreich unter dem Verleihtitel *Wenn eine Frau liebt* in die Kinos brachte. Regisseur war Wolfgang Liebeneiner, die weibliche Hauptrolle spielte dessen Frau Hilde Krahl. Liebeneiner hatte den Stoff bereits 1937 mit Luise Ullrich und Viktor de Kowa in den Hauptrollen verfilmt, damals war es seine erste Regiearbeit. Im Reigen der eher mittelmäßigen Unterhaltungsstreifen, in denen Heesters in der Nachkriegszeit mitwirkte, war *Melodie des Herzens*, in dem Heesters und Krahl ein Malerehepaar spielen, noch einer der künstlerisch anspruchsvollsten. Wichtiger für seine Karriere wurde jedoch drei Jahre später der Film *Die Jungfrau auf dem Dach*, der einzige Streifen in Heesters' Filmkarriere, der in Hollywood entstand.

Fünfzehn Jahre nachdem er das Angebot, an der amerikanischen Westküste zu drehen, ausgeschlagen und sich für eine Karriere bei der Ufa entschieden hatte, erreichte ihn auf Vermittlung seiner damaligen Agentin Anni Mayer-Stapler, der Witwe seines 1951 verstorbenen jüdischen Agenten Arthur Stapler, ein Filmangebot von United Artists in Los Angeles. Begeistert sagte er zu – auch für ihn sollte sich nun der heimliche Traum wohl vieler europäischer Schauspieler erfüllen. *Die Jungfrau auf dem* Dach ist die Verfilmung der turbulenten und angesichts der biederen Moralvorstellungen jener Zeit durchaus auch gewagten Broadway-Erfolgskomödie *The Moon is Blue*, die unter dem Titel *Wolken sind überall* auch mit großem Erfolg auf den deutschen Bühnen lief. Als Regisseur fungierte der gebürtige Wiener Otto Ludwig Preminger, einstiger Assistent Max Reinhardts und Intendant des Theaters in der Josefstadt, der 1933 vor den Nazis ins amerikanische Exil geflohen war und sich in den Vereinigten Staaten zunächst als Schauspieler, dann auch als Regisseur einen Namen gemacht hatte. Für die deutsche Fassung seines Films, der parallel auch noch mit einer zweiten Besetzung auf englisch gedreht wurde, wählte er neben Johannes Heesters – der die Rolle übernahm, die in der US-Version David Niven spielte – die Burgtheater-Schauspielerin Johanna Matz und den damals gerade erst 24 Jahre alten Hardy Krüger aus. Die drei Schauspieler reisten unter größter Aufmerksamkeit der deutschen Presse gemeinsam nach Amerika. Die Atmosphäre in Hollywood nahm die Gruppe schnell gefangen: »Nach einem entbehrungsreichen Leben in Europa fühlten wir uns in der neuen Umgebung schnell wohl.«[43] Heesters nutzte die Gelegenheit, alte Bekannte wiederzutreffen, so etwa seine ehemalige Filmpartnerin Brigitte Horney, die damals in New York verheiratet war, sowie den Komiker Siegfried Arno oder Marta Eggerth und Jan Kiepura, die seit ihrer Emigration in Amerika lebten.

Gedreht wurde *Die Jungfrau auf dem Dach* in den Century-Fox-Ateliers am Cahuenga Boulevard. Sechs Wochen lang wurde, wie in Hollywood üblich, von allen Beteiligten höchste Disziplin, größtmögliche Pünktlichkeit und eine perfekte Vorbereitung erwartet – eine Arbeitsweise, die Heesters bereits von seinen Theateranfängen und von seiner Ufa-Zeit her kannte und die seinem Naturell entgegenkam. Die Dreharbeiten verliefen dennoch ungewohnt, bei gleichbleibenden Kameraeinstellungen wurde zunächst immer die englische, anschließend die deutsche Sprachfassung gedreht, was die deutschen Schauspieler irritierte. Für die deutsche Drehbuchfassung war niemand anders als Carl Zuckmayer zuständig, doch auch durch seine Mitarbeit ließ sich nicht verhehlen, daß es sich bei der Vorlage lediglich um ein recht simpel gestricktes Boulevardtheater-Stück handelte, das sich wortreich über »weibliche Unschuld« ausläßt. *Die Jungfrau auf dem Dach* erzählt die Geschichte einer jungen Frau, die selbst entscheiden will, durch welchen von zwei Kandidaten sie sich ihrer Jungfräulichkeit entledigt, einen charmanten Lebemann in den besten Jahren oder einen arglosen jungen Architekten. Insbesondere die Tatsache, daß ihre Überlegungen nicht auf eine anschließende Eheschließung gerichtet waren, sorgte in Amerika für einen Skandal. In Deutschland durfte immerhin der Begriff »Jungfrau« im Titel geführt werden, was in den Vereinigten Staaten damals völlig undenkbar gewesen wäre. Nach Abschluß der Dreharbeiten kehrte Heesters zurück an die Ostküste, wo er sich mit seiner Tochter Wiesje traf, der er einen vierzehntägigen gemeinsamen Amerika-Urlaub zu ihrem 21. Geburtstag geschenkt hatte. Anschließend kehrten die beiden auf dem holländischen Dampfer »Rijndam« wieder nach Europa zurück.

Da der Film in Amerika wegen seiner allzu freizügigen Dialoge von den Zensurbehörden verboten wurde, fand die Welturaufführung im Juni 1953 während der Internationalen Filmfestspiele in Berlin statt. 20000 Menschen sahen in der vollbesetzten Berliner Waldbühne, dem damals größten Freilichtkino Europas, Heesters' Hollywood-Debüt. Bei den Kritikern kam der Streifen, der tatsächlich wie verfilmtes Theater wirkt, weniger gut an, er wurde als zu dialoglastig empfunden. Die Besetzung und die darstellerischen Leistungen jedoch wurden durchweg gelobt. Otto Preminger bestätigte Heesters nach der gelungenen Zusammenarbeit internationales Niveau: »In Hollywood wäre Jopie zum Weltstar geworden.«[44]

Ein weiterer der wenigen herausragenden Filme in Heesters' Nachkriegskarriere war der ein Jahr später gedrehte

Streifen *Bel ami* (1957). Die Rolle des ebenso charmanten wie skrupellosen Verführers und Karrieristen George Duroy, die Guy de Maupassant 1885 geschaffen hatte, war Heesters schon von der Bühne her vertraut. Bereits 1949 hatte er sie am Raimund-Theater in Wien in der gleichnamigen Operette von Rudolf Kattnigg gespielt und auch sechs Jahre nach der Verfilmung stand er ein weiteres Mal in ihr auf den Brettern – als 1960 das Musical *Bel Ami* von Peter Kreuder in Wien uraufgeführt wurde. Die Geschichte eines Glücksritters, der es zuerst zum Zeitungsredakteur, dann gar bis zum Minister bringt und sich in diesem neuen Amt schweren Herzens von den zahlreichen Amouren, die bis dato sein Leben ausgemacht hatten, verabschieden muß, paßte natürlich haargenau zu Heesters' Image und wurde so zu einer weiteren Paraderolle für ihn. Der 1957 gedrehte Film, dessen Musik der bedeutende Brecht-Komponist Hanns Eisler komponierte, war eine österreichisch-französische Koproduktion, die den Stoff gesellschaftskritisch angeht und damit der Intention Maupassants sicherlich näher kam als die gleichnamige Willi-Forst-Verfilmung aus dem Jahr 1939.

Letzter Glanzpunkt in Heesters' Nachkriegs-Filmkarriere war 1959 *Die unvollkommene Ehe* mit der Burgtheater-Schauspielerin Paula Wessely, die den Film auch selbst produzierte. Heesters, der entgegen seinem Image in einer Vaterrolle besetzt wurde, fühlte sich geschmeichelt, von der als »Duse des Films« gerühmten Wessely engagiert zu werden, mit der er noch nie zusammengearbeitet hatte, bestätigte ihm dies doch wieder einmal, als Schauspieler durchaus ernst genommen zu werden. Paula Wessely wurde und blieb neben Brigitte Horney Heesters' Lieblingspartnerin.[45] Besonders beeindruckte ihn, daß die Wessely, die für ihre sprachliche Nuancierungskunst berühmt war, auch als umjubelter Star noch tagtäglich mit einem Korken im Mund ihre Sprechübungen machte: »[Sie] schwebte nicht in höheren Sphären, getragen von ihrer Begabung und ihrem Erfolg, sondern trainierte immer noch wie eine Anfängerin. Mit größter Disziplin, allerdings auch mit beinahe beschämender Perfektion.«[46]

Diese vier Filme waren Ausnahmen von den überwiegend seichten Unterhaltungsstreifen, in denen Heesters in jener Zeit zu sehen war und die sich meist auf den Charme ihres Hauptdarstellers und die dargebotenen Melodien verließen. So unter anderem in drei Filmen, in denen man das vermeintliche Traumpaar Rökk-Heesters wieder zusammen vor die Kamera holte und Heesters auf die gleiche unglückliche Konstellation stieß, die schon bei früheren Produktionen mit Rökk zu Spannungen geführt hatte: Rökk-Ehemann Georg Jacoby führte Regie und sorgte dafür, daß seine Frau trotz notorischem Chargieren im Mittelpunkt stand, etwa in *Die Csárdásfürstin* (1951) nach der gleichnamigen Operette von Emmerich Kálmán – eine der Paraderollen aus Rökks Bühnenkarriere. Die Kritiken zu diesem Streifen waren eher mäßig und hoben vor allem Marika Rökks schwindelerregenden Tanz hervor, von dessen »Zentrifugalkraft der elegante Weylersheim (Johannes Heesters) schier an die Wand gedrückt wird«.[47] Zwei weitere anspruchslos-gefällige Rökk-Streifen folgten, in beiden führte wiederum Georg Jacoby Regie. *Die geschiedene Frau* (1953), nach der gleichnamigen, 1908 uraufgeführten Operette von Leo Fall, mußte schon deshalb scheitern, weil die Rolle von Marika Rökk ernsthaftes schauspielerisches Können erfordert hätte, ihr begrenztes mimisches Talent jedoch bereits nach der ersten Szene aufgebraucht war. Heesters' schauspielerische Leistung war zweifellos besser, den mediokren Streifen konnte jedoch auch er nicht retten. Mit dem Revuefilm *Bühne frei für Marika*, der sich wiederum allein auf die tanzakrobatischen Künste seiner Hauptdarstellerin verließ und vom »unverwüstlichen Temperament« der Rökk zeugen sollte, ansonsten aber nicht zu überzeugen vermochte, endete 1958 nach über zwanzig Jahren endgültig die Zusammenarbeit von Rökk und Heesters. Auch in der Nachkriegszeit war aus den einstigen Ufa-Stars kein Traumpaar mehr geworden.

Einen Schwerpunkt in Heesters' Karriere im Nachkriegskino bildeten natürlich wiederum Operettenverfilmungen, die beim Publikum der fünfziger Jahre meist sehr gut ankamen, waren sie doch in einer Vergangenheit angesiedelt, die sich problemlos zur Verklärung eignete. Nur ein einziger dieser Filme war jedoch auch an der Kinokasse so erfolgreich, daß er es sogar bis in die Top Ten der damaligen Kinocharts schaffte, die Verfilmung von Heesters' Erfolgsoperette *Hochzeitsnacht im Paradies* (1950). Geza von Bolvary verfilmte die Bühnenvorlage mit Heesters und Claude Farell in den Hauptrollen. Der Streifen wurde teils in Venedig gedreht und nahm damit einen wichtigen Trend vorweg, denn in den fünfziger und sechziger Jahren waren unzählige deutsche Filme im Sehnsuchtsland Italien angesiedelt, wohin sich in den anbrechenden Wirtschaftswunderjahren auch immer mehr Deutsche mit ihren frisch erworbenen Volkswagen aufmachten.

Doch je weiter die fünfziger Jahre voranschritten, desto weniger Gefallen fanden Publikum und Kritik an den Operettenverfilmungen. Ein Kritiker schrieb zu *Opernball*, einem 1956 nach der Operette von Richard Heuberger gedrehten Film: »Das ist Wiener Operettenkohl von vorgestern.«[48] Heesters' Darstellung in all diesen Streifen war altbewährt routiniert, ernsthafte Kritik an ihm gab es nur einmal, nicht jedoch wegen seiner schauspielerischen Leistung, sondern weil man ihn für eine Fehlbesetzung hielt: *Hab' ich nur deine Liebe* (1953) erzählt die Lebensgeschichte des Komponisten Franz von Suppé, konzentriert sich jedoch eher auf dessen angebliche galante Abenteuer als auf die Erlebnisse des Mannes, der die Geburtsstunde der Operette mitgeprägt hatte. Die Meinung der Rezensenten war eindeutig: »Im Grabe umdrehen würde sich der Wiener Operettenkomponist Franz von Suppé, wenn er sich in dem Film ›Hab' ich nur deine Liebe‹ wiedersehen würde. Sein berühmter Vollbart mußte dem Leinwandcharme des Suppé-Darstellers Johannes Heesters weichen.«[49]

Die den alten Rezepten verpflichteten Operettenfilme wichen zum Ende der fünfziger Jahre zunehmend den neuen Schlagerfilmen, die nun höher in der Publikumsgunst standen und in denen die neuen musikalischen Trends und Tendenzen aufgegriffen wurden: Stars wie Caterina Valente, Freddy Quinn und Peter Alexander, die sich zeitgleich auch in den großen Fernsehsendungen einen Namen machte, wurde in diesen Streifen die Chance geboten, ihre neuesten Schlager zu präsentieren – oder aber ihre neuesten Lieder via Kino zu Schlagern zu machen. Die Handlungen waren meist äußerst schlicht, es ging nicht um Inhalte, sondern darum, die topaktuelle Mode und das im Trend liegende Design vorzuführen, die neuesten Automodelle, die schicksten Frisuren und natürlich die neue Musik, die sich mit ihren Jazzelementen bewußt vom Operettenkitsch vergangener Tage abzugrenzen versuchte. Die deutschen Musikfilme beherrschten das bundesrepublikanische Kino der sechziger Jahre, sie waren beliebter als die amerikanischen Musikstreifen der damaligen Zeit – was sich erst mit dem Erfolgsfilm *Saturday Night Feaver* (1977) grundlegend ändern sollte. In der Kinosaison 1959/60 jedenfalls landete noch der Freddy-Quinn-Film *Freddy unter fremden Sternen* auf Platz 1 der Kinocharts.

Zwar wirkte Heesters zum Abschluß seiner Filmkarriere ebenfalls in einem der neuartigen Schlagerfilme mit, dennoch stand er zweifellos im Abseits dieser Entwicklung. Bereits 1953 hatte er in dem Streifen *Schlagerparade* mitgespielt, gleichsam einem Vorläufer der Musikfilme der Sechziger, aber bereits damals waren es Stars wie Rudi Schuricke, Margot Hielscher und Bully Buhlan, die mit ihren Musikeinlagen im Mittelpunkt standen, während Johannes Heesters ebenso wie der französische Alt-Charmeur Maurice Chevalier mit ihren kurzen Gastauftritten seltsam deplaziert wirkten. Auch in Géza von Cziffras 1961 realisiertem Streifen *Junge Leute brauchen Liebe*, einem der seinerzeit handelsüblichen musikalischen Lustspiele, ist Heesters nicht mehr als eine Nebenfigur, während die Stars des Films die kommenden Gesichter der sechziger Jahre sind: Peter Weck und Cornelia Froeboess, Billy Ramsey und die junge Senta Berger. Dennoch wurde Johannes Heesters, der in dem belanglosen und uninspirierten Film, für den es Verrisse hagelte, den Chef eines Wiener Modesalons spielt, für seine Darstellung mit »leicht resigniertem Mann-von-Welt-Blick«[50] gelobt. Mit *Junge Leute brauchen Liebe* beendete Heesters Anfang der sechziger Jahre seine Filmkarriere – in Österreich, da, wo sie 1947 auch begonnen hatte. Erst 24 Jahre später sollte er für einen kleinen Gastauftritt in *Otto – der Film* (1985) auf die Leinwand zurückkehren.

Anfang der sechziger Jahre ging es ihm wie vielen Alt-Stars, die nicht mehr so recht ins Konzept der Filmwirtschaft paßten: Die Rollenangebote blieben aus, bereits die letzten Filme waren keine Kassenschlager mehr. In einer sich grundlegend verändernden Kinolandschaft war auch Johannes Heesters ein Auslaufmodell geworden, während er auf der Bühne und bald auch im Fernsehen gefragt war wie eh und je. In einer Zeit, deren Maxime lautete »Trau keinem über dreißig«, ging es vielen Ufa-Stars ähnlich. Die alte Schauspielerriege, die zu Zeiten des Dritten Reichs populär geworden war, trat ab. Marika Rökk drehte 1962 mit *Heute gehen wir bummeln* ihren letzten Film,[51] auch die Ufa-Stars Camilla Horn und Ilse Werner standen in dieser Zeit zum letzten Mal vor der Kamera. Die alten Publikumsmagneten zogen nicht mehr, Opas Kino wurde für tot erklärt.

1961, als Heesters' letzter Film anlief, gelang es nicht, einen einzigen deutschen Streifen zu finden, den man für den Bundesfilmpreis hätte nominieren können. Ein Jahr später wurde das »Oberhausener Manifest« verkündet, mit dem junge Filmemacher erklärten: »Der alte Film ist tot, wir glauben an den neuen.«[52] Angesichts der inhaltlichen wie künstlerischen Erstarrung des deutschen Films versuchte man nun, den filmkünstlerischen Nachwuchs zu fördern und einen Generationswechsel herbeizuführen. Gefragt waren Filme, die einen schonungslos-radikalen Blick auf die Gegenwart richteten, statt sich in harmlos-seichte Traumwelten zu flüchten. Zwar entstanden durch Regisseure wie Peter Schamoni, Alexander Kluge und Volker Schlöndorff durchaus anspruchsvolle Filme, die Kinos jedoch ließen sich mit ihnen nicht füllen, was sowohl daran lag, daß die Filme nicht auf den Massengeschmack abzielten, als auch daran, daß sich durch die rasche Verbreitung des Fernsehens das Publikumsinteresse zunehmend auf das Fernsehen verlagerte. Der regelmäßige Kinobesuch wurde bereits in den sechziger Jahren zur Ausnahme: Gingen Ende der Fünfziger jährlich noch rund

800 Millionen Menschen ins Kino, so waren es zehn Jahre später nur noch knapp 180 Millionen. Reihenweise schlossen die Kinos, ebenso gingen unzählige Produktions- und Verleihfirmen bankrott, und fast alle Filmzeitschriften stellten ihr Erscheinen ein.

So war es nur ein Tribut an die Zeit, daß sich auch der »ungekrönte Kaiser der deutschen Filmoperette«[53] von der Leinwand verabschiedete. Heesters' Erbe trat ein Mann an, der von den Leinwänden der sechziger Jahren bald nicht mehr wegzudenken war und der in den siebziger und achtziger Jahren zu einem der großen Stars der deutschen Fernsehunterhaltung wurde: Peter Alexander. Auf der Leinwand erbte er – der in noch mehr Operettenverfilmungen als Heesters mitwirkte[54] – die großen Paraderollen des Mannes, den er zeitlebens als sein künstlerisches Vorbild bezeichnete. 1962 etwa stand er in Neuverfilmungen von *Die Fledermaus*, *Die lustige Witwe* und *Hochzeitsnacht im Paradies* vor der Kamera.

Kennengelernt hatten sich Alexander und Heesters bereits 1950, als Heesters im Wiener Bürgertheater wieder einmal den Ulrich Hansen in *Hochzeitsnacht im Paradies* spielte. Peter Alexander hatte in dieser Inszenierung seinen allerersten Bühnenauftritt und spielte eine kleine Rolle, die des Dieners Karl. An den einzigen Satz, den er damals allabendlich in 175 En-suite-Vorstellungen zu sprechen hatte, erinnert er sich noch heute: »Die Wagen sind vorgefahren.«[55] Daß er mehr konnte und seine Talente zudem im Komödiantischen und Parodistischen lagen, konnte der junge Mann allenfalls hinter den Kulissen beweisen. Dort erfreute er seine Kollegen mit gekonnten Heesters-Parodien. Dem Parodierten war dies natürlich zugetragen worden, er ließ Peter Alexander zu sich kommen und ihn seine Parodie vorspielen, die er vorzüglich fand. Tatsächlich machte Peter Alexander im Laufe seiner Karriere, als er zum höchstbezahlten deutschen Fernsehstar aufstieg, durch eine Reihe gelungener Parodien von sich reden. Schon damals war er »ein begeisterter Heesters-Fan. Ich stürmte schon in meiner Schulzeit seine Filme und bewunderte das große Komödiantentum und seine Metall-Stimme.«[56]

Johannes Heesters verspürte offensichtlich Sympathie für den begabten jungen Schauspielanfänger. In vielem fühlte er sich an sich selbst erinnert: »Mir war auch nicht entgangen, daß er sehr oft von der Seitenbühne aus mit offenen Augen und Ohren die Vorstellung verfolgte, uns beobachtete und lernen wollte. Darin erinnerte er mich an meine eigenen Anfängerjahre, als ich jede Gelegenheit nutzte, um meine erfahrenen älteren Kollegen bei ihrer Arbeit zu studieren.«[57] Auch Peter Alexander entsinnt sich, Heesters Abend für Abend, in der Kulisse stehend, beobachtet zu haben und beeindruckt gewesen zu sein, wie professionell dieser sich vorbereitete und dann auf der Bühne agierte. Dies sei für ihn »lebendiger Schauspielunterricht« gewesen: »Es war faszinierend, ihn bei der Arbeit zu beobachten. Er spielte jeden Tag anders, aber immer gleich gut.«[58]

Zwischen Cole Porter und Franz Lehár

1956 eroberte Heesters sich ein neues Karriereufer und baute damit – wie so oft wohl eher unbewußt als geplant – für die Zukunft vor. Zwar hatte man damals von dem neuen Genre des »Musical« auch in Europa schon gehört, doch zunächst war es lediglich ein Modewort. Was genau sich dahinter verbarg, galt es noch zu entdecken, denn nur die wenigsten kannten die florierenden Musical-Paläste am New Yorker Broadway aus eigener Erfahrung. Auch war noch nicht klar, ob sich die neue Gattung des Musiktheaters nach Europa importieren ließe und neben der Oper und der Operette hierzulande überhaupt eine Chance hätte. Zunächst stieß das Musical bei dem stark konservativ geprägten Publikum und den auf die traditionellen Musiktheatergenres fixierten Kritikern überwiegend auf Vorurteile. Kein geringerer als der österreichische Opern- und Operettenspezialist Marcel Prawy war es, der zum Wegbereiter dieses neuen Genres in Europa wurde, das Show und Gesang, Tanz und Akrobatik, Artistik und Kammerspiel,

Komödie und Posse, laute und leise Töne auf völlig neue Art und Weise miteinander vermischte.

Als Prawy, damals frischgekürter Chefdramaturg der Wiener Volksoper, 1956 ankündigte, mit Cole Porters *Kiss me, Kate* das erste Musical auf einer europäischen Bühne aufführen zu wollen, löste er in Wien Stürme der Entrüstung aus. Zwar war das erfolgreiche Musical zu diesem Zeitpunkt in Amerika bereits über 2000 Mal über die Bühne gegangen, in Wien jedoch wurde seine Aufführung als Angriff auf die Opern- und Operettenkultur betrachtet. Daß mit Marcel Prawy gerade ein landesweit bekannter Opern- und Operettenfan dem Musical eine Chance bieten wollte, war für die wenigsten nachvollziehbar. Dabei konnte Prawy zum damaligen Zeitpunkt natürlich nicht im entferntesten ahnen, daß das Musical einmal die Oper zurück- und die Operette fast gänzlich aus den Spielplänen verdrängen würde: »Selbstverständlich ist mir heute klar, daß ich die europäische Theaterlandschaft grundlegend verändert habe, weil ich die ersten Produktionen amerikanischer Musicals im Broadway-Stil in Europa geleitet habe.«[59]

Mitte der fünfziger Jahre ging es Prawy jedoch allein darum, das europäische Musiktheater durch ein neues Genre zu bereichern, dessen Entstehen er während seiner amerikanischen Exilzeit selbst mitverfolgt hatte und von dessen Erfolg auch in Europa er fest überzeugt war. Seine große Begeisterung für die Werke von Cole Porter, George Gershwin und Leonard Bernstein wollte er auch dem europäischen Publikum nahebringen. Das traditionsliebende Publikum in Wien betrachtete die erste Musicalaufführung zwar zunächst als Provokation, geriet aber schnell in den Bann des neuen Genres, zumal es sich um eine äußerst gelungene und mitreißende Aufführung handelte. Prawy leistete insofern einen wichtigen Beitrag, jene Barriere zu überwinden, »die aus Vorurteilen, Sentimentalitätsduselei und – besonders in diesem Falle – aus professoraler Ehrfürchtigkeit besteht«.[60] Bemängelten einige Kritiker und zähe Verfechter des traditionellen Musiktheaters zunächst auch noch, daß das Musical dem Konfektionsgeschmack der Masse huldige, so entschied sich das Publikum für die Neuerung. Der Erfolg gab Marcel Prawy recht: Er wurde plötzlich als »Mann des Musicals« gefeiert, selbst ein Glückwunschschreiben Herbert von Karajans erreichte ihn.[61]

Heesters stand dem neuen Genre durchaus aufgeschlossen gegenüber. Obwohl er als einer der Hauptvertreter der Operette in Deutschland und Österreich galt, hatte er keine Berührungsängste und sagte spontan zu, als ihm das Angebot unterbreitet wurde, an der Seite von Lola Müthel in der männlichen Hauptrolle in *Kiss me, Kate* aufzutreten, das nach den großen Erfolgen in Wien und in Berlin nun auch am Gärtnerplatz-Theater in München inszeniert werden sollte. Besonders der starke Ensemblegeist, der beim Musical herrschte, faszinierte ihn: »Anders als in der Operette gibt es im Musical keine Nebenrollen. Hier muß jeder brillieren.«[62]

So erfolgreich die Inszenierungen von *Kiss me, Kate* in Wien und Berlin waren, so negativ waren die Reaktionen auf die Münchner Inszenierung, die Kritiker einhellig als die schwächste von den dreien bezeichneten. Zwar hatte das Gärtnerplatz-Theater zuvor schon das Musical *Fanny* auf dem Programm stehen, was das Genre jedoch wirklich ausmacht, hatte man sich offensichtlich noch nicht so richtig klar gemacht. Die Geschichte um das geschiedene und zerstrittene Künstlerpaar, das sich zunächst auf der Bühne, für eine Aufführung von Shakespeares *Der Widerspenstigen Zähmung*, später auch im Privaten wieder zusammenrauft, wurde in München relativ konventionell erzählt, eher mit den Mitteln der vertrauten Operette. Kritiker bezeichneten die Handlung als schwerfällig und zähflüssig, oft sei sie völlig unmotiviert durch Tanzeinlagen unterschiedlicher Qualität unterbrochen. Bemängelt wurde vor allem die hölzerne deutsche Unterhaltungsmanier, die nichts von der entfesselten Leichtfüßigkeit des Hollywood-Vorbildes habe: »Die Inszenierung war zwar reich an guten Einzelheiten; im ganzen jedoch triumphierte die Operette über das Musical, die Konfektion über die Substanz.«[63]

Über die Leistungen der Darsteller gingen die Meinungen weit auseinander. Die einen fanden, daß keiner der Beteiligten der Münchner Aufführung den »Musical-Stil« getroffen habe, immer wieder seien sie »in alte Operettenbahnen« zurückgefallen.[64] Andere wiederum fanden insbesondere die komödiantisch angelegte Darstellung von Müthel und Heesters durchaus gelungen: »Über Heesters' schauspielerische – nicht seine gesanglichen – Qualitäten gibt es keine Diskussion, auch wenn er sie hier in einer fracklosen Rolle nicht immer beweisen konnte.«[65] Heesters selbst bereitete dieses Experiment jedoch offensichtlich große Freude. Ein Journalist, der ihn vor der Premiere erlebte, schrieb: »Man hat bei den Proben den Eindruck, daß es Heesters gewaltigen Spaß macht, sich einmal in einer so ganz anderen Partie zeigen zu dürfen, in einer Doppelrolle, bei der er Shakespeare aus dem lockeren Handgelenk schütteln muß. Heesters einmal nicht im Frack, einmal nicht der mondäne Frauenliebling, als den wir ihn kennen, einmal – im Hauptteil der Handlung – klassisch gewandet, im roten Trikot mit Puffärmeln und Federhut und mit den Allüren eines italienischen Kavaliers von einst.«[66]

Zweifellos war die Perfektion eines Broadway-Musicals zu diesem Zeitpunkt in Deutschland noch schwer zu erreichen, die Erfahrungen fehlten ebenso wie die Menschen auf und hinter der Bühne, die erfaßt hatten und zu vermitteln wußten, welche Möglichkeiten das neue Genre bot. Im Vergleich zu den heutigen, technisch aufwendigen und durchgestylten Musical-Produktionen mußten die ersten europäischen Musical-Inszenierungen noch weit hinter den Erwartungen zurückbleiben. Dennoch, das Interesse war geweckt. In den Feuilletons wurde fortan darüber diskutiert, wie eine gelungene Musical-Inszenierung denn nun auszusehen habe, ob ein amerikanischer Musical-Import auf deutschen Bühnen überhaupt vorstellbar und wünschenswert sei, und was ein Musical letztlich im Gesamtgefüge des Musiktheaters überhaupt sein könne: Ein sentimental-verkitschter Operettenersatz? Eine Parodie der klassischen Operette? Ein Genre mit literarischer Eigensubstanz? Ein gefälliger Tribut an das Unterhaltungsbedürfnis der Massen? Eine neue Abart des Gesamtkunstwerks? Die Positionen in der erhitzten Debatte waren ebenso vielfältig wie die nachfolgenden Versuche, das Musical fest zu etablieren.

Die Skepsis des deutschsprachigen Publikums gegenüber der amerikanischen Vormachtstellung auf diesem Gebiet versuchte man zu überwinden, indem man dazu überging, eigene Musicals zu lancieren, um dem Geschmack des hiesigen Publikum besser entsprechen und zugleich Berührungsängste abbauen zu können. Einen solchen Versuch, das neue Genre den deutschen und europäischen Traditionen und Mentalitäten anzupassen, stellte etwa Peter Kreuders Musical *Bel Ami* dar, das 1960 im Wiener Raimund-Theater mit Heesters in der Hauptrolle uraufgeführt wurde. Die Erwartungshaltung war groß: »Das deutsche Musical wird jetzt Wirklichkeit.«[67] Das Resultat war jedoch ernüchternd, Kreuders Musik vermochte nicht zu überzeugen: »Der vom Raimund-Theater in Wien uraufgeführte ›Bel ami‹ von Peter Kreuder mit dem Text von Franz Gribitz hat weder die Beschwingtheit, die man von einem Musical erwarten darf, noch den Charme einer Operette.«[68] Die deutschen Versuche der fünfziger und sechziger Jahre belegen, wie mühsam die Etablierung des neuen Musiktheater-Genres zunächst war. Die großen Musical-Erfolge der siebziger und achtziger Jahre waren noch Zukunftsmusik – auch Heesters sollte seinen großen Durchbruch auf der Musical-Bühne erst Mitte der siebziger Jahre feiern.

Nach *Kiss me Kate* war es naheliegend, Heesters Hauptrollen in anderen Erfolgsmusicals der damaligen Zeit anzubieten, so etwa in Frederick Loewes *My Fair Lady*, das im März 1956 am New Yorker Broadway uraufgeführt worden war und auf George Bernard Shaws Theaterstück *Pygmalion* basiert. Das Angebot des Berliner Theaters des Westens, die Rolle des Professor Higgins zu übernehmen, lehnte Heesters 1961 jedoch, Verrisse fürchtend, ab. Seine Begründung: Mit seinem holländischen Akzent sei er als Dozent für Sprachwissenschaft nicht glaubwürdig, worauf Paul Hubschmid die Rolle übernahm. Heesters' Entscheidung war zweifellos richtig, und das Warten auf die richtige Rolle sollte sich bezahlt machen, denn fast zwanzig Jahre später wurde das Musical *Gigi*, ebenfalls aus der Feder Frederick Loewes, zum einem großen Alterserfolg für den holländischen Tenor.

Auch wenn er letztlich erst im Alter von achtzig Jahren von der Operetten- und Musical-Bühne abtrat, seinen Abschied vom Musiktheater und seinen Wechsel ins Charakterfach hatte Heesters zuvor schon unzählige Male angekündigt. Bereits Ende der fünfziger Jahre schrieb die »Süddeutsche Zeitung«: »Der singende Schauspieler-Don Juan wird abtreten, dafür eröffnet sich dem Schauspieler ein weites Feld.«[69] 1957, bei seinem Besuch in Ost-Berlin, hatte Heesters nach der Vorführung seines Filmes *Bel Ami*, als er für die über tausend Kinobesucher noch einmal einige seiner bekanntesten Melodien singen wollte, mitten im ersten Lied abgebrochen und in die Totenstille hinein bekannt: »Ich glaube, die Zeit des Singens sollte langsam für mich vorbei sein. Auch an mir sind die Jahre nicht spurlos vorübergegangen, auch ich bin älter geworden. Meine Töchter sind inzwischen erwachsen, und ein Schauspieler sollte meiner Ansicht nach daran denken, im Laufe der Jahre seine Kunst auch seinem Alter entsprechen zu lassen.«[70] Auch in der Folgezeit äußerte Heesters Journalisten gegenüber immer wieder, daß es langsam an der Zeit sei, mit dem Singen aufzuhören. Sein Publikum und seine Theaterdirektoren ließen ihn jedoch in all der Zeit, in der er laut über seinen Rückzug von der Operette und dem Musical nachdachte, spüren, daß sie noch nicht bereit waren, ihn gehen zu lassen, daß sie ihn weiterhin in seinen Paraderollen auf der Operettenbühne sehen wollten.

Trotzdem er sich mit dem Musical und später auch mit dem Fernsehen neue Arbeitsmöglichkeiten schuf, von einer Rolle sollte er nie wieder loskommen: Der Graf Danilo haftete ihm an wie eine zweite Haut. Über dreißig Jahre lang spielte er immer wieder die *Lustige Witwe*, wurde jedoch nie unglaubwürdig in »seiner« Rolle, nicht zuletzt weil er auch diese stets mit einer Leichtfüßigkeit und ironischen Distanz anlegte wie kaum ein Danilo-Interpret außer ihm. Sein Erfolgsrezept lautete: »Wer ›Operette‹ denkt, wenn er den Danilo spielt und singt, hat verspielt. Die Gespreizt- und Geziertheit vieler Operetteninszenierungen ist lächerlich. Sie ist auch schuld daran, daß immer weniger junge Leute sich für dieses Fach zu interessieren vermögen.«[71]

Die lustige Witwe war es, mit der er seine Bühnenkarriere in der Nachkriegszeit wieder ins Rollen gebracht hatte, 1946 in

Wien, 1949 in Nürnberg. Auch wenn er in anderen Operetten, teils auch im Sprechtheater und im Film, immer wieder unter Beweis stellte, daß er vielfältiger war und auch gänzlich andere Rollen überzeugend zu spielen vermochte, forderte sein Publikum doch immer wieder den Danilo, als dessen Inkarnation es Heesters betrachtete. Die Theaterdirektoren griffen dieses Bedürfnis nur zu gern auf, wußten sie doch, daß Heesters in seiner Paraderolle ein Erfolgsgarant war. Unterstützt wurde dies noch durch die Lehár-Renaissance, zu der es Ende der fünfziger und dann in den sechziger Jahren kam: »Zehn Jahre nach seinem Ableben hatte sein Werk an deutschen Bühnen ziffernmäßig das aller anderen lebenden oder toten Komponisten übertroffen. *Die lustige Witwe, Paganini* und *Das Land des Lächelns* erzielten je 1000, *Luxemburg, Zarewitsch* und *Zigeunerliebe* je 500 Aufführungen pro Jahr. [...] Die Tendenz hielt, mit Schwankungen nach oben und unten, in den Sechzigerjahren weiter an.«[72]

So spielte auch Heesters den Danilo noch viele Male, in zahlreichen deutschen Städten, gerade aber auch immer wieder in Wien, wo es in den sechziger Jahren sogar zur Tradition wurde, daß Heesters in jedem Sommer, wenn die großen Bühnen Wiens geschlossen sind, in der *Lustigen Witwe* auftrat.[73] Stürmischer Beifall und wohlwollende Kritiken waren Heesters für seine Paraderolle sicher, und die Rezensenten bemerkten, daß es vielleicht größere Stimmen gebe als die von Heesters, daß es aber nach wie vor fasziniere, wie dieser den Grafen Danilo auch im fortgeschrittenen Alter mit der »Vitalität eines unbekümmerten Endzwanzigers«[74] spiele. Selbst die pontevedrinische Uniform, die 1938 eigens für ihn angefertigt worden war und den Krieg überdauert hatte, paßte ihm immer noch wie angegossen.[75]

1970 wollte Heesters den Danilo endgültig aufgeben, jedoch nicht weil er der Rolle überdrüssig war, obwohl er schon weit mehr als 1500 Mal als Danilo auf der Bühne gestanden hatte. Er war sich immer bewußt, daß diese Rolle für seine Karriere von zentraler Bedeutung gewesen war. Doch nach seinem 67. Geburtstag sah sich selbst der nach wie vor jünger aussehende Heesters mit der Notwendigkeit konfrontiert, den leichtfüßigen Frauenhelden und Galan, den ewigen Liebhaber und Draufgänger langsam abzustreifen. Immer häufiger hatte er sich auch öffentlich die Frage gestellt: »Nehmen die Frauen es mir immer noch ab, daß ich ins Maxime gehe?«[76] Dennoch ließ er sich im Sommer 1970 von seinem Freund Rolf Kutschera, der ihn 1967 mit dieser Rolle ans Theater an der Wien geholt hatte, überreden, an seinem Haus ein – wie sich herausstellen sollte – vermeintlich letztes Mal *Die lustige Witwe* zu spielen, denn just in jenem Jahr feierte man Franz Lehárs 100. Geburtstag – »und es wurde mein größter Erfolg in dieser Rolle«.[77] Als der Vorhang gefallen war, skandierte das Publikum frenetisch: »Heesters bleiben! Heesters bleiben! Heesters bleiben!«[78] Von seinem Entschluß ließ er sich jedoch nicht abbringen: »Wenn ich nicht freiwillig ›zurückgetreten‹ wäre, müßte ich ihn wahrscheinlich noch heute spielen und singen.«[79]

Doch letztlich sollte es ein Abschied auf Raten werden. Auf das »letzte Mal« am 1. September 1970 sollte vierzehn Jahre später ein »endgültig letztes Mal« folgen – ganz war der Lebensabschnitt mit Lehárs Paraderolle immer noch nicht abgeschlossen. 1984 gab er nochmals fünf Abschiedsvorstellungen als Danilo an der Wiener Volksoper, dort wo fünfzig Jahre zuvor seine Karriere auf den deutschsprachigen Bühnen begonnen hatte. Auch zu dieser Zeit wagte kaum ein Darsteller in die Rolle des Danilo zu schlüpfen, die nach wie vor stark mit Johannes Heesters identifiziert wird. Oskar Werner etwa, dem 1984 von Herbert von Karajan angeboten worden war, den Danilo in der *Lustigen Witwe* zu verkörpern, teilte Heesters mit: »Ich lehnte respektvoll ab – ich kann doch dem Heesters nie den Danilo nachspielen.«[80] An seinem 85. Geburtstag stand Johannes Heesters mit den Höhepunkten aus der Lehár-Operette zum letzten Mal in seiner Paraderolle auf der Bühne. Fortan sollte mit dem Danilo und den champagnerseligen Stunden im Separée endgültig Schluß sein: »Ich wollte nicht, daß die Leute irgendwann mal sagen: ›Na, der kann gar nicht mehr ins Maxime gehen – der muß mit dem Rollstuhl gefahren werden!‹«[81]

Nichts schmerzte Heesters so wie die Ablehnung, auf die er nach 1945 in seiner Heimat stieß. Obwohl er sich selbst stets als Holländer gefühlt hat, nie – wie in der Presse immer wieder behauptet wurde – die niederländische Staatsbürgerschaft ablegte und die deutsche oder die österreichische annahm, auch nicht als Joseph Goebbels nachdrücklich einen solchen Schritt von ihm gefordert hatte, verübelten seine Landsleute ihm, daß er während des Dritten Reichs, besonders aber auch zu Zeiten, als sein Vaterland von deutschen Truppen besetzt gewesen war, Karriere in Deutschland gemacht hat. Zunächst hatte man in Heesters' Heimat seine österreichischen und deutschen Erfolge durchaus noch uneingeschränkt positiv betrachtet: »Die holländische Presse verfolgte meinen Aufstieg mit Wohlwollen und Stolz, der Kontakt mit meinem Heimatland riß nie ab, meine familiären und freundschaftlichen Kontakte erlitten keine Einbußen. Ich trachtete auch immer danach, bei holländischen Filmpremieren persönlich anwesend zu sein.«[82] Erst in der Nachkriegszeit, im Laufe der sechziger Jahre, schlug die Stimmung nachhaltig um. Seitdem ist Heesters persona non grata in seinem Vaterland.

Johannes Heesters ist kein Einzelfall. Anderen ausländischen Stars, die im Dritten Reich Karriere gemacht hatten, erging es ähnlich, auch sie stießen in ihren Heimatländern auf Ablehnung, als sie aus Nazideutschland zurückkehrten. Zarah Leander etwa, die 1943 wieder in ihre Heimat Schweden ging, wurde alles andere als freundlich aufgenommen. Schwedische Zeitungen hatten sie bereits ab 1937 kritisiert, Proteste verhinderten 1944 ihren Wiedereinstieg ins schwedische Showbusineß. Versuche, in ihrer Heimat Fuß zu fassen, stellte sie daraufhin für lange Zeit ein, die Karriere der Siebenunddreißigjährigen schien beendet. Erst 1949 gelang ihr in Schweden ein Comeback. Marika Rökk machte nach 1945 in ihrer Heimat Ungarn ähnliche Erfahrungen. Noch Ende der achtziger Jahre beklagte sie, »daß man mir heute in meiner Heimat, meinem geliebten Ungarn, noch nicht verziehen hat. Ich kann wohl hinreisen, aber auftreten zum Beispiel könnte ich nicht.

Das schmerzt sehr.«[83] Erst 1992 konnte sie zum ersten Mal wieder in Budapest auftreten, in ihrer Paraderolle als *Gräfin Mariza*, zugleich auch ihr letzter öffentlicher Auftritt.

Seiner eigenen Einschätzung zufolge hatte Heesters alles getan, um trotz seiner Karriere in Nazideutschland die Gefühle seiner Landsleute nicht zu verletzen. Damit nicht der Eindruck entstünde, er komme im Gefolge der deutschen Invasoren in seine Heimat zurück, hatte er sich geweigert, in der Zeit von 1940 bis 1945 in den Niederlanden aufzutreten oder an NS-Propagandaveranstaltungen im besetzten Holland mitzuwirken, obwohl dies des öfteren an ihn herangetragen wurde. So sollte Heesters etwa in der Propaganda-Radiosendung *Ich spreche für Holland* mitwirken, die in Berlin auf holländisch für die besetzten Niederlande produziert wurde, was er jedoch ablehnte.[84] Dem Anliegen, gemeinsam mit einem deutschen Ensemble in der Amsterdamse Stadsschouwburg aufzutreten, widersetzte er sich trotz des Drängens von Goebbels ebenso[85] wie dem Wunsch Arthur Seyß-Inquarts, dem von Hitler eingesetzten »Reichskommissar für die Niederlande«, der Heesters im März 1944 für ein Gastspiel mit dem *Grafen von Luxemburg* nach Den Haag verpflichten wollte.[86] Daß die Nazis den prominentesten Holländer in Deutschland auch und gerade im besetzten Holland für ihre Propagandazwecke instrumentalisieren wollten, kann nicht verwundern, daß es für Heesters nicht immer leicht war, sich dem zu entziehen, auch nicht. Dennoch ist es ihm in diesem Fall gelungen.

1939, als der Krieg begann, hatte er vor der Frage gestanden: »Gehst du jetzt, um gegen Hitlers Politik zu protestieren, nach Holland zurück, oder bleibst du in Berlin und spielst weiter im deutschen Film und Theater?«[87] Weil sein Besitz in Deutschland bei einer Rückkehr nach Holland höchstwahrscheinlich beschlagnahmt, er seiner Verdienstmöglichkeiten beraubt worden wäre und damit die Existenz seiner Familie auf dem Spiel gestanden hätte, entschied sich Heesters gegen eine Rückkehr und blieb in Deutschland, um seine Film- und Bühnenkarriere fortzusetzen. Er enthielt sich politischer Äußerungen und entzog sich propagandistischen Aufgaben, soweit dies irgend möglich war. Darin sah er die einzige Möglichkeit, seine Neutralität zu wahren,[88] auch wenn diese Neutralität trügerisch war. Heesters erklärte immer wieder, »die Verbitterung der Menschen zu verstehen, die unter der deutschen Besatzung gelitten hatten«,[89] die Ursachen hierfür waren ihm durchaus bewußt: »Ich habe nicht laut genug gesagt, daß ich gegen die Nazis bin, also war ich für sie. Im besten Falle hält man mich für einen Opportunisten, der ich beileibe nicht bin.«[90] Ein solcher war er tatsächlich nicht; daß seine Landsleute ihn angesichts seiner glanzvollen Karriere in Nazideutschland jedoch fast zwangsläufig als einen solchen betrachten mußten, ist eine unmittelbare Folge jener Wunden, die der Krieg und die Besatzung im deutsch-niederländischen Verhältnis schlugen.

Zum offenen Bruch mit Heesters sollte es in Holland erst 1964 kommen, zuvor war er durchaus freundlich aufgenommen worden. Bereits 1960 war Heesters erstmals als Schauspieler in seine Heimat zurückgekehrt – privat war er schon unmittelbar nach Kriegsende nach Holland und Belgien gereist, um in Amsterdam seine Eltern und Brüder sowie in Brüssel die Eltern seiner Frau Wiesje wiederzusehen und einen neuen Paß abzuholen. Ein solcher wurde damals für jeden Niederländer ausgestellt, wobei gleichzeitig überprüft wurde, ob etwas politisch Verdächtiges vorliege. Da Heesters niemals Mitglied der holländischen Nazi-Partei NSB gewesen war, wurde ihm der neue Ausweis schließlich 1948 ausgestellt. Auch innerhalb seiner Familie, mit der er den ganzen Krieg über brieflich Kontakt gehalten hatte, gab es keine Spannungen, niemand machte ihm Vorwürfe wegen seiner Karriere in Nazideutschland. Als er im Frühjahr 1960 – wenige Monate zuvor war seine Mutter gestorben – an der Amsterdamse Stadsschouwburg auftrat, wo rund vierzig Jahre zuvor seine Schauspielkarriere ihren Anfang genommen hatte, um den Symon Rymanowicz in Millöckers *Bettelstudent* zu spielen, war dies ein großer Erfolg – sein letzter großer Triumph auf einer holländischen Bühne. Auch in der Folgezeit war das Verhältnis zu seinem Vaterland zunächst noch völlig spannungsfrei: 1962 wurde er in Wien zu einem Empfang zu Ehren der niederländischen Königin Juliana gebeten.

Das Jahr 1964 sollte Heesters ein großes Comeback auf den holländischen Bühnen bringen, zumindest standen die Chancen hierfür zunächst durchaus gut. Heesters hatte ein einjähriges Engagement für die niederländische Version des Erfolgsmusicals *The Sound of Music*, der für das Musiktheater aufbereiteten Geschichte der legendären Trapp-Familie: Trapp war der einzige österreichische U-Boot-Kommandant des Ersten Weltkriegs, der 1938, nach dem »Anschluß« Österreichs, mit seiner kinderreichen Familie vor den Nazis nach Amerika geflohen war, wo sich die musizierende »Trapp-Familie« mit Konzerttourneen durchschlug. Das Thema war damals sehr aktuell, 1956 war es in Deutschland höchst erfolgreich von Wolfgang Liebeneiner verfilmt worden – 28 Millionen Zuschauer sahen den Film.[91] Auch in Amerika sorgte der Streifen für Furore, was dazu führte, daß die Trapp-Familie mit dem ihr gewidmeten Musical *The Sound auf Music* (1958) von Richard Rodgers auch auf den Bühnen der Welt Einzug hielt.

Heesters reiste schon im November 1963 zu den ersten Proben nach Holland. Eine damals anberaumte Pressekonferenz offenbarte, daß Heesters' Holländisch mittlerweile einen deutlich hörbaren deutschen Akzent hatte, der jedoch nach einer Woche in seiner alten Heimat beinahe wieder verschwunden war.[92] Um keinen Preis wollte er sich vorwerfen lassen, seine Muttersprache auf der Bühne mit Akzent zu sprechen, und arbeitete hart. Bis zur Premiere des Musicals lebte Heesters im holländischen Seebad Zandvoort, wo er zunächst eine Wohnung mietete, später ein Haus mit Meerblick erwarb.[93] Heesters war zu diesem Zeitpunkt noch gelöst und glücklich, wieder in Holland arbeiten und auftreten zu können, auch daß die Gagen deutlich niedriger waren als in Deutschland oder Österreich, vermochte hieran nichts zu ändern.

Insgeheim hoffte Heesters wohl, mit der Rolle des Baron von Trapp die Heimkehr des verlorenen Sohns feiern zu können und ähnlich herzlich empfangen zu werden wie 1938, als er mit der Operettengesellschaft Fritz Hirschs in Amsterdam und Den Haag gastierte. Doch es sollte anders kommen, das Stück wurde aufgrund der vielfältigen Proteste gegen Heesters viel schneller wieder abgesetzt, als geplant. Zunächst war

36 Der Neubeginn. Zur Zeit seines ersten Engagements im Deutschland der Nachkriegszeit, Nürnberg 1949

37 Dreharbeiten in Hollywood. Mit Johanna Matz in *Die Jungfrau auf dem Dach*, 1953

Nächste Seite:

38 Mit Gretl Schörg und Komponist Ralph Benatzky, 1955

39 Mit Marika Rökk und Rökk-Tochter Gaby Jacoby, 1958

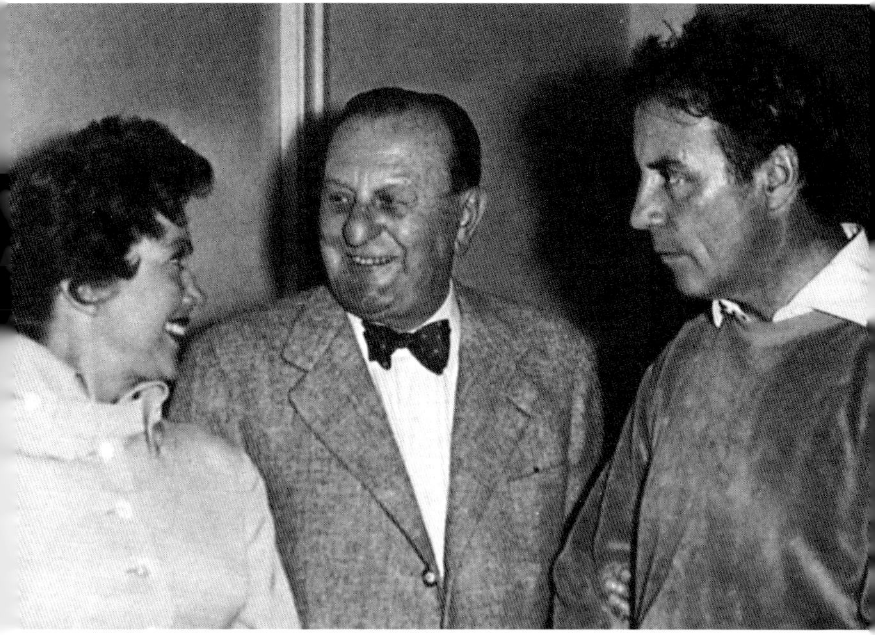

40 Rückkehr an den Ort früherer Erfolge. Im ehemaligen Admiralspalast, Ost-Berlin, 1957

41 Immer wieder eleganter Lebemann. Filmprogramm zur Maupassant-Verfilmung *Bel Ami*, 1957

42 Das erste Musical, das in Europa aufgeführt wurde. Mit Lola Müthel in Cole Porters *Kiss me, Kate*, Theater am Gärtnerplatz, München, 1956

Nächste Seite:

43 Ingrid van Bergen, Paul Hubschmid, Lilo Pulver, Kurt Hoffmann, Johanna Matz, Heesters, Eva Maria Meinecke und Gustav Knuth. Promotionphoto zum Streifen *Heute heiratet mein Mann*, 1956

44 Heesters wird seiner Königin vorgestellt. Auf dem Empfang zu Ehren von Königin Juliana der Niederlande im Wiener Palais Pallavicini, 1962

45 Heesters als Buchautor. Umringt von Fans bei einer Lesereise zum Erscheinen seiner Memoiren, Wiesbaden, 1978

46 Johannes Heesters als Fernsehstar. Mit Kammersängerin Anneliese Rothenberger und Peter Alexander, 1970er Jahre

47 Weggefährten. Mit dem österreichischen Operettenexperten Marcel Prawy in Wien

48 Mit Tochter Nicole im Kostüm seiner großen Altersrolle. Als Honoré Lachailles in Frederick Loewes Musical *Gigi*, Theater an der Wien, 1975

49 »Sie mußte ein Leben lang auf mich warten.« Mit Ehefrau Wiesje in seinem Haus in Starnberg-Söcking, 1978

50 In der finnischen Sauna auf dem Anwesen am Starnberger See, um 1980

51 Mit Carl-Heinz Schroth in der Fernsehfassung von Neil Simons Komödie *Sonny Boys*, 1982

52 Rückkehr auf die Leinwand. Neben Otto Waalkes als »Bettler von Welt« in *Otto – Der Film*, 1985

53 Gemeinsam mit seiner zweiten Frau, der Schauspielerin Simone Rethel, in Curth Flatows Stück *Ein gesegnetes Alter*, Theater am Kurfürstendamm, Berlin, 1996

54 An der Seite von Johanna Liebeneiner als alter Diener Firs in Tschechows *Der Kirschgarten*, Metropol-Theater, München, 2002

55 Eine Legende wird gefeiert. Johannes Heesters und Simone Rethel-Heesters beim Empfang zum 99. Geburtstag, München, 5. Dezember 2002

beabsichtigt, *The Sound of Music*, nachdem es, wie in Holland üblich, einen fünftägigen Probelauf in der Provinz, in diesem Fall in Arnheim, gegeben hatte, drei Monate lang in Amsterdam am Theater Carré zu präsentieren, wo Johannes Heesters – zum ersten und einzigen Mal nach 1945 – seinen alten Jugendfreund Willy Walden wiedertraf, der dort bereits seit fast drei Jahrzehnten gemeinsam mit seinem Bühnenpartner Piet Muysellar als »Damesduo Snip & Snap« mit riesigem Erfolg auftrat.[94] Anschließend sollte es noch auf Gastspielreise durch zahlreiche weitere niederländische Städte gehen.

Doch bereits vor der Premiere begannen sich Proteste gegen Heesters zu regen, lebhaft wurde die Frage diskutiert, ob er angesichts seiner persönlichen Vergangenheit nicht die denkbar schlechteste Verkörperung eines aufrechten Nazi-Gegners sei. Im Laufe der erhitzten Diskussion verfestigte sich die Auffassung, Heesters sei ein treuer Sympathisant der Nazis gewesen. Das »Algemeen Handelsblad« schrieb: »Ausgerechnet Johan Heesters kommt uns zeigen, wie man sich gegen die Nazis hätte wehren können.«[95] Als der Fernsehsender VARA am Vorabend der Premiere eine Sendung ausstrahlte, die Heesters scharf angriff, drohte Rudi Carrell, der damals in Holland bereits führende Showmaster, seine Zusammenarbeit mit VARA aufzukündigen, einerseits weil er die Angriffe auf Heesters als völlig überzogen betrachtete, andererseits weil er verhindern wollte, daß eine aufwendige und teure Theaterproduktion in den finanziellen Ruin getrieben wurde.[96] Carrells Proteste blieben folgenlos, die Sendung wurde landesweit ausgestrahlt und schlug wie eine Bombe ein. Am darauffolgenden Tag der Premiere sorgte Johannes Heesters für Irritationen, da er den ganzen Tag über nicht zu erreichen war, als Journalisten versuchten, ihn auf die Vorwürfe anzusprechen, und man erfuhr, daß er nach Deutschland abgereist sei. Sogleich wurde spekuliert, daß Heesters vor den zu erwartenden Kritiken und den Reaktionen des Premierenpublikums aus Holland geflohen sei. In Wahrheit jedoch war Heesters nach Düsseldorf gereist, weil an diesem Tag dort seine Tochter den Bühnenbildner Pit Fischer heiratete und sich zudem seine Frau Wiesje gerade im Krankenhaus befand.[97]

Vom Familienfest zurückgekehrt, stand Heesters ein ernüchternder Premierenabend bevor. Auf der Bühne des Carré wurde er ausgebuht, die Zuschauer skandierten – obwohl damals vom Dachau-Besuch Heesters' noch nichts bekannt war – »Heesters–SS! Heesters–SS!« Das Publikum blieb aus, die Kritiken waren vernichtend und höhnisch: »Für diesen Mann gehört es sich nicht, einen so vortrefflichen Deutschen zu spielen.«[98] Das Stück wurde vom Spielplan genommen, an eine Tournee war nicht mehr zu denken. *The Sound of Music* ging auf diese Weise als phänomenaler Flop in die niederländische Theatergeschichte ein. Man mag Heesters rückblickend mangelnde Sensibilität vorwerfen, daß er das Angebot, die Rolle eines Nazi-Gegners auf einer holländischen Bühne zu spielen, überhaupt angenommen hat. Doch konnte er im Vorfeld wirklich ahnen, daß es zu solchen Protesten gegen seine Person kommen würde? Wäre dies tatsächlich abzusehen gewesen, wären die Theaterdirektoren wohl schon aus finanziellen Gründen kaum das Risiko eingegangen, Johannes Heesters zu engagieren. Die Angriffe der holländischen Medien trafen ihn tatsächlich völlig unvorbereitet – zumal seine Karriere im Dritten Reich bis zu diesem Zeitpunkt auch in Holland nie Gegenstand von Diskussionen gewesen war.

Nach nur vier Monaten kehrte Heesters desillusioniert nach Deutschland zurück, wo man von dem holländischen Desaster so gut wie nichts erfuhr. Nach Holland reiste er in der Folgezeit meist nur noch privat, sein Haus in Zandvoort gab er erst rund zehn Jahre später auf.

Zurück in Deutschland, stürzte sich Heesters sofort wieder in die Arbeit – gerade jetzt schien er den Beifall des Publikums zu brauchen, um die für ihn traumatische Erfahrung zu verarbeiten. Obwohl ursprünglich für 1964 gar keine Auftritte in Deutschland geplant waren, stand er bereits am 15. Oktober als Graf Danilo auf der Bühne des Theaters des Westens in Berlin. Auch wenn ihm der Applaus des deutschen Publikums gut tat, der Haß, der ihm in dem Land entgegengeschlagen war, das er nach wie vor als seine Heimat betrachtete, hatte ihn tief getroffen. Verwunden hat er die Ablehnung, auf die er gestoßen war, nie und bekennt noch heute,

»ein überzeugter Holländer zu sein, der sein Land liebt und immer ein bißchen Sehnsucht nach der alten Heimat hat«.[99]

Die Gründe für die Ablehnung, auf die Johannes Heesters seit nunmehr vierzig Jahren in seiner Heimat stößt, liegen sicherlich nur zum Teil in dem, wofür Heesters sich tatsächlich zu verantworten hat, sondern auch im Hadern der Holländer mit der eigenen Vergangenheit. Ein Großteil der Niederländer wertete nach 1945 den Widerstand gegen die Besatzer, den es zweifellos ebenfalls gegeben hat, auf, während man die weitreichende Kollaboration – immerhin 25000 Freiwillige meldeten sich in Holland zur Waffen-SS – weitgehend unter den Tisch fallen ließ, beziehungsweise am Beispiel einiger prominenter Landsleute stellvertretend abhandelte. Wie in Deutschland, so wurden auch in Holland gerade Künstler zu ihrem Verhältnis zu den braunen Machthabern befragt und für ihre einstige Haltung zur Rechenschaft gezogen. Wilhelm Mengelberg etwa, der als Dirigent des Concertgebouw-Orchesters in Amsterdam während der deutschen Besatzung weitergearbeitet hatte, wurde es auf Lebenszeit verboten, wieder in Holland aufzutreten. Auch Johannes Heesters, der in Nazideutschland Karriere gemacht und wiederholt vor Hitler aufgetreten war, eignete sich in den Augen vieler Holländer zum Sündenbock, auf den man kollektive Schuld und Verantwortung abladen konnte, während man sich für die Argumente, die man zu seinen Gunsten anführen könnte – etwa seine Weigerung, die deutsche Staatsbürgerschaft anzunehmen oder vor den deutschen Besatzern zu spielen wie auch die Tatsache, daß er noch 1938 mit einem jüdischen Operettenensemble in seiner Heimat aufgetreten war – hingegen nicht interessierte.

Die Ressentiments gegen Heesters in der Nachkriegszeit hatten nicht zuletzt damit zu tun, daß durch den Überfall der deutschen Wehrmacht und die systematischen Plünderungen durch die Nazis das vormals gute Verhältnis zum deutschen Nachbarn nachhaltig gestört war, was auch Claus von Amsberg erfahren mußte, als er sich anschickte, der Mann der künftigen niederländischen Königin zu werden. 1944 noch war er als junger Mann zunächst als Flakhelfer, dann in einem

Panzerregiment für die Deutschen in den Krieg gezogen. Nach seiner Entlassung aus amerikanischer Kriegsgefangenschaft hatte er als Diplomat Karriere gemacht. Seine Verbindung zu Kronprinzessin Beatrix wurde vom Königshaus über Monate geheimgehalten. Erst im Juni 1965 wurde, nachdem Paparazzi-Photos des Paares veröffentlicht worden waren, offiziell die Verlobung bekanntgegeben, was zu Entrüstungsstürmen in der holländischen Bevölkerung führte. Bei offiziellen Anlässen wurde die Parole »Claus raus!« skandiert, in den Straßen fanden sich Hakenkreuzschmiererein und Plakate, die Claus von Amsberg in einer Wehrmachtsuniform zeigten. Bei einer Unterschriftenkampagne sprachen sich über 65000 Niederländer gegen die Eheschließung aus. Claus von Amsberg zeigte Verständnis für die aufgebrachte Stimmung und stellte sich der Kritik und den Fragen – daß er dies bereits in exzellentem Niederländisch konnte, brachte ihm viel Sympathie ein. Als das Paar im März 1966 in Amsterdam heiratete, gab es neben Protestlern auch schon Hunderttausende jubelnde Holländer. In der Folgezeit leistete der Prinzgemahl gemeinsam mit seiner Frau, die 1980 zur Königin der Niederlande gekrönt worden war, einen wesentlichen Beitrag zur deutsch-niederländischen Aussöhnung. Als er 2002 starb, galt er längst als das beliebteste Mitglied der Königsfamilie. Holländische Zeitungen sprachen in ihren Nachrufen vom »Gewissen des Landes«, von »einem Mann, auf den wir alle stolz sein können«.[100]

Heesters hingegen wurde in der gleichen Zeit zu einer diplomatischen Affäre. Seit 1978 bekannt geworden war, daß er im Mai 1941 das Konzentrationslager Dachau besucht hatte, wurde von seiten der niederländischen Regierung alles unternommen, um Ehrungen für Heesters in Deutschland oder Österreich zu verhindern – fühlte man sich nun doch erst recht im Urteil über den Landsmann bestätigt. So ließ es sich beispielsweise nicht realisieren, ihm den Verdienstorden der Bundesrepublik Deutschland zu verleihen. Im Januar 1973 teilte das Auswärtige Amt mit, daß sich dies »leider nicht verwirklichen läßt. Wie Sondierungen unserer zuständigen Auslandsvertretungen in den Niederlanden aufgrund einer anderweitigen Ordensanregung für Herrn Heesters ergeben haben, kann mit der für eine Ordensverleihung erforderlichen Zustimmung seitens der niederländischen Regierung nicht gerechnet werden.«[101]

Auch als 1984 bekanntgegeben wurde, daß Heesters Ehrenmitglied der Wiener Volksoper werden solle, wandten sich dreißig holländische Organisationen, darunter auch das nationale Dachau- und das Auschwitz-Komitee an die Volksoper und das österreichische Kultusministerium. Obwohl holländische Zeitungen bereits gemeldet hatten: »Kein Ehrentitel für Heesters«,[102] wurde die Ehrenmitgliedschaft verliehen. Der österreichische Kultusminister Herbert Moritz hielt es für gerechtfertigt, einem über achtzigjährigen Mann ein mehr als vierzig Jahre zurückliegendes Ereignis zu verzeihen.[103] Dies war eine neue Haltung: 1978 noch, als die Diskussion um Heesters' NS-Vergangenheit gerade begonnen worden war, hatten die Proteste aus Holland dazu geführt, daß von der Absicht, Heesters anläßlich seines fünfundsiebzigsten Geburtstags den Ehrentitel »Professor« zu verleihen, wieder Abstand genommen wurde – sehr zum Ärger von Heesters, der größtes Interesse an diesem Titel gehabt hätte, wie sich sein Freund Rolf Kutschera erinnert.[104] Auch später wurden Veranstaltungen und Fernsehgalas, die in Deutschland zu den runden Geburtstagen von Heesters angekündigt wurden, von holländischen Protesten begleitet.[105] In Deutschland hingegen hatte man bis 1978 von der in den Niederlanden seit Mitte der sechziger Jahre laufenden Diskussion um Heesters so gut wie keine Notiz genommen, beinahe scheint es so, daß man hierzulande um jeden Preis am Bild des unbescholtenen Schauspielers festhalten wollte und froh war, der Diskussion um die NS-Verstrickungen, die man bei Stars wie Heinz Rühmann oder Heinrich George aufgrund ihrer viel größeren Nähe zu den braunen Machthabern zwangsläufig hatte führen müssen, im Falle von Heesters so lange ausweichen zu können. Selbst nachdem 1978 in Holland und Österreich die Diskussion um den Dachau-Besuch für nachhaltigen Wirbel gesorgt hatte, hielt man in Deutschland weitgehend unbeirrt am Bild des unpolitischen Unterhaltungskünstlers fest – ein

Bild, das ebenso undifferenziert ist wie das des skrupellosen Kollaborateurs.

Erst Ende der neunziger Jahre kam auch in den Niederlanden langsam Bewegung in die verfahrene Situation. Zwar war schon vorher breit über das Zerwürfnis mit dem prominenten Landsmann berichtet worden – so war etwa ein am 9. April 1990 in »De Telegraaf« veröffentlichter Artikel überschrieben: »Het gebroken Hart van Johan Heesters« (Das gebrochene Herz von Johannes Heesters) –, zu einem Prozeß des Umdenkens sollte es jedoch erst 1999 kommen. Am 21. Januar strahlte der Sender Tros-TV ein Fernsehportrait des 95jährigen Heesters aus, das auch ein Interview des Stars mit dem populären Fernsehmoderator Ivo Niehe enthielt. Die Art und Weise, wie hart Niehe mit dem alten Mann ins Gericht ging, entrüstete viele Zuschauer, zahlreiche Protestschreiben erreichten daraufhin den Sender. Auch der niederländische Schriftsteller und Kulturhistoriker Marinus Schroevers, Verfasser einer Trilogie über die Geschichte des 20. Jahrhunderts,[106] gehörte zu den Kritikern der Sendung. Er setzte sich in der Folgezeit intensiv mit dem Fall Heesters auseinander, kam zu der Überzeugung, daß die Anfeindungen nicht ernsthaft durch Johannes Heesters' Verhalten im Dritten Reich gerechtfertigt seien, und wurde zum leidenschaftlichsten Fürsprecher seiner Rehabilitation: »Unser Land hat eine sehr negative Kriegsvergangenheit. Wir schieben unsere Schuld auf Heesters und noch ein paar andere Niederländer ab [...]. Ich will nicht behaupten, daß Heesters absolut unschuldig war, aber es waren Hunderte Niederländer ein Stück schlimmer. Heesters hat sich geweigert, vor dem niederländischen Reichskommissar Seyß-Inquart aufzutreten, das sollte auch mal gesagt werden.«[107]

Marinus Schroevers veröffentlichte noch im gleichen Jahr ein »Dossier Heesters«, das er ganz bewußt als eine Verteidigungsschrift für den prominenten Landsmann auffaßte.[108] Heesters erreichten, angespornt durch Schroevers leidenschaftliche Appelle, die zunächst auf Kritik, dann aber auf immer stärkere Zustimmung stießen,[109] zahlreiche Briefe aus seiner Heimat, die ihm versicherten: »Du bist unser Jopie.«[110]

Auch die niederländische Presse reagierte auf das sich langsam verändernde Klima. So veröffentlichte die einflußreiche linksliberale holländische Tageszeitung »De Volkskrant« am 26. April 2002 einen ganzseitigen Artikel über Heesters, der mit dem deutschen Wort »Wiedergutmachung« überschrieben war und Heesters unvoreingenommen begegnet, ohne ihn anzuklagen oder zu verurteilen.[111] Die Zeitung »Het Parool« resümierte: »War Heesters ein Nazi? Wer sich in sein Leben vertieft, kann unmöglich zu diesem Schluß kommen.«[112] Verstärkt wurde nun in der holländischen Presse die Hoffnung geäußert, daß Heesters es noch erlebe, daß er in seiner Heimat wieder willkommen ist und seine Ehre wieder gänzlich hergestellt werde. Und dies ist auch Heesters' wichtigstes Anliegen: »Gerne würde ich, daran denke ich oft, auf meine alten Tage noch einmal in meine Heimat Holland fahren. Und dann zu wissen, bei meinen Landsleuten willkommen zu sein – das wäre mein innigster Wunsch.«[113] Um den Weg dafür zu ebnen, fand er in einem holländischen Rundfunkinterview, das an seinem 99. Geburtstag ausgestrahlt wurde, zu deutlichen Worten: »Ich bitte das niederländische Volk und die Königin um Vergebung. Ich bin nicht überzeugt, daß ich so schlecht war. Ich habe alles getan für meine Karriere, nicht für Herrn Hitler und nicht für die SS.«[114]

Die holländische Königin ließ auf Nachfrage durch ihre Kulturstaatssekretärin mitteilen, »daß nur die Zeit, genährt von geschichtlichen Untersuchungen, die Tatsachen in die richtige Perspektive bringen kann«.[115] Wenngleich die niederländischen Vorbehalte gegen Heesters und die Angriffe auf seine Person in den zurückliegenden Jahrzehnten aufgrund der lange Zeit nachhaltig gestörten deutsch-niederländischen Beziehungen durchaus verständlich und nachvollziehbar waren, bleibt abschließend die Frage zu stellen, ob es angesichts der Aussöhnung der beiden Völker nicht auch in Holland an der Zeit wäre, den Fall Heesters objektiver zu betrachten und auch jene Argumente in die Waagschale zu werfen, die für ihn sprechen. Eine differenziertere Sicht der Vergangenheit setzt voraus, daß man versucht, die Handelnden zu verstehen, was nicht bedeutet, daß man deren Handeln in jeder Hinsicht gutheißen muß.

10.

»Im Ohrensessel bleibe ich noch lange nicht sitzen« Popularität bis ins hohe Alter

Kein Attribut ist für Johannes Heesters wohl so häufig verwendet worden wie »charmant«. So formulierte ein Journalist anläßlich Heesters' 60. Geburtstag: »Wenn einer sagt: ›Johannes Heesters‹, denkt der andere ›Charme‹.«[116] Je älter Heesters, je unübersehbarer das Grau seiner Schläfen wurde und je länger die glänzenden Maxim-Jahre hinter ihm lagen, desto stärker pochte die Presse auf das Bild des »ewig-jungen Charmeurs«, was nicht zuletzt daran lag, daß er auf der Bühne, beim Film und im Fernsehen weiterhin als der Schwerenöter und Frauenheld auftrat, als der er schon seit Jahrzehnten galt. Obwohl er selbst sich nie darum bemühte, jünger zu erscheinen, als er war, wirkte er tatsächlich zeitlebens – und ganz besonders im Alter – wesentlich jünger. Auch als er längst ins Pensionsalter gekommen und dreifacher Großvater geworden war, sprachen Journalisten von seiner »jungenhaften Männlichkeit« und seinem »spitzbübischen Lächeln«, bei dessen Anblick man meinen könnte, »die ewige Jugend sei erreichbar«.[117]

Noch an seinem 80. Geburtstag befand man, er sei – galant wie eh und je – »ein lässiger alter Junge«.[118] Auch jetzt blieb Heesters' vielgerühmter »Charme« das meistverwendete Stichwort – wenn auch vereinzelt der ganz und gar uncharmante Begriff des Altcharmeurs gebraucht wurde. Nun sprach man verstärkt vom »unverwüstlichen«, »immergrünen« oder auch vom »entnervend dauerhaften« Charme, von einer »alterslosen Noblesse«, »jungenhafter Leichtigkeit« und seiner nach wie vor »bezwingenden Ausstrahlung« – vom feschen Kavalier, »an dem die Jahre abzugleiten scheinen wie Wasser an der Regenhaut«.[119] Heesters selbst wiegelte immer ab, wenn er darauf angesprochen wurde: »Man hat Charme, oder man hat ihn nicht, da braucht man doch nicht eitel sein.«[120]

Das Bild des auch im hohen Alter noch begehrenswerten Mannes war dabei durchaus nicht nur eine Projektion von Journalisten. Noch mit siebzig Jahren erreichten Heesters Waschkörbe voll Post von weiblichen Verehrerinnen, und seine Auftritte ließen nach wie vor die Frauenherzen höher schlagen. Immer noch beherrschte er die Kunst der wohlklingenden Verführung und gab jeder Frau, die ihn auf der Bühne oder im Fernsehen sah, das Gefühl, seine Lieder allein für sie zu singen. Nur die Formen, in denen sich die Zuneigung der weiblichen Fans äußerte, veränderten sich im Lauf der Zeit: »Blumen – unvorstellbar, was damals an Sträußen, Buketts, Arrangements und ganzen Körben in den Garderoben abgegeben wurde. Heute hat diese sympathische Art, seine Begeisterung auszudrücken, fast völlig aufgehört. Sie ist nur noch bei Premieren zu erleben.«[121] Dann aber ging es zu wie eh und je, nicht selten wurde der »nie enttrohnte Charme-Champion«,[122] wie ein Journalist beobachtete, mit »Wagenladungen frischer Blumengebinde«[123] überhäuft.

Aus seinem Alter machte Heesters nie ein Geheimnis, dennoch wurde aufgrund eines kuriosen Irrtums über einen langen Zeitraum immer wieder über das »wahre Alter« des Johannes Heesters spekuliert: In den sechziger und siebziger Jahren existierte neben dem korrekten Geburtsjahr 1903 auch das falsche Datum 1902, das durch einen erst spät korrigierten Eintrag im »Brockhaus« zementiert wurde, was zur Folge hatte, daß die eine der Hälfte der Medien in den geraden, die andere Hälfte in den ungerade Jahren ihre Berichte zu den runden Heesters-Geburtstagen brachte – je nachdem, welches Archiv sie gerade nutzten. 1972 meldete auf diese Weise sogar die »Tagesschau« ein Jahr zu früh, daß Johannes Heesters seinen 70. Geburtstag feiere. Der »Brockhaus«-Eintrag wurde zwar daraufhin korrigiert, dennoch herrschte noch lange Zeit Verwirrung in dieser Frage.

In einer sich zunehmend verändernden und verjüngenden Medienlandschaft, die ständig durch neue Impulse geprägt wurde, stieg Johannes Heesters ab den siebziger Jahren zu einem Gegenbild auf, das sich von den Strömungen der Zeit abhob. Als letzter »Vertreter der Lackschuhgeneration«[124] stellte Heesters besonders für die älteren Zuschauer einen Garant für Kontinuität dar, der das Gefühl vermittelte, daß die Contenance und Kultiviertheit, die man mit der »guten, alten Zeit« verband und die viele in einer Situation der politischen Umwälzungen und der sexuellen Revolution dahinschwinden sahen, auch weiterhin ihre Gültigkeit behalten würden. Für jüngere Zuschauer, die auf der Welle der Avantgarde mitschwammen, gegen das Überkommene und die bürgerliche Ordnung der Eltern protestierten, mußte jemand wie Johannes Heesters hingegen eigentlich wie eine Inkarnation all dessen wirken, gegen das man sich auflehnte.

In einer Zeit, in der der Common sense der Kleidersprache sich grundlegend veränderte, in der Jeans und T-Shirts das Straßenbild und bald auch schon die Fernsehbildschirme dominierten und zunehmend ein pluralistisches Nebeneinander der Stile herrschte, war Heesters – der zumindest in seinen Rollen am Kleidungsstil der Jahrhundertwende und der zwanziger Jahre festhielt – schon rein modisch das Gegenbild: Doch während die Welt um ihn sich veränderte und von überkommenen Konventionen lossagte, blieb er, ohne sophisticated zu wirken und mit der Selbstverständlichkeit und natürlich wirkenden Noblesse, die er zeitlebens an den Tag legte und die sein Erscheinungsbild nie zu irritierender Perfektion gerinnen ließen, durch seine Fernsehpräsenz für die junge, rebellierende Generation das Inbild des Mannes von weltmännischer Eleganz, der es noch verstand, den Frack zu tragen, den Chapeau claque zu wirbeln und den blütenweißen Seidenschal elegant hinter sich herflattern zu lassen: »Manchmal mochte es scheinen, er sei schon im Lackschuh auf die Welt gesprungen und habe bereits eine Frackschleife statt der Babywindeln getragen.«[125]

Aber nicht nur was seine Kleidung anbelangte, auch die Umgangsformen des Mannes, der die Damen unbeirrt mit »gnädige Frau« anspricht, wirkten mit einem Mal wie eine nostalgische Reminiszenz an eine Zeit, in der Stil und Etikette noch etwas galten. Heesters selbst spekulierte: »Vielleicht verehren mich die Leute nur, weil ich sie an früher erinner', weil ich eine bestimmte Zeit für sie symbolisiere.«[126] Trotz der Veränderungen der Zeit, trotz der modischen Neuerungen und der gesellschaftlichen und medialen Umwälzungen blieb Heesters sich treu und wurde gerade deshalb geschätzt. Anläßlich seines 65. Geburtstags im Jahre 1968 schrieb ein Journalist: »Es hat keinen Sinn, irgend etwas nur deshalb schlecht zu finden, weil es schon so oft gut war: anders gesagt, es gibt Formen, die man nicht verbessern kann, zum Beispiel das Ei, den Volkswagen, den Heesters.«[127]

Daß er sich seine Popularität so lange und dauerhaft zu bewahren vermochte, veranlaßte auch so manchen Kritiker, die Klischees, die zweifellos mit Heesters verbunden sind, nochmals zu überdenken: »Also muß doch etwas mehr an ihm sein als der elegante Frackträger, der bildhübsche Mann. Wenn man mit ihm spricht, entdeckt man sein Geheimnis schnell: Natürlichkeit, leise Töne. Kein leerer Tenor, kein eitler Film-Geck. Ein liebenswerter Mensch, dessen Charme persönlichkeitsbedingt ist.«[128] Im Fernsehen und auf der Musical-Bühne sollte Heesters in den siebziger Jahren zeigen, was in ihm steckt, so wie er es zuvor in der Operette und beim Film getan hatte. Da er im deutschsprachigen Showbusineß eine singuläre Erscheinung war und blieb, wurden Vergleiche aus dem internationalen Kontext herangezogen, um seine Sonderstellung hervorzuheben – etwa wenn Journalisten ihn als »die mitteleuropäische Variante des amerikanischen Allround-Talents Frank Sinatra«[129] bezeichneten oder Hellmuth Karasek sich in ihm an den Charme und die Lässigkeit eines Cary Grant erinnert fühlte. Auch während seiner Alterskarriere konnte Heesters seine Fähigkeiten unter Beweis stellen: »In seinem Fach war Johannes Heesters ein Jahrhundertereignis.«[130]

Neben der Musical-Bühne wurde ab den sechziger Jahren vor allem das sich immer stärker etablierende Fernsehen zu Heesters' neuem Arbeitsfeld. Nicht nur, daß immer wieder seine alten Filme – zunächst die der dreißiger und vierziger Jahre,[131] später auch die der Nachkriegszeit – ausgestrahlt wurden, immer häufiger war Johannes Heesters auch in eigens für das Fernsehen konzipierten Sendungen zu sehen, zunächst in verfilmten Theaterstücken, später verstärkt auch in Shows, als Gastgeber oder Stargast. Da er schon 1956 an der Seite der angehenden Operndiva Anneliese Rothenberger ein erstes Fernsehspiel abgedreht hatte – eine Fernsehfassung des Benatzky-Lustspiels *Meine Schwester und ich* –, fiel er Anfang der sechziger Jahre bei seinem Abschied vom Film nicht in ein »Karriereloch«, sondern hatte bereits für die Zukunft vorgesorgt. So wie ihm der endgültige Übergang von der Operetten- zur Musical-Bühne in den siebziger Jahren spielend gelingen sollte, so reibungslos funktionierte auch die Verlagerung seiner Karriere vom Film zum Fernsehen, das sich anschickte, zum neuen kulturellen Leitmedium zu werden.

Welch ein einschneidendes Ereignis die Aufnahme eines regelmäßigen Programmbetriebs Ende 1952 darstellte, hatte zunächst niemand wirklich registriert. Das deutsche Kino ignorierte anfänglich die Existenz des Fernsehens schlicht und einfach und schien damit zunächst auch recht zu behalten. Im Vergleich zu Ländern wie den Vereinigten Staaten oder Großbritannien war es in Deutschland kriegsbedingt zu einer Verzögerung der Entwicklung gekommen, allerdings hätte die Bedeutung, die das Fernsehen zu diesem Zeitpunkt in den angloamerikanischen Ländern bereits hatte, ahnen lassen können, wie sich die Medienlandschaft auch hierzulande entwickeln würde. Dennoch traf der Ende der fünfziger Jahre einsetzende drastische Besucherschwund in den Kinos die Produzenten, Verleiher und Kinobetreiber weitgehend unvorbereitet. Insbesondere zwei Ereignisse hatten das Fernsehen auch in Deutschland populär gemacht und für einen enormen Aufschwung gesorgt, die Krönungsfeierlichkeiten der britischen Monarchin Elizabeth II. 1953 sowie ein Jahr später die Fußballweltmeisterschaft, bei der die bundesdeutsche Mannschaft gewann und die als das »Wunder von Bern« in die deutsche Nachkriegsgeschichte einging und das Selbstbewußtsein des Landes wieder stärkte. Gab es 1957 noch rund eine Million Fernsehempfänger, so lag die Zahl 1960 bereits bei fast fünf Millionen, ein untrügliches Zeichen dafür, daß das Fernsehen langsam, aber sicher sowohl das Kino als auch den Rundfunk zurückdrängte. Zudem wurde das Fernsehen zunehmend salonfähig, sogar Theaterlegende Gustaf Gründgens bekannte: »Ich bin einer der größten Fernsehnarren. Jeden Abend sitze ich vor dem Kasten.«[132]

Heesters begann seine Fernsehkarriere genau in dieser Zeit. Wie auf der Bühne und im Kino waren es zunächst Operetten, mit denen Heesters im Fernsehen präsent war. Theateraufführungen waren damals noch ein beliebter Programmbestandteil und reichten von den großen Klassikern und Werken des Musiktheaters bis zu den Boulevardstücken eines Willy Millowitsch. Daß das deutsche Fernsehen am 25. Dezember 1952 mit Goethes *Vorspiel auf dem Theater* begonnen hatte, war durchaus programmatisch gemeint, betrachtete man das neue Medium doch – wie einst das Kino – als »Theater der kleinen Leute«. Die Programmverantwortlichen vertraten sogar die Auffassung, daß das Fernsehen durch das häufige Ausstrahlen von Theaterstücken zur Herausbildung eines neuen, breiteren Theaterpublikums beitragen könne.

Da es bis 1957 keine Möglichkeiten zur elektronischen Aufzeichnung gab, mußten auch die Inszenierungen im Fernsehen live gespielt und gesendet werden, weshalb man von einer großen Affinität der beiden Medien ausging. Als dann die elektronische Aufzeichnung eingeführt wurde, rückte das Fernsehen in die Nähe des Films und begann eigene, fernsehspezifische Formen zu entwickeln und sich sukzessive vom Theatervorbild zu lösen. Ab den sechziger Jahren wurden dann zunehmend Stücke speziell für das Fernsehen geschrieben. Heesters wirkte in einer breiten Palette unterschiedlichster Genres mit: Neben Fernsehfassungen seiner legendären Bühnenerfolge wie *Die lustige Witwe* (1963), *Hochzeitsnacht im Paradies* (1966) oder *Viktoria und ihr Husar* (1965) etwa auch in Komödien, in denen er in der Nachkriegszeit auf der Bühne gestanden hatte, so etwa in *Ein netter Herr* (1962) oder in *Unsere liebe Freundin* (1968), aber auch in eigens fürs Fernsehen konzipierten Fernsehspielen wie etwa *Nocturno im Grandhotel* (1959) von Wolfgang Hildesheimer oder im Episodenfilm *Am grünen Strand der Spree* (1960). Im Gegensatz zu anderen Theaterschauspielern wußte Heesters problemlos mit den Anforderungen des neuen Mediums umzugehen, da ihm schon vom Film her vertraut war, daß er seine Bühnendarstellung, seine Stimme und die großen Gesten, vor den Fernsehkameras zurücknehmen mußte.

Die kontinuierliche Fernsehpräsenz beflügelte Heesters' Nachkriegskarriere und sorgte dafür, daß er auch dem jüngeren Publikum ein Begriff blieb. Gerade die Fernsehspiele, denen Heesters-Operetten zugrunde lagen, hatten einen werbewirksamen Effekt, lockten sie doch die Menschen, die Heesters auf dem Bildschirm gesehen hatten, in die Theater, um ihn dort einmal auch leibhaftig zu erleben. Andererseits bot Heesters das Fernsehen im Laufe der Zeit zunehmend die Möglichkeit, schauspielerisch neue Wege zu beschreiten. Während er auf der Bühne und im Kino fast immer seinem Image entsprechend eingesetzt wurde, war man im Fernsehen – wo man nicht so hohe Produktionskosten wie im Theater oder im Kino aufs Spiel setzte – eher zu Experimenten bereit und besetzte Heesters so manches Mal in Rollen, die für ihn ungewöhnlich waren, so etwa 1970 in einer Folge der legendären Fernsehserie *Der Kommissar*, wo er an der Seite von Marianne Hoppe einen Mann aus einfachsten Verhältnissen spielt, der gerade aus dem Gefängnis kommt.

Schauspielerisch gab es auf diese Weise für Heesters im Fernsehen so manche Herausforderung, von denen viele jedoch – auch das wohnt dem schnellebigen Medium inne – längst in Vergessenheit geraten sind. Ein Highlight seiner Fernsehkarriere war zweifellos das unter der Regie von Rolf von Sydow entstandene Fernsehspiel *Sonny Boys* nach Neil Simons tragikomischer Komödie um zwei in Vergessenheit geratene, abgehalfterte Broadway-Komiker, die von Johannes Heesters und Carl-Heinz Schroth verkörpert wurden. Heesters spielte hier einen melancholisch-tückischen Greis, der so gar nichts von der Eleganz und Nonchalance hatte, die man sonst von seinen Rollen gewöhnt war. Auch der 1985 ausgestrahlte, auf Heesters zugeschnittene Episodenfilm *Ich knüpfte manche zarte Bande*, ebenfalls in der Regie von Rolf von Sydow, ragt aus der kontinuierlichen Fernseharbeit Heesters' heraus.

In den sechziger, siebziger und achtziger Jahren, der Zeit der großen Fernsehshows, gab auch Johannes Heesters sein Debüt als »Showmaster«. Anfang der sechziger Jahre moderierte er vier eigene Shows als Gastgeber, die vollkommen auf Heesters' Image hin konzipiert waren, wovon auch schon die Titel der Sendungen zeugen: 1961 *Heut' geh' ich ins Maxim*, 1962 *Ein zartes Band* und *Ich knüpfte manche zarte Bande* und 1963 *Es kommt auf die Sekunde an* – alle diese Shows setzten neben der Präsenz des Moderators auf große Orchester, opulente Tanzeinlagen und natürlich auf die Gastauftritte der damals aktuellen Stars wie Peter Alexander und Anneliese Rothenberger, Vico Torriani, Heidi Brühl und Charlie Rivel. Auch Heesters' älteste Tochter Wiesje nahm einmal als Pianistin an einer der Shows teil.

Der telegene Heesters verstand es erstaunlicherweise auf Anhieb, wie er mit den für ihn völlig neuen Anforderungen einer solchen Fernsehshow umzugehen hatte, und legte ein Laisser-faire an den Tag, das viele andere Entertainer in Deutschland zur gleichen Zeit noch vermissen ließen. Fernseh-Altmeister Rudi Carrell, dem Heesters 1964 geraten hatte, nach Deutschland zu gehen und dort Karriere zu machen, verfolgte damals mit großem Interesse die Shows seines Landsmanns und hält ihn noch heute rückblickend für einen geborenen Fernsehunterhalter: »Er ging instinktiv wunderbar mit dem Medium um. Seine Shows waren brillant, er sprach mit einer Selbstverständlichkeit in die Kamera, wie man es damals noch kaum kannte. Er dachte an die Zuschauer zu Hause, zu denen er zu Besuch kam. Heesters war in seinem Auftreten, in seiner Kamerapräsenz und seiner Lockerheit richtig modern, fast amerikanisch. Seine Ausstrahlung war enorm, und sein holländischer Akzent, den die Deutschen so gerne hörten und der schon an sich eine gewisse Lockerheit und Beiläufigkeit vermittelte, kam enorm gut an. Er hat für uns alle, die wir aus Holland kamen und im deutschen Fernsehen Karriere machten, den Teppich ausgelegt.«[133] Und das waren nicht wenige. Auf Heesters und Carrell folgten etwa Lou van Burg und Herman van Veen, Corry Brokken, Mareike Amado, Linda de Mol und natürlich der Sänger Heintje. Seit Heesters ist der holländische Akzent aus dem deutschen Fernsehen nicht mehr wegzudenken. Doch auch wenn nach ihm noch viele mit diesem Akzent in den deutschen Medien auftraten, Heesters blieb Heesters: »Oft kopiert und nie erreicht.«[134]

Die Fernsehshows und die folgenden Gastauftritte in Sendungen wie der *Peter-Alexander-Show, Anneliese Rothenberger gibt sich die Ehre* oder Vico Torrianis *Hotel Viktoria* – 1972 auch in der Sendung *Ein Kessel Buntes* im Fernsehen der DDR[135] – halfen Heesters, auch in den siebziger und achtziger Jahren präsent zu bleiben. Saßen in seinen Theateraufführungen in dieser Zeit »vorwiegend reifere weibliche Jahrgänge«[136], erreichte er im Fernsehen auch deren Enkelinnen. Erstaunt registrierte er: »Junge Leute bitten mich um Autogramme, seitdem ich Fernseh-Shows hatte.«[137]

Trotz der Erfolge, die Johannes Heesters im Fernsehen verbuchen konnte und die für seine Nachkriegskarriere nicht unbedeutend waren, blieb ihm das Medium letztlich suspekt, und er hatte damit sicher recht, viele der Sendungen bedienten die altbekannten und altbewährten Klischees und hatten mit künstlerischer Anforderung nichts zu tun. »Nach wie vor war ich darauf bedacht, das Gleichgewicht zwischen Bühne und Film oder Fernsehen zu halten.«[138]

Daß er, der auf eine jahrzehntelange Erfahrung beim Theater und beim Film zurückblicken konnte, plötzlich mit Newcomern gleichgesetzt wurde, deren Talent oder Können oftmals eher geringfügig war, gefiel ihm nicht. Er erkannte für sich schon früh das Problem, daß das Fernsehen ein Medium ist, in dem letztlich jeder reüssieren kann, ohne wirklich ein Profi sein zu müssen: »Nun ja, ich war wohl so etwas wie ein ›Star‹, auch wenn ich nie einer sein wollte oder mich so gegeben und gefühlt habe. Aber heute, im Fernsehen ist jeder ein Star, ohne etwas dafür tun zu müssen – und wie schnell verschwinden die ganzen Leute wieder, und man hört nie wieder was von ihnen.«[139]

Neue Karriereufer: Das Musical »Gigi«

Auch wenn Heesters nach *Kiss me, Kate* und *Bel Ami* zumeist wieder in klassischen Operetten auf der Bühne gestanden hatte, waren diese ersten frühen Abstecher zum Musical ein wichtiger Impuls für seine Bühnenkarriere in den siebziger und achtziger Jahren, die vor allem mit einer Rolle in Verbindung gebracht werden kann, die des Honoré Lachailles in Frederick Loewes Erfolgsmusical *Gigi*, die Heesters von 1975 bis 1983 rund 750 Mal spielte. Zwar hatte Heesters bereits Mitte der sechziger Jahre erstmals seinen Abschied vom Musiktheater bekannt gegeben und angekündigt, fortan nur noch in Sprechrollen auf der Bühne stehen und zu den Fundamenten seiner Karriere zurückzukehren zu wollen, dazu kommen sollte es jedoch noch lange nicht.

Auch seine größten musikalischen Erfolge auf der Musical-Bühne standen ihm noch bevor: Wieder einmal stellte Heesters seine Wandlungsfähigkeit unter Beweis, ohne die seine außergewöhnlich lange Karriere wohl auch nicht vorstellbar gewesen wäre. Sich in dem neuen Genre des Musicals zurechtzufinden fiel ihm leicht, entsprach es doch durchaus seinen Vorstellungen, gerade weil hier die Gesangspartien organischer in die Handlung eingebunden waren, so daß sie im Ganzen der Aufführung natürlicher und weniger pathetisch wirken. Schon bei seinen Operetten hatte er häufig angeregt, daß die Vorspiele zu den Gesangseinlagen weggelassen werden, damit die Übergänge zwischen gesprochenen und gesungenen Partien harmonischer wurden. Da die Musicals der siebziger Jahre genau dies beherzigten, fühlte sich Heesters in seiner Auffassung bestätigt: »Erst das moderne Musical läßt erkennen, daß es einen Weg in die von mir gewiesene Richtung gibt.«[140]

Zu diesem Zeitpunkt hatte das zunächst mißtrauisch beäugte Musical der Operette längst den Rang abgelaufen. Trotzdem Heesters als einer der letzten Operettenstars weiter große Erfolge in einem Genre verbuchen konnte, das ohne ihn nur noch wenige Menschen ins Theater zu locken vermochte, war der Niedergang der Operette auf Dauer nicht mehr aufzuhalten. Selbst der Wiener »Operettenpapst« Marcel Prawy räumte nun ein, daß die Operette »als schaffende Kunstform ohnehin schon ganz tot« ist.[141] »Wer heute ein neues musikalisches Werk erleben will, in dem ein bißchen gelacht, ein bißchen geweint, ein bißchen geliebt, ein bißchen gestorben wird und gelegentlich (immer seltener!) eine schöne Melodie erklingt, geht [...] zum Musical. Schade? Vielleicht. Aber kaum vermeidbar.«[142]

Über Jahrzehnte war Heesters als Inkarnation und Zukunft der Operette angesehen worden. Der renommierte Berliner Kritiker Friedrich Luft hatte gar über ihn geschrieben: »Er kann den holden Operettenschwachsinn auch denen, die diese Kunstgattung unerträglich finden, erträglich machen.«[143] Doch auch die Gleichsetzung von Heesters mit der Operette konnte ebenso wenig wie die Beschwörung »Solange wir noch einen Heesters haben, kann keine Rede von einer Krise der Operette sein«[144] verhindern, daß auch Johannes Heesters endgültig zum Musical wechseln mußte.

Einen Monat vor Heesters' 72. Geburtstag hatte Frederick Loewes Musical *Gigi* Premiere in Wien, das kurz zuvor mit riesigem Erfolg am New Yorker Broadway uraufgeführt worden war. Dem Komponisten von *My Fair Lady* brachte es zwar neuen Ruhm ein, dennoch galt es schnell als Beleg dafür, daß ein großer Bühnenerfolg nicht so leicht kopierbar und wiederholbar ist – so erfolgreich wie *My Fair Lady* wurde das nach dem gleichen Erfolgsrezept gestrickte Musical *Gigi* nie. Rolf Kutschera, der als Direktor des Theaters an der Wien die Ära des Musicals an seinem Haus eingeleitet hatte, war 1974 gemeinsam mit Heesters nach San Francisco und London geflogen, um sich mit ihm die dortigen *Gigi*-Aufführungen anzusehen. Kutschera wußte, daß Heesters nur zu überzeugen war, abermals Musiktheater zu spielen, wenn man ihn mit einer überzeugenden Rolle locken konnte, die eine Herausforderung für ihn darstellte. Mit der Rolle des Honoré Lachailles in *Gigi* sah er seine Chance gekommen, lag hier doch ein Charakter vor, der einerseits – ganz im Gegensatz zum

Danilo – auch Heesters' Alter entsprach und der andererseits hervorragend zu seinem Image und den Erwartungen der Heesters-Fans im Publikum passen würde.[145]

Zwar waren Kutschera und Heesters von den Inszenierungen in Amerika und England nur wenig begeistert, die Rolle des erfahrenen Lebemannes jedoch erschien beiden wie gemacht für Heesters: »Ein spiel- und gestaltbarer Charakter, der meinem Alter angemessen war, gepaart mit eingängigen Melodien.«[146] Als Heesters sich für die Rolle entschied, wählte er gleichzeitig selbst den Abschied vom ewig jungen Verführer und Salonlöwen, den er bis dato so häufig auf der Bühne verkörpert hatte. *Gigi*, nach dem gleichnamigen Roman von Colette, der 1958 bereits von Vincente Minelli mit Leslie Caron und Maurice Chevalier in den Hauptrollen verfilmt und dessen Stoff 1973 als Musical uraufgeführt worden war, erzählt die im Paris des Jahres 1889 angesiedelte Geschichte eines naiven, gutgläubigen Kindmädchens, für das eine Karriere als Mätresse vorgesehen ist, zu der es systematisch erzogen werden soll. Die von Christiane Rückert verkörperte Gigi entzieht sich jedoch den Planungen ihrer Erzieherinnen – etwa der von Susanne von Almassy gespielten Tante Alicia – und sucht statt dessen nach der wahren Liebe, die sie in dem von Musical-Star Bela Erny gespielten Zuckerfabrikantensohn Gaston Lachailles findet, der sich von einem blasierten Verführer zu einem aufrichtig liebenden, treuen und verantwortungsvollen Ehemann wandelt und sich von seinem fragwürdigen Lebensstil verabschiedet. In *Gigi* triumphiert die bürgerliche Moral über das Frivole und Anrüchige.

Gastons Ratgeber in Liebesdingen ist sein in die Jahre gekommener Onkel Honoré, ein erfahrener Lebemann und Bonvivant, der immer noch nach den jungen Damen schaut und das Pariser Maxim besucht. Seinem Neffen Gaston steht er als Drahtzieher und Helfer in Liebesdingen zur Seite, gleichzeitig übernimmt er innerhalb des Stücks die Rolle des Conferenciers, der das Geschehen kommentiert und durch die Geschichte führt. Kritiker vermerkten, daß der über siebzigjährige Heesters die Rolle verkörpere, »erstaunlicherweise ohne peinlich zu wirken. Er ist eben als ›Liebhaber‹ geboren.«[147] Auch hier hat er die Gelegenheit, im Frack auf der Bühne zu stehen, im Gehrock der Jahrhundertwende mitsamt Spazierstock und Zylinder. Und musikalisch darf er bekennen: »Ich bin gottseidank nicht mehr jung.«

Das turbulente Musical mit der hochkarätigen und überzeugenden Besetzung, den üppigen Balletteinlagen und zahlreichen Gesangsnummern, unter denen es jedoch keinen wirklichen »Schlager« gibt, kam beim Wiener Publikum gut an: »*Gigi* – Fast wie am Broadway«.[148] Allein im Theater an der Wien gab es über 200 ausverkaufte Vorstellungen – ein grandioser Erfolg für Rolf Kutschera und seinen Hauptdarsteller Heesters. Ihn selbst machte der Zuspruch des Publikums ebenso glücklich wie die sich teils überschlagenden Kritiken: »[Heesters] beherrscht die Kunst, Eleganz und Charme mit Herz zu verbinden, ohne in Routine abzusinken. In diesem Mimen spürt man heute dazu noch einen Schuß Girardi oder Josef Kainz.«[149]

Wieder einmal hatte Heesters den Beweis zu erbracht, daß er noch lange nicht zum alten Eisen gehörte und auch neben den wesentlich jüngeren Stars der Inszenierung bestehen konnte. Aus ganz Deutschland kamen Anfragen. So spielte Johannes Heesters *Gigi* im Anschluß – als deutsche Erstaufführung – zunächst im Theater des Westens in Berlin, das 1896 in Charlottenburg als repräsentative Operettenbühne und als damals größtes Theater der Reichshauptstadt eingeweiht worden war und in der Nachkriegszeit zu *der* Spielstätte für Operetten und Musicals im Westteil Berlins wurde. In den sechziger Jahren waren hier etwa die Erfolgsmusicals *My Fair Lady* und *Annie Get Your Gun* aufgeführt worden. Das Theater des Westens war schon damals eines der letzten Häuser in West-Berlin, in denen die leichte Muse ihren festen Platz hatte. Auf die 200 Wiener Vorstellungen folgten weitere 136 in Berlin, der Honoré Lachailles war zu diesem Zeitpunkt längst zur großen Altersrolle für Heesters geworden und zudem zur heimlichen Hauptrolle in *Gigi*: »Bombenrolle für Heesters. [...] Heesterissimo!«[150]

Als *Gigi* 1978 im Münchner Staatstheater am Gärtnerplatz nach dem Wiener Erfolgsrezept neu aufgeführt wurde, war zwar die Rolle der Gigi bereits wiederholt neu besetzt worden, Johannes Heesters jedoch war nach wie vor »der immer noch ›vielzujunge‹ Honoré Lachailles [...], ein Lebemannwunder, das über seinen Frauenkonsum spricht wie andere in seinem Alter von den Erquickungen des Mittagsschläfchens«.[151] Obwohl seine Stimme altersbedingt besonders in den höheren Tonlagen langsam an Glanz verlor, lobten die Kritiker: »Zuerst freilich erschrickt man, wie scharf und knarrend er Silben und Noten anschlagen muß, um durchzukommen. Doch schnell spült sein Charme, sein fabelhafter Professionalismus alle Zweifel hinweg: Heesters hat von seinen Star-Qualitäten keine eingebüßt.«[152]

Heesters wurde mit der Rolle alt, erst an seinem 80. Geburtstag im Dezember 1983 verabschiedete er sich mit einer Münchner Gala-Sondervorstellung nach über 600 Vorstellungen. Auf die Frage eines Reporters, was an seinem Ehrentag auf dem Spielplan stehe, antwortete er: »*Gigi.* Leider. Es ist schon so oft gespielt. Ich habe schon gesagt, daß das eine Seniorenvorstellung wird. Die Gigi wird auch nicht jünger. Ist doch so.«[153] So nutzte er die Geburtstagsvorstellung zum Vergnügen des Publikums auch dazu, sich selbst zu persiflieren und mit seinem Alter zu kokettieren. Immer wieder baute er ein »Herzlichen Dank, ich bin 80« in seinen Text ein oder fiel absichtlich aus der Rolle – »Jetzt habe ich den Text vergessen« – ging an den Bühnenrand zur Souffleuse, beugte sich zu ihr mit einer Hand am Ohr hinunter und fragte lautstark nach: »Was sagen Sie?«[154]

Das Gärtnerplatz-Theater ernannte ihn an diesem Abend zum Ehrenmitglied und feierte ihn im Anschluß an die letzte Gigi-Vorstellung mit einer kleinen Revue: »14 weibliche Ensemble-Mitglieder sangen oder parodierten jeweils einen berühmten Heesters-Schlager und überreichten dabei eine rote Rose. Da war es dann nur noch Heesters' phänomenaler Konstitution zu danken, daß er unter den Küssen und Umarmungen der Damen nicht den Überblick verlor.«[155] Hier, am Gärtnerplatz-Theater schloß sich der Kreis, hier beendete er seine Karriere auf der Operetten- und Musical-Bühne nach 59 Jahren.

»Sie mußte ein ganzes Leben lang auf mich warten«

Auch wenn die Ehe von Johannes und Wiesje Heesters zweifellos manchen Belastungen ausgesetzt war, eine Trennung wäre für beide undenkbar gewesen, zu sehr waren ihre Leben in den 55 Jahren Ehe miteinander verknüpft. Immer wenn ihr Mann bei öffentlichen Auftritten einmal nicht strahlte, raunte Wiesje ihm auf holländisch »de groete« (die Grüße) zu – ein Geheimcode, um ihn zum Lächeln zu animieren.[156] Auch wenn er auf der Bühne stand, hatte man eine Möglichkeit gefunden, sich zu verständigen: Heesters baute manchmal während der Aufführungen, ohne daß einer der Anwesenden dies bemerkte, ein fragendes »Ja?« in seine Gesangspartien ein, worauf seine Frau aus ihrer Loge schnell mit einem kurzen, bestätigenden »Ja!« antwortete, als Zeichen dafür, daß er alles richtig mache. Sang er einmal nicht laut genug, hörte er ein charakteristisches Räuspern seiner Frau und wußte Bescheid.[157]

Wiesje war ihm zeitlebens eine wichtige Ratgeberin, etwa wenn es um neue Rollenangebote ging, und zudem eine äußerst strenge, aber gerechte Kritikerin. Tochter Nicole erinnert sich: »Sie liebte meinen Vater bedingungslos, und sie war auch unendlich stolz auf ihn. Als wir einmal in Wien, es war an einem Regentag, an einem Kino vorbeikamen, an dessen Fassade ein riesiges Filmplakat mit Vaters Portrait hing, drängte sie sich durch die Masse, die sie natürlich nicht als Ehefrau von Johannes Heesters erkannte, wies mit dem Regenschirm nach oben und sagte mit demonstrativ lauter Stimme: ›Diesen Mann finde ich toll!‹«[158]

Im Alter wurde die Beziehung sogar noch enger, weil die Töchter beruflich eigene Wege beschritten und selbst schon wieder Kinder hatten. Auch die Eltern von Johannes Heesters lebten längst nicht mehr: Vater Jacobus hatte den Krieg nur knapp überlebt und war 1946 im Alter von 81 Jahren, Mutter Geertruida 1959 im Alter von 91 Jahren gestorben. Heesters' drei ältere Brüder lebten mit ihren Familien nach wie vor in Holland.[159] Da Heesters wenige enge Freundschaften pflegte, war die eingespielte und harmonische Beziehung zu Wiesje um so wichtiger für ihn. Zu ihr kehrte er nach jedem Film, nach jeder Premiere zurück, sie war es, die ihm nach wie vor die Geborgenheit bot, die ihm lebensnotwendig war. Noch immer versuchte er, wenn er schon einmal zuhause war, seiner Frau schwere Arbeiten abzunehmen und ihr das Leben so angenehm wie möglich zu machen, ganz nach dem Motto: »Ein Mann muß es verstehen, auch dann noch um die Hand einer Frau anzuhalten, wenn er sie schon längst hat.«[160] An seinem 75. Geburtstag nutzte Heesters ein Interview, um Wiesje eine Liebeserklärung zu machen: »Meine Frau mußte ihr Leben lang auf mich warten. Ich jagte von einem Termin zum anderen. Sie aber saß geduldig zu Hause, hütete die Kinder und freute sich, wenn ich mal reinschaute. Sie hat's nicht leicht gehabt. Jetzt steht sie bei mir an erster Stelle.«[161]

Anfang der siebziger Jahre waren die beiden von Wien in den Zweitwohnsitz der Familie nach Starnberg-Söcking übergesiedelt, die Villa in der Wiener Cottagegasse wurde fortan von der ältesten Tochter Wiesje und ihrem Mann Raimund Herold, später von der Enkelin Wiesje bewohnt, bis sie 2001 verkauft wurde. Das idyllisch gelegene Landhaus im oberbayerischen Söcking, westlich des Starnberger Sees, hatte Heesters 1953 von der Gage gekauft, die er für den Hollywood-Streifen *Die Jungfrau auf dem Dach* erhalten hatte. Insgesamt erwarb Heesters sogar drei Häuser in Söcking, von denen zwei jedoch vermietet sind.[162]

Das im ländlichen Stil gehaltene Haus, das er mit einer holzverschalten Veranda, einem Swimmingpool und einem Sauna-Häuschen erweitern ließ, steht frei auf einem großen Hanggrundstück, versteckt hinter hohen Hecken und unter weit ausladenden Baumkronen. Lange Zeit kümmerte sich Johannes Heesters selbst um die Gartenarbeit: Die großen Rasenflächen zu mähen und das Kaminholz zu hacken war bis ins hohe Alter Teil seines Fitneßprogramms. Auch als er längst die Siebzig überschritten hatte, hielt er sich mit regelmäßigen Waldläufen, Ruderpartien auf dem Starnberger See, Schwimmen, Radfahren und regelmäßigen Saunagängen in Form: »Meine Freizeitbeschäftigung besteht darin, daß ich für meine Gesundheit lebe.«[163] Das Söckinger Haus, das nun sein neuer Lebensmittelpunkt war, kommt mit den sieben kleinen Zimmern und seinen niedrigen Decken ganz ohne Glamour aus, keine Spuren einer ruhmreichen Vergangenheit, diese sind alle sorgfältig in Kisten verpackt. Der einzige Tribut an seine große Karriere ist ein signiertes Photo Franz Lehárs, das an einem Ehrenplatz hängt und Heesters viel bedeutet.

Trotzdem der Beruf seine zentrale Bedeutung für Heesters behielt, auch nachdem er das Pensionsalter überschritten hatte, bemühte er sich dennoch, mehr Zeit mit Wiesje zu verbringen und vor allem viel mit ihr zu verreisen. Eine Rom-Reise, die das Paar Anfang der siebziger Jahre unternahm, blieb der Familie aufgrund eines dramatischen Zwischenfalls immer im Gedächtnis. Als sich am 17. Dezember 1973 auf dem Rückflug nach München befanden, verübten Terroristen der Abu-Nidal-Organisation einen Anschlag auf den römischen Flughafen Fiumicino. Am Abfertigungsschalter der amerikanischen Fluggesellschaft Pan Am kam es zu einer Schießerei, das Explodieren einer vollgetankten und vollbesetzten Boing 707 konnte nur durch den Einsatz der Flughafenfeuerwehr verhindert werden. 32 Menschen kostete der Anschlag das Leben, Heesters und seine Frau überlebten, weil sie sich rechtzeitig zu Boden geworfen hatten.[164]

Es folgten weitere Reisen, so unter anderem 1978 nach Paris, wo Heesters das Maxim's zum ersten Mal besuchte, über das er so viele Male gesungen hatte, jedoch wurden die Heesters' bei dieser Reise von einem Kamerateam begleitet, das ein Special zu seinem 75. Geburtstag drehte. Aber auch reine Privatreisen standen auf dem Programm. So fuhr das Ehepaar Heesters im Januar 1980 gemeinsam mit den beiden Töchtern und der ganzen Familie nach Venedig, wo sie ihren fünfzigsten Hochzeitstag feierten. Da beide ihre Eheringe längst verloren hatten, bekamen sie von ihren Töchtern neue Ringe geschenkt, den seinen trägt Johannes Heesters bis heute.[165]

Doch das intakte Ehe-Szenario zerbrach schnell, als Wiesje Heesters an Alzheimer erkrankte und immer hilfsbedürfiger wurde. Johannes Heesters, der keinen Moment zögerte, sich der Verantwortung zu stellen, mit der er sich nun plötzlich konfrontiert sah, zog sich zunehmend aus der Öffentlichkeit zurück. Die Presse registrierte dies und spekulierte, daß der Star wohl aus Altersgründen kürzer trete,[166] denn die Krankheit seiner Frau wurde geheimgehalten.

Wiesje Heesters' Zustand verschlechterte sich ab 1982 zusehends. Sie war verwirrt, sprach davon, wieder auftreten, wieder singen und tanzen zu wollen, wie sich Nicole Heesters erinnert: »Jetzt erst merkte man, wie sehr diese Frau es ein Leben lang vermißt hat, auf der Bühne zu stehen.«[167] Bald jedoch konnte sie die einfachsten Dinge des Alltags nicht mehr bewältigen und mußte ständig versorgt werden. Johannes Heesters kümmerte sich in dieser Zeit gemeinsam mit einer Haushaltshilfe intensiv um seine Frau, wusch sie und kleidete sie an. Nachdem Wiesje Heesters im Sommer 1984 eines Nachts unbemerkt auf das Dach des Söckinger Hauses geklettert und hinabgestürzt war, mußte sie am 19. Juli 1984 mit der vorläufigen Diagnose »ausgeprägte senile Demenz« in das Bezirkskrankenhaus München-Haar eingeliefert werden.[168]

Durch die Betreuung stabilisierte sich der Zustand, so daß Wiesje Heesters noch vor Ablauf des Jahres in ein normales Altersheim im Bezirk Hinterbrühl südlich von Wien verlegt werden konnte. Ganz in der Nähe, in Perchtoldsdorf, lebte mittlerweile Tochter Wiesje, bei der Heesters nun viel Zeit verbrachte, um seine Frau so oft wie möglich besuchen zu können. In ihren letzten Monaten war Heesters' Frau nicht mehr ansprechbar. Nicole Heesters erinnert sich: »Nur singen konnte sie noch, ihre alten Operettenmelodien und die flämischen Kinderlieder, die sie so liebte. Sie ist singend in den Tod gegangen.«[169] Johannes Heesters sah seine Frau am Nachmittag des 18. Juni 1985 zum letzten Mal, in der darauffolgenden Nacht starb sie, ihre Tochter Wiesje war bei ihr.[170] Erst nach der Beisetzung im engsten Familienkreis auf dem Waldfriedhof von Perchtoldsdorf informierte die Familie die Öffentlichkeit. Die »Berliner Zeitung« meldete am 29. Juni 1985 in großen Lettern: »Johannes Heesters weint um seine Wiesje«.

Der Tod seiner Frau traf Heesters schwer und löste eine tiefe Lebenskrise aus: »Nach ihrem Tod [...] lagen Stille und Trauer über dem Haus.«[171] Für fast ein Jahr zog Tochter Nicole mit ihrem Mann Pit in das Söckinger Haus, um dem Vater beizustehen.[172] Heesters' Leben war bis zu diesem Zeitpunkt ohne größere Brüche oder Wunden verlaufen. Obwohl selbst bereits 82 Jahre alt, war der Tod seiner Frau der erste große Einschnitt für ihn, dessen privater Kosmos noch nie aus den Fugen geraten, dem immer alles zugeflogen und der stets auf die »Butterseite des Lebens« gefallen war, wie seine Tochter Wiesje es formulierte.[173] So traf ihn der Verlust umso stärker, war er doch mit einem Mal gänzlich auf sich selbst geworfen und mußte ohne die Frau zurechtkommen, die er als einen »Teil meines Ichs«[174] betrachtete. Phasen der Erstarrung, des bohrenden Schmerzes und der Empfindungslosigkeit wechselten einander ab. Natürlich versuchten seine Familie, seine Töchter und Enkel, sowie nahestehende Freunde, ihn aufzumuntern und ihm Kraft und Halt zu geben, doch kaum jemand vermochte ihn wirklich in seinem Schmerz zu erreichen: »Muß ich jetzt sterben, oder darf ich weiterleben? Dieses Gefühl hab' ich gehabt. Man kommt sich plötzlich so alleine und sinnlos vor, daß man sich fragt, für wen, für was?«[175] Das sollte sich erst ändern, als die 46 Jahre jüngere Schauspielerin Simone Rethel in sein Leben trat, die ihm neuen Lebensmut gab und die bald zur neuen großen Liebe seines Lebens wurde: »Das Leben kam mir damals wie ein Tanz vor, dessen Melodie mir abhanden gekommen war. Durch Simone habe ich sie wiedergefunden.«[176]

Die Öffentlichkeit erfuhr zunächst nichts von der neuen Bindung, doch ließen sich Spekulationen auf die Dauer natürlich nicht vermeiden. Zunächst reagierte Heesters ausweichend auf solche Fragen und verweigerte Kommentare zu seinem Privatleben.«[177] Hinter den Kulissen stabilisierte und intensivierte sich zu dieser Zeit die Beziehung zu Simone Rethel, die beiden sahen sich regelmäßig in Rethels Drei-Zimmer-Wohnung in München-Schwabing oder in Heesters' Söckinger Haus, trafen sich zu gemeinsamen Abendessen oder Theaterbesuchen. Um den Gerüchten entgegenzutreten, entschloß sich das Paar im März 1987, auch öffentlich bekanntzugeben, daß man bereits seit einem Jahr liiert sei.

Die Boulevardzeitungen in Deutschland und Österreich titelten in großen Lettern: »Heesters (83) liebt Simone Rethel (37)« und »Heesters: ›Spätere Heirat nicht ausgeschlossen‹.«[178] Selbst holländische Zeitungen berichteten in großer Aufmachung über die neue Beziehung des holländischen Stars.[179] Weil Johannes Heesters zeitlebens die Aura des Gentlemans anhaftete und ihn, obwohl er als Liebling der Frauen galt und über Affären spekuliert wurde, nichts Anrüchiges umgab und er nie Stoff für Klatschgeschichten geliefert hatte, reagierte die Presse auffallend positiv auf die Beziehung, hämische Kommentare blieben aus. Der Berliner »Tagesspiegel« schrieb rückblickend zu diesem Umstand: »Johannes Heesters war ein Herzensbrecher, von dem allerdings keine Gefahr ausging. Lüsternheit war ihm völlig fremd – was ein Grund dafür sein dürfte, daß seine Ehe mit der ein halbes Jahrhundert jüngeren Simone Rethel keinen Spott ausgelöst hat.«[180]

Zwar wurde durchaus auf die 46 Jahre Altersunterschied hingewiesen und betont, daß Heesters getrost Simone Rethels Großvater sein könne, andererseits vergaß kaum ein Journalist zu erwähnen, daß die neue Liebe auf Heesters wie ein Jungbrunnen wirke und er selbst sie als große Gnade und als spätes Glück betrachte.[181] Auch Simone Rethel wurde natürlich zu ihrer außergewöhnlichen Beziehung befragt, wobei sie allzu neugierige Nachfragen jedoch zurückwies, über das Thema Heirat und Kinder wollte sie nicht sprechen: »Sie schwärmte immer für graumelierte ›antike‹ Herren. Das gibt Simone [...] offen zu: ›Ich habe ein Faible für reifere Männer. Dabei hab' ich aber keinen Vaterkomplex.‹«[182] Einem holländischen Reporter gestand sie beinahe trotzig: »Er wirkt in meinen Augen jünger als viele Männer in meinem Alter.«[183] Auch Heesters selbst bekannte sich unumwunden zu seiner neuen Beziehung. Einige Wochen später erklärte er im »Erotischen Interview« mit Erika Berger: »Aber was soll das Gerede. Liebe hat nichts mit dem Alter zu tun. Mich hält die Liebe jung, hoffentlich noch sehr lange.«[184]

Was sich nun in Heesters' Leben grundlegend veränderte, war die neue Offenheit gegenüber der Presse. Hatte er sein Privatleben zuvor immer weitgehend abgeschirmt und Beruf und Privates strikt getrennt, sprach er nun wesentlich offenherziger über sein Leben. Auch gibt es aus keiner Phase seines Lebens so viele veröffentlichte Privatphotos wie aus der Zeit mit Simone Rethel. Tochter Nicole registrierte dies mit Verwunderung: »Nun ja, diese neue Offenheit und Redseligkeit hat mich zunächst schon sehr erstaunt, aber ich verstehe irgendwie auch, daß er aller Welt zeigen will, daß er in seinem Alter noch einmal so ein Glück erlebt.«[185]

Nach und nach erfuhr die Öffentlichkeit nun auch von den ungewöhnlichen Hintergründen der Beziehung. Denn Simone Rethel, die Tochter eines Bühnenbildners und einer Photographin, die bereits 1941 die Werbephotos für den Heesters-Streifen *Jenny und der Herr im Frack* gemacht hatte,[186] schwärmte schon für den großen Schauspieler, seit sie ihn als Dreizehnjährige 1962 erstmals im Fernsehen gesehen hatte. Während ihre gleichaltrigen Freundinnen für Elvis oder die Beatles schwärmten, begann Simone Rethel alles zu sammeln, was mit Johannes Heesters zu tun hatte, trat in eine Schultheatergruppe ein und begann mit Unterstützung einer holländischen Freundin Niederländisch zu lernen.[187]

Als sie hörte, daß Heesters im Frühjahr 1964 in Holland Theater spielen würde, beschloß sie kurzerhand, ihre Ferien dort zu verbringen. Gemeinsam mit ihrer holländischen Freundin kampierte die Fünfzehnjährige an einem kalten Frühjahrstag vor dem Strandhaus der Familie Heesters in Zandvoort und wartete, bis sie ihrem Idol begegnete. Auch Johannes Heesters erinnerte sich rückblickend an diesen Tag: »Ich habe sie bereits als 15jähriges Mädchen in Zandvoort kennengelernt. Sie machte dort Ferien. Frühmorgens begegneten wir uns auf der menschenleeren Strandpromenade.«[188] Für Simone war das nicht die erste Begegnung, schon wenige Monate zuvor, im Winter 1963/64, hatte sie sich am Bühnenausgang des Münchner Gärtnerplatz-Theaters, wo Heesters wieder einmal mit der *Lustigen Witwe* gastierte, ein Autogramm von ihm geben lassen: »Ich dachte, der liebe Gott steht mir persönlich gegenüber.«[189]

Als sie 1986 Heesters dann näher kennenlernte, konnte sie selbst bereits auf eine beachtliche Karriere als Schauspielerin zurückblicken. 1965 war sie von Axel von Ambesser für den Film entdeckt worden und reüssierte sechzehnjährig in der Wilhelm-Busch-Verfilmung *Die fromme Helene*, ein Jahr später hatte sie auch ihr Bühnendebüt am Bayerischen Staatsschauspiel in München – als Mariechen in Eichendorffs *Die Freier*. Fortan spielte sie viel Theater, zunächst am Hamburger Thalia-Theater, später an der Kleinen Komödie in München, ihr Rollenfach war die jugendliche Naive. Sowohl klassische als auch moderne Stücke gehörten zu ihrem Repertoire, und seit den sechziger Jahren war sie auch kontinuierlich im Fernsehen zu sehen, unter anderem in der beliebten Familienserie *Diese Drombuschs*. Da Simone Rethel immer wesentlich jünger wirkte, hatte sie immer mit den Klischees der Presse zu kämpfen, die sie als »süßer Fratz«, »kecker Teenager« und später als »ewige Kindfrau«[190] etikettierten. Dennoch gelang es ihr schnell, unter Beweis zu stellen, daß sie eine ernst zu nehmende, vielseitige und wandlungsfähige Schauspielerin ist.

Neben der Schauspielerei betrieb Simone Rethel ihre Karriere als Malerin und später auch als Photographin. Das Malen, dem sie sich in ihrem unweit des Söckinger Hauses gelegenen Atelier widmet, war für sie immer gleichbedeutend mit ihrer Arbeit als Schauspielerin. Seit Anfang der achtziger Jahre organisierte sie Galerie-Ausstellungen ihrer Bilder in München und Frankfurt, Berlin und Hamburg. 1998, zum 95. Geburtstag ihres Mannes, veröffentlichte sie unter dem Titel *Schönheit des Alters* ihren ersten Photoband, eine Liebeserklärung an ihren Mann und zugleich eine Absage an den grassierenden Jugendwahn, wie er durch die Medien geprägt wird.

Am 25. Januar 1992 heirateten Simone Rethel und Johannes Heesters unter Ausschluß der Öffentlichkeit fast auf den Tag genau 62 Jahre nach Heesters' Hochzeit mit seiner ersten Frau Wiesje. Die Presse wurde erst zwei Monate später unterrichtet.[191]

Seine beiden Töchter, aber auch die Enkel – Johannes,

Saskia und Wiesje – akzeptierten Simone als neue Partnerin an Heesters' Seite, spürten sie doch, wie gut diese Beziehung ihrem Vater bzw. Großvater tat. Auch im hohen Alter ist Johannes Heesters der unbestrittene Mittelpunkt seiner Familie, die längst auch schon Urenkel umfaßt: »Manchmal denke ich, der liebe Gott hat mir vielleicht auch deshalb ein so langes Leben geschenkt, damit ich die Zeit nachholen kann, die ich nicht mit meinen Kindern verbringen konnte, als sie noch klein waren und ich so viel gearbeitet habe.«[192]

Beide Töchter sind sich einig darin, daß sie Simone Rethel dankbar dafür sein müssen, daß sie ihr Leben mit Heesters teilt, daß sie ihre eigene Karriere und ihren Kinderwunsch zurückgestellt hat. Tochter Wiesje bekennt: »Er ist schwierig, und Simone kommt so phantastisch mit ihm zurecht. Wir Kinder könnten das nicht so.«[193] Nicole Heesters geht sogar noch weiter: »Wenn er nur uns Töchter gehabt hätte, gäbe es ihn schon längst nicht mehr. Ich erinnere mich an einen Tag vor einigen Jahren, an dem ich alleine mit ihm war. Er war sehr schwach und fühlte sich nicht gut. Ich war überzeugt, daß er stirbt, und hielt ihn im Arm, ich wollte ihn in Ruhe einschlafen lassen. Als dann Simone zurückkam und ich ihr sagte: ›Ich glaube, Jopie stirbt‹, schrie sie mich an: ›Das geht nicht, ich will mit diesem Mann leben.‹ Sie setzte Himmel und Hölle in Bewegung, wenig später standen unzählige Notärzte und Krankenwagen vor der Tür. Und was soll ich sagen, drei Tage später saß Jopie schon wieder mit seinem Whiskey auf der Terrasse. Wenn ich mit ihm allein gewesen wäre, wäre er an diesem Tag gestorben. Wir verdanken es Simone, daß er noch bei uns ist.«[194]

Ein Casanova im gesegneten Alter

Schien die Abschiedsvorstellung mit *Gigi* 1983 zunächst so etwas wie einen Schlußpunkt seiner damals bereits sechs Jahrzehnte andauernden Bühnenkarriere darzustellen, so brachte die Beziehung zu Simone Rethel auch in dieser Hinsicht neuen Schwung in Heesters' Leben. Hatte er vorher immer wieder über den Rückzug von der Bühne nachgedacht, so schmiedete er nun neue Pläne und verkündete: »Nein, im Ohrensessel bleibe ich noch lange nicht sitzen. Mit Simone an meiner Seite habe ich noch viel vor, auch beruflich.«[195]

Tatsächlich gelang es Johannes Heesters, seine Karriere an ihrer Seite auch mit über achtzig Jahren fortzusetzen und gemeinsam mit ihr zu seinen Theateranfängen bei der Sprechbühne zurückzukehren. In Anbetracht der Tatsache, daß er auch noch wenige Tage vor seinem 99. Geburtstag auf der Bühne stand, wirkt es rückblickend amüsant, daß er sich schon fünf Jahrzehnte zuvor, kurz vor seinem fünfzigsten Geburtstag, die Frage gestellt hatte: »Kann ich, wenn ich dereinst ein alter Mann sein werde, zu einem Produzenten gehen und sagen: Sie müssen mich engagieren, ich bin doch mal der Heesters gewesen!?«[196]

Daß die Rückkehr zum Sprechtheater in Heesters' Alterskarriere so problemlos gelang, kam nicht von ungefähr, denn den Wechsel ins Charakterfach nahm er nicht erst nach seinem endgültigen Abschied vom Musiktheater in Angriff. Bereits als er noch in Operetten und Musicals auf der Bühne stand, hatte er in unregelmäßiger, aber steter Folge immer wieder auch im Sprechtheater Rollen übernommen und eine ganze Reihe von Komödien gespielt – 1948 hatte er mit der vielgerühmten Wiener Aufführung von *Das Lied der Taube* den Grundstein hierfür gelegt. Da er schon im Musiktheater für die selbstironische Distanz, mit der er seine Rollen anlegte, sowie für seinen »clownischen Übermut«, seine »komödiantische Beweglichkeit« und sein »komödiantisches Talent« gerühmt wurde, fiel es ihm leicht, auch in reinen Komödien auf der Bühne zu überzeugen. Trotz seiner Erfolge im Sprechtheater blieb die Angst, in Rollen, in denen er nicht zu singen hatte, nicht akzeptiert zu werden: »Die Sorge, als Schauspieler, als Künstler der Sprechbühne, nicht für voll genommen und immer nur als Operettensänger, als Mann der ›leichten Muse‹ apostrophiert zu werden, hat mich zeitlebens verfolgt.«[197]

Dennoch spielte er seit den fünfziger Jahren immer wieder mit großem Erfolg in Komödien, so etwa 1952 in Harwoods Lustspiel *Gute Reise* und 1953 in Karin Jacobsens Komödie *Wege des Zufalls* am Theater in der Josefstadt in Wien oder

1957, als er einen notorischen Junggesellen in der Boulevard-Burleske *Mein Bruder Jacques* am Volkstheater Wien verkörperte. Selbst bei eher mittelmäßigen Inszenierungen wurde seine »großartige schauspielerische Darstellungskraft«[198] durchweg gelobt und in den Kritiken hervorgehoben, daß mit Heesters »auch aus dem nichtigen Anlaß ein Theaterereignis wird«.[199] Leonard Bernstein, der Heesters einmal auf der Bühne sah, nannte ihn einen »Komödianten von Gottes Gnaden«.[200] Auch Schauspielkollege Klaus Maria Brandauer schwärmte: »[Er ist] ein ganz großer Schauspieler, was sich in seinen – leider viel zu wenigen – Schauspielauftritten wieder bestätigt hat.«[201]

Besonders gern spielte Heesters Rollen, die sich diametral zu seinem Image verhielten, das er sonst auf der Bühne oder vor den Kameras zu bedienen hatte. So spielte er etwa 1960 in der Kleinen Komödie München, einem privaten Boulevardtheater, in der heiter-satirischen US-Komödie *Da Capo* von Harry Kurnitz einen selbstverliebten, egozentrischen und aufbrausenden Star-Dirigenten vom Broadway, der hemmungslos seine Starallüren pflegt und sein Orchester tyrannisiert – eine Rolle, die in der Verfilmung des Stücks von Yul Brunner verkörpert worden war. Wich einer seiner Bühnencharaktere einmal so stark von seinem sonstigen Rollenrepertoire – aber auch auch von dem Bild, das von ihm in der Öffentlichkeit kursierte – ab, wie in diesem Fall, gelangten Kritiker nicht selten zu dem Schluß, daß Heesters doch ein zu netter Kerl sei, »als das man ihm solche Handgreiflichkeiten glauben könnte«.[202] Dennoch schloß eine lange Deutschland-Tournee mit *Da Capo* an.

Eine Komödie war es auch, in der Heesters 1971, mittlerweile fast siebzig, zum ersten Mal gemeinsam mit seiner Tochter Nicole auf der Bühne stand: *Alles im Garten*, die von Edward Albee, dem Schöpfer von *Wer hat Angst vor Virginia Woolf?*, stammt. Auch zuvor hatte es Pläne gegeben, Vater und Tochter gemeinsam zu engagieren, was jedoch scheiterte, da es an überzeugenden Angeboten fehlte. Johannes Heesters erinnert sich: »Vorher konnten wir einfach kein geeignetes Stück finden. Verschiedene Angebote, die uns von Theatern und Filmproduzenten gemacht wurden, waren schlichtweg indiskutabel. Man mutete uns tatsächlich zu, ein Liebespaar zu spielen. Unmöglich!«[203] Die Karriere seiner Tochter als angesehene Charakterschauspielerin hatte Johannes Heesters mit großem Interesse und Wohlwollen verfolgt, als sie als junge Tragödin ihre erste große Rolle am renommierten Schauspielhaus Düsseldorf spielte, war auch er selbstverständlich anwesend: »An jenem Abend war er nur Vater. Er hatte sich einen Platz im zweiten Parkett genommen. Er vergaß seinen Ruhm, seine Eleganz, seine Ausstrahlung. [...] Vater Johannes Heesters stand ganz hinten und klatschte leise und glücklich mit: Um ja nicht mit Stimmung zu machen.«[204] Von der Presse wurde Nicole Heesters, die 1978 als erste weibliche Tatort-Kommissarin in die Fernsehgeschichte eingehen sollte, mit Lob überhäuft. Die Kritiker feierten sie als »große Schauspielerin, die mit allen Wassern Babylons gewaschen ist«,[205] als »eine der fraulichsten und zugleich kraftvollsten Schauspielerinnen ihrer Generation«.[206]

Mit *Alles im Garten*, einer satirischen Gesellschaftskomödie, die in der amerikanischen Oberschicht spielt, war ein idealer Stoff für die Zusammenarbeit von Vater und Tochter gefunden. Erzählt wird die Geschichte einiger Damen der höheren Gesellschaft, die mit Duldung ihrer Männer einem Callgirl-Ring angehören, um den gehobenen Lebensstandard, an den sie und ihre Familien sich gewöhnt haben, aufrechterhalten zu können. Johannes Heesters spielt den Multimillionär Jack, der am Schluß des Stücks ermordet wird, weil er hinter die Fassade geblickt und die Scheinmoral der Gesellschaft durchschaut hat.

Gemeinsam auf der Bühne zu stehen, war für beide zunächst eine merkwürdige, befremdliche Erfahrung. Johannes Heesters bekannte: »Auf eine gewisse Weise lernten wir uns neu kennen. Wir waren nicht Vater und Tochter, sondern gleichberechtigte, ebenbürtige Bühnenpartner.«[207] Tochter Nicole konkretisierte die Probleme, die es im Miteinander auf der Bühne gab. Ständig sei sie besorgt gewesen, ihr Vater könne einen Fehler machen und habe eine Nervosität verbreitet, die auch den anderen Mitgliedern des Ensembles nicht entging. Ein Kollege riet ihr zur Gelassenheit: »Laß' ihn machen, er hat eine riesige Karriere gemacht, er weiß, was er tut. Und er hatte natürlich recht. Vielleicht hat man als Kind immer Angst, daß sich die Eltern blamieren. Als ich das erste Mal mit meiner Tochter Saskia zusammen auf der Bühne stand, spürte ich die gleichen Ängste bei ihr, wie ich sie damals gegenüber meinem Vater hatte.«[208] Dennoch blieb beiden die Zusammenarbeit in positiver Erinnerung, nach einigen Vorstellungen lockerte sich das Verhältnis wieder, so daß man mit dem Stück ungestört auf die angesetzte Tournee durch Deutschland, Österreich und die Schweiz gehen konnte. Die Zeit des intensiven Zusammenseins genossen beide, wobei Johannes Heesters durchaus bereit war, sich zurückzunehmen, und sich nie scheute, Journalisten gegenüber zu gestehen: »Meine Tochter Nicole ist die bessere Schauspielerin in der Familie.«[209]

Nach dem Tod seiner Frau und seinem zeitweiligen Rückzug aus der Öffentlichkeit bereitete Heesters sich auf eine neue Rolle vor – seine neue Lebensgefährtin Simone Rethel hörte ihm beim Rollenlernen ab. Er spielte die Titelrolle in dem Stück *Casanova auf Schloß Dux*, das am 19. März 1986 in der Komödie am Naschmarkt in Wien Premiere feierte und mit dem Heesters im Anschluß durch alle größeren Städte Deutschlands, Österreichs und der Schweiz tourte. Die Regie der Tourneetheater-Aufführung hatte Rudolf Steinboeck übernommen, Heesters' alter Freund, der ihm ab 1948 die Chance gegeben hatte, neben den Operetten auch wieder im Sprechtheater Fuß zu fassen. *Casanova auf Schloß Dux*, ein zugleich heiteres und melancholisches Zweipersonenstück des in der DDR lebenden tschechischen Bühnenautors Karl Gassauer, von Steinboeck als leises Kammerspiel inszeniert, bot eine ideale Altersrolle für den Mann, der ein Leben lang als Bonvivant und Liebling der Frauen gefeiert worden war.

Das Stück erzählt die historisch nicht ganz wahrheitsgetreue Geschichte von den letzten Tagen des alternden Casanova, der sich in eine Dachkammer auf Schloß Dux in

Böhmen, wo er als Dank für seine Duldung die Bibliothek seines fürstlichen Gönners ordnet, zurückgezogen hat, um seine Memoiren zu schreiben. Völlig vereinsamt und von den Bediensteten als Aufschneider und Phantast verspottet, freundet er sich mit der Magd Sophie an, die – des Lesens und Schreibens nicht mächtig – ihr böhmisches Heimatdorf noch nie verlassen hat und insofern über wesentlich beschränktere Lebenserfahrungen verfügt als der weitgereiste und hochgebildete Abenteurer und Frauenheld, der einst den Großen seiner Zeit begegnet ist, in einer Welt, die ihm längst abhanden gekommen ist. Dennoch – Casanova bleibt sich auch im hohen Alter und auch in der ländlichen Abgeschiedenheit treu – erliegt er den weiblichen Reizen der Magd, die sich ihm so mitfühlend und verständnisvoll nähert, und verliebt sich in sie. Ihr liest er aus den fertigen Teilen seiner Memoiren vor, da er ein Publikum braucht, um von den Heldentaten seines Lebens zu berichten. Am Tag, an dem er sie schließlich heiraten will, trifft den 75jährigen der Schlag – Casanova stirbt, während er mit seinem letzten amourösen Abenteuer beschäftigt ist.

Heesters' Partnerin in *Casanova auf Schloß Dux* war zunächst Louise Martini, die jedoch Schwierigkeiten mit dem berühmten Co-Star hatte. Auch wenn Heesters nicht wie ein Star auftrat oder sich etwa bewußt in den Vordergrund spielte, rückte er durch das große Interesse des Publikums und der Medien automatisch in den Mittelpunkt. Da sie es auf die Dauer nicht vertrug, daß die Leute zum größten Teil allein wegen ihm in die Theater strömten, und auch er es immer war, der mit Interviewanfragen überschüttet wurde, stieg sie aus der Produktion aus. Christiane Hammacher folgte ihr, die mit Heesters kongenial harmonierte – sie war wie die Martini eine Traumbesetzung für diese Rolle: »An die Zusammenarbeit mit ihm habe ich nur die allerbesten Erinnerungen, er war ein fairer und sehr ernsthafter Partner, dem es nie um sich selbst, sondern immer nur um das Stück und eine perfekt funktionierende Zusammenarbeit ging. Er hat sich in keinem Moment wie ein Star aufgeführt – er ist zwar einer, aber er möchte keiner sein.«[210] Die Rezensionen waren durchweg positiv: Heesters, aber auch Martini und später Hammacher wurden für die exzellente Interpretation ihrer Rollen gelobt: »Der alternde Bonvivant steht ihm besser denn je.«[211] Heesters selbst fühlte sich befriedigt, daß er endgültig als Schauspieler ernst genommen wurde: »Der Kreis hat sich geschlossen, für einen Schauspieler, der auch singen kann.«[212]

Während Heesters bis Anfang der neunziger Jahre in *Casanova auf Schloß Dux* auf der Bühne stand, nahm Simone Rethel anderweitige Theaterverpflichtungen an, so daß sich immer wieder lange Phasen der Trennung ergaben, unter denen beide litten, wollten sie doch so viel Zeit wie möglich gemeinsam verbringen. So war es naheliegend, nach einem Stück zu suchen, in dem sie beide erstmals zusammen spielen könnten, und sie stießen auf die Komödie *Ein gesegnetes Alter*, die Bühnenautor Curth Flatow eigentlich Georg Thomalla auf den Leib geschrieben hatte, der sich aber gesundheitlich nicht mehr in der Lage fühlte, mehrere Wochen en suite auf der Bühne zu stehen. Der zehn Jahre ältere Heesters sah darin kein Problem und bereitete sich im Jahr seines 75jährigen Bühnenjubiläums auf sein neues Stück vor, für das er ausgesprochen viel Text zu lernen hatte, da er in der dreistündigen Aufführung fast ununterbrochen auf der Bühne stand. Die Inszenierung, die Johannes Heesters und Simone Rethel in den Jahren von 1996 bis 2001 durch viele deutsche und österreichische Städte führte, feierte am 24. Mai 1996 am Berliner Theater am Kurfürstendamm Premiere, dessen Direktion zunächst ob Heesters' Alter durchaus skeptisch war, ihn zu engagieren und das Wagnis eines solchen Unternehmens einzugehen.[213]

Doch die Bedenken waren überflüssig, der 92jährige Heesters bewältigte die Strapazen des Premierenabends, an den viele Erwartungen geknüpft wurden, mit Bravour und handwerklicher Perfektion. In *Ein gesegnetes Alter* spielte er den neunzigjährigen Georg Neumann, einen alten Herrn, den man aus seiner Wohnung vertreiben will, weil das noble Haus, in dem er seit einer halben Ewigkeit wohnt, abgerissen werden soll. Er ist jedoch nicht bereit, kampflos aufzugeben, und setzt alles daran, in seiner Wohnung bleiben zu können: »Im Originalmanuskript des Autors hat er mit seinen Bemühungen keinen Erfolg. Aber damit war ich nicht einverstanden. ›Ich bleibe in der Wohnung‹, sagte ich bei einer der ersten Besprechungen in Berlin. Curth Flatow zögerte kurz, versprach aber, sich einen neuen Schluß für das Stück zu überlegen ...«[214]

In der dann aufgeführten Fassung stand am Schluß tatsächlich der Sieg des alten Mannes: Der von Simone Rethel gespielten Architekturstudentin gelingt es zu erwirken, daß das Haus unter Denkmalschutz gestellt wird und der alte Neumann somit seinen Lebensabend in seiner eigenen Wohnung beschließen und seinen Seelenfrieden bewahren kann. Heesters befindet rückblickend: »Das war eine brillante Entscheidung, die Leute wollen nach so einem heiteren Abend das Theater mit einem positiven Gefühl, einer positiven Botschaft verlassen. Neumann durfte nicht seiner Würde beraubt werden. Ich liebe dieses Stück wie einen Klassiker.«[215]

Simone Rethel und Johannes Heesters hatten wochen- und monatelang nur auf die Premiere des *Gesegneten Alters* hin gelebt, bereits die Proben wurden von einem riesigen Medienecho begleitet. Noch bevor der Vorhang hochging, wurde als Ouvertüre sein wenige Wochen zuvor neu aufgenommenes Lied *Die Kraft meines Lebens* – Heesters' persönliches *My Way* – eingespielt, wobei kaum jemand zu glauben vermochte, daß es sich hierbei um die Stimme eines 92jährigen handelte. Natürlich war auch die ganze Inszenierung eine einzige Hommage an Heesters: »Aber es hatte nichts mit meinem Image zu tun. Die Leute saßen im Theater und haben mich vielleicht im Frack erwartet, aber ich trat in Hemd und Weste auf, und statt des Zylinders trug ich einen Strohhut und an den Füßen Wanderschuhe.«[216]

Ausverkaufte Vorstellungen waren ebenso selbstverständlich wie die Standing Ovations bei Heesters' Auftritt und am Ende jeder Vorstellung: »Mein Herz schwappte über vor Dankbarkeit und Glück.«[217] Auch die Kritiken waren wiederum glänzend. Zwar taten viele Rezensenten das Flatow-Stück als harmlos-betulich und etwas zu weitschweifig ab, Heesters' Darstellung jedoch wurde – auch über die Jahre, in denen er mit dieser Rolle auftrat – uneingeschränkt gelobt. Den Georg

Neumann spiele er trotz schon einmal vorkommender kleinerer Text-Hänger »frech und frisch«: »Johannes Heesters vergoldet das kleine harmlose Stückchen.«[218] Mit *Ein gesegnetes Alter* ging Heesters endgültig als »der charmanteste der ältesten Herren auf europäischen Bühnen«[219] in die Theatergeschichte ein.

Fünf Jahre lang stand er fast ununterbrochen mit diesem Stück auf der Bühne, was ihm 1997 gar einen Eintrag ins Guinness-Buch der Rekorde einbrachte, als weltweit ältester Schauspieler, der über 250 Mal die Hauptrolle eines dreistündigen Theaterstücks spielte. Zwei Rekorde jedoch gilt es für Johannes Heesters noch zu brechen: Myrtle Wood, Jahrgang 1900, tritt auch als über Hundertjährige immer noch regelmäßig in der australischen Fernsehserie *Sale of the Century* auf und gilt als älteste Fernsehschauspielerin der Welt. Und auch im Kino warten noch Herausforderungen: Die französische Schauspielerin Jeanne Louise Calment, 1997 im Alter von 122 Jahren gestorben, trat noch 1990 im Alter von 114 Jahren in dem Streifen *Vincent und ich* auf, einem Film über den holländischen Maler Vincent van Gogh, den die Schauspielerin im Jahre 1888 noch persönlich kennengelernt hatte. Auch sie wurde für diese Leistung mit einem Eintrag ins Guinness-Buch belohnt.[220] Da Heesters nach wie vor nicht ans Aufhören denkt, sind vielleicht auch diese Rekorde noch zu brechen. Die Chancen stehen gut, immerhin wurde Heesters' Großvater 108 Jahre alt.[221]

Wie groß die Leistung ist, auch in diesem hohen Alter noch auf der Bühne und vor den Kameras zu stehen, erfährt das Publikum allenfalls am Rande. Da Heesters wegen einer Star-Erkrankung[222] schon seit vielen Jahren starke Augenprobleme hat, muß er seine Rollen unter großen Anstrengungen an einem Lesegerät lernen, das die Schrift des Textbuches um ein Vielfaches vergrößert. Da immer nur ein oder zwei Worte gleichzeitig auf dem Monitor zu sehen sind, bedeutet es – wie im Falle von *Ein gesegnetes Alter* – eine enorme Kraft- und Willensanstrengung, auf diese Weise das komplette Textbuch für eine dreistündige Inszenierung auswendig zu lernen, was

Heesters jedoch nicht davon abhält, sich immer wieder neue Theater- oder Fernsehrollen auf diese Weise zu erarbeiten.[223] Tochter Nicole erinnert sich: »Ich habe es beobachtet, wie mein Vater an diesem Gerät seine Rollen lernt, es dauert Ewigkeiten, bis er sich ein Wort, einen Satz erarbeitet hat. Und er ist ja nach wie vor ein Perfektionist, der sich erst zufrieden gibt, wenn er seinen Text perfekt beherrscht. Unter diesen Umständen eine ganze Rolle zu lernen, das ist phänomenal.«[224]

Auch seine Kniegelenke bereiteten Heesters Probleme, so daß er sich bei einem Routineeingriff in der Würzburger Rotkreuzklinik künstliche Gelenke einsetzen lassen mußte. Wenn man so prominent wie Heesters ist, kann eine solche Operation auch schon mal zu einer Meldung im Nachrichtenmagazin »Der Spiegel« führen, das Johannes Heesters am 15. September 2001 in einem Artikel, in dem es um künstliche Kniegelenke ging, als den bekanntesten von rund 100000 Knieprothesenempfängern des Jahres vorstellte: »Seit den Goldenen Zwanzigern hüpft Johannes Heesters auf Bühnen herum, steppt und läßt die Puppen tanzen. Der populäre Ufa-Star, mittlerweile 97 Jahre alt, mag vom Tingeln nicht lassen. Nur seine Kniegelenke waren am Ende des bewegten Jahrhunderts uralt und todmüde. Nun sind sie unter der Erde, entsorgt nach zwei Operationen. Heesters hat sich Knieprothesen machen lassen, raffinierte Konstruktionen aus Edelstahl, Titan und Polyethylen. Jetzt kann es schmerzfrei weitergehen, dem 100. Geburtstag entgegen.«[225]

Dennoch mußte Heesters nach dem Eingriff wieder völlig neu gehen lernen, was ihn nicht daran hinderte, sich selbst Herausforderungen zu stellen, die eigentlich verzichtbar wären: Pit Fischer, der das Bühnenbild für die Berliner Premiere von *Ein gesegnetes Alter* entworfen hatte, baute eigens auf Wunsch seines Schwiegervaters eine Treppe auf der Bühne ein, die Heesters während der Aufführung unzählige Male hinauf- und hinabging, um zu demonstrieren, wie gut er – der in seiner Karriere unzählige Show-Treppen herabgestiegen war – nach wie vor zu Fuß sei.[226]

Auch wenn die Anstrengungen, die notwendig sind, damit Heesters weiterspielen kann, enorm erscheinen, entsprechen sie durchaus Heesters' lebenslanger Auffassung, sich durch körperliche Einschränkungen nicht vom Auftreten abhalten zu lassen: »Ich liebe diesen Beruf. Und wenn man etwas liebt, scheut man keine Anstrengung, weil man sie gar nicht als solche empfindet.«[227] Franz Stoß, der ehemalige Direktor des Wiener Bürgertheaters, an dem Heesters Anfang der fünfziger Jahre auftrat, erinnert sich etwa: »Jopie Heesters hat mehrfach Vorstellungen gespielt, obwohl er schwer indisponiert war und jeder Arzt ihm bestätigt hätte, daß er ohne weiteres hätte absagen können.«[228] Für Heesters war zeitlebens die Verpflichtung, präsent zu sein, aufzutreten, sein Publikum nicht zu enttäuschen, das oberste Gebot, daran änderten auch die Beschwerden des Alters nichts. Seine Gesundheit und das Funktionieren seines Körpers war für ihn immer etwas Selbstverständliches, so wie es auch die ungebrochene Kraft seiner Stimme war und ist. Als junger Operettentenor Mitte der zwanziger Jahre hatte Heesters einmal einen einundsiebzigjährigen Lohengrin auf der Bühne gesehen und war fasziniert: »Dem habe ich zugehört und mir dabei gedacht: ›Mein Gott, wenn man das könnte! So lange noch singen, aber das ist ja unmöglich.‹«[229] Als Heesters dies notierte, war er fünfundsiebzig und stand immer noch als Honoré Lachailles in *Gigi* auf der Bühne. Und auch nach seinem 99. Geburtstag bestritt er im März 2003 noch einen Abend als Sänger im Leipziger Gewandhaus.

Natürlich wird ein Mensch, der so alt ist wie Johannes Heesters und der in diesem Alter auch noch mitten im Berufsleben steht und nicht ans Aufhören denkt, nach dem Rezept für seine Rüstigkeit gefragt, worauf er lediglich erwidert, zeitlebens gesund gelebt zu haben, auch wenn er sich sein tägliches Glas Whiskey ebensowenig versagt wie die zwei bis drei Zigaretten am Tag: »Über Alter und Tod denke ich nicht nach. Ich habe keine Angst vor dem Tod und dem Sterben.«[230]

Heesters ist es wichtig, daß er vom Publikum wie von der Kritik nicht allein als Reminiszenz an vergangene Zeiten betrachtet wird. Er will nach wie vor in erster Linie für seine aktuellen schauspielerischen Leistungen gewürdigt, nicht jedoch als lebende Legende oder »Schauspieldinosaurier«[231] bestaunt werden. Dennoch wird er längst als Ikone seiner selbst betrachtet – so etwa bereits 1985, als er in dem Otto-Waalkes-Streifen *Otto – Der Film* mitwirkte. Auch wenn er zunächst wenig Interesse hatte, die angebotene Rolle zu übernehmen,[232] galt sein zweiminütiger Kurzauftritt vielen Kritikern als eine der gelungensten Szenen des Films: Gleich einem Relikt aus einer längst untergegangenen Welt sitzt er als Bettler in der Gosse, im zerschlissenen Frack, den weißen Schal wie eh und je um die Schultern gewunden, mit dem Zylinder bittet er um milde Gaben – ein Abglanz großer Tage. Sein Stil, seine Umgangsformen halten Otto davon ab, einen Grand Cru Classe aus dem Bordeaux, Jahrgang 1899, aus der Flasche zu trinken, noch im Rinnstein weiß Heesters, was feine Art ist. Trotz solcher Verneigungen vor dem Operettentenor vergangener Tage lebt Heesters selbst nicht im Gestern.[233]

Das Geheimnis seiner Karriere bis ins hohe und höchste Alter ist vielleicht gerade der Umstand, daß ihm sein zurückliegender Ruhm nie viel bedeutet hat: »Was hinter mir liegt, ist vorbei. Nur was ich jetzt bin und das was noch kommt, zählt.«[234] Für Johannes Heesters galt immer nur das Heute und das Morgen. Das Credo, mit dem er seinem 100. Geburtstag entgegenschreitet, lautet: »Warum soll ich nicht arbeiten? Warum soll ich aufhören? Dann wird man alt.«[235] Und er hört nicht auf, noch 2002 erfüllte er sich den Traum, nach acht Jahrzehnten wieder in einem Klassiker auf der Bühne zu stehen, wenn es auch nicht seine Traumrolle des König Lear war, so fand man doch im Diener Firs aus Tschechows *Kirschgarten* eine weitere glänzende Altersrolle für den Star, die, wenn seine Pläne in Erfüllung gehen, auch nicht seine letzte sein wird. So darf man weiterhin gespannt sein: »Was hinter mir liegt, ist uninteressant. Wichtig ist, was noch vor mir liegt.«[236]

Epilog

Am Ende einer Reise

In den Monaten meiner Beschäftigung mit Johannes Heesters und den Bemühungen, hinter die Kulissen dieser Legende zu schauen, ist mir durch die vielfältigen und aufschlußreichen Gespräche mit Kollegen und Freunden, mit Heesters' Töchtern und Enkeln, mit seiner Frau Simone und vor allem auch mit ihm selbst der Mensch Johannes Heesters immer näher gerückt. Was mich zunehmend faszinierte und für ihn einnahm war, wie natürlich Heesters trotz der außergewöhnlich großen und langen Karriere, auf die er zurückblicken kann, geblieben zu sein scheint. Wie wenig ihn die Verehrung, die ihm über Jahrzehnte entgegengebracht worden ist, in seinen Grundfesten und Charakterzügen erschüttert hat. Ganz offensichtlich gab es Dinge in seinem Leben, die ihn am Boden hielten und die ihm wichtiger waren, als der Ruhm und die Anerkennung, als hymnische Kritiken, der Applaus und das Blitzlichtgewitter: Ein harmonisches Familienleben, das völlige Aufgehen in seiner Arbeit, die Selbstverständlichkeit, ein guter und zuverlässiger Kollege zu sein und zudem den Wünschen des Publikums zu entsprechen.

Für sein Publikum war Heesters immer da, es jemals zu enttäuschen oder im Stich zu lassen ist ihm noch im hohen Alter undenkbar: »Man muß immer alles geben, jeden Abend. Man darf niemals in Routine verfallen. Da sitzt vielleicht ein Mensch im Theater, der mich nur dieses einzige Mal in seinem Leben auf der Bühne sieht, und der darf nicht nachher denken, daß der Heesters heute aber nachlässig und unkonzentriert gespielt hat. Ausreden gibt es nicht, man muß immer hundertprozentig mit dem Herzen bei der Sache sein. Auch wenn man in der Rolle schon hunderte Male auf der Bühne gestanden hat und an einem Tag vielleicht nicht die rechte Lust hat oder es einem nicht so gut geht, muß man seinen Part so spielen als würde man es zum ersten Mal tun. Dazu gehört durchaus eine große Portion Selbstdisziplin. Ich habe meinen Beruf immer ernst genommen und bin mir immer bewußt geblieben, daß man nur Erfolg haben kann, wenn man die Gunst des Publikums nicht leichtfertig aufs Spiel setzt. Das Publikum kann man nicht betrügen.«

Wie sehr Johannes Heesters diese Verpflichtung gegenüber seinem Publikum verinnerlicht hat, belegt eine Anekdote, die Rudi Carrell mir erzählte: »Ich erinnere mich an ein Ereignis im Sommer 1965. Ich war damals gerade nach Deutschland gekommen und bereitete mich auf meine ersten Shows vor. Damals kannte mich hierzulande noch niemand und so stand ich unerkannt zwischen tausenden von Menschen vor dem Kurhaus in Baden-Baden, wo die deutsche Vorentscheidung für den Grand Prix d' Eurovision de la Chanson stattfand. Die ganzen Stars, ich erinnere mich etwa an Peggy March und Conny Froeboess, wurden in Kutschen vorgefahren. Sie stiegen aus und verschwanden im Kurhaus, ohne sich umzudrehen, ohne sich dem wartenden Publikum und den Journalisten zu zeigen. In der letzten Kutsche dann saß Johannes Heesters, natürlich im Frack, der Ehrengast der Veranstaltung war. Er stieg aus, die Kutsche fuhr weg und als einziger blieb er stehen, präsentierte sich minutenlang seinem Publikum, ließ sich photographieren und hatte für alle ein Lächeln. In diesem Moment begriff ich, wie wichtig solche Gesten sind, selbst wenn es vielleicht in manchen Situationen schwerfällt. Wir leben schließlich vom Publikum und von der Zuneigung der Fans. Das lernte ich an diesem Tag, als ich Jopie beobachtete, und ich habe diese Lektion mein ganzes Leben lang nicht mehr vergessen.«

Auch den Menschen, mit denen er gemeinsam auf der Bühne oder vor den Kameras stand, war Heesters ein verläßlicher und stets höchst professioneller Kollege. Da er schon als Sechzehnjähriger erfahren hatte, daß für das Gelingen einer Theateraufführung jeder Beteiligte, der große Star ebenso wie der kleinste Komparse wichtig war, blieb er, auch als er längst selbst zum umjubelten Bühnen- und Filmstar aufgestiegen war, trotz des Ehrgeizes, mit dem er seine Karriere verfolgte, immer ein Schauspieler ohne Allüren, ein Mensch, der genug Selbstbewußtsein besaß, zu begreifen, daß es seinen Glanz mehrt, wenn auch alle anderen Beteiligten glänzen. Und hierzu gab er seinen Kollegen immer die Chance, auch den blutigen Anfängern. Uschi Glas, die 1968 ihr Bühnendebüt an der Seite von Heesters hatte, erinnert sich: »Und siehe da, da stand kein Star, da stand ein Kollege, wie man sich ihn nur wünschen kann.« So blieb Heesters, eben weil er sich selbst nicht allzu wichtig nahm zeitlebens ein umgänglicher Mensch, der niemals vergaß, auch die Bühnenarbeiter, Garderobieren und Souffleure einzuladen, wenn große Galas zu seinen Ehren veranstaltet wurden.

Während der vielen Telefonate mit Kollegen, die Heesters von den zwanziger Jahren bis in die Gegenwart begleitet und auf der Bühne oder vor den Kameras erlebt haben, gewann ich das Gefühl, daß alle meine Gesprächspartner eigentlich das gleiche sagten. Ob ich nun mit Carola Höhn, Marika Rökk oder Ilse Werner, mit Aglaja Schmid, Bruni Löbel oder Gretl Schörg, mit Lola Müthel, Peter Alexander oder Anneliese Rothenberger sprach, ob mit Regisseuren wie Rolf von Sydow, Wolfgang Rademann und Rolf Kutschera, Bühnenautoren wie Curth Flatow oder Produzenten wie Gyula Trebitsch, meine Gesprächsnotizen glichen sich auffällig: Er war immer ein wunderbarer, fairer Kollege, ein Mensch, dem es immer um die Sache, um die gemeinsame Arbeit ging, auf den man sich stets verlassen konnte und dem die Lust am Spielen wichtiger war als der Geltungsdrang. Ein Profi durch und durch, stets perfekt vorbereitet, der schon bei jeder Probe alles gab und sich keinen Fehler verzieh. Ein Mann für den das Maximum Selbstverständlichkeit war, der unermüdlich arbeitete und feilte, wenn alle anderen schon längst zufrieden waren. Alle Weggefährten, mit denen ich sprach, erinnerten sich an eine wunderbare Zusammenarbeit, und fast niemand vergaß den Humor von Johannes Heesters hervorzuheben und zu betonen, daß stets viel gelacht und gealbert wurde, wenn er mit von der Partie war. Brigitte Horney etwa bekannte, daß Heesters zwar seine Arbeit sehr ernst nähme, nicht aber sich selbst.

Am Ende meiner Reise zu Johannes Heesters, während der ich mich durch Berge von Zeitungsartikeln, Kritiken, Interviews, Archivalien und Stapeln von Büchern gearbeitet, mir seine Filme angeschaut, seine Platten gehört und unzählige Gespräche über den Menschen und Künstler Johannes Heesters geführt habe, steht eine weitere persönliche Begegnung. Acht Monate nachdem ich ihm zum ersten Mal im Theater in München-Unterhaching gegenüberstand, nun in seinem Haus in der Nähe des Starnberger Sees, wohin Johannes Heesters und Simone Rethel mich eingeladen haben, um die noch offenen Fragen klären, um mein Bild abrunden zu können. Der 19. Juli 2003 ist ein herrlicher, heißer und wolkenloser Hochsommertag, und Heesters begrüßt mich im legeren, schneeweißen Sommeroutfit mit blauer Weste. Doch selbst bei diesen Temperaturen fehlen keineswegs die goldenen Manschettenknöpfe, auch jetzt noch wirkt er so, als habe er gerade den Frack erfunden.

Zehn Stunden lang bin ich an diesem Tag im Hause Heesters, bis in die Nacht hinein sitzen wir gemeinsam auf der Terrasse, von der aus man den großen, in voller Blüte stehenden Garten überblicken kann. Natürlich sprechen wir über das Buch, dessen letzte Kapitel ich gerade schreibe und nach dem Heesters sich neugierig erkundigt. Daß ich an die Stätten seiner Kindheit und die meisten Orte seiner Karriere gereist bin, scheint ihn zu beeindrucken. Er fragt nach, wie mir Holland gefallen habe und freut sich darüber, daß große Teile des Buches in Belgien geschrieben wurden, der Heimat seiner ersten Frau. Aber bei der Vergangenheit bleiben wir nicht lange, schnell kommen wir auf die Zukunftspläne zu sprechen, denn Heesters hat auch wenige Monate vor seinem 100. Geburtstag immer noch einen vollen Terminkalender. Auch das geplante Treffen hatte kurzfristig vorverlegt werden müssen – in der nächsten Woche stehen Dreharbeiten für ein Interview, Gespräche mit einem Plattenproduzenten und den Redakteuren des Bayerischen Rundfunks an, die die Fernsehgala zum Hundertsten vorbereiten. Und der morgige Sonntag wird dazu genutzt, die neue Rolle zu lernen, schließlich steht Heesters bereits in zwei Wochen gemeinsam mit Simone Rethel für die

Episode einer Fernsehserie wieder vor der Kamera: »Ich spiele einen Arzt und Simone eine Malerin, die zu erblinden droht. Eine wunderbare Rolle, ein tolles Buch, solche Rollen will ich spielen.«

Drei Dinge sind es, die mich neben diesem ungebrochenen Arbeitseifer an diesem Nachmittag und Abend ganz besonders erstaunen. Zum einen das brillante Gedächtnis, in das sich die Melodien, die er ein Leben lang gesungen hat, gebrannt zu haben scheinen – aus dem Stehgreif deklamiert er etwa den kompletten Auftrittsmonolog aus dem *Bettelstudenten*. Oder auch – noch kurz vor Mitternacht, nach so manchem Aperitif und so manchem Glas Wein – jene Ballade, die ihm als Sechszehnjährigem die Tür zu seiner Theaterkarriere geöffnet hatte – *Droeve Tijden*, auf Holländisch und ohne einen einzigen Texthänger. Auch den vielgerühmten Humor erlebe ich, wenn er ein und dieselbe Operettenpartie einmal parodierend so singt, wie man sie auf keinen Fall darbieten darf, und einmal so, wie man sie seines Erachten singen muß und wie er sie zeitlebens interpretiert hat.

Zum anderen beeindruckt mich die Aufmerksamkeit und Offenheit mit der Johannes Heesters mir begegnet. Es ist keineswegs so, daß er sich nur für sich interessiert, nur über sich sprechen will – wie es gerade bei älteren Schauspielern nicht selten der Fall ist. Im Gegenteil. Heesters erkundigt sich immer wieder neugierig nach meinem Leben, meinen Jahren an der Universität sowie den anstehenden Buchplänen. Schon in der Zeit des Recherchierens hatte diese Offenheit dazu geführt, daß keine Frage – nicht einmal die nach kleinsten Details – unbeantwortet blieb, selbst dann, wenn Simone Rethel hierfür zunächst auf die mühsame Suche nach Dokumenten oder Photographien gehen mußte. Wochen zuvor schon war ich hier in Söcking gewesen, um in Heesters' Privatarchiv nach unveröffentlichten Materialien zu suchen. Aber auch an diesem Tag nun, im persönlichen Gespräch, herrscht diese unkomplizierte Atmosphäre. Wohl nicht zuletzt weil Heesters zwar seit über achtzig Jahren ein Star ist, sich aber nie als solcher gefühlt hat, und weil er nie »Erfurcht« oder »Bewunderung« erwartet hat, genießt er es ganz offensichtlich, daß ich mich ihm nicht als Fan und Bewunderer, sondern als Schriftsteller nähere, der sich für sein Leben und die Hintergründe seiner Karriere interessiert.

Und nicht zuletzt verblüfft mich die enorme Vitalität des fast Hundertjährigen. Auch an diesem Tag wirkt er auf mich erstaunlich fit und erholt. Ich hatte damit gerechnet, nach einigen Stunden zum Gehen aufgefordert zu werden, aber Heesters Kräfte erlahmten zu keinem Zeitpunkt, noch als ich mich weit nach Mitternacht verabschiede, wirkt er hellwach und munter. Erst Tage später erfuhr ich von Nicole Heesters, wie der Abend weiterging. Während ich selbst längst in meinem Starnberger Hotel ins Bett gesunken war, brachen Johannes Heesters und Simone Rethel noch zu einem Fest in der Nachbarschaft auf, wo sie längere Zeit verweilten und auf dem Heesters paradoxerweise der einzige der anwesenden Herren war, der keinen Frack trug.

Der Mensch Johannes Heesters hat zeitlebens ein wesentlich unaufgeregteres Leben geführt als das Publikum und die Presse es von dem strahlenden Star der glitzernden Operettenwelt vermutet hat. Sein Bühnen- und Leinwandimage hat zweifellos viel mit dem des Menschen Johannes Heesters zu tun, vieles davon ist in seinem Charakter angelegt. Dennoch ist der private Heesters nicht nur facettenreicher als er es als Bühnen- oder Filmfigur je war, sondern auch wesentlich unprätentiöser, so daß am – vorläufigen – Ende meiner Reise zu Johannes Heesters auch die Offerte stand: »Wollen wir nicht Du sagen? Ich bin der Jopie.«

ANHANG

Anmerkungen

PROLOG

1 Strenggenommen ist Johannes Heesters Niederländer und kein Holländer, da er der Provinz Utrecht entstammt und seine Familie erst, als er acht Jahre alt war, in die Provinz Noord-Holland zog. Da die Provinzen Noord- und Zuidholland (Nord- und Südholland) in vielerlei Hinsicht die wichtigsten der zwölf niederländischen Provinzen sind, wird der Begriff »Holland« in Deutschland seit dem 16. Jahrhundert als Synonym für die Niederlande verwendet. Dies soll auch in diesem Buch so praktiziert werden.

2 Emanuel Eckardt: Ein Herr im Frack auf Ochsentour. In: Stern, Nr. 13, 22. 3. 1978, S. 266.

3 Carola Stern: Die Sache, die man Liebe nennt. Das Leben der Fritzi Massary. Berlin 1998, S. 10.

TEIL I

1 Bei den über fünfzig Glockenspielen von Hemony, die er in den ganzen Niederlanden geschaffen hat (und von denen heute noch neunundzwanzig erhalten sind), ist oft ein automatisches Spielwerk eingebaut, aber erst ein ausgebildeter Glockenspieler verleiht dieser für die Niederlande so spezifischen Musik das Besondere. Es gibt bis heute in Amersfoort eine Glockenspielerschule.

2 Karl Baedeker: Belgium and Holland, including the Grand-Duchy of Luxembourg. Handbook for Travellers. 14. Aufl. Leipzig, London, New York 1905, S. 410.

3 So waren es bezeichnenderweise auch niederländische Einwanderer, die den Nikolaus-Kult im 17. Jahrhundert bis nach New York (damals New Amsterdam) trugen.

4 Gemeentelijke Archiefdienst Amersfoort und Baarn, Geburtsurkunde Johan Marius Nicolaas Heesters, Certifikat 710/1903, ausgestellt am 7. 12. 1903. Mit herzlichem Dank an M. L. Best, Gemeentelijke Archiefdienst.

5 Gemeentelijke Archiefdienst Amersfoort und Baarn, Heiratsurkunde Jacobus Heesters und Geertruida Jacoba von den Heuvel, Certifikat 80/1893, ausgestellt am 8. 10. 1893.

6 In den Heesters-Memoiren erfährt man von der Existenz dieser Schwester nichts.

7 Persönliche Auskunft Simone Rethel / Johannes Heesters, 10. 4. 2003.

8 Vgl. Gemeentelijke Archiefdienst Amersfoort und Baarn, Auszug aus dem Bevolkigsregister Amersfoort, Band 1860–1915, Einträge zum Haus der Heesters' in der Puntenburgerlaan.

9 Johannes Heesters: Ich bin gottseidank nicht mehr jung. Aufgezeichnet von Willibald Eser. 2. Aufl. München 1993, S. 8 f.

10 Johannes Heesters: Es kommt auf die Sekunde an. Erinnerungen an ein Leben im Frack. München 1978, S. 26.

11 Heesters: Ich bin gottseidank nicht mehr jung, S. 8.

12 Johannes Heesters: Auch hundert Jahre sind zu kurz. Die Erinnerungen. Aufgeschrieben von Beatrix Ross. München 2002, S. 12.

13 Heesters: Es kommt auf die Sekunde an, S. 27.

14 Heesters: Ich bin gottseidank nicht mehr jung, S. 9.

15 Ebd., S. 11.

16 Persönliche Auskunft S. Rethel/J. Heesters, 10. 4. 2003.

17 Heesters: Auch hundert Jahre sind zu kurz, S. 12.

18 Heesters: Es kommt auf die Sekunde an, S. 25.

19 Gustav Mahler an Carl Moll, Brief aus dem Jahre 1903, zitiert nach: Wiepke Loos u. a.: Niederländische Landschaftsmaler. Meisterwerke des 18. und 19. Jahrhunderts. Darmstadt 1997, S. 7.

20 Vgl. Heesters: Es kommt auf die Sekunde an, S. 34.

21 Gemeentelijke Archiefdienst Amersfoort und Baarn, Auszug aus dem Bevolkigsregister Amersfoort, Band 1860–1915, Eintrag vom 25. 4. 1910.

22 Heesters: Es kommt auf die Sekunde an, S. 27.

23 Heesters: Auch hundert Jahre sind zu kurz, S. 13.

24 Baedeker: Belgium and Holland, S. 410.

25 Gemeentelijke Archiefdienst Amersfoort und Baarn, Auszug aus dem Bevolkingsregister Baarn, Band 1860–1915, Eintrag vom 25. 10. 1911.

26 Baedeker: Belgium and Holland, S. 410.

27 Persönliche Auskunft S. Rethel/J. Heesters, 10. 4. 2003.

28 Die schlechte finanzielle Situation der Familie ist wohl auch der Grund dafür, daß so gut wie keine Kinderphotos von Heesters existieren.

29 Heesters: Auch hundert Jahre sind zu kurz, S. 15.

30 Heesters: Es kommt auf die Sekunde an, S. 27.

31 Persönliche Auskunft S. Rethel/J. Heesters, 10. 4. 2003.

32 Vgl. Heesters: Ich bin gottseidank nicht mehr jung, S. 18. Die Geschichte findet sich auch in den beiden anderen Fassungen der Memoiren.

33 Persönliche Auskunft S. Rethel / J. Heesters, 10. 4. 2003.

34 Seit dem Ende des 17. Jahrhunderts sind die Niederlande eine protestantische Nation, lange Zeit dominiert durch den Calvinismus. Ein Zustand, an dem sich über lange Zeit nichts änderte. Noch bei der niederländischen Volkszählung im Jahre 1920 bekannten sich fünfzig Prozent der Bevölkerung dazu, calvinistischen Religionsgemeinschaften anzugehören, nur 36 Prozent waren Katholiken. Seit 1789 sind Protestanten und Katholiken vor dem Gesetz gleichgestellt, und seit 1848 ist die Religionsfreiheit auch ins Grundgesetz des Landes aufgenommen worden. Vgl. Harry Paape: Nederland en de Nederlanders. In: Kathinka Dittrich, Hans Würzner (Hrsg.): Nederland en het Duitse Exil 1933–1940. Amsterdam 1982, S. 14.

35 Heesters: Auch hundert Jahre sind zu kurz, S. 13.

36 Ebd., S. 12.

37 Zitiert nach ebd.

38 Persönliche Auskunft S. Rethel/J. Heesters, 10. 4. 2003.

39 Heesters: Es kommt auf die Sekunde an, S. 31.

40 Anfang der fünfziger Jahre traf Heesters Roy Gulden, der sich auf einer Europareise befand, in Wien wieder.

41 Heesters: Auch hundert Jahre sind zu kurz, S. 15.

42 Ebd., S. 14.

43 Marika Rökk: Herz mit Paprika. Erinnerungen. Frankfurt a. M., Berlin 1991, S. 151 f.

44 Heesters erinnert sich in seinen Memoiren, daß sein Vater erstmals beim Ausbruch des Ersten Weltkriegs seine Angst darüber gezeigt habe, wie er seine Familie weiterhin versorgen solle. Vorher habe er trotz widrigster Umstände seinen Mut nicht verloren; vgl. Heesters: Auch hundert Jahre sind zu kurz, S. 15.

45 Ebd.

46 Gemeentelijke Archiefdienst Amersfoort und Baarn, Auszug aus dem Bevolkingsregister Baarn, Band 1860–1915, Einträge vom 21. 9. 1912 und vom 23. 10. 1912. Gemeentelijke Archiefdienst Amsterdam, Auszug aus dem Bevolkingsregister Amsterdam, Eintrag vom 26. 10. 1912.

47 Heesters: Auch hundert Jahre sind zu kurz, S. 15.

48 Heesters: Ich bin gottseidank nicht mehr jung, S. 11.

49 Ebd. Einmal jedoch erhielt Heesters für seine guten Leistungen in der Schule auch eine Auszeichnung, die in Form eines kostbaren Porzellantellers überreicht wurde, auf dem – als Signum der Königin Wilhelmina – ein großes »W« graviert war. Ein Photo des stolzen Jungen mit diesem Teller hat sich erhalten. Dank für diesen Hinweis an Wiesje Herold-Heesters.

50 Heesters: Auch hundert Jahre sind zu kurz, S. 15.

51 Ebd., S. 16.

52 Ebd., S. 17.
53 Gemeentelijke Archiefdienst Amsterdam, Auszug aus dem Bevolkingsregister Amsterdam, Eintrag vom 29. 3. 1917.
54 Heesters: Es kommt auf die Sekunde an, S. 38.
55 Heesters: Auch hundert Jahre sind zu kurz, S. 18.
56 Ebd.
57 Ebd., S. 19.
58 Ebd.
59 Ebd.
60 Ebd.
61 Ebd.
62 Heesters: Es kommt auf die Sekunde an, S. 38.
63 Persönliche Auskunft von Willy Walden, 9. 3. 2003.
64 Informationen zur Kindheit von Herman Kaldewaay (Willy Walden) und zur Freundschaft mit Johannes Heesters in Willy Walden: Ja, dat was Revue. Kampen 1990, S. 11 ff.
65 Vgl. ebd., S. 14.
66 Ebd. S. 11 f.
67 Ebd., S. 15.
68 Schreiben Gerard Waldens an Marinus Schroevers, 13. 8. 1999, abgedruckt in Marinus Schroevers: Dossier Heesters. Bij wijze van pamflet. Amsterdam 1999, S. 47.
69 Heesters: Ich bin gottseidank nicht mehr jung, S. 20.
70 Schreiben Gerard Waldens an Marinus Schroevers, 13. 8. 1999, abgedruckt in Schroevers: Dossier Heesters, S. 48.
71 Heesters: Auch hundert Jahre sind zu kurz, S. 17.
72 Ebd., S. 16.
73 Heesters: Ich bin gottseidank nicht mehr jung, S. 20.
74 Heesters: Auch hundert Jahre sind zu kurz, S. 17.
75 Zur Geschichte der Theater in Amsterdam vgl. T. K. Looijen: Een geschiedenis van Amsterdamse Theaters. Amsterdam 1981.
76 Vgl. Ferdinand von Hellwald: Geschichte des holländischen Theaters. Rotterdam 1874, S. 9.
77 Das alte Gebäude der Schouwburg in der Keizersgracht brannte am 11. Mai 1772 vollständig ab. Eine Abbildung des alten Theaters findet sich in Philip von Zesen: Beschreibung der Stadt Amsterdam. o. O. 1664; Informationen zur Geschichte der Bühne in: Looijen: En geschiedenis van Amsterdamse Theaters, S. 11–17.
78 von Hellwald: Geschichte des holländischen Theaters, S. 15.
79 Looijen: En geschiedenis van Amsterdamse Theaters, S. 8.
80 Um nur zwei Beispiele unter vielen zu nennen: Axel von Ambesser: Nimm einen Namen mit A. Berlin, Frankfurt a. M. 1985, S. 10; Gustav Knuth: Mit einem Lächeln im Knopfloch. Frankfurt a. M. 1977, S. 25.

81 Persönliche Auskunft S. Rethel/J. Heesters, 10. 4. 2003.
82 Heesters: Auch hundert Jahre sind zu kurz, S. 20.
83 Jost van den Vondel: Gysbrecht van Aemstel. Trauerspiel aus dem Jahre 1637. Aus dem Holländischen übertragen von G. H. de Wilde. Leipzig 1867, S. 93 f.
84 Heesters: Auch hundert Jahre sind zu kurz, S. 20.
85 Heesters: Es kommt auf die Sekunde an, S. 41.
86 Tilla Durieux: Eine Tür steht offen. Erinnerungen. Berlin 1954, S. 9.
87 Heesters: Auch hundert Jahre sind zu kurz, S. 20.
88 Das im Stil der Neorenaissance gebaute »Magazijn De Bijenkorf« war das erste Amsterdamer Kaufhaus, was in Nachfolge des legendären, von Charles Boileau und Gustav Eiffel errichteten Pariser Kaufhauses »Au bon marché« gebaut wurde. Aus »De Bijenkorf« wurde in der Folgezeit eine berühmte Kaufhauskette mit Niederlassungen in Den Haag, Rotterdam und anderen Städten. Der Name »Bijenkorf« geht auf einer der Amsterdamer Rhetorikkammern des 17. Jahrhunderts zurück, die »Neerlantsche Academia De Bijenkorf« hieß.
89 Jacobus Heesters zitiert nach Heesters: Ich bin gottseidank nicht mehr jung, S. 25.
90 An die private Schauspielschule, die er von Anfang 1920 bis Mitte 1921 besuchte, hat Heesters heute keine Erinnerungen mehr. Persönliche Auskunft S. Rethel/J. Heesters, 10. 4. 2003.
91 Heesters: Auch hundert Jahre sind zu kurz, S. 21.
92 Privatarchiv Johannes Heesters, handschriftliches Schreiben vom 2. 1. 1920.
93 Vgl. Heesters: Auch hundert Jahre sind zu kurz, S. 21.
94 1964 fusionierte die Rotterdamsche Bankvereniging mit der Amsterdamse Bank zur AMRO, der Amsterdam-Rotterdam-Bank, die heute eins der weltgrößten Finanzinstitute mit 600 Billionen Dollar Umsatz jährlich ist.
95 Heesters: Auch hundert Jahre sind zu kurz, S. 21.
96 Privatarchiv Johannes Heesters, Schreiben vom 30. 6. 1921.
97 Heesters: Ich bin gottseidank nicht mehr jung, S. 24.
98 Renate Möhrmann: Tilla Durieux und Paul Cassirer. Bühnenglück und Liebestod. Berlin 1997, S. 46.
99 Ben Albach: Het Huis op het Plein. Heden en verleden van de Amsterdamse Stadsschouwburg. Amsterdam 1957, S. 182.
100 Heesters: Auch hundert Jahre sind zu kurz, S. 22.
101 Ebd., S. 24.
102 Für diese Information danke ich Roger Verbeke, Documentatiecentrum »In Flanders Fields«, Ieper. Die beiden Gedichtbände von Antheunis tragen die Titel *Leven, lieven en zingen – gedichten* (1879) und *Uit het hart* (1874). Besonders populär wurde sein von Theofiel Coopman vertonter Liedtext *Mijn Vlaanderen heb ik hartelijk lief.*

103 Heesters: Ich bin gottseidank nicht mehr jung, S. 26.
104 Heesters: Es kommt auf die Sekunde an, S. 54.
105 Ebd.
106 Zitiert nach der niederländischen Erstveröffentlichung in Gentil Theodoor Antheunis: Uit het hart, 1874.
107 Heesters: Auch hundert Jahre sind zu kurz, S. 24.
108 Heesters: Es kommt auf die Sekunde an, S. 54.
109 Albach: Het Huis op het Plein, S. 43.
110 Vgl. ebd., S. 32.
111 Er lautet: »Nun ist das Prinzchen weg« – wie sich Heesters noch in seinen Memoiren erinnert. Vgl. Heesters: Auch hundert Jahre sind zu kurz, S. 25.
112 Heesters: Ich bin gottseidank nicht mehr jung, S. 26.
113 Vgl. B. Hunningher: Een Eeuw Nederlands Toneel. Amsterdam 1949, S. 111.
114 Willem Royaards zitiert nach Ben Albach: Helden, Draken en Comedianten. Het Nederlandse Toneelleven voor, in en na de Franse Tijd. Amsterdam 1956, S. 113.
115 Vgl. Dutch Art. Hrsg. vom Dutch Ministry of Cultural Affairs. Rijswijk 1992, S. 28.
116 Willem Royaards zitiert nach ebd.
117 Der Kritiker Lavrounot schrieb in 1901 nach Bouwmeesters Auftritt in Paris in »Le Temps«: »Obwohl Bouwmeester eine für uns unverständliche Sprache spricht, ist die Beweglichkeit seiner Züge, die Exaktheit seines Gebärdenspiels und die Kraft seines Blickes so groß, daß er auf der Stelle im Einklang mit seinem Publikum war«; zitiert nach: Looijen: En geschiedenis van Amsterdamse Theaters, S. 101.
118 Persönliche Auskunft S. Rethel/J. Heesters, 10. 4. 2003.
119 Heesters: Auch hundert Jahre sind zu kurz, S. 25.
120 Für die Hilfe bei der Recherche nach Theaterkritiken aus der Amsterdamer Zeit danke ich sehr herzlich Gijs Kimenai und den übrigen Mitarbeitern des Theater Instituut Nederland, Amsterdam.
121 Vgl. Heesters: Auch hundert Jahre sind zu kurz, S. 26.
122 Geertruida Heesters van den Heuvel zitiert nach Heesters: Ich bin gottseidank nicht mehr jung, S. 27.
123 Vgl. Albach: Helden, Draken en Comedianten, S. 151 f.
124 Vgl. Albach: Het Huis op het Plein, S. 46.
125 Vgl. ebd., S. 43.
126 Ebd., S. 28.
127 Vgl. Albach: Helden, Draken en Comedianten, S. 154.
128 Erst 1965 machte der Komponist Aribert Reimann aus Strindbergs *Traumspiel* eine Oper.
129 Vgl. Albach: Helden, Draken en Comedianten, S. 140.

130 Vgl. die Rezension zu Een Droomspeel (Ein Traumspiel) von Frans Netscher in Nieuws van de Dag, 8. 10. 1922.
131 Heesters: Auch hundert Jahre sind zu kurz, S. 26.
132 Albach: Het Huis op het Plein, S. 43.
133 Mitte der zwanziger Jahre, zur Zeit der Depression, unternahm man einen Versuch, Het Nederlandse Toneel wiederzubeleben. Dieser Versuch jedoch sollte den entgegengesetzten Effekt haben und durch einen unerfreulichen Konkurs zum definitiven Untergang der wohl renommiertesten Theaterkompanie der Niederlande führen. Vgl. Albach: Het Huis op het Plein, S. 43.
134 Theo Mann-Bouwmeester zitiert nach ebd., S. 25.
135 Vgl. von Hellwald: Geschichte des holländischen Theaters, S. 123.
136 Fritz Hennenberg: »Es muß was Wunderbares sein …« Ralph Benatzky. Zwischen »Weißem Rößl« und Hollywood. Wien 1998, S. 66.
137 Zitiert nach: Carola Stern: Die Sache, die man Liebe nennt. Das Leben der Fritzi Massary. Berlin 1998, S. 16.
138 Heesters: Auch hundert Jahre sind zu kurz, S. 27 f.
139 Vgl. Heesters: Es kommt auf die Sekunde an, S. 59 ff.
140 Heesters: Auch hundert Jahre sind zu kurz, S. 28.
141 Han Peekel: 90 Jaar Carré. Bussum 1977, S. 41.
142 Heesters: Ich bin gottseidank nicht mehr jung, S. 29.
143 Ebd., S. 30.
144 Zur Geschichte des Paleis voor Volksvlijt vgl. Looijen: En geschiedenis van Amsterdamse Theaters, S. 56 ff.
145 Schreiben Berry Walden-Kievits an Marinus Schroevers, 13. 8. 1999, abgedruckt in Schroevers: Dossier Heesters, S. 45. Die Schauspielerin ist mit Gerard Walden, dem jüngeren Bruder Willy Waldens, des besten Freundes von Johannes Heesters, verheiratet.
146 Heesters: Auch hundert Jahre sind zu kurz, S. 29.
147 Zum Brand des Paleis voor Volksvlijt vgl. Looijen: En geschiedenis van Amsterdamse Theaters, S. 59.
148 Vgl. Peekel: 90 Jaar Carré, S. 125.
149 Zur Geschichte des Carré vgl. Looijen: En geschiedenis van Amsterdamse Theaters, S. 60 f., sowie Peekel: 90 Jaar Carré.
150 Vgl. Peekel: 90 Jaar Carré, S. 46.
151 Stern: Die Sache, die man Liebe nennt, S. 37.
152 Vgl. Wiesje Heesters in Heesters: Ich bin gottseidank nicht mehr jung, S. 47: »In der Pause parodierte der junge Mann seine Kollegen, mimte Schicksale und Typen, karikierte Berufe und brachte alle Anwesenden zum Lachen.«
153 Vgl. ebd., S. 30. Bei dem Tenor handelte es sich um Jonny Toering.
154 Ebd., S. 40.
155 Gemeentelijke Archiefdienst Amsterdam, Auszug aus dem Bevolkingsregister Amsterdam, Eintrag vom 30. 4. 1927.

156 Gemeentelijke Archiefdienst Amsterdam, Auszug aus dem Bevolkingsregister Amsterdam, Eintrag vom 28. 4. 1928.
157 Heesters: Es kommt auf die Sekunde an, S. 69.
158 »Im Scheinwerfer«: Johannes Heesters, Beilage zur Filmwelt, Nr. 15, 14. 4. 1939, S. 4.
159 Ebd., S. 70.
160 Baedeker: Belgium and Holland, S. 308.
161 Ebd., S. 330.
162 Persönliche Auskunft von S. Rethel/J. Heesters, 10. 4. 2003. Zu Taubers Anwesenheit in Scheveningen vgl. auch Walden: Ja, dat was Revue, S. 22 f.
163 Walden: Ja, dat was revue, S. 23.
164 Ebd., S. 23 f.
165 Heesters: Auch hundert Jahre sind zu kurz, S. 31.
166 Ebd., S. 48.
167 Für die Auskünfte zur Karriere ihrer Mutter danke ich sehr herzlich Wiesje Herold-Heesters, 18. 5. 2003.
168 Wiesje Heesters in Heesters: Ich bin gottseidank nicht mehr jung, S. 47.
169 In Antwerpen war Louise Ghijs an der Scala engagiert. Antwerpen hatte bereits damals ein sehr reiches und abwechslungsreiches Theaterleben, in dem gerade auch die leichte Muse eine große Rolle spielte. Neben der Scala gab es eine ganze Reihe weiterer Theater in der Stadt, so etwa das Théâtre Royal, das Théâtre des Variétés, das Flemish Opera House, die Nederlandse Schouwburg und das Palais de l'Hippodrome.
170 Auch eine der Töchter aus der berühmten holländischen Schauspielerdynastie Bouwmeester nannte sich so und wurde unter dem Namen Wiesje Bouwmeester bekannt.
171 Heesters: Es kommt auf die Sekunde an, S. 66.
172 Heesters: Ich bin gottseidank nicht mehr jung, S. 38.
173 Ebd., S. 40.
174 Ebd.
175 Ebd., S. 41.
176 Heesters: Es kommt auf die Sekunde an, S. 38.
177 Ebd., S. 57.
178 Heesters: Auch hundert Jahre sind zu kurz, S. 30.
179 Zitiert nach ebd., S. 47.
180 Vgl. Heesters: Es kommt auf die Sekunde an, S. 168.
181 Wiesje Heesters in Heesters: Es kommt auf die Sekunde an, S. 75. In dieser ersten Memoiren-Fassung heißt es fälschlich »die Augen zu verdrehen«, in der zweiten Memoiren-Fassung wurde dieser Fehler korrigiert.
182 Wiesje Heesters in Heesters: Auch hundert Jahre sind zu kurz, S. 47.

183 Heesters: Auch hundert Jahre sind zu kurz, S. 30.
184 Persönliche Auskunft von Wiesje Herold-Heesters, 18. 5. 2003.
185 Wiesje Heesters in Heesters: Auch hundert Jahre sind zu kurz, S. 48.
186 Ein Amsterdamer Kritiker zu *Naar de Eiffeltoren*, 1889, zitiert nach: Looijen: En geschiedenis van Amsterdamse Theaters, S. 104.
187 Heesters: Auch hundert Jahre sind zu kurz, S. 29.
188 Heesters: Es kommt auf die Sekunde an, S. 61.
189 Ines Hahn: Das Metropol-Theater. Theater als sichere Geldanlage. In: Ruth Freydank (Hrsg.): Theater als Geschäft. Berlin und sein Privattheater um die Jahrhundertwende. Berlin 1995, S. 95.
190 Vgl. Harry Paape: Die Niederlande und die Niederländer. In: Kathinka Dittrich, Hans Würzner (Hrsg.): Die Niederlande und das deutsche Exil 1933–1940. Königstein 1982, S. 18.
191 Vgl. ebd., S. 9.
192 Ebd., S. 20.
193 Dan Michman: Die jüdische Emigration und die niederländische Reaktion zwischen 1933 und 1940. In: ebd., S. 77.
194 Vgl. Walter Huder: Theater aus Deutschland im niederländischen Exil. In: ebd., S. 163.
195 Ludwig Berger: Wir sind vom gleichen Stoff, aus dem die Träume sind. Summe meines Lebens. Tübingen 1953, S. 310.
196 Vgl. Huder: Theater aus Deutschland im niederländischen Exil, S. 163.
197 Vgl. Heesters: Es kommt auf die Sekunde an, S. 51.
198 Zur Filmindustrie in den Niederlanden speziell der Zeit von 1933 bis 1940 vgl. Kathinka Dittrich-van Weringh: Der niederländische Spielfilm der dreißiger Jahre und die deutsche Filmemigration. Amsterdam 1987.
199 Berger: Wir sind vom gleichen Stoff, aus dem die Träume sind, S. 314.
200 Der erhaltene Film kursiert immer wieder unter dem angeblichen Titel *Der Führer schenkt den Juden eine Stadt*. Tatsächlich trug er jedoch den schlichten Titel *Theresienstadt*.
201 Zum Schicksal von Kurt Gerron vgl. Ulrich Liebe: Verehrt, verfolgt, vergessen. Schauspieler als Naziopfer. 2. Aufl. Weinheim, Berlin 1992, S. 29 ff.
202 Persönliche Auskunft S. Rethel/J. Heesters, 10. 4. 2003.
203 Heesters: Es kommt auf die Sekunde an, S. 62.
204 Vgl Kathinka Dittrich: Film en filmmakers. In: Berlijn – Amsterdam 1920–1940. Wisselwerkingen. Amsterdam 1982, S. 214.
205 Vgl. Heesters: Ich bin gottseidank nicht mehr jung, S. 37.
206 Vgl. Simon Koster: Van Schavot tot Schouwburg. Vijfhonderd Jaar Toneel in Haarlem. Haarlem 1970, S. 271.
207 In Deutschland waren solche filmischen Sozialstudien bereits in der zweiten Hälfte der zwanziger Jahre sehr beliebt geworden. Zu den »Zille-Filmen« zählen etwa die Pabst-Streifen *Die freudlose Gasse*

(1925), *Die Büchse der Pandora* (1929) und *Tagebuch einer Verlorenen* (1929).

208 Vgl. Heesters: Ich bin gottseidank nicht mehr jung, S. 38.

209 Die Sprachversionen-Filme sind eine kuriose Randerscheinung der Filmgeschichte, ein Übergangsphänomen am Beginn des Tonfilmzeitalters, das kommerziell kurzfristig sehr erfolgreich war. Bis Mitte 1931 wurde etwa ein Drittel aller deutschen Tonfilme mit fremdsprachigen Versionen produziert.

210 Von Detlef Siercks *April, April* wurde die holländische Version *'t was een april* (1935) und von Viktor Jansons *Hilde Petersen, postlagernd* die holländische Version *Fientje Peters, poste restante* (1935) hergestellt. Umgekehrt entstand von dem holländischen Streifen *De Jantjes* (1934) von Jaap Speyer die deutsche Version *Die Matrosen.*

211 Heesters: Es kommt auf die Sekunde an, S. 58.

212 Heesters: Auch hundert Jahre sind zu kurz, S. 32: »Weit weniger euphorisch reagierte meine Frau Wiesje auf die Anfrage aus Wien.«

213 Vgl. Paape: Die Niederlande und die Niederländer, S. 17.

214 Vgl. Ben Albach: Weerklank van het Duitse toneel in Nederland. In: Berlijn – Amsterdam 1920–1940, S. 141.

215 Vgl. ebd., S. 142.

216 Heesters: Ich bin gottseidank nicht mehr jung, S. 63.

217 Film-Kurier, 19. 8. 1933.

TEIL II

1 Den gemeinsamen Verdienst zum Zeitpunkt, als ihn das Angebot aus Wien erreichte, bezifferte Heesters in seinen Memoiren mit 1500 Gulden, vgl. Johannes Heesters: Es kommt auf die Sekunde an. Erinnerungen an ein Leben im Frack. München 1978, S. 78.

2 Johannes Heesters: Ich bin gottseidank nicht mehr jung. Aufgezeichnet von Willibald Eser. 2. Aufl. München 1993, S. 59.

3 Stefan Zweig zitiert nach: Carola Stern: Die Sache, die man Liebe nennt. Das Leben der Fritzi Massary. Berlin 1998, S. 61.

4 Egon Friedell zitiert nach: Stern: Die Sache, die man Liebe nennt, S. 37.

5 Im Carl-Theater wurde am 16. Oktober 1858 mit Jacques Offenbachs *Die Hochzeit bei Laternenschein* in deutscher Übersetzung die erste Operette in Wien gespielt.

6 Fritz Hennenberg: »Es muß was Wunderbares sein ...« Ralph Benatzky. Zwischem »Weißem Rößl« und Hollywood. Wien 1998, S. 54.

7 Otto Brusatti: Wiener Operette als Ausstellungsthema jenseits von Klang und Bühne. In: FleZiWiCsá & Co. Die Wiener Operette (Ausstellungskatalog). Wien 1984, S. 9.

8 Edmund Nick: Vom Wiener Walzer zur Wiener Operette. Hamburg 1954, S. 119.
9 Ebd., S. 124.
10 Vgl. Hennenberg: »Es muß was Wunderbares sein …«, S. 65.
11 FleZiWiCsá & Co., S. 36.
12 Brusatti: Wiener Operette als Ausstellungsthema jenseits von Klang und Bühne. In: FleZiWiCsá & Co., S. 9.
13 Otto Keller: Die Operette. Ihre geschichtliche Entwicklung. Leipzig, Wien, New York 1926, S. 292.
14 Ebd., S. 332.
15 Brusatti: Wiener Operette als Ausstellungsthema jenseits von Klang und Bühne, S. 9.
16 Johannes Heesters: Auch hundert Jahre sind zu kurz. Die Erinnerungen. Aufgeschrieben von Beatrix Ross. München 2002, S. 32.
17 Persönliche Auskunft Wiesje Herold-Heesters, 18. 5. 2003.
18 Vgl. Meldezettel für Unterparteien vom 26. 8. 1934, vom 28. 1. 1935 und vom 21. 8. 1935, Magistrat der Stadt Wien, Wiener Stadt- und Landesarchiv.
19 Heesters: Auch hundert Jahre sind zu kurz, S. 34.
20 Meldezettel für Unterparteien vom 11. 12. 1934, Magistrat der Stadt Wien, Wiener Stadt- und Landesarchiv. Hier lebte die Familie bis zum 28. 1. 1935, als man wieder in die Pension am Getreidemarkt zog.
21 Für diesen Hinweis danke ich Wiesje Herold-Heesters, 18. 5. 2003.
22 Heesters: Auch hundert Jahre sind zu kurz, S. 35.
23 Vgl. Heesters: Ich bin gottseidank nicht mehr jung, S. 68: »Neid, Eifersucht, Bühnentratsch. Wir kannten das, wenn auch nicht in so konzentrierter Form wie hier in Wien.«
24 Heesters: Auch hundert Jahre sind zu kurz, S. 36.
25 Die Wiener Volksoper. Geschichte des Hauses. Wien 1973, S. 82.
26 Kritik zu *Der Bettelstudent* an der Volksoper Wien, Veröffentlichungsort unbekannt (Quelle: Kritikenbestand der Theaterwissenschaftlichen Sammlung der Universität Köln), 25. 9. 1934.
27 Vgl. Die Wiener Volksoper. Das Wiener Musiktheater, S. 84.
28 Kritik zu *Der Bettelstudent* an der Volksoper Wien, 25. 9. 1934.
29 Heesters: Auch hundert Jahre sind zu kurz, S. 36.
30 Heesters: Ich bin gottseidank nicht mehr jung, S. 70.
31 Ebd.
32 Zitiert nach Heesters: Auch hundert Jahre sind zu kurz, S. 37.
33 Kritik zu *Der Bettelstudent* an der Volksoper Wien, 25. 9. 1934.
34 Heesters: Ich bin gottseidank nicht mehr jung, S. 75.
35 Die Wiener Volksoper. Das Wiener Musiktheater, S. 84.
36 Vgl. hierzu ebd.
37 Heesters: Auch hundert Jahre sind zu kurz, S. 37.
38 Karl Kraus: Die Fackel, Nr. 908, Mai 1935, S. 35 f.

39 *Servus! Servus!* war zunächst am Berliner Theater des Volkes aufgeführt worden, von den Nazis aber wegen der jüdischen Librettisten, mit denen Stolz zusammengearbeitet hatte, mit einem Aufführungsverbot belegt worden. Später wurde die gleiche Operette in Italien unter dem Titel *Ciao-Ciao* und in der Schweiz unter *Grüezi* aufgeführt.

40 Heesters: Auch hundert Jahre sind zu kurz, S. 38.

41 Neue Freie Presse, April 1935, zitiert nach Heesters: Es kommt auf die Sekunde an, S. 98.

42 Ebd., S. 100.

43 Echo, Februar 1935, Kritik zu *Valentino, der Liebling vom Broadway*; zitiert ebd., S. 96.

44 Kritik zu *Die Weltmeisterin* an der Komischen Oper Berlin. Veröffentlichungsort unbekannt (Quelle: Kritikenbestand der Theaterwissenschaftlichen Sammlung der Universität Köln), 25. 12. 1935.

45 Stern: Die Sache, die man Liebe nennt, S. 167.

46 Michael Jürgs: Gern hab' ich die Frau'n geküßt. Die Richard-Tauber-Biographie. München 2002, S. 41.

47 Komponist Peter Kreuder, der mehrere Lieder für Heesters schrieb, bekannte einmal: »Seine Stimme ist niemals überragend gewesen«; zitiert nach Inge Dombrowski, Rudolf Borchert: Johannes Heesters. Liebling der Frauen. Liebling des Glücks. Bergisch Gladbach 1978, S. 99.

48 Vgl. Heesters: Es kommt auf die Sekunde an, S. 98.

49 Stern: Die Sache, die man Liebe nennt, S. 87.

50 Heesters: Auch hundert Jahre sind zu kurz, S. 41. In der älteren Memoiren-Fassung, die noch zur Zeit der deutsch-deutschen Teilung entstanden ist, nannte Heesters statt den Potsdamer Platz den Kurfürstendamm.

51 Alfred Kerr: Mein Berlin. Schauplätze einer Metropole. Berlin 1999, S. 86.

52 Lothar Schöne: Neuigkeiten vom Mittelpunkt der Welt. Der Kampf ums Theater in der Weimarer Republik. Darmstadt 1994, S. 5.

53 Camilla Horn: Verliebt in die Liebe. Erinnerungen. Aufgezeichnet von Willibald Eser. Frankfurt a. M., Berlin 1990, S. 52 f.

54 Florian Kienzl: Die Berliner und ihr Theater. Berlin 1967, S. 76.

55 Maurus Pacher in seinem Vorwort zu Rudolf Oesterreicher: Emmerich Kálmán. Das Leben eines Operettenfürsten. München, Wien 1988, S. 14.

56 Jürgs: Gern hab' ich die Frau'n geküßt, S. 52.

57 Horst Seeger, Ulrich Bökel: Musikstadt Berlin. Leipzig 1974, S. 75.

58 Kienzl: Die Berliner und ihr Theater, S. 72.

59 Oesterreicher: Emmerich Kálmán, S. 188.

60 Hans Daiber: Schaufenster der Diktatur. Theater im Machtbereich Hitlers. Stuttgart 1995, S. 183.

61 Wolfgang Benz: Geschichte des Dritten Reichs. München 2000, S. 59.
62 Ebd., S. 69.
63 Karajan wurde am 8. April 1938, kurz nach dem »Anschluß«, in Salzburg-Neustadt unter der Mitgliedsnummer 1607525 Mitglied der NSDAP.
64 Ernst Bücken: Wörterbuch der Musik. Leipzig 1940, S. 357.
65 Friedrich Welter: Musikgeschichte im Umriß. Leipzig 1939, S. 302.
66 Peter Raabe: Um die Unterhaltungsmusik. In: Die Musik-Woche, 7. 9. 1940, S. 309.
67 Ebd.
68 Hermann Bredehöft: Der Verfall der Operette. In: Walter Stang (Hrsg.): Deutsche Dramaturgie. 1. Jg., Berlin 1942, S. 84.
69 Ebd., S. 85.
70 Boguslaw Drewniak: Das Theater im NS-Staat. Szenarium deutscher Zeitgeschichte. 1933–1945. Düsseldorf 1983, S. 335.
71 Vgl. Günther Schwarberg: Dein ist mein ganzes Herz. Die Geschichte von Fritz Löhner-Beda. Göttingen 2000, S. 71.
72 Drewniak: Das Theater im NS-Staat, S. 341.
73 Edmund Nick: Oper und Operette im November und Dezember 1946. In: Chronik der neuen Münchener Theatergeschichte. Bd. 4, München 1947, S. 7.
74 Gerade Paul Lincke hatte darauf gesetzt, unpolitische, zeitabgehobene Werke zu schaffen; vgl. Keller: Die Operette, S. 349: »Er schreibt unbekümmert nur auf den momentanen Effekt hin, er liefert nur Tongeklingel, das vom Ewigkeitswert himmelweit entfernt ist. Doch will er auch gar nichts Besseres bieten – er will den gegenwärtigen Theaterbesucher in Gedankenlosigkeit einlullen, ihn für eine Stunde aus der Gegenwart herausführen.«
75 Vgl. Daiber: Schaufenster der Diktatur, S. 97.
76 Dies weist sehr überzeugend und eindringlich nach: Schwarberg: Dein ist mein ganzes Herz.
77 »Es war einmal ein Kammersänger«. In: Deutsche Kultur-Wacht, Heft 7, 1933, S. 13.
78 Vgl. Schwarberg: Dein ist mein ganzes Herz, S. 93.
79 Theodor Fontane zitiert nach Kienzl: Die Berliner und ihr Theater, S. 82.
80 Kienzl: Die Berliner und ihr Theater, S. 84.
81 Ines Hahn: Die Komische Oper. Ein gescheiterter Reformversuch. In: Ruth Freydank (Hrsg.): Theater als Geschäft. Berlin und sein Privattheater um die Jahrhundertwende. Berlin 1995, S. 173.
82 Hahn: Die Komische Oper, S. 176.
83 Heesters: Auch hundert Jahre sind zu kurz, S. 42.
84 Kritik zu *Die Weltmeisterin* an der Komischen Oper Berlin, 24. 12. 1935.

85 Müller-Marein: Zwischen Liebe und Schlittschuh. *Die Weltmeisterin* in der Komischen Oper. Veröffentlichungsort unbekannt (Quelle: Kritikenbestand der Theaterwissenschaftlichen Sammlung der Universität Köln), 24. 12. 1935.

86 Heesters: Auch hundert Jahre sind zu kurz, S. 43.

87 Meldezettel für Reisende, 4. 12. 1937/31. 1. 1938, Magistrat der Stadt Wien, Wiener Stadt- und Landesarchiv.

88 Daiber: Schaufenster der Diktatur, S. 190.

89 Adolf Hitler zitiert nach ebd., S. 267.

90 Vgl. Anton Kaes: Film in der Weimarer Republik. In: Wolfgang Jacobsen, ders., Hans Helmut Prinzler (Hrsg.): Geschichte des deutschen Films. Stuttgart, Weimar 1993, S. 86.

91 Ebd., S. 96.

92 Wolfgang Thiel: »Mit Musik geht alles besser.« In: Axel Geiss (Hrsg.): Filmstadt Babelsberg. Zur Geschichte des Studios und seiner Filme. Hrsg. vom Filmmuseum Potsdam. Berlin 1994, S. 144.

93 Klaus Kreimeier: Die Ufa-Story. Geschichte eines Filmkonzerns. München, Wien 1992, S. 219.

94 Vgl. Géza von Cziffra: Kauf Dir einen bunten Luftballon. Erinnerungen an Götter und Halbgötter. München, Berlin 1975, S. 255.

95 Vgl. Felix Möller: Der Filmminister. Goebbels und der Film im Dritten Reich. Berlin 1998, S. 70.

96 Jan Kiepura zitiert nach Joseph Wulf: Kultur im Dritten Reich. Eine Dokumentation, Bd. 4: Theater und Film. Frankfurt a. M., Berlin 1989, S. 428.

97 Heesters: Ich bin gottseidank nicht mehr jung, S. 71.

98 Vgl. Heesters: Es kommt auf die Sekunde an, S. 99.

99 Heesters: Ich bin gottseidank nicht mehr jung, S. 81.

100 Vgl. Bundesarchiv-Filmarchiv, Berlin, R 109 I/1031b, S. 96, Niederschrift Nr. 1183 vom 22. 9. 1936, und Bundesarchiv Berlin, Berlin-Document-Center (RKK), Personenakte Johannes Heesters, Aktennotiz der Reichsfilmkammer, 8. 4. 1937.

101 Heesters: Ich bin gottseidank nicht mehr jung, S. 82.

102 Ebd., S. 84.

103 Film-Kurier, 28. 6. 1933.

104 Kreimeier: Die Ufa-Story, S. 338.

105 Zitiert nach Wulf: Kultur im Dritten Reich. Bd. 5: Musik, S. 421.

106 Vgl. Möller: Der Filmminister, S. 103.

107 Artikel »Johannes Heesters« von E. F. M., Veröffentlichungsort unbekannt (Quelle: Kritikenbestand der Theaterwissenschaftlichen Sammlung der Universität Köln), 1937. Zwei Jahre später brachte die Zeitschrift »Filmwelt« eine Sonderbeilage unter dem Titel *Im Scheinwerfer: Johannes Heesters* heraus, in dem im Gegensatz zum zitierten Artikel alle Details von Heesters Herkunft, Leben und Karriere kor-

rekt waren. Ganz offensichtlich basierte dieser Artikel auf einem eingehenden Gespräch mit Heesters.

108 Joseph Goebbels zitiert nach Jerzy Toeplitz: Der Film im Zeichen des Hakenkreuzes. In: ders.: Geschichte des Films. Bd. 3 (1934–1939). Berlin 1992, S. 251.

109 Vgl. ebd., S. 250.

110 Vgl. ebd., S. 257.

111 Ebd., S. 278.

112 Joseph Goebbels zitiert nach ebd., S. 261.

113 Leni Riefenstahl brachte 1933 den Film *Der Sieg des Glaubens* und 1935 *Triumph des Willens* in die Kinos, beide entstanden auf den Nürnberger Parteitagen der NSDAP. 1935 drehte sie den Kurzfilm *Tag der Freiheit – Unsere Wehrmacht*, der in der Frühphase deutscher Aufrüstung und kurz nach Wiedereinführung der Wehrpflicht das erste Zeugnis eines triumphierenden Militarismus war, das zur Befestigung des Selbstbewußtseins der Deutschen beitragen sollte.

114 Fritz Hippler, seit 1939 Mitarbeiter im Propagandaministerium und 1942 bis 1943 Reichsfilmintendant, realisierte 1939 die Kriegsfilme *Feldzug in Polen* und *Sieg im Westen*.

115 Es ist aktenkundig, daß *Jud Süß* den SS-Einsatzgruppen in den besetzten Ostgebieten immer dann gezeigt wurde, wenn Deportationen oder Erschießungen bevorstanden; vgl. Günter Netzeband: Träume und Alpträume 1933–1945. In: Geiss (Hrsg.): Filmstadt Babelsberg, S. 50. Andere antisemitische Streifen dieser Zeit waren Hans Hellmuth Zerletts Musikkomödie *Robert und Bertram* (1939), *Leinen aus Irland* (1939) und Erich Waschnecks *Die Rothschilds* (1940). Der wohl schändlichste antisemitische Streifen *Der ewige Jude* (1940) von Fritz Hippler war kein Spielfilm, sondern ein Pseudo-Dokumentarfilm.

116 Toeplitz: Der Film im Zeichen des Hakenkreuzes, S. 254.

117 Kaes: Film in der Weimarer Republik, S. 99.

118 Antibritische Streifen waren etwa *Das Mädchen Johanna* (1935), *Die Reiter von Deutsch-Ostafrika* (1934), *Der Fuchs von Glenarvon* (1940), *Mein Leben für Irland* (1941) oder *Ohm Krüger* (1941). Antipolnische Streifen waren *Heimkehr* (1941) und *Feinde* (1944). Zu den antisowjetischen Filmen zählten *Anschlag auf Baku* (1942), *Menschen ohne Vaterland* (1937) oder *Friesennot* (1935).

119 Thomas Kramer, Martin Prucha: Film im Lauf der Zeit. 100 Jahre Kino in Deutschland, Österreich und der Schweiz. Wien 1994, S. 87.

120 Kreimeier: Die Ufa-Story, S. 279.

121 Holger Theuerkauf: Goebbels' Filmerbe. Das Geschäft mit unveröffentlichten Ufa-Filmen. Berlin 1998, S. 9.

122 Marika Rökk: Herz mit Paprika. Erinnerungen. Frankfurt a. M., Berlin 1991, S. 12.

123 Kerr: Mein Berlin, S. 88.

124 »Johan? Muß das sein? [...] Johan werden bei uns die Lakaien gerufen. Auf einem Filmplakat sieht es nicht gut aus ... [...] Was halten sie von Joe? Das ist modern und hört sich so englisch an ...«, zitiert nach Heesters: Es kommt auf die Sekunde an, S. 99.

125 Erlaß von Rainer Schlösser, Präsident der Reichstheaterkammer, vom 8. 1. 1936, zitiert nach Wulf: Kultur im Dritten Reich. Bd. 4: Theater und Film, S. 43.

126 Michaela Krützen: Hans Albers. Eine deutsche Karriere. Weinheim, Berlin 1995, S. 109.

127 Torsten Körner: Ein guter Freund. Heinz Rühmann. Biographie. Berlin 2001, S. 130.

128 Heesters: Es kommt auf die Sekunde an, S. 107.

129 Heesters: Ich bin gottseidank nicht mehr jung, S. 72.

130 Rökk: Herz mit Paprika, S. 24.

131 Heesters: Auch hundert Jahre sind zu kurz, S. 49.

132 Vgl. Heesters: Es kommt auf die Sekunde an, S. 108 ff.

133 Heesters: Auch hundert Jahre sind zu kurz, S. 56.

134 Karsten Witte: Revue als montierte Handlung. In: Helga Belach (Hrsg.): Wir tanzen um die Welt. Deutsche Revuefilme 1933–1945. München 1979, S. 221.

135 Tagebucheintrag Joseph Goebbels zitiert nach Möller: Der Filmminister, S. 70.

136 Karsten Witte: Gehemmte Schaulust. Momente des deutschen Revuefilms. In: Belach (Hrsg.): Wir tanzen um die Welt, S. 14.

137 Sopade, 4. Jg., 1937, S. 913 f.

138 Vgl. Rökk: Herz mit Paprika, S. 31. Dort betont sie, »daß ich Jacoby auch nicht für meine Karriere nötig hatte, wie später viele Leute behaupteten. Ich war ja ohne ihn zur Ufa verpflichtet worden. Ich konnte auf eigenen Beinen die Erfolgsleiter hochsteigen. Nein, ich liebte seine Art, seine Güte, sein Verständnis und natürlich auch seine künstlerische Feinfühligkeit.«

139 Ebd., S.136.

140 SS-Obersturmbannführer Bahls an das Reichsministerium für Volksaufklärung und Propaganda, Schreiben vom 13. 6. 1939, zitiert nach Belach: ...als die Traumfabrik kriegswichtig wurde, S. 156.

141 Vgl. Bundesarchiv-Filmarchiv, Berlin, R 109 I / 1033b, S. 89, Niederschrift 1349/16 vom 10. 1. 1939. Das Dokument, bei dem es um die Sondererlaubnis geht, Rökk und Jacoby gemeinsam für den Film *Hallo Janine* einsetzen zu dürfen, bezieht sich ausdrücklich auf »ein früheres Verbot des Büros Dr. Winkler bezüglich der Beschäftigung von Eheleuten.« Aufgrund des kriegsbedingten Mangels an Arbeitskräften wurde das Verbot im Juli 1939 teilweise wieder aufgehoben, für Ehepartner, die beide Filmschaffende waren, blieb es jedoch bestehen; vgl. Belach (Hrsg.): Wir tanzen um die Welt, S. 153 f.

142 Rökk: Herz mit Paprika, S. 150 f.
143 Persönliche Auskunft Marika Rökk, 6. 3. 2003.
144 Heesters: Auch hundert Jahre sind zu kurz, S. 49.
145 Vgl. Rökk: Herz mit Paprika, S. 152 ff.
146 Heesters: Es kommt auf die Sekunde an, S. 105.
147 Persönliche Auskunft Marika Rökk, 6. 3. 2003.
148 Persönliche Auskunft Marika Rökk, 6. 3. 2003.
149 Dietrich Steinbeck: Oper und Turnen. Zur Rolle des Tanzes im nationalsozialistischen Revuefilm. In: Belach (Hrsg.): Wir tanzen um die Welt, S. 66.
150 Persönliche Auskunft Marika Rökk, 6. 3. 2003.
151 Heesters: Es kommt auf die Sekunde an, S. 279.
152 Heesters: Ich bin gottseidank nicht mehr jung, S. 98.
153 Kaes: Film in der Weimarer Republik, S. 98.
154 Heesters: Auch hundert Jahre sind zu kurz, S. 55.
155 Vgl. Bundesarchiv Berlin, Berlin-Document-Center (RKK), Personenakte Johannes Heesters, Schreiben der Ufa-Film GmbH an die Reichsfachschaft Film, 11. 8. 1936. Hier wird als Heesters' Adresse die Glienicker Straße 15–17 in Wannsee genannt.
156 Persönliche Auskunft Wiesje Herold-Heesters, 28. 5. 2003.
157 Landesarchiv Berlin, Eintrag in der Einwohnermeldekartei vom 10. 9. 1939. Für die Recherche danke ich Axel Schröder vom Landesamt Berlin.
158 Wiedergutmachungsämter Berlin, Akte 5WGA6408/50.
159 Dank für die Recherchen an Klaus Dettmer, Landesarchiv Berlin.
160 Bei der Freundin der Familie Heesters handelte es sich um Stella Stierhout. Für diesen Hinweis danke ich Wiesje Herold-Heesters, 25. 6. 2003.
161 Wiesje Heesters in Heesters: Ich bin gottseidank nicht mehr jung, S. 45.
162 Heesters: Auch hundert Jahre sind zu kurz, S. 81.
163 Ebd., S. 80.
164 Persönliche Auskunft Wiesje Herold-Heesters, 18. 5. 2003.
165 Persönliche Auskunft Wiesje Herold-Heesters, 18. 5. 2003.
166 Persönliche Auskunft Wiesje Herold-Heesters, 18. 5. 2003.
167 Konfessionell gebundene Klosterschulen waren von den Nazis verboten worden, bei der Berliner Schule wurde eine Ausnahme gemacht, da sie hauptsächlich von Kindern ausländischer Diplomaten besucht wurde.
168 Heesters: Auch hundert Jahre sind zu kurz, S. 82.
169 Ebd.
170 Ebd.
171 Persönliche Auskunft Simone Rethel, 16. 11. 2002, sowie von Wiesje Herold-Heesters, 18. 5. 2003.

172 Rökk: Herz mit Paprika, S. 151.

173 Persönliche Auskunft Wiesje Herold-Heesters, 18. 5. 2003.

174 Stella war die Geliebte des Direktors des Berliner Titania-Palastes. Heesters hatte die Hochzeit seines Freundes mit Stella angeregt, vgl. Heesters: Auch hundert Jahre sind zu kurz, S. 121: »Als wir über Peter und Stella sprachen und die Gefahr, in der sie schwebte, zögerte Ben nicht lange. Schnell war ihm klar, daß er ihr Leben schützen konnte, indem er sie heiratete.« Auch nach dem Krieg ließen sich Ben und Stella Stierhout nicht scheiden.

175 Persönliche Auskunft Wiesje Herold-Heesters, 18. 5. 2003.

176 Persönliche Auskunft Wiesje Herold-Heesters, 18. 5. 2003.

177 Persönliche Auskunft Wiesje Herold-Heesters, 18. 5. 2003.

178 Dank an Klaus Dettmer, Landesarchiv Berlin.

179 Vgl. Heesters: Ich bin gottseidank nicht mehr jung, S. 239.

180 Einmal boxte Heesters sogar gegen seinen Landsmann Luc van Dam, der viele Jahre später, 1943, Europameister im Boxen werden sollte.

181 Persönliche Auskunft Wiesje Herold-Heesters, 18. 5. 2003.

182 Heesters: Auch hundert Jahre sind zu kurz, S. 78.

183 Vgl. Krützen: Hans Albers, S. 25.

184 Film (Rom), 7. 7. 1943. Antonio Latanzas beantwortete die Leserfragen in dieser deutschen Ausgabe einer italienischen Filmzeitschrift.

185 Wiesje Heesters in Heesters: Ich bin gottseidank nicht mehr jung, S. 46.

186 Persönliche Auskunft Wiesje Herold-Heesters, 18. 5. 2003.

187 Heesters: Auch hundert Jahre sind zu kurz, S. 79.

188 Wiesje Heesters in Heesters: Ich bin gottseidank nicht mehr jung, S. 44 f.

189 Rökk: Herz mit Paprika, S. 150.

190 Maria von Tasnady zitiert nach Hermann Hacker: Abenteuer mehrfach beleuchtet. Drehbericht zu *Das Abenteuer geht weiter*. Veröffentlichungsort unbekannt (Quelle: Filmmuseum Berlin), 1939.

191 Wiesje Heesters in Heesters: Ich bin gottseidank nicht mehr jung, S. 46.

192 Johannes Heesters im Interview mit Erika Berger, Neue Revue, Nr. 15, 3. 4. 1987, S. 46.

193 Wiesje Heesters in Heesters: Ich bin gottseidank nicht mehr jung, S. 44.

194 Persönliche Auskunft Wiesje Herold-Heesters, 18. 5. 2003.

195 Wiesje Heesters in Heesters: Ich bin gottseidank nicht mehr jung, S. 44.

196 Persönliche Auskunft Wiesje Herold-Heesters, 18. 5. 2003.

197 Das Schwarze Korps, 25. 11. 1937.

198 Joseph Goebbels zitiert nach Ansgar Diller: Rundfunkpolitik im Dritten Reich. München 1980, S. 144.
199 Joseph Goebbels in: Rundfunk-Archiv, Heft 6/1941, S. 212 f.
200 Heesters: Ich bin gottseidank nicht mehr jung, S. 155.
201 Vgl. Drewniak: Das Theater im NS-Staat, S. 59.
202 Lil Dagover: Ich war die Dame. München 1979, S. 200, S. 185.
203 Dies äußerte Zarah Leander am 14. Juli 1944 auf einer Pressekonferenz in Schweden.
204 Rökk: Herz mit Paprika, S. 133.
205 Ebd., S. 134.
206 Heesters: Es kommt auf die Sekunde an, S. 122.
207 Daiber: Schaufenster der Diktatur, S. 11.
208 Joseph Goebbels zitiert nach ebd., S. 223 f.
209 Vgl. ebd., S. 33.
210 Ebd., S. 239.
211 Ebd., S. 232.
212 Barbara Panse: »Diese Künstler sind wie Kinder«. Der Reichspropagandaminister und seine besten Helfer. In: Theater heute, Heft 9, 1989, S. 11.
213 Viele Anekdoten und Fakten sind hierzu überliefert. In seiner Personalakte ist sogar verzeichnet, daß er 1942 bei zwei Sammlungen für das Winterhilfswerk jeweils nur 5 RM gespendet hat, was angesichts der Höhe seiner Gagen als ein regelrecht provozierender Betrag begriffen werden sollte und auch wurde; vgl. Krützen: Hans Albers, S. 249. Hier finden sich auch viele weitere Beispiele für Albers' Renitenz.
214 Lingen, Moser, von Winterstein und Wernicke waren mit jüdischen Frauen verheiratet und durften dies durch Sondergenehmigungen auch bleiben. Sie konnten so ihre Karriere fortsetzen. Auch Hubert von Meyerinck und Hans Brausewetter ebenso wie Gustaf Gründgens, die aufgrund ihrer Homosexualität Anfeindungen ausgesetzt waren, behielten, trotz der großen Karrieren, die sie machten, ihre ablehnende Haltung gegenüber den Nazis immer bei.
215 Käthe Dorsch zitiert nach Ludwig Berger: Wir sind vom gleichen Stoff, aus dem die Träume sind. Summe meines Lebens. Tübingen 1953, S. 281.
216 Zum Fall Käthe Dorsch vgl. Berger: Wir sind vom gleichen Stoff, aus dem die Träume sind, S. 141. Einer der Menschen, für die Dorsch bat, war der Schauspieler Hans Brausewetter, der aufgrund seiner Homosexualität und antinazistischen Einstellung 1936 in Gestapo-Haft gekommen war. Göring verfügte, daß Brausewetter wieder freigelassen wurde, und Käthe Dorsch erreichte zudem, daß er 1939 mit dem Titel »Staatsschauspieler« ausgezeichnet wurde, was ihn vor weiteren Verfolgungen weitgehend schützte.

217 Joseph Goebbels zitiert nach Daiber: Schaufenster der Diktatur, S. 239.

218 Drewniak: Das Theater im NS-Staat, S. 48.

219 Stern: Die Sache, die man Liebe nennt, S. 294.

220 Heesters: Ich bin gottseidank nicht mehr jung, S. 126.

221 Das 1893 gegründete Etablissement in der Pariser Rue Royale hieß ursprünglich Maxime und wurde später in Maxim's umbenannt, Lehár benutzte jedoch »Maxim«. Auch die Titelzeile des Auftrittsliedes änderte sich im Lauf der Zeiten: »Da geh' ich zu Maxim«, »Jetzt geh ich zu Maxim«, »Heut' geh' ich ins Maxim«, »Heut' geh'n wir ins Maxime« sind Varianten, die durch die Loslösung der Melodie aus dem ursprünglichen Operettenkontext und dem Aufstieg des Lieds zum Schlager und zum Evergreen zustande kamen.

222 Ernst Decsey: Franz Lehár. Wien 1924, S. 90.

223 Heesters: Auch hundert Jahre sind zu kurz, S. 68.

224 Decsey: Franz Lehár, S. 92.

225 Heesters: Ich bin gottseidank nicht mehr jung, S. 88 f.

226 Peter Kreuder zitiert nach Dombrowski, Borchert: Johannes Heesters, S. 120.

227 Vgl. Schwarberg: Dein ist mein ganzes Herz, S. 72.

228 Daiber: Schaufenster der Diktatur, S. 12.

229 Vgl. Brigitte Hamann: Hitlers Wien. Lehrjahre eines Diktators, München 1996, S. 42 f.

230 Richard Strauss zitiert nach Daiber: Schaufenster der Diktatur, S. 204.

231 Herbert Gerigk: Die leichte Musik und der Rassegedanke. In: Nationalsozialistische Monatshefte, Januar 1936, S. 70.

232 Franz Lehár zitiert nach Schwarberg: Dein ist mein ganzes Herz, S. 181.

233 Vgl. ebd., S. 125.

234 Vermutlich wird dieser Besuch unmittelbar Anfang Januar, also kurz nach der Premiere, stattgefunden haben. Hitler hatte die Gewohnheit, die Weihnachtstage allein in seiner Münchner Wohnung zu verbringen und sich zum Jahreswechsel dann zum Obersalzberg zu begeben, wo eine große Silvesterfeier ausgerichtet wurde. Von da aus reiste er Anfang 1939 ganz offensichtlich zunächst nach München zurück, wo er sich einige Tage aufhielt, bevor er nach Berlin zurückkehrte.

235 Zitiert nach Heesters: Es kommt auf die Sekunde an, S. 126.

236 Ebd.

237 Ebd., S. 127.

238 Vgl. Daiber: Schaufenster der Diktatur, S. 248.

239 Vgl. Hamann: Hitlers Wien, S. 282: »Die Hofburg-Schauspielerin Rosa Albach-Retty – und Großmutter Romy Schneiders – wiederum erzählt in ihren Erinnerungen, der frühere Direktor des ›Theaters an

der Wien‹ habe ihr erzählt, eines Tages habe ›ein schmächtiger junger Mann‹ in einem ›fadenscheinigen, vielfach geflickten Anzug‹ bei ihm als Chorsänger vorgesungen und – ausgerechnet – Danilos Auftrittslied aus Franz Lehárs Lustiger Witwe geschmettert, die als H's [Hitlers, d. A.] Lieblingsoperette hinlänglich bekannt war: ›Da geh ich ins Maxim …‹. Er habe das sehr gut gemacht. Ein Engagement sei aber daran gescheitert, daß der junge Mann keinen Frack besessen habe. Damals mußten Schauspieler und Sänger noch für ihre Garderobe selber sorgen.«

240 Persönliche Auskunft Prof. Rolf Kutschera, 26. 6. 2003.

241 Albert Speer: Spandauer Tagebücher. Frankfurt a. M., Berlin 1977, S. 101.

242 Hamann: Hitlers Wien, S. 46.

243 Zur Bedeutung Münchens im NS-Staat vgl. David Clay Large: Hitlers München. Aufstieg und Fall der Hauptstadt der Bewegung. München 2001.

244 Nicolaus von Below: Als Hitlers Adjutant. 1937–1945. Mainz 1980, S. 176.

245 Heesters: Ich bin gottseidank nicht mehr jung, S. 118.

246 Vgl. die Gagenanweisung des Gärtnerplatz-Theaters »für drei Festvorstellungen am Tag der Deutschen Kunst für die Rolle des Danilo zu einem dreitägigen Gastspiel«; Bayerisches Hauptstaatsarchiv München, Intendanz Bayerische Staatsoperette 485, Laufzeit 1938–1959.

247 Zum genauen Ablauf des Tages der Deutschen Kunst 1939 vgl. Robert S. Wistrich: Ein Wochenende in München. Kunst, Propaganda und Terror im Dritten Reich. Frankfurt a. M. 1996, S. 70 ff.

248 Heesters: Auch hundert Jahre sind zu kurz, S. 74.

249 Vgl. die Gagenanweisung des Gärtnerplatz-Theaters (wie Anm. 246).

250 Heesters: Es kommt auf die Sekunde an, S. 128.

251 Zitiert nach ebd., S. 128.

252 Joseph Goebbels zitiert nach Heesters: Auch hundert Jahre sind zu kurz., S. 64.

253 Heesters: Auch hundert Jahre sind zu kurz, S. 64.

254 Vgl. Anna Maria Sigmund: Die Frauen der Nazis III. München 2002, S. 283. Bei der Schwedin Kristina Söderbaum griff er zu anderen Mitteln, um ihren Weggang zu unterbinden: Als diese im August für mehrwöchige Dreharbeiten für den Film *Opfergang* (1944) nach Schweden reiste, untersagte Goebbels es ihr, ihr fünfjähriges Kind mitzunehmen. Vgl. Wulf: Kultur im Dritten Reich. Bd. 4: Theater und Film, S. 341.

255 Bundesarchiv Berlin, Berlin-Document-Center (RKK), Personenakte Johannes Heesters, Fragebogen und Beitrittserklärung zur Reichsfilmkammer, 21. 12. 1936.

256 Bundesarchiv Berlin, Berlin-Document-Center (RKK), Personenakte Johannes Heesters, Schreiben der Ufa-Film GmbH, an die Reichsfachschaft Film, 11. 8. 1936.

257 Vgl. Bundesarchiv Berlin, Berlin-Document-Center (RKK), Personenakte Johannes Heesters, Schreiben der Amtlichen Verrechnungsstelle Berlin an die Reichstheaterkammer, Abteilung Ausländerverpflichtungen, 26. 5. 1944.

258 Krützen: Hans Albers, S. 122.

259 Alle Angaben zu den Gagen Heesters' gemäß Bundesarchiv Berlin, Berlin-Document-Center (RKK), Personenakte Johannes Heesters.

260 Vgl. Bundesarchiv-Filmarchiv, Berlin, R 109 I/1032b, S. 18, Niederschrift Nr. 1268 vom 3. 11. 1937.

261 Joseph Wulf: Kultur im Dritten Reich. Eine Dokumentation, Bd. 4: Theater und Film, S. 345.

262 Bundesarchiv Berlin, Berlin-Document-Center (RKK), Personenakte Johannes Heesters, Gutachten der Reichsfilmkammer vom 16. 4. 1942.

263 Bundesarchiv Berlin, Berlin-Document-Center (RKK), Personenakte Johannes Heesters, Schreiben der Reichsfilmkammer Berlin, 16. 12. 1942.

264 Bundesarchiv Berlin, Berlin-Document-Center (RKK), Personenakte Johannes Heesters, Schreiben des Sondertreuhänders der Arbeit für die kulturschaffenden Berufe an die Berlin-Film GmbH, 16. 6. 1942.

265 Ab August 1941 bekleidete Hans Hinkel diesen Posten.

266 Bundesarchiv Berlin, Berlin-Document-Center (RKK), Personenakte Johannes Heesters, Schreiben der Reichsfilmkammer an den Produktionschef der Terra-Filmkunst vom 13. 9. 1944.

267 Summen nach Albrecht: Nationalsozialistische Filmpolitik, S. 408.

268 Bundesarchiv Berlin, R 55 / 20156a, Bl. 597, Schreiben von Johannes Heesters an Propagandaminister Goebbels, 2. 12. 1942.

269 Drewniak: Das Theater im NS-Staat, S. 151.

270 Ebd., S. 155.

271 Bundesarchiv Berlin, R 55/20156a, Bl. 593, Schreiben Heinz Hentschkes an das Reichsministerium für Volksaufklärung und Propaganda, 6. 1. 1943.

272 *Der lächelnde Attaché* wurde nicht oder unter einem gänzlich anderen Titel verfilmt. *Kollege kommt gleich* wurde schließlich ohne Heesters realisiert, Albert Matterstock, Wilhelm Bendow und Carola Höhn spielen in ihm.

273 Vgl. Bundesarchiv Berlin, R 55/20156a, Bl. 591, Schreiben der Abteilung T des Reichsministeriums für Volksaufklärung und Propaganda an Staatssekretär Hinkel, 20. 8. 1942.

274 Bundesarchiv Berlin, R 55/20156a.

275 Bundesarchiv Berlin, R 55/20156a, Bl. 583, Schreiben vom 6. 12. 1942 (Durchschrift ohne Briefkopf, ohne Unterschrift).

276 Bundesarchiv Berlin, R 55/20156a, Bl. 583, Schreiben des Reichsministeriums für Volksaufklärung und Propaganda an Johannes Heesters, 10. 3. 1942.

277 Bundesarchiv Berlin, R 55/20156a, Bl. 597, Schreiben von Johannes Heesters an Propagandaminister Goebbels, 2. 12. 1942.

278 Bundesarchiv Berlin, R 55/20156a, Bl. 603, Schreiben von Propagandaminister Goebbels an Johannes Heesters, 8. 12. 1942

279 Bundesarchiv Berlin, R 55/20156a, Bl. 602, Schreiben der Abteilung T des Reichsministeriums für Volksaufklärung und Propaganda an Propagandaminister Goebbels, 7. 12. 1942.

280 Bundesarchiv Berlin, R 55/20156a, Bl. 605, Aktenvermerk der Abteilung T des Reichsministeriums für Volksaufklärung und Propaganda, 8. 12. 1942.

281 Bundesarchiv Berlin, R 55/20156a, Bl. 593, Schreiben von Schlösser an Propagandaminister Goebbels, 17. 12. 1942.

282 Bundesarchiv Berlin, R 55/20156a, Bl. 619, Schreiben des Reichsfilmintendanten an Minister Goebbels, 10. 4. 1943.

283 Heesters: Es kommt auf die Sekunde an, S. 158.

284 Heesters: Ich bin gottseidank nicht mehr jung, S. 138. Heesters spricht hier zwar von »der Villa«, meint aber die Wohnung in der Hubertusbaderstraße, was mit einer Gewohnheit der holländischen Sprache zusammenhängt, denn in Holland bekommt jede Wohnung zusätzlich zur Hausnummer noch eine eigene Nummer, so als ob es sich um ein eigenständiges Gebäude handele.

285 Für diesen Hinweis danke ich Wiesje Herold-Heesters, 18. 5. 2003.

286 Fritz Hirsch, Konditorsohn aus Mannheim, hatte zuerst in Laiengruppen Theater gespielt und versucht, die bürgerliche mit der künstlerischen Existenz zu verbinden, bis er sich entschloß, ganz zum Theater zu gehen. Über viele Stationen in der Provinz, etwa Stendal und Königsberg, war er ans Thalia-Theater und ans Stadttheater nach Hamburg gekommen und war dann, nachdem er als Soldat am Ersten Weltkrieg teilgenommen hatte, nach Berlin gewechselt. Wie Heesters war er sowohl am Sprechtheater wie in Operetten aufgetreten.

287 Andreas Oettel: Fritz Hirsch. Ein deutscher Operettenkönig in den Niederlanden. In: Exil. Forschung. Erkenntnisse. Ergebnisse. Band: Exil 1933–1945. Nr. 2/1998, S. 27. Für wertvolle Hinweise in Sachen Fritz Hirsch danke ich Andreas Oettel sehr herzlich.

288 Heesters: Ich bin gottseidank nicht mehr jung, S. 99.

289 Het Volk, März 1938, zitiert nach ebd., S. 99.

290 Heesters: Auch hundert Jahre sind zu kurz, S. 62.

291 Nur am Theater des Jüdischen Kulturbundes durfte die Operette noch gespielt werden. So gab es noch im Sommer 1939 in Berlin eine

äußerst erfolgreiche Aufführung der *Gräfin Mariza* – von Juden für Juden.

292 Bundesarchiv Berlin, Berlin-Document-Center, Personenakte Johannes Heesters, Schreiben des Propagandaministeriums (gez. Leichtenstein i. A.) an den Präsidenten der Reichsfilmkammer, Abschrift RMVP Berlin, 30. 3. 1938, Aktenzeichen V 5513/Allg./25. 3. 38/ 320–1,4.

293 Bundesarchiv Berlin, Berlin-Document-Center, Personenakte Johannes Heesters, Schreiben des Präsidenten der Reichsfilmkammer (gez. Pfenning i. A.) an das Reichspropagandaministerium, Abteilung V, Berlin, vom 4. April 1938 (Durchschlag an die Reichstheaterkammer, Abteilung II, Filmschaffen).

294 Heesters: Ich bin gottseidank nicht mehr jung, S. 99.

295 Ebd., S. 100.

296 Heesters: Auch hundert Jahre sind zu kurz, S. 64.

297 Ebd., S. 66.

298 Persönliche Auskunft Wiesje Herold-Heesters, 18. 5. 2003.

299 Meldezettel für Reisende, 13. 11. 1938 / 16. 12. 1938, Magistrat der Stadt Wien, Wiener Stadt- und Landesarchiv.

300 Zu einer anderen Auffassung kommt Ingo Schiweck: Johannes Heesters – »Ich bin Holländer!« Biographische Skizze eines vergötterten und verfemten niederländischen Künstlers in Deutschland. In: Jahrbuch 2001 des Zentrums für Niederlande-Studien an der Universität Münster. Münster 2001, S. 105 ff.

301 In allen drei Memoirenfassungen bleibt das Ereignis undatiert, es wird jeweils nur berichtet, daß es nach einer Aufführung der *Lustigen Witwe* in München stattgefunden habe. Fälschlicherweise ging man lange Zeit davon aus, daß das Ereignis mit dem Tag der Deutschen Kunst in München in Zusammenhang zu bringen ist, weil sich sonst die Anwesenheit der gesamten NS-Führung kaum erklären ließ. Auf Nachfrage bestätigte Heesters jedoch ausdrücklich, daß das Ereignis vorher stattfand (Für die Auskünfte in dieser Angelegenheit danke ich Beatrix Ross, 23. 6. 2003). Aufgrund der Anwesenheit von Heß, Göring und Goebbels kann man mit großer Wahrscheinlichkeit davon ausgehen, daß die erneute Begegnung mit Hitler nach der Karnevalsaufführung der *Lustigen Witwe* am 21. Februar 1939 stattfand.

302 Vgl. Heesters: Auch hundert Jahre sind zu kurz, S. 77.

303 Tagebucheintrag Joseph Goebbels vom 30. 12. 1938, zitiert nach Möller: Der Filmminister, S. 199.

304 Vgl. Bundesarchiv-Filmarchiv, Berlin, R 109 I/1032b, S. 192, Niederschrift Nr. 1335/11 vom 11. 10. 1938.

305 Hugo Fetting, Klaus Hermsdorf: Exil in den Niederlanden. In: Kunst und Literatur im antifaschistischen Exil 1933–1945, Band 6 (Exil in den Niederlanden und in Spanien), Leipzig 1981, S. 66.

306 Vgl. Heesters: Auch hundert Jahre sind zu kurz, S. 96.
307 Persönliche Auskunft Wiesje Herold-Heesters, 25. 6. 2003.
308 Heesters: Auch hundert Jahre sind zu kurz, S. 97.
309 Heesters: Es kommt auf die Sekunde an, S. 137.
310 Heesters: Auch hundert Jahre sind zu kurz, S. 98.
311 Ebd.
312 Vgl. Egon Erwin Kisch: Mein Leben für die Zeitung 1926–1947. In: ders.: Gesammelte Werke, Bd. 10. Berlin, Weimar 1983, S. 320 ff.
313 Heesters: Auch hundert Jahre sind zu kurz, S. 99. Hinkel war damals im Range eines Ministerialdirektors ein führender Beamter der Reichskulturkammer und fungierte als Leiter der Abteilung für besondere Kulturaufgaben, erst am 1. 4. 1944 ernannte Goebbels ihn zum Reichsfilmintendanten.
314 Heesters: Auch hundert Jahre sind zu kurz, S. 99.
315 Die Genfer Konventionen besagen: »Kriegsparteien und neutrale Staaten haben die Möglichkeit, Personen aus Staaten, die am Konflikt beteiligt sind, in Lagern zu internieren«; vgl. Genfer Konventionen, Art. 21 I GA III; Art 41; Art. 78; Art 79 GA IV.
316 Heesters: Ich bin gottseidank nicht mehr jung, S. 146.
317 Heesters: Es kommt auf die Sekunde an, S. 138.
318 Heesters: Ich bin gottseidank nicht mehr jung, S. 122.
319 Heesters: Auch hundert Jahre sind zu kurz, S. 100.
320 Vgl. Ben Albach: Weerklank van het Duitse toneel in Nederland. In: Berlijn – Amsterdam 1920–1940. Wisselwerkingen, Amsterdam 1982, S. 152.
321 Über das »Polizeiliche Durchgangslager Amersfoort« informiert die Internetseite www.kampamersfoort.nl. Hier finden sich auch weiterführende Literaturhinweise über die Geschichte des Lagers.
322 Karl Peter Berg wurde nach der Befreiung von der deutschen Besatzung in den Niederlanden der Prozeß gemacht. Er wurde 1948 zum Tode verurteilt und ein Jahr später hingerichtet. Joseph Johann Kotälla wurde zunächst ebenfalls zum Tode verurteilt, starb dann jedoch in Haft, nachdem das Todesurteil in lebenslange Freiheitsstrafe umgewandelt worden war. Auch den übrigen Aufsehern des Lagers Amersfoort wurde nach 1945 der Prozeß gemacht. Sie wurden zu Freiheitsstrafen verurteilt und dann nach Deutschland abgeschoben. Das ehemalige Lager der Nazis in Amersfoort ist heute eine Gedenkstätte.
323 Vgl. Walter Huder: Theater aus Deutschland im niederländischen Exil. In: Dittrich, Würzner (Hrsg.): Die Niederlande und das deutsche Exil 1933–1940, S. 169.
324 Hans Margules zitiert nach Daiber: Schaufenster der Diktatur, S. 323.
325 Berger: Wir sind vom gleichen Stoff, aus dem die Träume sind, S. 379.
326 Lediglich der in Hirschs Geburtsstadt herausgegebene Mannheimer Morgen erinnerte am 28. Januar 1995 in seinem Artikel *Fritz Hirsch:*

Konditor aus Mannheim und erfolgreicher Theatermann an den Sohn der Stadt.

327 Heesters: Auch hundert Jahre sind zu kurz, S. 174.

328 Benz: Geschichte des Dritten Reichs, S. 114.

329 Large: Hitlers München, S. 306.

330 Im Juli 1936 entstand das KZ Sachsenhausen bei Oranienburg, im Juli 1937 das KZ Buchenwald bei Weimar, im Mai 1938 das KZ Flossenbürg in der Oberpfalz, im Herbst 1938 das KZ Neuengamme bei Hamburg und im Mai 1939 das Frauen-KZ Ravensbrück nördlich von Berlin. Nach dem »Anschluß« im März 1938 kam auf österreichischem Gebiet noch das KZ Mauthausen bei Linz hinzu, das wegen seiner besonders harten Haftbedingungen traurige Berühmtheit erlangte. Alle diese Lager wurden nach dem Vorbild Dachau errichtet.

331 In Dachau war neben anderen der Kabarettist Fritz Grünbaum interniert. Auch hier spielte er Theater, zog von Baracke zu Baracke, um die Mitgefangenen mit Sketchen zu unterhalten. Zeitweise wurde er von zwei ebenfalls in Dachau internierten Kollegen aus Wien unterstützt, von Hermann Leopoldi und Paul Morgan, dem Librettisten von *Axel an der Himmelstür*. Doch die gemeinsamen Theaterauftritte fanden schon bald ihr Ende: Paul Morgan wurde ins Lager Buchenwald gebracht, wo er kurze Zeit später an den Folgen einer Lungenentzündung starb, die er sich beim Strafexerzieren in eisiger Kälte zugezogen hatte. Hermann Leopoldi hingegen kam wie durch ein Wunder frei und konnte nach Amerika ausreisen. Fritz Grünbaum starb Anfang 1941 in Dachau – wenige Monate vor dem Besuch seiner Schauspielerkollegen vom Gärtnerplatz-Theater.

332 Fritz Fischer, von dem trotz seiner NSDAP-Mitgliedschaft intern bekannt war, daß er mit den Nazis und speziell mit dem Rassenhaß (er selbst konnte keinen vollständigen »Ariernachweis« vorlegen) wenig anzufangen wußte, der sich für Verfolgte des NS-Regimes einsetzte (für diesbezügliche Auskünfte danke ich sehr herzlich Antje Barsotti-Thoms, 20. 6. 2003), und der bei der Gestapo und der SS, die ihn überwachten, als politisch und moralisch unzuverlässig galt, hatte sich offensichtlich zeitweilig mit seinem Gönner, dem Münchner Gauleiter Adolf Wagner, überworfen, denn von August 1940 bis zum Mai 1941 wurde er an die Front strafversetzt. Die Leitung des Gärtnerplatz-Theaters war in dieser Zeit interimistisch dem Operndirektor Rudolf Hartmann übertragen worden. Vgl. Einhundert Jahre Theater am Gärtnerplatz München. München 1965, S. 27. Zum Verhältnis von Fritz Fischer und Adolf Wagner vgl. auch: Klaus Kieser: Das Gärtnerplatztheater in München 1932–1944. Zur Operette im Nationalsozialismus. Frankfurt a. M. u. a., 1991.

333 Für die Auskünfte in dieser Angelegenheit danke ich sehr herzlich Prof. Hans Landauer, Wien, der von 1941 bis zur Befreiung des

Lagers 1945 als Häftling in der Porzellanmanufaktur Dachau arbeitete; vgl. auch Gabriele Huber: Die Porzellanmanufaktur Allach-München. Marburg 1992. Zu dem Besuch von Heesters kann Landauer keine Auskunft geben, da er erst zwei Wochen später, am 6. Juni 1941, nach Dachau kam.

334 Heesters konstatierte in einem Interview im Jahr 1988, »das Gefangenenorchester habe ausgezeichnet gespielt«; vgl. Süddeutsche Zeitung, 2. 12. 1988.

335 Heesters: Es kommt auf die Sekunde an, S. 168.

336 Daiber: Schaufenster der Diktatur, S. 324. Vgl. hierzu auch z. B. Anita Lasker-Wallfisch: Ihr sollt die Wahrheit erben. Die Cellistin von Auschwitz. Erinnerungen. Reinbek 2000

337 Rökk: Herz mit Paprika, S. 190.

338 Georgia van der Rohe: La donna è mobile. Mein bedingungsloses Leben. 2. Aufl. Berlin 2002, S. 103 f.

339 Vgl. hierzu Daiber: Schaufenster der Diktatur, S. 324.

340 Für diesen Hinweis danke ich Dr. Gerd Albrecht, Köln, 20. 6. 2003.

341 Für diesen Hinweis danke ich sehr herzlich Ulrich Liebe, der an einer Publikation schreibt, für die er sämtliche je in Deutschland veröffentlichten Schauspieler-Memoiren ausgewertet hat.

342 Besuche des Roten Kreuzes in Dachau fanden etwa im Oktober 1935, am 19. 8. 1938 und im März 1944 statt. Nach der Erinnerung ehemaliger Häftlinge muß es jedoch noch weitere gegeben haben, die sich zeitlich nicht mehr rekonstruieren lassen. Dank an Albert Knoll, KZ-Gedenkstätte Dachau, 27. 6. 2003.

343 Für diesen Hinweis danke ich sehr herzlich Albert Knoll, KZ-Gedenkstätte Dachau.

344 Heesters: Auch hundert Jahre sind zu kurz, S. 174.

345 Auch der Hinweis von Heesters, daß ein »Soldat mit einer Privatbox« den Dachau-Besuch photographiert hatte, daß also kein professioneller Photograph bestellt worden war, belegt, daß von Anfang an nicht beabsichtigt war, die Bilder für Propagandazwecke einzusetzen.

346 Für diese Auskunft danke ich Albert Knoll, KZ-Gedenkstätte Dachau, 27. 6. 2003.

347 Für diese Auskünfte zu den Erinnerungen Erika Neins danke ich sehr herzlich Antje Barsotti-Thoms, 24. 6. 2003. Auch die Schauspielerin Anita Storch bestätigte, daß Heesters in Dachau gesungen habe. Für diese Auskunft danke ich sehr herzlich Melissa Müller, 5. 8. 2003.

348 Der Journalist Volker Kühn sprach am 18. Mai 1990 mit Mateka und zeichnete das Gespräch auf Video auf, in dem Gespräch ging es Kühn eigentlich um das »kulturelle Leben« in Dachau, nur nebenbei fragte er Mateka, ob er etwas über Heesters' Dachau-Besuch wisse, so daß diese Passage bisher unveröffentlicht blieb. Was verwundert ist, daß Mateka sich erinnert, der Auftritt Heesters' habe nachts stattgefun-

den, zwei SS-Männer hätten ihn im Dunkeln vom Häftlingslager in das Theater eskortiert – damit kollidiert die Aussage mit der wahrscheinlicheren Variante, daß der Auftritt am 21. Mai 1941 in den Nachmittagstunden stattgefunden hat. Stimmt die Erinnerung Viktor Matekas, würde dies für die Spekulation sprechen, daß es eventuell noch weitere Heesters-Besuche in Dachau gegeben hat. Das behauptete zumindest die 1984 verstorbene Witwe des Dachau-Kommandanten Martin Gottfried Weiß, der das Lager als Nachfolger von Piorkowski in den Jahren 1942 und 1943 leitete, gegenüber dem SZ-Journalisten Hans-Günter Richardi. Direkte Belege hierfür lassen sich nicht finden. Erstmals veröffentlicht wurde diese Behauptung am 10. 12. 1993 in der niederländischen Zeitung »De Volkskrant«. Für die Auskünfte in dieser Angelegenheit danke ich sehr herzlich Volker Kühn, 21. 7. 2003, und Hans-Günter Richardi, 28. 7. 2003.

349 Persönliche Auskunft Johannes Heesters, 27. 7. 2003.

350 Es existiert lediglich ein Photo, das die Sänger (Heesters ist nicht zu sehen) im Frack und Mitglieder des Orchesters in weißen Sakkos zeigt, aber auch hierbei handelt es sich noch nicht um eine Bühnen- oder Auftrittssituation.

351 In sämtlichen Archiven finden sich nur Kopien dieser Widmung, die von Jules Huf zur Verfügung gestellt wurden, der Verbleib des Originals ist unbekannt. Für Auskunft in dieser Angelegenheit danke ich Dr. Elisabeth Klamper, Dokumentationsarchiv des Österreichischen Widerstands, 12. 3. 2003. Im Nazi-Jargon war damals die Abkürzung »K. L.« für Konzentrationslager üblich. Die im Volksmund verbreitete Abkürzung KZ setzte sich erst in der Nachkriegszeit durch.

352 Persönliche Auskunft Wiesje Herold-Heesters, 25. 6. 2003.

353 So etwa Jules Huf: Na veertig Jaar, in: Katholieke Illustratie, Nr. 51, Dezember 1959 oder etwa Jules Huf: De melodieën waarmee Heesters naam maakte, in: De Telegraaf, 2. 3. 1963.

354 Unzählige Dokumente und Photographien im Privatarchiv Heesters sind auf der Rückseite von Jules Huf beschriftet worden. Persönliche Auskunft von Simone Rethel-Heesters, 19. 7. 2003.

355 Persönliche Auskunft Wiesje Herold-Heesters, 25. 6. 2003

356 Willibald Eser schrieb 1977 einen Brief an Jules Huf: »[Eser] hat mir H. Teilnahme daran schriftlich bestätigt. Und vier Seiten lang bekniet die Sache auf sich beruhen zu lassen, da beide vorhatten die Angelegenheit Dachau aus dem Buch herauszuhalten. Ich habe das verweigert«; Schreiben Jules Hufs an den Autor, 11. 7. 2003. Für Auskünfte in dieser Angelegenheit danke ich sehr herzlich Melissa Müller, 5. 8. 2003, der der Brief von Eser an Huf vorliegt.

357 Schreiben Jules Hufs an Beatrix Ross, 13. 12. 2002. Für die Überlassung des Schreibens danke ich sehr herzlich Beatrix Ross und Simone Rethel-Heesters. In den unveröffentlicht gebliebenen Memoiren von

Fritz Fischer finden sich keinerlei Angaben zu der Heesters-Dachau-Episode. Für diese Auskunft danke ich sehr herzlich Melissa Müller, 23. 7. 2003. Das Gespräch mit Fritz Fischer fand am 23. 10. 1977 statt, persönliche Auskunft von Jules Huf, 11. 7. 2003.

358 Auf Nachfrage, wie er in den Besitz der Photos gekommen sei, weigert Jules Huf sich bis heute Auskunft zu geben. Weder Fischers Witwe Lilian noch dessen Sohn erinnerten sich später daran, ob Fritz Fischer im Besitz des besagten Albums war und ob er es 1977 an Jules Huf weitergegeben hat. Für diese Auskunft danke ich sehr herzlich Melissa Müller, 27. 6. 2003. Auf Nachfragen, wo sich die Originale befinden, gibt Huf zwar zu, das Album als solches nicht zu besitzen, auf weitere Nachfragen nach der Provenienz der Photos reagiert er jedoch aufbrausend. Persönliche Auskunft von Melissa Müller, 5. 8. 2003 und von Volker Kühn, 21. 7. 2003. Die gleichen Erfahrungen machte auch Ingo Schiweck, als er Huf auf die Bilder ansprach, weswegen er zu dem Schluß kommt: »Solange er jedoch nicht offen mit seinen Quellen verfährt, muß der Grundsatz gelten: ›Im Zweifel für den Angeklagten‹«; vgl. Ingo Schiweck: Johannes Heesters – »Ich bin Holländer!«, S. 105 ff. Dank an Ingo Schiweck, 7. 8. 2003.

359 In einem Telefongespräch mit dem ORF-Journalisten Helge Reindl bestätigte Jules Huf am 24. 6. 2003, daß er es war, der »damals die ganzen Schweinereien« seines Landsmannes Heesters »aufgedeckt« habe. Für den Hinweis danke ich Helge Reindl sehr herzlich.

360 Auf Nachfrage beim Profil, Wien, nach besagtem Artikel und den dort veröffentlichten Photos nahm die Redaktion Kontakt mit Jules Huf auf. Telefonat mit Profil, 22. 7. 2003.

361 Profil, Nr. 5, 31. 1. 1978.

362 Da Huf damals die Photos lancierte und vermutlich auch Verfasser des Artikels im Profil war, war wahrscheinlich er es, der damals die Behauptung aufstellte, Heesters sei im Häftlingslager selbst, begleitet von einer polnischen Häftlingskapelle aufgetreten, und der das besagte Photo zur Bebilderung dieser Behauptung abdrucken ließ. Heute erklärt er, daß es sich damals lediglich um einen »Irrtum in einigen Medien im Jahre 1978« gehandelt habe; Schreiben Jules Hufs an den Autor, 11. 7. 2003. Wie mir Volker Kühn bestätigte, hat Huf auch ihn 1978 gedrängt, die Dachau-Photos zu veröffentlichen. Kühn hatte damals den Abdruck der Photos verweigert, weil Huf keine Auskunft über deren Provenienz geben wollte und zudem viel Geld für den Abdruck der Photos verlangt habe. Persönliche Auskunft Volker Kühn, 21. 7. 2003.

363 Profil, Nr. 5, 31. 1. 1978.

364 Auch noch im Jahr 2000, als ein Artikel in der österreichischen Zeitschrift »Format« (Nr. 49/2000, S. 163 f.) unter dem Titel »Der vergeßliche Holländer« Heesters erneut Vorhaltungen machte, den Auf-

tritt in Dachau verschwiegen zu haben, war es wiederum die »National-Zeitung«, die auf ihrer Titelseite vom »Rache-Feldzug gegen Heesters« berichtete; vgl. National-Zeitung, 15. 12. 2000, S. 1 und S. 15.

365 Bundesarchiv Berlin, Berlin-Document-Center (RKK), Personenakte Johannes Heesters, Eintrag vom 20. 2. 1979.

366 Vgl. Profil, Nr. 5, 31. 1. 1978

367 Persönliche Auskunft Wiesje Herold-Heesters, 25. 6. 2003.

368 Heesters: Auch hundert Jahre sind zu kurz, S. 175.

369 Schreiben Jules Hufs an Beatrix Ross, 13. 12. 2002. Für die Überlassung des Schreibens danke ich sehr herzlich Beatrix Ross und Simone Rethel-Heesters. Dies behauptete er auch gegenüber Ingo Schiweck, vgl. Schiweck: Johannes Heesters – »Ich bin Holländer«, S. 128. Dank für die persönliche Auskunft an Ingo Schiweck, 7. 8. 2003.

370 Dies bestätigte Jules Huf am 24. 6. 2003 im Telefongespräch mit dem ORF-Journalisten Helge Reindl. Für den Hinweis danke ich Helge Reindl sehr herzlich.

371 Heesters: Auch hundert Jahre sind zu kurz, S. 174. Nur ein einziges Mal wurde Heesters mit dem Satz zitiert: »Ja, ich habe dort gesungen!«, in einem Artikel von Eckard Presler: Ich will mit Petrus Champagner trinken, in: Berliner Zeitung, 4. 12. 1993. Den Satz selbst sprach Heesters jedoch im Gespräch mit dem Journalisten nicht aus, er ließ vielmehr die Behauptung von Presler unwidersprochen im Raum stehen, ein Dementi zu dieser Aussage ließ Heesters jedoch nie veröffentlichen. Für persönliche Auskünfte hierzu danke ich sehr herzlich Eckard Presler, 25. 7. 2003.

372 Vgl. Kieser: Das Gärtnerplatztheater in München 1932–1944.

373 Heesters: Es kommt auf die Sekunde an, S. 168.

374 Vgl. Krützen: Hans Albers, S. 239 ff.

375 Joseph Goebbels zitiert nach Karsten Witte: Film im Nationalsozialismus. Blendung und Überblendung. In: Jacobsen, Kaes, Prinzler (Hrsg.): Geschichte des deutschen Films, S. 146.

376 Vgl. Jörg Friedrich: Der Brand. Deutschland im Bombenkrieg 1940–1945. 9. Aufl. München 2002, S. 478.

377 Rabenalt: Film im Zwielicht, S. 80.

378 Heesters: Auch hundert Jahre sind zu kurz, S. 115.

379 Ebd., S. 87.

380 Ebd.

381 Heesters: Es kommt auf die Sekunde an, S. 122.

382 Ebd., S. 88.

383 Drewniak: Das Theater im NS-Staat, S. 46.

384 Wilhelm Zentner: München münchnerischstes Theater. In: Einhundert Jahre Theater am Gärtnerplatz München, S. 81.

385 Kritik von Richard Würz zu *Die Fledermaus* am Theater am Gärtnerplatz, München, Veröffentlichungsort unbekannt (Quelle: Kriti-

kenbestand der Theaterwissenschaftlichen Sammlung der Universität Köln), 21. 1. 1940.

386 Die Entscheidung für jeweils 33 Bilder ist nichts typisch Revuehaftes, sondern sollte schlicht und einfach die Handschrift und Urheberschaft Fritz Fischers demonstrieren.

387 Bredehöft: Der Verfall der Operette, S. 86.

388 Hermann Friess: Achtzig Jahre Krisen und Erfolge. Aus der wechselvollen Geschichte des Theaters am Gärtnerplatz zwischen 1865 und 1945. In: Einhundert Jahre Theater am Gärtnerplatz München, S. 27.

389 Zitiert nach ebd.

390 Zur Geschichte des Gärtnerplatz-Theaters vgl. Hellmuth Matiasek: Münchens andere Oper. Geschichte des Gärtnerplatztheaters. In: August Everding (Hrsg.): Leuchtendes München. Hauptstadt der Musik. Eine Hommage an die Musik und das Musiktheater. Wien 1990, S. 42–48, Einhundert Jahre Theater am Gärtnerplatz München. München 1965, sowie Rendezvous im Rampenlicht. Das Gärtnerplatztheater in München. Hrsg. vom Aktionskreis Gärtnerplatztheater der Freunde des Nationaltheaters e. V., München 1979.

391 Everding (Hrsg.): Leuchtendes München. Hauptstadt der Musik.

392 Zitiert nach Rendezvous im Rampenlicht, S. 22.

393 Wiesje Heesters in Heesters: Ich bin gottseidank nicht mehr jung, S. 45.

394 In der Fritz-Fischer-Inszenierung in München spielte Heesters den Gabriel von Eisenstein, im Film *Die Fledermaus* wurde der von Johann Strauß gewählte Name in Herbert von Eisenstein umgeändert.

395 Kritik von Richard Würz zu *Die Fledermaus* am Theater am Gärtnerplatz, München, 23. 1. 1940.

396 Ebd.

397 Fritz Hennenberg: »Es muß was Wunderbares sein ...« Ralph Benatzky. Zwischen »Weißem Rößl« und Hollywood. Wien 1998, S. 208.

398 Kritik von Anton Würz zu *Meine Schwester und ich* am Theater am Gärtnerplatz, München. Veröffentlichungsort unbekannt (Quelle: Kritikenbestand der Theaterwissenschaftlichen Sammlung der Universität Köln), 10. 4. 1940.

399 Schwarberg: Dein ist mein ganzes Herz, S. 110.

400 Elke Fröhlich (Hrsg.): Die Tagebücher von Joseph Goebbels. Sämtliche Fragmente. Bd. 4, München, New York, London, Paris 1987, S. 372.

401 Heesters: Ich bin gottseidank nicht mehr jung, S. 90.

402 Franz Lehár zitiert nach ebd., S. 91.

403 Ebd.

404 Zitiert nach ebd., S. 92.

405 Kritik *Auf Wiedersehen, schöne Frau Glawari!* zu *Die lustige Witwe* am Admiralspalast, Berlin. Veröffentlichungsort unbekannt (Quelle:

Kritikenbestand der Theaterwissenschaftlichen Sammlung der Universität Köln), 27. 4. 1941.

406 Ebd.

407 Vgl. Heesters: Auch hundert Jahre sind zu kurz, S. 114.

408 Maurus Pacher in seinem Vorwort zu Oesterreicher: Emmerich Kálmán, S. 14.

409 Ines Hahn: Das Metropol-Theater. Theater als sichere Geldanlage. In: Freydank (Hrsg.): Theater als Geschäft, S. 90.

410 Horst Seeger, Ulrich Bökel: Musikstadt Berlin. Leipzig 1974, S. 70.

411 Nick: Oper und Operette im November und Dezember 1946, S. 7.

412 Heesters: Auch hundert Jahre sind zu kurz, S. 111.

413 Wobei »neu« relativ ist, denn Lehár zog hierzu, so erinnert sich Heesters, einige bereits fertig geschriebene Melodien aus der Schublade, die dann in die Berliner Neueinstudierung des *Grafen von Luxemburg* eingefügt wurden; vgl. ebd.

414 Kritik von Franz Köppen zu *Der Graf von Luxemburg* am Metropol-Theater Berlin, Veröffentlichungsort unbekannt (Quelle: Kritikenbestand der Theaterwissenschaftlichen Sammlung der Universität Köln), 17. 12. 1941.

415 Kritik von Harry E. Weinschenk zu *Der Graf von Luxemburg* am Metropol-Theater, Berlin, Veröffentlichungsort unbekannt (Quelle: Kritikenbestand der Theaterwissenschaftlichen Sammlung der Universität Köln), 17. 12. 1941.

416 Ebd.

417 Kritik von Gerhard Schultze zu *Der Graf von Luxemburg* am Metropol-Theater Berlin, in: Völkischer Beobachter, 17. 12. 1941.

418 Ebd.

419 Kritik von Harry E. Weinschenk zu *Der Graf von Luxemburg* am Metropol-Theater Berlin, 17. 12. 1941.

420 Daiber: Schaufenster der Diktatur, S. 333.

421 Für diesen Hinweis danke ich sehr herzlich Renate Brausewetter.

422 Selbst ein Schauspieler wie Hans Brausewetter, der 1939 von Hitler mit dem Titel »Staatsschauspieler« bedacht worden war, wurde nicht in die »Gottbegnadeten-Liste« aufgenommen. Nur mit größter Mühe und Dank der Unterstützung Heinz Rühmanns gelang es ihm, sich dem Einzug zum »Volkssturm« zur Verteidigung Berlins zu entziehen.

423 Heesters: Ich bin gottseidank nicht mehr jung, S. 148.

424 Heesters: Auch hundert Jahre sind zu kurz, S. 91.

425 Vgl. Theuerkauf: Goebbels' Filmerbe, S. 23.

426 Heesters: Ich bin gottseidank nicht mehr jung, S. 145.

427 Dietrich Steinbeck: Oper und Turnen. Zur Rolle des Tanzes im nationalsozialistischen Revuefilm. In: Belach (Hrsg.): Wir tanzen um die Welt, S. 61.

428 Bundesarchiv Berlin, Personenakte Viktor de Kowa (Berlin Document Center). Artikel: »Eine Plauderei mit Viktor de Kowa« von W. Hoeppener-Flatow, 1939, Veröffentlichungsort unbekannt.
429 Für Heesters Behauptung, daß Goebbels versucht habe, ihn in Uniformrollen einzusetzen, finden sich in den überlieferten Akten der Reichsfilmkammer keine Belege.
430 Heesters: Ich bin gottseidank nicht mehr jung, S. 127.
431 Es handelte sich bei Lingens Ehefrau um Marianne Zoff, die ehemalige Frau Bertolt Brechts.
432 Bundesarchiv Berlin, NS 15, Nr. 35, Schreiben vom 4. 3. 1937.
433 Heesters: Ich bin gottseidank nicht mehr jung, S. 140.
434 Hans Moser zitiert nach ebd., S. 137.
435 Kramer, Prucha: Film im Lauf der Zeit, S. 126.
436 Heesters: Auch hundert Jahre sind zu kurz, S. 103.
437 Heesters: Ich bin gottseidank nicht mehr jung, S. 128.
438 Filmwoche, Nr. 1/2, 1942, S. 11.
439 Heesters: Ich bin gottseidank nicht mehr jung, S. 128.
440 Heesters: Auch hundert Jahre sind zu kurz, S. 106.
441 Ebd., S. 148.
442 Heesters: Ich bin gottseidank nicht mehr jung, S. 133.
443 Kritik »Die neue Fledermaus«, Veröffentlichungsort unbekannt (Quelle: Kritikenbestand des Filmmuseum, Berlin), 14. 9. 1946.
444 Wiesbadener Tagblatt, 24. 10. 1949.
445 Cziffra: Kauf Dir einen bunten Luftballon, S. 296.
446 Heesters: Auch hundert Jahre sind zu kurz, S. 138.
447 Heesters: Ich bin gottseidank nicht mehr jung, S. 146.
448 Ebd., S. 149.
449 Persönliche Auskunft Wiesje Herold-Heesters 18. 5. 2003.
450 Persönliche Auskunft Wiesje Herold-Heesters, 25. 6. 2003.
451 Für die Auskünfte zur Geschichte des von Heesters gemieteten Hauses danke ich sehr herzlich den heutigen Besitzern, deren Großvater das Haus 1952 von Minna Blau erwarb, Herrn und Frau Willfort, München.
452 Heesters: Ich bin gottseidank nicht mehr jung, S. 149 f.
453 Persönliche Auskunft Wiesje Herold-Heesters, 18. 5. 2003.
454 Bundesarchiv Berlin, Berlin-Document-Center (RKK), Personenakte Johannes Heesters, Laufakte Johannes Heesters, Eintrag vom 18. 10. 1944.
455 Die Dreharbeiten für den Terra-Streifen *Die tolle Susanne* begannen im Januar 1945 in Prag, Regie führte Geza von Bolvary, die engagierten Schauspieler waren Marte Harell, Siegfried Breuer, Willy Fritsch, Mady Rahl, Wilhelm Bendow und Hans Brausewetter. Nachdem ein Viertel des Films abgedreht war, mußten die Dreharbeiten kriegsbedingt eingestellt werden. Der Film wurde nie vollendet.

456 Heesters: Ich bin gottseidank nicht mehr jung, S. 149.
457 Ebd., S. 151.
458 Dr. Walter Müller-Görne, Propagandaministerium, an Hans Hinkel, Schreiben vom 9. 1. 1945, zitiert nach Wulf: Kultur im Dritten Reich. Bd. 4: Theater und Film, S. 357.
459 Heesters: Ich bin gottseidank nicht mehr jung, S. 152.
460 Bekanntmachung »Die Beschränkung des Reiseverkehrs« in: Deutsche Allgemeine Zeitung, 21. 1. 1945.
461 Wann genau Heesters diesen Auftritt absolvierte, läßt sich nicht mehr klären: Aufzeichnungen oder Produktionsunterlagen hierzu lassen sich nicht mehr finden, und Rundfunkzeitschriften wurden zu diesem Zeitpunkt bereits nicht mehr gedruckt. Für diesbezügliche Auskünfte danke ich sehr herzlich Andreas Rühle vom Deutschen Rundfunkarchiv Frankfurt a. M., 25. 6. 2003.
462 Heesters: Ich bin gottseidank nicht mehr jung, S. 151.
463 Persönliche Auskunft Wiesje Herold-Heesters, 18. 5. 2003.
464 Paul Kemp zitiert nach Heesters: Ich bin gottseidank nicht mehr jung, S. 162.
465 Zitiert nach ebd.
466 ebd.
467 Heesters: Auch hundert Jahre sind zu kurz, S. 168.
469 Herbert Kohlich: Rundschau im Kunstleben. In: Die Bastei, 1. Jg., Heft 1, 1946, S. 45.
469 Esther Rethy in Heesters: Ich bin gottseidank nicht mehr jung, S. 266.
470 Heesters: Auch hundert Jahre sind zu kurz, S. 166.
471 Vgl. Bundesarchiv Berlin, Berlin-Document-Center (RKK), Personenakte Johannes Heesters, Eintrag vom 8. 3. 1946.
472 Die Presse, Wien, 7. 1. 1948.
473 Heesters: Auch hundert Jahre sind zu kurz, S. 168.
474 Heesters: Ich bin gottseidank nicht mehr jung, S. 226.
475 Vgl. Anton Bauer: Das Theater in der Josefstadt zu Wien. Wien, München 1957.
476 Persönliche Auskunft von Aglaja Schmid, 7. 3. 2003.
477 Neues Österreich, August 1948, zitiert nach Heesters: Auch hundert Jahre sind zu kurz, S. 182.
478 Heesters: Ich bin gottseidank nicht mehr jung, S. 240.

Teil III

1 Im Rollenverzeichnis seiner Memoiren wird der Eindruck erweckt, daß Heesters im Herbst 1949 in der Operette *Hochzeitsnacht im Paradies* zum ersten Mal nach Kriegsende wieder auf einer deutschen Bühne gestanden hat (vgl. Johannes Heesters: Auch hundert Jahre sind zu kurz. Die Erinnerungen. Aufgeschrieben von Beatrix Ross.

München 2002, S. 315). Bevor er in Hamburg in dieser Operette gastierte, spielte er jedoch in Nürnberg einen Monat lang den Grafen Danilo in Lehárs *Die lustige Witwe*, vgl. den Artikel »Juppie« ist wieder in Deutschland. In: Westdeutsche Rundschau, 8. 9. 1949.

2 Ebd.

3 Johannes Heesters zitiert nach ebd.

4 Johannes Heesters: Ich bin gottseidank nicht mehr jung. Aufgezeichnet von Willibald Eser. 2. Aufl. München 1993, S. 241.

5 Artikel »Heesters will frisch bleiben«, Westfalenpost, 14. 6. 1950.

6 Süddeutsche Zeitung, 31. 3. 1952.

7 Persönliche Auskunft Wiesje Herold-Heesters, 18. 5. 2003.

8 Vgl. Marika Rökk: Herz mit Paprika. Erinnerungen. Frankfurt a. M., Berlin 1991, S. 194 ff.

9 Will Quadflieg zitiert nach Barbara Panse: »Diese Künstler sind wie Kinder«. Der Reichspropagandaminister und seine besten Helfer. In: Theater heute, Heft 9, 1989, S. 17.

10 Anton Bauer, Gustav Kropatschek: 200 Jahre Theater in der Josefstadt. 1788–1988. Wien, München 1988, S. 120.

11 Münchner Abendzeitung, 12. 9. 1960.

12 Edmund Nick: Oper und Operette im November und Dezember 1946. In: Chronik der neuen Münchener Theatergeschichte. Bd. 4, München 1947, S. 8.

13 Kritik zu *Hochzeitsnacht im Paradies* im Deutschen Theater in München, N. Z., 31. 3. 1952.

14 Nach der *Lustigen Witwe* 1946 in Wien führte Heesters 1952 bei der *Hochzeitsnacht im Paradies* in Düsseldorf, 1955 bei *Meine Schwester und ich* in München und 1954 bei der Komödie *Das Lied der Taube* in Wien Regie. Dies blieben seine einzigen Ausflüge ins Regiefach.

15 Heesters: Ich bin gottseidank nicht mehr jung, S. 227. Zudem störte es Heesters, daß er, wenn er die Regie eines Stückes übernahm, letztlich nur bedingten Einfluß hatte und immer wieder Zugeständnisse notwendig waren. Forderte er etwa bestimmte Darsteller an, wurden ihm diese zunächst zugesagt, aus Zeit- oder Geldgründen gelang es dann aber letztlich oft nicht, diese zu engagieren, so daß er als Regisseur meist mit einem Ensemble arbeiten mußte, das er nicht als die Idealbesetzung für die entsprechende Inszenierung betrachtete; persönliche Auskunft Johannes Heesters, 19. 7. 2003.

16 Vgl. Rolf Lehnhardt: Tele-Lieblinge. Rommerskirchen 1978, S. 55.

17 Karl Schumann: Der Aufstieg zum Musiktheater. Wege und Wandlungen in den Jahren 1945 bis 1965. In: 100 Jahre Theater am Gärtnerplatz München. München 1965, S. 28.

18 Zur Geschichte des Hauses vgl. Deutsches Theater München. Festschrift zur Wiedereröffnung 1982. Hrsg. vom Deutschen Theater München. München 1982.

19 Ebd., S. 81.
20 Heesters spielte *Hochzeitsnacht am Paradies* etwa 1952 und 1954 am Deutschen Theater in München, 1955 im Landestheater Salzburg und 1957 im Raimund-Theater in Wien
21 Heesters: Ich bin gottseidank nicht mehr jung, S. 132.
22 Johannes Heesters zitiert nach 8 Uhr Abendblatt, München, 31. 8. 1955.
23 Anschließend spielte Heesters *Meine Schwester und ich* im Titania-Palast in Berlin, sowie 1956 noch in der Komödie im Marquardt in Stuttgart, hier an der Seite von Bruni Löbel, sowie im Raimund-Theater Wien, wo seine langjährige Bühnen- und Filmpartnerin Gretl Schörg die Prinzessin spielte. Bei einer Fernsehfassung des Lustspiels aus dem gleichen Jahr übernahm die junge Anneliese Rothenberger diese Rolle.
24 Die Presse, Wien, 19. 11. 1961.
25 Der Tagesspiegel, 28. 12. 1955.
26 Bei einem Einbruch in das Haus in der Cottagegasse wurde der Schrank stark zerstört. Mittlerweile befindet er sich im Besitz von Wiesje Herold-Heesters und wurde restauriert. Persönliche Auskunft Johannes Heesters, 19. 7. 2003.
27 Artikel »Jopie, doppelt bedacht«, Film-Revue, Veröffentlichungsdatum unbekannt (Zeitschriftenbestand des Filmmuseums Berlin), um 1958.
28 Persönliche Auskunft von Nicole Heesters, 24. 7. 2003.
29 Das Haus befand sich in einem Vorort von Brüssel, unweit des ehemaligen Geländes der Weltausstellung. Heesters verkaufte es nach dem Wegzug seiner Schwiegereltern. Persönliche Auskunft von Wiesje Herold-Heesters, 18. 5. 2003.
30 Persönliche Auskunft von Wiesje Herold-Heesters, 18. 5. 2003.
31 Wiesje-Herold-Heesters im Radio-Feature »Heut geh'n wir ins Maxime. Johannes Heesters erzählt sein Leben« von Peter Zimmermann, ORF 2002.
32 Heesters: Auch hundert Jahre sind zu kurz, S. 82.
33 Persönliche Auskunft Nicole Heesters, 24. 7. 2003.
34 Persönliche Auskunft Nicole Heesters, 24. 7. 2003.
35 Heesters: Ich bin gottseidank nicht mehr jung, S. 275.
36 Ebd., S. 170.
37 Vgl. Jürgen Trimborn: der deutsche Heimatfilm der fünfziger Jahre. Motive, Symbole und Handlungsmuster. Köln 1998.
38 Sigrid Löffler: »Was habe ich gewusst? – Nichts«. Künstler im Dritten Reich: Fragen nach der verdrängten Vergangenheit. In: Theater heute. Nr. 1, 1986, S. 9.
39 Hellmuth Karasek: Go West! Eine Biographie der 50er Jahre. Hamburg 1996, S. 237.

40 Manfred Barthel: So war es wirklich. Der deutsche Nachkriegsfilm. München, Berlin 1986, S. 46.
41 Vgl. Interpress, 14. 11. 1972.
42 Star-Revue, Oktober 1955.
43 Heesters: Ich bin gottseidank nicht mehr jung, S. 172.
44 Otto Preminger zitiert nach Süddeutsche Zeitung, 2. 12. 1988.
45 Vgl. etwa Neue Revue, Nr. 15, 3. 4. 1987, S. 46.
46 Heesters: Auch hundert Jahre sind zu kurz, S. 199 f.
47 Hamburger Echo, 27. 12. 1951.
48 Süddeutsche Zeitung, 11. 9. 1956.
49 Quick, Dezember 1953.
50 Münchner Abendzeitung, 24. 5. 1961.
51 1987 kehrte die Rökk für Peter Schamonis Film *Schloß Königswald* ein letztes Mal vor die Kameras zurück.
52 Zitiert nach Norbert Grob: Film der sechziger Jahre. Abschied von den Eltern. In: Wolfgang Jacobsen, Anton Kaes, Hans Helmut Prinzler (Hrsg.): Geschichte des deutschen Films. Stuttgart, Weimar 1993, S. 222.
53 Aachener Volkszeitung, 1. 7. 1971.
54 Barthel: So war es wirklich, S. 185: »Nicht einmal Johannes Heesters hatte so viele Operettenverfilmungen geschafft.«
55 Persönliche Auskunft Peter Alexander 3. 7. 2003.
56 Persönliche Auskunft Peter Alexander 3. 7. 2003.
57 Vgl. Heesters: Auch hundert Jahre sind zu kurz, S. 124.
58 Peter Alexander zitiert nach Heesters: Ich bin gottseidank nicht mehr jung, S. 259.
59 Marcel Prawy: Marcel Prawy erzählt aus seinem Leben. Mit Beiträgen von Peter Dusek und Christoph Wagner-Trenkwitz. 5. überarb. und erw. Aufl. Wien 2001, S. 22.
60 Süddeutsche Zeitung, 25. 10. 1956.
61 Schreiben Herbert von Karajans vom 17. 8. 1956, abgedruckt in Prawy: Marcel Prawy erzählt aus seinem Leben, S. 249.
62 Süddeutsche Zeitung, 25. 10. 1956.
63 Münchner Merkur, 25. 10. 1956.
64 Rhein-Neckar-Zeitung, 30. 11. 1956.
65 Süddeutsche Zeitung, 25. 10. 1956.
66 Münchner Abendzeitung, 23. 10. 1956.
67 Kölner Stadt-Anzeiger, 25. 5. 1960.
68 Die Welt, 3. 6. 1960.
69 Johannes Heesters, zitiert nach Süddeutsche Zeitung, 2. 12. 1988.
70 Johannes Heesters zitiert nach Filmspiegel, Nr. 5 / 1957.
71 Heesters: Ich bin gottseidank nicht mehr jung, S. 95.
72 Bernard Grun: Gold und Silber. Franz Lehár und seine Welt. München, Wien 1970, S. 306.

73 In Deutschland stand Heesters 1954 im Münchner Gärtnerplatz-Theater, 1959 im Titania-Palast in Berlin, 1963 wieder im Münchner Gärtnerplatz-Theater und 1964 im Berliner Theater des Westens in der *Lustigen Witwe* auf der Bühne. Weitaus häufiger noch verkörperte er die Rolle jedoch in Österreich: 1960 und 1961 im Redoutensaal, 1966 in der Volksoper, 1967, 1968 und 1969 am renommierten Theater an der Wien.

74 8 Uhr Abendblatt, München, 30. 8. 1963.

75 Seit den sechziger Jahren trat Heesters in der pontevedrinischen Tracht auf, die der Danilo im zweiten Akt der Operette zu tragen hat, und zwar im Originalkostüm, das 1938 für ihn angefertigt worden war, und das den Krieg, ausgelagert in einem Schloß am Tegernsee, überdauert hat. 1964 war es ihm vom Staatstheater am Gärtnerplatz zum Geschenk gemacht worden.

76 Johannes Heesters zitiert nach Kölner Stadt-Anzeiger, 17. 12. 1968.

77 Heesters: Ich bin gottseidank nicht mehr jung, S. 95.

78 Persönliche Auskunft Prof. Rolf Kutschera, 26. 6. 2003.

79 Heesters: Ich bin gottseidank nicht mehr jung, S. 94.

80 Privatarchiv Heesters, Schreiben von Oskar Werner, 6. 10. 1984.

81 Johannes Heesters zitiert nach Stern, Nr. 50, 6. 12. 1973, S. 219.

82 Heesters: Ich bin gottseidank nicht mehr jung, S. 98.

83 Marika Rökk: Herz mit Paprika, S. 132 f.

84 Johannes Heesters: Es kommt auf die Sekunde an. Erinnerungen an ein Leben im Frack. München 1978, S. 140.

85 Johannes Heesters in »Een leven lang«, Radio NPS, 5. 12. 2002.

86 Vgl. Heesters: Es kommt auf die Sekunde an, S. 141.

87 Ebd., S. 208.

88 Vgl. ebd., S. 210.

89 Heesters: Auch hundert Jahre sind zu kurz, S. 172.

90 Ebd., S. 177.

91 Zum Vergleich: *Die unendliche Geschichte* (1984), einer der erfolgreichsten deutschen Filme der achtziger Jahre, hatte lediglich fünf Millionen Zuschauer.

92 Vgl. Brief von Mieke Bos an Marinus Schroevers, 10. 8. 1999, abgedruckt in Marinus Schroevers: Dossier Heesters. Bij wijze van pamflet. Amsterdam 1999, S. 41 f.

93 Persönliche Auskunft Wiesje Herold-Heesters, 25. 6. 2003.

94 Für diese Auskünfte danke ich sehr herzlich Aase Walden-Rasmussen, Bennekom, 9. 3. 2003.

95 Zitiert nach Mischa Spel: Suikerzoet maar oh zo sensueel«. In: NRC Handelsblad, 14. 9. 2002.

96 Persönliche Auskunft Rudi Carrell, 1. 5. 2003. Rudi Carrell hatte durchaus auch persönliche Motive, für Heesters einzutreten: Seine Eltern hatten zur Zeit der deutschen Besatzung eine jüdische Frau

versteckt und wurden deshalb von ihren Nachbarn mit Denunziation bedroht, schon als Kind hatte er auf diese Weise erfahren, daß nicht das ganze holländische Volk aus Widerstandskämpfern bestand. Als er 1945 nach Dänemark zur Erholung geschickt wurde, sah er auch das total zerstörte Hamburg und dachte: »Mein Gott, was müssen die Menschen hier gelitten haben.« So kam er früh zu der Überzeugung, daß man nicht zurück-, sondern besser nach vorne schauen solle, daß nicht das Hadern mit dem Geschehenen, sondern die europäische Aussöhnung das Ziel für die Zukunft sein müsse.

97 Persönliche Auskunft Nicole Heesters und Pit Fischer, 24. 7. 2003.

98 Zitiert nach: Erik van den Berg: Wiedergutmachung. In: De Volkskrant, 26. 4. 2002.

99 Heesters: Auch hundert Jahre sind zu kurz, S. 32.

100 Zitiert nach: Elisabeth Wehrmann: Ohne Falsch. Die Niederlande trauern um einen deutschen Prinzgemahl. In: Die Zeit, Nr. 42, 10. 10. 2002, S. 10.

101 Zitiert nach Heesters: Es kommt auf die Sekunde an, S. 214.

102 Telegraaf, 4. 10. 1984.

103 Vgl. Quick, Nr. 44, 25. 10. 1984, S. 123; dort wird Herbert Moritz zitiert: »Ich achte die Empfindungen der seinerzeit Betroffenen. Die Ereignisse liegen jedoch mehr als vierzig Jahre zurück, und ich halte es für gerechtfertigt, einem mehr als Achtzigjährigen zu verzeihen.«

104 Persönliche Auskunft Prof. Rolf Kutschera, 26. 6. 2003.

105 Noch 1993 forderte das niederländische Dachau-Komitee das Zweite Deutsche Fernsehen mit dem Hinweis auf Heesters' einstigen Dachau-Besuch dazu auf, eine geplante Fernsehgala zum neunzigsten Geburtstag des Künstlers abzusagen: »Wir hoffen und vertrauen darauf, daß Sie die für den 5. Dezember geplanten Festlichkeiten absagen werden [...] Ohne Zweifel würden diese Aktivitäten [...] ein falsches Signal geben.« Zitiert nach dpa, 18. 11. 1993.

106 Die drei Teile der Trilogie heißen *Wankele Dageraad* (Wankelnder Tagesanbruch), *Het helse Middaguur* (Die höllische Mittagsstunde) und *De Nevels van het Avondland* (Die Nebel des Abendlandes).

107 Marinus Schroevers zitiert nach Willem Pekelder: Naïeve operetteprins vraagt vergiffenis. In: Het Parool, 4. 12. 2002. Heesters berichtet in seinen Memoiren (Es kommt auf die Sekunde an, S. 141), daß Arthur Seyß-Inquart, der von Hitler eingesetzte »Reichskommissar für die Niederlande« persönlich bei ihm in Prag angerufen habe, um ihn für den März 1944 mit einem Gastspiel des *Grafen von Luxemburg* für Den Haag zu verpflichten. »Das war ein Schock für mich, und ich überlegte fieberhaft, wie ich mich da heraushalten könnte. Wenn ich in diesem Augenblick nach Holland gegangen wäre, was hätte man dort gesagt? Schau an, jetzt kommt er, der Heesters! Jetzt, da die Deutschen da sind, taucht er auf. Will er sich über uns lustig

machen? [...] Wenn ich da spiele, bin ich für Holland erledigt.« Es gelang ihm tatsächlich zu verhindern, daß er diesen Auftritt absolvieren mußte.

108 Vgl. Schroevers: Dossier Heesters, S. 4 ff.

109 Für Auskünfte zu seinem Engagement in Sachen Heesters danke ich Marinus Schroevers, Den Haag, sehr herzlich, 3. 7. 2003.

110 Persönliche Auskunft Wiesje Herold-Heesters, 18. 5. 2003.

111 Gleiches leistete auch der holländische Radiosender NPS, der anläßlich von Heesters' 99. Geburtstags innerhalb der Sendereihe »Een leven lang«, ein Portrait des Schauspielers produzierte, das am 5. 12. 2002 ausgestrahlt wurde. Für das Portrait hat die mehrfach ausgezeichnete holländische Journalistin Corinne van den Hoeven Heesters interviewt, auch sie begegnete ihm frei von Vorurteilen – »Ich finde es nicht gerecht, daß man ihm seine Vergangenheit vorhält. Heesters hat sich nicht falsch verhalten, er hat sich allzeit fern von der Nazi-Ideologie gehalten.« Corinne van den Hoeven zitiert nach Willem Pekelder: Naïeve operetteprins vraagt vergiffenis. In: Het Parool, 4. 12. 2002.

112 Willem Pekelder: Naïeve operetteprins vraagt vergiffenis. In: Het Parool, 4. 12. 2002.

113 Heesters: Auch hundert Jahre sind zu kurz, S. 178.

114 Johannes Heesters in »Een leven lang«, Radio NPS, 5. 12. 2002.

115 Schreiben von Staatssekretärin Medy C. van der Laan, Ministerie van Onderwijs, Cultuur en Wetenschappen, Zoetermeer, an den Autor, 17. 6. 2003.

116 Münchner Merkur, 5. 12. 1962. Eine zeitlang kursierte fälschlicherweise das Jahr 1902 als Heesters Geburtsjahr, darum gratulierte der »Münchner Merkur« Heesters damals ein Jahr zu früh zu seinem sechzigsten Geburtstag.

117 Abendpost, Nachtausgabe, 14. 5. 1970.

118 Quick, Nr. 49., 1. 12. 1983, S. 34.

119 Die Welt, 17. 10. 1964.

120 Johannes Heesters im Radio-Feature »Heut geh'n wir ins Maxime.

121 Heesters: Ich bin gottseidank nicht mehr jung, S. 238.

122 Effi Horn in Münchner Merkur, 4. 9. 1967.

123 Münchner Merkur, 3. 9. 1955.

124 Suttgarter Zeitung, 3. 12. 1993.

125 Berliner Morgenpost, 4. 12. 1988.

126 Johannes Heesters zitiert nach Berliner Zeitung, 20. 2. 1972.

127 Zitiert nach Heesters: Ich bin gottseidank nicht mehr jung, S. 243.

128 Der Mittag, 6. 11. 1963.

129 Werner Höfer, 1978, zitiert nach Heesters: Ich bin gottseidank nicht mehr jung, S. 262.

130 Berliner Morgenpost, 4. 12. 1983.

131 1968 strahlte das deutsche Fernsehen etwa den *Bettelstudenten*, 1969 *Gasparone* und 1972 *Jenny und der Herr im Frack* aus.

132 Gustaf Gründgens zitiert nach Inge Dombrowski, Rudolf Borchert: Johannes Heesters. Liebling der Frauen. Liebling des Glücks. Bergisch Gladbach 1978, S. 235.

133 Persönliche Auskunft Rudi Carrell, 1. 5. 2003.

134 Heinz W. Koch: Heesters – ewig junger 65er. In: Kölner Stadt-Anzeiger, 5. 12. 1967.

135 In der Unterhaltungssendung *Ein Kessel Buntes* traten nicht selten berühmte West-Stars wie Vicky Leandros oder Roland Kaiser auf. Ihr Repertoire aber durften sie nur bedingt darbieten, so wurde es Freddy Quinn etwa untersagt, seine Sehnsuchtslieder von der großen weiten Welt zu singen.

136 Hannoversche Allgemeine, 5. 12. 1978.

137 Johannes Heesters zitiert nach Der Mittag, 6. 11. 1963.

138 Heesters: Auch hundert Jahre sind zu kurz, S. 210.

139 Persönliche Auskunft Johannes Heesters, 19. 7. 2003.

140 Heesters: Ich bin gottseidank nicht mehr jung, S. 222.

141 Prawy: Marcel Prawy erzählt aus seinem Leben, S. 131.

142 Marcel Prawy: Woran ich glaube. In: Christoph Wagner-Trenkwitz, Thomas Trabitsch (Hrsg.): Marcel Prawy. Glück, das mir verblieb. Wien 2002, S. 24.

143 Friedrich Luft zitiert nach Bunte Wochen-Zeitung, 1. 3. 1986.

144 Dietrich Willst in Studio, 10. 11. 1968.

145 Persönliche Auskunft Prof. Rolf Kutschera, 26. 6. 2003.

146 Heesters: Auch hundert Jahre sind zu kurz, S. 94.

147 Artikel »Minnesänger im Frack. Johannes Heesters wird 70 Jahre alt«. Veröffentlichungsort unbekannt (Quelle: Kritikenbestand des Filmmuseums Berlin), Dezember 1973.

148 Donau-Kurier, Nr. 121, 5. 6. 1978.

149 Ebd.

150 Wiesbadener Tagblatt, 14. 6. 1978.

151 Thomas Thieringer in Süddeutsche Zeitung, 3./4. 6. 1978.

152 Münchner Abendzeitung, 3./4. 6. 1978.

153 Johannes Heesters zitiert nach Kölnische Rundschau, 5. 12. 1983.

154 Vgl. Neue Presse, 7. 12. 1983.

155 Münchner Abendzeitung, 7. 12. 1983.

156 Persönliche Auskunft Wiesje Herold-Heesters, 18. 5. 2003.

157 Persönliche Auskunft Nicole Heesters, 24. 7. 2003.

158 Persönliche Auskunft Nicole Heesters, 24. 7. 2003.

159 Cor, der älteste Bruder, starb im Alter von 70 Jahren an einem Herzschlag. Jacob, der zweitälteste Bruder, zu dem Heesters nur wenig Kontakt hatte, starb 1981. Wichtig wurde Heesters im Alter die Beziehung zu seinem jüngsten Bruder Nico, der bis zu seiner Pen-

sionierung in einer Bank gearbeitet hatte. Nico starb 1997 im Alter von 97 Jahren. Persönliche Auskunft von Wiesje Herold-Heesters, 18. 5. 2003, Nicole Heesters, 24. 7. 2003 und Johannes Heesters, 19. 7. 2003.

160 Heesters: Es kommt auf die Sekunde an, S. 278.

161 Johannes Heesters zitiert nach Ingrid Theis: Dieser Tag gehört meiner Frau – sie mußte ein ganzes Leben auf mich warten. In: Frau aktuell. Die aktuelle Illustrierte, 30. 11. 1978.

162 Vgl. Stern, Nr. 50, 6. 12. 1973, S. 219. Die Starnberger Häuser hat er mittlerweile seiner Tochter Nicole überschrieben, während Tochter Wiesje die Wiener Villa geerbt hatte. In seinem Besitz blieb lediglich das Söckinger Haus, das er bis heute bewohnt

163 Heesters: Es kommt auf die Sekunde an, S. 283.

164 Ebd., S. 5 ff.

165 Persönliche Auskunft von Wiesje Herold-Heesters, 18. 5. 2003.

166 Nordwest-Zeitung, 5. 12. 1983: »In den letzten Jahren hat sich Heesters weitgehend zurückgezogen und nur noch wenige Bühnenrollen übernommen.«

167 Persönliche Auskunft von Nicole Heesters, 24. 7. 2003.

168 Schreiben des Amtsgerichts Starnberg vom 23. 7. 1984, Privatarchiv Heesters.

169 Persönliche Auskunft von Nicole Heesters, 24. 7. 2003.

170 Persönliche Auskunft von Wiesje Herold-Heesters, 18. 5. 2003 und vom 26. 7. 2003.

171 Heesters: Auch hundert Jahre sind zu kurz, S. 212.

172 Persönliche Auskunft Nicole Heesters, 24. 7. 2003.

173 Persönliche Auskunft von Wiesje Herold-Heesters, 18. 5. 2003.

174 Johannes Heesters zitiert nach Neue Revue, Nr. 15, 3. 4. 1987, S. 46.

175 Johannes Heesters zitiert nach Süddeutsche Zeitung, 26. 3. 1997.

176 Heesters: Ich bin gottseidank nicht mehr jung, S. 254.

177 Vgl. z. B. Berliner Zeitung, 10. 12. 1986.

178 Express, 11. 3. 1987.

179 Vgl. De Telegraaf, 12. 3. 1987: »Johan Heesters (83): Mijn liefde voor Simone (37)«.

180 Tagesspiegel, 5. 12. 1998.

181 Express, 11. 3. 1987.

182 Bunte, Nr. 13, 19. 3. 1987, S. 219.

183 Simone Rethel zitiert nach De Telegraaf, 9. 4. 1990.

184 Johannes Heesters zitiert nach Neue Revue, Nr. 15, 3. 4. 1987, S. 46.

185 Persönliche Auskunft Nicole Heesters, 24. 7. 2003.

186 Persönliche Auskunft Simone Rethel-Heesters, 19. 7. 2003.

187 Persönliche Auskunft Simone Rethel-Heesters, 18. 6. 2003.

188 Johannes Heesters zitiert nach Express, 11. 3. 1987.

189 Simone Rethel zitiert nach Bunte, Nr. 13, 19. 3. 1987, S. 219.
190 Vgl. Neue Rhein-Zeitung, 29. 6. 1987.
191 Vgl. Express, 13. 3. 1992.
192 Heesters: Auch hundert Jahre sind zu kurz, S. 86.
193 Wiesje Herold-Heesters im Radio-Feature »Heut geh'n wir ins Maxime«.
194 Persönliche Auskunft Nicole Heesters, 24. 7. 2003.
195 Heesters: Ich bin gottseidank nicht mehr jung, S. 254.
196 Artikel »Sind Jopie und Johannes Zwillinge?«, Sybille, 1953.
197 Heesters: Es kommt auf die Sekunde an. Erinnerungen an ein Leben im Frack, S. 18.
198 Lady International, 5. 12. 1980.
199 Heilbronner Stimme, 29. 10. 1963.
200 Leonard Bernstein zitiert nach Süddeutsche Zeitung, 2. 12. 1988.
201 Klaus Maria Brandauer zitiert nach Heesters: Ich bin gottseidank nicht mehr jung, S. 260.
202 Münchner Abendzeitung, 12. 9. 1960.
203 Heesters: Auch hundert Jahre sind zu kurz, S. 84. Dies bestätigte auch Nicole Heesters, 24. 7. 2003.
204 Ruhr-Nachrichten, 2. 12. 1972.
205 Welt, 24. 11. 1998.
206 Kölnische Rundschau, 5. 12. 1972.
207 Heesters: Auch hundert Jahre sind zu kurz, S. 85.
208 Persönliche Auskunft Nicole Heesters, 24. 7. 2003.
209 Johannes Heesters zitiert nach Berliner Morgenpost, Oktober 1976.
210 Persönliche Auskunft Christiane Hammacher, 3. 7. 2003.
211 Die Welt, 1. 11. 1986.
212 Johannes Heesters zitiert nach Süddeutsche Zeitung, 2. 12. 1988.
213 Persönliche Auskunft Johannes Heesters, 19. 7. 2003.
214 Heesters: Auch hundert Jahre sind zu kurz, S. 226.
215 Persönliche Auskunft Johannes Heesters, 19. 7. 2003.
216 Persönliche Auskunft Johannes Heesters, 19. 7. 2003.
217 Heesters: Auch hundert Jahre sind zu kurz, S. 233.
218 Nürnberger Zeitung, 30. 5. 1996.
219 Leipziger Volkszeitung, 29. 3. 1997.
220 Vgl. Guinness World Records/Guinness Buch der Rekorde 2002 (deutschsprachige Ausgabe). Hamburg 2001, S. 56.
221 Vgl. Johannes Heesters in Rheinische Post, 1. 12. 1983.
222 Heesters linkes Auge ist mit Grauem Star, sein rechtes mit Grünem Star befallen, persönliche Auskunft Simone Rethel, 19. 7. 2003.
223 Zwar gibt es mittlerweile auch Lesegeräte, die den Text des Buches vorlesen, da dies aber mit einer mechanischen Roboterstimme geschieht, ist es zum Rollenlernen nicht praktikabel, persönliche Auskunft Simone Rethel-Heesters, 19. 7. 2003.

224 Persönliche Auskunft Nicole Heesters, 24. 7. 2003.
225 Hans Halter: »Ersatz für die ›Knorpelglatze‹«, in: Der Spiegel, Nr. 38 vom 15.9.2001, S. 262.
226 Vgl. Heesters: Auch hundert Jahre sind zu kurz, S. 231.
227 Ebd., S. 243.
228 Franz Stoß zitiert nach Heesters: Ich bin gottseidank nicht mehr jung, S. 270.
229 Heesters: Es kommt auf die Sekunde an, S. 61. Der niederländische Sänger hieß Jacques Oerles.
230 Johannes Heesters im Radio-Feature »Heut geh'n wir ins Maxime«.
231 Süddeutsche Zeitung, 26. 7. 1997.
232 Persönliche Auskunft Nicole Heesters, 24. 7. 2003.
233 Stellte *Otto – Der Film* tatsächlich eine Verbeugung vor Heesters dar, so war das Theaterstück *Heesters in den Sträuchern* von Andreas Jungwirth, das am 14, Januar 2001 als Auftragswerk am Landestheater Linz uraufgeführt wurde, das genaue Gegenteil (Der Titel spielt damit, daß »Heesters« im Niederländischen »Sträucher« bedeutet). Die Farce erzählt in drei Akten von einem Mann, der nicht sterben kann. Seinen 97. Geburtstag, von dem niemand Kenntnis nimmt, verbringt er gemeinsam mit einem SS-Arzt, schließlich stößt ein Gast hinzu, der sich als der Tod offenbart. Johannes Heesters hat sich über das Stück, das in der Tat die Grenze zur Geschmacklosigkeit überschreitet, verständlicherweise sehr echauffiert, eine öffentliche Stellungnahme gab er damals aber bewußt nicht ab. Das Stück wurde nicht wieder aufgeführt.
234 Persönliche Auskunft Johannes Heesters, 19. 7. 2003.
235 Johannes Heesters im Radio-Feature »Heut geh'n wir ins Maxime«.
236 Johannes Heesters zitiert nach Gala, 10. 6. 1998.

Alle Übersetzungen aus dem Niederländischen erfolgten durch den Autor.

Bühnenverzeichnis

Angegeben werden, soweit bekannt, Premierendatum, Spielstätte, ausführende Kompanie, Titel, Autor, Regisseur und die Rolle von Johannes Heesters. Aufgenommen wurden die Engagements seit Heesters' Wechsel nach Österreich 1934. (Abkürzungen: o. D. = ohne Datum, UA = Uraufführung, EA = Erstaufführung, ub. = unbekannt, OG = Operettengesellschaft))

1934

22. September, Volksoper, Wien
Der Bettelstudent von Karl Millöcker, Regie: Ernst Wurmser, Rolle: Symon Rymanowicz

29. September, Volksoper, Wien
Das Hollandweibchen von Emmerich Kálmán, Regie: Eugen Strehn, Rolle: Paul Roderich

19. Oktober, Volksoper, Wien
Wiener G'schichten von Joseph Hellmesberger (UA), Regie: Eugen Strehn, Rolle: Edgar

21. November, Volksoper, Wien
Polenblut von Oskar Nedbal, Regie: Ernst von Nadherny, Rolle: Graf Boleslaw Baransky

23. Dezember, Volksoper, Wien
Das ist die erste Liebelei von Edmund Eysler (UA), Regie: Paul Gutmann, Rolle: Graf Josef Clarin

1935

13. Januar, Volksoper, Wien
Orpheus in der Unterwelt von Jacques Offenbach, Regie: Karl Lustig-Prean, Rolle: Orpheus

10. Februar, Volksoper, Wien
Valentino, der Liebling vom Broadway von Ludo Philipp, Regie: ub., Rolle: ub.

13. April, Scala, Wien
Servus! Servus! von Robert Stolz, Regie: Rudolf Beer, Rolle: Karl Hell, Filmregisseur

o. D., Femina, Wien
Ein Maharadscha und tausend Frauen von Hugo Wiener, Regie: Vilmos Gyimes, Rolle: Maharadscha von Gaipur

23. Dezember, Komische Oper, Berlin
Die Weltmeisterin von Josef Snaga (UA), Regie: Otto Stöckel, Rolle: Baron

1936

8. Mai, Theater am Nollendorfplatz, Berlin
Tatjana von Oskar Felix und Walter Sawitz, Regie: Harald Paulsen, Rolle: ub.

2. Juni, Volksbühne, Berlin
Tatjana von Oskar Felix und Walter Sawitz, Regie: Harald Paulsen, Rolle: ub.

27. November, Schiller-Theater, Berlin
Polenblut von Oskar Nedbal, Regie: Ernst Stahl-Nachbaur, Rolle: Graf Boleslaw Baransky

1937

21. Dezember, Scala, Wien (anschließend als Ensemble-Gastspiel in Graz, Linz, Salzburg und Prag)
Der süßeste Schwindel der Welt von Robert Stolz (UA), Regie: Rudolf Beer, Rolle: Charlie Parker

1938

26. März, Hollandsche Schouwburg, Amsterdam, OG Fritz Hirsch
Gräfin Mariza von Emmerich Kálmán, Regie: Fritz Hirsch, Rolle: Graf Tassilo

2. April, Princesseschouwburg, Den Haag, OG Fritz Hirsch
Gräfin Mariza von Emmerich Kálmán, Regie: Fritz Hirsch, Rolle: Graf Tassilo

31. Dezember, Theater am Gärtnerplatz, München
Die lustige Witwe von Franz Léhar, Regie: Fritz Fischer, Rolle: Graf Danilo Danilowitsch

1939

5. Juli, Renaissance-Theater, Berlin (anschließend im Komödienhaus, Berlin)
Meine Schwester und ich von Ralph Benatzky, Regie: Kurt Richards, Rolle: Dr. Roger Fleuriot, Bibliothekar

3. November, Theater an der Reeperbahn, Hamburg (anschließend als Ensemble-Gastspiele in Bremen und München)
Der süßeste Schwindel der Welt von Robert Stolz, Regie: Hans Walther Sattler, Rolle: Charlie Parker

31. Dezember, Theater am Gärtnerplatz, München
Die Fledermaus von Johann Strauß, Regie: Fritz Fischer, Rolle: Johann Strauß (im Vorspiel), Gabriel von Eisenstein

1940

9. April, Theater am Gärtnerplatz, München
Meine Schwester und ich von Ralph Benatzky, Regie: Fritz Fischer, Rolle: Dr. Roger Fleuriot, Bibliothekar

22. Oktober, Admiralspalast, Berlin
Die lustige Witwe von Franz Lehár, Regie: Georg Jacoby, Rolle: Graf Danilo Danilowitsch

1941

18. April, Staatsoperette am Gärtnerplatz, München
Axel an der Himmelstür von Ralph Benatzky, Regie: Günter de Resée, Rolle: Axel, Reporter

18. Dezember, Metropol-Theater, Berlin
Der Graf von Luxemburg von Franz Lehár, Regie: Heinz Hentschke, Rolle: René, Graf von Luxemburg

1942

24. September, Metropol-Theater, Berlin
Hochzeitsnacht im Paradies von Friedrich Schröder (UA), Regie: Heinz Hentschke, Rolle: Dr. Ulrich Hansen

1946

16. August, Freilichttheater am Heumarkt, Wien
Die lustige Witwe von Franz Lehár, Regie: Johannes Heesters, Rolle: Graf Danilo Danilowitsch

1947

2. Januar, Neues Schauspielhaus, Wien
Der Zarewitsch von Franz Lehár, Regie: Alfred Walter, Rolle: Zarewitsch

1948

2. Januar, Stadttheater, Wien
Der Graf von Luxemburg von Franz Lehár, Regie: Alfred Walter, Rolle: René, Graf von Luxemburg

20. August, Theater in der Josefstadt, Wien
Das Lied der Taube von John van Druten, Regie: Rudolf Steinboeck, Rolle: Bill Page

Herbst, Landestheater, Salzburg
Der Graf von Luxemburg von Franz Lehár, Regie: Alfred Walter, Rolle: René, Graf von Luxemburg

Herbst, Opernhaus, Graz
Der Zarewitsch von Franz Lehár, Regie: Otto Langer, Rolle: Zarewitsch

1949

18. Januar, Raimund-Theater, Wien
Bel Ami von Rudolf Kattnigg (UA), Regie: Alfred Walter, Rolle: Georges Duroy, genannt »Bel Ami«

18. März, Raimund-Theater, Wien
Die lustige Witwe von Franz Lehár, Regie: Walter Sofka, Rolle: Graf Danilo Danilowitsch

September, Nürnberg
Die lustige Witwe von Franz Lehár, Regie: Walter Sofka, Rolle: Graf Danilo Danilowitsch

Herbst/Winter, Gastspieltournee mit einer Inszenierung des Deutschen Theaters, u. a. in Nürnberg und Hamburg
Hochzeitsnacht im Paradies von Friedrich Schröder, Regie: Heinz Hentschke, Rolle: Dr. Ulrich Hansen

1950

Winter/Frühjahr, Gastspieltournee mit einer Inszenierung des Deutschen Theaters, München (verschiedene deutsche Städte, u. a. Frankfurt a. M., Stuttgart)
Hochzeitsnacht im Paradies von Friedrich Schröder, Regie: Heinz Hentschke, Rolle: Dr. Ulrich Hansen

8. Dezember, Wiener Bürgertheater, Wien
Hochzeitsnacht im Paradies von Friedrich Schröder, Regie: Franz Stoß, Rolle: Dr. Ulrich Hansen

1952

Januar, Theater in der Josefstadt, Wien
Gute Reise von H. M. Harwood, Regie: Rudolf Steinboeck, Rolle: Frank Button

28. März, Deutsches Theater, München
Hochzeitsnacht im Paradies von Friedrich Schröder, Regie: Heinz Hentschke, Rolle: Dr. Ulrich Hansen

21. Mai, Titania-Palast, Berlin
Hochzeitsnacht im Paradies von Friedrich Schröder, Regie: Heinz Hentschke, Rolle: Dr. Ulrich Hansen

Herbst, Apollo-Theater, Düsseldorf
Hochzeitsnacht im Paradies von Friedrich Schröder, Regie: Johannes Heesters, Rolle: Dr. Ulrich Hansen

1953

30. Dezember, Theater in der Josefstadt, Wien
Wege des Zufalls von Karin Jacobsen, Regie: Rudolf Steinboeck, Rolle: Daniel Kossow

1954

2. September, Deutsches Theater, München
Hochzeitsnacht im Paradies von Friedrich Schröder, Regie: Johannes Heesters, Rolle: Dr. Ulrich Hansen

10. November, Theater am Gärtnerplatz, München
Die lustige Witwe von Franz Lehár, Regie: Johannes Heesters, Rolle: Graf Danilo Danilowitsch

1955

13., 18. und 25. August, Gastspiel am Landestheater, Salzburg
Hochzeitsnacht im Paradies von Friedrich Schröder, Regie: Johannes Heesters, Rolle: Dr. Ulrich Hansen
1. September, Deutsches Theater, München
Meine Schwester und ich von Ralph Benatzky, Regie: Johannes Heesters, Rolle: Dr. Roger Fleuriot, Bibliothekar
25. Dezember, Titania-Palast, Berlin
Meine Schwester und ich von Ralph Benatzky, Regie: Johannes Heesters, Rolle: Dr. Roger Fleuriot, Bibliothekar

1956

Januar, Komödie im Marquardt, Stuttgart
Meine Schwester und ich von Ralph Benatzky, Regie: Willem Holsboer, Rolle: Dr. Roger Fleuriot, Bibliothekar
14. März, Raimund-Theater, Wien
Meine Schwester und ich von Ralph Benatzky, Regie: Johannes Heesters, Rolle: Dr. Roger Fleuriot, Bibliothekar
1. September, Deutsches Theater, München
Der Graf von Luxemburg von Franz Lehár, Regie: Ludwig Bender, Rolle: René, Graf von Luxemburg
23. Oktober, Bayerisches Staatstheater, München/Theater am Gärtnerplatz, München
Kiss me, Kate von Cole Porter, Regie: Willy Duvoisin, Rolle: Fred Graham/Petruchio

1957

2. April, Raimund-Theater, Wien
Hochzeitsnacht im Paradies von Friedrich Schroeder, Regie: Alfred Walter, Rolle: Dr. Ulrich Hansen
Sommer, Gastspiel des Renaissance-Theaters, Wien (verschiedene österreichische Städte)
Gute Reise von H. M. Harwood, Regie: Peter Loos, Rolle: Frank Button
8. November, Volkstheater, Wien
Mein Bruder Jacques von André Gillois, Regie: Günther Haenel, Rolle: Jacques

1958

30. Dezember, Raimund-Theater, Wien
Der Orlow von Bruno Granichstaedten, Regie: Alfred Walter, Rolle: Alex

1959

17. März, Titania-Palast, Berlin
Der Orlow von Bruno Granichstaedten, Regie: Alfred Walter, Rolle: Alex

2. April, Titania-Palast, Berlin
Die lustige Witwe von Franz Lehár, Regie: Willy Heyer, Rolle: Graf Danilo Danilowitsch

1. November, Kammerspiele, Wien
Da Capo von Harry Kurnitz, Regie: Heinrich Schnitzler, Rolle: Dr. Victor Fabian

25. Dezember, Raimund-Theater, Wien
Der Orlow von Bruno Granichstaedten, Regie: Alfred Walter, Rolle: Alex

1960

Frühjahr, Stadsschouwburg, Amsterdam
Der Bettelstudent von Karl Millöcker, Regie: ub., Rolle: Symon Rymanowicz

27. Mai, Raimund-Theater, Wien
Bel Ami von Peter Kreuder (UA), Regie: Wolf Harnisch und Peter Kreuder, Rolle: Georges Duroy, genannt »Bel Ami«

10. September, Kleine Komödie, München
Da Capo von Harry Kurnitz, Regie: Franz Josef Wild, Rolle: Dr. Victor Fabian

1961

4. April, Hebbel-Theater, Berlin
Da Capo von Harry Kurnitz, Regie: Franz Josef Wild, Rolle: Dr. Victor Fabian

o. D., Deutsches Theater, München
Da Capo von Harry Kurnitz, Regie: Franz Josef Wild, Rolle: Dr. Victor Fabian

27. Juli, Redoutensaal, Wien
Die lustige Witwe von Franz Lehár, Regie: ub., Rolle: Graf Danilo Danilowitsch

15. November, Raimund-Theater, Wien
Hochzeitsnacht im Paradies von Friedrich Schröder, Regie: Hans Fretzer, Rolle: Dr. Ulrich Hansen

1962

2. Oktober, Kammerspiele, Wien
Ein netter Herr von Norman Krasna, Regie: Kurt Wilhelm, Rolle: Philipp Clair

1963

29. März, Bayerisches Staatstheater, München / Theater am Gärtnerplatz, München
Die lustige Witwe von Franz Lehár, Regie: Volker von Collande, Rolle: Graf Danilo Danilowitsch (ab 2. 8. als Gast, alternierend mit Claudio Nicolai und James Davis)

1964

Frühjahr, Carré-Theater, Amsterdam
The Sound of Music von Richard Rodgers, Regie: Ton Lutz, Rolle: Baron Georg von Trapp

15. Oktober, Theater des Westens, Berlin
Die lustige Witwe von Franz Lehár, Regie: Peter Neitsch, Rolle: Graf Danilo Danilowitsch

23. Juli, Kammerspiele, Wien
Vater einer Tochter von Curth Flatow, Regie: Friedrich Kallina, Rolle: Dr. Robert Stegmann, Zahnarzt

1. Dezember, Theater in der Josefstadt, Wien
Winslow-Boy von Terence Rattigan, Regie: Hans Jaray, Rolle: Arthur Winslow

1966

19. Februar, Volksoper, Wien
Die lustige Witwe von Franz Lehár, Regie: P. W. Jacob, Rolle: Graf Danilo Danilowitsch

1967

Mai/Juni, Theater an der Wien, Wien
Die lustige Witwe von Franz Lehár, Regie: Rolf Kutschera, Rolle: Graf Danilo Danilowitsch

1. September, Kleine Komödie am Max II-Denkmal, München
Unsere liebste Freundin von Samuel Taylor, Regie: Gerhard Metzner, Rolle: Christian Bach-Nielsen

1968

Juni/Juli, Theater an der Wien, Wien
Die lustige Witwe von Franz Lehár, Regie: Rolf Kutschera, Rolle: Graf Danilo Danilowitsch

Herbst, Komödie, Düsseldorf
Unsere liebste Freundin von Samuel Taylor, Regie: ub., Rolle: Christian Bach-Nielsen

1969

1. April, Kleine Komödie am Max II-Denkmal, München
Ein Mädchen in der Suppe von Terence Frisby, Regie: Wolfgang Spier, Rolle: Robert Danvers

14. Juli, Theater an der Wien, Wien
Die lustige Witwe von Franz Lehár, Regie: Rolf Kutschera, Rolle: Christian Bach-Nielsen

2. September, Kammerspiele, Wien
Gastspiele von Robert Horney und Walter Firner (UA), Regie: Peter Loos, Rolle: Steven Gilford

1970

Gastspieltournee durch verschiedene deutsche Städte
Die lustige Witwe von Franz Lehár, Regie: ub., Rolle: Christian Bach-Nielsen

1971

15. Januar, Kleine Komödie im Bayerischen Hof, München
Gastspiele von Robert Horney und Walter Firner, Regie: Wolfgang Spier, Rolle: Steven Gilford

19. März, Raimund-Theater, Wien
Hochzeitsnacht im Paradies von Friedrich Schröder, Regie: Karl Smalik, Rolle: Dr. Ulrich Hansen

Herbst/Winter, Tournee durch Deutschland, Österreich und die Schweiz
Alles im Garten von Edward Albee, Regie: Werner Kraut, Rolle: Jack

14. Dezember, Spielstätte ub., Maastricht
Alles voor de tuin (*Alles im Garten*) von Edward Albee, Regie: Werner Kraut, Rolle: Jack

1972

8. Dezember, Kleine Komödie im Bayerischen Hof, München
Das Konzert von Hermann Bahr, Regie: Dieter Wieland, Rolle: Gustav Heink

1973

28. Juli, Seefestspiele, Mörbisch
Viktoria und ihr Husar von Paul Abraham, Regie: Rolf Kutschera, Rolle: Cunlight

1975

20. Oktober, Theater an der Wien, Wien
Gigi von Frederick Loewe (deutschsprachige EA), Regie: Christian Wölffer, Rolle: Honoré Lachailles

1976

23. September, Theater des Westens, Berlin
Gigi von Frederick Loewe, Regie: Christian Wölffer, Rolle: Honoré Lachailles

1977

o. D., Operettenhaus, Hamburg
Gigi von Frederick Loewe, Regie: Christian Wölffer, Rolle: Honoré Lachailles

1978

1. Juni, Staatstheater am Gärtnerplatz, München
Gigi von Frederick Loewe, Regie: Christian Wölffer, Rolle: Honoré Lachailles

1980

25. September, Pfalzbau, Ludwigshafen
Gigi von Frederick Loewe, Regie: Christian Wölffer, Rolle: Honoré Lachailles

1981

30. Oktober, Theater in der Josefstadt, Wien
Das Haus am See von Ernest Thompson (österreichische EA), Regie: Rudolf Steinboeck, Rolle: Norman

1983

o. D., Staatstheater am Gärtnerplatz, München
Gigi von Frederick Loewe, Regie: Christian Wölffer, Rolle: Honoré Lachailles

1986

19. März, Komödie am Naschmarkt, Wien
Casanova auf Schloß Dux von Karl Gassauer, Regie: Rudolf Steinboeck, Rolle: Casanova

Gastspielreise durch Deutschland, Österreich und die Schweiz
Casanova auf Schloß Dux von Karl Gassauer, Regie: Rudolf Steinboeck, Rolle: Casanova

1996

24. Mai, Theater am Kurfürstendamm, Berlin
Ein gesegnetes Alter von Curth Flatow, Regie: Jürgen Wölffer, Rolle: Georg Neumann

15. Oktober, Komödie, Düsseldorf
Ein gesegnetes Alter von Curth Flatow, Regie: Jürgen Wölffer, Rolle: Georg Neumann

1997

24. Juli Kleine Komödie am Max II-Denkmal, München
Ein gesegnetes Alter von Curth Flatow, Regie: Jürgen Wölffer, Rolle: Georg Neumann

Deutschland- und Österreichtournee (Kammerspiele, Wien; Theater am Zoo, Frankfurt a. M.; Komödie, Dresden; Komödie Winterhuder Fährhaus, Hamburg; Theater am Kurfürstendamm, Berlin)
Ein gesegnetes Alter von Curth Flatow, Regie: Jürgen Wölffer, Rolle: Georg Neumann

1998

Deutschland- und Österreichtournee (Theater im Rathaus, Essen; Komödie, Dortmund; Millowitsch-Theater, Köln; Comödie, Bochum; Kleine Komödie am Max II-Denkmal, München)
Ein gesegnetes Alter von Curth Flatow, Regie: Jürgen Wölffer, Rolle: Georg Neumann

1999

1. August, Theatersommer, Garmisch-Partenkirchen
Momo von Michael Ende, Regie: Cordula Trantow, Rolle: Meister Hora

2000

o. D., Bernhard-Theater, Zürich
Ein gesegnetes Alter von Curth Flatow, Regie: Jürgen Wölffer, Rolle: Georg Neumann

2001

19. Juli, Stadttheater, Heilbronn
Ein gesegnetes Alter von Curth Flatow, Regie: Jürgen Wölffer, Rolle: Georg Neumann

2002

7. März, Metropol-Theater, München
Der Kirschgarten von Anton Tschechow, Regie: Stefan Zimmermann, Rolle: Diener Firs

»Münchner Tournee« durch verschiedene bayerische Städte
Der Kirschgarten von Anton Tschechow, Regie: Stefan Zimmermann, Rolle: Diener Firs

Filmographie

Die Angaben beschränken sich auf die Hauptkategorien sowie die Hauptdarsteller. Nicht berücksichtigt wurden die zahlreichen Fernseh- und Showauftritte von Johannes Heesters.

Abkürzungen:

NL: Niederlande
AT: Österreich

REG: Regie
BCH: Buch,
KAM: Kamera
MUS: Musik
MTI: Musiktitel
PRO: Produktion
ESG: Erstsendung
DAR: Darsteller
DRO: Drehort
DRZ: Drehzeit
AA: Außenaufnahmen
LNG: Länge
UA: Uraufführung

1924 NL Cirque Hollandais / Het Hollandsche Circus
REG: Theo Frenkel, BCH: Theo Frenkel, KAM: Jan Smit, DAR: Louis Bouwmeester, Petro Beukman, Aaf Bouber, Frits Bouwmeester, Jo Bouwmeester-Kluun, Rafael Bouwmeester, Hans Bruening, Piet Cattermole, Esther De Boer-van Rijk, Alex de Meester, Alfred Harvey, Johan Heesters (Willem van Baiens Sohn). PRO: Dutch Film Cie, Haarlem, David Sluizer. LNG: 95 min., UA: 17. 10. 1924, Amsterdam.

1934 NL *Bleeke Bet/Die bleiche Bet*
REG: Richard Oswald, Alex Benno, BCH: Alex Benno, Herman Bouber, nach dem gleichnamigen Bühnenstück von Herman Bouber, KAM: Willy Goldberger, Henk van Alsem, MUS: Louis Davids, Henk Alsem, Margie Morris. DAR: Aaf Bouber-ten Hoope (Bleeke Bet), Jopie Koopmann (Jans Bet), Johan Heesters (Ko Monjé, Jans Verlobter), Fientje de la Mar (Ka), Sylvain Poons (Sally). PRO: Monopol-DLS-Film, Rotterdam (W. de Groot), DRO: Cinetone, Amsterdam, LNG: 102 min., UA: 7. 9. 1934, Amsterdam.

1935 NL *De vier Mullers*
REG: Rudolf Meinert, BCH: Herman Bouber, J. van As, J. C. Wilbrenninck nach dem Bühnenstück »Schottenring« von Armin Friedman und Ludwig Nerz, KAM: Willy Goldberger, MUS: Arthur Guttman, Hans J. Salter, MTI: » Diese Melodie ist ganz bestimmt etwas für Sie!«, »Du und ich – ich und Du – wir sind eins!«, »Vogellied: Man muß das Leben philosophisch nehmen«. DAR: Adolf Bouwmeester (Großvater Philip Muller), Johan Kaart jun. (ein entferntes Familienmitglied, Jakob Schat), Tilly Perin-Bouwmeester (Frau von Max Muller), Jacques van Bijlevelt Max Muller), Gusta Chrispijn-Mulder (Haushälterin), Minny

Erfmann (Daisy Rix), Cissy van Bennekom Ärztin Henriette Becker), Johan Heesters (Otto Muller, Enkel von Philip), Wiesje Ghijs. PRO: B.M.S.-Film, Amsterdam, DRO: Atelier Schönbrunn, Wien, LNG: 90 min., UA: 29. 3. 1935, Amsterdam. –Niederländische Version des österreichischen Films »Alles für die Firma« (1935).

1935 AT *Die Leuchter des Kaisers*

REG: Karl Hartl, BCH: Friedrich Schreyvogl, Karl Kartl, nach einem Roman von Baroness Orzcy KAM: Werner Brandes, MUS: Willy Schmidt-Genter, PRO: Gloria-Film, Wien. DAR: Sybille Schmitz (Anna Demidow), Karl Ludwig Diehl (Georg Wolenski), Friedl Czepa (Maria), Johannes Heesters (Großfürst Peter Alexandrowitsch), Inge List (Zofe), Anton Edthofer (Erzherzog Ludwig), Max Gülstorff (Graf Surowkin). LNG: 93 min., UA: 14. 2. 1936, Berlin; 12. 3. 1936, Wien.

1936 *Der Bettelstudent*

REG: Georg Jacoby, BCH: Walter Wassermann, Lotte Neumann, C. H. Diller, nach der Operette von Carl Millöcker, KAM: Ewald Daub, Gerhard Brieger, Heinz Ritter, MUS: Alois Melichar, nach den Melodien der gleichnamigen Operette von Karl Millöcker. MTI: »Ach, ich hab' sie ja nur auf die Schulter«, »Ich knüpfte manche zarte Bande«, »Nimm' mein Herz in Deine Hände«. DAR: Marika Rökk (Bronislawa Nowalska), Johannes Heesters (Symon Rymanowicz), Carola Höhn (Laura Nowalska), Ida Wüst (Palmatica Gräfin Nowalska), Fritz Kampers (Oberst Ollendorf). PRO: Ufa, Berlin (Herstellungsgruppe Max Pfeiffer), DRZ: Mitte März–Mitte April 1936, DRO: Ufa-Atelier Neubabelsberg, LNG: 95 min. UA: 20. 8. 1936, Den Haag, Rotterdam und Amsterdam; 29. 8. 1936, Internationale Filmfestspiele Venedig; 1. 9. 1936, Hamburg; 23. 11. 1936, Berlin. –Prädikat: künstlerisch wertvoll.

1936 *Das Hofkonzert*

REG: Detlef Sierck, BCH: Franz Wallner-Basté, Detlef Sierck, nach dem Bühnenstück »Das kleine Hofkonzert« von Paul Verhoeven und Toni Impekoven, KAM: Franz Weihmayr, MUS: Peter Fenyes, Lothar Brühne, MTI: »Wunderschön ist es, verliebt zu sein«, »Denkst Du nie daran?«, »Fröhlichkeit, Seligkeit«. DAR: Marta Eggerth (Christine); Johannes Heesters (Leutnant Walter von Arnegg), Otto Treßler (Serenissismus), Herbert Hübner (Staatsminister), Rudolf Klein-Rogge (Oberst Flumms), Flockina von Platen (Gräfin Hadersdorff), Ernst Waldow (Zunder), Hans Richter (Veit), Ingeborg von Kusserow (Zofe Babette). PRO: Ufa, Berlin (Herstellungsgruppe Bruno Duday), DRZ: Ende August–Mitte November 1936, DRO: Ufa-Atelier Neubabelsberg, LNG: 85 min. UA: 16. 12. 1936, Hamburg, 18. 12. 1936 Berlin

1937 *Wenn Frauen schweigen*

REG: Fritz Kirchhoff, BCH: Charles Amberg, Rudo Ritter, Fritz Kirchhoff, KAM: Otto Baecker. MUS: Peter Féynes, Lothar Brühne, MTI: »Das ganze Leben ist ein Roman«, »Ein zärtliches Lied«, »Ich will mich nicht verlieben«. DAR: Hansi Knoteck (Charlott van Doeren), Johannes Heesters (Curt van Doeren), Fita Benkhoff (Lilo Wörner), Hilde von Stolz (Mira Mirella), Ernst Waldow (Aufnahmeleiter Pirotti), Ernst Legal (Schallplattenfabrikdirektor Ricardo), Hilde Sessak (Sekretärin Maria. PRO: Ufa, Berlin (Herstellungsgruppe Ulrich Mohrbutter), DRZ: Ende Januar–Anfang März 1937, DRO: Ufa-Atelier Berlin-Tempelhof, Ufa-Atelier Neubabelsberg, LNG: 79 min., UA: 20. 7. 1937, Berlin.

1937 *Gasparone*

REG: Georg Jacoby, BCH: Hans Leip, Werner Eplinius, Rudo Ritter, nach der Operette von Carl Millöcker, KAM: Konstantin Irmen-Tschet, MUS: Peter Kreuder, MTI: »Einmal von Herzen verliebt sein«, «Ich werde jede Nacht von Ihnen träumen«, »Ja, die Frauen sind gefährlich«, »Wenn ich ein Räuber wär'«. DAR: Marika Rökk (Ita), Johannes Heesters (Regierungskommissar Erminio Bondo), Edith Schollwer (Carlotta Gräfin Ambrat), Oskar Sima (Massaccio), Leo Slezak (Statthalter Nasoni), Rudolf Platte (Gastwirt Benozzo). PRO: Ufa, Berlin (Herstellungsgruppe Max Pfeiffer), DRZ: 1. September–Mitte November 1937, DRO: Ufa-Atelier Berlin-Tempelhof, Ufa-Atelier Neubabelsberg, LNG: 94 min., UA: 17. 12. 1937, Hamburg, 21. 12. 1937, Berlin.

1938 *Nanon*

REG: Herbert Maisch, BCH: Georg Zoch, Eberhard Keindorff, nach der Operette von F. Zell und Richard Genée, KAM: Konstantin Irmen-Tschet, MUS: Alois Melichar, MTI: »Es war einmal ein feiner Kavalier«, »Heut' ist der schönste Tag in meinem Leben«, »Lockende Geigen, zärtliche Lieder«, »So verliebt wie heut' war ich noch nie«. DAR: Erna Sack (Nanon Patin), Johannes Heesters (Marquis Charles d'Aubigné), Dagny Servaes (Ninon d'Enclos), Otto Gebühr (Jean Baptiste Molière), Oskar Sima (Polizeipräfekt Marquis de Marsillac), Karl Paryla (König Louis XIV). PRO: Ufa, Berlin (Herstellungsgruppe Max Pfeiffer), DRZ: 25. Juni–Anf. September 1938, DRO: Ufa-Stadt Babelsberg, Freigelände Babelsberg, LNG: 83 min., UA: 15. 11. 1938, Hamburg, 25. 11. 1938, Berlin.

1939 *Das Abenteuer geht weiter/Jede Frau hat ein süßes Geheimnis*

REG: Carmine Gallone, BCH: Ernst Marischka, nach der Filmnovelle »Ein kleines Lied« von Dinah Nelken, KAM: Hans Schneeberger, MUS: Franz Grothe, MTI: »Jede Frau hat ein süßes Geheimnis«, »Meine Welt – die bist du!«, »Una furtiva lagrima« DAR: Johannes Heesters (Kammersänger Heinz van Zeelen), Maria von Tasnady (Helene), Gusti Wolf (Anni Heinzelbauer), Annie Rosnar (Mrs. Smith), Paul Kemp (Hausmann, Garderobier), Theo Lingen (Gepke, Sekretär). PRO: Bavaria-Filmkunst GmbH., München, LNG: 93 min., UA: 24. 2. 1939.

1939 *Hallo Janine*

REG: Carl Boese, BCH: Karl Georg Külb, KAM: Konstantin Irmen-Tschet, MUS: Peter Kreuder, MTI: «Musik, Musik, Musik: Ich brauche keine Millionen«, «Lerne lieben ohne zu weinen«, «Auf dem Dach der Welt, da steht ein Storchennest«. DAR: Marika Rökk (Janine), Johannes Heesters (Graf René de Batier), Rudi Godden (Pierre Tarin), Mady Rahl (Bibi), Else Elster (Yvette), Kathe Kühl (Mme. Pamion), Erich Ponto (Mr. Pamion, Musikverleger), Hubert von Meyerinck (Jean, Diener). PRO: Ufa, Berlin (Herstellungsgruppe Dietrich von Theobald), DRZ: 8.März –12. April 1939, DRO: Ufa-Stadt Babelsberg, LNG: 92 min., UA: 1. 7. 1939, Hamburg, 11. 7. 1939, Berlin.

1939 *Meine Tante, Deine Tante*

REG: Carl Boese, BCH: Ralph Arthur Roberts, Kurt Bortfeld, KAM: Franz Weihmayr, MUS: Werner Bochmann, MTI: »Auch Du wirst einmal glücklich sein«, »Wenn ich wüßt, wen ich geküßt«. DAR: Ralph Arthur Roberts (Baron von Bredebosch), Olly Holzmann (Tony Köster), Johannes Heesters (Peter Larisch, Musikstudent), Kate Kühl (Doris Köster), Leo Peukert (Parkwächter Buntschuh), Ernst Legal (Amtmann Henkel). PRO: Ufa, Berlin (Herstellungsgruppe Dietrich von Theobald), DRZ: 12. September–Mitte Oktober 1939, DRO: Ufa-Stadt Babelsberg, LNG: 89 min., UA: 28. 12. 1939, Berlin.

1940 *Liebesschule*

REG: Karl Georg Külb, BCH: Karl Georg Külb, KAM: Robert Baberske, MUS: Harald Böhmelt, MTI: »Das ist die Nacht uns'rer Liebe«, »Ich liebe alle Frau'n«, »Sehnsucht hab' ich immer nur nach Dir gehabt«. DAR: Luise Ullrich (Sekretärin Hanni Weber), Viktor Staal (Schriftsteller Heinz Wölfing), Johannes Heesters (Tenor Enrico Villanova), Charlott Daudert (Lola), Hans Brausewetter (Verleger Holzer), Walter Lieck (Angestellter Vogel), Trude Haefelin (Hilde), Georg Bauer (Sportlehrer Peter Göbel), Charlotte Schellhorn (Charlotte), Dorit Kreysler (Zigarettenmädchen Lili. PRO: Ufa, Berlin (Herstellungsgruppe Eberhard Schmidt), DRZ: 30. November 1939–Mitte März 1940, DRO: Ufa-Atelier Berlin-Tempelhof, AA: Zürs, Tirol, LNG: 90 min., UA: 3. 5. 1940, Wien, 16. 5. 1940, Berlin.

1940 *Die lustigen Vagabunden*

REG: Jürgen von Alten, BCH: Kurt E. Walter, nach der Filmnovelle »Frühlingssymphonie« von Franz Rauch, KAM: Eduard Hoesch, MUS: Friedrich Schröder, Edmund Nick, MTI: »Lied der Vagabunden: Am Morgen zieht man singend los!«, »Wanderlied: Wir sind zwei gute Kameraden«. DAR: Johannes Heesters (Werner Schratt, Schauspieler), Rudi Godden (Berthold Menzinger, Maler), Mady Rahl (Gisela Merz, Journalistin), Carola Höhn (Erika Brencken), Carsta Löck (Meta, Kellnerin). PRO: Cine-Allianz, LNG: 96 min., UA: 20. 9. 1940.

1940 *Rosen in Tirol*

REG: Geza von Bolvary, BCH: Ernst Marischka, nach der Operette »Der Vogelhändler« von Carl Zeller, KAM: Willy Winterstein, MUS: Friedrich Schröder, MLT: Franz Grothe, MTI: »Mach doch Dein kleines Fenster auf«, »Schenkt man sich Rosen in Tirol«. DAR: Marte Harell (Rosemarie), Johannes Heesters (Baron Herbert von Waldendorf), Elfriede Datzig (Christl Leitner), Erika von Tellmann (Baronin Adelheid), Doris Kreysler (Lisa), Leo Slezak (Baron Weps), Hans Moser (Wiesel), Theo Lingen (Leberle). PRO: Terra-Filmkunst GmbH., Berlin, LNG: 102 min., UA: 5. 12. 1940.

1941 *Immer nur Du*

REG: Karl Anton, BCH: Karl Anton, Felix von Eckardt, KAM: Herbert Körner, Laus von Rautenfeld. MUS: Friedrich Schröder, MTI: »Man müßte Klavier spielen können«, »Die ganze Welt dreht sich um Dich«, »Liebling, was wird nun aus uns beiden?« DAR: Dora Komar (Loni Carell), Johannes Heesters (Will Hollers, Sänger), Fita Benkhoff (Isolde Brummel), Ruth Buchardt Rosi Knopp), Jutta von Alpen (Zofe), Paul Kemp Zeisig). PRO: Tobis, München, DRZ: 13. Februar bis Anfang April 1941, DRO: Jofa-Atelier, Berlin-Johannistal, LNG: 99 min., UA: 22. 8. 1941, Dresden.

1941 *Jenny und der Herr im Frack*

REG: Paul Martin, BCH: Georg Zoch, Jacob Geis, nach der Kriminalkomödie von Georg Zoch KAM: Josef Strecher, MUS: Lothar Brühne, MTI: »Armer Musikant singt ein Lied von Liebe«, »Sport und Musik«, »So war die Frau von Eschebach«. DAR: Gusti Huber (Jenny, Kriminalstudentin), Johannes Heesters (Peter Holm, Versicherungsdetektiv), Hilde Hildebrand (Lilly Hegedus), Paul Kemp (Willy Krag), Oskar Sima (Bischof), Gustav Waldau (Brink), Hermann Pfeiffer (Herr Sprüngli), Wolfgang Kieling (Junge). PR: Bavaria-Filmkunst GmbH., München, LNG: 89 min., UA: 25. 11. 1941.

1941 *Illusion*

REG: Viktor Tourjansky, Friedrich Westhoff, BCH: Viktor Tourjansky, Werner Eplinius, KAM: Werner Krien, MUS: Franz Grothe, MTI: »Ruh' Dein liebes, müdes Herz bei mir aus«. DAR: Brigitte Horney (Maria Roth), Johannes Heesters (Stefan von Holtenau, Gutsbesitzer), O.E.Hasse (Pater Wallbrecht), Nikolai Kolin (Nowodny), Maria Krahn (Frau Keller), Werner Scharf (Axel Hold). PRO: Ufa, Berlin (Herstellungsgruppe Georg Witt), DRZ: 1. September–Mitte November 1937, DRO: Ufa-Stadt Babelsberg, AA: Berlin (Theater am Schiffbauerdamm) und Steiermark, LNG: 89 min., UA: 30. 12. 1941, Berlin.

1943 *Karneval der Liebe*

REG: Paul Martin, BCH: Walter Forster, Peter Groll, Paul Martin, KAM: Stefan Eiben, H. O. Schulze, MUS: Michael Jary, PRO: Berlin-Film GmbH., Berlin. MTI: »Durch Dich wird diese Welt erst schön«, »Das Karussell dreht sich immer rundherum«, »Zwei Herzen im Duett«. DAR: Johannes Heesters (Peter Hansen, Sänger), Dora Komar (Marina Garden, Sängerin), Dorit Kreyßler (Kitty, Sängerin), Evelyn Künneke (Sängerin und Revuetänzerin), Hans Moser (Meierhofer,

Souffleur), Richard Romanowsky (Direktor Melchior Oberländer), Axel von Ambesser (Michael Frank, Komponist), Gustav Waldau (Graf Lauenfels). DRZ: 26. Mai–Anfang Dezember 1942, DRO: Althoff-Atelier, Babelsberg; Atelier Ufa-Stadt, Babelsberg; Hunia-Ateliers, Budapest; AA: Potsdam, LNG: 96 min., UA: 1. 4. 1943, Königsberg.

1943 *Großstadtmelodie*

REG: Wolfgang Liebeneiner, BCH: Wolfgang Liebeneiner, KAM: Richard Angst, Leo de Laforgue, Walter Pindter, MUS: Werner Bochmann, Michael Jary, Rudolf Perak, MTI: »In Dich Berlin, bin in verliebt bei Tag und Nacht«. DAR: Hilde Krahl (Renate Heiberg, Fotografin), Johannes Heesters (Revuestar Johannes Heesters), Werner Hinz (Dr. Rolf Bergmann, Journalist), Karl John (Klaus Nolte, Bildberichterstatter), Hilde Weißner (Frau Hesse, Besitzerin eines Modesalons), Josef Eichheim (Alois Huber, Fotograf). PRO: Berlin-Film GmbH., Berlin (Produktionsgruppe Heinrich Jonen), LNG: 108 min., UA: 4. 10. 1943.

1944 *Es lebe die Liebe*

REG: Erich Engel, BCH: Walter Wassermann, Lotte Neumann, nach dem Roman »Das Rätsel Manuela« von Anna Elisabeth Weirauch, KAM: Erich Claunigk, Walter Chmillon, Hermann Buchrucker, MUS: Peter Kreuder, MTI: »Mein Herz müßte ein Rundfunksender sein«, »Auf all' meinen Wegen kommst Du mir entgegen«, »Ein Stern ist vom Himmel gefallen«. DAR: Lizzi Waldmüller (Manuela del Orta), Johannes Heesters (Manfred Richter, Tenor), Hilde Seipp (Fritzi Lindner), Willi Dohm (Direktor Hanke), Heini Handschuhmacher (Petri), Viktor Afritsch (Ballettmeister Hofer), Maria Loja (Juanita), Hilde von Stolz (Kitty), Christa Dilthey (Alice). PRO: Bavaria-Filmkunst GmbH., München (Herstellungsgruppe Fred Lyssa), DRZ: 30. August bis Mitte November 1944, DRO: Hostiwar-Ateliers, Prag, LNG: 89. Min., UA: 24. 5. 1944, München.

1944 *Glück bei Frauen*

REG: Peter Paul Brauer, BCH: Georg Zoch, Robert Horky, nach einer Idee von C. F. A. Schoch KAM: Jan Stallich, MUS: Nico Dostal, PRO: Wien-Film, Wien. MTI: »Komm, führ' mit lockendem Blick …«, «Mein Herz ist gleich mit allen Frauen«, »Glück bei Frauen«. DAR: Johannes Heesters (Stefan Hell), Herta Mayen (Nina Martini), Lotte Lang (Claudia von Passy), Jane Tilden (Lucie Martini), Hans Olden (Heinz Borger), Oskar Sima (Sekretär Jüngling). DRZ: 29. April–Mitte August 1944, DRO: Atelier Wien-Sievering, AA: Wien (Theater an der Wien) und St. Gilgen am Wolfgangsee, LNG: 86 min., UA: 12. 7. 1944, Wien.

1944 *Es fing so harmlos an*

REG: Theo Lingen, BCH: Franz Gribitz, Theo Lingen, nach dem gleichnamigen Lustspiel von Franz Gribitz, KAM: Erich Claunigk, MUS: Peter Kreuder, MTI: »Es fing so harmlos an«. DAR: Inge List (Annette), Johannes Heesters (Clemens), Christl Mardayn (Olivia),

Maria Eiselt (Madame Chicchi), Theo Lingen (Boni), Will Dohm (Exzellenz), Viktor Afritsch (Prinz von Turanien). PRO: Bavaria-Filmkunst GmbH., München (Produktionsgruppe Walter Lehmann), LNG: 89 min., UA: 20. 10. 1944.

1944/1948 *Frech und verliebt*

REG: Hans Schweikart, BCH: Fred Andreas, KAM: Bruno Stephan, MUS: Peter Kreuder, MTI: »Ich könnte mich in Dich verlieben«, »Ja, ja, so sind die jungen Leute«. DAR: Johannes Heesters (Peter Schild, Ingenieur), Gabriele Reismüller (Clarissa Pernrieder), Charlott Daudert (Choristin Isolde), Ernst Legal (Herr Nordboden), Melanie Horeschowsky (Klara Pernrieder). PRO: Bavaria-Filmkunst GmbH., München, LNG: 92 min., UA: 25. 12. 1948, Stuttgart.

1945 1946/1949 *Die Fledermaus*

REG: Géza von Bolváry, BCH: Ernst Marischka, nach der gleichnamigen Operette von Johann Strauß. KAM: Willy Winterstein, MUS: Alois Melichar, nach den Melodien der gleichnamigen Operette von Johann Strauß. MTI: »Glücklich ist, wer vergißt«, »Brüderlein, Brüderlein und Schwesterlein«, »Im Feuerstrom der Reben«. DAR: Johannes Heesters (Herbert von Eisenstein), Marte Harell (Rosalinde), Willy Fritsch (Gefängnisdirektor Frank), Dorit Kreyßler (Adele), Hans Brausewetter (Alfred). PRO: Terra-Filmkunst GmbH., Berlin, LNG: 100 min., UA: 16. 8. 1946, Ost-Berlin; 16. 9. 1949, West-Berlin.

Restaurierte Fassung: 2002 (Friedrich-Wilhelm-Murnau-Stiftung).

1946 *René XIV / Der König streikt*

REG: Akos von Rathonyi, BCH: o.A., KAM: o.A., PRO: Bela Pasztor. DAR: Franziska Gaal, Johannes Heesters, Theo Lingen, Hans Moser. –unvollendet.

1947 *Wiener Melodien*

REG: Theo Lingen, Hubert Marischka, BCH: Kaspar Loser, KAM: Carl Kurzmayer, Karl Hoesch, MUS: Franz Filip. DAR: Elfie Mayerhofer (Viktoria Thomsen/Lilli Günther), Johannes Heesters (Ferry van der Heuvels), Hedwig Bleibtreu (Mafalda Cellini), Fritz Gehlen (Peter Werner), Lilli Stepanke. PRO: Donau-Film, Wien, LNG: 93 min., UA: 19. 11. 1948.

1949 *Zweimal verliebt/Liebe Freundin*

REG: Rudolf Steinböck, BCH: Curt J. Braun, KAM: Willi Sohm, MUS: Hans Lang, DAR: Johannes Heesters (Adriaan van der Steer), Vilma Degischer, Erni Mangold, Ludmilla Hell, Evi Servaes, Erik Frey, Theo Prokop, Herbert Aichinger, Carl Günther, Gustav Waldau, Karl Böhm, Julius Brandt, Irmtraud Jörg, Gertrud Ramlo, Hermann Glaser, Ernst Stankovsky, Peter Wehle, PRO: Studio des Theaters in der Josefstadt, Wien (Erich Winterstein), LNG: 102 min., UA: 23. 3. 1949.

1950 *Melodie des Herzens/Wenn eine Frau liebt*

REG: Wolfgang Liebeneiner, BCH: Felix von Eckardt, nach dem Theaterstück »Versprich mir nichts« von Charlotte Rissmann, KAM: Georg Bruckbauer, MUS: Hans Martin Majewski, MTI: »Alle Sterne dieser Welt«. DAR: Hilde Krahl (Monika Pratt), Johannes Heesters (Martin Pratt), Mathias Wieman (Felder, Kunsthändler), Gusti Wolf (Vera Brenkow), Ursula Herking (Fräulein Klette), Wilfried Seyferth (Konsul Brenkow), Fritz Rémond (Dr. Elk), Hans Mahnke, Peter Zlonitzky, Arno Hasenpflug, Eva Jaworsky u. a. PRO: Meteor-Film GmbH, LNG: 125 min., UA: 31. 8. 1950.

1950 *Hochzeitsnacht im Paradies*

REG: Géza von Bolváry, BCH: Ernst Marischka, nach der gleichnamigen Operette von Heinz Hentschke und Friedrich Schröder, KAM: Herbert Körner, MUS: Friedrich Schröder. MTI: »So stell' ich mir die Liebe vor«, »Ein Glück, daß man sich so verlieben kann«, »Es kommt auf die Sekunde an«, »Alle Wege führen mich zu Dir!«. DAR: Johannes Heesters (Piete van Goos, Film- und Revuestar), Claude Farell (Clairisse), Gretl Schörg (Rosita Pareira), Fritz Rémond (Felix Brökelmann, Theaterimpressario), Fritz Odemar (Otto Röders), Oskar Sima (Gustav Bonobom). PRO: Meteor-Film (Heinrich Jonen), LNG: 95 min., UA: 24. 10. 1950.

1951 *Professor Nachtfalter*

REG: Rolf Meyer, BCH: Peter Schwenzen, Joachim Wedekind, Kurt E. Walter, KAM: Georg Bruckbauer, MUS: Friedrich Schröder, MTI: »Heut' müßt' es Frühling sein«, »So was tun die Herrn«, »Das erste Lied der Welt« DAR: Gisela Schmidting (Steffanie Walden), Johannes Heesters (Prof. Dr. Joachim Wendler), Margarete Haagen (Frau von Weinsberg), Jeannette Schultze (Inez), Ernst Waldow (Dr. Obermann). PRO: Junge Film-Union. LNG: 99 min. UA: 23. 2. 1951

1951 *Tanz ins Glück*

REG: Alfred Stöger, BCH: Fritz Koselka, Lilian Belmont, nach der gleichnamigen Operette von Robert Stolz, KAM: Kurt Schulz, Herbert Geier, MUS: Robert Stolz, MTI: »Rote Lippen, roter Wein«, »Einmal im Mai«, »Guter Mond, schau uns nicht zu«. DAR: Johannes Heesters (Pedro Damingo), Waltraud Haas (Rosmarie Reisdorfer), Ursula Lingen (Inez Cavalcante), Grethe Weiser (Mira Cavalcante), Lucie Englisch (Rose vom Feuerkogel). PRO: Mundus-Film, LNG: 101 min., UA: 20. 10. 1951.

1951 *Die Csárdásfürstin*

REG: Georg Jacoby, BCH: Bobby E. Lüthge, Georg Jacoby, nach der gleichnamigen Operette von Emmerich Kálmán, KAM: Bruno Mondi, MUS: Willy Mattes, nach den Melodien von Emmerich Kálmán, MTI: »Ganz ohne Weiber geht die Chose nicht«, »Machen wir's den Schwalben nach«, DAR: Marika Rökk (Sylva Varescu), Johannes Heesters (Edwin von Weylersheim), Franz Schafheitlin (Leopold von Weylersheim), Margarete Slezak (Mathilde von Weylersheim). PRO: Deutsche Styria; Junge Film-Union, LNG: 94 min., UA: 20. 12. 1951.

1952 *Im weißen Rößl*

REG: Willi Forst, BCH: Eric Charell, Horst Budjuhn, KAM: Günter Anders, MLT: Ralph Benatzky, Werner Eisbrenner, MTI: »Mein Liebeslied muß ein Walzer sein«, »Im Salzkammergut, da kam'mer gut lustig sein«, »Es muß was Wunderbares sein, von Dir geliebt zu werden«. DAR: Johannes Heesters (Dr. Siedler), Johanna Matz (Josepha), Rudolf Forster (Kaiser Franz Joseph), Marianne Wischmann (Ottilie). PRO: Carlton; Deutsche Styria (Erik Charell), LNG: 99 min., UA: 18. 12. 1952

1953 USA *Die Jungfrau auf dem Dach*

REG: Otto Preminger, BCH (der deutschen Fassung): Carl Zuckmayer, nach dem Theaterstück »The Moon is Blue« von F. Hugh Herbert, KAM: Ernest Laszlo, MUS: Herschel Burke Gilbert, DAR: Hardy Krüger (Donald Gresham), Johannes Heesters (David Slater), Johanna Matz (Patty O'Neill), Tom Tully (Michael O'Neill), Dawn Addams (Cynthia Slater). PRO: United Artists, Los Angeles (Otto Preminger), LNG: 90 min., UA Deutschland: 19. 6. 1953, Filmfestspiele Berlin; Kinoauswertung: 13. 1. 1954.

1953 *Liebeskrieg nach Noten*

REG: Karl Hartl, BCH: Karl Hartl, Hugo Maria Kritz, KAM: Hans Schneeberger. MUS: Peter Kreuder, MTI: »Romance d'amour«. DAR: Johannes Heesters (Ralph Beyron, Komponist), Marte Harell (Dr. Käthe Nimrod), Ingrid Pan (Irmgard Schmuck), Viktoria von Ballasko (Fräulein Canisius), Paul Kemp (Prof. Melchior Quint). PRO: Vita (Luggi Waldleitner), LNG: 92 min., UA: 18. 8. 1953

1953 *Die geschiedene Frau*

REG: Georg Jacoby, BCH: Walter Forster, Joachim Wedekind, nach der Operette von Leo Fall, KAM: Konstantin Irmen-Tschet, MUS: Friedrich Schröder, nach den Melodien von Leo Fall, MTI: »Dein Mund spricht alle Sprachen«, »Barcarole«, »Gonda, liebe kleine Gonda«. DAR: Marika Rökk (Gonda van der Loo, Revuestar), Johannes Heesters (Karel van Lysseweghe, Revuestar), Hans Leibelt (Pastor), Hans Nielsen (Lucas), Gusti Wolf (Adeline), Trude Hesterberg. PRO: Cine-Allianz (Fritz Klotzsch), LNG: 100 min., UA: 17. 9. 1953.

1953 *Schlagerparade*

REG: Erik Ode, BCH: Aldo von Pinelli, H. F. Köllner, KAM: Richard Angst, MUS: Heino Gaze, MTI: »Das kleine Liebeskarussell«, »Durst ist schlimmer als Heimweh«, »Man müßte Klavier spielen können«. DAR: Germaine Damar (Barbara Blanc), Walter Giller (Walter Lorenz), Karl Schönböck (Fred Pauli), Nadja Tiller (Sherry Sommer), Loni Heuser (Frau Gabler), Bully Buhlan (Max Balduweit), Lys Assia, Maurice Chevalier, Johannes Heesters (Sänger Johannes Heesters), Harald Juhnke, Margot Hielscher. PRO: Herzog-Film, UA: 3. 11. 1953.

1953 AT *Hab' ich nur deine Liebe*

REG: Eduard von Borsody, BCH: Philipp von Zeska, Herbert F. Köllner, August Rieger, KAM: Bruno Mondi; MUS: Rudolf Kattnigg, nach den Melodien von Franz von Suppé, MTI: »Hab' ich nur Deine Liebe«, »Die Welt hat schöne Frauen«, »Diese Wonne, diese Seligkeit«. DAR: Johannes Heesters (Franz von Suppé), Gretl Schörg (Sophie Strasser), Margit Saad (Komtesse Coralie Baraqny), Walter Müller (Toni), Helmut Qualtinger (Direktor Pokorny). PRO: Öfa; Schönbrunn-Film, Österreich, LNG: 95 min., UA: 17. 12. 1953.

1955 *Gestatten, mein Name ist Cox*

REG: Georg Jacoby, BCH: Joachim Wedekind, Georg Jacoby, Rolf Becker, nach dem Hörspiel von Rolf Becker; KAM: Ernst W. Kalinke, MUS: Hans-Martin Majewski, MTI: »Shanty vom rothaarigen Jimmy 2. Der Cox-Trott«. DAR: Johannes Heesters (Paul Cox), Claude Borelli (Annette Dumont), Nadja Tiller (Barsängerin), Kurt Meisel (Oberkellner Youmac), Wolfgang Wahl (Detektiv Richardson), Charles Regnier. PRO: Eichberg-Produktion, LNG: 90 min., UA: 8. 3. 1955.

1955 *Stern von Rio*

REG: Kurt Neumann, BCH: Frederic Kohner, nach einer Idee von H. F. Köllner, KAM: Willy Winterstein; MUS: Willy Mattes, MTI: »Du bist der Stern von Rio«, »Babalu«, »Malaguena«, DAR: Maria Frau (Chiquita), Willy Fritsch (Silvester), Johannes Heesters (Don Felipe Escobar), Jester Naefe (Dina), Franco Andrei (Vincente). PRO: Ermes; C. C. C. (Artur Brauner), LNG: 100 min., UA: 9. 4. 1955.

1956 AT *Und wer küßt mich?/Ein Herz und eine Seele*

REG: Max Nosseck, BCH: Louis Agotay, Karl Farkas, Franz Gribitz, Max Nosseck, KAM: Georg Bruckbauer; MUS: Gerhard Bronner, Peter Wehle, MTI: »Ein Herz und eine Seele«, »Sie ist so wunderbar«, »Das Schokoladen-Ladenmädchen«. DAR: Hans Moser (Hans Moser), Grethe Weiser (Grethe Weiser), Theo Lingen (Theo Lingen), Johannes Heesters (Johannes Heesters), Gunther Philipp (Gunter Philipp), Wolf Albach-Retty (Chefredakteur Lindner), Paul Hörbiger (Bauer, Zeitungsinhaber). PRO: Cosmopolfilm; Herbert Sennewald, Wien, LNG: 90 min., UA: 31. 3. 1956.

1956 *Opernball*

REG: Ernst Marischka, BCH: Ernst Marischka, nach der gleichnamigen Operette von Richard Heuberger, KAM: Bruno Mondi, Herbert Geier, MUS: Anton Profes, nach den Melodien von Richard Heuberger, MTI: »Heute ist Karneval«, »Komm' mit mir ins chambre séparée«, »Wenn ich träume, träum ich nur von dir«. DAR: Hertha Feiler, Sonja Ziemann, Johannes Heesters (Georg Dannhauser), Adrian Hoven, Josef Meinrad, Dorit Kreyßler, Fita Benkhoff, Rudolf Vogel, Hans Moser, Theo Lingen. PRO: Erma, LNG: 107 min., UA: 30. 8. 1956.

1956 *Heute heiratet mein Mann*

REG: Kurt Hoffmann, BCH: Johanna Sibelius, Eberhard Keindorff, nach dem gleichnamigen Roman von Annemarie Selinko, KAM:

Günther Anders, MUS: Hans-Martin Majewski. DAR: Liselotte Pulver (Thesi Petersen), Johannes Heesters (Robert Petersen), Paul Hubschmid (Georg Lindberg), Gustav Knuth (Karl Nielsen), Charles Regnier (Niki Springer), Ingrid van Bergen (Mannequin). PRO: Georg Witt, LNG: 95 min., UA: 30. 8. 1956, BRD; 24. 5. 1957 DDR

1957 AT *Bel Ami*

REG: Louis Daquin, BCH: Louis Daquin, Vladimir Pozner, Roger Vailland, nach dem gleichnamigen Roman von Guy de Maupassant, KAM: Nikolas Hayer, MUS: Hanns Eisler, MTI: »Bel ami«. DAR: Johannes Heesters (Georges Duroy, genannt »Bel Ami«), Marianne Schönauer (Madeleine Forestier), Gretl Schörg (Clothilde de Marelle), Jean-Roger Chaussimon (Forestier), René Lefévre (Walter). PRO: Projektograph, Österreich, LNG: 86 min., UA: 8. 2. 1957, BRD; 5. 4. 1957, DDR.

1957 *Viktor und Viktoria*

REG: Karl Anton, BCH: Curt J. Braun, nach einer Idee von Reinhold Schünzel, KAM: Willy Winterstein, MUS: Heino Gaze, MTI: »Verliebt, verlobt, verheiratet«, »Ich lebe, um zu lieben«, »Des Alleinseins müde«, »Je vous adore«. DAR: Johanna von Koczian (Erika Lehr), Georg Thomalla (Viktor Hempel), Johannes Heesters (Jean Perrot, Nachtlokalbesitzer), Annie Cordy (Titine), Boy Gobert (Lacoste), Werner Finck (Hinz), Carola Höhn (Marquise de Sevigné). PRO: Central-Europa (Waldemar Frank), LNG: 108 min.. UA: 16. 4. 1957.

1957 *Von allen geliebt*

REG: Paul Verhoeven, BCH: Hannelore Holtz, Paul Verhoeven, nach dem Roman von Hannelore Holtz, KAM: Ekkehard Kyrath, MUS: Herbert Jarzyk. DAR: Magda Schneider (Lotte Fürst), Hans Nielsen (Dr. Johannes Fürst), Johannes Heesters (Rudolf Avenarius, Ingenieur), Chariklia Baxevanos (Renate), Ann Smyrner (Corinna), Tilla Durieux (Frau Avenarius), Ivan Desny (Roger Marbeau). PRO: Hansa-Film, LNG: 100 min., UA: 22. 10. 1957.

1958 *Bühne frei für Marika*

REG: Georg Jacoby, BCH: Helmuth M. Backhaus, KAM: Willy Winterstein, MUS: Franz Grothe, MTI: »Das ist der Swing«, »Mondlied«, »Der schönste Tag im ganzen Jahr«. DAR: Marika Rökk (Marion Müller alias »Marika«), Johannes Heesters (Michael Norman, Komponist), Carla Hagen (Inge, Sekretärin), Susanne von Almassy (Elvira Schühlein), Rudolf Platte (Brand), Kurt Großkurth (Direktor Schühlein), Fred Rauch, Carl Voscherau, Harald Juhnke, Die Hiller-Girls, Roberto Blanco, u. a. PRO: Real; Gyula Trebitsch Farbfilm, LNG: 92 min., UA: 14. 8. 1958, BRD; 19. 10. 1962, DDR.

1959 *Frau im besten Mannesalter*

REG: Axel von Ambesser, BCH: Maria Matray, Answald Krüger, KAM: Friedl Behn-Grund, MUS: Hans Arno Simon. DAR: Marianne Koch (Carola Hauff), Johannes Heesters (Bernhard Hauff, Verleger),

Boy Gobert (Peer, Maler), Bernhard Wicki (Rex Richards, Schriftsteller), Christiane Nilsen (Bibi Buchner, Sekretärin). PRO: Gyula Trebitsch Prod., Realfilm, LNG: 99 min., UA: 29. 1. 1959.

1959 *Besuch aus heiterem Himmel/Jetzt ist er da aus USA*

REG: Ferdinand Dörfler, BCH: Olf Fischer, Ferdinand Dörfler, KAM: Willy Winterstein, MUS: Fritz Schulz-Reichel. DAR: Johannes Heesters (John Underhower), Elma Karlowa (Eve), Oskar Sima (Hyronimus Unterhuber), Hans von Borsody (Peter), Al Hoosman (Billy). PRO: Ferdinand Dörfler, LNG: 94 min., UA: 5. 2. 1959.

1959 AT *Die unvollkommene Ehe*

REG: Robert A. Staemmle, BCH: Juliane Kay, Robert A. Staemmle, nach der Novelle von F. Kolmer und A. Mannheimer, KAM: Friedl Behn-Grund, MUS: Peter Igelhoff. DAR: Paula Wessely (Dr. Winifried Lert), Johanna Matz (Susi, ihre Tochter), Johannes Heesters (Prof. Paul Lert, Musikwissenschaftler), Dietmar Schönherr (Rolf Beckmayer), Fritz Schulz (Ernst Fiala). PRO: Paula-Wessely-Produktion, Österreich, LNG: 91. Min, UA: 4. 9. 1959.

1959 AT *Hundert Jahre Wiener Operette*

REG: Harry Payer, BCH: Harry Payer, KAM: N. Bucher. Mitwirkende: Esther Rethy, Sonja Mottl, Betty Fischer, Louise Kartousch, Rudolf Christ, Johannes Heesters, Anton Paulik, Max Brod, Rudolf Carl, Franz Lehàr, Edmund Eysler, Emmerich Kálmán, Oscar Straus. PRO: Hapa-Film, Harry Payer, Österreich, UA: 30. 4. 1961, Bad Ischl.

1961 *Junge Leute brauchen Liebe*

REG: Geza von Cziffra, BCH: Geza von Cziffra, KAM: Willy Winterstein, MUS: Johannes Fehring. DAR: Conny Froeboess (Annie Becker), Johannes Heesters (Charles Fürst, Modezar), Peter Weck (Axel Enders), Waltraud Haas (Barbara Hagen), Senta Berger (Madeleine Talbot), Katharina Mayberg, Hubert von Meyerinck (Monsieur Terrier), Boy Gobert (Pierre Papillon jun.). PRO: Sascha-Film, UA: 18. 5. 1961.

1985 *Otto – Der Film*

REG: Xaver Schwarzenberger, Otto Waalkes, BCH: Bernd Eilert, Robert Gernhardt, Peter Knorr, Otto Waalkes, KAM: Xaver Schwarzenberger, Michael Stöger, MUS: Herb Geller. DAR: Otto Waalkes (Otto), Jessika Cardinahl (Silvia), Elisabeth Wiedemann (Die Konsulin), Sky Dumont (Ernesto), Peter Kuiper (Shark), Karl Lieffen (Floppmann), Gottfried John (Sonnemann), Karl Schönböck, Johannes Heesters (Bettler). PRO: Rialto (Produzent: Horst Wendlandt), LNG: 86. Min, UA: 19. 7. 1985. Prädikat: wertvoll

Personenregister

Bildnachweis

Archiv des Autors 1, 4, 5, 6, 20
Privatarchiv Johannes Heesters 2, 3, 7, 9, 10, 12, 13, 14, 15, 22, 24, 26, 32, 33, 34, 35, 36, 37, 38, 39, 43, 44, 46, 47 (Photo: Simone Rethel), 48, 50, 53
Filmmuseum Berlin – Deutsche Kinemathek 8
Privatarchiv Willy Walden 11
Bundesarchiv, Berlin 16
Theaterwissenschaftliche Sammlung, Universität Köln 17, 19, 23, 27, 41
Friedrich-Wilhelm-Murnau-Stiftung, Wiesbaden 18
Deutsches Rundfunkarchiv, Frankfurt/Main 21 (Photo: Valentin Kuba)
Privatarchiv Carlos Bajollo 25
Filmwelt, Nr. 9 vom 28. 2. 1941 28
Profil, Nr. 5 vom 31. 1. 1978 29
Pressefoto Votava, Wien 30, 31
Ernst Grasser, München 40
Staatstheater am Gärtnerplatz, München 42
Picture Press, Hamburg 45
János Kalmár, Wien 49
Ullstein Bilderdienst, Berlin 51
Wolfgang Jahnke, Berlin 52
a.gon Theaterproduktion, München 54
Süddeutscher Verlag, München 55 (Photo: Stefan Rumpf)

Mitlaufende Abbildungen:
Privatarchiv Johannes Heesters S. 28, S. 138, S. 364 (Photo: Simone Rethel)

Trotz intensiver Recherchen konnten nicht alle Rechtsinhaber ermittelt werden. Berechtigte Ansprüche bitten wir an den Verlag zu richten.

Danksagung

Dr. Gerd Albrecht (Koeln), Peter Alexander (Wien, Lugano), Susanne Alexander-Neumayer (Wien), Susanne Gräfin von Almassy (Wien), Dr. Annette C. Anton (Mohrbooks Literary Agency, Berlin), Emmerich Arleth (Bad Vöslau), Prof. Peter Back-Vega (Vereinigte Bühnen, Wien), Christa Bader-Reim (Österreichische Nationalbibliothek, Wien), Antje Barsotti-Thoms (München), Ihre Majestät Königin Beatrix der Niederlande (Paleis Noordeinde, 's-Gravenhage), Rüdiger Becker (WDR, Köln), Frau Becker (ZDF, Mainz), Helga Benatzky (Hamburg), Prof. Dr. Wolfgang Benz (Berlin), Burkhard Bergermann (Rudi Carrell GmbH, Hürth), Martina Bertrand (Der Tagesspiegel, Berlin), M. L. Best (Gemeentelijke Archiefdienst, Amersfoort), Friedemann Beyer (Friedrich-Wilhelm-Murnau-Stiftung, Wiesbaden), Monika Boeck (Institut für Niederländische Philologie, Universität zu Köln), Dr. Barbara Bongartz (Berlin), Dr. J. E. A. Boomgard (Gemeentearchief Amsterdam), Artur Brauner (Berlin), Renate Brausewetter (Linz am Rhein), Cornelia Brockmann (Deutsches Musikinformationszentrum, Bonn), Ingo Büyükoktay (Filmmuseum Berlin), Prof. Dr. Elmar Buck (Theaterwissenschaftliche Sammlung, Universität zu Köln), Brigitte Capitain (Deutsches Institut für Filmkunde, Frankfurt a. M.), Rudi Carrell (Syke-Wachendorf), Klaus Dettmer (Landesarchiv Berlin), Friedrich Dethlefs (Stiftung Deutsches Rundfunkarchiv, Frankfurt a.M.), Karel Dibbets (Universiteit van Amsterdam), Dr. Kathinka Dittrich van Weringh (Köln), Angela Eder (Wien), Marta Eggerth-Kiepura (New York), Johannes Fischer (Hamburg), Pit Fischer (Hamburg), Saskia Fischer (Hamburg), Maria Fuchs (Grundlsee), Dr. Elke Fröhlich (Institut für Zeitgeschichte, München), Eckhardt Früh (Magistrat der Stadt Wien), Dr. Gero Gandert (Filmmuseum Berlin), Marion Gillum (Stiftung Deutsches Rundfunkarchiv, Frankfurt a. M.), Ralph Giordano (Köln), Klara Gissing (KZ-Gedenkstätte Dachau), Uschi Glas (Grünwald), Christiane Göthner (Theaterwissenschaftliche Sammlung, Universität Köln), Ariean van de Groep (Gemeente Baarn), Ferdinand Gruber (München), Franziska Günther (Aufbau-Verlag, Berlin), Rolf Günther (München), Christiane Hammacher (München), Kerstin Hartisch (Bundesarchiv Berlin), Andrea Hauer (Deutsches Theatermuseum, München), Dr. Uwe Heldt (Mohrbooks Literary Agency, Berlin), Sabine Herder (Köln), Gabriele Herold (Deutsche Bibliothek, Frankfurt a. M.), Wiesje Herold (Wien), Margot

Hielscher (München), Michael Hilken (Friedrichshafen), Regina Hoffmann (Filmmuseum Berlin), Carola Höhn (Grünberg bei München), Jules Huf (Wien), Katrin Jacobs (Zentrum für Niederlande-Studien, Universität Münster), Miriam Jacobs (Institut für Theater-, Film- und Fernsehwissenschaft, Universität zu Köln), Wolfgang Jacobsen (Filmmuseum Berlin), Prof. Dr. Hellmuth Karasek (Hamburg, Berlin), Alexander Kerst (München), Gijs Kimenai (Theater Instituut Nederland, Amsterdam), Dr. Elisabeth Klamper (Dokumentationsarchiv des österreichischen Widerstands, Wien), Monika Klocker (Theaterwissenschaftliche Sammlung, Universität zu Köln), Albert Knoll (KZ-Gedenkstätte, Dachau), Dr. Gerald Köhler (Theaterwissenschaftliche Sammlung, Universität zu Köln), Christa Köppel (Internationale Pressebildagentur Votava, Wien), Thorsten Körner (Berlin), Johannes Kubalek (Magistrat der Stadt Wien), Olaf Kuchenbecker (Guinness World Records Verlag, Hamburg), Katja Kühler (Aufbau-Verlag, Berlin), Volker Kühn (Berlin), Prof. Rolf Kutschera (Wien), Martina Laab (Music Information Center Austria, Wien), Staatssekretärin Medy C. van der Laan (Ministerie van Onderwijs, Cultuur en Wetenschappen, Zoetermeer), Prof. Hans Landauer (Wien), Erna Maria Langer (Hofheim-Wallau), Dr. Klaus A. Lankert (Institut für Zeitgeschichte, München), Peter Latta (Filmmuseum Berlin), Dr. Lein (Lagergemeinschaft Dachau, Wien), Prof. Dr. Maria-Theresia Leuker (Institut für Niederländische Philologie, Universität zu Köln), Ulrich Liebe (Schöppenstedt), Bruni Löbel (München), Michael Lück (Berlin), Monika Lück (Deutsches Theatermuseum, München), Thorsten Maaßen (Historisches Institut, Universität zu Köln), Dr. Malisch (Bayerisches Hauptstaatsarchiv, München), Elisabeth Mann (Landestheater Linz), Dr. Anton Mantler (Magistrat der Stadt Wien), Gabriele Maß (Historisches Institut, Universität zu Köln), Bruno Max (Scala-Theater, Wien), Stephan Mehner (Aufbau-Verlag, Berlin), Ursula Meyer (Obernkirchen), André Mieles (Deutsches Institut für Filmkunde, Frankfurt a. M.), Dr. Hedwig Müller (Theaterwissenschaftliche Sammlung, Universität zu Köln), Lola Müthel (Gräfelfing), Erica Nein (München), Johan Neuman (Koninklijke Bibliotheek, Den Haag), Dr. Nino Nodia (Bayerische Staatsbibliothek, München), Angelika Obermeier (Bayerische Staatsbibliothek, München), Andreas G. Oettel (Hamburg), Prof. Dr. Ferdinand Opll (Magistrat der Stadt Wien), Prof. Dr. Marcel Frydmann Ritter von Prawy (†), Jens Petermann (Remscheid), N. van de Pol (Kabinet der Koningin, 's-Gravenhage), Katja Polajnar (Vereinigte Bühnen, Wien), Eckard Presler (Hamburg), Wolgang Rademann (Berlin), Herr Rastl (Tourismusverband Ausseer Land / Salzkammergut), Helge Reindl (Österreichischer Rundfunk, Wien), Pim Reijntjes (Amsterdam), Bart Rensink (Sjolsea Uitgevers, Amsterdam), Cordula Reski (Komische Oper, Berlin), Klaus Rester (Kubiz, München-Unterhaching), Monika Rettig (Aufbau-Verlag, Frankfurt a. M.), Hans-Günter Richardi

(Dachau), S. J. van Riel-Hoykaas (Paleis Noordeinde, 's-Gravenhage), Helmut F. Roehring (Deutsches Theater, München), M. J. Roemer (ABN AMRO Bank, Amsterdam), Reinhard Rohn (Aufbau-Verlag, Berlin), Marika Rökk (Baden bei Wien), Beatrix Ross (Berlin), Angelique Alonso Rost (Stadsschouwburg Amsterdam), Anneliese Rothenberger (Salenstein im Thurgau), Victor Rotthaler (Regensburg), Andreas Rühl (Deutsches Rundfunkarchiv, Frankfurt a. M.), Dr. Hartmut Schaefer (Bayerische Staatsbibliothek, München), Achim Schimpf (Süddeutsche Zeitung, München), Dr. Lothar Schirmer (Stadtmuseum, Berlin), Ingo Schiweck (Düsseldorf), Gretl Schörg (Wien), Axel Schröder (Landesarchiv Berlin), Marinus Schroevers (Den Haag), Aglaja Schmid (Wien), Hans-Georg Schmidt (ZDF, Mainz), Torsten Schmidt (Theaterwissenschaftliche Sammlung, Universität zu Köln), Brit Schottelius (Bonn), Elke Schwichtenberg (Bildarchiv Preußischer Kulturbesitz), Michaela Seim (Friedrich-Wilhelm-Murnau-Stiftung, Wiesbaden), Katharina Smola (Stadt- und Landesarchiv Wien), Peter Spiegel (Filmarchiv Austria, Wien), Runa Stam (Theater Carré, Amsterdam), Barbara Stang (Aufbau-Verlag, Berlin), William Stierhout (Santa Monica), Margit Stöber (Staatstheater am Gärtnerplatz, München), Gerald C. Stocker (Volksoper, Wien), Gabi Stockmann (Bad Vöslau), Roderich Stumm (Dezernat für Kunst und Kultur, Köln), Rolf von Sydow (Baden-Baden), Gerrit Thies (Filmmuseum Berlin), Irene Tradt (Bayerische Staatsbibliothek, München), Gyula Trebitsch (Hamburg), Erika und Ludwig Trimborn (Meyerode), Roger Verbeke (Documentatiecentrum »In Flanders Fields«, Ieper), Birgit Umathum (Filmmuseum Berlin), Alexandra Unger (Profil, Wien), Dr. Fidelio Unger (München), Willy Walden (†), Aase Walden-Rasmussen (Bennekom), Gudrun Weiss (Friedrich-Wilhelm-Murnau-Stiftung, Wiesbaden), Viola Wendrich (Amsterdam Municipal Archive), Ilse Werner (Ahrensbök), Frau Willfort (Grundlsee), Elisabeth Winkler-Wulkau (Wiedergutmachungsämter von Berlin), Dr. B. Woelderink (Dienst van het Koninklijke Huis,'s-Gravenhage), Oliver Wolff (Theaterwissenschaftliche Sammlung, Universität zu Köln), Anna Zimmermann (Theatermuseum Düsseldorf), Stefan Zimmermann (a.gon-Theaterproduktion München).

Sowie ganz besonders hartelijke dank an Nicole Heesters (Hamburg), Wiesje Herold-Heesters (Wien), Melissa Müller (München), Johannes Heesters und Simone Rethel-Heesters (Söcking) – und, wie immer, an Robert Bales (Köln).